아일랜드의 역사

THE COURSE OF IRISH HISTORY

도전과 투쟁, 부활과 희망의 대서사시

테오 W. 무디 • 프랭크 X. 마틴 엮음 | 박일우 옮김

한울
아카데미

이 도서의 국립중앙도서관 출판시도서목록(CIP)은 e-CIP홈페이지(http://www.nl.go.kr/ecip)에서 이용하실 수 있습니다. (CIP제어번호: CIP2009002793)

THE COURSE OF IRISH HISTORY

EDITED BY

T. W. MOODY AND F. X. MARTIN

Published in association with
Radio Telefís Éireann
by

MERCIER PRESS

THE COURSE OF IRISH HISTORY
Edited by T. W. Moody and F. X. Martin

헌정

평생을 역사 연구가로 학문 발전에 이바지하고 텔레비전이란 방송매체를 통해 아일랜드 역사 교육에 선구적인 공헌을 한 테오 무디(Theo W. Moody, 1907~1984)와 프랭크 마틴(Frank X. Martin, 1922~2000)에게 이 책을 바친다.

한국어판 서문

『아일랜드의 역사: 도전과 투쟁, 부활과 희망의 대서사시(원제: The Course of Irish History)』의 한국어판 출간을 진심으로 축하드립니다. 이 책이 널리 사용되고 있는 또 다른 언어인 한국어로 출판되어 이제 좀 더 폭넓은 독자에게 다가간다고 생각하니 매우 기쁩니다.

오늘날 아일랜드 역사서의 고전으로 여겨지는 『아일랜드의 역사』(최신판 2001년)의 편집인으로서 이 책을 기쁜 마음으로 추천합니다. 그 이유는 이 책이 아일랜드의 역사 연구에 대한 도전적인 입문서이기 때문입니다. 1960년대에 처음 책이 출간되었을 때 저는 대학생이었습니다. 이 책은 제가 학부와 석사과정을 마쳤던 더블린 유니버시티 칼리지에서 학부 아일랜드 역사 수업시간에 교수님들이 많이 사용했습니다. 이 책의 기고자 중 많은 분들이 더블린 유니버시티 칼리지의 교수였기 때문에 이 책을 추천한 것은 당연하다고 생각합니다. 기고자들은 본래 텔레비전 프로그램을 위한 역사시리즈에 참여했는데, 그것이 이 책을 출판하게 된 근원이 되었습니다. 그 당시의 역사학자들 세대에서는 텔레비전이라는 영상매체가 새로운 것이었습니다. 텔레비전 프로그램을 위한 역사시리즈는 훌륭했고, 대중적인 성공을 거두었으며, 수많은 시청자들을 사로잡았습니다. 이로써 개별적인 방송 프로그램들이 대중적인 논쟁을 북돋았고 결과적으로 이 역사시리즈는 1960년대 세대가 과거를 재발견하는 데 커다란 도움을 주었습니다. 그 시리즈는 또한 과거를 이해하는 데에서 여러 가지 새로운 질문들을 던졌는데, 특히 심하게 논란이 된 화젯거리들이 망라된 아주 최근의 역사가 그러했습니다.

1960년대에 이 책이 출판되었을 때는 1916년 봉기와 독립전쟁(1919~1921) 및 시민전쟁(1922~1923)에 참여했던 많은 사람들이 여전히 생존해 있었을 뿐 아니라 이 중 많은 수가 여전히 정치권에서 활약하고 있었습니다. 여기엔 총리였던 숀 레마스와 외무부장관인 프랭크 에이킨, 아일랜드 의회의 평의원이었던 숀 매켄티 등이 포함되어 있습니다. 에이몬 드 발레라는 아일랜드의 대통령이었습니다. 따라서 이 책은 일부 논쟁의 문제점들을 다루었고, 그 대립의 시기에 참여했던 사람들은 여전히 공직에 있었습니다.

이 책은 제 삶의 여정에도 영향을 미쳤는데, 평생을 아일랜드 근대사 연구에 몰두하게 만들었습니다. 이 책이 출판된 지 40년이 지났지만, 많은 역사서들 중 하나인 『아일랜드의 역사』가 저를 평생 처음 연구와 공부의 여정으로 출발할 수 있게 해주었던 책이라 과거를 돌아보며 다시 읽을 때가 있습니다. 초판에 기고했던 필자들은 퇴직한 지 오래고 많은 필자들이 세상을 떠났습니다. 하지만 이 책의 선구자적인 특성은 아직도 뚜렷합니다. 학문적 성과가 아일랜드 역사의 전 영역으로 진전을 이루었지만, (24장으로 구성된) 이 책의 각각의 글들은 여전히 영원하고 영속적입니다.

한국어로 유창하게 번역된 책을 읽는 독자들이 아일랜드의 문화, 정치, 음악, 민속과 대중문화의 풍부함을 발견하여 아일랜드 역사에 관해 좀 더 상세히 알고 싶다는 도전의식을 느끼기를 희망합니다. 『아일랜드의 역사』 한국어판은 아주 멋지게 만들어졌습니다. 훌륭한 책으로 만들어준 도서출판 한울 관계자 여러분에게 축하를 드립니다. 저는 한국어로 된 책을 읽을 수는 없지만 아일랜드에서 그렇게 많은 세대에게 영향을 끼친 책이 차례로 세계 각처에 있는 한국인 독자들에게도 도움을 주리라는 소식으로 위안을 삼으려 합니다. 감사합니다.

2009년 7월 30일

아일랜드 코크 대학교 역사학과 교수

더멋 케오(Dermot Keogh)

PREFACE FOR KOREAN BOOK

I warmly welcome the translation of *The Course of Irish History* into Korean. It is gratifying to know that it will now be accessible to a very wide readership in another highly important and very widely-spoken language.

As the editor of a new edition of what is now regarded as a classic in Irish historiography, I am delighted to recommend this text as a challenging introduction to the study of Irish history. The book was first published in the 1960s when I was a university student. It was widely used by lecturers in undergraduate Irish history courses at University College Dublin where I undertook studies and where I later completed an MA. It is not surprising that the book was so warmly recommended. Many of the contributors were professors in UCD. They had taken part in the original television series which first gave rise to this publication. That generation of historians were new to the medium of television. The series was an outstanding, popular success and captured very large audiences. The individual broadcasts sparked popular debate and the series did a great deal to help the generation of the 1960s rediscover and bring a new set of questions to an understanding of the past — in particular the recent past where very controversial topics were covered.

In the 1960s, many of those who had participated in the 1916 Rising, the War of Independence(1919~1921) and the Civil War(1922~1923) were not only still alive but a number were still active in politics. Seán Lemass was Taoiseach(Prime Minister); Frank Aiken was Minister for External Affairs; Seán MacEntee was a back bencher in Dáil Éireann; Eamon de Valera was President of Ireland. Therefore the book dealt with issues of some contention, and some of those who had taken part in the conflicts were still in public life.

This book helped me on my journey through a lifetime dedicated to the study of modern Irish history. Now, forty years later, I look back on those years and sometimes return to read one of the books — this book — which first started me out on the voyage which has resulted in such a long period of study and research. The contributors to the original volume are long since retired and many are dead. But the pioneering nature of this volume is still very evident. Although scholarship has moved on in all spheres of Irish history, the essays in this book are perennial and enduring.

I hope that the readers of this fluent translation into Korean will feel sufficiently challenged to wish to learn more and more about Irish history, discovering the richness of the culture, the politics, the music, folklore and popular culture. The volume, in this new edition, is very handsomely produced. I congratulate the publishers on their fine work. Although I will not be able to read it in Korean, I take comfort in the knowledge that the book which has influenced so many generations in Ireland will, in turn, have an impact on readers of Korean everywhere on the globe.

Professor of History University College Cork, Ireland

Dr Dermot Keogh

추천사

『아일랜드의 역사(The Course of Irish History)』는 1967년 아일랜드에서 처음으로 출간되었는데, 읽기 쉽고 객관적인 시각으로 저술되어 출간 즉시 대중에게 알려졌습니다. 이 책이 대중적으로 인기 있었던 또 다른 이유는 아일랜드의 국립 텔레비전 방송국인 텔레피스 에이런(Telefís Éireann)에서 이 내용의 역사 프로그램 시리즈를 만들어 시청자에게 5개월 동안 방영해주었기 때문입니다.

이 책의 초판은 1960년대 가장 뛰어난 아일랜드 역사학자 중 두 분인, 테오 W. 무디와 프랭크 X. 마틴의 노력으로 만들어졌습니다. 이들의 책이 성공을 입증하고, 시간이 흐름에 따라 몇 번에 걸쳐 개정판이 간행되었습니다.

이러한 훌륭한 역사서가 한국어로 번역되어 매우 기쁘게 생각합니다. 옮긴이는 아일랜드 문화에 관해 오랜 기간 연구해왔고, 아일랜드인과도 지속적으로 교류하고 있습니다. 이 책의 소개가 한국 독자에게 아일랜드의 역사를 올바로 알고 이해할 수 있는 기회가 되기를 바랍니다.

본인은 또한 이 책을 출판하는 데 적극적으로 도움을 준 도서출판 한울에 감사와 축하의 메시지를 보냅니다.

이제 세계사에 관심 있는 한국 독자들은 아일랜드 역사에 대해 가장 유용하다고 평가된 기준서를 읽게 될 텐데, 이 책이 바로 여러분에게 2,000년에 걸친 아일랜드와 아일랜드인의 '우여곡절'에 대해 이야기해줄 것입니다.

행복을 기원합니다.

2009년 3월 12일 목요일, 서울에서

주한 아일랜드 대사

코너 머피(Conor Murphy)

주한 아일랜드 대사 추천서

AMBASÁID NA hÉIREANN
EMBASSY OF IRELAND SEOUL
주한 아일랜드 대사관

Dear Reader,

When *The Course of Irish History* was first published in 1967, it immediately became popular because it was both readable and objective. Its popularity was such that Ireland's television station, *Telefís Éireann*, serialised the book in weekly broadcasts.

The Course of Irish History was originally written by two of the most prominent Irish historians of their day. As testament to the success of their original work, there have been numerous reprints.

For this reason I am so glad that Ms Park Il Woo has translated the text into Korean. Ms Park is a frequent visitor to Ireland and knows the Irish people very well. She has done a very great service to Ireland in introducing my country to the Korean people. May I wish her every success in this endeavour.

I would also like to congratulate the **Hanul Publishing Company** for showing initiative in publishing this book.

The general Korean reader of world history has now a most useful point of reference to explain the twists and turns of Ireland's story through the millennia.

With best wishes

Conor Murphy
Ambassador of Ireland,
Seoul
Thursday 12th March, 2009

Ambasáid na hÉireann
EMBASSY OF IRELAND
SEOUL

13th Fl. Leema Bldg., 146-1, Susong-dong, Jongro-gu, Seoul, 110-755
Telephone : 774-6455 Facsimile : 774-6458 E-mail:irelandkor@kornet.net
Seoulembassy@dfa.ie

머리말

1994년 개정판과 2001년 판 『아일랜드의 역사(The Course of Irish History)』가 출간되는 사이에 프랭크 X. 마틴 교수가 별세했다. 공동 편집자였던 테오 W. 무디 교수는 1984년에 이미 별세했다. 텔레비전 프로그램을 위한 역사시리즈의 주된 기획자로서, 이들은 역사와 같은 학술적 주제를 각색하는 기술에서 성공적인 선구자였으며, 이를 21장으로 구성한 『아일랜드의 역사』 초판 완성에도 큰 기여를 했다. 많은 역사학자들이 — 그중 일부는 이 저자들보다 젊은 세대지만 — 상당히 널리 퍼져 있던 텔레비전이란 새로운 매체의 대중적 파급력과 영향력을 재빠르게 알아차리지 못했다. 1960년대 아일랜드에서 텔레비전은 대중문화의 혁명에 공헌했다.

이 책의 기초가 된 텔레비전 시리즈가 1966년 아일랜드 시청자에게 끼친 영향에 대해 평가를 내리기는 쉽지 않다. 국립 텔레비전 방송국인 아일랜드 국영방송(Radio Telefís Éireann: RTÉ)은 1961년에야 개국했다. 그때까지 국경에 위치한 지역과 동부 해안 지역 주민들 중 텔레비전을 보유한 사람들은 BBC와 ITV 같은 방송을 시청할 수 있었지만, 수신 상태는 질적으로 열악했다. 하지만 1960년대 중반까지 많은 아일랜드 가정에서 텔레비전 수상기를 갖게 되었고 아일랜드 국영방송의 수신은 대체로 양호하고 깨끗했다. 그 매체는 아일랜드 방송의 출발점이 되었으며, 빈약한 방송자원을 조심스럽게 아껴 써야 하는 신생 방송국에게 역사 다큐멘터리는 신선한 장르였다. 총 21부로 이루어진 시리즈를 의뢰하고, 이를 1916년 부활절 봉기 50주년이 되는 1966년 1월 24일부터 6월 13일까지 방송하기로 한 결정은 대담하면서도 상상력이 넘쳤다. 역사 채널에 익숙해진 현재에도, 5개월이란 시간은 고정 시청자들을 끌어들이기에 긴 기간처럼 보인다.

텔레비전 시리즈는 이에 수반된 책인 『아일랜드의 역사』가 이룩해낸 것만큼 비평적으로나 대중적으로 성공적이었다. 이 프로그램을 뒷받침하기 위해 책을 출판하기로 한 결정은 비디오가 나오기 이전 시대에서 확실한 사업으로 보였다. 게다가 특히 두 명의 편집인이 21장을 위한 기고자들을 선정하는 엄밀성 역시 혁신적이었다. 무디와 마틴 박사는 초판 머리말에 다음과 같이 썼다.

> 이 시리즈의 목적은 대중적이면서 권위가 있고, 간결하지만 포괄적이며, 최상의 선택을 취하는 동시에 균형이 잡혀 있고, 공정하고 비판적이지만 건설적이고 공감할 수 있는 아일랜드 역사의 개관을 제시하는 것이다.

이 책을 구입한 수많은 독자들은 책의 내용에 대해 저마다 다른 의견을 가질 수 있다. 하지만 처음 출판된 이후 거의 40년 동안 이어진 독자들의 끊임없는 수요는 이 책의 지속적인 가치를 증명한다. 1984년 판 머리말에 편집자들은 "우리는 이 책이 계속해서 유용한 목적에 기여할 것임을 확신한다"라고 썼다. 많은 아일랜드 가정에서는 아직도 1967년 판을 소장하고 있는데, 접착제로 붙인 제본이 약해져서 지금은 푸른색 표지가 떨어져나갔거나 겨우 책의 몸체에 달랑거리며 붙어 있기도 하다.

『아일랜드의 역사』는 아일랜드 역사의 평생 학습을 위한 출발점이자 기준점이다. 내용이 세월의 시험을 이겨냈다는 사실은 두 편집인과 기고자들의 노고를 입증한다. 하지만 이 책이 정사(正史)로서 중요성이 있다는 점 또한 강조되어야 한다. 이 책은 1916년 봉기 50주년에 방송되고 출판되었으며 아일랜드 역사에 대한 독자적인 견해를 제시한다. 이 책은 아일랜드 역사학자들이 쓴 스냅사진 같은 글로, 무디와 마틴 박사가 이를 맥락에 맞게 선택했다. 텔레비전 시리즈와 책은 형식 면에서 후세대의 역사 다큐멘터리와는 다른데, 이것 역시 정사로서 의미가 있다. 대부분의 경우 개별 역사가가 각 프로그램 대본을 쓰고 각 장을 썼다. 이러한 방식은 개별 역사가에게 자신의 논제를 발전시키고 각자의 대본을 관리할 수 있는 기회를 주었다. 후세대의 역사 프로그램 제작에서 역사가는 편집인에게 좌우되는데, 미리 녹음한 인터뷰를 편집하여 다른 누군가가 대본을 쓰고, 또 다른 사람이 다시 검토한 대본 안에 끼워 넣는다.

이 책이 그 시대를 보여주는 몇 가지 방법이 있다. 여성 기고자는 극소수에 불과하다. 색인에는 '여성'이란 항목이 없다. 여성 노예라는 의미를 지닌 큐말(cumal)에 대한 참조가 있고, '캐흘린 니 훌리한(Cathleen Ní Houlihan)'이란 제목 밑에는 두 개의 항목이 있다. 이 책은 당시의 시대상을 반영하고 있는 것이다.

1984년 판에서 두 편집인은 21명의 기고자 중 5명이 별세했다는 사실을 슬픈 마음으로 기록했다. 또한 2001년 판까지 본래의 팀원 중 다른 몇 명이 별세했다. 초판에서 한 장을 썼던 존 H. 화이트 교수는 '아일랜드: 1966~1982'라는 새로운 장의 서술을 위촉받았다. 그는 1990년에 별세했다. 1994년 판에서는 리처드 잉글리시 박사가 '아일랜드: 1982~1994'라는 새로운 장을 기고했다. 그는 22번째 기고자가 되었다. 이번 2001년 판에서는 필자가 '전환기의 아일랜드: 1994~2001'이란 장을 쓰게 되었다. 새로운 사진들도 추가했고, 색인이 개정되었다.

또한 원래의 책에 참고 자료를 제공하기 위한 참고문헌의 작성을 필자가 맡았다. 코크 대학교 역사학과의 다미엔 브래켄, 데이비드 에드워즈, 래리 기어리와 도널 오 드리스케일 박사 등 동료에게 감사를 표하고 싶다. 18세기 참고문헌을 작성해 준 드럼콘드라 성 패트릭 칼리지의 데어 케오 박사에게도 감사드린다.

기고자들이 쓴 본래의 신선한 글을 방해하거나 그 내용을 갱신하는 등의 작업은 하지 않았다. 24개의 장은 마틴과 무디 박사가 1984년 개정판 작업을 마친 그대로 남겨두었다.

필자는 1966년 텔레비전 시리즈를 본 기억이 아직도 생생하며, 이것이 나와 대중에게 중요한 영향을 주었음을 잘 알고 있다. 그 시리즈를 통해 방영된 모든 프로그램은 시사적인 대화와 공적인 논평의 주제가 되었다.

1960년대라는 떠들썩하고 위태로운 시대의 전환기에서 이 시리즈와 책은 아일랜드 시민의 비판적인 능력을 발전시키는 데 도움을 주었다. 이 시리즈는 시청자들에게 조국의 과거에 대한 바른 지식을 얻고자 하는 욕구를 증폭시켰다. 이것은 또한 판단의 독립성을 고취했으며, '역사'를 선전의 도구로 축소하는 과거에 대한 당파근성을 경고했다. 1960년대 말 북아일랜드에서 자라난 위기는 현재의 정치를 위해 과거를 수탈하려는 감정을 강화했고 그러한 유혹에 불을 붙였다. 『아일랜드의 역사』는 지나친 단순화에 대해 경고하고 아일랜드의 과거에 대한 좀 더 비판적인 대중의 이해를 함양하는 데 도움을 주었다. 이 책은 아일랜드 대중 교육에 시의 적절하게 기여했다.

『아일랜드의 역사』는 거의 40여 년의 세월이 지난 오늘날에도, 아일랜드 역사에 대한 전문적인 개관을 얻고자 하는 누구에게나 강력하게 추천하고 싶은 책으로 남아 있다.

코크 대학교 역사학과

더멋 케오(Dermot Keogh)

차 례

한국어판 서문 7 | 추천사 12 | 머리말 15

1 지리학자의 시각에서 본 아일랜드 역사 21
2 아일랜드의 선사시대 36
3 초기 아일랜드 사회(1~9세기) 49
4 기독교의 시작(5세기와 6세기) 71
5 초기 기독교 아일랜드의 황금시대(7세기와 8세기) 87
6 바이킹 전쟁 시대(9세기와 10세기) 103
7 11세기와 12세기 아일랜드(약 1000~1169) 121
8 노르만인: 도착과 정착(1169~약 1300) 138
9 중세 잉글랜드의 식민지(13세기와 14세기) 165
10 게일인의 부활과 제럴딘의 최고 권력(약 1400~1534) 183
11 튜더 왕조의 정복(1534~1603) 202
12 얼스터의 식민지화와 1641년 반란(1603~1660) 218
13 왕정복고와 자코바이트 전쟁(1660~1691) 234
14 형법의 시대(1691~1778) 248
15 신교도 국가(1775~1800) 265
16 대니얼 오코넬의 시대(1800~1847) 283
17 대기근(1845~1850) 300
18 페니어회주의, 자치 그리고 토지전쟁(1850~1891) 312
19 파넬에서 피어스의 시대로(1891~1921) 334
20 북아일랜드: 1921~1966 354
21 아일랜드 자유국과 아일랜드 공화국: 1921~1966 367
22 아일랜드: 1966~1982 385
23 아일랜드: 1982~1994 406
24 전환기의 아일랜드: 1994~2001 425

주 455 | 참고문헌 463

지은이 약력 545 | 옮긴이 후기 549 | 찾아보기 557

일러두기

1. 이 책은 *The Course of Irish History* (2001년 판)를 한국어로 옮긴 것이다.
2. 영국(United Kingdom: UK)의 명칭에 대하여, 1801년 아일랜드와의 합병 이전은 잉글랜드(England) 또는 브리튼(Britain)으로, 이후는 영국으로 통일했다.
3. 외래어 표기는 원칙적으로 현행 외래어표기법에 따랐으나, 일반적으로 통용되는 용어는 익숙한 표기에 따랐다.
4. 아일랜드어 표기에 대하여,
   아일랜드어(Irish language 또는 *Gaeilge*)는 현재 아일랜드에서도 극히 일부 지역(아일랜드어 사용 공동체, '*Gaeltacht*' areas)인 더니골 해안가, 서부 골웨이 주의 코네마라, 서부 코크 주와 서부 케리 그리고 북아일랜드 일부 등에서만 사용되는데, 이들 주민은 영어도 함께 사용하는 이중언어자들(bi-lingualists)이다. 아일랜드어는 이들 지역에 따라 같은 아일랜드어 사용자들도 이해하기 어려울 정도로 말의 표현이 다를 뿐 아니라 특정 단어의 발음에서도 현저하게 차이가 난다. 그 이유는 언어란 부모에서부터 공동체까지 자연스럽고 관습적으로 배워 실습되는 행위로, 아일랜드의 경우 다른 전통예술과 함께 구술로의 전승적인 측면이 매우 강하기 때문이다. 1900년대 후반 언어학자와 이들 지역의 교육자들이 아일랜드 문화 부활과 아일랜드어 교육의 대중화를 목적으로 이러한 차이점을 좁히기 위해 문법과 발음에서 아일랜드어의 표준화를 시도했다. 현재 아일랜드어는 이들 공동체뿐 아니라 대도시의 초중등학교에서도 필수과목으로 가르치고 있다. 하지만 사전의 발음과 실제 게일어 사용자들의 발음이 다른 경우가 많다. 또한 언어 특성상 맥락에 따라 소리가 변하기 때문에 발음할 때 같은 단어라도 사전마다 여전히 미세한 차이가 있다. 가령 '*Gaeilge*(아일랜드어)'는 〔geiliŋ'〕 또는 〔geil'g'ə〕로 발음되며, '인간'이란 단어인 '*duine*'은 〔din'i〕 또는 〔din'ə〕 등으로 발음된다. 이 책에서는 IPA(국제음표문자)에 기준을 둔, 발음표기가 쉽고 간단한 *Foclóir Póca Dictionary*. English-Irish/Irish-English(An Gúm, Rialtas na hÉireann, 1986)를 참고했다.

1

지리학자의 시각에서 본 아일랜드 역사

A GEOGRAPHER'S VIEW OF IRISH HISTORY

아일랜드는 20세기 내내 서유럽 국가 가운데 약소국이었다. 영토가 좁고 인구가 적은 아일랜드는 비농업 분야에서 부의 생산국으로 성공을 거두기까지 오랜 시간이 걸렸다. 지리적으로 서유럽의 끝단에 자리 잡고 있는 아일랜드는 유럽국가 간의 회의에서 그저 자리를 채우는 장식국가 정도로 대우받았다. 관광지로 큰 인기를 끌고는 있지만, 영구 이민자들을 많이 끌어들이는 데는 실패했다. 이 모든 특징이 예로부터 뿌리 깊게 이어진 것은 아니다. 아일랜드는 해수면의 상승으로 유럽대륙에서 떨어져 나온 때부터 적어도 8,000년 동안은 확실히 바다에 둘러싸인 작은 나라였다. 강력한 군사력을 가져본 적도 없었다. 그럼에도 비옥한 토지와 풍부하게 매장되어 있는 동과 금을 내세워 유럽에서 식민지 건설에 적극적으로 앞장섰던 일부 정복자들을 끌어들인 시기도 있었고, 그 후로 아일랜드 학자와 선교사들이 다른 여러 국가에서 지적인 삶을 만들어내기도 했다. 이러한 운명의 변화들을 이해하기 전에 아일랜드의 다양한 지역을 살펴보면서 각 지역 사이의 관계와 외부 세계와의 관계를 검토해보려고 한다.

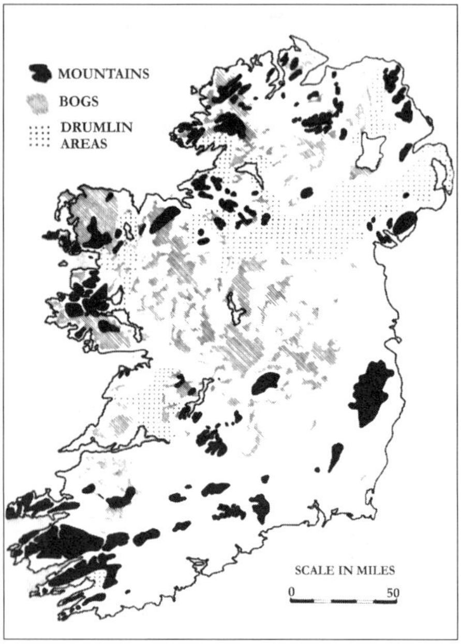

1 산과 습지 그리고 빙퇴구를 나타낸 아일랜드 지도 (J. H. Andrews)

아일랜드의 자연은 수많은 지역에서 황량한 상태로 남아 있었으며, 몇몇 지역은 여전히 그렇다. 특히 해안가 주변은 지표면의 상당 부분이 솟아올라 있거나 고지대와 가파른 등성의 계곡으로 구불구불하게 이어지는데, 그 위로 보이는 경사면은 겨울의 사나운 바람에 마모되었고, 많은 강수량으로 토양의 자양분이 비에 씻겨 내려가, 울퉁불퉁한 목초지를 제외하면 잡초와 쓸모없는 히스 식물로 덮인 초원을 이룬다. 이 지역에서는 돌이 많은 기슭이 표면에 노출된 아일랜드 자연의 경관을 볼 수 있다. 이러한 예로는 앤트림(Antrim) 주의 현무암 절벽, 더니골(Donegal)과 메이요(Mayo) 그리고 골웨이(Galway) 지역에 주로 나타나는 끝이 뾰족한 석영암과 북부 클레어(Clare) 주의 벌거벗고 금이 간 석회석 도로, 케리(Kerry) 주의 사암 덩어리, 위클로(Wicklow) 계곡의 편암과 화강암 등을 들 수 있다. 이러한 언덕은 주위에서 흔히 볼 수 있지만 아일랜드 영토의 8분의 1 정도만을 차지한다. 그렇다고 이를 제외한 나머지 지역이 비옥한 저지대라는 말은 아니다. 특히 북부에 넓게 분포된, 일반 학교의 지리부도에서 볼 수 있는 저지대에는, 빙퇴구(氷堆丘)로 알려진 낮지만 경사가 아주 급한 작은 언덕들이 작은 습지와 호수 사이에 촘촘히 끼어 미로를 이룬다. 수많은 지형 변화를 거치면서 빙퇴구 지대는 놀랄 만큼 유효한 장해물로 작용했다. 남쪽으로는 좀 더 평탄하고 완만한 국토지만, 반면에 수천 에이커의 벌거벗고 고립된 토탄지가 가로막고 있는데, 섬 정중앙에 자리 잡고 있는 토탄지의 일부는 군사적·농업적 측면에서 또 다른 국가적 난관으로 작용했다.

아일랜드의 광범위한 지역, 최소한 국토의 반은 아주 비옥하고 생산적이지만 어쩔 수 없이 이 토지 중 상당 부분은 척박한 토지와 뒤섞여 있다. 수백 년 전까지 이런 유형의 습지를 에워싼 언덕들 대부분은 낮은 경사를 이루며 나무로 뒤덮인 짜깁기식 삼림으로 더 복잡했다. 경작지로는 적합하지 않지만 습지나 산과 삼림은 가까이에 거주하는 농부들에게 여름 목초지가 되었으며, 적의 군대가 침입해 와서 저지대 옥수수 밭을 불태웠을 때는 농부들이 삶을 영위할 수 있는 피난처가 되기도 했다. 이렇듯 아일랜드의 좁고 긴 지형들인 빙퇴구는 매력적으로 보이지는 않지만 아일랜드 역사의 흐름에 수차례 길을 열어주는 도움을 주었다. 하지만 이들의 영향이 매우 결정적이었던 적은 없었다. 아일랜드인의 생각과 태도가 이들 지형의 여기저기로 자유로이 스쳐 지나갔다. 이러한 태도 중의 하나는 아일랜드에서 가장 오래된 민족적 특성이라 할 수 있는 장례 의식에 대한 취향인데, 이는 기원전 3,000년 거석무덤을 세웠던 건설자로부터 비롯했다. 주목할 만한 거석 구조물은 아일랜드 구석구석에 걸쳐 나타나며, 이와 똑같은 거석들이 그리스도교 이전과 초기 그리스도교의 유적에서 역시 드러나는데, 이들 가운데 일부는 다른 나라에서는 거의 찾아볼 수 없는 아일랜드만의 독자적인 것으로 알려졌다. 이러한 문화적 정체성은 정치적 통합과 동시에 정치적 독립을 유발하기도 했지만, 지리적 난관을 극복하는 데는 크게 성공적이지 못했다. 아일랜드의 옛 중심지로 알려진 위슈네흐 언덕(the hill of Uisneach)이 고대 국가의 수도로 추측되기도 하지만, 오래 전에 그곳은 수도가 아닌 정치적 국경지대의 일부로 독자적으로 통치했던 작은 왕국들 사이에 모임이 열렸던 장소였다. 이들 소왕국은 역사나 전설 속으로 사라진 지 오래되었지만, 북쪽 50마일 이상을 여전히 나누고 있는 국제적 국경선은 전설이 아닌 현실이다. 과거와 현재의 이러한 정치적 분단이 단순히 지리 때문에 '야기'되었다고 주장하는 사람은 없을 것이다. 아일랜드의 지리는 그리 단순하지 않다. 그렇지만 이러한 복잡한 유형으로부터 역사가들도 무시할 수 없는 두 가지 주요한 지역적 테마를 구분해낼 수 있다. 그중 하나는 북부의 형세로 아일랜드의 나머지 지역으로부터 멀리 벗어나려는 듯이 보이고, 다른 하나는 이 장에서 먼저 다루게 될 동부와 서부 지역 사이의 격차이다.

섀넌(Shannon) 강에서 서쪽으로 가다보면 험난해서 접근하기 어려운 지역들이

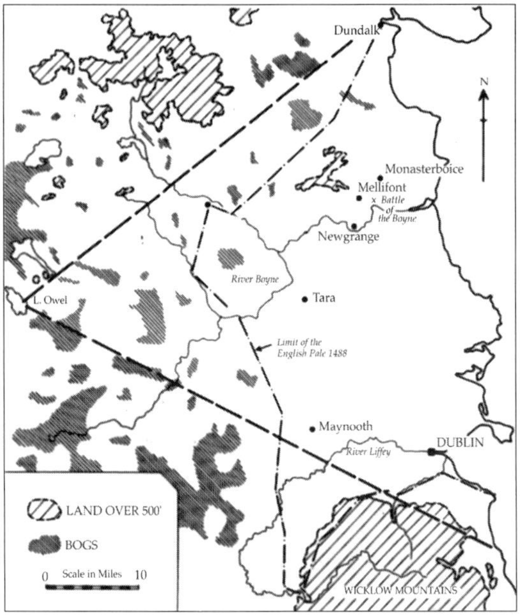

2 아일랜드의 '동부 삼각지대' (J. H. Andrews)

서로 밀집해 있다. 이에 비해 동부의 국토는 훨씬 훤히 트여 있는데, 오웰(Owel) 호에서 한 쪽으로 던더크(Dundalk)까지 선을 긋고 다른 쪽으로 더블린(Dublin)의 바로 아래 해안 쪽으로 선을 그으면 동부의 중심부가 표시된다(<그림 2>). 이 지역은 이와 유사한 넓이로 구획된 다른 아일랜드 지역보다 강수량이 적고 습지와 산지도 드문 편이다. 또한 이 지역은 저지대인 쉬르(Suir)와 노어(Nore) 그리고 배로(Barrow) 강과 같이 좁지만 비옥한 지역으로 접근할 수 있는, 습지와 산맥 사이를 통하는 길들이 서로 만나는 곳이다. 각 시대의 아일랜드 역사는 이 동부의 삼각지대에 특징적인 흔적을 남겼다. 이곳에는 아일랜드 선사시대에서 가장 인상적인 유적지인 뉴그레인지(Newgrange)가 있고, 고대 도로 체계의 중심지이자 아일랜드인이 정치적 통합을 모색했던 초기의 중심지로 알려진 타라(Tara)가 있다. 여기에서 아일랜드의 가장 값지고 소중한 채색 필사본인 『켈스의 서(Book of Kells)』가 발견되었고, 모나스터보이스(Monasterboice)에는 아일랜드에서 가장 높고 큰 십자가가 우뚝 서 있으며, 멜리폰트(Mellifont)에는 아일랜드에서 가장 오래된 시토 수도원이 있다. 북유럽인은 이 삼각지대 안의 더블린에 가장 크고 강력한 아일랜드의 도시국가를 세웠고, 노르만인 스트롱보(Strongbow)는 더블린의 중요성을 인식하여 워터퍼드(Waterford) 항구에 도착한 지 한 달도 채 안 되어서 이곳을 차지하기 위해 서둘러 북부로 갔다. 잉글랜드의 왕들은 더블린에 총독을 두었고, 스코틀랜드의 침입자 에드워드 브루스(Edward Bruce)는 이 삼각지대의 한 쪽 끝에 있는 던더크에서 스스로를 아일랜드의 왕으로 자처함으로써 잉글랜드 왕에게 도전하기도 했다. 15세기 페일 지역

(the Pale)에서 잉글랜드 정부는 위태로운 마지막 발판을 지켜냈고, 메이누스(Maynooth)에는 가장 강력하고 제압하기 힘들었던 봉신(封臣)인 위대한 킬데어(Kildare) 백작의 요새가 있었다. 전쟁과 혼란 때문에 아마(Armagh)에 있는 대주교의 지위가 큰 위협을 받게 되자 아일랜드 국교(Irish Church)의 수석 대주교는 안전을 위해 이곳의 터먼펙킨(Termonfeckin)에 자신의 거주지를 두었다. 마지막으로, 이곳의 보인(Boyne) 강을 사이에 두고 아일랜드 역사상 최후의 위대한 전투가 벌어졌다. 이렇게 동부의 삼각지대는 아일랜드 전체를 통솔하는 최고의 기회를 엿볼 수 있는 지리적 핵심 지역이다. 그러면서도 이 지역은 아일랜드에서 공격에 가장 취약한 지역 중의 하나인데, 침략자를 끌어들이는 리피(Liffey) 강과 보인 강어귀가 있고 아일랜드를 둥글게 둘러싼 산들이 여기에서는 긴 공백을 보이고 있기 때문이다. 해안으로 밀려오는 바다는 매우 좁아 효율적인 지리적 방어망이 되기 어려웠다. 또한 아일랜드 해(海)가 통합되어야 아일랜드도 정치적으로 통합될 것으로 기대되었던 때가 여러 번 있었다. 따라서 아일랜드의 국제관계가 이 삼각지대로부터 동쪽을 향해 펼쳐졌다고 생각할 수밖에 없다.

아일랜드의 뛰어난 지리학자인 에스틴 에번스(Estyn Evans) 교수는 아일랜드의 해안선을 '유럽의 대서양 끝단'의 한 부분으로 언급했는데, 이는 노르웨이에서 영국과 에스파냐까지 뻗어 있는 지리적 범위를 말하는바, 여기에 잉글랜드의 동부와 중부는 포함되지 않는다. 일례로 그는 아일랜드 초기 문명의 취향과 금속에 관한 지식들이 이들 서해의 섬과 섬, 반도와 반도를 건너온 선사시대 항해자로부터 나왔다고 지적했다. 역사가들은 유럽의 대서양 끝단에서 중요하고 다양한 여정을 구별해낸다. 하지만 이야기를 진행해가면서 한 가지 경향을 피할 수는 없다. 즉 근대의 이주자들을 과거의 성인, 학자들과 비교할 때, 서구유럽에서 아일랜드의 역할은 점차 수동적이고 비자발적이며, 잉글랜드에 지배당한 것처럼 보인다는 것이다. 몇 가지 사례를 보면, 로마군은 펨브로크셔(Pembrokeshire) 이상의 서쪽으로는 들어오지 않았다. 아일랜드인은 로마제국과 떨어져 그들을 바라보면서, 로마제국의 장점을 도용했으며, 그런 다음 로마의 마지막 군단이 해체된 후 아일랜드 해의 정신적 지

3 코네마라(Connemara) 산맥 (아일랜드 관광공사)

배권을 유지하는 데 이러한 로마의 유산을 이용했다. 이에 반해 북유럽인은 훨씬 공격적이었다. 그들의 영토 정복이 동부해안에 가까운 좁은 지역에 한정되긴 했지만, 아일랜드 내부의 토착 문명을 두 번이나 강타했다. 처음에는 문명의 보관자였던 수도원을 공격했고, 두 번째로는 주요 항구들을 확보하여 요새화했다. 타운(town)은 외국인을 위해 건설된 새로운 형태의 정착지로, 게일 아일랜드는 그러한 외래적 형태에 완전히 동화한 적이 없었다. 하지만 다음 번 침략자인 노르만인은 즉시 타운의 가치를 인정했고 잘 이어진 남쪽과 동쪽 강의 수로로 다른 타운들을 이어나감으로써 잉글랜드 왕에게 의존하는 봉건제를 이 지역에 도입했다. 그들의 튜더(Tudor) 계승자들은 한 단계 더 나아가 이러한 사업을 완성했는데, 페일(Pale)을 좁은 발판으로 시작하여 노르만인의 영향력 아래 있던 지역을 재정복한 그들은 계속해서 북부와 서부 또한 정복해나갔다.

이러한 일련의 과정들 배후에서 총체적 유럽인의 경향을 엿볼 수 있다. 튜더 왕조 아래에서 잉글랜드는 크고 밀집되어 있으며 토지를 기반으로 하는 여러 민족국가 중의 하나로 떠올랐는데, 각각의 민족국가는 자체적으로는 통합이 잘 이루어졌지만, 하나 또는 그 이상의 민족국가와 서로 갈등을 겪고 있었다. 이들 중 일부 국가의 힘 대부분은 유럽의 북부 저지대에서 급속히 진행되고 있는 경제활동 덕택이었는데, 중앙 잉글랜드는 그러한 추세에서 가장 큰 이득을 얻은 저지대 지역 중의 하나였다. 즉 선사시대에 보빙(堡氷) 지역이었을 때부터 그 저지대는 런던과 아일랜드 해의 확실한 연결 고리가 되었는데, 이 경로는 아일랜드에서 유럽대륙까지의 어떤 항해로보다 짧았고, 지금은 훨씬 더 쉬운 길이 되었다. 아일랜드가 통일이 되었다고 할지라도 잉글랜드는 여전히 더 크며, 더 부유했고, 대륙의 기술과 군사 과학과의 접촉도 훨씬 잦았을 것이다. 하지만 아일랜드는 통합되지 못했고, 서유럽 국가 통치의 예외로 남았다. 어떤 아일랜드 지도자도 동부 삼각지대의 중심부를 회복하거나, 종종 통일 아일랜드 수도의 대안으로 제안되어왔던 애슬론(Athlone)이나 킬케니(Kilkenny) 또는 아사이(Athy)와 같은 내륙에 있는 타운들을 통치하려는 시도조차 하지 않았다. 16세기 중반의 기준으로 보면 아일랜드 섬 전체는 새로 발견된 나라인 미국처럼 정치적으로 거의 공백 상태에 있었다. 잉글랜드와 그 밖의 유럽국가 권력자들 사이의 갈등은 이러한 공백 상태를 메울 필요가 생기도록 했으며, 유럽의 대서양 끝단이란 개념은 정치용어로 바뀔 수 없음이 에스파냐와 프랑스의 전략가와 정치가에게 분명해졌다. 잉글랜드 지상군이 체스터(Chester)와 리버풀(Liverpool)에서 더블린으로 쏟아져 들어왔을 때, 유럽대륙의 병력은 먼스터(Munster) 끝단에서 약한 발판을 찾아야 했는데, 그들이 패한 후 아일랜드 남부는 교역이 쇠퇴하여 스파이와 밀수업자 그리고 어부의 거점지로 바뀌어버렸다.

대서양의 유럽을 추구해야 한다는 생각은 시골 지역의 옛이야기와 민담 속에도 잘 묘사되어 있으며, 아일랜드 농촌 가옥의 디자인과 가구들에서, 또 이야기, 노래, 태도와 정착민들의 경작 습관에서도 일부 드러나 있다. 좀 더 최근의 역사를 이해하고 싶은 독자들은 영국의 지리학자인 핼퍼드 매킨더(Halford Mackinder)의 견해

4 남부 더니골의 빙퇴구 (J. C. Brindley, UCD)

속에서 에번스 교수의 시각과 대조되는 흥미로운 점을 발견할 수 있을 것이다. 1902년 출판된 『영국과 영국 해(Britain and the British Seas)』라는 그의 저서에 있는 지도에서 매킨더는 아일랜드 해를 — 어쩌면 그리 적절하지는 않게 — '브리튼의 내륙해'로 기술했다. 그러나 아일랜드 역사의 최근 몇 세기 내에서 가장 중요한 것이 영국에서 아일랜드의 동부 해안지대까지 쉽게 연결되는 항로임을 인정해야 한다. 이러한 사실 때문에 현재 아일랜드의 법과 제도는 잉글랜드에서 유래되었다.

하지만 잉글랜드화(anglicisation) 과정에는 한계가 있었는데, 오늘날 아일랜드가 정치적 독립을 누리고 있는 한 아일랜드에 대한 잉글랜드의 정복은 실패로 간주될 것이다. 그들의 생각이나 계획이 충분치 않아 실패하지는 않았다. 가령 엘리자베스 시대 정복자들은 아일랜드 지리에 숙달하기 위해 많은 노력을 기울였는데, 능력 있는 장관인 로드 버글리(Lord Burghley)가 수집한 지도들을 검토해보면 이해된다. 그의 초기 자료들은 서부와 북서부에서만 측량 기술자의 인가를 얻었을 뿐 조악하고 왜곡된 것이었다. 하지만 그는 계속해서 더 나은 자료를 얻기 위해 노력했고, 이를 스스로 수정하고 확장했으며, 상세한 것을 새로 보충하기 위해 전문 조사자들을 찾았다. 아일랜드의 지도가 어려운 과정을 거쳐 상세하게 채워지자 잉글랜드 전략가

5 오팔리(Offaly) 주의 습지 (화폐국)

들은 처음으로 중요한 강의 교차로와 산길을 완전히 이해하게 되었다. 하지만 멀리 떨어져 있는 서부 등 많은 지역은 자연지리학 측면을 제외하고는 지도제작자가 첨가할 중요한 것이 거의 없었는데, 정복자들이 부딪치는 가장 어려운 문제 중의 하나가 바로 지도에서 공백으로 남아 있는 아일랜드의 자연환경 부분이었다. 그들은 곧 군사적 승리로는 충분하지 않다는 점을 알아차렸다. 아일랜드는 엘리자베스 시대 사람들이 이른바 '정중함(civility)'*이라 부르는 것을 가져오지 않고는 안전을 보장받을 수 없었는데, 잉글랜드인에게 정중함이란 타운과 마을 그리고 둘레가 쳐진 밭을 의미하는 것으로, 이는 동부의 일부 혜택 받은 지역을 제외하고는 튜더 아일랜드에 존재하지 않는 일종의 정리된 자연환경을 뜻했다. 종이에 이러한 개량 공사를 구상하는 것은 매우 쉬웠지만 이를 현장에서 실행하기란 쉽지 않았다. 한 가지 방법은 잉글랜드인 토지소유자들과 소작인들에게 토지를 배분해주는 것인데,

* 잉글랜드화의 신조와 불가분의 의미로, 게일 사회의 구조를 바꾸기보다는 가치와 매너의 개혁을 통해 토착민을 '문명화'시키려는 인식과 관련한 것이다. 여기서는 모든 것이 제자리에 질서 있게 정리되어 있는 문명화된 상태를 의미한다__옮긴이

이러한 생각은 아일랜드인이 새로 이주한 잉글랜드인에게 큰 인상을 받아 잉글랜드인의 생활방식을 서둘러 모방할 것이라는 순진한 희망을 가진 데서 비롯했다. 이러한 식민지를 건설할 장소를 선택하는 작업은 흥미로운 지리 연습이었다. 하지만 이것은 대부분 그저 연습에 그쳤다. 새 지배계급은 사유지를 개간하고, 요새와 병영을 세우고, 나무를 잘라 습지를 지나갈 새 길을 만들 수 있었다. 그들은 17세기와 18세기에 이 모두를 이루었다. 하지만 많은 수의 잉글랜드 동포들이 얼스터(Ulster)의 일부 지역을 제외한 아일랜드에 와서 토지를 경작하게 만들 수는 없었다.

이것은 식민지 영토에서는 흔한 문제였다. 이주민이 토착민을 만나게 되는 지주(地主) 사회에서는 군대 정복이 끝난 후에도 경제 전쟁이 오랜 기간 지속된다. 토착민은 정착민보다 낮은 생활수준에도 만족해한다. 그래서 정착민이 자신의 농장에서 에이커당 더 많이 벌지 않는다면 토착민은 지주에게 정착민보다 높은 소작료를 냄으로써 토지를 얻는 경쟁에서 이길 수 있다. 이는 왜 많은 잉글랜드 이주민이 타운에 머물렀는지를 말해주는 한 가지 이유이다. 이것은 또한 스코틀랜드인이 어떻게 잉글랜드인보다 더 나은 식민지를 만들었는지를 설명해준다. 즉 스코틀랜드인 이주민의 기대는 비교적 높지 않았다. 경제 면에서 경쟁의 결과는 어느 정도 현지의 지리적 여건에 달려 있는데, 진보적인 새로운 이주자가 그보다 덜 효율적인 토착민 경쟁자에 우위를 보일 수 있는 곳이 바로 좀 더 토질이 좋은 지역이기 때문이다. 얼스터를 제외하고는, 17세기 식민자들이 토착민을 완전히 대치할 정도로 충분히 많았던 곳은 어디에도 없었다. 그리고 그리 대단한 것은 못 되었지만, 그들의 가장 큰 성공은 토지가 비옥하고 통신이 수월한 지역에서 일어났다. 이들은 서부의 시골 지역에는 거의 관심을 두지 않았다. 하지만 튜더 정복이 시작되었을 때 서부는 아일랜드에서 가장 '정중함'이 요구되었던 바로 그 지역이었다.

따라서 잉글랜드는 여러 노력을 기울였으나 잘사는 동부와 가난한 서부의 격차를 해소할 수 없었다. 이러한 차이점은 합병 후 몇십 년 동안 편찬되었던 일련의 중요한 공인 지도, 연구보고서와 통계보고서에서 다시 눈에 띌 정도로 분명하게 나타났다. 빅토리아 여왕 초기 시절 행한 지도편찬 작업의 대부분은 영국 육지 측량부

6 티퍼러리(Tipperary) 주의 언덕과 저지대 (아일랜드 관광공사)

의 수장 토머스 라콤(Thomas Larcom)의 감독 또는 영향으로 작성되었는데, 그는 아일랜드에서 작업했던 가장 유능하고 실용적인 지리학자로 간주할 수 있을 것이다. 그가 작성한 자연환경은 로드 버글리의 지도보다 훨씬 더 면밀하고 풍부하게 묘사되었다. 그렇지만 아일랜드는 여전히 두 지역으로 나누어질 수 있었다. 얼스터를 제외한다면, 300년 이전부터 구별할 수 있었던 두 지역이 바뀐 점은 거의 없었다. 동부와 남부에 거주하는 젠트리 층은 훨씬 많았으며 더 진보적이었다. 그 사회는 경제적·종교적으로 훨씬 더 다양화되었다. 농장은 더 커졌고 농업은 상업화되었으며, 타운들은 점점 더 조밀하게 배치되었다. 사람들은 더 좋은 집을 소유했고 더 나은 교육도 받았다. 서부는 동부와 비교할 때 모든 면에서 뒤처졌다. '미국 다음의 교구'라 불리는 유럽의 서부 끝 반도에 다다를 때까지, 서쪽으로 가면 갈수록 일반적으로 토지는 더 좁아지고 사람들은 더 가난해졌다. 그럼에도 놀라운 것은, 미국이 얼마나 아일랜드에 큰 변화를 주지 못했느냐는 것이다. 서유럽 국가에서 경제지리학은 신세계의 발견과 발전으로 혁명적으로 바뀌었다. 하지만 이들 변동된 공간관계는 영국의 통치 아래에 있는 아일랜드에 어떤 이득도 가져다주지 못했는데, 서부 아일랜드는 더더구나 아니었다. 미국은 16세기에 감자를 제공해주었고, 19세기에 감자로 인한 인구의 파괴적인 상승 이후 어딘가에 이주할 장소를 마련해주기도 했다. 이러한 변화를 통해 서부는 가장 고립된 곳으로 남았고 어떤 면에서는 아일랜드에서 가장 아일랜드적인 지역으로 남게 되었다.

동부와 서부의 경계선은 분명하게 구분되지 않았다. 경계의 대부분은 겹쳐져 서로 침투하거나 한 쪽이 다른 쪽으로 합쳐졌다. 하지만 적어도 먼스터 지역의 습지가 없는 비옥한 저지대가 남부의 고지대 덩어리와 겹쳐 있는 곳에서는, 잉글랜드와 게일의 영향 사이에 현저한 차이가 갑작스럽게 이루어졌고, 역사적으로는 당연한 결과였다. 선도적인 지리학자 중에 한 사람인 T. 존스 휴스(T. Jones Hughes) 교수에 의하면, 농업 소요라는 큰 사건에서부터 협동조합운동의 시작에까지 이르는 근대 아일랜드의 민족주의가 최초로 표현된 곳은, 동쪽도 서쪽도 아닌 바로 이 경계선 부근이었다. 또한 1921년 조약 이전 몇십 년 동안 아일랜드에서 일어난 가능성 있는 견해가 있다. 즉 서부, 특히 서부 끝단은 사방으로 격리되어 압도적으로 가난한 데 비해, 동부, 특히 옛 잉글랜드 페일 지역은 대지와 바다로 접근이 용이하여 사람들을 끌어들인다. 결국 서부와 동부가 현재와 미래의 아일랜드로 통합되기를 바랄 뿐이다. 이것은 흥미로운 견해지만, 더블린에서 그려진 많은 그림처럼, 북부를 제외하고 있다. 얼스터는 항상 그 자체의 지리적 특성을 지니고 있었으며, 우리가 상상할 수 있듯이 각각의 다양한 지역적 특성을 받아들임으로써 형성되었는데, 이들 특성을 강조하여 극적이고 다채로운 것으로 조합했다. 서부처럼 — 유일하게 서부보다도 더 — 얼스터는 산맥, 빙퇴구, 숲과 강으로 남부와 분리되어 육로로는 접근이 다소 불리한 지역이었다. 이는 스코틀랜드와 잉글랜드를 나누는 고지대와 유사한 아일랜드식 지형이 되었는데, 마치 선사시대의 토목공사로 알려진 블랙 피그스 다이크(Black Pig's Dyke)가 하드리아누스 방벽(Hadrian's Wall)에 대한 아일랜드식 등가물인 것과 같다. 하지만 이런 장애물 너머로 놓여 있는 것은 메마르고 좁은 반도가 아니라, 라간(Lagan)과 반(Bann) 산맥 계곡에 놓여 있는 동부 삼각지대의 축소형과 같은 것이다. 잉글랜드 정부의 입장에서 볼 때 얼스터는 아일랜드에서 가장 다루기 어려운 지역이었으며, 이 국경을 깨기 위해 노력하는 과정에서 그들은 수차례

7 티퍼러리 주의 아어로(Aherlow) 계곡: 16세기 숲, 20세기 농지 (아일랜드 관광공사)

의 수치스런 패배로 고통을 받았는데, 그 패배는 전쟁이 끝난 후 그들에게 가장 철저한 이식(移植) 계획을 고안하게 했다.

더블린으로부터의 지리적 격리는 얼스터와 서부 지역에 어느 정도 공통된 점이었다. 하지만 얼스터는 더블린처럼 외부 영향에 크게 노출되어 있었다. 매우 협소한 거리인 13마일 간격을 두고 스코틀랜드와 떨어져 있었고, 이러한 간격을 지닌 해안가를 따라 잉글랜드와 아일랜드 그리고 스코틀랜드인이 여러 세기 동안 전쟁과 동맹이라는 혼란스럽고 뒤바뀌는 방식으로 서로 대치했다. 하지만 1603년 잉글랜드와 스코틀랜드가 제임스 1세 아래에서 통합되었을 때 새 시대가 열렸다. 아일랜드의 왕으로서 제임스는 자신의 선임자인 엘리자베스가 없었던 두 가지 장점을 가지고 있었다. 스코틀랜드 왕국은 그에게 협소한 북부 해협의 지휘권을 주었고, 그 왕국의 인적 자원으로부터 17세기 후반 몇십 년에 걸쳐 진행된 새 이주의 물결을 추진했던 활달한 저지대인을 얻어 얼스터 식민지를 견고하게 건설할 수 있었다. 농업을 리넨 제조(linen-making)의 국가산업과 결합함으로써 이들 스코틀랜드 이주민은 근대 아일랜드에서 높은 인구밀도를 비교적 수준 높은 번영과 결합시킨 유일한 민족이 되었다. 아일랜드인은 종종 브리튼을 잉글랜드와 혼동하는 습관을 가져,

제임스 1세의 두 개의 브리티시 왕관이 그들 나라를 분할하는 데 중요한 역할을 했다는 점을 망각하기도 했다.

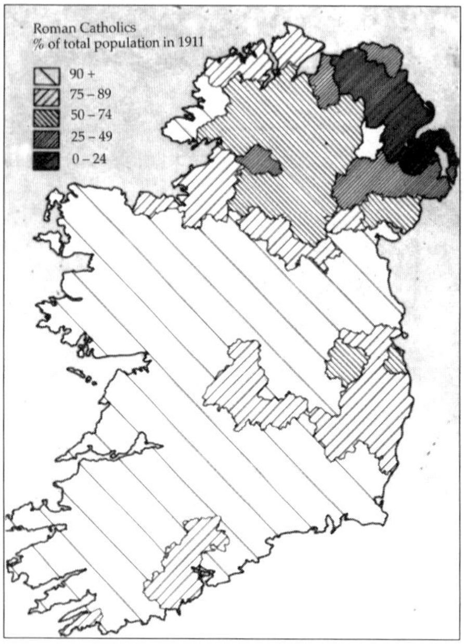

8 1911년 아일랜드의 가톨릭교도 분포 (J. H. Andrews)

튜더 정복 이후 새로운 이주민 대부분은 신교도였으며, 아일랜드에서는 종교의 개종을 거의 경험하지 못한 까닭에, 20세기 종파별 지도(<그림 8>)는 이식 정책의 전반적인 영향을 측정하는 최상의 방법이다. 이 정책은 북부 이외의 지역에서는 분명 실패작이었으나, 북부에서는 상당한 성공을 거두었다. 하지만 북부는 나머지 아일랜드와 공통적으로 앤트림의 북부 계곡과 스페린(Sperrin) 산맥 같은 고지대 피난처가 있었으며 여기에는 매우 오래된 공동체들이 거의 변하지 않고 남아 있었다. 가톨릭 지역과 신교도 지역의 혼합은, 얼스터가 다른 어떤 지역보다도 많이 19세기 산업혁명을 경험했을 때와, 새로운 공장들이 식민 이전의 얼스터인 자손을 끌어 모아 성장하는 도시에 살도록 도와주려 할 때 점점 더 복잡해졌다. 일부 도시에서 다수였던 가톨릭교도가 이제는 신교도가 지배적인 시골에 나타나게 되었으며, 또한 전형적인 북부 타운 안에 있는 각각의 종파들은 그들 각자의 중심 거리를 가졌다. 아일랜드 전체처럼 얼스터는 자체 내에서 분리된 상태로 남았다.

아일랜드 역사에서 지리적 요인은 간략한 조사만으로 적절히 요약할 수 있는 문제가 아니다. 지리적 요인은 아일랜드를 통합하고 동시에 분할하는 데 영향을 미쳤는데, 이러한 요인이 영국 제도(諸島)를 통합하고 분할하는 데 영향을 준 것과 같은 이치이다. 이들의 중요성은 변해왔고 여전히 변하고 있는데, 대개는 좀 더 긍정적인 방향으로 바뀌고 있다. 강에서는 동력을 얻었고, 언덕은 생산적인 목재를 제공했으며, 습지는 땔감과 전력을 위해 개발되었고 또한 곧 경작지로 바뀔 것이다. 드디어 신산업이 세계의 땅덩어리 가운데 아일랜드의 중요한 위치가 갖는 이점을 활용하기 시작하고 있다. 지리적 장애는 사라지고 있으며, 이들 장애의 영향 또한 시간의 흐름에 따라 아일랜드 내에서뿐만 아니라 아일랜드와 다른 국가 사이에서도 스스로 사라지기 시작할 것이다.

2

아일랜드의 선사시대

PREHISTORIC IRELAND

우리는 과거에 대해 어느 정도 관심을 가지고 있는데, 비단 우리 자신의 과거뿐만 아니라 우리가 속해 있는 사회의 과거에 대해서도 관심이 있다. 과거는 우리에게 현재의 위치를 가늠할 수 있게 해준다. 누구나 우리의 존재와 출신지 그리고 아일랜드인이라는 것이 과연 무슨 의미가 있는지에 대한 질문을 얼마 동안은 하면서 살아왔을 것이다. 역사가들은 아일랜드와 우리 조상의 과거에 대해 많은 것을 전해준다. 그들은 여러 해 또는 수백 년 전에 인간이 무엇을 기록했는가에 대해 연구를 하며, 그 기록을 바탕으로 사회의 이야기를 재구성하려고 노력한다. 하지만 사람들이 항상 기록한 것은 아니었다. 아일랜드에서 기록은 약 1,500년 전부터 시작되었다. 그렇다면 우리가 선사시대라고 부르는 역사 이전에는 어떤 일들이 일어났는가? 많은 사람들은 수천 년 전에 살았던 사람들이 남긴 무언의 증언에 대해 매력을 느낀다. 예컨대 대서양의 절벽 위에 있는 커다란 돌로 만든 요새나 언덕 꼭대기에 있는 커다란 흙무덤, 또는 어떤 농부의 밭에 원형으로 세워진 돌 등이 그것이다.

고고학자는 요새와 많은 종류의 유적을 조사하고, 이들에 대해 질문하며, 초기의 인간이 만든 작고 잘 알려지지 않았던 작업들에 대해 연구한다. 그들은 이야기를 재구성하기 위해 단서들을 한데 모으는 탐정과 같은 작업을 하는데, 이를 위해 땅 속에서 도자기 파편, 뼈로 만든 도구나 부싯돌, 마제(磨製) 도끼머리를 건져내기도 한다. 고고학자는 그들이 찾는 물건들 — 종종 따분하기 짝이 없는 — 에 최우선적인 관심을 두지 않으며, 발굴 과정에서 보물을 찾고자 하는 것도 아니다. 그들은 오직 한 가지의 가능한 방법으로 선사시대 사람들이 어떠했는가를 알아내려고 노력하는 것이다.

선사시대 사람들이 어떠했을 거라는 이야기는 지리적 환경과 관련지어야 한다. 빙하시대 말기의 서유럽 지도(<그림 9>)를 보면 아일랜드는 에스파냐, 포르투갈, 잉글랜드와 함께 서유럽에서 대서양 쪽으로 튀어나와 있다. 잉글랜드와 아일랜드가 지금은 유럽대륙에서 분리되었지만, 당시에는 유럽의 일부분이었다. 유럽에서 불쑥 나와 있는 이들 지역은 스칸디나비아와 함께 고지대를 이룬다. 저지대는 서프랑스에서 영불해협의 양쪽 면을 따라 확장되며, 베네룩스 3국과 북부 독일을 거쳐 멀리 동부까지 뻗어 있다.

10만 년 전 이상부터 약 1만 5,000년 전까지 지속된 후기 빙하시대는 너무나 추워 유럽의 많은 지역에서 나무들이 자랄 수 없었다. 빙하는 북부의 고지대와 중유럽의 산맥을 덮었다. 서프랑스의 저지대는 사슴과 말이 많은, 풍부하고 비옥한 잔디로 덮인 평원이었지만, 북부 멀리는 초원이 빈약하고 많지 않았으며 큰 사냥감은 얼마 되지 않았다. 이러한 시기에 서프랑스와 에스파냐의 여러 지역에서 사람들이 큰 동물을 사냥하면서 살았음에 틀림없다. 그들은 동굴에서 살았는데, 라스코(Lascaux)와 그 밖의 지역 동굴 벽에 그들이 사냥했던 동물들에 대한 뛰어난 그림들이 그려져 있다. 이러한 구석기시대(또는 고대 석기시대) 예술은 세계에서 가장 오래된 예술이다. 동굴벽화와 돌 또는 뼈로 만든 도구에서 우리는 초기 인간의 생활방식을 생생하게 그려볼 수 있다. 이들 수렵인은 사냥감을 찾기 위해, 당시 존재하지 않았던 영불해협을 건너 잉글랜드로 이동했다. 그들은 잉글랜드에는 어떤 그림도 남기지 않았지만, 그들이 사용한 부싯돌 도구가 발견되었으며, 생활 조건은 프랑스

9 기원전 1만 5,000년경, 빙하시대 말기 서유럽의 지도 (G. F. Mitchell)

에서와 아주 똑같았던 것으로 보인다. 이들은 아일랜드까지 들어오지는 않았던 것으로 추정되는데, 몇백 년 동안 아일랜드 고고학자들이 이러한 유형의 도구를 아무것도 발견하지 못했기 때문이다. 이런 도구가 아일랜드에서 발견될 것이라고는 생각지 않는데, 그 이유는 당시 아일랜드에는 수렵인의 식량이 되기에 충분한 동물이 없었기 때문이다.

빙하 말기의 아일랜드는 오늘날 스칸디나비아 반도 최북단의 라플란드(Lapland)처럼 편편한 대지 위에 습지 초원이 있고 경사진 언덕에는 식물이 거의 자랄 수 없는 땅이었음에 틀림없다. 기후가 점점 따뜻해짐에 따라 라플란드의 따뜻한 지역처럼 덤불이 다시 자라기 시작했다. 순록을 아일랜드에서 흔히 볼 수 있게 된 때가 바로 이때로, 기원전 1만 년경이었다. 이들 순록이 수렵인의 먹이가 될 수 있었는데, 네덜란드와 덴마크에는 수렵인이 있었지만 아일랜드에서는 이들의 흔적을 찾아내지 못했다. 그 당시 아일랜드는 여전히 사람이 살지 않았던 것으로 보이며, 순록이 다른 지역보다 아일랜드에 더 흔했던 이유는 아마 사냥할 사람들이 없었기 때문일 것이다.

아일랜드에 최초로 거주한 사람들을 살펴보기 이전에 유럽대륙이 변화된 방식을 살펴볼 필요가 있다. 빙하시대 동안 지구의 물 대부분은 대지보다 높이 떠 있는 얼음 상태였다. 바다에는 물이 훨씬 더 적었고 해수면도 낮았다. 그 결과 아일랜드는 잉글랜드와 연결되어 있었고 잉글랜드는 유럽대륙과 연결되어 있었다. 얼음이 녹자 해수면이 올라와서 기원전 6,000년경 아일랜드는 잉글랜드에서 떨어져 나갔지만 장차 북해가 되는 표면은 여전히 바다 수면보다 위에 있어서, 삼림과 늪지대가 요크셔에서 덴마크까지 뻗어 있었다(<그림 9>). 얼음덩어리들이 북쪽으로 퇴각

해감에 따라 나무들은 좀 더 따뜻한 기후에서 자랄 수 있었으며, 호수와 강을 제외한 유럽은 전적으로 밀도가 높은 숲의 나라로 변했다. 초원과 평야를 뛰어다녔던 사슴과 말들은 팽창하는 삼림 때문에 밀려났다. 수렵인은 더 이상 충분한 사냥감이 없었기 때문에 새와 물고기를 잡아먹으며 살아야 했다. 삼림의 성장으로 이동에 제한을 받자 사람들은 강을 따라 바닷가와 호숫가로, 먹이를 찾을 수 있는 곳이라면 어디로든 옮겨갔다.

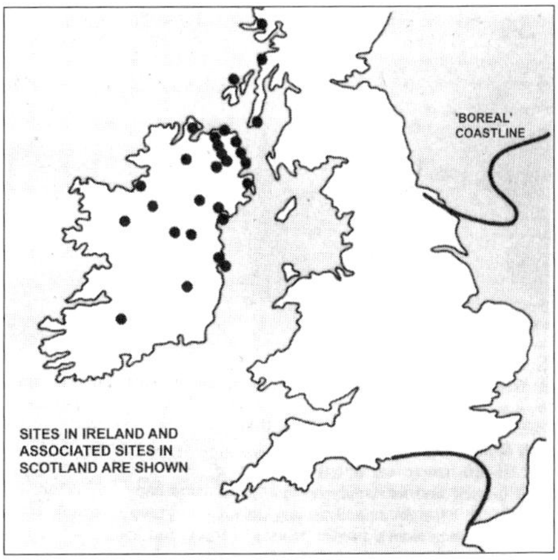

10 중석기시대 아일랜드와 서부 잉글랜드의 지도 (G. F. Mitchell)

바로 이들 수렵인이 아일랜드에 처음으로 온 사람들이었다. 그들은 스칸디나비아에서 잉글랜드로 건너갔거나, 기원전 6,000년경 또는 이보다 좀 이르게 멀리 서부까지 이동하여 앤트림과 위클로의 고지대 쪽을 향해 좁은 해협을 건너갔을 것인데, 이곳을 영국 해안에서 선명하게 볼 수 있었기 때문이었다. 우리는 그들을 데리(Derry)의 콜러레인(Coleraine)과 오팔리(Offaly)의 툴라모어(Tullamore) 근처에서 최초로 발견했다. 시간이 지나면서 사람들은 아일랜드 남서부보다는 북동부 지역을 선호한 것으로 보인다. 북동부에 호수가 더 흔하며, 식량도 더 풍부했을 것이다.

아일랜드의 첫 번째 조상인 중기 석기기대 또는 중석기의 사람들에 대해서는 알려진 바가 거의 없다. 콜러레인에 있는 집터를 통해 그들이 중앙 난로를 한 둥근 움막집에서 살았다는 것은 알지만 죽은 사람을 어떻게 처리했는지에 대해서는 모른다. 우리가 가지고 있는 것이라고는 그들이 음식 공급처였던 늪지나 바다 가까이에 남겨둔 잡동사니나 조개더미가 전부이다. 최초로 도착한 사람들은 나무로 된 손잡이에 꽂을 촉으로 쓰였을 부싯돌로 된 작은 칼날인 세석기를 사용했다. 이 도구는 새를 쏘기 위한 화살로 쓰기에 매우 편리했지만, 후기 중석기 사람들은 사용하지 않았던 것으로 보인다. 그들의 연장은 사용 범위가 제한된 부싯돌 도구로 그리 훌륭하지는 않은데, 대부분 새와 물고기의 껍질을 벗기고 씻는 데 사용했다. 뼈는 거의 사용되지 않았고, 문지르고 때리기 위해 사용된 돌이 일부 남아 있다.

뼈로 된 촉이 있는 작살이 아일랜드 외부에서 알려졌는데, 이러한 연장 또한 아일랜드에서도 사용되었음을 알 수 있다. 이것은 바다에서 바다표범이나 돌고래를 추적할 때뿐만이 아니라, 강을 건너거나 숲의 개활지로 뛰어나오는 사슴을 매복해서 사냥하는 데에도 사용할 수 있었다. 또한 중석기시대의 사람들이 의도적으로 개활지를 만들었다는 증거가 있는데, 이 개활지에 새싹을 좋아하는 사슴이 풀을 뜯으러 오면 쉽게 잡을 수 있었다.

수렵인으로 인간은 완전히 자연의 혜택에 의존했다. 자신과 가족을 먹여 살리기 위해 일 년 내내 밤낮 없이 계속 사냥을 해야 했다. 아주 작은 집단의 사람들만이 삼림과 늪지의 넓은 지역에서 생활을 유지할 수 있었는데, 그곳에서 맹수나 그 밖의 짐승들과 경쟁을 벌여야 했다. 하지만 초기의 원주민이 강과 호수의 둑을 따라 사냥감으로 근근이 살아가려고 애쓰면서 아일랜드에 들어오기 이전에, 이미 세계의 어딘가에서 인류에게 지구의 지배권을 안겨주게 된 대혁명이 일어나고 있었는데, 그 주인공은 중동에 있는 최초의 농부들이었다.

이 신석기시대의 혁명은 인류의 역사에서 가장 의미심장한 진전을 이루었다. 이제부터 인류는 자연의 자비를 얻어 생존하는 대신 자신의 환경을 통제할 수 있게 되었다. 인류는 씨앗으로 퍼져나가는 야생식물과 목초지를 잘 관찰함으로써 곡물 경작 방법을 터득했다. 특정한 개활지로 풀을 뜯으러 왔던 야생동물을 점차 길들였는데, 송아지나 새끼 염소 같은 어린 동물을 포획하고 이들을 길렀다. 이러한 가축들은 고기와 가죽뿐만 아니라 우유와 털까지 제공했다. 음식이 바구니와 가죽 가방에 저장되었고 궁극적으로 도자기가 발견되었다. 누군가가 방수용으로 만들기 위해 흙으로 바구니에 더덕더덕 칠하는 아이디어를 냈을 것이다. 이것이 태양의 열기로 구워졌을 때 단단하고 견고해졌고, 그 다음 순전히 흙으로 된 용기를 만드는 것이 가능하게 되었다. 이것이 첫 번째 제조로, 최초의 항아리는 둥근 밑바닥을 가진 가방 형태였는데, 이것은 바구니나 가방 모양을 본 따 만든 것이었다. 동시에 사람들은 거친 석기를 갈아 다듬는 법을 배웠고, 좀 더 효율적인 연장인 호미나 도끼를 만들 수 있게 되었다. 토지가 경작되고 소모되자 더욱 더 많은 양의 토지가 필요했고 이로 인해 삼림의 개간이 시작되었다. 나무를 베는 도끼도 발명되었다(<그림 11>). 후에 이집트에서 나온 그림들은 돌로 된 도끼를 사용하여 나무를 베어 쓰러뜨리고, 돌로 만든 호미로 땅을 일구며, 곡식을 기르고 추수하는 전 과정을 보여준다.

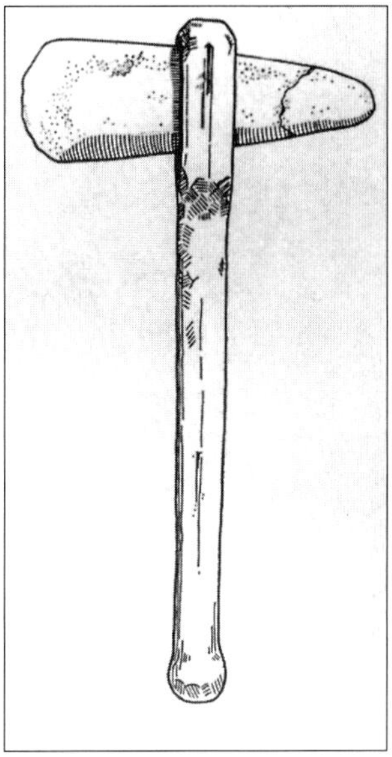

11 나무로 된 손잡이가 달린 마제 돌도끼, 기원전 3,000년경 (아일랜드 국립박물관)

중동에서는 팽창하는 인구로 인해 이들 농업인이 새로운 땅을 찾아 끝없이 넓은 지역으로 흩어졌다. 그들은 지중해를 따라 서쪽인 에스파냐와 프랑스로 밀려갔고, 프랑스를 거쳐 영불해협 해안가로 그 다음은 아일랜드와 영국 그리고 대륙의 저지대 국가로 거슬러 올라갔다(<그림 12>). 이러한 팽창은 꽤나 오랜 시간이 걸렸다. 하지만 다양한 시대측정 방법에 의해 신석기 이주민이 기원전 3,000년경에 북서부 유럽에 도착했음을 알 수 있다.

리머릭(Limerick) 주에 있는 거르 호(Lough Gur)에서 아일랜드 땅을 가꾼 최초 원주민들의 생활방식을 관찰할 수 있다. 그들은 실용적이고 예리한 관찰력을 지녔는데, 느릅나무가 마음대로 자라는 곳의 토양이 가장 비옥하다는 것을 터득했으며, 그래서 남부 리머릭 지역에 있는 옅은 석회암질 땅에 정착했다. 이 지역은 지금도 비옥하고 가축의 사육에 적합하다. 거르 호숫가에서 숀 오 리오데인(Seán Ó Ríordáin) 교수는 그들의 집을 많이 발굴했다. 그 고고학자가 발견한 것은 나무 기둥이 썩어 있는 곳이나 돌로 된 집터 주위의 흙에 남아 있는 얼룩이다. 이 집들은 나무로 만든 틀 위에 토탄으로 된 벽을 가지고 있었으며, 호숫가 해변에서 채취한 골풀로 엮은 초가집이었다. 이런 집 가운데 어떤 것은 둥글었고 어떤 것은 직사각형이었다. 오 리오데인 교수는 발견된 많은 도자기 파편들 일부를 함께 이어 붙임으로써 주민들이 식량을 저장하기 위해 가장자리에 장식이 되고 밑바닥이 둥근 그릇과 좀 더 묵직하면서 바닥이 편평한 조리용 항아리를 만들었다는 것을

12 신석기 농경의 확장, 기원전 3,000년경 (G. F. Mitchell)

증명했다. 그들은 나무를 자르고 땅을 파기 위해 다양한 크기의 돌로 된 도끼를 사용했고, 순록의 뿔로 된 곡괭이 또한 농경에 사용되었다. 수많은 작은 뼈로 만들어진 도구, 즉 시굴공, 바늘, 송곳이 가내용품으로 쓰였고, 뼈와 돌로 만든 물레바퀴가 옷감을 짜고 양모를 방적하는 데 사용되었다. 여성들은 큰 덩어리의 돌 면에다 무거운 마찰 도구를 밀어 넣어 곡식을 갈았다.

이들은 자신들이 가꾼 곡식뿐만 아니라 많은 양의 고기 — 우리는 그들이 버린 찌꺼기 뼈를 통해 젖소와 돼지 그리고 양을 길렀다는 것을 알고 있다 — 를 먹었다. 그들이 사용했던 부싯돌 촉을 가진 화살이나 창은 새를 사냥하기 위한 도구였으며, 부싯돌 날과 마찰 도구는 현대의 칼과 같은 역할을 했을 것이다. 이들 초기 농부들이 남겨놓은 용품 모두가 실용적인 도구는 아니었다. 수많은 뼈와 돌로 된 구슬과 토탄으로 된 팔찌는 이들이 오늘날처럼 자신의 몸을 치장하고 외모에 관심을 가졌음을 보여준다.

이들 최초의 농업에 대한 기록은 거르 호수의 밑바닥에 가라앉은 진흙을 통해서도 알 수 있다. 호수 가까이에서 자란 식물들의 꽃가루가 공중으로 날려 흩어질 때 호수로 많이 떨어졌다. 호수에 남아 있는 진흙의 일부를 취해서 그 안에 있는 꽃가루 낱알을 세어보면, 더 낮은 곳에 있는 진흙에서 이주민들이 도착하기 이전 미개척된 삼림에서 떨어진 수많은 느릅나무의 꽃가루를 보게 된다. 이후에 농부들이 나무를 절멸시켜 느릅나무 꽃가루 양이 급감했다. 이곳 진흙의 더 높은 부분에서 경작지의 꽃가루, 즉 초목, 곡물, 잡초 등의 꽃가루가 발견된다. 최초의 농부들은 거름을 사용하는 법을 전혀 터득하지 못했기 때문에 시간이 지난 후 들판의 생산력은 급격히 감소되었다. 그래서 농부들은 새로운 땅으로 이동했고, 따라서 버려진 들판에 나무들이 자라나면서 진흙에 포함된 나무의 꽃가루가 다시 증가했다.

거르 호숫가에 살았던 사람들은 대부분의 용품에서 충분히 자급자족을 했지만 일정 부분 교역도 이루어졌다. 발견된 일부 도끼들은 이 지역에서 생산된 돌로 만들어졌지만 어떤 도끼들은 이를 만들기에 특별히 적합한 바위가 있는 아주 먼 지역에서 수입되었다. 앤트림 주의 티에베불리아(Tievebulliagh)와 라슬린(Rathlin) 섬이 이러한 두 지역인데, 여기에 있던 최초의 아일랜드 공장에서 돌도끼가 대량생산되었다. 그 공장의 특징인 작은 반점이 있는 돌로 만들어진 돌도끼는 이웃 주(州)뿐만 아니라 더블린과 거르 호수 그리고 잉글랜드의 남부에까지 교역이 이루어졌다. 이는 5,000년 전 아일랜드 최초의 수출 주력 품목이었다.

당연히 거르 호가 신석기인의 유일한 정착지는 아니었지만, 지금까지 많은 거주지가 계속 발견된 유일한 장소이다. 다른 사람들은 '도끼 공장'에 살면서 일했는데, 앤트림 주의 라일 언덕(Lyle's Hill)에는 상당한 정도의 정착지가 있었다. 그곳에서 수백 개나 되는 신석기 항아리 조각이 발견되었는데, 다른 많은 유적들도 발견되기를 고대하고 있다.

우리는 이들 초기의 농부들이 어떻게 살았는지를 알고 있을 뿐만 아니라 죽은 자를 위해 세웠던 거대한 기념비로부터 그들의 종교적 신념의 일부를 이해할 수 있다. 이들 가운데 일부는 무덤이 놓여 있는 거대한 돌이 긴 통로 형태를 이루고 있는데, 앞마당이나 중앙의 열린 마당에서 종교의식이 행해졌다. 그들이 케른(cairn)〔기념, 이정표로서의 원추형 돌무덤_옮긴이〕이라 불렀던 마당은 주로 아일랜드 북부 지역에서 발견된다. 메이요 주 밸리글라스(Ballyglass)의 케른은 옛날 목조가옥의 폐허 위에 세워졌다.

그러한 무덤에 대한 일반적인 용어는 거석묘(megalithic tombs, 그리스어 megos는 '크다', lithos는 '돌'이란 뜻에서 유래)이다. 그렇게 불리게 된 이유는 알기 쉬운데, 현존해 있는 단순한 분묘만 보더라도 이해할 수 있다. 관석(冠石)과 그것을 받친 돌의 삼각대로 이루어진 고인돌(dolmen)은 아일랜드 전역에 걸쳐 흔하다. 현재 남아 있는 것 가운데 대다수가 무덤의 방(burial chambers)을 형성하는 거대한 돌이지만, 본래 이 돌은 케른이나 흙무더기로 가려져 있었다. 신석기 무덤 중 가장 장관을 이루고 있는 것은 슬라이고(Sligo) 주의 애로 호(Lough Arrow) 서부에 있는 언덕과 미드(Meath) 주의 크루힐스 호(Lough Crew Hills) 위쪽에 있는 보인(Boyne) 강 계곡 그리고 더블린-위클로 산맥에서 집단을 이루고 있는 거석 케른이다. 케른의 안쪽은 통로를 통해 접근할 수 있는 정교한 무덤의 방이 있는데, 이러한 유형은 통로무덤(passage grave)으로 알려져 있다.

이러한 대형 케른은 부족집단(tribal group)이 만들었는데 이를 위해 엄청난 인원의 사회구성원이 필요했다. 많은 사망자들이 하나의 통로무덤에 같이 매장되었는데, 시체는 불에 태워졌고 화장된 뼈들을, 때로는 항아리, 돌과 뼈로 만든 구슬 그리고 내세에서 사용할 목적의 도구와 함께 통로무덤 안에 놓아두었다. 불에 탄 어마어마한 양의 뼈가 일부 발굴된 무덤에서 발견되었는데, 이것은 무덤이 상당 기간 사용되었음을 보여준다. 우리는 무덤을 만든 사람들이 어떤 신념을 지녔는지는 정확히 알지 못한다. 다만 몇몇 무덤이 입구가 해가 떠오르는 방향으로 열려 있는 것으로 보아 태양을 숭배한 것으로 보인다. 이러한 종교는 강력한 것으로서, 이와 유사한 유형의 매장 구조가 유럽의 많은 지역에 걸쳐 있음이 알려져 있다.

그들의 종교적 신념에 대한 또 다른 단서는, 이 나라에서 가장 훌륭한 통로무덤을 볼 수 있는 미드 주 뉴그레인지에 있는 분묘의 일부에 남아 있는 정교한 돌의 장식에서 찾을 수 있다. 돌을 꾸미는 나선형과 마름모꼴 그리고 지그재그 문양은 종교적인 의미를 지니고 있음에 틀림이 없는데, 일부는 인간의 얼굴과 형상을 고도로 양식화한 것으로 추정된다. 이것은 지중해 세계에서 오랫동안 숭배된 죽음의 여신을 나타낼지도 모른다.

무덤 가운데 일부가 여전히 사용되던 동안에, 다른 집단의 사람들이 아일랜드 해안에 다다랐다. 사람들이 광석(鑛石)을 인지하고 금속 물체를 만드는 법을 배웠던 중동에서 더 위대한 기술 발전이 일어났다. 초기의 탐광자는 아마도 금의 밝은 색에 끌렸겠지만 동(銅)과 같은 다른 종류의 금속도 곧 알게 되었다. 그들은 꽤나 복잡한 과정을 통해 광석을 용해된 금속으로 만드는 법을 배웠고 그런 다음 주형(鑄

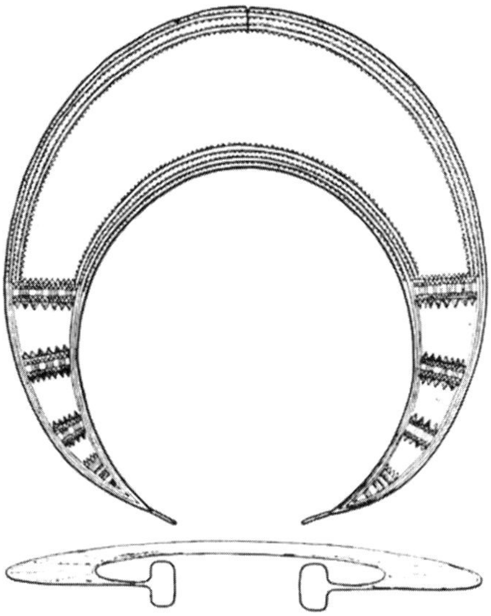

13 타이론 주의 트릴릭(Trillick)에서 발굴된 금으로 만든 러눌라, 기원전 1,800년경 (아일랜드 국립박물관)

型)으로 물체를 주조했다. 금속 물체는 어떠한 크기로도 만들 수 있었고, 부서지거나 낡은 것을 녹여서 다시 만들 수 있다는 또 다른 장점도 있었다.

기원전 약 2,000년경 탐광자와 금속공이 아일랜드에 도착하여 광석을 탐색하기 시작했는데, 이 탐색은 오늘날까지 계속되고 있다. 광부들은 선사시대 광업의 흔적과 만나게 되었다. 어쨌든 이들 새 이주자가 탐색에 성공했다는 점에는 의심의 여지가 없는데, 곧 수많은 청동 제품이 만들어져 나왔기 때문이다. 처음은 단순한 평면 도끼였고, 다음은 지그재그나 나선형으로 장식한 물건이었다. 이런 것들은 아일랜드에서 대량으로 발견되었지만 또한 잉글랜드와 스칸디나비아까지 멀리 수출되었다. 위클로 주에 위치한 강들의 사력층(砂礫層)에는 금이 있었고, 초기 청동기시대라 불리는 이 시기에 뚜렷한 금장식이 아일랜드에서 만들어졌다. 외형이 초승달같이 생겨서 러눌라(lunula)(<그림 13>)로 명명된 목걸이의 한 유형이 있는데, 이 러눌라 또한 잉글랜드와 유럽대륙으로 수출되었다.

초기의 금속공들은 잘 만들어지고 아름답게 장식된 새로운 유형의 도자기 용기를 아일랜드에 들여왔다. 그 그릇들은 물컵이었을 것인데, '비커(beaker)'라는 용어로 알려져 있다. 이러한 용기들은 아일랜드의 거석분묘에서 발견되었다. 바로 이 청동기시대(기원전 2,000년경에서 1,200년까지의 기간) 초기에 새로운 형태의 매장이 유행하고 있었다. 일부 집단의 시체는 더 이상 화장되지 않았고, 각각 하나씩의 무덤 안에 새로운 양식으로 장식된 항아리와 나란히 매장되었다. 고고학자들은 죽은 사람을 위한 음식이 용기 안에 들어 있어 이것이 음식용기(food vessels)로 불렸을 것이라고 추측한다. 때로 시체들은 여전히 화장되었는데, 불에 탄 뼈들을 음식용기 안에 넣거나 납골단지(urn)로 불린 좀 더 큰 도자기 안에 담았다.

타라 언덕(Hill of Tara) 위에 있는 작은 흙무덤 — 볼모들의 흙무덤(the Mound of the Hostages) — 이 오 리오데인 교수에 의해 일부 발굴이 되었고, 그의 사후 루애리 드 발레라(Ruaidhrí de Valera) 교수에 의해 발굴되었다. 여기에 거석 시대 사람들은 분묘를 만들었는데, 이것을 처음에는 작은 돌의 케른으로 덮었고 그 다음에 찰흙층으로 덮었다. 이렇게 찰흙을 덮는 과정에서 후대의 이주자들은 화장된 유골을 음식용기와 납골단지에 넣었다. 한 젊은이의 시체는 불에 태워지지 않아 부분이나마 중요한 증거가 되었는데, 그가 청동과 호박 그리고 파양스(faience)〔광택이 나는 채색 도자기_옮긴이〕 구슬로 된 목걸이를 그대로 걸친 상태로 매장되었기 때문이다. 파양스는 인공 보석으로, 기원전 1,500년경 이집트와 근동에서 생산된 밝은 남색의 유리 종류이다. 호박(amber)은 발트 해 연안이 원산인 화석으로 된 송진 종류인데, 오늘날처럼 당시에도 목걸이와 보석으로 대단히 유행이었다. 사치스런 재화인 파양스와 호박은 당시에 아일랜드가 수출하던 금과 청동으로 된 물건과 교환하여 수입되었던 것으로 보인다.

이들 분묘가 좀 더 초기 사람들의 무덤만큼 정교하지는 못했을지라도, 청동기시대의 사람들은 커다란 돌로 원형을 만들고 그 안의 마당에서 종교의식을 행했다. 리머릭 주의 그레인지(Grange)에서, 아일랜드에서는 가장 넓은 돌 원형 안의 돌 밑바닥 가까이에서 깨진 큰 비커와 음식용기 파편들이 발견되었는데, 이는 아마도 의례적 축제의 유물일 것이다. 거르 호숫가의 또 다른 원형은 돌 안쪽 원형과 바깥쪽 원형이 있다. 우리는 이들이 이 안에서 어떤 의식을 행했는지 알 수는 없지만, 이들

구조물은 청동기시대 사람들의 사원이었다.

기원전 800년경 유럽의 다양한 지역에서 유래된 새로운 아이디어들이 아일랜드에 침투했다. 새로운 유형의 수많은 도구가 나타나서 나무나 철로 된 좀 더 정교한 작품들의 출현이 가능하게 되었다. 전투의 방식이 바뀌었는데, 짧고 무거운 칼을 가지고 가까이서 싸우는 접근전이 발전했으며, 청동, 가죽이나 나무로 된 방패가 방어용으로 사용되었다. 농업은 간단하게 소로 끄는 쟁기의 도입으로 혁명을 이루었다. 이것은 근대의 쟁기처럼 긴 밭고랑의 토양을 뒤집을 수는 없었지만 토양의 표면을 부스러뜨릴 수는 있었다. 그래서 힘든 삽질은 대부분 사라졌다.

그 결과 부(富)가 크게 증가했으며, 부족장들은 금을 비축하여 저장할 수 있게 되었다. 목의 장식이나 목가리개는 판금에서 잘라냈으며, 돋을새김 양식으로 장식되었다. 막대 금은 양끝을 늘여서 둥근 형태의 팔찌로 만들 수 있었다. 일부 금장식들이 잉글랜드와 그 너머로 수출되었는데 의심의 여지없이 사치품의 수입으로 대체되었다.

이들 청동기시대 사람들은 단순한 정착지에서 살았는데, 오두막집 한 채나 가축을 안전하게 지킬 수 있는 방책으로 욋가지로 엮은 울타리를 두른 오두막집에서 살았다. 숲 속에 있는 개간지에도 집이 있었는데, 백여 년 전 미국인 개척자들의 집처럼 나무로 된 울타리로 둘러싸인 통나무집이었다.

또 다른 형태의 특이한 거주지가 이 시기에 널리 퍼져갔던 것으로 보인다. 크라녹(crannóg)이라 불리는 호숫가 거류지로, 호수의 물 안에 힘들여 건축한 인공 섬이다. 이 아이디어는 신석기시대로 거슬러 올라가는데, 이러한 거주지 유형은 중세까지 계속해서 이어졌다. 거주지 유형이 무엇이든 간에 부자들은 멋지게 살았으며, 특별한 잔치에는 커다란 청동 솥을 화로 위에 걸어놓고 고기를 요리했다.

아일랜드가 계속해서 청동을 사용하고 있는 동안 다른 금속인 철이 유럽에 들어와 사용되고 있었다. 철광석은 흔해서 동광석보다 훨씬 더 가격이 저렴했으며, 철은 청동보다 많은 용도에서 우수했다. 하지만 광석에서 철을 생산하는 것은 복잡했으며, 기술적인 어려움이 사용의 대중화를 느리게 했다. 기원전 600년경 철을 사용

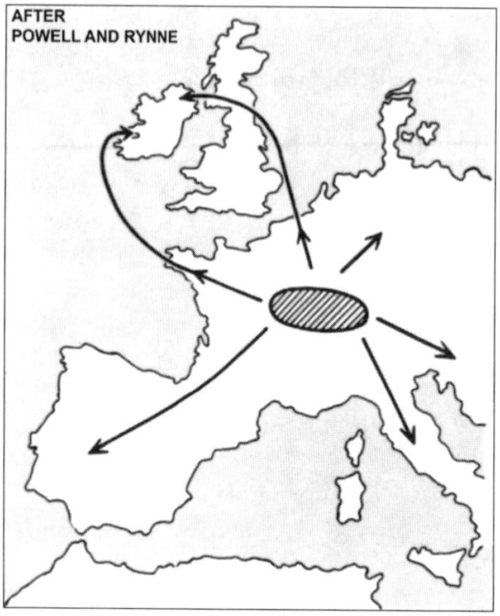

14 켈트인의 확장, 기원전 400년경 (G. F. Mitchell)

하는 부유한 부족장이 이끄는 부족이 중앙 유럽에 자리를 잡아가고 있었다. 이들은 켈트어를 썼는데, 이 언어는 오늘날 아일랜드어의 선조이거나 초기의 친척이었다. 그들은 언어와 외형, 의복과 생활방식에서는 공통적이었지만 다양한 특성으로 결합된 여러 민족 집단으로 그리스인에게는 켈토이(Keltoi) 또는 켈트인으로 알려졌다. 우세한 전쟁무기의 도움으로 그들은 서쪽의 에스파냐와 동부의 소아시아 그리고 북쪽의 잉글랜드와 아일랜드로 퍼져나갔다. 두 갈래의 이동이 아일랜드를 향했던 것으로 보이는데, 하나는 대륙으로부터 직접 들어온 사람들로 서부로 향했고, 다른 하나는 북부 잉글랜드로부터 들어온 집단으로 아일랜드의 북동부를 향했다(<그림 14>). 어떠한 경로를 통하든 켈트인들이 기원전 약 150년경 아일랜드에 자리 잡게 되었다는 것은 분명하다.

켈트인의 도착과 함께 아일랜드는 새로운 역사의 국면으로 접어들었다. 폐허가 된 그들의 유적과 여전히 아일랜드인의 혈관에 흐를지도 모르는 피와는 별개로, 수백 년 동안 아일랜드에서 생존했던 석기시대의 수렵인들, 초기의 농부들, 청동기시대의 금속공과 목동들은 거의 살아남지 못했다. 그들의 신념과 제도 그리고 전통은 사라져버렸다. 하지만 켈트 이주민들은 수천 년 이상 아일랜드를 지배했으며, 오늘도 그들의 삶의 방식 일부는 서부 해안가 아일랜드어를 사용하는 세대에 여전히 살아남아 있다. 그들에 대해서는 다음 장에서 다루게 될 것이다.

3

초기 아일랜드 사회(1~9세기)

EARLY IRISH SOCIETY(1st-9th century)

아일랜드는 기독교 시대 이전에 켈트족이 지배한 나라였다. 켈트 침입자들은 기원전 6세기인 아일랜드 청동기시대 말기에 처음으로 도착한 듯하다. 켈트인은 중앙과 서유럽을 오랫동안 지배했는데, 짧은 전성기에는 이탈리아와 그리스를 공포로 몰아넣기도 했다. 그들은 기원전 390년 로마를 약탈했으며, 1세기가 지나 델피(Delphi)를 급습한 후 멀리 소아시아에 갈라티아(Galatia) 왕국을 건설했다. 우리는 켈트인의 체격과 잔인성에 인상을 받아 만들어진 그리스 예술가들의 조각에서 고대 아일랜드 모험담(sagas)에 나오는 전차를 끄는 전사의 특징을 바로 알아볼 수 있다. 기원전 5세기부터 시작된 후기 철기 시대의 켈트 문화는 스위스에서 발굴된 유적에 나타난 라텐(La Tène) 양식으로서 잘 알려져 있다. 라텐 문화는 기원전 2세기 아일랜드에 도달했던 것 같다. 아일랜드의 라텐 양식 유물에는 켈트 전사의 전형적인 장식이었던 금으로 된 목걸이, 경식장(頸飾章)이나 전쟁 나팔과 아름답게 장식된 칼집이 포함되어 있다.

이러한 유물은 얼스터(Ulster)와 코넉트(Connacht)에서 집중적으로 발견되었는데,

이 지역들은 아일랜드 전통 모험담인 서사시 『테인 보 큐룽에(Táin bó Cuailnge)』* 에 등장하는 장면과 몇몇 영웅시대 전설의 배경이 되는 바로 그 장소이다. 쿠 훌란(Cú Chulainn)과 콘효바 마흐크 네사(Conchobar Mac Nessa)의 이야기들은 진실로 역사적인 상황을 반영한다. 얼스터의 수도 에멘 마하(Emain Macha)〔아마(Armagh) 주 근처의 네이번(Navan) 요새〕는 2세기 알렉산드리아의 프톨레마이오스(Ptolemaeos)가 제작했던 아일랜드 지도에 나타난 도시〔이삼니온(Isamnion)〕로 기록되었다. 『테인』에 묘사된 영웅들의 생활방식은 기원전 1세기 그리스의 철학자 포세이도니오스(Poseidonios)가 기술한 갈리아(Gaul)에 있는 켈트인의 생활방식과 정확히 일치한다. 이는 또한 호머의 『일리아드(Iliad)』에 등장하는 전사의 생활방식과도 매우 유사하다. 아일랜드로부터 아주 멀리 떨어진 곳에서 산스크리트어로 쓰인 서사시 『마하바라타(Mahabharata)』는 몇 세기 이전 북인도에서 전차를 끄는 전사가 나오는 똑같은 사회를 묘사한다.

이들 전설 모두는 역사를 엄격히 기록하지는 않았지만 역사적 현상을 반영해준다. '켈틱(Celtic)'이란 용어는 무엇보다 언어학에서 유래된 것으로 그리스어와 산스크리트어처럼 인도유럽어의 지류에 속한다. 이와 마찬가지로 독일어, 라틴어, 슬라브어, 페르시아어도 인도유럽어에 속한다. 인도유럽어가 선사시대에 유럽과 아시아의 일부 지역에 퍼지면서 언어뿐만 아니라 공통적인 종교적 믿음과 야만성을 조금 벗어나는 사회구조가 함께 전달되었다.

아일랜드어는 큐-켈트어(Q-Celtic)라 불리는 방언에서 유래한다. 갈리아와 브리튼의 켈트인들은 피-켈트어(P-Celtic)를 사용했는데, 이는 웨일스어와 브리타니어의

* *Táin bó Cuailnge* (The Cattle-Raid of Cooley, 쿨리의 소 급습)는 얼스터 이야기의 일군(一群)에서 중심이 되는 서사시이다. 코낙트의 메드브(Medb) 여왕이 아일랜드에서 가장 유명한 황소를 소유하기 위해 군대를 소집하는데, 이 황소는 얼스터 부족장인 데리(Daire)의 자산이었다. 얼스터 사람들이 점차 쇠약해지는 저주로 인해 괴로워하자, 17세의 쿠 훌란이 홀로 얼스터를 방어한다. 쿠 훌란과 그의 친구인 퍼디어드(Ferdiad) 간의 전투가 초기 아일랜드 문학에서 가장 유명한 인용절 가운데 하나이다__옮긴이

선조가 된다. '말(horse)'에 대한 웨일스어와 브리타니어의 단어는 에포스(epos)인데, 큐-켈트인들은 에쿠오스(equos)라고 했으며, 아일랜드어로는 에흐(ech)로 발전했고, 근대 아일랜드어로는 아이흐(each)이다. 큐-켈트어가 에스파냐에서 유래했다는 의견에 대해 부분적인 증거가 있다. 라텐 문화를 소개했던 최후의 켈트 침입자들은 브리튼에서 온 피-켈트어를 사용하는 사람들이었을 것이다. 세탄타이(Sétantae)라는 쿠 훌란의 소년 시절의 이름은 랭커셔 해안에 살았던 세탄티이(Setantii)라는 한 브리튼 부족의 이름과 동일하다. 벨기에의 메나피이(Menapii)는 웩스퍼드(Wexford)에 있는 프톨레마이오스가 그린 아일랜드 지도에 나타나 있는데, 후에 피르 마나흐(Fir Manach)라는 큐-켈트어 형태의 이름으로 얼스터에서 발견된다.

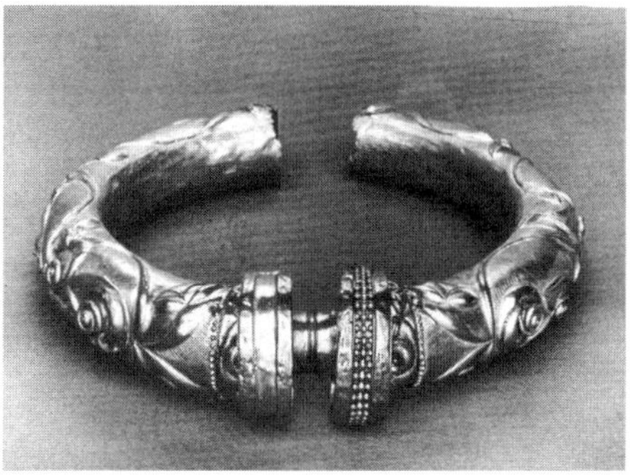

15 데리(Derry) 주의 브로이터(Broighter)에서 발굴된 금목걸이, 기원전 1세기 말 (아일랜드 국립박물관)

물론 인도유럽어를 사용하지 않는 초기의 토착민도 켈트 군주의 지배 밑에서 생존했다. 특히 피-켈트인에게는 프리타니(Pritani)〔웨일스어로는 프리딘(Prydyn)〕, 아일랜드인에게는 크리흐니(Cruithni)로 알려진 한 집단이, 스코틀랜드의 '색칠한 사람(painted people)' 또는 픽트인(Picts)으로 역사 시대까지 살아남았다. 크리흐니는 얼스터에도 많이 있었으며, 레인스터(Leinster)의 로이게슈(Loíges)와 코넉트의 키라게(Ciarraige) 그리고 북부 케리(Kerry)에도 같은 사람들이 살았다. 하지만 5세기가 되어 아일랜드 역사가 제대로 시작되자 이들 모두는 공통적인 문화와 게일어를 공유함으로써 완전히 켈트인화되었다. 이러한 언어는 아르길(Argyll)에서 강력한 왕국을 형성했던 앤트림의 달 리아타(Dál Riata)가 스코틀랜드에 전파했다. 아일랜드를 향한 브리튼 켈트인의 이동은 아일랜드인이 로마화된 브리튼을 침공하기 시작했을 때인 4세기에 역전되었다. 로마인은 그들을 스코티(Scotti)라 불렀고, 브리튼인은 귀딜(Gwyddyl)이라 불렀다. 또한 아일랜드인은 웨일스어를 빌려서 스스로를 고이딜(Goídil)이라고 불렀는데, 근대 아일랜드어로는 기일(Gaoidhil)이다.

16 공중에서 본 타라 언덕 (아일랜드 관광공사)

이들 사건은 영웅시기 말에 두드러졌다. 에멘 마하의 위대한 얼스터 왕국은 코낙트 왕국(the Connachta)에 의해 파괴되었는데, 이는 대부분의 역사책에 나와 있는 331년이 아니라 좀 더 후대인 450년인 것으로 보인다. 아마(Armagh)가 아일랜드에서 수장교회로서 444년에 창설되었을 당시 에멘 마하는 여전히 가장 중요한 정치적 중심지였던 것 같다. 아홉 볼모들의 니알(Niall of the Nine Hostages)로 알려진 니알은 코낙트 왕국의 왕자로 브리튼을 성공적으로 침공하여 명성과 권력을 잡았던 것으로 보인다. 브리온(Brión)과 피어흐라(Fiachra)는 니알의 형제들에게 코낙트를 통치한 위대한 가족의 전통을 물려받았다. 니알의 후손들은 우이 네일(Uí Néill)이라는 왕조의 이름을 취했다. 그의 아들 중 셋은 북서부 얼스터에 왕국을 세웠다. 나머지는 중부 지역과 미드(Mide), 브레가(Brega)를 통치했으며, 레인스터의 레긴(Laigin)에 대항한 전쟁에서 이겼다. 에멘 마하 주위에서, 신하들은 울레드(Ulaid)의 종속에서 벗어나 그들 스스로 우이 네일 밑으로 들어간 것으로 보인다. 그들은 9개의 소왕국 연합국을 형성했는데, 니알의 노기알라흐(Nóigiallach)라는 별명에서 유래된 이름인 에르기알라(Airgialla), 즉 '볼모를 제공하는 자(the hostage givers)'라고 불린 일종의 위성국가가 되었다. 울레드는 반(Bann) 강의 동쪽으로 내몰렸다.

7세기와 8세기의 문헌 자료를 통해 아일랜드는 주로 소왕국으로 분리되어 있었고 농업국가로 정착되었음을 알 수 있다. 당시 아일랜드의 인구는 50만 명이 채 안 되는 것처럼 보이지만, 적어도 투어하(tuatha)와 같은 소왕국이 150개는 존재해 있었다. 전차와 언덕에 세운 요새를 가지고 토지를 지배했던 위대한 전쟁 군주는 사라졌다. 영웅시대는 오래 지속되지 않았지만, 그들은 영원히 사람들의 기억 속에 남아 있다. 바로 이 시기에 모국어와 라틴어를 함께 학습한 사람들이 고대 아일랜드의 모험담을 기록했다. 거친 서부의 기억을 간직하며 교외에 살고 있는 미국인들처럼 아일랜드 왕들은 스스로를 코나울 케나흐(Conall Cernach)나 쿠 훌란의 역할에 이입했다. 하지만 아일랜드 귀족은 주로 농부들이었다. 연대기에 두드러지게 드러난 숫자로 명시된 전투들은 한여름의 오후처럼 길게 지속되지는 못했다.

이러한 전원 사회는 오늘날의 도시나 마을 같은 어떤 형태도 가지고 있지 못했다. 아일랜드의 풍경에서 도시에 가까운 특징이 나타나는 곳은 큰 수도원뿐이었다. 약 800년경에 케일레 데(Céile Dé)는 성 오엔구스(St. Óengus)에 대한 시 목록에서 그 전경을 다음과 같이 기술한다.

> 타라의 막강한 요새는 왕자들의 죽음과 함께 멸망했지만, 이들의 모험담을 적은 한 권의 책과 함께 위대한 아마는 계속해서 살아 있다.
>
> 말뚝을 박은 울타리로 둘러싸인 쿠루어하의 라흐(the rath of Cruacha)는 승리자인 에일릴(Ailill)과 함께 사라졌다. 왕국을 초월한 행운은 클론막노이즈(Clonmacnoise) 시에 있는 장엄함이다.
>
> 알렌(Allen)의 자랑스러운 요새는 허풍을 떠는 주인과 함께 사라졌다. 승리를 거둔 브리기트(Brigit)는 위대하며 그녀의 혼잡한 도시는 아름답다.

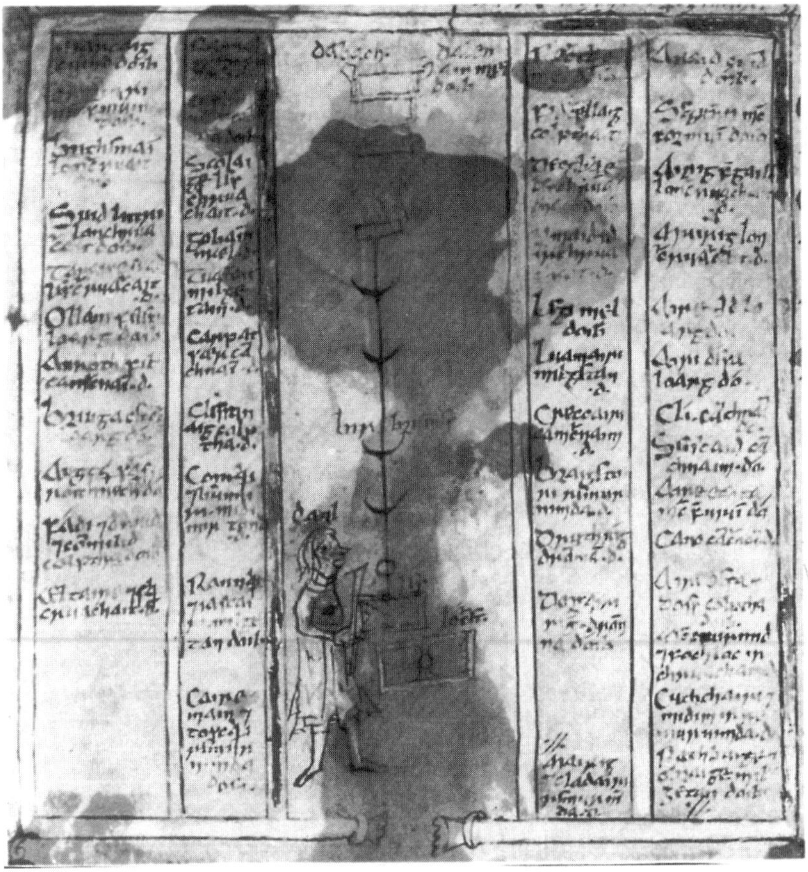

17 『레인스터의 서(Book of Leinster)』에 나온 향연이 열리는 타라의 홀의 설계, 12세기 (트리니티 칼리지, 더블린)

에멘(Emain)의 요새는 멀리 사라졌다. 오직 돌만이 남아 있으며, 붐비는 글렌달로우(Glendalough)는 서구세계의 로마다.[1])

우이 네일을 지배하는 왕들은 계속해서 자신들을 '타라의 왕(kings of Tara)'이라 불렀지만, 그들 스스로는 원형의 요새나 남부 브레가에 있는 우이 네일 왕의 집인 미드 주 라고어(Lagore)의 호숫가 거류지에서 매우 검소하게 살았다.

주민들은 분리된 농가에서 살았는데, 좀 더 나은 농장이 딸린 농가는 흙으로 된 누벽(rampart)과 말뚝으로 둘러싸인 라흐(raths)였다. 이것은 현재 전원 지역에서 '요정의 요새(fairy forts)'로 알려져 있다. 브레혼* 법(brehon laws)에 의하면, 왕의 집은 이중의 방어물이 있어야 했는데, 바깥쪽 원형은 왕보다 낮은 등급인 케일리 기알나이(céili giallnai)라는 봉신(封臣)들의 강제노동으로 지어졌다. 왕의 가장 중요한 기능은 전쟁에서 자신의 민족을 이끌며, 오에나흐(óenach)를 주재하는 것이었다. 오에나흐는 정기적으로 열린 모임으로, 투어흐(tuath)의 주민들이 공사(公私)의 업무를 처리하기 위해 만나는 모임이었다. 여기에서는 게임과 경마도 했는데, 이것은 다신교도들의 장송 유희가 살아남아 전해진 것이며, 오에나흐가 열리는 장소는 보통 고대 부족의 묘지였다.

18 『발리모트의 서(Book of Ballymote)』에 나온 브레혼 법의 발췌문들, 1,400년경 (아일랜드 왕립학회)

12세기 『레인스터의 서(Book of Leinster)』의 필사공은 타라의 대향연이 열렸던 홀에 대한 상상의 스케치를 그렸는데, 향연은 전설적인 코막 마흐크 에르트(Cormac mac Airt)(<그림 17>) 시대에 있었던 것으로 추정된다. 이 그림은 공식적으로 앉아서 행하는 의전(儀典)을 자세하게 보여주는데, 직책에 따라 각각의 손님들에 배분되는 고기의 양도 나열하고 있다. 이 그림은 완전히 비현실적이지만은 않다. 브레혼 법에도 8세기 한 소왕국의 화려하지 않은 홀에 왕이 앉아 있는 좌석의 배열이 묘사

* 브레혼은 전통 게일 사회의 법률학자로 높은 지위를 지니고 분쟁에서 중재자 역할을 했다. 16세기 잉글랜드 식민지자들은 이들을 '법률가 가문/씨족'으로 인지했는데 이들의 본직은 잉글랜드 법에 유해한 처벌에 대해 타협하는 것이었다. 17세기 말에 이들과 브레혼 법이 근절되었다__옮긴이

되어 있다. 문은 동쪽을 바라보고 있으며 문 곁에는 네 명의 용병 호위대가 서 있다.

> 왕을 떠받들기 위한 봉신들의 개인적 보증인들은 이들의 서쪽에 있고 …… 사절들은 왕의 서쪽으로 배치되는데, 그들 다음으로 초청된 일행들, 그 다음은 시인, 그 다음은 하프 연주자들이 있다.[2)]

아일랜드 시인들은 하프 연주자가 아니었다. 필리(filí)보다 훨씬 등급이 낮았던 바드(bard)조차 학식 있는 귀족의 일원이었지 단순히 하프 연주자는 아니었다. 하프 연주자는 그들의 예술적 재능으로 인해 자유인 등급이 되었지만, 다른 음악인들인 파이프 주자와 혼 연주자 그리고 곡예사(jugglers)는 비자유인이었다. 그들은 용병 옆인 문 가까이의 구석에 배치되었다.

> 그 홀의 맞은편에서 볼 때, 북쪽에는 한 전사와 챔피언이 문을 지키고 있는데, 연회장의 혼란을 막기 위해 그들 각자는 창을 들고 서 있다. 왕의 귀족 인사들은 이들의 서쪽에 위치해 있는데, 그들은 왕을 시중들고 있는 사람들이다. 볼모들은 그들 뒤에 앉아 있다. 한 브레혼이 그들 앞에 앉아 있다. 왕비는 서쪽에, 그 다음 왕이 앉아 있다.[3)]

자유로운 삶이 몰수된 볼모들은 문에서 가장 멀리 떨어진 구석에서 쇠사슬을 감은 채 감시하는 왕의 눈 아래에 놓여 있다. 하프 연주를 듣기에 가장 좋은 위치에 있다는 것이 어느 정도 위안이 되었으리라!

볼모나 담보를 제공하는 것은, 정교한 형식을 갖춘 보증서와 보증 계약 관계 못지않게 아일랜드 생활에서 공적으로나 사적으로 매우 큰 비중을 차지했다. 왕은 재판장의 역할을 하지 않았는데, 어떤 긴급 사항을 제외하고 왕은 법을 집행할 수 없었다. 브레혼들은 어렵고 복잡한 전통 법을 터득한 남자들이었는데, 이 법은 아주 오래된 인도-유럽의 사회체계를 정식으로 기술한 것이었다.

초기 아일랜드 법은 전통적인 힌두교 법과 가장 가깝다고 할 수 있다. 브레혼들

19 웨이크먼(W. F. Wakeman)이 재구성한 호숫가 거류지 크라녹 (W. G. Wood-Martin, *The Lake Dwellings of Ireland*, 1886)

은 그 법이 자연의 법칙을 표상하고 있다고 주장했는데, 그럼으로써 기독교가 이 법에 추가될 수는 있을지언정 이 법의 일부라도 제외할 수는 없을 것이라고 했다. 그들은 구약성서의 가부장제에 의해 실행되었다는 근거에서 일부다처제 혹은 일처다부제(polygamy)를 방어하기조차 했다. 법률학교의 사본에서는 법의 텍스트가, 훗날 이 주위에 추가되는 주해나 주석과는 달리, 크고 분명한 글자로 쓰였다는 것을 알 수 있다. 이들 필사본들은 15세기나 16세기 후기에 속하지만, 텍스트는 8세기나 7세기에 사용된 어려운 옛 아일랜드어로 쓰여 있으며, 변경되지 않고 신성하게 보존되었다.

이 법은 우리에게 8세기 아일랜드 사회에 대해 많은 것을 가르쳐주는데, 어린이의 양육, 손실을 회복하기 위한 가축의 압류, 인간의 권리들을 확인하는 방법으로서 의례적 금식(이러한 관습은 인도에서도 역시 발견된다)과 같은 제도들이다. 이 법에는 꿀벌을 기르는 것과 물레방아에 관한 소책자와 결혼과 여성의 지위에 관한 소책자도 있다.

아일랜드의 삶에서 두 가지의 중추적인 제도는 사회적 단위였던 피너(fine)라는 직계가족(joint-family)과 정치적 단위였던 투어흐라는 소왕국이었다. 이 같은 용어들을 '씨족(clan)'과 '부족(tribe)'으로 각각 번역하는 것은, 때때로 그렇게 해왔지만, 정확하지 않으며 확실히 오해를 부를 수 있다. 이들 두 단위 사이에는 어떤 유기적인 관련성도 없었다. 피너는 가족집단으로 5세대에 걸친 부계 후손 모두를 포함했다. 피너는 힌두어로 '직계가족'과 상응하며, 핀티우(fintiu)라는 가족 토지의 궁극적인 소유권을 가지고 있었다. 누군가 직계 상속인이 없이 죽었다면, 그의 재산은 잘 정의된 비율로 죽은 이의 먼 친척들에게 분배되었다. 이렇게 법적인 권리가 매우 적거나 없는 개인은 피너 안에서 그의 자격 조건을 따랐다.

브레혼의 법률가들은 다양한 관계의 정도에 따라 아주 정교한 도식을 이끌어냈다. 때때로 제르비네(deirbfhine)로 불린 겔이네(geilfhine)는 정상적인 가족집단으로, 기본적으로 남자와 그의 형제들 사이의 관계지만, 이 관계는 그 자신의 자녀들, 아버지의 형제, 조부의 형제와 심지어 증조부의 형제들을 포함하기 위해 5세대에 걸쳐 확장되었다! 자연적으로 그렇게 많은 세대들이 한 시대에 살아 있는 경우는 거의 없었지만, 법률가들은 모든 가능성에 대비해야 했다. 제르비네 대신 테이비네(táebfhine)라고 불리기도 한 그 다음의 집단은 4세대까지 첫째 사촌들 사이의 관계를 끌어들였고, 이에피네(iarfine)와 인디네(indfhine)는 각각 둘째와 셋째 사촌까지를 포함한다.

위에서 열거한 집단 중 첫 번째를 가리키는지 두 번째인지는 확실하지 않지만, 법률 책자의 외부에서 일반적으로 사용되는 용어는 제르비네 하나뿐이다. 장자상속권(primogeniture)은 없었으며, 토지는 형제들 사이에 균등하게 분배되었다. 하지만 가계의 수장은 연장자인 켄 피너(cenn fine)로, 그는 모든 일에서 가족을 대표했다. 피너는 일원의 잘못에 대해 책임을 졌고 어떤 일원이 살해되었을 때 피로써 보복하는 임무를 맡았다. 실제로 그들은 종종 살인자로부터 일종의 살인 사례금인 에이럭(éraic)을 수납하기도 했다. 만약 살인자가 도망쳤을 경우에는 살인자가 소속된 피너가 에이럭의 지불 책임을 졌다. 여성은 토지를 상속받을 수 없었지만, 남자형제가 없을 경우 딸이 아버지의 토지에서 종신 재산 소유권을 얻을 수도 있었다.

왕족에서 왕의 제르비네 구성원 각각은 이론적으로 릭담네이(rígdamnae)였는데, 이들은 왕으로 선출될 자격이 있었다. 가족의 직계가 4대에 걸쳐 왕권을 독점했다면, 나머지는 제르비네의 마법의 원(magic circle) 밖으로 떨어져 귀족신분을 영원히 잃어버릴 위험에 처하기도 했다. 이러한 운명을 피하기 위해 그들은 종종 자신의 친족을 살해하는 핀갈(fingal)에 연루될 유혹을 받았다. 이것은 아일랜드의 소송 사건 중에서 최악의 죄였는데, 법적인 보복 방법도, 이를 보상할 방법도 없었기 때문이다. 그러한 사건을 방지하기 위해 일반적으로 타네셰 릭(tánaise ríg)이라는 법정 추정상속인이 왕이 살아 있는 동안 선출되었다. 실제 그를 지지하는 예속인(clients)이나 봉신을 가지고 있는 사람들이 상속인이 되었다. 피너의 분파는 아일랜드 귀족들이 왜 그토록 조심스럽게 자신들의 족보를 보존하려 했는지를 쉽게 이해하게 했는데, 그 직무는 학식 있는 쉔헤드(senchaid)가 담당했다.

아일랜드 사회에는 엄격한 사회계층이 있었다. 자유롭지 못한 계층인 노예, 인부, 노동자와 기능인 이외에 자유인과 귀족이 있었다. 등급은 출생뿐만 아니라 부에 따라 좌우되었는데, 결과적으로 등급은 상승과 하락이 가능했다. 학식 또한 일종의 자격증명서였는데, 에이슈 다나(áes dána)나 지식층은 기독교 사제가 그랬던 것처럼 귀족 계급과 동등한 계급이었다. 오울람(ollam)은 수장 시인 또는 브레혼으로 투어호의 왕이나 주교와 동등한 신분이었다. 비자유인의 신분에 있는 사람이 기술직에 종사하여 특권을 얻는 일까지도 가능했는데, 가령 대장장이, 의사와 하프 연주자들은 자유인으로 분류되었다. 여기서 세이르(sáer)란 단어는 장인을 의미한다. 아일랜드 법은 이스 페르 페 어 히니드(Is ferr fer a chiniud)라는 격언을 갖고 있는데, "어른은 자신의 출생 때보다 더 낫다"라는 뜻이다.

모든 자유인은 토지 소유자였다. 법률가들은 재산증명서에 따라 각각의 계층을 정교하게 분배하는 목록을 작성했다. 보에레(bóaire)라는 자유인보다 더 높은 지위는 토지 7큐말(cumal)의 3배, 즉 63마리 젖소의 가치와 동등한 양을 가져야 했다. 아일랜드는 단순한 농업경제 체제였으며 화폐를 사용하지 않았다. 가치에 대한 기본적인 단위는 세트(sét)〔근대 아일랜드어로 세드(séad)〕로 어린 암소라는 뜻이다. 더 높은 단위는 한 사람의 여자 노예를 뜻하는 큐말(cumal)로, 6세트에 상당했다. 우리는 호머 시대의 그리스에서 유사한 단위를 찾을 수 있는데, 심지어 돈에 대한 라틴어 페큐니아(pecunia)는 '가축'을 뜻하는 페큐스(pecus)에서 유래했다. 큐말과 세트는 언제나 말 그대로의 의미로 이해되지는 않았는데, 그 이유는 이들이 은화의 단위인 셰켈(shekels)과 온스(ounces)로 계산된 합계와 동등했기 때문이다. 우리는 큐말이 토지의 측정에도 사용되었음을 발견하는데, 이러한 예는 보에레의 재산권 서술에도 나와 있다. 그의 집에 대한 상세한 기술은 다음과 같다.

> 집의 모든 가구는 적절한 위치에 두도록 한다 —
>
> 쇠꼬챙이와 손잡이가 있는 큰 솥,
>
> 일정량의 에일(ale)을 양조하는 큰 통,
>
> 일상적인 사용을 위한 큰 솥,
>
> 작은 그릇: 철주전자와 반죽통과 나무로 된 머그잔, 그래서 그는 그것들을 빌릴 필요가 없다;
>
> 세탁통과 목욕통,
>
> 물통들, 촛대, 골풀을 자르기 위한 칼들;
>
> 밧줄, 까뀌, 큰 송곳, 나무로 된 한 쌍의 큰 가위, 도끼;
>
> 사계절에 사용되는 작업연장 — 모든 것은 빌려온 것이 아니다;
>
> 숫돌, 밀낫의 고리, 자귀, 가축을 도살하기 위한 작살;
>
> 불은 항상 지펴져 있고, 촛대의 초는 실수 없이 꽂혀 있다;
>
> 완전한 밭갈이를 위해 모든 장비를 제공한다 …….
>
> 그의 집에는 항상 2개의 그릇이 있다:
>
> 우유와 에일을 위한 것.
>
> 그는 3개의 뼈죽한 코(snout)를 가진 사람이다.
>
> 계절마다 불명예를 헤치고 나가는 수퇘지의 땅을 헤집는 코,

갈고리 위의 베이컨 한 조각을 위한 코,

땅 아래 쟁기의 코;

그래서 그는 왕이나 대주교 또는 브레혼을 맞이할 수 있고,

어떤 손님이나 일행의 도착에도 준비되어 있다.

그는 7채의 집을 소유한다:

가마, 곳간, 방앗간(이것의 공유는 방앗간이 그를 위해 갈아주기 때문),

27피트의 집,

17피트의 헛간,

돼지우리, 송아지 외양간, 양의 우리.

그는 땅 위에 20마리 젖소, 2마리 황소, 6마리 수소, 20마리 돼지, 20마리 양, 4마리의 길들인 수돼지, 2마리의 암돼지, 안장을 갖춘 말, 에나멜로 광택을 낸 고삐, 씨앗 16부셸〔약 36리터, 2말__옮긴이〕을 가진다.

그는 수돼지도 들어가는 큰 청동 솥을 가지고 있다.

그는 목초지를 바꿀 필요가 없이 항상 양을 먹일 수 있는 초원을 소유한다.

그와 그의 부인은 4벌의 옷이 있다.[4)]

그리스인과 로마인은 켈트인이 언제나 바지를 입었다고 말했다. 하지만 아일랜드에서는 오직 낮은 계층들만 바지를 입었던 것 같은데, 그 바지는 딱 달라붙는 것으로 길거나 짧았다. 바지는 보통 짧은 웃옷과 함께 착용되었다. 하지만 귀족 남녀들은 셔츠나 튜닉(tunic)인 다양한 길이의 레너(léine) 위에 브라트(brat)라 불린 두꺼운 망토를 입었다. 브라트는 종종 아름다운 브로치로 고정시켰다.

남자의 지위는 '명예 가격'을 뜻하는 에네클란(eneclann)이라는 아주 물질적인 용어로 표현되었다. 소송에서 그가 입은 손상은 이러한 가격에 따라 평가되었다. 더구나 그는 이것보다 더 높은 가격으로 법적 계약을 할 수 없었으며, 더 비싼 가격과 관련되는 소송에서는 그가 맹세하는 증언의 효력도 없었다.

같은 법률 책자에 나오는 귀족의 집 가재도구의 상세한 목록을 보면 귀족의 물품

도 기본적으로는 부유한 평민의 물건들과 같았다. 물론 가구는 좀 더 사치스러웠다. 즉 주목재(朱木材), 청동, 금과 은으로 만든 품목이 언급되었다. 귀족의 거실은 매트리스, 쿠션과 짐승의 가죽을 갖추었고, 벽을 따라서는 8개의 칸막이된 침대가 있었다. 중세시대에는 어느 곳이든지 사생활권이 거의 없었지만 리스(liss)라는 말뚝으로 둘러싸인 울타리 안에 분리된 오두막이나 집들이 근대의 집에 있는 분리된 방의 기능을 했다는 것을 옛 아일랜드의 문서를 통해 분명히 알 수 있다. 귀족들 역시 농부였다는 것은 분명하다.

> 그는 모든 종류의 농장 일을 위한 도구를 가지고 있는데, 쟁기와 완전한 합법적 장비를 갖추었고, 밭갈이를 위한 말도 두 마리 있다 …….
> 그는 집안용 동물을 가지도록 허락되었는데, 사냥개와 말, 그리고 부인을 위한 애완용 개이다.[5)]

진정으로 귀족을 분별하게 했던 요소는 데이슈(déis)였다. 데이슈에는 예속인과 종신의 소유와 함께 권위와 영향력이 수반되었다. 아일랜드의 예속인 제도는 중세 유럽의 봉건제와는 매우 달랐다. 자유 예속인이나 귀족 예속인인 세이르-헤일리(sáer-chéili)는 영주로부터 가축을 빌려 자신의 토지에 넣고 길렀다. 이를 위해 그들은 높은 이자율의 비용을 지불했고, 영주의 담(dám), 즉 수행원의 일부로서 그와 함께했다. 케일레(céile)는 동반자(companion)란 의미를 갖고 있다. 한편 데이르헤일레(dáerchéile)나 케일레 기알나이(céile giallnai)가 사실 '비자유인'을 의미하지는 않았다. 그는 자신의 가축을 위해 저금리의 비용을 지불했지만, 일 년마다 음식비용을 지불해야 했으며 머슴처럼 일도 해야 했다. 또한 엠쉐르 흐에(aimser chue), 즉 '맛있는 것을 먹이는 시간(coshering time)'인 새해 첫날부터 성회(聖灰) 수요일 사이(Shrovetide)에 영주와 수행원에게 접대를 제공해야 했다. 두 가지 형태의 예속인 제도는 빌린 가축에 대한 비용을 되갚으면 종결되었다. 귀족 자신도 다른 귀족이나 왕에게 케일레가 될 수 있었다.

귀족 중 가장 높은 지위인 에리 투셰(aire túise)는 귀족 친족의 대집단인 케넬(cenél)의 토이쉐흐(toísech), 즉 우두머리였다.

> 20세트가 그의 명예 가격이다. 그는 면책선서(compurgation)에 맹세하며, 약정인이자 보증인, 담보인, 채무자 또는 채권자로 그 가치에 대한 증인이다. 그는 필요시마다 청구서나 차용에 의지하지 않고도 그것을 지불할 수 있어야만 한다 …….
> 그렇게 함으로써 대표로, 맹세로, 서약하는 것으로, 볼모의 제공으로, 국경을 건너는 조약에서도, 왕자의 집에서 그의 친족을 대신하여 투어흐를 완전히 도와준다.
> 그는 자신의 아버지와 할아버지를 대신하여 법적인 동의를 지지하며, 자신의 권력을 가지고 보상을 강요할 수 있으며, 자신보다 계급이 낮은 부하의 선서를 자신의 선서로써 무효화할 수 있다.6)

이러한 사람의 후원을 통해서만이 평민들이 권력 있는 이웃으로부터 배상을 받거나 빚을 돌려받을 희망을 가질 수 있다는 점은 이해하기 쉽다. 귀족들로서는 되도록 많은 예속인을 가짐으로써 자신의 정치적 권력을 확대하는 데 골몰하고 있었다. 율리우스 카이사르(Julius Caesar)에 의하면 헬베티아인(Helvetian)은 오르게토릭스(Orgetorix)의 반역을 유죄로 선고할 수 없었는데, 그 이유는 그가 자신의 예속인들과 채무자들(clientes obaeratosque)에 둘러싸인 채 법정에 나타났기 때문이라고 한다. 작은 시골 공동체에서 가깝게 밀착된 가족 집단 구성원에 의해, 또 예속인과 후원인의 관계에 수반하는 상호 책임감으로 맺어진 끈끈한 유대는, 경찰력이 없는 사회에서 법과 질서의 합리적인 기준을 보장했다. 그리고 그 나라는 살인이나 폭행과 같은 법정소송에 거의 연루되지 않았다.

투어하(tuatha)끼리의 관계는 왕들 사이에서 개인과 유사한 연결망으로 맺어졌다. 대부분의 투어하는 종주권(suzerainty)을 가진 더 강력한 왕에게 조공을 바치고 있었다. 세이르-투어하(sáer-tuatha)라 불리는 어떤 왕국은 공물을 바칠 필요가 없었는데, 왕이 종주국의 대왕과 같은 왕조에 속했기 때문이다. 하지만 공물을 바치는 투어하든지 아니든지 모든 작은 왕국의 왕은 종주국의 대왕으로부터 '보상(wages)'이라는 뜻을 가진 투러슈탈(tuarastal)이라는 선물을 받음으로써 그보다 더 낮은 지위임을 인정했다. 종주국의 대왕은 보통 신하국인 투어하의 정부에 간섭하지 않았다. 아일랜드 법은 왕에 대한 세 가지 등급을 인정했다. 리 투이헤(rí tuaithe)는 단 하나의 투어하 왕이고, 뤼레(ruire)는 리 투어흐(rí tuath)라고도 불렸는데 여러 투어하의 왕이란 뜻이며, 맨 꼭대기에는 리 뤼레흐(rí ruirech)나 리 코키드(rí cóicid)라는 지역 전체의 왕이 있었다.

예컨대 8세기에 존재했던 울레드 왕국을 볼 때, 다운(Down) 주 안에서만 여러 투어하 또는 소왕국들이 나뉘어 있었음을 알 수 있다. 모우네(Mourne) 산맥에 있는 베이르헤(Bairrche), 지금의 레칼레(Lecale) 군(郡)인 레흐 카하일(Leth Cathail), 지금의 더페린(Dufferin) 군인 덥흐리안(Dubthrian), 아즈(Ards) 반도에 있는 우이 에하흐 아르다(Uí Echach Arda), 벨파스트 주위의 우이 데르코 헤인(Uí Derco Chéin), 네아 호(Lough Neagh)의 동쪽에 있는 달 위네(Dál mBuinne)와 그 밖의 여러 곳이 있다. 이들 소왕국 모두는 지금 다운 주의 교구로 대표되는 달 피어타흐(Dál Fiatach)의 대왕국을 형성했다. 다른 대왕국은 북부의 달 아라이디(Dál nAraidi)와 달 리아타(Dál Riata)로 현재 코너(Connor) 교구를 함께 형성하고 있고, 드로모어(Dromore)의 교구인 우이 에하흐 코보(Uí Echach Cobo)와 라우스(Louth) 주의 북부에 있는 코나일레 미어헤임네(Conaille Muirtheimne)조차도 2~3개의 신하 투어하를 가졌던 대왕국이었다. 이들 모든 대왕국 위에는 얼스터의 왕, 리 인 호이키드(rí in Chóicid)가 있었는데, 달 피어타흐의 왕이 보통 얼스터의 왕이 되었지만, 달 아라이디의 왕이나 우이 에하흐 코보의 왕이 이 자리에 오르기도 했다.

레인스터도 유사한 상황을 보여준다. 레긴 투어흐가베르(Laigin Tuathgabair)와 레긴 제스가베르(Laigin Desgabair) 사이의 경계는 한편으로는 킬데어(Kildare)와 더블린-글렌달로우 교구 사이, 다른 한편으로는 레일린(Leighlin)과 페른스(Ferns) 사이의 경계이다. 우이 페일게(Uí Failge) 왕국은 킬데어 주에 있는 오팔리(Offaly) 군들로 구성되는데, 이는 킬데어 교구에 속해 있는 오팔리 주의 일부분도 같이 포함하고 있다. 우이 페일게의 왕들은 종주국 레긴(Laigin) 왕조와 관련되어 있어서, 조공이 면제되었다. 레인스터 어디인가에도 땅이 있었지만 주로 영토를 레일린 교구 안에 속하는 리슈(Laois) 주에 두었던 로이게슈(Loíges)는 그렇지 못했다. 근대 주(州)의 경계선은 초기 아일랜드 역사와는 거의 관련이 없는 것으로 보일 것이다. 가령 고대에 오팔리 주의 일부분은 먼스터(Munster)에 있었고, 여전히 킬라로에(Killaloe) 교구에 속해 있다.

7세기에서 11세기까지 레인스터의 모든 대왕의 지위는 북부 레긴에서 유지되었는데, 왕권은 더블린 근처에 있는 우이 둔하다(Uí Dúnchada)〔돌핀의 반(Dolphin's Barn)은 던피의 케른(Dunphy's Cairn), 즉 카른 우에 둔하다(Carn Ua nDúnchada)의 와전이다〕, 나스(Naas) 주위의 우이 페일란(Uí Fáelán), 멀러마스트(Mullaghmast) 근처에 있는 우이 미레데이그(Uí Muiredaig)의 세 왕조가 꽤 규칙적으로 번갈아가면서 균점했다. 하지만 11세기와 12세기에 이들 남부의 사촌들인 우이 헨셀레그(Uí Chennselaig)가 마흐크 머하다(Mac Murchada) 가문의 지도 아래에서 최고로 떠오르게 되었다. 레인스터 군들은 흔히 고대 투어하의 경계선을 유지하는데, 가령 우이 드로나(Uí Dróna)〔이드로네(Idrone)〕, 포하르타(Fotharta)〔카를로(Carlow)〕와 웩스퍼드에 있는 포스(Forth) 군들, 우이 베르헤(Uí Bairrche)〔리슈에 있는 슬리에버마기(Slievermargy)와 웩스퍼드에 있는 바기(Bargy)〕가 그렇다.

아일랜드의 교구들은 거의가 초기의 아일랜드 대왕국과 일치한다. 일례가 오서리(Ossory)로, 이는 오스레게(Osraighe), 즉 먼스터와 레인스터의 속국 사이를 왔다갔다 했던 왕국의 영토뿐만 아니라 그 이름도 보존하고 있었다. 킬모어(Kilmore)는 12세기에 그랬던 것처럼 브레이프네(Breifne)의 확장된 왕국이다. 즉 클론퍼트(Clonfert)는 우이 메너(Uí Maine)와 킬마크두아 우이 피에흐라흐 에드네(Kilmacduagh Uí Fiachrach Aidne)이다. 코컴루드(Corcomruad)와 코코 로이그제(Corco Lóigde)와 같이 상대적으로 작은 왕국조차 킬퍼노라(Kilfenora)와 로스(Ross) 같은 자신의 교구를 획득했다.

법률서는 8세기가 되어서까지도 아일랜드의 최고 왕을 인정하지 않았다. 사실

20 8세기 아일랜드 지도 (F. J. Byrne)

한 문서에서 카셀(Cashel)의 왕을 가장 위대한 왕이라 불렀다. 그럼에도 우리가 보아온 대로, 5세기 니알과 그의 아들들은 북부와 중부지방에 새로운 왕국을 세움으로써 고대 아일랜드의 분할을 5분의 5로 바꿔놓았다. 우이 네일의 대왕은 자신을 타라의 왕이라 칭했다. 타라는 선사시대에서도 중요한 지역으로 알려져 있었지만, 니알의 선조들이 언제 그곳을 통제하여 획득했는지는 정확치 않다. 울레드와 레긴 둘 다 그 호칭을 고대부터 자신들의 것으로 요구해온 듯하며, 이것은 아마도 정치적인 중요성보다 종교적인 중요성을 가졌을 것이다. 훼쉬 테무로(Feis Temro) 또는 '타라의 향연(Feast of Tara)'도 원래 메드브(Medb)의 사제 겸 왕의 혼인을 상징했는데, 이 여성은 실제로 여신이었지 인간의 여왕이 아니었다. 이러한 향연은 6세기 중반부에 지어멋 마흐크 케르베일(Diarmait mac Cerbaill) 왕에 의해 마지막으로 열렸다. 지어멋은 전통에 따라 클론막노이즈의 성(聖) 키아란(Ciáran)과 사이가 좋았지만, 그의 통치 기간 동안 로르하(Lorrha)의 성 류단(Ruadán)이 타라를 저주했다는 전설은, 교회가 과거 이교도의 어떤 부분에 대한 그의 집착을 좋아하지 않았음을 보여준다. 하지만 아이오나(Iona)의 성 아돔난(St. Adomnán)은 『콜럼 키일레의 생애(Life of Colum Cille)』라는 저서에서 지어멋을 신이 정한 전 아일랜드의 통치자라는 과장된 용어로 기술했다. 아돔난은 7세기 말에 그 글을 썼다. 그와 동시대인인 미르후(Muirchú)는 『패트릭의 생애(Life of Patrick)』란 저서에서 '아일랜드인의 수도(caput Scottorum)' 타라에서 통치하고 있던 니알의 아들인 로에규어(Lóeguire)에게 임페라토르(imperator)라는 칭호를 부여했다. 그러나 이들의 주장은 보편적으로 받아들여지지 않았다. 하지만 우이 네일 왕국은 정치적인 상황에 새로운 현상을 분명하게 제시했다. 특히 그들은 많은 가축의 보루마(bóruma)를 바칠 것을 레인스터에 요구했다. 레인스터의 왕이 전문어로는, 리 코키드(rí cóicid)였기 때문에 그는 누구에게도 공물을 바쳐서는 안 되었다. 보루마는 결코 자진해서 바쳐지지 않았고, 우이 네일의 많은 '최고의 왕들'이 이것을 받아내려다가 전사했다.

반면에 먼스터는 에오가낙트(Eóganacht) 왕조가 통치했다. 이 왕조는 먼스터 전역에 전략적으로 건설된 여러 왕국들로 분할되었는데, 머스크레이게(Múscraige)와 코코 로이그제 같은 초기 민족들을 지배했다. 이들 집단 중의 어느 왕이라도 카셀의 왕이 될 자격이 있었다. 초기부터 카셀은 그리스도교의 중심이 되었던 것으로 보이며, 왕들 가운데 여럿은 동시에 대주교나 대수도원장이기도 했다. 클레어(Clare) 주는 5세기 초 코낙트에게 모두 점령당했으며 에오가낙트는 이를 식민지화하고 주민들을 지배했다. 이들은 데이쉬(Déisi)와 관련되었을 수도 있는데, 여하튼 그들은 인 데이슈(In Déis)라 불렸고, 이는 단순히 '봉신들'을 의미한다. 이들은 알려지지 않았다가 후에 달 가슈(Dál Cais)라는 이름으로 나타나게 되었다.

처음에 에오가낙트 왕국은 우이 네일의 요구를 무시했다. 하지만 그들은 레인스터를 우이 네일이 간섭한 것을 보고 놀랐다. 8세기에 카할 마흐크 핀규인(Cathal mac Finguine)과 9세기 페이들리미드 마흐크 크림헤인(Feidlimid mac Crimthainn)은 우이 네일의 최고 왕권에 도전했다. 하지만 바로 9세기 중엽, 바이킹의 침입으로 야기된 위기 동안 우이 네일의 남부에 있던 마엘 세흐네일 1세(Máel Sechnaill I)가 처음으로 최고 왕권을 현실화했다. 851년 그는 울레드 왕의 예속을 확고히 했으며, 몇 년 후에 오스레게의 왕을 복종시켰다. 그런 다음 먼스터를 침공해서 전 지역에서 볼모를 받아냈다. 하지만 최고 권력의 존재는 대부분 요구자(claimant)의 능력에 달려 있었다. 그들의 요구를 옹호했던 사람들 중에는 플란 시나(Flann Sinna)가 있었는데, 그는 코넉트의 왕과 함께 맺은 조약을 기념하기 위해 클론막노이즈에 성서의 십자가(the Cross of the Scriptures)를 세웠던 사람이었다. 또한 그는 학식 있는 왕이자 카셀의 주교인 코막 마흐크 퀼레네인(Cormac mac Cuilennáin)을 908년에 레인스터 전투에서 살해했는데, 그 후 오닐 가문(O'Neills)의 조상인 니알 글룬더브(Niall Glúndub)가 계승했다. 니알은 1세기 후에 클론타프(Clontarf)에서 브라이언 아래에서 싸웠던 것보다 훨씬 더 민족적 진력의 대표자가 되었던 군대의 수장으로서 919년 아일랜드브리지(Islandbridge) 근처에 있는 더블린의 북유럽인과 싸워 패배를 당했다.

정치적 단위의 부재는 아일랜드의 문화적 단위에 좀 더 주목하게 만든다. 최초의 기록 시대로부터 우리는 아일랜드 전역에서 사용하고 있던 정교하면서 동일한 언어를 발견한다. 에이슈 다나(áes dána)라는 '예술적인 남자들(men of art)'은 초기 아일랜드 사회에서 가장 중요한 요소를 이루었다. 브레혼들과 역사가 그리고 계보학자뿐만 아니라 '시인들(poets)'이라고 아주 부적절하게 번역된 필리드(filid)가 이들을 구성했다. 그들은 자신의 투어하 밖에서 홀로 특권을 즐겼고, 아일랜드 전역을 자유롭게 여행했다. 그들 모두가 본래는 드루이드(Druid)* 였다. 그리스 작가들이 유럽대륙의 켈트인 중에서 드루이드와 시인들의 중요성을 이야기해주었는데, 카이사르에 의하면 갈리아에서 드루이드의 제자들은 어마어마한 양의 시를 외워서 공부해야 했다. 그의 설명은 17세기처럼 후대의 아일랜드 음유시인 학교에 대해 우리가 알고 있는 것과도 거의 들어맞는다. 기독교의 승리와 함께 드루이드 같은 계층은 사라졌다. 시인들은 좀 더 이교도적이고 마술적인 기능을 포기했지만, 그들과 그 밖의 학식 있는 성원들의 계급은 다른 방법으로 마음껏 그들의 특권을 계속 즐겼다.

그들은 아일랜드 문학을 생산하기 위해 라틴 알파벳을 채택했으며, 기독교 수도사들과 협력하여 아일랜드에 바빌론, 이집트, 그리스와 로마의 것만큼 오래되고 존경스런 역사서를 만들려고 노력했다. 그 결과는 『레보르 게발러(Lebor Gabála)』였는데, 이것은 파르하론(Parthalón), 네매드(Nemed), 퍼 볼러그(Fir Bolg), 투어하 데 다난(Tuatha Dé Danann)과 밀레시안(Milesians)의 연속적인 아일랜드 침공과 관련되었다. 이들 이야기들이 일부 진정한 전통을 보존했다는 것은 그럴듯한데, 가령 퍼 볼러그는 벨가이(Belgae)인 듯하다. 그러나 일반적으로 『레보르 게발러』는 극단적으로 인위적인 편찬이다. 투어하 데 다난은 실상은 이교도 아일랜드인이 숭배했던 켈트 신들이다. 교회는 켈트 신화가 역사로 꾸며진 것이라면, 이를 묵인했다.

교회와 시인들 사이에 이루어진 타협은, 575년 시인들이 콜럼 키일레의 중재로 추방의 위기에서 구조되었다고 알려진 장소인 드림 켓(Druim Cett) 수도원의 전설에 나타나 있다. 그 결과 아일랜드는 중세시대에 거의 독자적인 위치에 있게 되었다. 즉 여기에서 학문과 문학은 기독교 사제의 영역이 되지 못했다. 훨씬 후대인 1539년에 마누스 오도넬(Manus O'Donnell)과 오코너 슬라이고(O'Connor Sligo) 사이의 공식적인 조약에서, 이를 파기한 벌칙으로 사제에 의한 파문과 시인들의 풍자

* 켈트 이교도 사회에서 신과 인간 사이의 중개자로 무인(巫人)에 해당한다. 자연계와 신의 세계간 매개자로 미래를 예측하고, 전쟁, 곡물수확, 왕의 즉위 등 켈트인 생활에서 중요한 행사를 치르기에 가장 좋은 시간을 알아낸다_옮긴이

를 규정했다. 로마인들이 갈리아와 브리튼에서 드루이드를 근절했던 것과 똑같이, 16세기 게일 사회가 전멸의 위기에 처하게 되었을 때, 엘리자베스 시대의 팸플릿 저자들은 '추잡한 엉터리 시인(lewd rhymers)'이라는 가장 쓰디쓴 비방을 이들에게 예약해두었다. 시인들은 고대 켈트 전통의 진정한 계승자였다.

4

기독교의 시작(5세기와 6세기)

THE BEGINNINGS OF CHRISTIANITY(5th and 6th centuries)

역사가는 과거를 이해하기 위해 주로 기록에 의존한다. 이에 비추어 아일랜드의 역사는 성 패트릭(St. Patrick)과 함께 시작해야 한다. 그가 아일랜드에서 최초로 기록되었다고 알려진 문서의 저자이기 때문이다. 짧은 행들의 그룹을 숫자와 위치에 따라 다양하게 만듦으로써 글자를 만드는 번거로운 체계인 오검(Ogham) 알파벳을 빼면, 아일랜드의 조상들이 성 패트릭 이전 시대에 어떤 글쓰기 방법을 가졌는지 의문스럽다. 이 체계는 비석 같은 것 위에 새길 짧은 비문을 위해서는 충분했지만, 근대소설을 이 체계로 쓴다면 1마일 이상의 길이를 가진 공간이 필요할 것이다. 성 패트릭은 고전어의 우아함과 위엄을 거의 찾아볼 수 없는 모가 난 급전하는 문체의 라틴어를 사용했다. 패트릭이 학자로서 단점을 지녔음에도, 그의 글쓰기는 아일랜드의 기독교 개종에 대한 당대의 유일한 내러티브를 들려준다.

성 패트릭이 도착하기 이전에도 아일랜드에 분명히 기독교인들이 존재했었다. 이는 로마 브리튼인이나 갈리아인과의 무역 관계를 통해서 알 수 있다. 로마제국의 야만적인 침입이 있었던 기간 동안 갈리아 출신의 일부 학자들은 아일랜드를 피난처로 삼기도 했다. 아무튼 아일랜드에 있는 기독교인들은 431년 그해에 로마가 그들을 위한 주교의 임명을 정당화하기에는 충분한 수였다.

성 패트릭은 그의 글에서 자신에 대해 무엇을 말해주었는가? 그의 가족 배경과 체포에 대해서는 조금만 언급했다. 그에 의하면 자신은 로마 브리튼 사람으로 바나벰 타버니아이(Bannavem Taberniae) 마을에 있는 칼퍼니우스(Calpurnius)의 아들이었다. 16세 때 수천 명의 다른 사람들과 함께 아일랜드의 침략자들에게 붙잡혀 가 6년 동안 산과 숲에서 양을 돌보면서 포로생활을 했다. 이 기간 동안 그는 신에게 귀의해서 종교에 관한 일에 관심을 가졌는데, 이것은 그가 젊었을 때는 게을리했던 것이었다. 그는 드디어 탈출에 성공했다. 브리튼으로 돌아간 후 오랫동안 잃어버린 아들로서 친척들에게 환영을 받았는데, 그들은 패트릭에게 자신들과 함께 지내기를 간청했다. 만약 50년이 지난 후에도 놀랄 만큼 생생한 기억으로 고백한 그 환영(幻影)이 없었더라면 패트릭은 브리튼에 계속 머물렀을 것이다.

> 나는 밤에 거기서 아일랜드에서 온 것 같아 보이는 수많은 편지를 지닌 빅토리쿠스(Victoricus)라는 이름을 가진 남자의 환영을 보았다. 그는 나에게 그 편지 중 하나를 주었고, 나는 편지의 처음 부분을 읽었다. 그것은 '아일랜드인의 목소리'로, 내가 그 편지의 처음을 읽는 순간 그들의 목소리를 들었다고 생각했다. 그들은 서해 근처에 있는 퍼클러트(Foclut)의 삼림 가까이에 있던 사람들이었다. 그들은 마치 하나의 입인 양 고함을 쳤는데, '우리는 그대에게 묻노니, 소년아, 한 번 더 우리에게 와서 함께 걸어보자.'[1]

성 패트릭은 우리에게 그가 정확히 어디에서 성직 훈련을 받았는지에 대해서는 말해주지 않았지만, 노년기에 '주님의 성자들(the saints of the Lord)'을 방문하기 위해 갈리아에 가고 싶다고 쓰곤 했다. 이는 그가 공부한 곳이 바로 갈리아 지역이었음을 시사한다. 7세기에 쓰인 전기에는 그가 옥서레(Auxerre)의 성 게르마누스(St. Germanus)의 제자였다고 하는데, 그 수도원의 유적이 아직도 요네(Yonne) 강둑을 따라 나타나고 있다. 또한 프랑스 지중해 해안에서 떨어져 있고, 수도원 제도의 초기 형태가 중동으로부터 보급되어 있던 레린스(Lérins) 섬에 체류했을 수도 있다.

21 케리 주 던글로에(Dungloe), 쿨나고르트(Coolnagort)에 있는 오검 문자가 새겨진 석조, 5~8세기 (아일랜드 공공작업위원회)

그 자신의 말만으로도 우리는 그가 아일랜드에서 행한 수많은 선교활동을 자세히 알 수 있다. 그는 '수천 명에게 세례를 주었고', '어느 곳에서든지 사제를 서품했고', '왕들에게 선물을 주었고', '붙잡혔고', '살인, 배신이나 체포를 늘 예견하고 살았으며', '아무도 살지 않는 아주 먼 지역과 큰 위험에 처해 있는 어느 곳이든지 마다하지 않고 여행을 했다'. 그리고 '아일랜드에서 주님의 자식들이 가장 큰 보살핌 속에서 눈부시게 자라나는 것과 왕의 아들딸들이 수도사와 그리스도의 동정녀가 되는 것'을 보고 기뻐했다. 그의 선교사업 대부분은 골웨이(Galway)에서 웩스퍼드(Wexford)를 잇는 선의 북쪽에서 이루어졌다고 할 수 있겠다. 후에 창시자로서 몸소 주관했던 교회들 대부분이 바로 이 아일랜드의 반쪽 지역에 있다. 성 패트릭 사후 세대의 연대기에 기일표(忌日表)가 기록된 스무 곳의 교회 가운데 거의 대부분이 이와 같은 지역과 관련된다. 이교도주의가 전복되기 이전에 강경한 투쟁을 보이기도 했지만, 서유럽에서 아일랜드는 기독교 개종을 위한 어떠한 순교자도 배출해내지 않은 유일한 나라였다. 그 이유는, 모국어로 남아 있는 최초의 설교에서 아일랜드 성직자가 세 가지 종류의 순교 이론을 정립하면서, 빨간색뿐만 아니라 흰색과 초록색 이론도 만든 것에 있지 않을까 추정된다.

Is í an bán-martra do dhuine, an tan scaras, ar son Dé, re gach rud a charas.

이는 인간에 대한 흰색의 순교로, 인간이 신을 위해 사랑하는 모든 것을 포기할 때이

며; 그가 금식과 노동으로 참회할 때, 이는 그에게 초록색 순교이다.[2)]

아일랜드 수도사가 알아야 할 이유가 있었다.

성 패트릭이 기록하지 않고 남겨둔 그의 생애 동안의 세부 사항을 밝히는 일 — 그에게 시공간적인 은둔처를 찾아주는 것 — 은 중세의 전기 작가나 근대 학자의 과제가 되어왔다. 그렇다면 그가 태어났다는 찾기 어려운 마을 바나벰 타버니아이는 어디인가? 19세기까지 이곳은 흔히 클라이드(Clyde) 위쪽에 있는 덤버턴(Dumbarton)과 동일시되었다. 하지만 그렇게 먼 북부에 있는 지역은 패트릭이 부여받은 로마 시민권과 들어맞지 않는 듯했고, 이러한 점은 근대 학자들로 하여금 그의 고향을 훨씬 더 남부에서 찾도록 했다. 앵글레시(Anglesey) 섬의 세번 밸리(Severn valley)와 쿰버랜드(Cumberland)에 있는 라벤글라스(Ravenglass)는 최근에 성인의 고향으로 강력한 지지를 받게 되었지만, 여전히 의문점은 풀리지 않고 있다. 또한 그곳에 살았던 사람들이 패트릭으로 하여금 아일랜드로 돌아가라고 말한 수수께끼에 싸인 퍼클러트 삼림은 어디에 있는가? 북부 메이요(Mayo)에 있는 포그힐(Faughill), 남부 런던데리(Londonderry)에 있는 마거라펠트(Magherafelt), 아킬(Achill), 남부 앤트림에 있는 킬룰타(Killultagh), 스트랭퍼드 호(Strangford Lough)에 있는 킬클리프(Kilclief) 모두는 그 이름의 아일랜드어 형태가 유사하기 때문에 거론되어왔다. 성인이 포로 시대를 보냈던 곳은 어디인가? 슬레미쉬(Slemish)와 크로아 패트릭(Croagh Patrick) 모두 지지자들을 갖고 있다. 현재 성 패트릭과 관련된 이러한 질문 모두에서 논쟁이 되는 것은 그가 아일랜드에서 선교활동을 했던 명확한 시기를 규명하는 문제이다. 우리는 이것이 5세기의 2분기나 3분기에 시작되어 약 30년 동안 지속되었다고 확신한다. 하지만 성인이 아일랜드에 432년에 도착해서 461년에 죽었을까, 아니면 456년에 도착하여 490년에 죽었을까? 앞선 시기는 유럽대륙의 배경과 성인이 관련된 옥서레에 더 잘 들어맞는다. 늦은 시기는 아일랜드에서 성인의 제자들 일부가 6세기 초까지 생존했다는 사실과 잘 부합한다. 성인이 아일랜드에서 활동했던 시기를 정하는 바로 이 같은 문제가 성 패트릭이 두 사람일지도 모른다는 이론을 등장하게 했다. 즉 430년대에 왔던 로마 선교사 패트릭과 한 세대 후에 도착했던 잉글랜드 선교사 패트릭이 있다는 것이다. 하지만 이것은 문헌 비평의 영역이므로 학자들에게 남겨두는 것이 낫겠다. 스스로를 '인간 중에 가장 무식한' 사람이라고 선언했던 성인은 그를 추적하는 학자들의 노고를 분명히 즐기고 있음에 틀림없다.

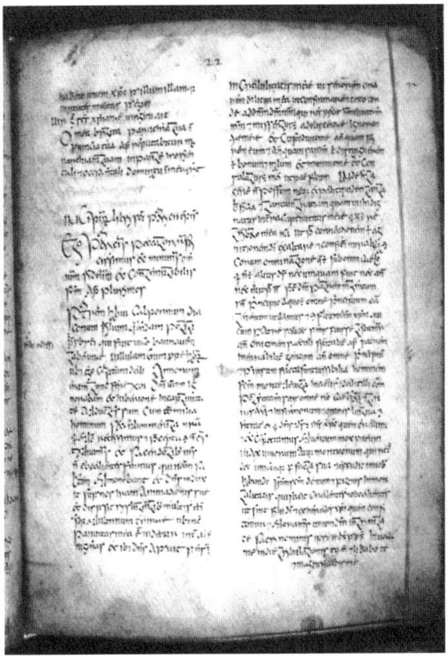

22 『아마의 서(Book of Armagh)』에 있는 성 패트릭의 고백 중 첫 부분, 9세기 (트리니티 칼리지, 더블린)

패트릭이 아일랜드에 도입했던 교회 행정의 체계는 당연히 그가 잉글랜드와 갈리아에서 본 감독제도(episcopal)의 하나였을 것이다. 그가 죽기 전에 열린 종교회의 법은 고정된 교구를 가진 주교들의 존재를 당연시 여기고, 자신의 교구 안에 각각 관할권을 실시하고 있었다. 하지만 패트릭은 아일랜드에 수도원 생활을 소개하고 이를 포용했던 그의 많은 새로운 개종자들에게 감사의 편지를 썼는데, 당시에 이것은 서구유럽에서는 이례적인 것이었다. 따라서 아일랜드 교회 안에서 중요했지만 결코 주도적이지 않았던 위치를 처음부터 즐겼던 수도원 생활의 추세가 성인의 사후에 더욱 두드러지게 되었다. 1세기 안에 새로운 수도원들이 종교와 학습의 중심지였던 오래된 패트릭 기반의 수도원들을 몰아내었고, 궁극적으로 아일랜드는 대다수가 주교가 아닌 수도원의 성직자만이 가장 중요한 교회를 다스린다는 점에서 서구 기독교계 가운데 독특한 존재가 되었다. 아마(Armagh)에서조차 패트릭 자신의 특별한 방식으로 존경을 받았던 교회는 곧 새로운 체계에 동화되었다. 패트릭 직속 후임자는 주교들이었는데, 그들 중 한 사람은 5세기 말 초대 대수도원장으로 명명된 코마크(Cormac)였고, 다음 2세기 동안 아마 교회의 통치자는 주교이자 대수도원장이었다. 이러한 과정은 8세기까지 지속되지 못했는데, 그때쯤 아마의 대수도원장은 더 이

23 공중에서 본 스켈그 위히일(Sceilg Mhichíl) (아일랜드 관광공사)

상 주교는 아니었고 감독제도의 계급이 필요했던 성식(聖式, sacraments) 〔영세, 견진, 성체, 고해, 종부, 신품, 혼배의 일곱 가지_옮긴이〕의 행정을 위해 주교 한 사람을 자신들 공동체의 하위 성원으로서 가지고 있었다.

6세기에 수도원 생활의 부흥을 가져온 추진력은 어디에서 왔는가? 아일랜드인이 추구하는 금욕적인 생활이 여기에 기여했고, 위대한 수도원 창시자들의 강인하고 매력적인 개성 또한 추진력으로 작용했다. 하지만 얼마간의 추진력은 외부인 스코틀랜드와 웨일스에서 유래했다. 이례적으로 밝은 성벽의 외형에서 유래된 켄디다 카사(Candida Casa), 즉 '하얀 집'이라 불린 갈로웨이(Galloway)에 있는 니니안(Ninian)의 창설은 성 엔다(St. Enda)의 도제 양성 장소가 되었는데, 후에 아란(Aran) 제도(諸島)에서 가장 큰 섬에 있던 그의 수도원은 수많은 아일랜드 대수도원장들이 도제 시절을 보냈던 학교였다. 하지만 금욕주의 학교로서 아란의 명성은 곧 클로나드(Clonard)의 성 피니안(St. Finnian) 수도원으로 인해 사라졌다. 클로나드의 성 피니안은 웨일스의 개혁자인 카도크(Cadoc)와 길다스(Gildas)의 영향력 아래 수도원 생활의 일부로서 종교 학습을 새롭게 강조했고, 이렇게 하여 순교사학에서 그를 '아일랜드 성인들의 스승'으로 부를 정도의 지위를 획득했다. 클로나드에서 그의 뛰어난 12명의 제자들은 '아일랜드의 12사도'라는 화려한 명칭으로 서로 연결되었는데, 각 제자들은 순서대로 뛰어난 수도원의 창시자가 되었다. 더로(Durrow), 데리와 아이오나에 있는 콜럼 키일레〔성 콜럼바__옮긴이〕, 클론막노이즈에 있는 키아란(Ciarán), 클론퍼트(Clonfert)에 있는 브렌던(Brendan), 데베니쉬(Devenish)에 있는 몰레세(Molaisse), 에어보에(Aghaboe)에 있는 켄나흐(Cainneach)와 글라스네빈(Glasnevin)에 있는 모비(Mobhi)가 그 예이다. 피니안의 제자가 아니었던 다른 이들 역시 그의 제자들의 모범을 따라서 클로나드에 빚지지 않고 6세기 동안 수도원 설립의 두 번째 흐름을 이끌었다. 즉 콤가울(Comgall)이 창설한 방고르(Bangor), 피니안의 모빌레(Moville), 케빈의 글렌달로우(Glendalough), 자를라흐(Jarlath)의 투암(Tuam), 피온바르(Fionnbar)의 코크(Cork)가 그 예들이다. 여성을 위한 종교적인 설립은 많지 않았지만 꽤 유명했다. 이들 중 킬데어에 있는 성 브리기드(St. Brigid)와 뉴라이(Newry) 근처 킬레비(Killeavy)에 있는 성 모닌네(St. Moninne)는 5세기 말까지로 창설 연도가 올라가는 반면, 리머릭 주 킬레디(Killeady)에 있는 성 아이타(St. Ita), 로스코먼(Roscommon) 주 클룬버렌(Cloonburren)에 있는 케레흐 제어간(Caireach Deargan)과 미드 주 클라윈 브로나이(Clauin Bronaigh)에 있는 성 사판(St. Safann)의 경우는 그 뒤에 건립되었다. 사실 킬데어에 있는 성 브리기드의 창설은 6세기 아일랜드에서 여성과 남성을 위한 혼성의 수도원이라는 점에서 독특했는데, 각 집단은 똑같은 규율을 따르고 공동으로 교회를 사용했으며, 대수녀원장과 주교-수도원장이 합동으로 전체 공동체를 관리했다.

성 콜럼 키일레와 그의 제자들이 세운 더로, 데리와 아이오나 그리고 그 밖의 수도원들처럼 한 창설자가 세운 여러 수도원들은 서로 밀접한 유대를 가지려고 했다. 수도원이 어디에 위치해 있든지, 이들 수도원 교회 집단은 오늘날 아일랜드에서 하나의 대교구 아래 한 지역에 있는 다양한 프란시스코나 도미니코 수도원들의 연결

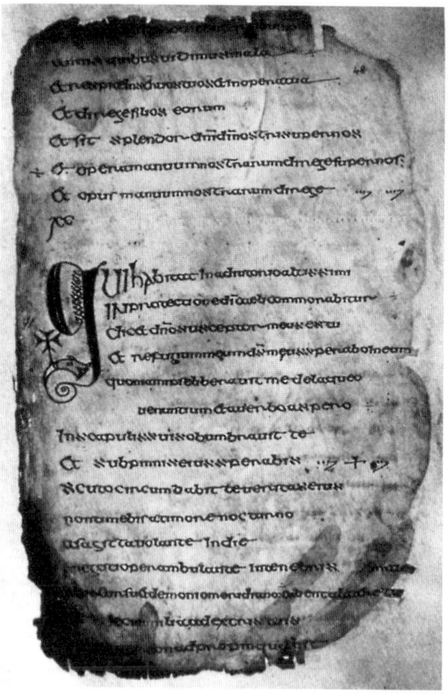

24 카하흐(Cathach)의 한 페이지, 6세기 말 (아일랜드 왕립학회)

과 비슷했을 것이다. 차이점은 오늘날의 이러한 수사들의 집단은 지리적 기반에 따라 나뉜 주교 관구 안의 교구 사제와 나란히 존재하는데, 초기 아일랜드에서는 수도원 집단이 주교 관구를 완전히 대신했다는 점이다. 초기 아일랜드 수도원의 또 다른 두드러진 특성은 가능한 한 창설자 가족 중에서 수도원장을 선택하려는 경향이다. 따라서 아이오나의 첫 번째 12명의 수도원장은 두 사람을 제외하고는 모두가 콜럼 키일레 가문인 케넬 코네일(Cenél Conaill) 출신이었다. 이러한 경향은 의심의 여지없이 훗날 지역의 세도 있는 가문이 일부 대수도원의 권력을 쉽게 장악할 수 있도록 도와주었다. 하지만 초기부터 클론막노이즈는 이 규칙의 예외 지역으로 유명했다.

6세기 아일랜드 수도원이 유럽대륙의 중세 대수도원 중 하나로 그려져서는 안 된다. 이것은 후기의 몬테 카시노(Monte Cassino)나 클레르보(Clairvaux)보다 레빈스(Lévins) 섬이나 나일 계곡의 수도원 정착지 모습에 훨씬 더 가까웠다. 모나스테리움(monasterium)이란 라틴어가 민치르(muintir)란 형태의 아일랜드어로 차용되었을 때, 이것은 건물이 아니라 공동체란 의미로 적용되기까지 했다. 근대의 대응어로는, 1940년대 아일랜드의 다양한 지역에서 발견되는 군대 캠프를 생각할 수 있다. 군대 캠프 각각은 잠을 자기 위한 오두막이 모여서 전체 소집에 사용되는 좀 더 큰 건물을 둘러싸고 있다. 근대 휴양지 캠프는 큰 중앙회관 주위에 열을 이루어 오두막집이 집단을 이루고 있는데, 이것이 근대 마운트 멜러레이(Mount Melleray)보다 외형에서 아일랜드 수도원에 훨씬 가까웠다.

창설자 콜럼 키일레의 수도원에 들어갔던 사람들 일부가 아직 살아 있을 때였던

7세기 아이오나에서 아돔난이 쓴 『콜럼 키일레의 생애(Life of Colum Cille)』에서 우리는 아주 상세하고 신빙성 있는 그림을 재구성할 수 있다. 수도사들은 거주지 대신에 나무나 욋가지로 만든 개별적인 암자에서 살았고, 수도원장의 암자는 이들과 약간 떨어져 있었다. 당시 서부 아일랜드에는 나무가 귀했는데 그곳의 암자들은 보통 돌로 많이 만들어진 것 같고, 오랫동안 시련을 견디어낸 것들은 그렇게 돌로 만든 암자뿐이었다. 수도사들 암자 곁에 수도원의 울이 쳐져 있었고, 이 안에 교회가 있었는데, 교회는 보통 참나무로 지어졌으며 석조 제단, 신성한 용기와 성물 그리고 회중〔드물게 교회가 돌로 지어졌을 때, 담리아그(damliag)라는 특별한 이름이 주어질 만큼 관심을 받기에 충분했는데, 미드 주 듈리크(Duleek)에 있는 성 키아난(St. Cianán)의 설립이 그러했다〕을 모으기 위한 작은 종이 있었다. 긴 상이 있는 식당(refectory)이 노천 화덕, 요리기구와 마실 물을 끓이는 큰 솥이 있는 부엌과 연결되었다. 필사본이 있는 도서실과 필사실(scriptorium) 벽에는 가죽 끈으로 연결된 손가방이 매달려 있고 수많은 필기구가 있었는데, 이것들은 왁스로 만든 서판, 양피지, 깃털과 첨필, 뿔로 만든 잉크 등이었다. 작업장과 대장간이 가까이에 있었고, 누벽 바깥은 경작지와 수도원에 속한 초원이 있었다. 농가의 건물에 덧붙여 물레방아와 석회를 굽는 가마도 있었다.

콜럼바누스(Columbanus)는 "날마다 기도하고, 날마다 금식하며, 날마다 공부하고, 날마다 일하라"[3)]는 규율을 적었으며, 수도원 생활은 신성한 예배, 금욕, 학습과 육체노동의 되풀이였다. 농가에서 일하는 신도들을 제외하고 수도사들은 다양하게 정해진 시간에 따라 날마다 교회에 모였다. 일요일과 성자들의 만찬일에는 노동의 휴식이 엄격히 지켜졌으며, 성무 의식에 더하여 성찬식을 행했다. 부활절은 1년의 전례(典禮)에서 중요한 축제일로 사순절(四旬節)〔성회례일(Ash Wednesday)부터 부활절 전야(Easter Eve)까지의 40일간: 광야의 그리스도를 기념하기 위해 단식, 참회를 함 __옮긴이〕의 금욕 후 기쁨의 시간을 가졌다. 크리스마스는 준비 기간을 갖고 맞이하는 기쁨의 축제였다.

수도사의 전 생애와 죽음이 자기 부정이라는 위대한 행위를 따라 이루어졌지만,

정해진 기간에는 추가적인 금욕이 요구되었다. 부활절에서 오순절(五旬節)〔부활절 이후의 7번째 일요일__옮긴이〕의 기간 동안을 제외하고는 일 년 동안 수요일이나 금요일은 금식일로 간주되었는데, 손님에 대한 접대가 규칙의 완화를 요구하지 않는다면, 늦은 오후까지 어떤 음식도 먹지 않았다. 사순절 동안 금식은 일요일을 제외하고는 가벼운 식사가 허락될 때인 저녁까지 매일 지속되었다. 보통의 음식은 빵, 우유, 계란과 생선이었고, 일요일과 손님이 방문할 때에는 고기가 허락된 듯했다. 수도사들은 안에는 하얀 튜닉(tunic)을 입었고, 겉에는 물을 들이지 않은 양모로 된 조악한 어깨망토와 모자를 걸쳤다. 작업할 때나 여행을 할 때는 샌들을 신었다. 밤에 그들은 자신의 습관대로 잠을 잤다. 머리의 주변부만 남기는 로마식 이발과는 달리 그들의 체발식(tonsure)은 머리의 앞까지 머리카락을 깎고 뒷머리를 길게 자라도록 놓아두는 아일랜드의 고유한 형태를 택했다.

학습의 중요한 주제는 성서였는데, 많은 경우 암기해야 했으며 특히 시편(psalms)이 그랬다. 6세기 방고르의 콜럼바누스와 7세기 아이오나의 아돔난은 그들의 저작에서 특히 베르길리우스(Vergil)〔Publius Vergilius Maro, 기원전 70~ 19, 로마의 시인으로 『에네이드(The Aeneid)』의 저자__옮긴이〕와 호라티우스(Horace)〔기원전 65~8, 로마의 시인__옮긴이〕 같은 라틴어 고전 작가에 대한 광대한 지식을 보여주었다. 그리고 존경하는 비드(Venerable Bede)*가 언급한 대로, 아일랜드 수도원에서 연구한 진보적인 저작에는 이교도 저자의 것도 포함되어야 한다. 설피키우스 세베루스(Sulpicius Severus)의 『투어즈의 성 마틴의 생애(Life of St. Martin of Tours)』와 콘스탄틴(Constantine)의 『성 게르마누스의 생애(Life of St. Germanus)』 같은 4~5세기 유럽대륙 성인들의 생애는 아일랜드 수도원에서 일찍 받아들여 공동체의 독서에 이용했다. 최근의 연구는 6~7세기 아일랜드와 에스파냐가 문화적으로 가까웠음을 지

* 8세기 잉글랜드의 수도사이자 학자로, 뉴캐슬 근처의 재로(Jarrow) 수도원에서 교습하고 저술활동을 했다. 731년에 펴낸 『잉글랜드인의 교회사(Ecclesiastical History of the English People)』는 중요한 저서로 평가받고 있다__옮긴이

25 초기 아일랜드 수도원 (Liam de Paor)

적했는데, 그 예로 세비야의 이시도르(Isidore)가 쓴 저서는 아일랜드에 먼저 도착한 뒤, 아일랜드 수도사의 손을 거쳐 중앙 유럽으로 건너갔다.

사본의 복사는 수도원 업무에서 중요한 부분이었다. 수도원의 학자는 뛰어난 필경사였고 콜럼 키일레와 바이힌(Baíthín)은 아이오나의 첫 번째 두 수도원장으로, 아일랜드 수도원 제도에서 가장 위대한 자랑거리 중 하나였던 후기 채식(彩飾) 도안을 지닌 필사본 예술의 창시자로 간주된다. 하지만 현존하는 필사본 중 소수만이 우리가 다루는 약 600년이라는 시기로 거슬러 올라간다. 하나는 시편의 단편적인 복사본인 카하흐(Cathach)로, 전통적으로 콜럼 키일레가 직접 만든 사본으로 여겨지는데, 이것으로 인해 쿨 드레이우네(Cúl Dreimhne) 전쟁*이 일어났고, 성 콜럼

* 이 전쟁(555년)은 콜럼 키일레가 『피넨의 서(Book of Finnen)』라 불린 희귀본을 피넨에게 알리지 않고 복사한 것에 대해 지어멋(Diarmait) 왕에게 이 문제를 맡겼을 때, 왕이 성자에 반해 그릇된 판결을 한 데서 유발되었다. 왕이 내린 결정 때문에 전쟁에서 3,000여 명이 죽었다__옮긴이

키일레는 망명해야 했다. 이것은 현재 더블린의 아일랜드 왕립학회 도서관에 보관되어 있는데, 7세기 유럽대륙의 영향을 받기 전 아일랜드의 문체를 보여준다. 또 다른 것은 4대 복음서를 복사한 것으로 마태, 요한, 누가와 마가의 순서로 되어 있는데, 콜럼바누스가 여전히 살아 있을 때 보비오(Bobbio)에서 필사한 것으로, 지금은 트리니티 칼리지 도서관에 있다. 보비오에서 같은 시기에 쓰인 또 다른 두 부의 필사본은 밀라노의 암브로시아(Ambrosia) 도서관에 있으며, 콜럼바누스가 직접 소유했던 것으로 여겨지는 네 번째 보비오 사본은 튜린(Turin)에 있다. 한 세기나 두 세기 이후 나타날 아일랜드 필사본의 화려한 채식은 전혀 보여주지 못하지만, 그 사본들은 아일랜드 기독교의 여명기로부터 전해지는 여전히 값진 유물이다.

초기 아일랜드 수도사들의 주된 육체노동은 농경이었다. 밭갈이, 씨뿌리기, 추수, 타작은 6세기 아이오나의 모든 수도사들의 업무로서 언급되었다. 나머지는 집 안에서 필요한 다양한 물품을 만드는 데 관련되었으며, 모든 종류의 종교적 목적을 위한 그릇의 필요성은 금속공예에 대한 예술적 접근을 자극했다. 어류가 식생활에 중요한 것으로 간주된 이래, 바다나 큰 강 가까이에 있는 모든 수도원에서처럼 아이오나의 수도사들이 배에서 오랜 시간을 보냈음은 놀라운 일이 아니다. 모든 진정한 어부들과 마찬가지로 그들은 자신이 잡은 '큰 연어들'에 대해 이야기하기 좋아했고, 그리하여 아돔난은 콜럼 키일레의 동료들이 1세기 훨씬 이전에 로스코먼의 보일(Boyle) 강에서 그물로 잡은 두 마리의 거대한 연어에 대해 들었다.

아일랜드 수도원의 일부는 아주 큰 공동체를 유지한 듯하다. 중세의 자료는 클로나드와 방고르의 수도사 3,000여 명을 언급했지만, 이것이 단순한 과장이 아니라면, 수녀들이 머문 집 모두를 포함해야 할 것이다. 아마도 6세기에 좀 더 큰 수도원에서 100명까지는 정상적인 인원이 되었을 것으로 예상하는데, 가령 콜럼바누스는 갈리아에서 자신이 창설한 세 수도원에 200명의 수도사들을 나누어 두고 있었다. 7세기 초 많은 잉글랜드 학생들이 아일랜드로 몰려들었을 때, 몇몇 수도원의 인원은 몇백 명에 달했다. 각 수도원에서 수도사의 대다수는 평신도였고 또 그렇게 남았지만, 성무를 행했던 소수의 사람은 상급 성직에 있었다. 공동체의 수장인 수도원장은 종종 자신의 후임자를 직접 지명했다. 그는 부수도원장이나 소수도원장(prior)의 보조를 받았는데, 그들은 수도원의 물질적 재원을 돌보았고, 연장자들(seniores)이라 불린 나이든 형제들 집단의 보조도 받았다. 이들 중 한 사람은 언제나 주교의 품등에 있었고, 나머지 가운데 한두 명은 미사를 축전하기 위한 성직 서품이 내려져 성사를 시행했다. 수도원에서 또 다른 지위로는 필경사, 식료품 담당자, 요리사, 숙박원장, 우유를 짜는 사람, 빵을 굽는 사람, 대장장이, 정원사, 운반인 등이 있었다. 많은 수도원에는 한 사람 또는 그 이상의 은둔자가 있었는데, 그들은 스스로를 공동체의 나머지 수도사로부터 격리하여 조용히 기도하는 삶을 살았다.

아일랜드 수도원의 규칙은 엄격한 것으로 잘 알려져 있지만, 콜럼바누스의 규율에서 일부의 예들은 때로 이것이 얼마나 가혹했는지를 보여준다. 규율의 작은 위반에 부과된 가장 작은 벌은 세 가지 찬송의 음송이었다. 신체적 체벌은 가죽 채찍으로 손에 벌을 내리는데 6대에서 100대까지 다양할 수 있었다. 추가의 침묵을 행하는 기간, 빵과 물만 먹을 수 있는 금식, 제명과 추방은 다른 벌칙이었다. 살인에 대해 콜럼바누스가 부과한 가장 엄격한 벌은 10년간의 추방으로 적어도 일부는 빵과 물로만 지내야 했다. 신체적 체벌은 아일랜드 민법 어디에도 명시되어 있지 않았기 때문에, 수도원에서 응징의 형태로 이것을 도입한 것은 좀 놀랍다. 하지만 아일랜드 수도사가 대륙으로 건너갔을 때 더 극단적인 금식과 철야기도와 더불어 이러한 처벌을 대륙의 신참자들이 반대한다는 것을 알고는 결국 이를 포기했다.

아일랜드 수도원이 해외로 팽창한 전성기는 5~6세기보다 훗날의 일이지만, 이미 6세기 동안에도 선구자들은 아일랜드를 떠났다. 초기에는 근대적 외래 선교 운동의 특징은 전혀 없었다. 사실 이것은 조직된 운동이 아니었다. 페레그리니(peregrini)의 마음속 최초의 동기는 고행과 자아희생적인 것으로, 아브라함처럼 가족과 집을 포기하고, 세상의 인연이 신성함의 추구를 방해하지 않는 격리된 장소를 찾고자 함이었다. 563년 아이오나로 떠난 콜럼 키일레의 여정은 한 세대 전 아란으로 향한 엔다의 여정과 본질적으로는 다르지 않았다. 하지만 스코틀랜드에서 그는 픽트인을 개종시키는 데 자신의 선교적 정열이 무한함을 알게 되었다. 그가 그렇게 잘 알고 있었던 고향땅을 외국에서 간절하게 생각하면서 그는 후세대에서 애국적인 망명자의 원형(原型)이 되었다.

Ionmhain Durmhagh is Doire,
Ionmhain Rath-Bhoth go nglaine
Ionmhain Druim Thuama is mín meas,
Ionmhain Sord is Ceanannas.

Da mba liom Alba uile
Óthá a broinne go a bile,
Do b'fhearr liomsa áit toighe
Agam ar lár caomh-Dhoire.[4]

나에게 가장 사랑스런 곳은 더로와 데리
나에게 가장 사랑스런 곳은 맑은 라호우(Raphoe)
나에게 가장 사랑스런 곳은 탁트인 드럼홈(Drumhome)
나에게 가장 사랑스런 곳은 스워스(Swords)와 켈스이네.

내가 중심부에서 가장자리까지
스코틀랜드 모두를 소유한다면
쾌적한 데리의 중앙에 있는
장소를 거주지로 택할 텐데.

콜럼 키일레의 선교활동은 그와 같은 이름을 가진 콜럼바누스에게 영감을 주었는데, 한 세대 이후, 잉글랜드, 프랑스, 벨기에, 독일, 스위스, 오스트리아와 이탈리아에는 아일랜드 수도사의 발자국 소리가 여기저기에서 울려 퍼졌다. 프랑스에서

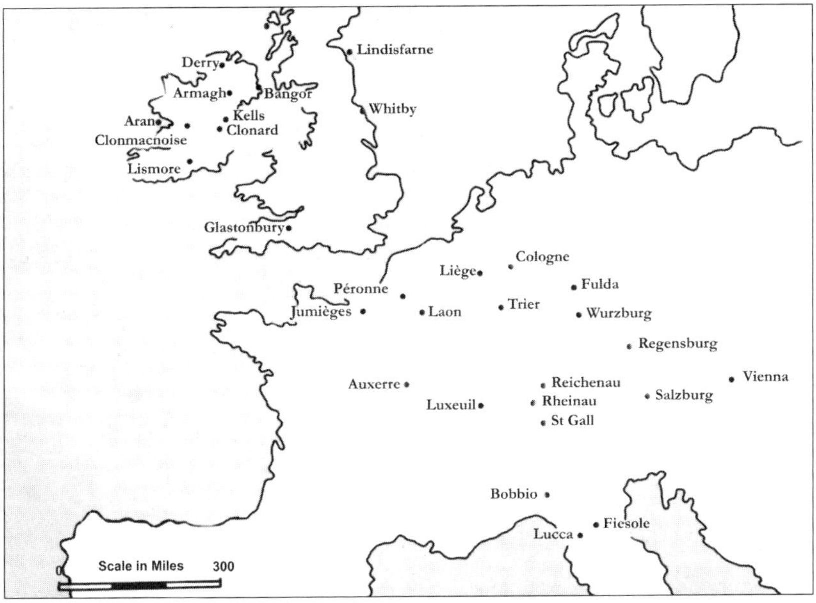

26 아일랜드 기독교 영향의 중심지를 보여주는 유럽의 지도, 6~8세기 (Liam de Paor)

콜럼바누스의 가장 위대한 근거지는 뤽세이유(Luxeuil)로 700년이 되기 전에 거의 100개나 되는 다른 수도원들에 직접 또는 간접으로 영향을 주었다. 또 다른 패트릭이나 또 다른 바울처럼 뤽세이유에서 이탈리아를 향한 그의 여정은 분명 역사의 대선교 여행 중 하나였는데, 613년 보비오에 마지막 수도원을 창설할 때까지 그는 프랑스를 두 번 가로지르고 라인 강 건너 스위스, 콘스탄스(Constance) 호를 건너 오스트리아의 브레겐츠(Bregenz), 알프스 산맥을 넘어 북부 이탈리아까지 여행했다.

보비오에 있는 그의 무덤 곁에 서 있는 것 자체가 기독교의 도래가 아일랜드인들에게 무엇을 의미했는지 깨닫는 것이다. 그는 여전히 아일랜드인을 자랑스러워했다. 즉 "세계의 끝단에 살고 있는 우리 아일랜드인은, 성인 베드로와 바울의 추종자들로, 우리 사이에는 종파 분리론자나 또는 이단자가 결코 없었다". 그는 여전히 자신의 독자성을 유지했는데, 왕들과 여왕들에게 저주를 퍼부었던 정신의 독립심으로, 교황에게 "교회의 머리가 꼬리로 바뀌지 않도록 할 것"을 요청했고, "……

아일랜드에서 중요한 것은 한 사람의 자유가 아니라 가치가 되는 원칙이기 때문이다"[5]라고 말했다. 그는 여전히 부활절을 계산해내는 아일랜드의 방식이나 아일랜드 수도원이 누렸던 감독제도의 예외를 포기하는 데 주저했다. 이러한 아일랜드의 유산에 그는 자신의 동시대인 누구도 필적할 수 없는 완벽한 라틴어 지식을 더했는데, 이것은 새로운 언어를 문장과 설교, 시와 노래, 심지어 노를 저으며 부르는 합창 속에 넣어 어울리게 만들었다.

The tempests howl, the storms dismay,
But skill and strength can win the day,
        Heave, lads, and let the echoes ring;
For squalls and clouds will soon pass on
And victory lie with work well done
        Heave, lads and let the echoes ring.

비바람은 울부짖고, 폭풍우는 놀라게 하고,
하지만 기술과 강인함으로 승리할 수 있네,
        노 저어라 젊은이여, 그리고 반향을 울리도록 하자;
돌풍과 구름은 곧 지나갈 것이다.
그리고 승리가 일의 성공에 달려 있다.
        노 저어라 젊은이여, 그리고 반향을 울리도록 하자.[6]

이 노래의 라틴어 원문은 우리가 이 장의 시작에서 다룬 성 패트릭의 더듬거리는 운문과는 아주 다르다. 이것은 아일랜드 유산에 나타난 국내와 외래의 요소가 새로운 기독교 문화 속으로 섞여 들어갔으며 성 패트릭의 도착 이래 유럽에서 많은 것을 수용했던 아일랜드도 이제는 그 보답으로 제공할 것이 많다는 것을 분명하게 보여주는 것이다.

5

초기 기독교 아일랜드의 황금시대(7세기와 8세기)

THE GOLDEN AGE OF EARLY CHRISTIAN IRELAND(7th and 8th centuries)

기독교가 아일랜드에 들어오게 된 경로와 교회학교들이 설립되어 젊은 사제들이 라틴어 교육을 받은 과정에 대해 살펴보았다. 그 후 아일랜드 학자들은 학문을 급속도로 발전시켜, 패트릭이 매우 더듬거리는 라틴어로 썼던 5세기로부터 1세기 이상이 지난 후 얼스터의 방고르에 있는 여러 수도원 학교의 교장이었던 콜럼바누스는 라틴어로 유창하게 표현할 수 있었다. 아일랜드 교회학교에 있는 교사들은 5세기와 6세기에 걸쳐 열심히 학생들을 지도했음이 확실하다. 소년들은 라틴어를 배우고 성경을 공부했으며, 이들 중 가장 유능한 학생은 고전작가들의 작품을 즐겨 읽을 수 있었고 라틴어 시를 유창하게 쓸 수 있었다.

하지만 아일랜드는 교회학교 이외에 다른 종류의 학교도 있었는데, 이는 시인과 법률가 양성을 위한 학교로 상당한 기간 동안 교회의 학습과는 완전히 분리되어 있었다. 이들 세속학교들은 아일랜드에서 오랜 역사를 가지고 있었고, 국민들로부터 존중되고 존경받았다. 여기서 교육을 받은 학자들은, 오늘날 아일랜드에서 사제직이 서로 밀접한 유대감을 갖고 있듯이, 함께 전문직 집단을 구성했고, 당시 아일랜드의 생활에 크게 기여했다. 그들은 인간의 행위를 통치하는 법을 잘 알았고, 계보학(오늘날 개인의 출생증명서와 등기권리증과 유사했던)을 능숙하게 음송할 수 있었으며, 또한 자신들의 이야기와 역사를 통해 사람들을 즐겁게 만들고 가르쳤다. 그들은 남자들이 전투에 참여하기 전에 전투에 대한 영감을 불어넣기 위해 과거의 역사적 영웅에 대한 전통을 이야기해주었다. 그들은 전사들의 용기와 무용담을 찬양했고, 전쟁에서 죽은 자들을 애도하기도 했다. 기독교 시대 이전에 이들 학식을 갖춘 사람들은 전문성이 최고의 경지에 도달하도록 하기 위해 오랫동안 엄격한 훈련을 거쳐야 했다. 하지만 읽기와 쓰기는 이러한 훈련에 포함되지 않았다. 읽고 쓰는 능력이 아닌 암기가 교육의 기본이어서, 암기교육을 통해 아일랜드 지식인들은 완벽한 정확함으로 수많은 복잡한 이야기들을 반복하여 전달할 수 있었다. 그들의 말하기는 우아하고 위트 있고 유창했지만 아름다운 이야기나 지혜로운 비평의 글은 거의 쓸 수 없었다.

한편으로 교회학교에서 제공된 교육과 또 다른 한편으로 시인과 법률가를 위한 학교의 교육은 완전히 달랐는데, 학습주제뿐만 아니라 전체적인 수업 방법과 접근 방식도 서로 달랐다. 7세기 가장 흥분되고 중요한 역사적 사실 중의 하나는 완전히 분리된 두 세계의 언어인 라틴어와 아일랜드어가 사고와 기술을 서로 차용하기 시작했다는 점이다. 예컨대 이 시기에 일부 시인과 법률가들은 자신들에게 꽤나 쉬웠을 읽기와 쓰기를 배웠을 뿐만 아니라, 이에 더해 아일랜드어와 자신들의 전통적 학습방법의 본체에 당시의 새로운 지식을 적용하기 시작했다. 세속학교에서 행한 암기학습의 옛 방식은 계속되었지만 일부의 시인과 법률가들은 사제들의 라틴어 교육과 좀 더 밀접히 접촉하게 되었으며, 그들의 쓰기 학습을 새로운 방식으로 기록하기를 원하고 있었다. 기록된 라틴어와 구술된 아일랜드어라는 두 가지 종류의 교육은 완전히 별개의 것으로 남을 수도 있었다. 로마인들이 켈트화한 브리튼에 왔을 때 라틴학교들이 설립되었는데, 우리가 알고 있는 한, 브리튼식의 구비문학은 기록되지 않았다. 어떤 사람들은, 학교에서 영어로 쓰기를 배웠지만 아일랜드어로 글쓰기는 못하면서 아일랜드어가 일상 언어인 만큼 아일랜드어를 우아하고 격조

있게 말했던 아일랜드 할아버지 할머니들을 떠올릴 수도 있다. 7세기의 한 아일랜드 학자는 라틴 학문의 외래적인 방법을 자신의 언어에 적용했으며, 이에 대해 매우 자부심을 가졌다. 초기의 아일랜드 법률책자 중의 하나에는 이것이 어떻게 유래되었는가를 말해주는 이야기가 있다. 주인공은 636년 한 전투에서 부상을 당한 켄팔레드(Cenn Fáelad)라는 남자로 간호를 받기 위해 툼레간(Toomregán)으로 보내졌는데, 세 명의 학자들 집 사이에 있는 삼거리의 한 집으로 가게 되었다.

> 그곳에는 세 개의 학교가 있었다. 라틴어 학습을 위한 학교와 아일랜드 법률학교, 그리고 아일랜드 시인학교가 그것이었다. 그는 매일 이들 세 학교에서 암송하는 시문들을 듣고 매일 밤마다 시문 모두를 암기하곤 했다. 그래서 그는 이 내용들을 시의 구성으로 짜 맞추어 석판과 서책 위에 적어서는 그것을 고급 피지로 된 책으로 만들었다.[1)]

당시의 일이 이와 같이 정확히 발생했는지는 확신할 수 없지만, 유사한 일은 일어났을 것이다. 그래서 말하기 학습은 문자로 적혔고 영원히 기록되었다.

차용은 한 방향으로만 된 것이 아니었다. 5세기나 6세기 교회법을 작성했던 주교들은 개종자들로 하여금 세속법정에서 논쟁을 불러오는 소송 제기를 금지했다. 즉 기독교인들은 이교도인 브레혼에 도움을 요청해서는 안 되었다. 하지만 7세기와 8세기경 교회 당국과 세속법률가들은 좋은 사이였음이 확실하다. 그 당시 브레혼들은 개종했고, 서품식 제도로 인해 사제들은 사회의 귀족 지위 가운데 하나를 받게 되었다. 교회지도자가 교회법을 작성할 때 세속법률가로부터 영향을 받았고, 아일랜드 방식으로 법률을 표현하려고 시도했다. 그들은 고전 로마법에는 존재하지 않았던 아일랜드의 법률 관습을 기술하기 위해 라틴 단어를 찾거나 만들어내야 했다. 7세기와 8세기경에는 교회와 세속법률가들 사이에 상당한 정도의 친근한 접촉이 있었음에 틀림없다.

교회는 아일랜드 시인들과도 완전히 단절되지 않았다. 7세기 말 아돔난의 저서인 『콜럼 키일레의 생애』는 다음과 같이 전해준다. 한 시인이 아이오나의 수도원을 방문했을 때 그는 관례적으로 자신의 작품 중 하나를 수도사에게 노래해주어 그들을 즐겁게 해줄 것을 부탁받았다고 한다. 수도사들은 이러한 방식을 통해 이전 시대의 왕과 영웅의 찬양, 그들의 선조와 전투에 대한 노래에도 상당히 익숙했을까? 수도사와 평신도도 서로 단절되지 않았다. 수도원 교육은 종교계로 입문하고자 했던 사람들만을 위한 것이 아니라 교회에 거주하는 사람들의 아들과 농사를 짓고 가족을 거느리는 성인 생활을 하는 일부 세속인들에게도 제공되었다. 그래서 교회에서 교육이 시행되어 아일랜드에는 라틴어를 읽고 쓸 수 있었던 사람들이 있었지만, 동시에 그들은 옛 이야기를 알고 있었고 이를 좋아하기도 했다.

전해 내려오는 이야기 중에는 평화나 사랑에 관한 주제보다는 피가 넘쳐 흐르는 폭력적인 내용이 많았다. 이교도 얼스터 영웅의 자랑을 들어보자.

> 내 국민이 맹세하는 것으로 나는 맹세한다. 나는 내 손으로 창을 잡고 매일 코넉트인을 한 명도 죽이지 않은 적이 없었고, 약탈을 하지 않고는 매일 밤 화로 곁에 앉아 있은 적이 없었다. 또한 나는 내 무릎 밑에 코넉트인의 잘린 머리를 두지 않고는 결코 잠을 이룬 적이 없었다.[2)]

성직자들은 그러한 폭력 행위를 찬성할 수는 없었다. 실제로 7세기의 설교는 자아희생을 설득하는 것이었지 자기 과시를 위한 것은 아니었다. '이것은 옳다'라고 설교자는 말한다.

> 우리 모두는 다른 사람들이 가난하고 허약하며 어려움에 처해 있을 때 다 같이 고통을 받아야 한다. 인간의 고통은 일종의 시련이라는 것을 …… 이들 지혜로운 말에서 이해하게 된다.[3)]

하지만 위와 같은 일부 성직자가 그리스도의 진정한 도덕성에 대해 설교를 한 반면, 성자들의 생애를 쓰는 다른 성직자들은 영웅이란 용감하고 성공적이며, 호의적이고, 재빠른 기지를 가진 사람이어야 한다는 일반적으로 익숙한 사고방식에도 영향을 받았다. 그래서 패트릭은 자신이 강탈당하고, 구속되고, 여러 번 죽을 고비도 넘겼다고 고백했지만, 7세기 그의 전기는 그가 승리에 차 있고, 이교도인 적대자를 최악의 상황으로 만들며, 왕의 드루이드(Druid)를 죽이고, 왕의 군대에게 저주를 내렸음을 보여준다. 브리기드는 아일랜드식 환대에 대한 더할 나위 없는 모범을 보여준다. 그녀는 어느 날 방문객을 위한 음식을 준비하기 위해 젖소들에서 세 번에 걸쳐 우유를 짤 수 있었고(기적에 의해), 왕을 상대할 수 있었던 어떤 이교도 영웅보다도 더 큰 매력으로 왕을 속여 넘길 수 있었다(자비심 때문에). 성자들의 생애를 썼던 수도원의 필경사들은 아일랜드 영웅 이야기를 듣고 자랐다.

교회는 세속시인과 이야기꾼의 학습을 억압하지 않았으며, 궁극적으로는 이들 학습의 많은 부분이 기록되어 수도원의 도서실에 보존되었다. 물론 라틴어든 아일랜드어든 어떤 인간의 지식도 인간을 저절로 천국에 보내주지는 않을 것이다. 문법책을 저술하면서 한 학자는 이러한 취지의 훈계시를 썼다.

Grammar, learning, glosses plain,
Every philosophy is vain;
Arithmetic and letters all
In Heaven's hall God shall disdain.

문법, 학습, 주해들은 평범하다,
모든 철학은 헛되다;
산수와 글자 모두를
천국에 계시는 하나님은 쓸모없게 여기실 것이다.[4)]

라틴어뿐만 아니라 아일랜드어도 신의 예배에 사용될 수 있었다. 그래서 누군가 아일랜드어로 문법을 썼으며 성직자들은 학교의 학습에 아일랜드어를 사용했다.

27 케리 주의 갈라루스(Gallarus) 예배소 (아일랜드 공공작업위원회)

라틴어와 아일랜드어 사이의 분리는 7세기가 되자 기독교가 처음 도입되었을 때보다 덜 명확해졌다. 세속인과 성직자는 함께했다. 라틴어와 아일랜드어로 쓰인 지식이 만나 합쳐졌으며, 기독교 예술가들은 좀 더 오래된 아일랜드 장인들의 디자인을 사용했다. 우리는 더니골 주의 드럼할라(Drumhallagh)에 있는 석판에서 그리스도적이고 세속적인 상징이 서로 나란히 새겨져 있음을 볼 수 있을 것이다. 그 아래 십자가 문장(紋章)에는 목장(牧杖)을 들고 있는 두 사람의 주교가 있다. 대칭되는 위쪽에는 지식을 얻기 위해 자신의 엄지를 빠는 아일랜드 영웅 핀(Finn)처럼 엄지를 입에 넣고 있는 인물이 있다.

아일랜드 사제가 유럽대륙의 건축 스타일을 알고 있었음이 확실하지만, 라틴학교를 운영했던 수도원 건물은 아일랜드의 건축 기술을 따랐다. 거주지 전체는 라호(ráth)나 카셀(cashel) 뒤쪽으로 울타리가 쳐졌다. 이곳은 이니쉬머레이(Inishmurray)에 세워진 수도원에서 볼 수 있듯이, 문과 계단 모양의 벽이 속세의 성채와 아주 비

28 공중에서 본 클론막노이즈 (*Irish Press*)

슷하게 만들어졌다. 내부에는 수도사들이 살았던 여러 개의 암자가 있었다. 이러한 설계는 9세기 초 대륙의 베네딕트 수도원의 구조와는 대조를 이룬다. 여기에서는 수도사들이 공동의 기숙사에서 함께 잠을 잤고, 공동 식당에서 함께 식사를 했으며, 수도사들의 거주지는 수도원의 회랑에 있는 교회와 가까이 있었다. 아일랜드 수도사들은 로마식 빌라와 안마당에 기반을 둔 이와 같은 건축 스타일을 채택하지 않았다. 초기의 암자와 교회들은 나무로 지어졌거나 회반죽 없이 돌로 지어졌는데, 꼭대기에서 지붕이 한 개의 돌로 연결될 수 있을 때까지 각각의 돌이 안쪽에서 그 아래에 있는 돌과 부분적으로 겹치도록 쌓아올렸다. 이러한 구조를 지닌 교회당은 지금도 볼 수 있다. 갈라루스 예배소(<그림 27>)를 보면 알 수 있듯이 석공이 돌을 그런 기술로 짜 맞추어 지은 이 건물은 오늘날까지 완전하고 물이 새지 않는 상태로 남아 있다. 교회 가까이에는 묘지가 있었는데, 교회 입구 곁에 성인의 묘가 있었으며, 십자가들은 이들 묘를 수호하는 신성한 표시로서 수도원의 울타리 주위와 안에 세워졌다.

훨씬 더 일찍 세워진 많은 수도원들은 7세기와 8세기에 부와 권력의 장소로 떠올랐다. 한 시인이 이에 대해 기술한 약 800년경의 시를 보라.

Little places taken	작은 건물들이 세워졌는데
First by twos and threes,	처음에는 둘씩 셋씩,
Are like Rome reborn	로마가 다시 태어난 것 같은
Peopled sanctuaries.	사람들이 사는 지성소(至聖所).[5]

그러한 예는 아마, 클론막노이즈, 킬데어, 글렌달로우와 기타 여러 주에 있는 교회들이었다. 이 교회 가운데 많은 수가 지역 요새 가까이에 세워졌지만, 교회의 권력은 상승했고 요새는 쇠퇴했다. 위의 시인은 코넉트의 왕 아일릴(Ailill)이 세운 주요 요새의 잃어버린 영광을 말해주고, 현재 클론막노이즈의 찬란함과 글렌달로우의 중요성도 전해준다.

Ailill the king is vanished	아일릴 왕이 사라졌다
Vanished Croghan's fort:	크로건 요새가 사라졌다:
Kings to Clonmacnoise now	지금은 왕들이 클론막노이즈로
Come to pay their court.	그들의 경의를 표하기 위해 왔다.
Navan town is shattered	네이번 타운이 산산이 흩어졌고
Ruins everywhere:	사방이 폐허가 되었다:
Glendalough remains	글렌달로우는 남아 있는데

Half a world is there.	세상의 반이 그곳에 있다.[6]

위에 언급한 중요한 수도원은 보통 주요 도로 위에 세워졌기 때문에 쉽게 접근할 수 있었다. 수도원들은 종교적인 중심지일 뿐만 아니라 도시이자 피난처, 숙박소, 고행소, 학교와 대학이기도 했다. 이와 대조적으로 다른 수도원들은 격리되거나 멀리 떨어진 곳에 있었는데, 폭풍이 치는 대서양에 있는 스겔그 위히일(Sceilg Mhichíl)이나 볼러스 헤드(Bolus Head) 위에 있는 킬드리리그(Kildreelig) 같은 수도원들은 절벽 끝의 가파른 언덕 위에 세워진 단단한 울타리 내부에 있었다. 사람들은 금식하고 기도하기 위해 사람이 살지 않는 곳으로 출가하는지도 모른다. 일부 자료들은 성자들이 최소한의 물질만 취하고 오로지 신에 전념하고 있는 것을 보여주었다, 성 브리기드처럼.

loved not the world:	세속을 사랑하지 않았다:
She sat the perch of a bird on a cliff	그녀는 절벽 위 횃대에 앉았다.[7]

그녀는 오로지 신만을 갈망했던 성자였다. 아일랜드 수도원 생활에서 열정 그리고 통일성의 부족은 모두 수도원 생활이 시작되었던 동부의 사막에 그 기원을 두고 있다. 하지만 표준화된 관례란 존재하지 않았다. 일부 수도사가 '어떤 장소에서 신에게 기도를 드리고 잠시 쉴 수 있는' 숲이나 섬으로 물러나는가 하면, 다른 수도사들은 교회 회의에 참석하며, 법을 작성하고, 계속하여 심방(尋訪)을 돌며 재원을 수집하거나 학교를 운영했다. 그러한 수도사들은 속세와 계속해서 접촉하고 있었다.

수도원 학교의 교장들은 대륙에서 라틴어 사본들을 가져오기를 열망했다. 그들은 새로운 서적을 환영했으며, 알려진 작가들의 훌륭한 텍스트를 찾고 있었다. 7세기에 에스파냐어로 쓰인 서적들이 아일랜드로 들어왔다는 것을 우리는 알고 있는데, 이는 세비야의 주교인 이시도르의 작품으로 그의 사후 수십 년 안에 아일랜드에 도착했던 것 같다. 아일랜드인 역시 유럽대륙으로 자신의 사본들을 가지고 갔

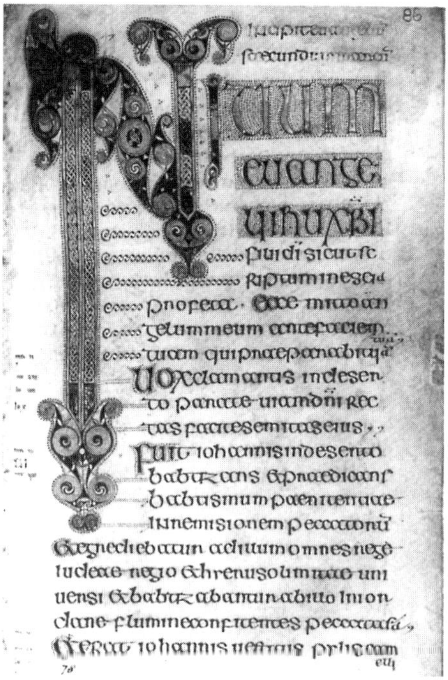

29 『더로의 서(Book of Durrow)』의 한 페이지, 7세기 후반 (트리니티 칼리지, 더블린)

다. 콜럼바누스는 버건디(Burgundy)의 뤽세이유와 북부 이탈리아의 보비오에 수도원을 건설했다. 이들 수도원과 콜럼바누스의 제자가 건립한 성 갈(St. Gall)에서 이 사본들은 아주 중요한 장서가 되었다.

콜럼바누스 이외의 다른 수도사들은 '그리스도를 위한 순례'로서 '구원과 고독'을 찾아 유럽 대륙으로 건너갔다. 그들은 예수의 가르침을 가스펠로 설교했고, 공동체를 형성하기 시작했다. 가장 잘 알려진 공동체는 성 퍼시(St. Fursey)가 만든 것으로, 그는 패트릭을 좋아했던 수도사들의 수도원인 갈리아 동북부에 있는 페론(Péronne)에 묻혔다. 아일랜드인은 꾸준하게 그곳을 방문해 머물렀는데, 그래서 페론은 '페로나 스코토룸(Perona Scottorum)'(아일랜드인의 페론)으로 알려지게 되었다. 이들 수도원은 서적을 베꼈던 필경사를 적극 지원했고, 학식 있는 사람들을 끌어들였다. 순례 중인 학자들은 그들과 같이 서적을 베꼈고 그 책을 고향으로 가지고 갔다. 예컨대 거의 7세기 말에 쓰였다는 방고르에서 유래된 예배 서적이 보비오에서 발견되었는데, 일부 수도사들이 작은 가방에 책을 넣어 운반했을 가능성이 가장 크다고 여겨질 뿐, 어떻게 왔는지 확신하지는 못한다. 성 갈에 있는 보물 중에는 특별히 아일랜드 스타일로 아일랜드 예술가가 쓰고 채색한 책들이 있다. 7세기 중반쯤부터 카롤링거 르네상스 때까지 갈리아의 예술과 학문은 침체되었으나, 전반적인 침체와는 대조적으로 몇몇 아일랜드 수도원 학교들은 적극적인 서적 생산과 함께 빛을 발하며 우뚝 서 있었다. 유럽대륙의 형제를 방문했던 일부 아일랜드 순례자들이 멀리 예루살렘까지 계속 순례했음은 거의 확실한데, 704년에 죽은 아이오나의 수도원장 아돔난이 갈리아 지방에서 얻은 정보에 근거하여 그 성지의 중요성을 서술한 것을 보면 알 수 있다. 우리가 아는 한 그는 예루살렘에 결코 갈 수 없었다. 책의 9세기 복사본에는 고향의 도서실에 있는 학자의 흥미를 끌 뿐만 아니라 순례자도 사용했을지 모르는 지도가 들어 있다.

30 아다(Ardagh)의 성배(聖杯), 8세기 초 (아일랜드 국립박물관)

아일랜드와 라틴 문화의 혼합은 7세기와 8세기 아일랜드 예술(Irish art)에 가장 분명하게 나타났다. 기독교 시대 이전에 켈트 예술의 후원자는 전사인 귀족들이었다. 세공사는 그들을 위해 개인적인 장식품, 무기와 마구(馬具)를 만들었다. 8세기경 교회는 이들의 큰 후원자가 되었다. 교회는 작고 어두웠지만, 제단은 책의 표지, 성물함, 또는 제단용 그릇 등으로 번쩍거려야만 했다. 이들 대부분의 장식은 금을 입힌 청동으로 만들어졌으며, 복잡한 패턴으로 배열된 금의 가는 줄 세공으로 장식된다든지, 법랑이나 보석으로 상감되어, 표면은 정교한 짜임새의 다양성을 가지면서 동시에 시각적으로는 통일성 있는 디자인을 쉽게 파악할 수 있었다. 『브리기드의 생애』를 쓴 7세기 편찬자는, 킬데어에 있는 교회에 성 브리기드와 주교인 콘라흐(Conláeth)의 무덤이 함께 있는데 각각 제단의 오른쪽과 왼쪽에 놓여 있다고 말해준다. 그 편찬자는 "이들 묘지는 금과 은 등 많은 빛깔의 보석으로 화려하게 장식되었다"고 언급했다. 돌은 또한 "채색된 부조로 표현된 그림이 있으며 금과 은으로 만든 왕관이 위에 얹혀 있다"[8]고 했다. 한때 아일랜드 금세공사들은 전사를 위한 왕관을 만들었지만, 7세기에 그들은 자신들의 기술을 그리스도와 성인들을 찬미하는 데 사용하기도 했다.

아일랜드의 이교도 예술가는 종종 조각상을 만들었는데, 우리의 눈으로는 기괴하고 잔인한 돌덩어리로 보인다. 하지만 추상적인 디자인을 만들어내는 데에서 그들은 거장이었다. 기독교 예술가는 곡선과 나선형의 옛 모티브를 반복했다. 필경사

31 애슬론에 있는 십자가에 못 박힌 예수의 장식판, 8세기 (아일랜드 국립박물관)

들은 서적을 이러한 문양으로 장식하기를 좋아했고, 금세공사는 금속공예에, 조각가들은 십자가 위에 이 문양을 조각했다. 하지만 기독교 예술가들은 그리스도를 인간의 형태로 보여줄 필요가 있었는데, 그리스도는 동정녀 마리아의 팔에 안겨 있는 어린 아기로 우리들과 마찬가지로 유혹 받기 쉬운 인간이며, 세상의 죄를 안고 있으면서도 죽음을 극복할 수 있는 구세주로서 보일 필요가 있었다. 그렇게 하여 새로운 디자인이 아일랜드 예술에 들어왔는데, 이는 본래 지중해 동쪽 끝에서 유래된 유형의 영향이거나, 또 어떤 경우는 아일랜드 이웃 국가인 잉글랜드 보석 형태의 모방이었다.

모든 외국의 영향을 수용했지만 기독교 예술은 아직 계속해서 켈트적인 기원을 나타냈다. 대부분의 사람들은 『켈스의 서』가 숙련된 솜씨로 제작된 무수한 다양성을 지닌 가장 완벽한 예술품 중의 하나라는 데에 동의한다. 노르만-웨일스인인 제럴드(Gerald)는 12세기에 킬데어에서 이것과 같은 책을 보았다. 다음은 이것을 어떻게 기술했는지를 보여준다.

32 『켈스의 서』의 한 페이지, 800년경, 그리스도의 체포 (트리니티 칼리지, 더블린)

〔이것은〕 4개의 복음서를 포함하는데 …… 페이지마다 많은 그림이 들어 있으며, 그 모두는 훌륭한 빛깔로 채색되어 있다. 여기서 당신은 기적적인 방식으로 그려진 종교적인 장엄함을 지닌 얼굴을 올려다볼 수 있다. 여기서 역시 지금은 6개를 가지고 있고 지금은 4개이고 지금은 2개인 복음 전도사의 날개에 대한 신비스런 표상을 올려다볼 수도 있다. 여기서 당신은 독수리를 볼 것이며, 저기서는 송아지를 보게 될 것이다. 여기서는 한 사람의 얼굴을 보게 되며 저기서는 사자의 얼굴을 보게 된다. 거의 셀 수 없이 많은 그림이 있다. 당신이 이것을 별 생각 없이 무심코 그리고 아주 가까이 들여다보지 않는다면, 조심스럽게 그렸다기보다는 단순히 덧칠한 것으로 평가할 것이다. 모든 것이 미묘한 곳에서는 어떤 미묘한 것도 보지 못한다. 하지만 불편하더라도 아주 가까이서 이를 감상한다면, 그리고 당신의 눈으로 예술성의 비밀을 꿰뚫어 본다면, 당신은 그러한 복잡성, 그렇게 섬세하고 미세하며, 그렇게 조밀하게 몰려 있고 잘 짜여진, 그렇게 서로 관련되고 엮인, 그리고 여전히 더 없이 신선한 색깔로부터, 이것들 모두가 사람이 아니라 천사의 작품이라고 주저 없이 선언하게 될 것이다.9)

7세기와 8세기에 사물을 바라보는 고대 켈트의 방식은 새로운 기독교와 라틴의 방식과 합쳐졌다. 그렇기 때문에 오늘날 우리는 고대 아일랜드의 법 규정을 연구할 수 있고 고대 아일랜드의 이야기를 즐길 수 있다. 즉 이들 두 요소가 합쳐졌기 때문에, 아일랜드 예술가들은 새로운 시각을 얻었으며, 기독교의 메지시를 자신의 개인적인 방식으로 해석했다. 그래서 우리는 이른바 아일랜드의 황금기라 불리는 시기를 가지고 있다. 평범한 사람들이 무슨 생각을 했는지에 대해서는 거의 알 수 없으나, 전반적으로 아일랜드 사회는 상당한 번영을 이룩했으며, 많은 노력이 틀림없이 있었겠지만, 보기에 아름다운 것들이 많았다. 하지만 아일랜드인은 이 모두를 타인과 공유했다. 잉글랜드의 역사가인 비드(Bede)는 어떻게 성 에이든(St. Aidan)이 아이오나의 수도원에서 노섬브리아(Northumbria)의 이교도들을 개종하러 갔는지를 우리에게 말해준다. 수도원과 학교는 잉글랜드에도 건립되었는데, 한동안 잉글랜드의 몇몇 학생들이 더 공부하기 위해 아일랜드로 들어왔다. 이 학생들에 대해 이야기하면서, 비드는 아일랜드인이 그들 모두를 친절하게 환영했고 어떠한 비용도 요구하지 않은 채 그들에게 서적과 교사를 제공했다고 말한다. 아일랜드 수도사들은 자신의 서적을 노섬브리아로 가지고 가서 잉글랜드 제자에게 필경사의 예술을 가르쳤다. 잉글랜드 북부가 여전히 이교도 지역이었던 반면에, 아일랜드인은 이미 훌륭한 사본의 거장들이었다. 카하흐(Cathach)(<그림 24>)로 알려진 시편(psalter)은 콜럼 키일레의 작업으로 추정되는데, 600년경에 쓰였고 후에 히버노-색슨(Hiberno-Saxon) 필사본의 전형이 되었던 특징을 보여준다. 필경사들은 이 필사본에 화려하게 꾸민 머리글자의 연속으로 이루어지는 표제를 제공했는데, 이것은 텍스트의 본문이 소개될 때까지 글자 크기가 줄어드는 방식으로 만들어졌다. 이러한 방식은 아일랜드 필경사들이 좋아했던 장치였는데, 보비오에 있는 필사본에서도 볼 수 있다. 이러한 기술은 한두 세대가 지난 후에 『더로의 서』에 훨씬 더 상세하고 정교하게 사용되었다. 근대 학자들 일부는 이 사본이 노섬브리아에서 만들어졌다고 주장하며, 또 다른 학자들은 이것이 아일랜드나 아이오나에서 쓰였다고 한다. 하지만 이것이 어디에서 만들어졌든지, 아일랜드인이 지도했던 사람들 가운데 누군가가 만든 것이다. 이것이 노섬브리아에서 쓰였다면 아일랜드인이 그들의 개종에 얼마나 힘썼는지를 알 수 있다. 훌륭한 교사는 제자들에게 배운다. 아일랜드 채색가들은 잉글랜드의 보석세공사들의 디자인을 빌려왔고, 잉글랜드에서 여전히 볼 수

33 티퍼러리 주의 아헤니(Ahenny), 북십자가(North Cross)의 기단에 새겨진 장례식 행렬 (아일랜드 공공작업위원회)

있는 로마식 디자인이나 또는 픽트족 조각가의 작품에서도 배웠다. 하지만 아일랜드의 예술 거장들은 잉글랜드의 수도생활에 자신의 흔적을 남겨, 많은 아일랜드인이 노섬브리아를 떠났을 시기인 664년 이후에도 그들의 제자들은 아일랜드의 영향을 강하게 보여주는 서적을 계속해서 만들어냈는데, 당시 유럽대륙으로부터 잉글랜드로 들어오고 있었던 서적 장식에 나타나 있는 새로운 스타일과는 두드러진 대조를 이루었다.

우리는 위대한 역사학자인 비드의 저술로 인해 잉글랜드에서 활동한 아일랜드인에 대한 많은 것을 알고 있다. 7세기 후기와 8세기 유럽대륙에서 우리는 일부 불충분한 단서를 가지고 아일랜드인의 행적을 추적해야 한다. 비록 잉글랜드 선교회에 자리를 내어주기는 했지만, 독일의 이교도 부족에게 복음을 전파하는 데에도 도움을 주었다. 유럽대륙에서 아일랜드 수도사들은 고향에 있는 사람들을 생각하고 그들을 위해 기도했다. 잘츠부르크는 아일랜드인 퍼길(Fergil)이 수도원장이자 주교이던 수도원이 있던 곳으로 그 공동체에서 생각하며 기도해준 대상이 된 사람들의 목록이 있는데, 거기에는 살아 있는 자와 죽은 자가 망라되어, 설립자 콜럼 키일레로부터 퍼길과 동시대인인 15대 수도원장의 이름까지 들어 있다. 잘츠부르크의 주교직에 있는 퍼길의 독일인 계승자를 위한 호칭기도에 아일랜드인 이름들이 들어 있는데, 이들은 아마 퍼길 자신이 행한 기도식에서 가장 잘 기억이 되었던 성인들로, 그들 중에는 퍼길이 소년이었을 때 중년의 나이였던 클론브로니(Clonbroney)의 여수도원장 이름도 있었다. 덜 유명해서 지금은 이름이 잊힌 그 밖의 성직자들과 퍼길은 8세기에 흔하지 않았던 영적인 열망과 지적인 호기심을 가지고 있었다. 흔히 가명으로 유럽대륙의 도서관에 보관되어 있던 7세기와 8세기 아일랜드인의 저서들은 여전히 그들의 문체와 관용구 그리고 특정한 취향으로 확인할 수 있다.

따라서 수세기 동안 이교도 전통으로 육성되었던 아일랜드인의 학문에 대한 사랑은 그 자체에다 글쓰기의 예술을 결합했으며, 라틴어 서적들은 기독교인들에 의해 아일랜드로 들어왔다. 아일랜드 예술가들은 옛 유형과 새로운 문양으로 자신의 사본을 장식하는 방법을 터득했다. 아일랜드 금세공자들은 오랜 기술을 기독교 교회를 찬미하는 방향으로 돌려 사용했다. 아일랜드인은 '구원과 고독을 추구하기 위해' 순례했지만, 또한 이교도들에게 복음을 전했다. 그들은 유럽대륙에 도서관을 세웠고 심오한 학술 저서들을 썼으며, 9세기에 갈리아 지방에서 학문이 번영의 꽃을 피게 하는 데 일조했다.

6

바이킹 전쟁 시대(9세기와 10세기)

THE AGE OF THE VIKING WARS(9th and 10th centuries)

The noblest share of earth is the far western world
Whose name is written Scottia in the ancient books;
Rich in goods, in silver, jewels, cloth and gold,
Benign to the body in air & mellow soil.
With honey & with milk flow Ireland's lovely plains,
With silk & arms, abundant fruit, with art & men.

Worthy are the Irish to dwell in this their land
A race of men renowned in war, in peace, in faith.

지상에서 가장 웅대한 몫은 머나먼 서구세계로
그 이름이 고대의 책들에는 스코티아라고 쓰여 있네;
재화, 은, 보석, 옷과 금이 풍부하고,

몸에 좋은 공기와 기름진 땅이 자애로운 곳.
아일랜드의 사랑스런 들판은 꿀과 우유로,
비단과 무기, 풍부한 과일과 함께 예술과 사람들로 넘치네.

이러한 땅에 거주하는 아일랜드인은 유덕한데,
사람들의 자손은 전쟁에서, 평화에서, 신의에서 명성이 나 있네.[1)]

이 구절은 피아솔레(Fiasole)의 도나투스(Donatus)가 쓴 라틴 시에 나오는 행들인데, 그는 9세기 이탈리아에서 살았던 아일랜드 주교이다. 그는 아일랜드의 황금기에 대해 기술하고 있는데, 이 시대의 땅은 선사시대 이래 침략을 당한 적이 없었으며 300년 이상 기독교의 나라였다.

타향 생활자의 시선은 정감이 넘치나, 도나투스는 그림을 너무나 장밋빛으로 그린 듯싶다. 초기 기독교 아일랜드에 모든 것이 완벽하지는 않았다. 아일랜드의 수도원 문화가 이미 8세기 말에 쇠퇴했다는 징후들이 많이 있다.

하지만 시인의 조부나 증조부는 타라 브로치나 아다(Ardagh) 성배와 같은 뛰어난 금속세공 작품을 만들었던 예술가들을 알고 있었을 것이다. 도나투스 자신은 아일랜드 초기 예술의 정점을 이루는 이례적인 걸작인 『켈스의 서』를 집필했던 사람들을 알고 있었을 것이다. 이 책은 완성되지 못했는데 그 이유는 8세기 말 아일랜드 수도원에 밀어닥친 수많은 재앙 때문이었다.

일부 학자들은 『켈스의 서』가 스코틀랜드 해안 아이오나 섬에 있는 성 콜럼 키일레의 아일랜드 본거지에서 쓰였고 채색되었다고 믿고 있다. 아이오나 섬은 사면이 바다로 열려 있는데 이러한 지리적 위치가 갑작스런 재앙을 불러들인 이유가 되었다. 795년 무늬가 새겨진 돛을 단 길고 낮은 배들이 바다에 나타났고, 해변에 상륙했다. 그 배들에서 투구를 쓰고 무거운 검과 철로 만든 창으로 무장한 전사들이 쳐들어 와서 값진 물건과 노예를 찾아 수도원 마을을 약탈했는데, 그들은 제단의 장식품과 보석으로 된 성골함(聖骨函)을 마치 값싼 장식품인 것처럼 가져갔다. 약

34 노르웨이 곡스타드(Gokstad)에 있는 바이킹 배, 9세기 (올드삭삼링 대학, 오슬로)

탈자들은 802년에 다시 침입했고, 806년에 재차 침입했는데, 이때 그들은 68명 이상의 수도사를 살해했다. 그들의 침략 이후 수도원장인 셀라흐(Cellach)는 생존자와 함께 아일랜드로 왔는데, 이때 콜럼 키일레의 값진 유품들을 함께 가지고 왔다. 그는 우이 네일 남부의 영토에 속한 켈스에 토지를 하사받아 그곳에 새로운 수도원을 건립했다. 살인적인 침략으로 장식이 갑작스럽게 중단된 『켈스의 서』는 다시 모국으로 돌아가게 되었는데, 지금은 켈스에 있는 콜럼 키일레의 수도원으로 알려진, 당시에 건축된 건물에 다른 값진 물건과 함께 소장되었으리라 상상해볼 수 있다. 약탈자들은 문맹이자 이교도로 이 같은 복음서에는 관심을 가지지 않았다.

셀라흐와 그의 수도사들의 탈출은 앞으로 일어날 수많은 탈출 가운데 하나에 지나지 않았다. 아이오나를 1차 공격한 바로 그해에 똑같은 패거리들일지도 모르는 침략자들은 더블린 해안에 있는 람베이(Lambay)를 공격했다. 40년이 지난 후에 바다로부터 온 이교도들이 또 다시 아일랜드의 해안 전역에 걸쳐 있는 수도원을 침공했는데, 이번에는 케리 주 해안에서 8마일 떨어진 황량한 스겔그(Sceilg) 같은 외로운 은둔처까지 노략질을 했다. 해안을 무자비하게 공격한 대부분의 침략자들은 노르웨이 서부에 있는 피오르드에서 왔는데, 그들은 셰틀랜드(Shetland)를 향해 서쪽으로 항해한 다음, 오크니(Orkney) 제도 남쪽을 거쳐, 스코틀랜드의 대서양 쪽 해안을 따라 아일랜드로 들어왔다. 그 당시 스칸디나비아의 다른 지역에서도 약탈자들이 여러 나라를 침략해 들어갔는데, 약탈자 중에는 배를 타고 해안과 강을 쉽게 나아갔던 뱃사람들뿐만 아니라 육로를 통해 오랫동안 여행했던 말을 탄 사람들도 포함되었다. 데인(Dane)족은 프리지아(Frisia) 해안을 유린했으며, 잉글랜드 동부와 샤를마뉴(Charlemagne) 제국의 방어망까지 도전하기도 했다. 스웨덴인은 발트 해를 건너 러시아 깊숙이 침투해 들어갔다. 스칸디나비아 배들은 떼를 지어 카디즈(Cadiz) 너머의 지중해까지 출몰하여 비잔틴 제국의 도시 입구까지 나타났다.

보통 바이킹으로 불리는 스칸디나비아 약탈자들은 어떤 사람들이었는가? 그들은 오늘날로 치면 '혹평'을 받았는데, 주로 수도원에서 유래된 그들의 행적에 대한 동시대 기록 중 대부분을 살펴보면 수도사들이 그들을 싫어하고 두려워할 합당한 이유가 있었다. 성스러운 장소를 무관심과 야만으로 대하는 폭력적인 시간 동안 그들은 수도사들을 공포로 몰아넣었다. 그 당시의 한 아일랜드 수도사는 밤에 폭풍이 치는 소리를 감사하는 마음으로 들으며 필사본 모퉁이에 다음과 같이 썼다.

The wind is rough tonight	오늘밤에도 바람은 거칠고
tossing the white-combed ocean;	흰 물결을 일게 한 바다를 동요시키고 있네;
I need not dread fierce Vikings	나는 아일랜드 해를 건너오고 있는
crossing the Irish Sea.	사나운 바이킹들을 두려워할 필요가 없네.[2)]

바이킹은 모국에서 다양한 공예품을 만드는 기술을 가진 농부와 어부들이었다. 그들의 삶은 여전히 고대의 신을 숭배하는 이교도들이라는 점을 제외하고는 그 시

대의 아일랜드인과 크게 다르지 않았다. 노략질이 시작되기 전 바이킹은 셰틀랜드와 오크니 제도를 식민지화했는데, 이곳에서 그들의 정착지가 발굴되었다. 여기서 그들은 긴 집들이 발견된 얄스호프(Jarlshof) 같은 농가 마을에서 시골사람으로 단순하게 살았다. 그들의 기술은 발전했고 사업과 무역에 밝았다.

북구 유럽인들은 목수로서 기술을 크게 개발하여 발전시켰는데, 배의 디자인과 구조를 발전시키는 데 오랜 시간을 기울였다. 그들은 특히 왕과 대지도자의 배에 큰 관심을 가지고 정교한 장식을 만드는 데 노력했다. 색슨의 한 연보 작성자는 이들 배 가운데 하나가 "금빛 뱃머리와 금박을 입힌 방패 모양의 좁은 방벽 안에 설치된 보라색의 돛을 가졌다"라고 기술했다. 배가 몇 척 남아 있는데, 자신의 배와 무기 그리고 재물과 함께 화려한 양식으로 매장된 바이킹 지도자의 무덤들이 발굴됨으로써 알려졌다. 바이킹의 전형적인 긴 모양을 가진 곡스타드(Gokstad) 배는 고물 쪽의 낮은 경사도와, 널빤지를 겹쳐 항해에 알맞으면서도 해안, 강어귀, 얕은 강에도 적합한 낮은 흘수(吃水)를 만들어내는 구부러진 뱃머리를 잘 보여주고 있다. 스웨덴 석조 기술의 뒤를 따를 수 있었던 돛의 발전과 함께, 바이킹은 위험하고 미지의 바다인 대서양을 모험하기 위한 장비를 이미 갖추고 있었다.

그들의 용기와 기술은 그들을 아일랜드 서부를 향한 진로로 유도했을 뿐만 아니라 페로스(Faroes) 제도, 아이슬란드, 그린란드에 이르는 북쪽의 통로 그리고 심지어 안개로 덮인 북미 대륙 해안까지 데려다주었다. 이들 가운데 일부는 식민지를 위한 새로운 땅을 찾고 있었는데, 그 이유는 스칸디나비아 인구의 큰 증가로 국내에서는 이용할 만한 농가 면적이 너무나 적었기 때문이다. 다른 바이킹들은 무역을 위해서, 또는 해적 행위로 이득을 얻기 위해 침입하기도 했다. 새로운 무역로와 상업 중심지가 북유럽에 생겨났으며, 수로를 통한 지배력은 스칸디나비아 사람들을 자극했다.

바이킹은 노략질 초기에 처음으로 운송로의 전략지점으로 카우팡(Kaupang), 비어카(Birka), 헤데바이(Hedeby) 같은 타운과 상업 중심지를 건설하기 시작했다. 타운은 흙으로 만든 말뚝을 둘러 친 누벽과 나무로 된 탑들로 방어되었는데, 누벽의 흔적들이 아직도 덴마크에 있는 헤데바이와 그 밖의 유적지에 남아 있다. 누벽 안에는 목재나 엮은 욋가지 위에 흙을 바른 초벽으로 만든 집들이 있었다. 인구는 의심의 여지없이 상당히 변동이 심했고, 겨울과 여름에 장이 설 때는 증가했다. 교역이나 약탈, 또는 이들 모두를 위해서 항해는 더 큰 규모로 조직되기 시작했는데, 단일의 배나 소그룹의 배들보다는 선대(船隊)로 해상을 향해 맹렬히 공격했다. 그러한 선대가 837년 아일랜드 해에 나타났는데, 이들 선대와 함께 북구 유럽인의 공격 특성은 변화했다.

그해 보인 강 입구와 리피 강에는 각각 60척의 배가 있었다. 전설적인 역사는 터게시우스(Turgesius)에 대해 말해주는데, 그는 '아일랜드에 있는 외국인 모두에 대한 통치권을 사칭'했던 인물로, 기록은 여러 아일랜드 왕들과 새로운 침입자들 간의 갈등을 이야기하기 시작한다. 북구 유럽인은 아일랜드에 영구적인 기지를 세우려 하고 있었다. 첫 번째는 리피 강어귀에 세워졌으며, 아일랜드의 내부까지 대규모 원정이 준비되었다. 그 섬 전역에 있는 수도원들이 노략질을 당했지만, 바이킹 지도자는 아마도 정착을 위한 국토 포위를 의도했는데, 이는 바이킹들이 전역에 걸쳐 활동했던 9세기의 방식이었다. 선대는 아일랜드의 심장부인 섀넌 호수에 정박했다.

북구 유럽인은 841년 그들의 첫 번째 요새화된 정착지를 구축한 것으로 보이는데, 하나가 라우스 해안에 있는 린 두아헤일(Linn Duachaill)〔지금은 아나가산(Annagassan)〕이고 다른 하나는 리피 강어귀에 있는 것이다. 아일랜드인이 이들 방어기지에 붙였던 이름은 '롱포트(longphort)'로 이것은 그들이 배 주위에 방책(防柵) 만들기부터 시작했음을 보여준다. 리피 강에 있는 롱포트는 그 후에 아일랜드 역사에서 중심적인 역할을 하게 되었는데, 이는 더블린 시의 기반이 되었다.

더블린은 그 당시 아일랜드에 실제로 살았던 북구 유럽인들에 대해 많은 정보를 제공해준다. 100년 전 킹스브리지(Kingsbridge)로부터 이어지는 철도를 만들기 위한 공사 도중 아일랜드브리지(Islandbridge) 근처에서 9세기의 묘지가 발견되었기 때문이다. 북구인의 타운 자체는 현재의 중심가보다 훨씬 더 작았음에 틀림없다.

싱모트(Thingmote), 또는 타운 외곽에 집합된 장소는 17세기도 여전히 그곳에 있었는데, 당시에는 '대학 근처에 있는 요새화된 언덕'이라고 언급되었다. 하우겐(Haugen), 또는 근처의 '흙무덤'이라 불린 곳은 후에 칼리지 그린(College Green)으로 알려진 호겐 그린(Hoggen Green)이란 이름이 주어졌다. 하우겐은 이후 사라진 지 오래되었지만, 아일랜드브리지에서 발견된 무덤에는 전사들의 무기가 들어 있었는데, 이 무기는 전형적인 9세기 노르웨이의 검이었다. 이 검들은 공통적으로 삼각형 모양의 칼자루 끝을 가지고 있었으며, 때로는 철에다 망치질을 하여 은을 입힌 양식이었다. 무덤에는 대륙의 갑옷 제작자가 제작한 생산품에 서명을 한 희귀하면서 매우 값진 프랑크족의 검도 있었으며, 철로 만든 창끝과 북구 유럽인이 무기로서 선호한 견본인 철로 된 도끼도 있었다. 일부 무덤은 좀 더 평화로운 분위기를 보여주었는데, 죽은 자와 함께 매장된 것은 무기라기보다는 검, 망치, 대장간의 부젓가락 그리고 낫과 같은 연장들이었다. 여성들은 북구인의 특징인 '거북이 모양의 브로치'를 차거나, 리넨을 편편하게 만드는 장치와 물레 가락과 바퀴 같은 물품과 함께 그들 집안의 의복을 입은 채 매장되었다. 바이킹이 더블린 최초의 시민들로서 거래할 때 사용했던 여러 세트의 접이식 청동저울로 그들의 주된 업무 하나를 확실히 알 수 있다.

바이킹이 침입한 그 기간 아일랜드인은 어떠했는가? 이 동안 그들은 무엇을 하고 있었으며, 왜 침입자들에 대해 큰 저항으로 대응하지 못했는가? 전반적으로 9세기 아일랜드는 섬의 방어에서는 그 누구도 책임이 없었다. 당시 아일랜드는 수많은 소왕국들로 이루어져 있었고, 전통적으로 나라는 반으로 갈린 두 지역으로 분리되어 있었는데, 하나는 타라의 우이 네일이 지배하는 레흐 퀴인(Leth Cuinn)이고 다른 하나는 카셀의 에오가낙타(Eóganachta)가 지배하는 레흐 모가(Leth Moga)였다. 몇 세기 전 이들이 권력의 실세로 떠오르던 시기에 이들 최강의 두 왕조는 레긴(Laigin)이나 레인스터인으로부터 땅을 빼앗았다. 레긴은 우이 네일이나 에오가낙타의 대군주권 어느 한 쪽도 받아들이지 못했으며, 남동부에 있는 지역은 매우 중요한 제3의 세력을 형성하면서 나라를 삼분했다.

35 노르웨이, 바이킹의 무기들, 9세기 (올드삭삼링 대학, 오슬로)

북구 유럽인으로 인한 위기가 절정에 다다르자 에오가낙타와 우이 네일은 처음으로 심각한 갈등 관계에 들어가기 시작했다. 카셀의 왕이자 주교인 페들리미드 마호크 크리브한(Feidlimid mac Crimhthainn)의 이력은 아일랜드에서 증가하고 있는 무질서 상황의 징후를 알려주는데, 그는 타라의 왕들에 도전했던 사람으로 북구 유럽인보다도 훨씬 더 많이 교회를 파괴한 사람이었다. 그는 847년에 죽었다. 850년 이후 우리는 연대기의 기록으로부터 당시 끊임없이 벌어진 전쟁에서 북구 유럽인 일단과 아일랜드가 동맹을 맺었다는 것과, 또한 북구 유럽인끼리 종종 바다에서 전투를 했다는 사실을 알게 된다. 울라프(Ulaf)라고 불리는 한 지도자는 더블린 왕국을 세웠는데, 이는 일반적으로 아일랜드 국가정치 조직 안에서는 분리된 작은 국가였지만 해양으로는 광대한 연락망을 갖고 있었다. 북구 유럽인은 그 당시 아일랜드 상황에 점점 더 주의를 기울였는데, 작은 왕국과의 동맹 관계를 바꾸어가면서 복잡한 상황에서 그들의 역할을 하고 있었다. 9세기 후반 왕국끼리의 전투와 왕국들 내의 전투로 혼란스럽고 뒤죽박죽인 상황에서 타라의 왕들이 점차 강력한 실세로 떠올랐다. 아일랜드 북부의 바이킹들은 점차 세력을 잃고 제압되었다. 때로는 대규모의 침략이 계속되었지만, 요새화된 정착지를 만드는 북구 유럽인의 정책은 저지되었다. 더블린은 강한 국가로 남았다. 더블린은 그 통치자들이 요크에 있는 왕조와 이해관계를 가졌기 때문에 브리튼에 있는 바이킹의 상황에 커다란 역할을 했다. 더블린의 북구 유럽인은 종종 레인스터 사람들과, 또는 케르바울(Cerball)이라는 왕 아래의 신흥 강국인 중남부의 오스레게와 동맹을 맺었다.

9세기 말이 가까워짐에 따라 아일랜드에서 북구 유럽인의 활동은 느슨해지고 있었지만, 가장 큰 권력을 가지고 있는 북부와 남부의 왕조들 사이의 갈등은 절정에 다다랐다. 마침내 908년 레인스터에 있는 벨라흐 무나(Belach Mughna) 대전투에서 타라의 왕인 플란 시나(Flann Sinna)가 카셀의 왕이자 주교였던 코막 마흐크 퀼레네인(Cormac mac Cuilennáin)을 무찔렀다. 코막과 에오가낙타의 지도자 중 많은 사람들이 살해당했으며, 고대 카셀 왕조의 권력은 결코 완전히 회복하지 못한 채 쇠락의 고통을 겪기 시작했다.

이들 모든 침략과 전쟁들은 9세기 아일랜드인의 삶과 문화에 어떤 영향을 끼쳤는가? 연대기 작성자와 사가(史家)의 기록 외에도 우리는 노략질과 파괴에 대한 다른 종류의 많은 증거들을 가지고 있다. 그 당시 아일랜드의 교회는 성물 등을 잘 보관하기 위해 은이나 법랑을 입힌 작은 상자를 가지고 있었다. 아직도 남아 있는 것들 중 대부분은 노르웨이 서부에서 발굴해낸 것이다. 오슬로(Oslo), 베르겐(Bergen), 스타반거(Stavanger)와 트론드하임(Trondheim)의 박물관을 방문한 한 아일랜드 고고학자는, 아주 멀리 떨어진 아일랜드까지 원정을 가 약탈한 물품을 가지고 고향에

36 노르웨이 마이클레보스타드(Myklebostad)에 있는 바이킹의 무덤에서 발굴된 아일랜드 법랑 청동 공예품, 8세기 (베르겐 박물관, Liam de Paor의 그림)

돌아와 죽은 바이킹의 무덤에서 발견된 아일랜드 금속공예품의 드로잉들로 그의 필기장을 채울 수 있었다. 작은 상자에서 나온 공예품이나 장식품은 바이킹이나 부인들의 브로치를 만들기 위해 다시 사용한 것으로 보인다. 한 스칸디나비아 학자는 이에 대해 "모든 문헌 기록이 없다고 할지라도, 고고학적 증거 하나만으로 바이킹의 아일랜드 원정을 재구성하는 것이 가능할 것이다"라고 기록했다.[3)]

아일랜드 내에서 이와 유사한 금속들이 시시각각 발견되었는데, 아일랜드 양식을 지닌 금속공예품은 네이번에 있는 말의 무덤 속에서 마구(馬具) 받침으로 사용되었다. 이는 아일랜드브리지 무덤에서 나온 바이킹 추 한 세트의 장식 받침으로 다시 사용된 것으로, 아일랜드에서 제조한 금속공예품들이다. 더블린의 무덤에서 나온 내용물에서 우리는 법랑이나 금박으로 된 장신구를 가지고 아일랜드 북부에서 말을 타고 해안가로 달려온 침입자들을 쉽게 떠올려볼 수 있는데, 그들은 노르웨이나 그 밖의 섬으로부터 온 배에서 장신구를 프랑크족의 새 검과 교환했을지도 모른다.

성 갈(St. Gall)과 유럽대륙의 여러 장소에 있는 아일랜드 필사본은 또 다른 종류의 아일랜드 보물이 이동한 것을 입증해준다. 즉 서적들은 전리품으로서가 아니라 수도사와 학자들이 안전한 보관을 위해 유럽의 궁정과 수도원으로 가져갔다. 아일랜드어로 된 저서로 지금은 잘 알려진 초기의 일부 예들이 — 보통은 라틴 서적의 주석서 — 이러한 방법으로 대륙에 왔기 때문에 그곳에 남아 있게 된 것이다. 파괴된 — 연대기 작성자가 우아하게 표현한바 '익사한' — 필사본의 수는 셀 수 없이 많을 수도 있다.

우리는 9세기를 잔인하고 야만적인 시대로서 요약할 만한 수많은 증거를 가지고 있다. 약탈을 일삼는 침략과 소규모 전쟁의 영향에 대해 과장하기는 쉽지만, 근대

37 약 900년경에 세워진 글렌달로우에 있는 둥근 탑과 성 케빈 교회 (아일랜드 공공작업위원회)

저널리스트들이 하는 것처럼 중세의 연대기 작성자들이 이를 좋은 이야기로 평가하여 선정주의를 찾는 수요를 발견할 수 있었다는 점은 잊기 쉽다. 삶은 계속되었다. 더욱 더 놀라운 것이 있다면, 우리는 그 당시 예술과 학문에 새로운 발전이 있었다는 많은 증거를 가지고 있다는 점이다. 여기서 이들 연대를 정확히 기술하는 것은 불가능하지만, 아일랜드에서 회반죽을 사용하여 건축한 석조 교회(stone churches)가 나무로 세워진 교회를 대치하기 시작했던 때는 바로 바이킹 시대였다. 세월이 지나 석조 교회는 많이 남아 있지 않지만, 우리는 목조의 원형에서부터 돌로 지붕을 만들었던 글렌달로우에 있는 성 케빈(St. Kevin) 교회와 같은 교회까지의 발전을 요약하여 추적할 수 있다. 같은 시기에 발생한 전쟁과 파괴에서 우아한 종루를 갖춘 건물이 지어지기 시작했다. 이들 건축을 위한 모델은 이탈리아에서 볼 수 있는 초기의 종루가 분명하긴 했지만, 아일랜드의 특징적인 형태는 우아함을 자연경관에 곁들이는 것으로 곧 진보했다. 이는 피난처라는 두 번째 목적에 기여하기 위해 개조되었는데, 이것이 왜 둥근 탑(round towers) 대부분의 출입구가 땅바닥 위로 약간 올라가 있는가를 말해준다. 꼭대기 창문에서 작은 종이 시간을 알리거나 갑작스런 위험을 경고하기 위해 울렸다. 하지만 모나스터보이스(Monasterboice)에서 일어났던 것처럼, 수도원의 종루를 피난처로 삼았던 사람들은 그들이 지니고 있었던 서적, 귀중품과 함께 화재로 인해 사라지는 일이 모든 수도원에서 종종 있었다. 그 이유는 피난처로 설계된 탑이 훌륭한 굴뚝 역할도 했기 때문이다.

아일랜드에서 바이킹 시대를 통한 석조 기술의 발전은 더욱 주목할 만하다. 켈스에 있는 패트릭과 콜럼바 십자가(the cross)는 그 당시에 조각되었는데, 아이오나 공동체가 아일랜드에 정착했던 직후였을 것이다. 이것은 그 세기 전역을 통해 작업되었던 인물 조각 — 주로 성서의 한 장면 — 의 새로운 도안을 볼 수 있는 초기의 예 가운데 하나이다. 초기 인물 조각 학파의 중심지는 배로(Barrow) 강의 골짜기였는데, 특히 캐슬더멋(Castledermot)과 문(Moone)이었다. 거기에서 작업은 석조보다는 다른 재료를 주로 사용했지만, 조각은 카롤링거(Carolingian) 제국 예술의 부활로부터 영향을 받았다. 카셸의 왕이자 주교인 코막 마흐크 퀼레네인에 대항하여 벨라흐 무나 전투에서 승리를 거둔 타라의 왕인 플란 시나가 10세기 초에 건립한 클론막노이즈에 있는 성서의 십자가나 모나스터보이스에 있는 뮈레다흐(Muiredach)의 십자가처럼 마침내 아일랜드 예술가들은 위대한 유적을 만들어냈는데, 그것은 당시 유럽에서 비교할 만한 것이 없는 정교한 도안의 조각상이었다. 코막은 선천적으로 학자이며 학문의 수호자로서 아일랜드 전통에서 잘 알려졌다. 또한 학문은 초기 바이킹 전쟁에서도 지속되었지만, 이를 뒷받침해주는 수많은 증거는 유럽대륙에서 유래한다.

아일랜드인은 샤를마뉴 대제가 통치하는 기간과 그의 사후 유럽에서 학문의 부활에 상당한 역할을 했으며, 그들의 저서 중 많은 것이 남아 있다. 세듈리우스 스코투스(Sedulius Scottus)와 요아네스 에리우게나(Johannes Eriugena)는 유럽 중심의 전통에 공헌을 한 뛰어난 인물이었다. 우리가 아일랜드의 많은 자료로부터 그들을 알고 있듯이, 문학과 학문의 모국어와 라틴어 전통 사이의 혼합 과정은 9세기와 10세기에 엄격하게 수행되었다.

하지만 아일랜드는 문화적 전통의 수행을 위한 여유가 그리 많지 않았다. 대규모의 새로운 바이킹 습격이 10세기에 시작되었다. 914년 커다란 선대가 워터퍼드 항구로 들어와서는 그곳에 기지를 설립했다. 그곳에서부터 스칸디나비아인들은 먼스터까지 깊숙이 원정을 갔다. 몇 년 후 또 다시 다른 북구 유럽인의 정착지가 섀넌 강어귀의 상류에 만들어졌는데, 이는 리머릭 시의 시작이었다. 후에 연대기 작성자들은 이 시기를 돌아다볼 때, 먼스터에서 "엄청나게 쇄도하는 셀 수 없이 많은 배들"[4]에 대해 이야기하지만, 그 시대의 중요한 발전은 무역 타운의 등장이었다.

38 모나스터보이스에 있는 뮈레다흐의 십자가, 923년경 (아일랜드 공공작업위원회)

이들 가운데 가장 중요한 것은 더블린으로, 그 당시 리피 강어귀 위를 건너서 여울 가까이에 새로운 기반을 건설한 것으로 보인다.

우드키(Wood Quay)에서 이루어진 발굴은 더블린이 누각이나 벽으로 둘러 친 타운으로 10세기 이후 잉글랜드와 밀접하게 접촉했고 멀리 떨어진 곳과 무역했음을 확실히 보여주었다. 목조로 이루어진 시의 거리와 목조 가옥 그리고 작업장의 도시인 더블린은 곧 상업뿐만 아니라 수공업과 제조업의 중심지가 되었다. 그곳의 생산품은 리머릭과 워터퍼드의 생산품이 그랬던 것처럼 다각도로 후배지(後背地)에 영향을 주었다. 특히 더블린과 리머릭 타운들은 아일랜드 경제를 변화시켜 새로운 발전을 위한 준비를 갖추었는데, 이는 시장(the market)의 등장을 의미했다.[5]

10세기 초반의 얼마 동안 더블린과 워터퍼드의 통치자들이 스코틀랜드인과 동맹을 맺은 잉글랜드의 요크에 관심을 쏟다가 결국 노섬브리아의 잉글랜드인에 의해 내몰리기까지 북구 유럽인은 북아일랜드에서 완고한 저항에 계속 부딪쳤다. 서로 다투고 있는 왕들은 바이킹을 다루기 위해 그들 자신의 상이점을 강제로 조정하려고까지 했다. 북부에서는 시장 타운을 얻지 못했다. 남부에서 바이킹의 정착은 작지만 비교적 성공적이었다. 쇠퇴하고 있는 에오가낙타는 그들을 저지할 수도, 저지할 의사도 없어보였다.

39 모나스터보이스의 뮈레다흐 십자가 세부, 그리스도의 체포 (아일랜드 공공 작업위원회)

10세기 후반에 먼스터에서 공격적인 새로운 권력이 나타났는데, 964년 여태껏 불분명했던 클레어 동부의 소왕국인 달 가슈(Dál Cais)가 성장하여 지도자인 마흐가메인(Mathgamain)이 에오가낙타가 지키던 카셀을 점령했다. 얼마 지나지 않아 마흐가메인은 슐호드(Sulchoid) 전투에서 리머릭에 거주하고 있는 북구 유럽인을 무찌르고 그들의 도시를 약탈했다. 오브리언(O'Brien)의 소책자인 『코가드 게젤 레 갈레브(Cogad Gaedel re Gallaib)』는 리머릭의 약탈을 기술하면서 바이킹 항구 타운의 부를 인상적으로 보여준다.

그들은 북구인들의 보석과 가장 값진 소유물만을 획득했으며 그들의 아름답고 이국적인 말안장과 금과 은도 획득했다. 북구인들은 여러 가지 빛깔로 된 아름답게 엮어진 다양한 종류의 옷을 입었다. 먼스터인은 요새와 훌륭한 타운을 자욱한 연기로 바꾸었고, 후에는 불을 질러 빨갛게 만들었다. 포로들 전체가 세인겔(Saingel)의 언덕 위로 소집되었다. 전쟁으로 훈련된 바이킹 전부는 살해당했으며, 노예로 길들여진 사람들 전부는 노예가 되었다.6)

마흐가메인은 976년 살해당했지만, 그의 형제 브라이언 보루마〔Brian Bóruma,

다른 말로 보루(Boru)]는 몇 년 안에 처음에는 리머릭을, 다음으로 먼스터의 모든 지역을 그의 통제 아래에 두었다. 카셀에서부터 그는 스스로 체계적인 권력을 형성하기 시작했다.

반면에 더블린의 북구 유럽인 또한 980년에 일어난 타라 전투(the battle of Tara)에서 참혹하게 패배하여 고통을 당했다. 돔나울(Domnall)의 아들인 마엘 세흐네일(Máel Sechnaill)은 승리했고 그해에 타라의 왕이 되었다. 981년 그는 더블린 시를 포위해 쟁취했는데, 북구 유럽인으로부터 많은 전리품을 빼앗았고 그들에게 무거운 세금을 부과했다.

이제부터 북구 유럽인은 아일랜드 북부의 반과 남부의 반을 통치하는 통치자 사이에 재개된 권력 투쟁에서 부속적인 역할을 하는 것으로 영향력이 축소되었다. 마엘 세흐네일은 우이 네일의 고대 북부 왕조를 대표하는데 이러한 투쟁에서 상당한 힘을 보여주었지만, 달 가슈 남부의 왕조를 찬탈한 브라이언은 더 위대한 능력을 보여주었다. 브라이언은 아일랜드의 전통적 왕권 개념을 명확히 확장된 것으로 간주했다. 그 투쟁에서 결정적인 사건은 999년 브라이언이, 레인스터 왕과 더블린의 북구 유럽인을 무찔렀던 글렌 마마(Glen Máma) 전투였으며, 그 후 그는 더블린 시를 빼앗았다. 3년 후 전투를 치르지도 못한 채 마엘 세흐네일은 타라에서 그에게 항복했으며 결과적으로 브라이언은 아일랜드의 왕이 되었고, 또한 자신을 아일랜드인의 황제로 자칭했다.

브라이언은 향후 12년 동안 여전히 다양한 반체제자인 북부의 왕들을 억압해야 했지만, 가장 끈질긴 저항은 레인스터 왕국에서 나왔다. 레인스터의 왕인 마엘 모르다(Máel Mórda)는 더블린의 북구 유럽인과 또 다시 동맹을 맺었는데, 1014년 이들은 클론타프에서 권력을 차지하기 위한 마지막 시도로 해외에서 바이킹 연합군을 끌어 모았다. 아이슬란드의 모험담에서 살펴보면 다음과 같다.

Swordblades rang on Ireland's coast,
Metal yelled as shield it sought,

Spear-points in the well-armed host.
I heard sword-blows many more;
Sigurd fell in battle's blast,
From his wounds there sprang hot gore,
Brain fell, but won at last.

검(劍)의 날이 아일랜드의 해안에 울렸네,
잘 무장된 사람들 속에서 창끝과,
금속이 방패가 쫓을 때처럼 소리를 질렀네.
나는 검이 강타하는 무수한 소리를 들었네;
시거드는 전투의 폭발로 쓰러졌고,
그가 부상당한 곳에서 뜨거운 핏덩이가 솟아나왔네,
브라이언은 쓰러졌지만, 마침내 승리했네.7)

클론타프 전투(the battle of Clontarf)는 관습적으로 바이킹 전쟁의 종말을 명시하게 되었다. 후에도 가끔 바이킹의 원정이 있었지만, 이는 브라이언의 죽음 뒤에 이어졌던 왕조의 전쟁과는 관련이 없었다.

아일랜드인은 바이킹에게 여러 가지를 배웠다. 초기에 북구 유럽인을 우세하게 만든 배와 말을 통한 이동성은 이제 아일랜드 전투의 특징이 되었다. 그들의 우수한 무기들 ― 무거운 칼, 철로 만든 창과 투구와 갑옷 ― 은 이제 아일랜드인도 사용했다. 클론타프에서 양 진영은 유사한 무기로 싸웠다. 당시의 바이킹들은 자신들 타운에서 주로 기독교인이 되어 아일랜드에서 확실한 성분이 되었는데, 아일랜드인에게 영향을 주었고 자신들은 그들로부터 영향을 받았다. 바이킹들은 아일랜드 스타일의 브로치와 그 밖의 공예품들을 만들고 있었지만, 장식에서는 그들의 전통적인 문양을 사용했다. 결과적으로 아일랜드인은 장식에서 북구인 스타일을 채택했고, 후에는 콩 십자가(the Cross of Cong)와 로마네스크 문 입구의 조각과 같은 작품

40 돛을 활짝 펼치고 항해하는 바이킹 배 (Liam de Paor)

에서 스칸디나비아의 동물 문양을 구현했다.

클론타프 이전 더블린은 아일랜드에서는 최초로 은화를 만들어내기 시작했으며, 동전 주조는 노르만 침공 시대까지 계속되었다. 이러한 예에서 우리는 아일랜드의 바이킹 침공의 가장 중요한 영향 가운데 하나를 보게 된다. 이것은 지금껏 아일랜드가 가졌던 매우 단순한 경제에 대한 그들의 영향이다. 타운의 형성과 함께 아일랜드는 전체적으로 변두리로 남는 것이 중단되었으며, 11세기와 12세기의 교회 개혁의 시작에서 중요한 역할을 한 북부 타운에서 보듯이, 항구를 통한 수송은 새로운 방식으로 아일랜드 외부로 문을 열게 했다.

북구 유럽인은 아일랜드에 수많은 흔적을 영구히 남겼다. 그들 언어에서 일부 단어들이 아일랜드어로 차용되었는데, 특히 배와 교역에 관련된 용어들이었다. 북구 유럽인의 용어나 형태는 지명에서도 나타난다〔위클로, 워터퍼드, 웩스퍼드, 레익스립(Leixlip), 람베이(Lambay) 등〕. 아일랜드어 자체는 북구 유럽어가 기원이다. 몇몇 지명에서는 아일랜드 단어가 사용되었는데, 구조는 북구 유럽식을 따라서, 지방의 현대 명칭에서 예를 들면 라긴스-치르(Lagins-tír, '라긴의 나라'라는 뜻이다)가 레인스터로 바뀌었다. 그 밖의 지명은 어휘와 형태는 순수한 아일랜드어지만, 바이킹 식민지의 현존을 가리키고 있는데, 더블린 주에 있는 핀갈(Fingal)은 '외국인의 나라'란 뜻이고, 발도일(Baldoyle)은 '검은 외국인의 장소'란 뜻이며, 워터퍼드 항구에 속하는 군(郡)은 다시 가울-치르(Gall-tír), 역시 '외국인의 나라'라는 뜻을 가진 이름이다.

바이킹이 아일랜드의 삶에 끼친 가장 지속적인 영향은 사회와 정치의 중심지를 내륙 지방에서 동쪽 해안 — 사실 아일랜드 해라고도 말할 수 있다 — 으로 완전히 옮겨놓은 것이었다.

7

11세기와 12세기 아일랜드(약 1000~1169)

IRELAND IN THE ELEVENTH AND TWELFTH CENTURIES(c. 1000-1169)

아일랜드에서 11세기와 12세기는 문예부흥과 진보의 시대로 세 가지 면에서 주목할 만하다. 바이킹이 권력을 휘두르던 절정의 시기에 퇴보를 겪었던 문화활동과 예술은 새롭고 흥미로운 사조를 드러내면서 다시 한 번 아일랜드식으로 소화시켜 태어났다. 많은 폐해가 점차적으로 스며들면서 도덕적 기준이 떨어진 이후 종교개혁이 절실하게 요구되었는데, 교황과 완전히 단결해 있던 아일랜드 교회는 개혁을 떠맡았고 또한 신도들에 대해 목자적인 관심을 기울일 수 있는 기본 교구가 조직되는 지점까지 성취했다. 정치 영역에서 브라이언 보루마(또는 '보루')의 대왕권 계승은 과거와의 단절을 분명히 드러냈다. 이것은 강력한 중앙집권적 군주제의 길을 열었고, 다양한 왕조 간에 상당한 암투가 있었음에도, 아일랜드는 앵글로-노르만 침입이 일어나 역사의 과정을 바꾼 그 방향으로 이동하고 있는 듯했다.

Fearann sloidhimh críoch Bhanbha;
bíodh slán cáich fá chomhardha

go bhfuil d'oighreacht ar Fhiadh bhFáil
acht foirneart gliadh dá gabháil.

아일랜드 땅은 검(劍)의 나라이다; 전투에 의한 정복을 제외하고,
누구든 피어 페일(Fiadh Fáil)에 대한 어떠한 계승이 있는가를 보여라.

16세기의 시인[1])은 한 노르만 군주의 후손에 대한 이러한 격려의 말과 함께 자신의 시대 오래 전에 제창되었던 논제를 제기했는데, 태곳적부터 무력에 의하지 않고 아일랜드를 빼앗았던 사람들은 존재하지 않았다는 근거에서 노르만인의 아일랜드 정복을 정당화했다. 외교술은 그러한 논법을 필요로 했는데, 그 이유는 직업시인들(professional poets)〔음유시인(bard)을 지칭함__옮긴이〕은 아일랜드와 앵글로 아일랜드 족장들 양편을 찬양해야 했기 때문이다. 아무튼 시인들이 노르만인 침략을 정당화하는 것과 잉글랜드의 왕인 헨리 2세(Henry II)에 의해 촉진된 것 사이에서 선택을 해야 했다면, 사실들과는 모순되기 때문에, 의심의 여지없이 그들은 헨리의 경우를 거절했을 것이다. 헨리가 교황 하드리아노 4세(Adrian IV)의 허락하에 추구한 것은 다음과 같은 이유에서였다. "그 국민을 법으로 복종시키고, 그들로부터 악의 잡초를 근절하기 위해, 교회의 경계선을 확대하기 위해, 그리고 버릇없고 무식한 사람들에게 기독교의 진리를 선언하기 위해 아일랜드 섬에 들어가는 것이다."[2]) 오랜 전통의 아일랜드 학문에 종사한 시인들은 '버릇없고 무식한 사람들'이란 기술이 얼마나 근거가 없는지를 잘 알고 있다. 시인들은 헨리가 아일랜드에 들어왔던 바로 그 세기에 전문업에 있는 지도자들이 자신들의 특정한 기술을 재구성하여 서구 유럽언어의 최초의 문법이 되는 아일랜드어의 규범적 문법을 정립하기 위한 기반을 쌓고 있었다는 것을 알고 있었다.[3]) 그들은 11세기와 12세기 대수도원 학교에서 일어났던 학문의 부활과 그들이 아일랜드어와 라틴어로 된 필사본의 형태로 사료(史料)를 보았다는 것에 대해 알고 있었다. 시인들은 고대의 예술형태가 그 시대의 장식적인 금속공예의 채색과 필사본의 채색에서 새로운 것과 혼합되었다는 것도 알

고 있었다. 그들은 또한 로마네스크와 고딕스타일의 건축이 아일랜드에 소개되었던 과정을 통해 교회 건축이 활발했음을 알고 있었다.

노르만 침공 이전의 시기에 존재했던 수도원 학교의 관심은 더 이상 라틴학문에 최우선을 두지 않았다. 아일랜드 전통이 수도원으로 들어왔는데, 이러한 것에 대해 분명한 증거가 되는 세 가지의 주목할 만한 12세기 필사본이 있다. 이들 중 하나는 약 1100년 클론막노이즈의 대수도원에서 편찬이 되었고, 다른 것은 같은 해 레인스터 어딘가에 있었던 것으로 보이며, 세 번째는 1150년과 1200년 사이 티퍼러리(Tipperary)에 있는 테리글라스(Terryglass)의 수도원에 있다.[4] 이들 필사본의 페이지를 펼쳐보면 『테인 보 큐룽에(Táin Bó Cuailnge)』와 같은 얼스터 영웅들의 이교도적 서사이야기나, 6세기 말 직업시인의 수장이 콜럼 키일레를 찬양하기 위해 지은 시를 복사하는 집필실에 앉아 있는 한 수도사나, 아일랜드 왕과 부족장들이 많은 양의 정보를 비축해놓은 계보학의 전승이나, 단테의 『신곡(Divine Comedy)』의 선구자 중의 하나이자 기독교 예언서(vision-text)인 『피슈 아담네인(Fís Adamnáin)』을 그려 볼 수 있다. 이러한 많은 수의 자료가 초기 시대부터 전해오고 있으며, 필사본 편찬은 지금까지 안전하게 전승이 되고 있다. 우리가 끊임없이 옮겨 쓰고 있는 한 수도사의 목소리를 들을 수 있다.

Is scíth mo chrob ón scríbainn;
    ni dígainn mo glés géroll;
Sceithid mo phenn gulban caelda
    dig ndaelda do dub glégorm.

Sínim mo phenn mbec mbráenach
    tar áenach lebar lígoll
gan scor, fri selba ségann
    dían scíth mo chrob ón scríbonn.

나의 손은 글쓰기로 지쳐 있다; 나의 날카로운 큰 점은 두껍지 않다; 나의 가느다란 부리모양의 펜은 밝고 푸른 잉크의 검고 짙은 색조의 한 모금을 뿜어낸다.
나는 흠뻑 젖은 나의 작은 펜을 가지고 아주 아름다운 책들의 아상블라주(assemblage)를 끊임없이 만들어내는데, 이는 예술가의 소유를 풍부하게 하기 위한 것으로, 그 때문에 나의 손은 글쓰기에 지쳐 있다.[5)]

범위가 좀 더 제한된 필사본들도 있는데, 11세기 또는 12세기 초 복사본과 같은 두 편의 『성가서(Book of Hymns)』로, 하나는 더블린의 트리니티 칼리지(Trinity College)에 있고, 나머지는 킬리니(Killiney)의 프란시스코 수도원에 있다. 여기서 우리는 채색예술의 생존에 대한 증거를 분명히 엿볼 수 있는데, 이는 약 1045년 아일랜드로 공부하러 왔던 술리언(Sulien)이란 웨일스인에 대한 기억이다. 그는 아일랜드 문학에 대한 지식뿐만 아니라 이러한 채색기술을 잘 알고 있었던 사람이다.[6)]

이들 두 세기에 걸쳐 정립된 새로운 문학에 대해 생각해본다. 설화와 역사시들, 성자의 생애와 설교, 성서사와 다른 종교적인 텍스트 및 훌륭하고 경건한 서정시도 있으며, 그 시대의 수도사들에 관한 거친 골리어드 식〔Goliard, 12~13세기 라틴어 풍자시를 쓴 음유시인_옮긴이〕 풍자인 '마흐크 콘 글리네의 예언(The Vision of Mac Con Glinne)'과 트로이와 테베의 이야기에 대한 아일랜드 버전, 그리고 '로마인의 내전(The Civil War of the Romans)' 또한 아일랜드인이 혁신자였다는 것을 상기해주는데, 이것은 트로이 이야기 중 가장 오래된 프랑스어판도 아일랜드 것만큼 오래되지 않았기 때문이다.

석조와 금속공예에서 장식예술로 현존해 있는 견본을 볼 때, 아일랜드 장인들이 새로운 패턴과 기술을 채택하기 위해 행한 준비와 다양한 재능에서 또 다른 일견을 얻게 된다. 여기서 킬퍼노라(Kilfenora)와 다이서트 오데아(Dysert O'Dea) 같은 석조 십자가들에 나타나는 예술적인 모티브는 스코틀랜드가 그 기원이라는 것이 제시되었다. 주교 지팡이와 성골함, 진정한 십자가(True Cross)의 유물을 신전에 안치하기 위해 약 1123년 코넉트의 왕인 터델바흐 우에 콘효베어(Toirdelbach Ua Conchobair)가 의뢰했던 콩의 장엄한 행렬용 십자가(processional cross of Cong)와 같은 작품에서는 스칸디나비아의 영향을 보여주는 모티브를 볼 수 있는데, 이는 이 기간 동안 아일랜드를 형성하는 데 기여한 바이킹을 상기하게 된다. 북구 유럽인이 아일랜드에 가져다준 선물은 아일랜드의 해안선, 항구 도시, 시민 공동체의 시작과 무역이었음을 이미 지적한 바 있다.

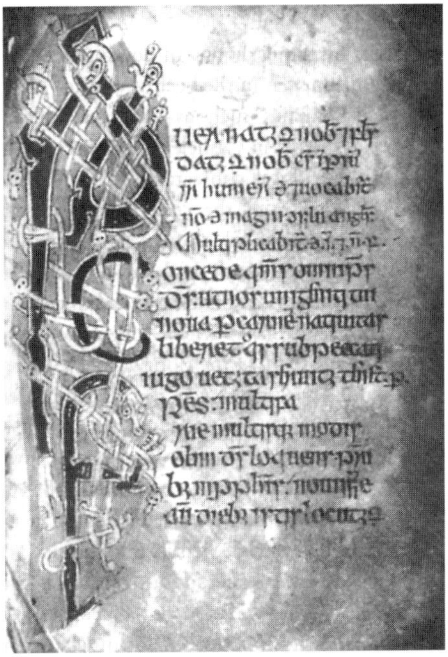

41 12세기 아일랜드 미사 경본(經本), 옥스퍼드 코퍼스 크리스티 칼리지로부터 현재는 보들레이안 도서관 소장(옥스퍼드 대학출판부)

교회 건축물에 대한 연혁 또한 발전과 혁신의 하나이다. 초기 시대 벌집과 같은 오두막에서 볼 수 있는 전통의 계승을 킬라로에(Killaloe), 데베니쉬(Devenish)와 킬말케다(Kilmalkedar)에 있는 교회의 건축물처럼 돌로 지붕을 만든 교회에서도 볼 수 있다. 먼스터의 왕인 코막 마흐크 카르헤그(Cormac Mac Carthaig)가 지었다는 카셀에 있는 코막 예배당은 1134년 교회와 귀족들 및 고관들의 큰 모임이 있던 면전에서 축성(祝聖)되었는데, 이는 독일의 영향을 받은 것으로 보이는 이국적인 석조로 지붕을 만든 건축물이었다. 아일랜드에는 이러한 로마네스크 양식이 이미 소개되어 12세기 동안 번영을 이루었는데, 클론막노이즈에 있는 성 핀긴(St. Fingin)의 교회와 같은 건축물이 만들어졌으며, 투암(Tuam)에 있는 성단소(聖壇所) 아치와 클론퍼트 사원 입구와 같은 건축물의 잔재로부터 다른 훌륭한 건축물을 상상할 수 있다. 고딕스타일도 나타났고, 이의 영향은 시토 수도회의 수도원에서 볼 수 있는 과도기적인 건축물에 반영되어 있는데, 이 수도원은 1161년 후기에 착공되어 1218년이 되어서야 완성되었던 보일(Boyle)에 있는 수도원과 같다.

문화적 행위는 이에 속해 있는 연령층과 사람들을 반영한다. 지금껏 논의된 역사적 사실을 기반으로 우리는 11세기와 12세기에 모든 아일랜드인이 무례하고 무식했다고는 인정하지 않을 것이다. 하지만 이러한 증거를 돌려보자. 그러면 이것이 말해주는 것은 그 시대의 사람들에 대해 우리가 알고 있는 것으로, 특히 후원을 통해 이러한 문화행위의 많은 부분을 가능하게 만들었던 통치자들에 대한 이야기와 문화와 교회 건축물의 정황들뿐만 아니라 종교개혁에서 훨씬 더 중요한 정세들까지 왕들의 지지를 받았던 종교인들의 이야기도 들려준다.

그 시대는 아일랜드 대왕권에 대한 브라이언 보루마의 계승과 함께 열렸다. 이것은 오랜 전통의 단절로 다른 지방의 통치자들이 따르는 데 주저하지 않았던 실례를 제공했다. 훨씬 초기의 전통은 타라의 왕이 아일랜드에서 최고의 왕이 되는 것이었는데, 타라의 통치자들이 유래된 곳인 미드의 우이 네일과 에일레흐(Ailech)는 그들 왕이 정식으로 도전을 받지 않았던 통치 시기인 500년 이상을 돌이켜 볼 수 있다. 브라이언이 속했던 먼스터 지역의 달 가슈는 소수인들로, 그들은 소규모의 인원으로 반세기에 걸쳐 최고의 권력으로 떠올랐다. 아버지인 케네치그(Cennetig)와 형제인 마흐가메인(Mathgamain)의 팽창주의 도식을 따랐던 브라이언은 먼저 카셀의 전통적인 에오가낙트 왕의 지위에 오름으로써 먼스터의 왕으로서 지위를 확립했다. 그런 다음 1002년 그는 드디어 자신의 권력을 확장했으며, 그의 주권은 타라의 왕인 마엘 세흐네일에 의해 아일랜드 북부의 반으로 인정받았다. 세흐네일은 980년 이래 대왕으로 있었다.

대왕의 재임기간 중 브라이언은 그에 대한 복종에서 최고의 권위를 보여준 것에 만족하지 않았다. 그는 1002년과 1005년 인질들을 얻기 위해 북부의 국가로 원정을 꾀했다. 그 이후 그는 북부 지역 더 멀리 원정을 가서 더 많은 포로들을 잡았고, 따라서 자신이 의심의 여지없는 아일랜드의 왕이라는 것을 보여주었다. 브라이언이 아마를 방문한 것은 1005년 그가 2차 원정을 떠난 기간이었으며 이곳에서 그는 20온스의 금을 교회에 헌납하고 아일랜드 전역에 걸쳐 최고의 교회 조직인 성 패트릭의 사도직 관할구를 승인했다. 필경사는 그 결정을 대왕이 있는 자리에서 9세기 『아마의 서』의 한 페이지에 라틴어로 기록했는데, 아래의 내용을 표제로 마무리했다(<그림 42>).

Ego scripsi, id est Calvus perennis, in conspectu Briani imperatoris Scotorum et que scripsi finivit pro omnibus regibus Maceriae.

나, 마엘 수하인(Máel Suthain)은 아일랜드인의 황제인 브라이언의 면전에서 이것을 썼으며, 내가 적은 것은 그가 모든 카셀의 왕들을 위해 결정했다.[7)]

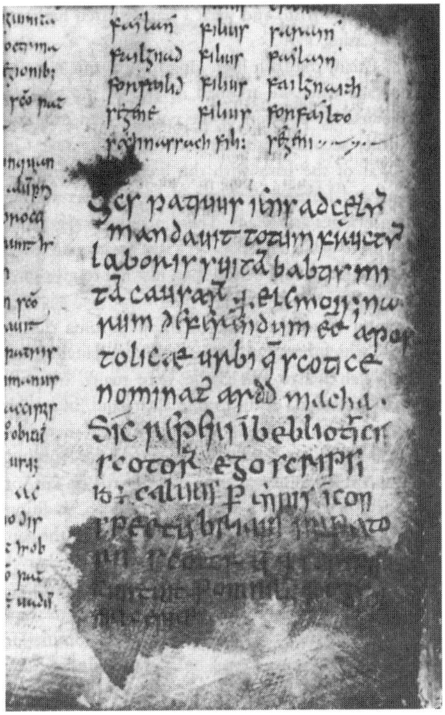

42 『아마의 서』에 브라이언 보루마에 대해 언급하고 있는 항목 (트리니티 칼리지, 더블린)

브라이언과 함께 아일랜드 대왕권은 현실로 나타났다. 대왕권을 획득했을 때 그의 나이는 약 60세로, 12년의 재임 동안 정치와 군사 영역에서 자신의 지위를 굳건히 하는 것과 동시에, 12세기 텍스트인 『코가드 게젤 레 갈레브(Cogad Gaedel re Gallaib)』(‘외국인과 함께 한 아일랜드인의 전쟁’)에 따르면, 다리와 도로의 건설로 교통수단을 회복했고, 종교와 학문적 제도의 부흥도 맞이했다. 이러한 옛 기술(記述)에는 과장이 있을 수 있겠지만 우리는 11세기와 12세기 르네상스에서 그 증거를 찾은바, 이에 대한 공로를 브라이언에게 돌리지 않을 수 없을 것이다.

브라이언 보루마의 이름은 클론타프 전투를 기억나게 하는데, 이는 항상 아일랜드인의 상상력을 자극했다. 이 전투로 이끌었던 사건들은 많았지만, 근본적으로 이와 관련한 쟁점은 북구 유럽인 타운들을 포함한 아일랜드 전체를 통치하기 위한 브라이언의 요구였다. 그래서 이전의 대왕인 마엘 세흐네일(또는 말라키)이 레인스터인과 더블린의 북구 유럽인에 대항하기 위해 브라이언에게 도움을 요청했을 때, 브라이언은 더블린으로 행진해 들어갔다. 그 결과 1014년 4월 23일 총력전이 벌어졌으며, 우리는 이를 '클론타프 전투(the battle of Clontarf)'로 부르지만, 아일랜드 전통에서는 이를 때때로 '브라이언의 전투(Brian's battle)'로 불렀다. 브라이언이 성(聖) 금요일〔예수의 수난일, 부활절 전의 금요일__옮긴이〕에 다른 지역에서 받았던 지원이 상대적으로 불충분했고, 이미 알고 있듯이, 북부 레인스터인들이 브라이언에 대항해 북구 유럽인들과 함께 싸웠기 때문에, 이것은 실제로 브라이언의 전투였다. 결정적인 승리는 아일랜드인과 함께 준비되었으며, 바이킹 왕인 카누트(Canute) 치하에 있는 잉글랜드에서 2년 후에 행하기로 함에 따라, 아일랜드에 대한 그들의 지배력을 확립한다는 희망을 갖고 있는 바이킹에게 마지막 일격이 가해졌다. 아일랜드에서 바이킹은 더블린, 웩스퍼드, 워터퍼드, 코크와 리머릭에 타운들을 발전시킨 만큼, 그들이 건설한 동부의 항구들이 노르만의 침략을 받았던 초기에 아주 중요한 것으로 입증이 되자 그들 스스로 만족했다. 클론타프에서의 승리는 슬픈 것이 되었는데, 그 이유는 다른 수많은 왕족들과 귀족들뿐만 아니라 브라이언 자신과 그의 맏아들 머르하드(Murchad)를 포함하여 아일랜드 진영에서 큰 손실을 입었기 때문이다. 브라이언의 배다른 아들인 타드그(Tadg)와 돈하드(Donnchad) 중 어느 누구도 아일랜드의 왕으로 아버지의 지위를 받아들일 만큼 강력하지 못했기 때문에, 예전의 왕인 마엘 세흐네일에게 권한이 이양되어 그가 1022년 사망할 때까지 진정한 대왕으로서 나라 전체의 통치를 재개했다.

아일랜드가 북구 유럽인 타운과 함께 100~200개의 크고 작은 다양한 소왕국으로 구성되었음을 고려할 때, 11세기 아일랜드 정치구조에서 얼마간 아이디어를 얻게 된다. 중요한 지방 소왕국의 이름들에서, 우리는 코르쿠 베스킨(Corcu Baiscinn), 코르쿠 뒤네(Corcu Duibne), 머스크레이게(Múscraige), 먼스터의 우이 에하흐(Uí Echach) 등의 군(郡) 이름이나 지명들과 함께 '아이베아(Iveagh)'와 같은 형태로 알려진 얼스터의 똑같은 이름을 지닌 다른 소왕국과 같은 친근한 일부 지역을 알고 있다. 더 높은 수준에서 아일랜드는 여전히 7개 왕국을 가진 나라였는데, 이는 먼스터, 레인스터, 코넉트, 미드, 에일레흐, 에르기알라와 울레드이다. 브라이언의 성공적인 중재의 결과로 우이 네일은 더 이상 대왕권 계승 권리를 그들끼리 전적으로 공유하지 못했고, 대왕권은 경쟁 관계에 있는 지방의 왕들과 서로 쟁취해야 할 목적물이 되었다. 리 코 프레사브라(rí co fresabra, '반대파를 가진 왕')라는 새로운 용어가 기록에 나타나는데, 이 용어는 대왕권에 큰 뜻을 품었지만 다른 지방 모두의 종속을 획득하지 못했던, 그리고 요구자의 대부분이 그보다 더 높은 것으로 등급을 받을 수 없었던 지방의 왕에 적용되었다. 사실상 에르기알라와 울레드는 대왕권을 위한 투쟁에 포함되지 못했으며, 심지어 미드는 다른 경쟁자들의 정치적인 책략을 통해 경쟁 상대 밖에 있었다.

그 시대에서 주목할 만한 특징의 하나이자 안정성을 떨어지게 만드는 요인들 중 하나는 다른 왕국이나 지역의 국정에 대한 지방 왕들의 간섭이다. 우리는 이제 특정 왕국의 발흥과 다른 왕국의 쇠퇴를 야기했던 새로운 정치적 동맹관계를 볼 수 있다. 1070년과 1130년 사이 더블린의 왕들 간에 두 명의 레인스터 왕, 두 명의 먼스터 왕과 한 명의 코넉트 왕이 있었다는 점에 놀라게 된다. 심지어 더욱 더 놀라운 것은 브라이언 보루마의 증손자인 돔나울 우에 브라이언(Domnall Ua Brian)이 1111년 헤브리디스(Hebrides) 제도(諸島)의 왕권을 획득했다는 연보의 진술이다. 만(Man) 제도와 그 왕국의 연보에 따르면 만 사람들은 당시에 아일랜드 왕이었던 미르헤르타흐 우에 브라이엔(Muirchertach Ua Briain)에게 그들의 통치자를 보내주도록 요청했으며, 왕은 돔나울을 그들에게 보냈다. 이들 왕조의 움직임 모두는 노르만 침입으로 완전히 중지되었던 아일랜드의 정치적 진보의 일부분이 되었다.

연대 기록을 통해 우리는 마엘 세흐네일의 죽음으로부터 140여 년이 지난 1169년 노르만인들의 도래까지 이러한 발전에 대한 사건들을 추적할 수 있다. 이들이 제공하는 그림은 폭력, 혼란과 소동 중의 하나이다. 우리는 왕들과 부족들 사이의 다툼, 장님으로 만들거나 또는 다양한 방법으로 라이벌을 불구로 만들거나, 호전적인 군대들, 거주지와 교회 건축물의 방화, 약탈과 전투 및 폭력적인 죽음에 대해 읽게 된다. 수많은 방식에서 여전히 상황은 이전 장에서 본 여러 세기들과 아주 다르지는 않았는데, 그렇다고 아일랜드가 웨일스나 스코틀랜드 또는 잉글랜드와 비교할 때 특별히 불안정하지도 않았다. 하지만 한 가지 관점에서 볼 때 교회를 조직하

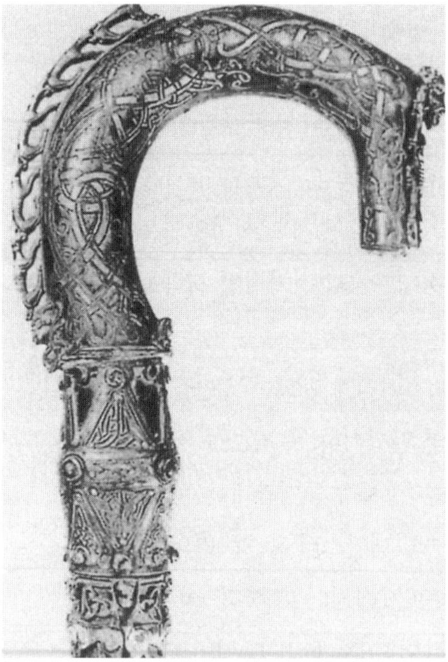

43 클론막노이즈 수도원장의 홀장(笏杖) 머리 부분, 11세기 후반 (아일랜드 국립박물관)

는 일에서는 주목할 만한 발전이 있었다. 1155년 잉글랜드의 헨리가 아일랜드를 침략할 목적으로, 아일랜드인에게 '기독교의 진리를 선포'할 필요성이 있다고 교황을 설득하여 권능을 부여받았다는 점에서 교회 조직의 발전은 고려해볼 가치가 있다.

5세기 기독교의 도입과 브라이언 보루마가 통치한 시기 사이에 아일랜드에 있는 교회는 대부분 그 내부에서부터 아일랜드인에 대한 종교적인 필요성에 직면했다는 점은 잘 알려져 있다. 로마와 완전히 단결해 있었더라도, 아일랜드 교회가 어느 정도는 독자적인 통치와 독자적인 쇄신을 행했고, 상황이 이를 요구했을 때는 독자적인 개혁이 가능했을 것이다. 11세기가 도래했을 때 초기 성자들과 그들의 추종자들이 건설했던 옛 수도원의 많은 것들이 여전히 존재하여 번성하고 있었고, 이들 수도원은 아일랜드 전역으로 퍼져 나갔다. 주지한 대로 이들 중 많은 수가 학문을 위한 중심지이긴 했지만, 이들은 주로 종교적 중심지였으며, 우리는 그 수도원들과 우리가 알지 못하는 또 다른 수도원들에서 어느 정도 사람들의 정신적 복지를 돌보지 않았을까 추정할 수 있다. 게다가 쇼텐클뢰스터(Schottenklöster)나 독일에 있는 라티스본(Ratisbon), 뷔르츠베르크(Würzberg), 마인츠(Mainz)와 다른 도시의 '아일랜드 수도원들'은 심지어 11세기 아일랜드가 해외에 선교사들을 보내고 있었다는 것을 상기시켜주는데, 독일에 있는 교회들의 토대는 아일랜드의 존(John of Ireland), 마리아누스 스코투스(Marianus Scottus), 라티스본의 마리아누스(Marianus of Ratisbon)와 다른 사람들이 유럽에서 복음을 설교하거나 금욕주의적인 삶을 행하던 이들 후대의 시기로부터 이루어지기 시작했다.

아일랜드 전역에 걸쳐 종교적인 많은 교회와 함께 또 다시 선교운동이 진행되고 있는 동안 아일랜드인의 정신적 행복이 보장되었으리라고 가정할 수 있지만 불행히도 그렇지 못했다. 그 이유는 오랜 세기 동안 행해진 바이킹 전쟁과 그 결과로 나타난 대변동이 있은 후에야 정신적·도덕적인 해이가 나타났기 때문이다. 폭력 행위가 빈번했는데, 심지어 성직자와 수녀들에게도 반항했으며, 교회재산에도 대해서도 일어났다. 성사(聖事)는 게을리 되었고, 십일조를 자발적으로 지불할 마음이 없었으며, 교회의 혼인법도 경시되었다. 혼인에 대한 불분명함은 교회의 종규(宗規)와는 달랐던 브레혼 법에 의거하고 있었기 때문인데, 이는 사실이다. 하지만 거기에는 정신적인 갱신을 위한 필요성이 분명히 있었고, 이와 함께 교회 자체의 개혁이 필요했는데, 갈등의 일부분은 교구적이라기보다는 수도원적이었던 교회 조직에서 나왔다. 이는 목사직에 종사하는 성직자들의 부족으로 인해 나타난 점이 특징이다. 아일랜드 교회의 또 다른 특징은 특정 교회 성직록(聖職祿, benefices) 계승의 세습과 평신도에 의한 성직록 계승의 빈번함이다. 물론 시인을 포함하는 다른 직업들에서 세습되는 계승의 원리에 친근한 사람들에게 이러한 것이 낯설지 않았을 것이다.

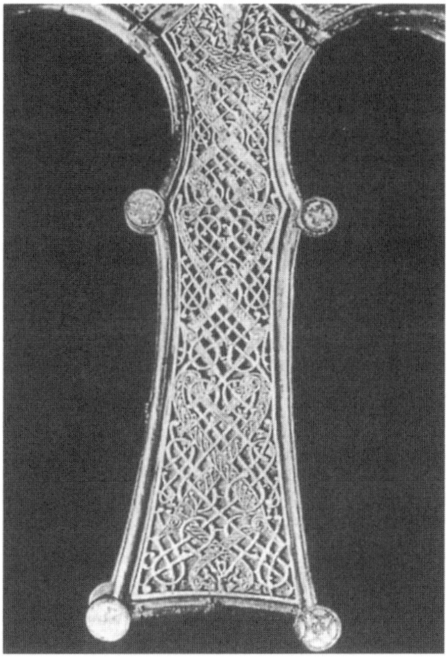

44 콩(Cong) 십자가, 세부 1123년경 (아일랜드 국립박물관)

어쨌든 개혁은 요구되었고 행해졌다. 아일랜드 선교사의 활동으로 확립된 서구 유럽과의 쇄신된 접촉을 통해, 그리고 로마를 향해 자신의 길을 찾은 아일랜드인 순례자를 통해, 국내의 아일랜드인은 대륙에서 일어나고 있었던 방대한 교회 개혁에 대해 의식하고 있었다. 북구 유럽인 타운이 기독교화되고, 11세기 초부터 교회적 신성주의를 위해 캔터베리(Canterbury)를 주목했던 사실은 중요한 요인이 되었

45 클레어 주의 다이서트 오데아(Dysert O'Dea) 십자가, 12세기 중반 (아일랜드 공공작업위원회)

다. 이들 최초의 개혁자들 가운데는 1096년 캔터베리의 성 안셀름(St. Anselm)이 워터퍼드의 주교로 임명한 마엘 이사 우에 엔미어(Máel Ísa Ua hAinmire)와 루앙(Rouen)에서 안셀름과 함께 수도사가 되었고 약 1106년 리머릭의 주교가 되어 교황특사로 지명이 된 길라 에스파익(Gilla Espaic), 일명 길버트(Gillbert)도 있었다. 길라 에스파익은 아일랜드와 통합된 예배를 위해서 교구와 교구 조직의 설립을 위한 계획안을 제시했다. 남부 지역에서 이들 개혁적인 성직자는 대왕인 미르헤르타흐 우에 브라이엔의 지지를 받고 있었다. 아마 지역은 이미 1105년 수도원장의 지위를 승계 받았던 켈라흐 우에 쉬네이그(Cellach Ua Sínaig)란 사람의 이름으로 운동에 참여하고 있었다. 켈라흐는 성직 임명을 취하지 않고도 지위를 유지한 우에 쉬네이그 가족의 성원들 가운데 7번째 수도원장이었다. 이들 중 일부는 결혼을 했지만 오래지 않아 그가 '코마바 파트라익(comarba Pátraic)' 또는 '패트릭의 계승자'로서 먼스터를 방문하고 있던 중 주교로 임명되었다. 그래서 처음으로 여러 해 동안 아일랜드의 부족장 관할구인 아마는 주교이자 '패트릭의 계승자'의 통치 아래에 있었고, 켈라흐는 대주교로서 인정되었다. 1111년 카셀 근처의 라흐 브레세일(Ráith Bresail)에서 열린, 켈라흐와 대왕에 의해 주도된 전국 종교회의에서 아일랜드를 24개의 관할구로 분할하여 옛 수도원 조직을 대치했다.

수도원의 재조직이 성공적인 결말을 가져다준 때는 40년이 지난 후였다. 반면에 훨씬 젊은 성직자인 성 말라키(St. Malachy)로 알려진 마엘 메독(Máel Maedóc)이 켈라흐를 계승한 후, 교황과 필요한 타협을 실행했다. 그가 로마로 여행을 하던 중 클

46 로스코먼 주 보일에 있는 시토 수도회 대수도원, 12세기와 13세기 초(아일랜드 공공작업위원회)

레르보(Clairvaux)에서 성 베르나르(St. Bernard)와 함께 머물렀는데, 마엘 메독은 아일랜드 국가에 대한 자신의 관심을 그에게 쏟아냈다. 그는 클레르보에서 보았던 것이 너무나 인상적이어서 1142년 에르기알라의 왕이 하사했던 땅인 멜리폰트에서 그들의 첫 번째 정착이 시작되었던 시토 수도회(Cistercians)를 아일랜드에 소개했다. 1157년 수도원이 완성되자 이 훌륭한 수도원은 주교들과 왕들의 모임에서 봉헌되었다. 그 행사를 위해 교회에 하사한 왕족의 선물 중에는 160마리의 소와 60온스의 금과 한 타운의 토지가 있었는데, 모두 대왕이 하사한 것이며, 에르기알라의 왕은 60온스의 금을 하사했고, 레인스터의 왕인 지어멋 마흐크 머하다(Diarmait Mac Murchada)와 함께한 불행한 탈선행위로 오늘날 더 잘 기억되고 있는 티예르난 우에 류이륵(Tighernán Ua Ruairc)의 부인이 바친 또 다른 60온스의 금이 있었다. 12세기 초 아일랜드에는 베네딕트회 회원들이 있었지만 옛 아일랜드 수도원의 시대가 종말을 고하고 시토 수도회가 도래했다.

성 말라키는 로마로 두 번째 여행을 하던 중 1148년 클레르보에서 사망했지만,

47 골웨이 주의 클론퍼트 사원 정문 입구, 12세기 (아일랜드 공공작업위원회)

아일랜드 교회를 위해 그가 실행한 계획은 4년 뒤에 켈스의 종교회의에서 결실을 맺었다. 그 내용은 아일랜드를 4명의 대주교 관직을 가진 36개의 관할구로 분리하는 것이었고, 교황특사인 추기경 파파로(Paparo)가 영대(領帶) 팔리아(pallia)를 아마, 카셀, 더블린과 투암의 대주교에게 분배하는 것이 포함되었다. 그래서 1152년 교황특사는 아일랜드의 교회가 이제는 대중에 대한 목자적 관심을 돌보기 위한 기본적인 조직을 가지고 있다고 교황에게 보고할 수 있었다. 3년 후 교황 하드리아노 4세가 헨리 2세에게 그 이상한 하사를 내리게 만든 보고서는 의도적으로 위조되었거나, 아니면 아일랜드에서 일어난 사건들의 진정한 상황에 대한 오해에 근거를 두고 있었다.

교회 개혁만큼이나 만족스럽게 아일랜드의 정치적인 진화가 강력한 국가 군주제 쪽으로 진행되었더라면, 라우다빌리터(Laudabiliter) 하사금은 결코 헨리 2세에 의해 사용되지 못했을 것이다. 불행하게도 대왕권에 대한 경쟁은 민족적 단합의 의미를 거의 촉진시키지 못했다. 사실상 '완전했든' 또는 '반대파를 가지고' 있든 간에, 1022~1169년의 기간 동안 아일랜드 왕들의 위치는 매우 불분명한데, 어느 왕도 그들이 일컬었던 '통합 통치(joint rule)'의 시대로 지명되지 못했던 일부의 시기도 있었다. 하지만 우리는 12세기 『레인스터의 서』를 포함하여 다양한 출처에서 최고 권력을 주장했던 왕들의 목록을 확인할 수 있다.

Donnchad, son of Brian Bóruma, of Munster
Diarmait, son of Máel na mBó, of Leinster
Toirdelbach Ua Briain of Munster
Muirchertach Ua Briain of Munster
Domnall Ua Lochlainn of Aileach
Toirdelbach Ua Conchobair of Connacht
Muirchertach Mac Lochlainn of Aileach
Ruaidrí Ua Conchobair of Connacht

브라이언 보루마의 아들인 먼스터의 돈하드
마엘 나 보의 아들인 레인스터의 지어멋
먼스터의 터델바흐 우에 브라이엔
먼스터의 미르헤르타흐 우에 브라이엔
에일레흐의 돔나울 우에 로흘레인
코넉트의 터델바흐 우에 콘효베어
에일레흐의 미르헤르타흐 마흐크 로흘레인
코넉트의 류드리 우에 콘효베어

위의 목록은 사건들이 어떻게 바뀌었는가를 보여준다. 8개의 왕국들 가운데 두 왕국만이 옛날 가문인 우이 네일이고, 3개의 왕국은 브라이언(Brian) 가문이며, 레인스터와 코넉트가 경쟁에 합세했다. 브라이언 보루마의 후손들은 처음 100년 또는 그 이상의 기간 동안 최고권에 대한 그들의 요구를 꽤나 성공적으로 유지했다. 12세기에 북부의 우이 네일은 두 차례의 짧은 기간 동안 스스로의 존재를 확신시켰다. 하지만 거물인 코넉트의 오코너(O'Connor)는 이들 가운데 진정으로 우세한 것으로 보였는데, 왜냐하면 터델바흐 우에 콘효베어가 브라이언 보루마 이후 그의 아들 류드리가 1166년 대왕권을 취했을 때 모든 왕들 중 가장 뛰어난 왕의 한 사람이 되어, 이것이 마치 오코너 가문이 다른 나라에 있는 왕조들과 비교가 될 봉건적 스타일의 세습왕권을 확립하는 데 성공한 것처럼 보였기 때문이다. 하지만 이러한 꿈은 지어멋 마흐크 머하다 또는 '외국인들의 지어멋(Diarmait of the foreigners)'라고 불린 레인스터 왕의 행동으로 무너졌다. 레인스터인들이 항상 중심 권력, 즉 선사와 고대에서는 타라의 권위, 클론타프 전투 이전에는 브라이언 보루마의 권위 및 지금은 류드리 우에 콘효베어에 분개하여 저항했다는 것은 중요할 것이다. 지어멋과 류드리 간에 벌어진 논쟁의 쟁점에서 사건들은 그렇게 중요하지 않았지만, 상황은 지어멋이 아일랜드에서 추방당했을 때 절정을 이루었다. 또 다른 왕은 재판을 받아들였고, 아마도 브라이언 보루마의 아들인 돈하드가 자신의 조카에 의해 왕권을 찬탈당한 후 1064년에 죽었던 장소인 로마로 순례를 떠났을 때였다. 대신에 지어멋은 브리스틀(Bristol)로 서둘러 떠났고, 레인스터 왕국을 되찾기 위한 원조를 청하기 위해 헨리 2세에게 탄원했던 곳인 프랑스로 갔다.

결과적으로 웩스퍼드에 노르만인이 도착한 후에 일어난 사실들 모두가 아일랜드 역사에서 또 다른 장을 구성한다. 이 시점에서 우리는, 외국에서 도움을 찾으려고 한 지어멋 나 갈(Diarmait na nGall)의 행위로 인해 나타난 예측할 수 없었던 결과가 아니었다면, 우리가 보아온 대로 11~12세기의 특징인 정치적 진보는 중앙집권적 토착 군주제를 만들어내는 시점까지 계속 이루어졌을 것이라고 말하는 것으로 충분할 것이다. 이를테면 아일랜드에서 게일 헤게모니(Gaelic hegemony)는 류드리 우에 콘효베어와 함께 막을 내렸다. 태곳적부터 등장한 아일랜드 왕들에 대한 목록인 『레인스터의 서』에 나오는 마지막 항목은 'Ec in Ruadrí sin'na ailithre i Cunga'〔'류드리는 콩(Cong)에서 순례자로 죽었다'〕이다. 그때가 1198년이었다. 류드리는 그의 아버지 터델바흐 모어(Toirdelbach Mór)가 1156년 묻혔던 곳인 클론막노이즈의 높은 제단 가까이에 매장되었다. 아일랜드 역사의 한 시대가 막을 내렸다.

8

노르만인: 도착과 정착(1169~약 1300)

THE NORMANS: ARRIVAL AND SETTLEMENT(1169-c.1300)

아일랜드는 다른 어느 국가보다도 과거와 불가분의 관계를 맺고 있다. 800년 전 아일랜드에 정착했던 노르만인은 아일랜드의 지세와 특성, 항구, 도로 및 다리, 성, 교회와 타운에 지울 수 없는 흔적을 남겼다. 오늘날의 노래와 문학 그리고 사람들의 외관은 아일랜드에 와서 보고 정복하고 이 땅에 정착했던 이들 대담한 노르만 기사들에게 경의를 표하고 있다. 성 패트릭과 그의 추종자들이 전파한 복음을 제외하고는 다른 어떤 사건도 아일랜드의 운명을 그렇게까지 바꾸지는 못했다.

노르만인의 도래는 전혀 뜻하지 않은 거의 우연한 사건으로 시작되었다. 우리가 이 사건을 1066년 잉글랜드를 침략한 노르만인과 비교한다면 이 대비는 극명하게 드러난다. 정복왕 윌리엄(William the Conqueror)은 잉글랜드에 대한 대규모의 침공을 계획하여 실행에 옮겼다. 프랑스와 독일 및 유럽의 다양한 지역에서 보충병들이 그의 깃발 아래 몰려들었다. 윌리엄은 자신이 잉글랜드의 왕위 계승자라는 주장을 했고, 교황 알렉산데르 2세(Alexander II)의 축복을 받으며 노르망디(Normandy)에서 자신의 선대와 함께 항해했다. 잉글랜드에 대한 윌리엄의 정복은 체계적이고 잔인했으며 또한 완전했다.

노르만인이 아일랜드에 왔던 이유는 두 왕국의 전사이자 왕인 레인스터의 더멋 맥머로우(Dermot MacMurrough)와 브레이프네(Breifne)의 티어난 오루크(Tiernán O'Rourke)가 서로 대항해 겨루게 되면서 벌어진 둘 사이의 개인적인 드라마에서 시작한다. 그 드라마란 습격과 역습, 용감함과 잔인함, 오루크의 끝없는 원한을 불렀던 부인 데버길라(Dervorgilla)의 유괴, 맥머로우의 전복과 추방에 관한 이야기이다. 그리고 그 드라마는 맥머로우가 잉글랜드와 프랑스 및 웨일스에서 계속해서 자신의 입장을 항변하는 것으로 계속되었지만, 지금은 이들 사건이 일인극인 것으로 판명이 났다. 노르만인이 왔을 때조차 — 우리가 앞으로 보겠지만, 마음에 내키지 않을 정도로 — 그들은 계획한 일을 거의 실천에 옮기지 못했다. 그럼에도 그들은 아일랜드에 와서 머물게 되었다.

1156년과 1166년 사이 아일랜드에서 정치적 최고권을 차지하기 위한 투쟁은 아일랜드에서 가장 강력한 왕인 북부 에일레흐의 머토우 맥로흘린(Murtough MacLochlainn)과 코넉트의 왕인 로리 오코너(Rory O'Connor) 간의 대결구도에 놓여 있었다. 맥머로우는 맥로흘린을 지지했고, 오루크는 오코너 편에 자신의 운을 걸었다. 그 투쟁은 얼스터에서 레인스터로, 코넉트에서 먼스터로 끝없이 이어지는 출정, 가축의 습격, 방화와 잔혹으로 전국을 뒤흔들었는데, 연대기 작성자는 이를 '아일랜드는 전율하는 뗏장(Ireland was a trembling sod)'[1]이었다고 기록했다.

한때 맥머로우를 무찔렀던 오코너는 그를 포로로 삼았고, 웩스퍼드의 페른스 근처를 중심으로 하는 소왕국으로 맥머로우의 권력을 축소하는 것에 만족해했다. 하지만 맥머로우를 파괴시키기 위한 오루크의 결심은 무자비했다. 그의 불타오르는 원한은 14년 전 그의 부인인 데버길라가 맥머로우에 의해 유괴되어 아일랜드 국민 앞에서 치욕을 당했던 1152년으로 거슬러 올라갔다. 이는 "여자가 남자를 잡을 때까지 남자는 여자의 뒤를 좇는다"라는 옛 속담을 증명하는데, 아일랜드와 노르만 기록 모두에 의하면, 이 사건은 그녀가 유괴를 조장했다는 것이다. 아일랜드 역사가인 키팅(Keating)은 데버길라가 맥머로우로 하여금 자신을 납치하도록 설득한 메시지를 어떻게 그에게 보냈는가를 이야기한다.

> 이 메시지가 더멋에게 도달하자 그는 재빨리 그 여성을 만나러 갔다. 말을 탄 분견대와 동행함으로써 그의 부하들이 그녀가 있는 곳에 도착했을 때 더멋은 말 탄 사람 뒤의 말 등 위로 그녀를 올려놓도록 명령했는데, 이 행위로 인해 그 여성이 거짓으로 울게 하고 소리도 지르게 했다. 이는 마치 더멋이 그녀를 강제로 유괴하는 것처럼 보였고, 이러한 방식으로 그녀를 데려가는 것처럼 하여 그는 레인스터로 되돌아갔다.[2)]

데버길라와 더멋 어느 측도 이것이 젊어서 행한 어리석은 행위라고 비난받지는 않았는데, 그때 그는 42세였고 그녀의 나이는 무르익은 44세였다. 오루크는 그녀를 다음 해에 되찾았지만, 맥머로우까지 붙잡아 데려오려는 결심을 했으며, 1166년 그는 기회를 얻었다. 맥머로우의 지지자들과 부하들은 흩어져 버렸고, 중요한 연합국인 북부 에일레흐의 맥로흘린은 사망했다. 오루크와 오멜라린(O'Melaghlin) 및 북부의 레인스터 부족들은 전방에 집합했다. 웩스퍼드의 북구 유럽인들은 후방에서 공격하려고 준비하고 있었다. 페른스가 포위되어 석조로 지은 맥머로우의 왕궁이 파괴되었을 때, 그는 그곳에서 도피하는 것 말고는 방법이 없다고 결정을 내렸다. 그는 1166년 8월 아일랜드인 부하 일부를 데리고 몰래 바다로 도망갔다. 그는 잉글랜드의 브리스틀에 상륙했는데, 당시 브리스틀은 아일랜드와 교역하는 중요한 항구였다. 이후 더멋은 잉글랜드의 왕 헨리 2세를 만나기 위해 프랑스로 건너갔다. 더멋은 아일랜드에서 자신의 지위를 회복하기 위한 협력자를 찾고 있었다.

헨리 2세는 잉글랜드인이라기보다는 프랑스인이었다. 그는 노르망디에서 태어나 프랑스에서 자랐으며 영어가 아닌 노르만 프랑스어로 말했다. 그는 생애의 대부분을 유럽대륙에서 보냈으며, 잉글랜드는 그의 제국 중 단지 한 부분으로, 툴루즈(Toulouse), 웨일스와 스코틀랜드에 대한 군주권의 주장과 함께 잉글랜드, 노르망디, 앙주(Anjou), 메인(Maine), 프아투(Poitou)와 아키텐(Aquitaine)을 포함한 앙주의 제국(Angevin empire)을 소유했다.

48 펨브로크셔(pembrokeshire)의 펨브로크(pembroke) 성, 12세기: 아일랜드의 앵글로-노르만 침입자들이 유래했던 국경 지방 공동체의 전형

그는 활동적인 사람으로 언제나 자신의 폭넓은 영토 여기저기를 두루 다녔다. 더 멋은 여러 도시를 전전하다 남부 프랑스로 점점 더 깊숙이 이동하여, 마침내 자신이 아키텐의 먼 지역까지 왔다는 것을 알아차렸다. 헨리는 이미 아일랜드에 대해 관심을 가졌으며, 1155년 그가 왕위에 오르고 1년이란 짧은 기간이 지났을 때 아일랜드 침공을 생각했으나 그 계획은 연기되었다. 100년 전 정복왕 윌리엄이 잉글랜드를 침공했을 때와 같이 그의 조언자들은 약탈을 일삼는 원정을 위해 교황의 축복을 얻으려고 시도했다. 1155년 교황은 하드리아노 4세였는데, 그는 잉글랜드인으로서는 유일하게 교황의 자리에 올랐다. 일부 역사가들은 다음과 같은 사실에 대해 의문을 가졌지만, 교황은 헨리가 아일랜드에 들어가 종교개혁을 추진하도록 하기 위해 그를 위촉하는 교서인 라우다빌리터(Laudabiliter)를 발포했는데, 왕은 당시에 너무나 바빠서 서부에 위치한 신비하고 호전적인 섬으로 자신의 병력을 우회할

수 없었음은 꽤나 분명해 보인다.

1166년 더멋이 헨리 앞에 섰을 때 이 문제는 다시 활기를 띠게 되었는데, 동시대인인 웨일스의 제럴드(Gerald of Wales)〔기랄더스 캄브렌시스(Giraldus Cambrensis)〕는 더멋의 인상적인 체형과 개성에 대해 아래와 같이 기술했다.

> 지어멋(Diarmait)은 키가 크고 체격이 좋았으며, 사람들 가운데 용감했고 전쟁을 일으키기를 좋아했던 사람이었다. 지속적으로 시끄러운 전투에 참여하고 있었기 때문에 그는 쉰 목소리를 냈다. 그는 사랑을 받기보다는 모든 사람들에게 두려움을 주는 존재가 되기를 택했다. 그는 자신의 귀족들에게는 엄하게 대했으며, 평범한 위치에 있는 사람들은 두드러지게 만들었다. 그는 자신의 국민들 편에서는 사이가 나빴고, 다른 사람들에게서 미움을 받았다. '모든 부하들의 조력은 그에게 불리했고, 그는 모든 부하들에게 호의적이지 않았다.'[3]

더멋은 자신의 상황을 진술하고 제의하기를,

> 들으시오, 귀하신 왕 헨리
> 내가 어떤 나라 어디에서 태어났는지요.
> 나는 아일랜드의 군주로 태어났고
> 아일랜드에서는 나를 왕으로 인정했습니다;
> 하지만 나의 국민들이 부당하게도
> 나를 내 왕국 밖으로 내쫓았습니다.
> 당신 제국의 봉신들 앞에서
> 좋은 폐하이신 그대에게 불평을 하러 왔습니다.
> 나는 당신의 신하가 될 것입니다.
> 지금부터 내 생애가 끝나는 날까지,
> 당신이 나의 조력자가 된다고 허락해준다면,

나는 어떤 것도 잃지 않을 겁니다.

당신의 봉신들과 백작들 앞에서

그대는 나를 신하로 나는 그대를 군주로 인정할 것입니다.[4)]

무한한 에너지를 지녔고 수준 높은 지성과 신속한 결정을 하는 사람으로 알려진 헨리는 이러한 상황을 재빨리 파악했다. 그는 자신의 많은 영토를 통치하는 것만으로도 너무 바빠 아일랜드 원정을 지휘할 수 없었지만, 이 추방당한 아일랜드 왕을 고무시켜 손해 볼 일은 없었다. 그는 더멋의 충절어린 제의를 받아들였고 가능한 한 빨리 그를 도울 것이라고 약속했으며 그에게 선물도 듬뿍 주었다. 하지만 더멋에 대한 더 큰 환영은 헨리가 자신의 신하들인 잉글랜드인, 노르만인, 웨일스인, 스코틀랜드인들을 더멋과 합세시키기 위해 초청했다는 공개 편지였다. 더멋은 브리스틀로 돌아왔지만, 그의 이름이 있는 왕의 편지를 가지고서도 아일랜드 원정을 위한 보충병들이 오지 않는다는 것을 알게 되었다. 그는 지원병을 찾기 위한 가장 그럴듯한 장소가 웨일스 국경을 따라 접해 있는 세번 강 건너편이라고 생각했다. 그곳은 노르만인이 계속해서 웨일스의 주민들과 전투에 관여하고 있었다.

노르만인은 언어와 기원에서는 프랑스인으로, 유럽에서 가장 훌륭하게 싸우는 활동적인 민족의 성원이었다. 수많은 노르만인이 웨일스의 귀족들과 서로 간 혼인을 했지만, 자녀들은 잉글랜드, 웨일스 또는 프랑스에 대해 어떤 특별한 충성심도 가지고 있지 않았다. 그들은 무자비하고 교활했으며, 선원과 기마병 그리고 성곽과 교회의 건설자로서 전문인이었고, 훈련과 명령에 대해 뛰어난 직관력을 지닌 사람들이었다. 그들은 거칠고 지성적이며 토지를 갈망하는 자들이었다. 이미 웨일스의 이야기와 전설로 유명한 아일랜드는 바다를 건너 그들을 손짓해 부르고 있었다.

더멋은 웨일스에서 노르만인의 위대한 지도자들 가운데 한 사람인 일명 '스트롱보(Strongbow)'로 더 잘 알려진 스트리고일(Strigoil)의 백작 리처드 피츠길버트 드 클레어(Richard FitzGilbert de Clare)와 기민하게 면담하려고 시도했다. 스트롱보는 경험이 많은 전쟁 지도자로 노르만인의 권세 있는 가문의 후손이었지만, 지금은 부

49 베이유 벽걸이 융단(Bayeux Tapestry)에 장식된 노르만 기사들, 11세기 말 (베투스타 기념비, vi, 1819)

인이 없을 뿐더러 헨리 2세의 총애에서도 밀려나 불만에 차 있었다. 그래서 그는 아일랜드 같은 새로운 곳에서 자신의 명성과 행운을 추구하려 했다. 스트롱보는 쉽지 않은 협상자였지만, 결국 그는 무장한 군대를 아일랜드로 이끌고 갈 것이며, 더멋을 권좌에 복귀시켜주기로 동의했다. 하지만 그는 더멋의 맏딸인 이이페(Aoífe)〔에바(Eva)〕와의 혼인과 레인스터 왕국에 대한 계승권을 제공해야 한다는 조건을 내걸었다.

더멋은 웨일스 해안의 도로를 출발하여 그 길을 따라 성 다비즈(St. David's)까지 안전하게 떠났다. 그는 귀국길에서 여러 명의 노르만-웨일스 기사에게 도움을 약속받았는데, 기사들의 이름은 다름 아닌 아일랜드 역사의 일부분이 된 피츠헨리(FitzHenry), 카류(Carew), 피츠제럴드(FitzGerald)와 배리(Barry)이다. 웨일스를 떠나기 전 그는 또한 펨브로크셔에 있는 로스(Rhos)를 방문했다. 여기서 그는 60년 전쯤 플랑드르인에게서 유래한 강력한 플랑드르 식민지로부터 지원하겠다는 약속을 받아냈다. 그들의 이름은 아일랜드의 침공 시 주목할 만한 인물들로 프렌더가스트(Prendergast), 플래밍(Fleming), 로체(Roche), 취버스(Cheevers), 시노트(Synott)였다.

50 베이유 벽걸이 융단에 장식된 노르만 보병들, 11세기 말 (베투스타 기념비, vi, 1819)

더멋은 아일랜드로의 귀환에 대한 자신의 조급함을 더 이상 억제할 수 없어 1167년 수십 명의 노르만인과 플랑드르인 및 웨일스인과 함께 돌아왔다. 그는 페른스 부근에서 자신의 현지 권력을 회복했지만, 오코너와 오루크가 재차 공격하는 바람에 짧은 전투 후에 항복하고 말았다. 거기다 더멋은 오루크에게 데버길라의 납치에 대한 배상금으로 100온스의 금을 내놓았다. 상황은 거기서 멈추는 것 같았지만 멕머로우는 단지 알맞은 때를 기다리고 있었고 웨일스에 긴급 메시지를 보냈다. 그 메시지에서 그를 지원하기 위해 건너 올 노르만인을 위해 전리품과 재산 그리고 토지를 주기로 약속했다.

나는 그들에게 금과 은을 줄 것이다
아주 충분하게 지불할 것이다.
땅이나 잔디를 원하는 누구든지,
나는 그들에게 풍부하게 제공할 것이다.[5)]

침략자들의 만만치 않은 첫 번째 파견단은 1169년 5월 초 밴나우(Bannow) 만의 모래로 된 해변 위에 그들의 배를 띄웠고, 로버트 피츠스티븐(Robert FitzStephen), 허비 드 몬트모렌시(Hervey de Montmorency), 마우리스 드 프렌더가스트(Maurice de Prendergast)가 함께 이끄는 병력은 약 600명 정도로 추정되었다. 그들 중에는 쇠미늘 갑옷을 입은 말을 탄 기사와 보병 그리고 위력적인 활을 가진 '웨일스의 화랑도(the flower of the youth of Wales)'라 불리는 사수(射手)들이 있었다. 더멋은 즉시 수백 명의 부하들과 함께 지원군에 가담했고, 이들 연합군은 웩스퍼드를 향해 행진해 갔다.

타운 주민인 북구 유럽인들은 더멋의 군대에 대항하기 위해 출격했지만, 가벼운 옷차림에 도끼, 검, 투석기와 투창으로 무장한 아일랜드의 용감한 전사들이 해오던 군대배열 방식이 아니라는 것을 알고는 충격을 받았다. 그들은 보병과 궁사들로 구성된 밀집된 사병들, 기마병들, 긴 창기병, 연모양의 방패, 쇠미늘 모양의 반짝이는 투구와 갑옷으로 무장한 기병대대가 양편으로 늘어선 공격대열에 직면했다. 뒤에는 더멋의 군대가 운집하여 전투와 살인을 초조하게 기다리고 있었다.

북구 유럽인들은 급박하게 뒤죽박죽이 되어 웩스퍼드로 내몰렸고, 다음날 항복했다. 더멋의 행위에 경고를 받은 오코너와 오루크는 다시 한 번 그에 대항하여 출격했지만, 페른스 근처에서 얼마간의 사소한 충돌이 있은 후 상대와 타협했다. 그들은 더블린의 남부, 레인스터의 왕으로 기꺼이 더멋을 인정하려 했으며, 더멋은 외국인 연합군에서 벗어나고자 했다. 오코너의 주된 관심은 자신이 대왕으로서 인정을 받는 것이었다. 일단 맥머로우가 복종을 한 이상 오코너는 노르만인으로부터의 위협을 알아채지 못한 채 멀리까지 출격해갔다.

맥머로우는 스트롱보에게 서둘러 달라고 재촉하는 편지를 썼는데, 이는 그곳에서 아일랜드를 손에 넣을 것이라는 점을 그에게 확신시키기 위해서였다. 스트롱보는 당장이라도 직접 올 준비가 되었는데, 우선 전진 근위병으로 10명의 기사 및 70명의 궁사와 함께 피츠제럴드 가문의 한 사람으로 '뚱보(the Fat)'라는 명칭으로 불린 과감한 젊은 귀족 레이먼드 카류(Raymond Carew)를 보냈다. 레이먼드는 부하와 말을 밴나우 만과 훅(Hook) 사이에 있는 웩스퍼드 해안의 바긴번(Baginbun)이라 불리는 바위로 된 곶(headland)에 상륙시켰다. 여기서 그들은 흙으로 된 누벽을 서둘러 쌓았는데 지금도 그것을 볼 수 있다. 공격은 너무 빨리 이루어졌다. 훨씬 후기의 노르만 기록에서 추정된 바로는 확실히 매우 과장된 숫자인 3,000명으로 구성된 막강한 군대를 이끌고 워터퍼드 도시에서 온 북구 유럽인과 디시즈(Decies), 오서리(Ossory)와 아이드론(Idrone)에서 온 게일 아일랜드 군대는 100명 이하의 노르만인과 플랑드르인의 참호로 방비된 병력을 향해 행진해 들어갔다. 그 전투는 짧고 결정적이었다. 옛 징글 마차가 달린다.

바긴번의 작은 만에서
아일랜드는 패배했고 또 승리했다.

누벽 뒤에서 노르만인이 끌어 모은 일단의 가축들이 다가오고 있는 지상군에 대항하여 갑자기 앞으로 내몰렸다. 뿔을 가진 짐승들의 거친 돌진은 선두에 있던 북구 유럽인과 아일랜드인을 압도했고, 이들이 혼란한 틈을 타 노르만인들이 돌격하여 적을 전복시켰다. 워터퍼드에서 70명이나 되는 지도적인 타운인들이 전투가 일어난 그 장소에서 포로가 되었다. 어떤 자비심도 그들에게 베풀어지지 않았는데, 그들의 사지는 부러지고 시체들은 절벽으로 내던져졌다.

이러한 재앙에서 회복도 되기 전에 더 나쁜 상황이 워터퍼드에서 벌어졌다. 8월 23일 스트롱보와 그의 군대인 200여 명의 기사와 1,000명으로 추정되는 지상군이 쉬르(Suir) 강과 배로(Barrow) 강이 만나는 곳 근처 가까이의 통로에 도착했다. 그는 르 그로스(le Gros)와 합세했고, 이틀 후 워터퍼드를 공격하여 압승했다. 성벽 내에 있는 북구 유럽인과 아일랜드인은 지금의 공격자들이 얼마나 자비심이 없으며 노르만인들이 두 번이나 격퇴를 당했다는 것을 알았지만, 불굴의 '뚱보' 레이먼드는 한 취약한 지점에서 성벽을 돌파한 틈을 이용해 격렬한 공격을 이끌었다. 여전히 끄떡없이 서 있는 레저널드의 탑(Reginald's Tower)은 가장 많은 피를 흘린 전투를 목격했다. 밤이 되자 그 도시는 노르만인들의 손아귀에 놓였다.

스트롱보는 맥머로우를 불렀고, 맥머로우는 2년 전 웨일스에서 했던 협상을 부분적으로 이행하기 위해 기꺼이 그의 딸 이이페를 데리고 도착했다. 이들의 결혼에 대해서는 민간 전통과 영국 하원 의사당의 내부에 걸려 있는 프레스코에 잘 나타나 있는데, 그림의 배경에는 죽은 사람, 죽어가는 사람, 불길에 휩싸인 집들과 함께 전투의 마지막에 행해진 혼인이 묘사되어 있다. 이 프레스코의 묘사는 역사적으로 볼 때는 정확하지 않은데, 전투가 있은 후 적어도 며칠이 지나서야 맥머로우가 그곳에 도착했기 때문이다. 하지만 그 혼인이 노르만인 승리의 일부분이었다는 것을 상징적으로 나타낸 것은 사실이다.

스트롱보는 어떤 태도를 지닌 사람이었으며 그 땅에서 새로운 권력이란 무엇인가? 웨일스의 제럴드는 그를 다음과 같이 묘사한다.

> 거의 모든 점에서 볼 때 그는 키가 큰 체격을 가진 남자지만, 빨간 머리와 주근깨가 있는 얼굴, 회색의 눈, 여성적인 얼굴, 조용한 목소리와 짧은 목을 가졌다. 그는 아량 있고 태평스런 사람이었다. 그가 위업을 성취할 수 없었을 때는 자신의 언변에 따른 설득으로 문제를 해결했다 ……. 그가 전투 한가운데서 자리를 잡을 때는 부하들이 다시 그룹을 만들어 보호를 받을 수 있는 부동의 표준 원으로 확고하게 서 있었는데, 전쟁에서 그는 행운과 불운에서 똑같이 단호함을 가지고 믿음직스럽게 남아 있었다. 그가 역경에 처해 있을 때는 어떤 절망감도 그를 동요시키지 못했고, 그가 성공했을 때 자제심의 부족이 그를 미쳐 날뛰게 하지도 않았다.[6]

스트롱보는 성급하지는 않았지만 대담했다. 그와 맥머로우는 더블린으로 행진하기를 제안했는데, 그곳은 당시 북구 유럽인이자 아일랜드 왕인 아스클브(Askulv)와 함께 북구 유럽인의 통제하에 있는 반은 독립된 왕국이었다. 자신의 군대와 방어를 하는 데만 마음이 급했던 로리 오코너 왕과 더블린은 동맹관계에 있었는데, 오코너는 맥머로우의 오랜 적인 브레이프네의 오루크가 이끄는 또 다른 군대와 함께 왔다. 오코너는 클론달킨(Clondalkin)에서 기다리고 있었는데, 그곳은 당시에 웩스퍼드에서 더블린까지 유일한 주요 간선도로가 있었던 곳이었다. 그는 위클로 해안 가까이에 있는 한 곳과 에니스케리(Enniskerry)에 있는 또 하나의 좁은 협곡을 지키기 위해 일련의 병사들을 보냈다. 우리는 당시에 아일랜드가 빽빽한 삼림으로 덮여 있었음을 기억해야 한다. 맥머로우는 오코너와 오루크에 비해 지혜로웠는데, 라스판엄(Rathfarnham) 근처에 있는 위클로와 더블린 산맥 아래에 걸쳐 있는 일련의 통로로 노르만인들을 이끌었고, 도시 성벽 앞에 도착했다.

상황의 전환으로 난처한 입장이 된 북구 유럽인들은 평화를 간청하기 시작했다. 그들은 중재자로서 더블린의 주교인 성 로렌스 오툴(St. Laurence O'Toole)을 이용하려고 했다. 북구 유럽인과 노르만인 및 맥머로우가 담판을 하고 있는 것에 대해 격분한 오코너와 오루크는 그곳을 떠났다. 협상이 진행되고 있는 동안 두 명의 젊은 노르만인 기사인 레이먼드 르 그로스(Raymond le Gros)와 밀로 드 코간(Milo de Cogan)은 한 무리의 부하들과 함께 도시로 갑자기 돌격해 들어가 호위병을 제거하고 순식간에 더블린을 정복했다. 아스클브와 북구 유럽인 상당수가 배로 도망쳐서 친척들이 있는 헤브리디스(Hebrides)와 만 섬으로 갔는데, 다시 돌아와 복수할 것이라고 맹세했다. 더블린은 1170년 9월 21일 노르만인의 수중에 떨어졌다.

그들이 그 도시에 정착한 지 몇 달이 채 못 되어, 사방에서 닥쳐온 재앙이 노르만인들을 위협했다. 맥머로우는 1171년 5월 1일경 사망했고, 불안정한 그의 왕국은 후계자 스트롱보에게 남겨졌다. 레인스터의 부족들은 반란을 일으켰고 더멋 맥머로우의 조카인 머토우(Murtough)를 지지하기 위해 동맹을 맺었다. 스트롱보가 페른스에서 죽어가는 맥머로우를 방문하고 있었을 때, 더블린에서 쫓겨난 왕인 아스클브가 이끈 북구 유럽인의 더블린 공격은 노르만인의 전투 기술을 최대한으로 시험하고 있었다. 북구 유럽인은 노르웨이와 헤브리디스 및 만 섬에서 1,000명의 군사를 실은 선대를 타고 왔다. 웨일스의 제럴드는 그들을 다음과 같이 기술했다.

> 그들은 전쟁을 좋아하는 사람들로 덴마크 방식을 따라 몸 각 부분에 쇠미늘 무장을 했다. 그들의 일부는 몸 전체에 걸쳐 쇠미늘 갑옷을 입었고, 그 밖의 사람들은 솜씨 있게

잘 접합한 판금 갑옷을 입었다. 그들은 둥글고 빨간 방패를 가지고 있었는데 이들 양 끝 둘레는 철제로 보호되었다. 그들의 강철 같은 의지는 그들 갑옷과 잘 맞았고, 이들은 횡렬로 줄지은 병사를 정렬시켜 동쪽 성벽의 문으로 공격을 가했다.[7)]

그들은 도보로 더블린의 동쪽 문을 향해 견고한 밀집을 이룬 군대(phalanx) 속으로 앞장섰는데, 무시무시한 무기, 전투 도끼들을 흔들면서 왔지만, 말을 탄 노르만 기사들의 도전에 직면했다. 밀집을 이룬 군대는 격렬한 싸움에서 붕괴되었으며, 북구 유럽인들은 칼에 베어 죽어갔다. 아스클브는 포로로 잡혀 더블린에 있는 자신의 궁 안의 넓은 방에서 시련을 당하게 되었고, 자비에 대한 희망은 자신의 체포자에게 행한 자부심 있는 저항과 공공연한 위협으로 잃어버렸다. 그는 궁 안의 넓은 방에서 즉시 목이 잘렸다.

스트롱보는 더블린으로 돌아갔으나 게일 아일랜드인들로부터 더 큰 위험에 부딪혔다. 오카롤(O'Carroll)이 얼스터에서, 머토우 맥머로우가 레인스터 남부에서, 불가피해진 오루크가 브레이프네에서 도착했고 로리 오코너는 대규모의 군대와 함께 더블린 근처에 도착했다. 해안으로의 접근은 만 제도와 헤브리디스 제도에서 온 북구 유럽인들이 승선한 30척의 선박에 의해 단절되었다.

게일 아일랜드인들은 포위전투에 대한 지식을 가지고 있지 않았다. 그래서 노르만인들과 대치하여 굶겨 죽이는 작전으로 항복시켜야 했다. 두 달 동안 포위당한 노르만인들은 식량 부족으로 필사적인 상황에서 몰래 공격하기로 결정했다. 스트롱보, 레이먼드 르 그로스와 밀로 드 코간의 지휘하에 각각 200명으로 구성된 3개의 그룹이 더블린을 몰래 빠져 나와 우회하여, 케슬눅(Castleknock)에 주둔하고 있던 로리의 캠프에 갑작스런 공격을 가했다. 그 공격은 예기치 않았다. 오코너는 그의 수많은 부하들과 함께 리피 강에서 목욕을 하고 있었는데, 이들 중 100명 이상이 살해되었지만, 오코너는 간신히 도망갈 수 있었다. 캠프에서는 훨씬 더 많은 아일랜드인이 전사했으며, 그들의 보급품은 탈취 당했다. 이러한 번개 같은 승리는 포위를 끝내게 하고, 북구 유럽인과 게일 아일랜드인을 능가하는 노르만인 무기의 우세를 재확인시켰다.

스트롱보의 근심은 여전히 계속되었다. 그 다음의 위협은 아일랜드인이나 북구 유럽인에게서 온 것이 아니라, 스트롱보 자신의 왕에게서 왔다. 헨리 2세는 웨일스에서 아일랜드에 대한 위험한 모험을 위해 자신의 부하들과 노르만인 및 플랑드르인에게 그들의 삶과 운에 도박을 걸도록 기꺼이 허락했다. 하지만 이제 그들이 성공한 이상, 헨리 2세는 잉글랜드의 측면 위로 떠오르고 있는 스트롱보 체제 아래의 강력한 왕국을 보고자 하는 의도는 없었다. 그래서 그는 1171년 10월 기사와 보병 및 궁사들로 잘 갖추어진 군대와 함께 워터퍼드에 도착했다. 아일랜드 전역에 걸친 그의 여행은 승리에 찬 과정이었다. 노르만인, 아일랜드인, 북구 유럽인 모두가 그에게 경의를 표했다. 주교들이 카셀에 모였는데, 더블린의 대주교인 성 로렌스 오툴도 그들 가운데 한 사람이었다. 마찬가지로 그들도 헨리 2세에게 복종했다. 오직 케넬 에오게인(Cenél Eógain)과 케넬 코네일(Cenél Connaill) 왕자들만 그를 환영하지 않았다. 그 이유는 노르만인의 역할에 대한 강력한 적대감이라기보다는, 그 나라의 북서부 지역에 사는 사람들은 지리적으로 너무나 동떨어져 있었고, 또한 그들끼리의 다툼에 무척이나 오랫동안 휩싸여 있어서 외국 왕의 도착에 대해 관심을 가질 여유가 없었기 때문이다.

이 시점에서 평화로운 해결책은 노르만인의 아일랜드 지배인 것처럼 보였다. 1175년 10월에 맺은 윈저 조약(Treaty of Windsor)에서 로리 오코너는 헨리 2세를 자신의 대왕으로 인정하고 그를 위해 아일랜드의 모든 지역에서 연례적인 공물(annual tribute)을 모으겠다는 선서를 했으며, 반면 헨리는 로리를 정복되지 않은 지역의 아르드-리(ard-rí, 대왕)로서 수락하는 데 동의했다. 결과적으로 이 계획은 두 가지 이유로 파기되었는데, 첫째로 로리는 이름만 아르드-리였다. 그는 이 명칭으로는 자신의 영역인 코넉트에서조차 권한을 행사하기가 어렵다는 것을 알았다. 둘째, 헨리는 아일랜드에 있는 자신의 봉신들이 좀 더 많은 아일랜드인의 토지를 빼앗는 것을 제한할 수 없었는데, 이는 그 자신이 로리나 아일랜드 왕들과 의논 없이 많은 지역에서 약간의 토지를 하사했기 때문이다.

아일랜드의 나머지 지역에 대한 노르만인의 정복은 결코 체계적인 방법으로 시행되지 못했다. 잉글랜드 왕은 유럽대륙과의 전쟁에 너무나 바쁘게 관여했기 때문에, 아일랜드에 진지하게 관심을 두지 못했다. 그래서 대충 아일랜드에 있는 봉신들에게 이를 맡겨 두었다. 대체로 노르만인들은 평야, 해안, 강변도로에 만족해야 했다. 노르만인들은 구릉지대, 삼림과 습지를 아일랜드 토착민에게 남겼다.

헨리는 스스로를 위해 배후지와 더불어 더블린, 브레이(Bray) 아래쪽에서 아클로(Arklow)에 이르는 해안지대, 웩스퍼드와 워터퍼드 그리고 멀리 던가번(Dungarvan) 인접 지역까지를 남겨두었다. 레인스터 대부분의 지역은 왕의 봉신으로 스트롱보에 의해 유지된 반면, 미드 왕국(Kingdom of Meath)은 스트롱보에 대한 라이벌 균형을 두기 위해 휴 드 레이시(Hugh de Lacy)에게 제공되었다.

'미드 왕국'을 세운 것은 노르만인의 유명한 업적 가운데 하나였다. 왕국은 오늘날 오팔리와 케이번(Cavan)의 여러 지역들과 함께 미드, 웨스트미드(Westmeath), 롱퍼드(Longford) 주를 포함했다. 이러한 성공은 주로 휴 드 레이시의 훌륭하고 뛰어난 재능에 기인한다. 그는 트림(Trim)과 드로에다(Drogheda)에 중요한 성들을 구축했고, 존 드 코우시(John de Courcy)가 울리디아(Ulidia)에서 했던 것처럼, 성들과 큰 저택들을 자신의 영토에 분산시켜 건설했다. 성들은 그의 봉신과 동료 기사들인 플런켓(Plunkett)가(家), 누전트(Nugent)가, 돌턴(Dalton)가, 바네월(Barnewall)가 그리고 다른 가족들에게 맡기고, 게일 아일랜드인을 끌어들여 토지를 경작하고 가축을 사육하게 했다.

북동 얼스터의 정복은 주목할 만한 모험으로, 이것은 대담한 한 노르만인인 존 드 코우시의 업적이다. 키가 크고 남성적인 매력을 가진 젊은 기사는 사생활에서는 겸손했지만, 전투에서는 격렬했다. 1177년 초 그는 더블린에서 불만을 품은 수비대로부터 약 300명의 군인들을 모집하여 아일랜드 주둔군과 결합했다. 드 코우시 가문의 독수리 깃발 아래 그들은 얼스터를 침공하여 울리디아의 수도인 다운패트릭(Downpatrick)을 포위했다. 그 지역의 왕인 맥던레비(MacDunlevy)는 군대를 모아 싸웠지만 패배를 당했다. 그는 물러나 케넬 에오게인의 왕인 맥로흘린을 방문했는

51 앤트림 주의 캐릭퍼거스 성, 13세기 초 (아일랜드 관광공사)

데, 이들 두 왕은 규모가 더 큰 군대, 일련의 사제단, 두 주교와 수집된 유물을 가지고 돌아왔다. 이 대(大) 얼스터 동맹(great Ulster rally)은 1177년 6월 전투에서 패했는데, 드 코우시는 울리디아의 군주가 되어 27년 동안 효율적으로 통치했다. 이 노르만인 천재는 자신의 확고한 지도력으로 얼스터에 영원한 유산을 남겼다. 중심 타운들이 다운패트릭, 드로모어(Dromore), 뉴리(Newry), 던드럼(Dundrum), 칼링퍼드(Carlingford), 캐릭퍼거스(Carrickfergus)와 콜러레인(Coleraine)에 확립되었다. 하지만 이들은 단순한 주둔군이 아니었다. 이들 중심지 둘레에서 타운은 성장했고, 이를 둘러싼 주변 지역은 경작되었으며, 수도사와 대성당 참사의원들은 대수도원을 지었다.

1175년 자신의 이름이 들어 있는 윈저 협약에도 불구하고 헨리 2세는 여전히 게일 왕에게 속해 있던 토지에 서명하여 토지를 양도하기 시작했다. 그는 자신을 위해서 코크와 리머릭의 도시국가를 유지했지만, 케리에 있는 마운트 브랜던(Mount

Brandon)에서 요갈(Youghal)까지 뻗어 있는 '코크 왕국(Kingdom of Cork)'의 매카시(MacCarthy)가는 로버트 피츠스티븐(Robert FitzStephen)과 밀로 드 코간에게 제공한 반면, 오늘날의 북부 케리, 리머릭, 클레어와 티퍼러리를 포함하는 '리머릭 왕국(Kingdom of Limerick)'의 오브리언(O'Brien)가는 필립 드 브라오스(Philip de Braose)에게 양도되었다. 먼스터가 노르만인의 영향으로 프랑스 외부에서 가장 프랑스적인 국가들 중의 하나가 되었다는 사실을 발견하면 많은 사람들은 놀랄 것이다.

노르만인은 북부와 서부 또 남부로 점진적으로 나아갔다. 콜러레인에 성이 세워졌고, 데리 쪽의 해안가를 따라 발전이 시작되었다. 노르만인들은 클론스(Clones)의 또 다른 성으로 영토의 전체를 휩쓸었다. 그들은 로스크리어(Roscrea), 클론막노이즈와 애슬론에 있는 요새들을 점령하여 섀넌까지 영토를 확장했다. 요새들이 죽 이어져 코크에서 벤트리(Bantry) 만의 해안을 따라서, 그리고 케리를 가로질러 캐슬메인(Castlemaine)에서 킬로글린(Killorglin)과 킬라니(Killarney)에 이르기까지 성들이 세워졌다.

아마도 노르만 군대의 가장 큰 위업은 코넉트의 정복일 것이다. 코넉트의 왕들 중 오코너 가문이 잉글랜드 왕들과 계속해서 충성스런 동맹을 맺었는데, 이는 반역행위가 되었다. 이에 대해 젊은 노르만-아일랜드 봉신인 드 버고(de Burgo)가, 드 레이시(de Lacy)가, 피츠제럴드가는 억누를 수 없었다. 보병과 궁사 및 신하들과 함께 온 기사들인 노르만-아일랜드의 이러한 감동적인 봉건적 군세는 1235년 섀넌 강을 건넜는데, 이들 앞에 모두가 압도당했다. 군대는 애슬론에서 보일 그리고 웨스트포트(Westport)까지 말할 나위 없이 전진하여 적을 모두 해치웠다. 로스코먼 주와 리이트림(Leitrim) 주만 게일 아일랜드인에게 남겨진 반면, 지방의 나머지 주들은 노르만인, 웨일스인과 플랑드르인 사이에서 분리되었다. 타운들이 코넉트의 골웨이(Galway), 아센라이(Athenry), 던모어(Dunmore), 밸린로브(Ballinrobe)와 로크리(Loughrea)에서 모습을 드러냈다. 골웨이와 아센라이는 특히 성벽으로 둘러싸인 번성한 중심지가 되었지만, 레인스터와 먼스터 같은 넓은 지역이 봉건화된 것처럼, 코넉트에서는 지역을 봉건화할 만큼 충분한 노르만인이 없었다.

1250년경 침략이 있은 지 80년이 지난 후에 아일랜드의 3/4은 노르만인에 의해 통치되었다. 이에 대해 어느 누구도 게일 아일랜드인이 용기가 부족했다고는 비난하지 못했는데, 그렇다면 아일랜드에 대한 노르만인 지배의 성공에 대해 어떻게 설명할 수 있을까? 그들은 수적으로 아일랜드인보다 훨씬 적었고, 고향인 잉글랜드와 웨일스로부터 멀리 떨어져 싸웠으며, 잉글랜드의 왕으로부터 전혀 지지도 받지 못했다. 이는 스스로를 위한 개별적인 노르만인들의 행동이었다.

노르만인은 호전적인 민족이었을 뿐만 아니라 아일랜드에 왔던 사람들은 웨일스인에 대항해 싸웠던 경험을 가진 전투사였는데, 웨일스인의 전략과 병기들은 아일랜드인이 사용한 것과 아주 똑같았다. 노르만인들이 전투를 조직적으로 계획하여 우위를 점했던 반면, 아일랜드 전투사들은 무질서한 방식으로 용감하게 돌진했다. 노르만인들이 긴 검, 창기법의 창, 철로 된 투구, 몸통과 종아리와 팔을 감싸는 등딱지의 미늘 갑옷과 같은 무기들에서 우세했다면, 아일랜드 군인들은 도끼와 단검 그리고 리넨 튜닉 차림이었다. 침략자들 가운데 가장 두려움을 준 집단은 긴 활을 가지고 싸웠던 웨일스인 궁사들이었다. 아일랜드제의 창과 투기창 그리고 투석은 이제까지는 매우 효과적이었지만, 웨일스인의 장거리 활과는 상대도 되지 못했다. 말을 탄 무장한 노르만 기사들의 진군나팔에 따르고 플랑드르인 보병의 잘 훈련된 행렬로부터 맹공격을 받아 완결된 상황에서 아일랜드 군대가 웨일스인의 소나기 화살의 치명적인 첫 번째 충격에 어떻게 맞설 수 있었겠는가?

노르만인의 성공은 전쟁터에서의 승리만으로 끝나지 않았다. 그들의 요새는 자신들이 정복한 영토를 수호하기에 확고했다. 첫 번째 요새들은 돌로 만든 것이 아니었다. 모트(motte)라 불리는 아주 작은 흙 조각들을 가지고 짓기 시작했고, 흙으로 만든 언덕을 20에서 40피트까지 어떤 높이로든지 가파르게 쌓았으며, 정상에는 30에서 100피트까지 평평한 공간을 만들었다. 정상 주위에는 나무로 만든 울타리로 둘러싸인, 화살 쏘는 구멍이 나 있는 말뚝을 만들었다. 그들은 작은 흙 조각들의 밑바닥 주위에 깊숙이 도랑을 팠는데, 도랑 건너편에는 군인들의 기지와 작업장을 위한 울타리나 안뜰이 있었다. 이러한 원형의 안뜰은 나무로 만든 말뚝 울타리에

52 티퍼러리 주의 티퍼러리 구릉지대, 노르만인의 요새(motte and bailey), 12세기 (아일랜드 공공작업위원회)

의해 덮인 흙으로 된 누벽으로 둘러져 고리모양을 이루었다. 안뜰 너머에는 더 깊게 파여진 도랑과 또 다른 누벽이 있었다. 작은 흙 조각들 모두는 아일랜드인에게는 무시무시한 장해물이 되었으며, 이를 극복하기 위한 그들의 유일한 방법은 기습공격을 가하여 목조건축에 불을 붙이는 것이었다. 1200년 이후 요새들이 잘 정립됨에 따라 노르만인들은 나무를 석조로 대치하기 시작했고, 그들의 성은 아일랜드인의 공격에 대부분의 경우 난공불락이 되었다.

노르만인이 전쟁과 분열만을 아일랜드에 가져왔다고 가정되곤 했는데, 이것은 노르만-아일랜드 식민지가 몰락했을 때인 훨씬 후기를 고찰하기 위해서이다. 그 대신 아일랜드에서 노르만인들이 통치한 150년 동안 그들이 이룩한 업적이 무엇인가를 살펴보면 다음과 같다.

노르만인은 아일랜드에 중앙집권적인 행정을 가져다준 첫 번째 집단이었다. 이러한 과업을 시작했던 지배자는 존 왕(King John, 1199~1216)으로 그의 평판 중 많은 부분에 집중해야 하는데, 사실 그는 매우 화를 잘 낸 불운한 군주였다. 그의 업적은 더블린 성(Dublin Castle)〔이후 식민 기간 중 잉글랜드의 총독부가 되어 총독이 아일랜드를 통치함__옮긴이]을 구축하여 이를 기반으로 활동적인 정부를 확립시켰다는 점이다. 아일랜드 화폐가 주조되었고, 사법체제가 도입되었다. 주 장관(sheriff)[카운티 또는 셔의 토지 보유자 중에서 임명되며, 임기 1년, 여러 가지 행정 및 사법권이 위임됨__옮긴이]이 임명되었고, 1260년경에는 더블린과는 별개로 7개의 주(county) — 라우스, 워터퍼드, 코크, 티퍼러리, 리머릭, 케리와 코넉트 — 가 만들어졌는데, 이 외에 미드, 웩스퍼드, 칼로, 킬데어, 킬케니 그리고 얼스터에 자유주(liberty)도 있었다. 1297년 각 주와 자유주에서 선출된 대표자로 구성된 의회의 소집은 민주주의를 향한 긴 여정의 첫 번째 단계가 되었다.

노르만-아일랜드를 게일인과 함께 계속해서 치명적인 전쟁에 연관된 것으로 생각한다면 오산이다. 일단 한 지역이 노르만인에게 점령당한 후에는 평화와 질서를 회복했는데, 이전 같았으면 전쟁 중에 있는 게일인 가문 파벌끼리 서로 간에 급습과 역습이 벌어졌을 것이다. 전쟁이 게일인(the Gael)과 프랑스인(the Gall) 간 접경 지역에서 계속되었지만, 다양한 게일 집안이나 같은 집안 내 다양한 성원들 간에 게일인의 영토 안에서 벌어진 무장충돌보다 덜 치열했음은 사실이다. 레인스터, 미드, 먼스터의 많은 지역에 있는 조직된 '평화의 땅(land of peace)'은 오코너 집안이 지배했던 코넉트의 불안정한 상황과는 대조를 이뤘다.

이러한 평화와 질서는 자신의 영토로부터 평범한 아일랜드인을 그들의 땅에서 근절시키거나 추방하는 대가로 획득한 것은 아니다. 사실 노르만인은 게일 아일랜드인이 남아 가축을 기르고 토지를 경작하도록 보장하기 위해 힘써 노력을 기울였는데, 이는 그들이 토착민 부족장들 밑에서 일했기 때문이었다. 아일랜드는 처음으로 체계적인 농업과 토지 경영을 알게 되었다. 잉글랜드에서 앵글로-색슨이 귀족으로 대신 들어섰던 것과 마찬가지로 대치된 유일한 사람들은 게일인 귀족으로, 이것은 게일인에 반대하는 정책에서 나온 것이 아니라 귀족의 두 집단인 노르만인과 게일인 간의 권력 다툼으로 제시되었기 때문이다. 의심의 여지없이 노르만인은 이 땅을 정복하고 변형시켰으며, 이들이 잉글랜드와 시실리에서 한 것처럼 자신들 또한 아일랜드에 적응시키려고 했다. 노르만인은 게일인 부족장들을 사회적으로 동등한 지위로 기꺼이 간주하려 했다. 노르만 대지도자들 가운데 일부는 토착민의 딸과 혼인을 했다. 즉 맥머러우의 딸인 이이페가 스트롱보와, 만 제도 왕의 딸인 아프레카(Affreca)가 드 코우시와, 대왕인 로리 오코너의 딸인 로즈(Rose)가 드 레이시와, 쏘먼드(Thomond)의 왕인 도널 오브리언(Donal O'Brien)의 딸이 윌리엄 드 버고(William de Burgo)와 혼인을 했다.

타운은 노르만인이 아일랜드에 제공한 영구적인 선물 가운데 하나였다. 아일랜드에 존재하는 타운과 마을 대다수가 그 기원에서 노르만인에게 은혜를 입고 있다고 얘기하는 것은 과장이 아니다. 북구 유럽인들이 더블린, 웩스퍼드, 워터퍼드, 코크, 리머릭을 건설했지만, 그들은 아일랜드에 거의 영구적인 정착은 하지 않았다. 하지만 노르만인들은 어느 곳에 정착하든지, 작은 흙 조각인 모트로 지어진 방어막과 대저택이나 성을 지었다. 그런 다음 관리들과 예술가들 및 가신들을 위한 주택과 방앗간, 작업장, 교회 및 가끔은 수도원이나 탁발수도회가 건설되었다. 정기적인 시장이 열렸고, 연중의 장도 자주 열렸다. 타운이 점진적으로 그 모습을 취해갔다. 아센라이, 뉴로스와 드로에다에서는 성벽이 타운을 에워싸기 위해 건설되었다. 게일 아일랜드인은 타운을 결코 호의적으로 받아들이지 않았는데, 그 이유는 타운에 나타난 이름이 거의 보편적으로 북구 유럽, 노르만, 웨일스와 잉글랜드 이름인 르 데서(Le Decer), 러울리스(Lawless), 케포크(Keppok), 골딩(Golding), 포스터(Forster), 뉴턴(Newton), 보덴엄(Bodenham), 할리우드(Hollywood) 및 이와 유사한 이름들이었고, 그중에 '오'('O')〔게일 이름의 성 앞에 붙이는 글자로 '신의 아들'이란 뜻__옮긴이〕와 '마흐크'('Mac')〔성 앞에 사용하는 글자로 '아들' 또는 '후손'이란 뜻__옮긴이〕 같이 게일어가 들어간 이름은 거의 찾아볼 수 없었기 때문이었다.

타운의 성장은 내국과 외국에 대한 교역 모두의 성장을 의미했다. 이 점에서 한 가지 분명한 증거는 노르만인이 아일랜드에서 화폐를 일반적으로 사용하게 한 첫 번째 사람들이라는 것이다. 아일랜드 왕은 자신의 화폐를 가지고 있지 않았으며, 북구 유럽인은 은으로 만든 동전을 사용했지만 아주 제한적이었다. 노어와 배로 강이 만나는 가까운 지점인 뉴로스(New Ross)는 타운들이 정상적인 노르만인의 삶의

53 웩스퍼드 주의 던브로디(Dunbrody), 시토 수도회 대수도원, 13세기 (아일랜드 공공작업위원회)

부분을 어떻게 형성했는가를 보여주는 일례이다. 이 타운은 13세기 초 스트롱보의 사위인 윌리엄 마셜(William Marshal)이 레인스터에 있는 자신의 넓은 토지를 위한 항구로 만들었다. 다리는 킬케니에 있는 마셜의 으뜸가는 성으로 인도되는 길로 강에 걸쳐 있었다. 로스에 있는 교회의 폐허는 초기의 잉글랜드 스타일로, 타운 사람들의 취향과 경건함의 증거가 된다. 1265년 타운의 울타리 완성을 축하하기 위해 앵글로-프랑스어로 쓴 시는 수많은 동업조합(trade guild)들이 이미 그곳에 있었음을 보여주는데, 몇 년 후에야 타운에 있는 500개 이상의 분리된 많은 토지에 대해 상세하게 알 수 있었다. 이 타운은 양모와 가죽 수출로 크게 번성하고 있었는데, 대량의 밀, 치즈 그리고 기타 식품이 로스를 통해 웨일스에 있는 노르만 군대까지 흘러간 것을 우리는 알고 있다. 이 항구는 워터퍼드와 경쟁 관계가 되었다. 5년 안에 양모와 가죽에 한정된 관세가 많은 양의 돈을 왕립 재무성(royal treasury)에 가져다주었다.

노르만 침공은 또한 노르만 무기의 결과로서 새로운 파장의 종교적 행위를 산출했다. 특히 종교적 질서는 노르만인의 도래로부터 이득을 얻었다. 가령 웩스퍼드 주에 있는 던브로디(Dunbrody)와 틴턴(Tintern)의 장엄한 시토 수도회(Cistercian) 대수도원과 킬케니 주의 켈스에 있는 성 아우구스티누스(St. Augustine) 의전 수도회(canons regular)의 광범위한 소(小) 수도원, 케리 주의 킬라우(Killagh)와 다운 주의 아르즈(Ards)에 있는 베네딕트 사원(the Benedictine)이 그것이다. 노르만인은 언제나 새롭고, 실용적이며 점진적인 것에 대해 재빨리 파악하고 있었는데, 13세기에 도미니코, 프란시스코, 아우구스티누스, 카르멜회(Carmelite)의 수사와 같은 탁발수도회가 아일랜드에 들어오는 것을 환영했다. 이들 탁발수도회는 새로운 종교적 질서였으며, 사람들은 설교와 대중들이 사랑했던 대중종교에 헌신했다. 노르만인이 가는 곳이면 한 무리의 탁발수도사들이 따라 다녔다. 그들의 교회와 탁발수도사들은 노르만 영토 전역에 걸쳐 나타났다. 그들은 심지어 노르만인에 앞서 게일인 영토에 들어갔는데 그곳에서도 역시 환영을 받았다.

프랑스와 잉글랜드에서 놀랄 만한 크기의 중세 사원들 — 프랑스에 있는 보베(Beauvais)와 루앙(Rouen), 잉글랜드에 있는 캔터베리와 더럼(Durham) — 을 건설한 사람들은 노르만인이었다. 아일랜드에 세워진 수도원은 모두 좀 더 수수한 규모의 것이지만, 더블린의 성 패트릭, 리머릭의 성 매리(St. Mary), 킬케니의 성 카니스(St. Canice) 교회 같은 중세 사원들 역시 노르만인이 건설한 훌륭한 건축물이다. 스트롱보는 상징적으로 더블린의 그리스도 교회사원에 묻혔는데, 그는 이 사원을 재구축하는 데 도움을 주었다.

아일랜드에서 노르만인의 질주를 가져온 추진력은 13세기 중반 다양한 이유로 한풀 꺾이기 시작했다. 레인스터의 외부와 먼스터의 부분적인 지역에 걸쳐 드문드문 퍼진 노르만 인구, 그들의 주요 통치 가족들을 위한 남성 계승자들의 부족, 잉글랜드의 왕 때문에 아일랜드 상황을 직접 감독하지 못한 점, 전반적으로 그 나라를 종속시키기 위한 어떠한 조직된 계획도 가지고 있지 못했다는 등의 단점들 모두가 그들에게 해가 되었다. 이러한 상황 이외에도, 유럽대륙에서 프랑스에 대항하여 벌어지고 있는 전쟁이 잉글랜드 왕까지 끌어들이기 시작했다는 치명적 유혹뿐만 아니라, 스코틀랜드와 웨일스에서 벌어지는 전쟁에까지 아일랜드 남자와 물품이 새어나갔다. 노르만인 권력에 대항하는 내국 아일랜드인의 반대도 심각한 어려움이었는데, 이는 칼란(Callan, 1261)과 칩(Chip)에서 벌어진 아스(Áth, 1270) 전투에서 뚜렷한 방식으로 나타났다.

1232년경 북부 케리는 노르만 통제하에 있었는데, 성으로 둘러싸인 원모양으로 되어 있었고, 제럴딘 가문(the Geraldine)의 피츠토머스(FitzThomas) 분파가 주로 좌지우지한 주(州)와 같은 기능을 했다. 아일랜드 서남에서 극단으로 둘러싸이게 된 매카시 가문은 점진적으로 노르만인의 억압에 대항해 자신들의 영역을 되찾았다. 피츠토머스는 자신을 도울 먼스터의 봉건적인 병력을 소집했고, 또한 왕의 최고 사법관(justiciar)〔노르만 왕조 및 플랜태지넷 왕조(The Plantagenets, 1154~1399)의 정치, 사법상의 고관_옮긴이〕인 윌리엄 드 덴(William de Dene)하에 있는 군대 하나가 합류했다. 아일랜드인과 식민군대는 1261년 켄메어(Kenmare) 근처 칼란에서 격렬한 전투로 맞붙었으며, 노르만-아일랜드인은 결정적으로 타도되었다. 피츠토머스의 아들과 일련의 추종자들뿐만 아니라 자신도 전투에서 전사했다. 따라서 노르만-아일랜드가 케리의 위쪽 반 지역으로 한정된 반면, 매카시 가문과 오설리번(O'Sullivan) 가문은 아일랜드 남서부의 구석을 유지했다.

양쪽 다 쉽지 않았던 전투로 아일랜드 북서 지역의 운명이 결정되었다. 강력한 월터 드 버고(Walter de Burgo)가 후원을 한 랄프 드우퍼드(Ralph d'Ufford) 왕립 최고 사법관은 슬라이고(Sligo)를 통제한 후 로스코먼(Roscommon)을 획득했다. 1270년 이들 두 지도자는 로스코먼을 통해 캐릭-온-섀넌(Carrick-on-Shannon)으로 행진해 들어갔는데, 이것을 두고 "그리고 그들과 함께 에린(Erin)〔시나 노랫말에 나오는 아일랜드의 옛 이름_옮긴이〕의 외국인들 모두"라고 아일랜드 연보는 기록했다. 그들은 칩에 있는 아스의 여울에서 피비린내 나는 전투로 끝을 맺었는데, 그곳에서 에이 오코너(Aedh O'Connor)가 이끈 아일랜드 군대가 그들의 관례적인 용기와 함께 기대하지 않았던 군사적 기술까지도 보여주었다. 노르만-아일랜드인들은 발길을 돌려야 했는데, 전투장에 흐트러진 쇠미늘 갑옷과 무기를 남겼으며, 연대기 작성자의 말에 의하면 "이 전쟁이 잉글랜드인에게 가장 큰 패배를 안겨주었다". 북구 유럽-스코틀랜드 계통의 훌륭한 전투사들인 갤로우글래스들(the gallowglasses)*은 쇠미늘 갑옷과 자신들의 긴 도끼로 보호를 받았다. 이들은 몇 년 전 오코너 가문의 병력에 가담했으며, 오코너는 지금 전투에서 노르만 군대의 우월성에 대한 효율적인 대답을 갖게 되었다.

이 전투들이 두 가지의 정치적 사건이 되었음은 아주 중요한 지적인데, 아일랜드 토착민의 모습에서 변화의 징후를 보여주었다. 1258년 쏘먼드 왕의 아들인 타에그 오브리언(Tadhg O'Brien)과 코넉트 왕의 아들인 페일림 오코너(Féilim O'Connor)는 에른(Erne) 강을 건너 캘루이스(Caeluisce, 벨리크)까지 행진해 들어갔는데, 그곳에서 그들은 케넬 에오게인(Cenél Eógain)의 브라이언 오닐(Brian O'Neill)을 아일랜드의 왕으로 인정했다. 협정은 오래가지 못했지만, 이는 자유로운 선택으로 통합을 이루려는 아일랜드 왕들에게는 혁명적인 단계였다. 1292~1293년 일련의 아일랜드 부족장이 노르웨이의 하콘(Haakon) 왕을 초청한 것은 똑같이 중요한 사건이었다. 당시에 하콘 왕은 스코틀랜드 해안에서 벗어나 그의 선박과 함께 노르만인에 대항하기 위한 지도자가 되기를 요청을 받았다. 초청은 비록 이루어지지 않았지만, 아일랜드에서 처음으로 유럽의 다른 권력자에게 도움을 청한 사례였다. 이는 아일랜드 역사에서 특징적 유형의 일부분이 되었다.

노르만 침공의 비극은 아일랜드의 정복 — 그것은 결코 일어나지 않았다 — 에 있는 것이 아니라, 아일랜드의 반만을 정복한 데에 있었다. 노르만인은 정복을 완성하기에 충분한 인구를 갖고 있지 못했다. 아일랜드의 평화와 진보를 위해 책임이 부과된 잉글랜드 왕은 아일랜드에 있는 자신의 봉신을 보조하지 않았거나, 아니면 잉글랜드의 위험과 대륙에서의 전쟁으로 인해 너무나 산만하여 아일랜드 문제에

* '외국병사'란 의미로 13세기 중기~말 동안 스코틀랜드 북방 출신의 용병들이 주로 얼스터에서 다양한 부족장을 위해 싸우려고 아일랜드에 왔는데, 이들은 정예의 엘리트 전투사로 무시무시한 전투용 도끼로 중무장을 했다__옮긴이

마음을 진지하게 돌리지 못했다. 노르망디와 잉글랜드 그리고 시실리에서 행한 것처럼 아일랜드의 정복이 완성되었더라면 아일랜드는 새로운 국가로 떠올랐을 것이고, 두 국민의 특성이 통합되었을 것이다.

대신에 1300년경에는 그 나라의 대부분을 통제하려는 노르만인과 무승부를 이룬 전투가 있었지만, 상황은 이미 바뀌기 시작했다. 아일랜드인 문제는 아일랜드와 잉글랜드 유산의 일부분이 되었다.

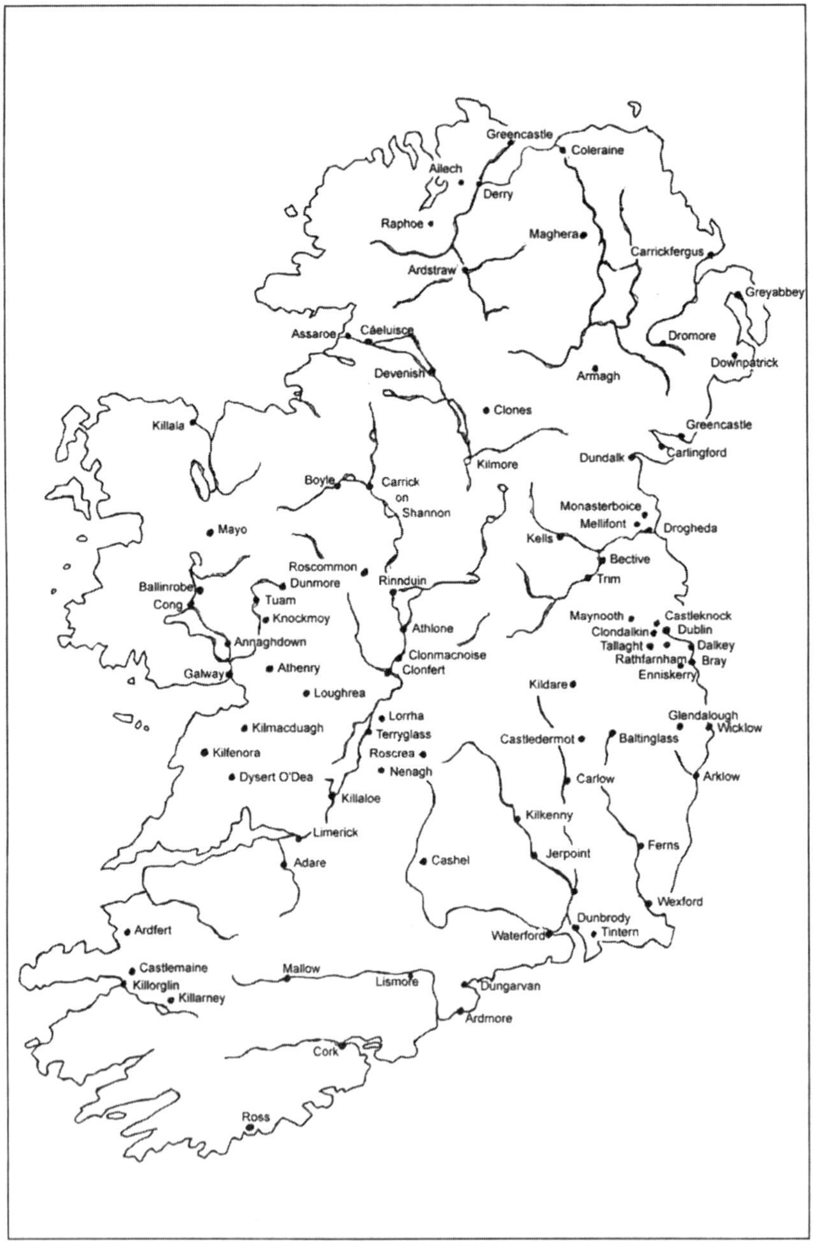

54 약 1150~1250년경의 아일랜드 지도 (Liam de Paor)

9

중세 잉글랜드의 식민지(13세기와 14세기)

THE MEDIEVAL ENGLISH COLONY(13th and 14th centuries)

성자 세례요한 대축일 이후 안식일 날에 라이온스의 뉴캐슬 타운에서 윌리엄 버나드가 그곳의 남자들과 공으로 경기를 하고 있었다. 경기 중 공이 존 매코칸 쪽으로 튀어갔는데, 그때 존은 경기를 지켜보기 위해 근처에 서 있었다. 윌리엄이 공을 찾기 위해 뒤쫓아 갔고, 존은 그 공쪽으로 달려갔다. 존이 윌리엄과 잽싸게 충돌하여 그를 덮치고는 칼로 윌리엄의 오른쪽 다리 윗부분에 상처를 입혔다. 존이 의식하지 못한 상태에서 운 나쁘게도 칼이 칼집을 뚫고 윌리엄에게 상처를 가했다는 이유로, 5실링의 손상을 윌리엄에게 입혔다는 판결이 내려졌다. 배심원들은 존이 상처를 입힌 것이 운이 나빠 경기에 열중하다 일어났는지, 아니면 미리 살의를 품고 윌리엄을 향해 달려갔는지 물은 결과, 존은 그 공을 차기 위해 윌리엄 쪽으로 달려간 것은 경기를 위해서라고 답했다. 따라서 이것은 윌리엄이 존에게 손상을 입은 것에 대한 손해배상을 받은 것으로 간주되었다.[1)]

이는 1308년 더블린에 있는 최고 사법권을 가진 법원 앞으로 왔던 하나의 전형적인 사건에서 유래한 판결이다. 이 사건은 오늘날 관구의 법정에서 흔히 들을 수 있는 종류의 것으로, 12세기와 13세기 아일랜드 전역에 걸쳐 식민지를 만든 잉글랜드와 웨일스로부터 건너 온 이주민들에게 아일랜드가 얼마나 많은 혜택을 받았는가를 유용하게 상기시켜준다. 아일랜드의 법체계와 법정은 대체로 그들에게 물려받은 것이다. 입법기관(legislature)〔어릭타스(the Oireachtas)〕 역시 그들의 유산으로, 중세 아일랜드에서 발전한 의회로부터 직접 이어받은 것이다. 지역공동체(지금의 의원 선거구와 같은)에 의해 선출된 대표들이 그들을 선출한 공동체를 입법부를 통해 집합적으로 통일시키기 위한 권력을 가지는 대표제에 대한 아이디어는 중세 아일랜드로부터 물려받은 위대한 원리 가운데 하나이다. 초기에 의회는 세속성과 성직성을 공유한 대영주(the great secular and ecclesiastical lords)로 구성되었다. 하지만 점차적으로 하부 교구의 사제로부터 성직자 회의의 대의원들(proctors)(그들이 명명한 대로)뿐만 아니라 주와 타운 출신의 대리인들이 전 공동체의 좀 더 많은 대표자가 되었다. 의회의 대표자들은 1297년에는 주에서, 1299년에는 타운에서 그리고 1300년에는 두 곳 모두에서 선출되었다. 14세기 동안 이 제도는 점차적으로 의회로 평민을 소집하기 위한 실습이 되었는데, 14세기가 끝나기 전까지 평민들은 의회에 참석할 수 있는 권리를 확고히 굳혔다. 그 당시 의회가 대표자 특성을 취함으로써 오늘날까지 철저하게 유지되었다.

이러한 제도는 운영되는 과정을 통해 크게 확장되어 훨씬 더 복잡해졌지만, 아일랜드의 공무원과 행정체계는 본질적으로는 여전히 13세기에 고안된 체계이다. 좀 더 높은 지위를 가진 관리와 서기들로 구성된, 회계원(treasurer)의 책임으로 통솔되는 중세의 재무부(exchequer)에서 했던 출납을 기입하는 복잡한 방법들과 기록들(라틴어와 프랑스어로 쓰인) 및 국가수입과 지출에 대한 통제 방법 등은 오늘날 아일랜드 재무부의 업무와 유사하다. 지방정부 역시 중세시대와 많은 유대감을 보여준다. 지금은 주 장관(sheriffs)이란 명칭이 사라졌지만 검시관(coroners)은 남아 있다. 시장(市長)과 시의회, 타운 서기와 타운 의회의 계속적인 존재는 많은 경우 아일랜드에서 도시 행정체계가 처음 이루어졌을 때와 직접적으로 연관된다. 더블린 최초의 자

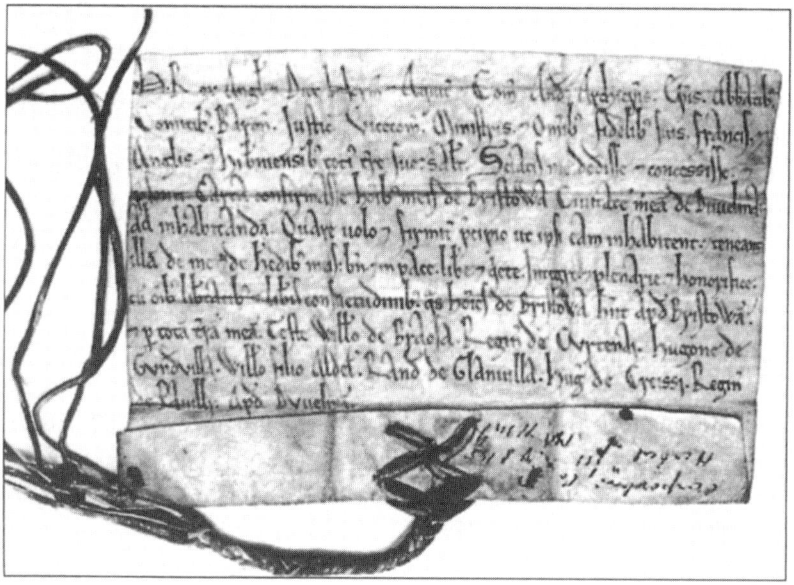

55 더블린 헌장, 1171/1172 (시청 기록물 보관실, 더블린)

유민 목록은 1175년 이후부터 유래했다. 아일랜드에서 첫 번째 시 특허장이 된 최초의 더블린 헌장(Dublin charter)은 1171~1172년경 헨리 2세에 의해 교부받았는데, 후에 '아일랜드의 군주(lord of Ireland)'가 된 존이 교부한 헌장들은 여기에 기초를 두고 있다. 결과적으로 이들은 아일랜드에서 발전한 것처럼 다른 지방자치제의 모델이 되었다.

잉글랜드에서 온 이주민에 의해 식민지화된 아일랜드의 일부 지역은 질서가 유지되어야 하고 불법이 억제되어야 한다는 전제하에서 법전과 중앙 및 지방의 효율적인 제도가 필요했다. 이러한 법률 제도는 13세기에 보충이 되었는데, 생활의 모든 측면이 확장되고 발전한 위대한 시대였다. 잉글랜드의 식민지를 통해 아일랜드 외부 세계와의 새로운 연결 고리가 만들어졌으며, 한 작가가 '가장 위대한 세기들(the greatest of centuries)'이라고 불렀던 이 기간 동안 발전의 절정에서 새로운 접촉들이 유럽문명과 함께 확립되었다. 탁발수도사의 도래, 특히 도미니코와 프란시스코 수도회는 전반적으로 아일랜드에 새로운 세상의 지식을 가져다주었다. 식민지를 통해 중세의 교황권은 이전보다도 더욱 아일랜드와 가까워졌다. 초기 상류층 이주민들은 프랑스 중심의 문명을 산출했기 때문에 프랑스어로 말했고, 우아한 사랑의 비전(vision)과 기사도 규칙을 함께 가져와 그 시대 게일문학에 큰 영향을 주었다. 이는 게일어로 된 새로운 애정시 형태에 가장 잘 나타난다. 「단타 그라야(dánta grádha)」는 『아모르 코또이(amour courtois)』에 기반을 두고 있다.

There are two within this house tonight
Whose looks of love betray their secret;
Tho' lips may neither speak nor kiss,
Eyes - pinpointed - are fiercely meeting.

오늘밤 이 집 안에는 두 사람이 있는데
사랑에 대한 누구의 표정이 그들의 비밀을 드러내는가;
그들의 입술은 말도 하지 않고 키스도 하지 않을 텐데,
정확하게 목표를 향한 눈들은 격렬하게 만나고 있네.[2)]

동시에 잉글랜드의 이주민들 또한 자신의 문학을 발전시켰는데, 오늘날 자료는 거의 남아 있지 않다. 하지만 그들의 문학은 게일 시와의 밀접한 접촉 때문에 앵글로-아일랜드 시가 놀랍게도 그 당시의 잉글랜드 시보다 앞서 있는 것을 보여준다. 예컨대 14세기 초에 킬데어의 탁발수도사인 마이클이 쓴 「코카이그네의 토지(The land of Cokaygne)」라는 유명한 시가 있다.

Here there is a right fair abbey
Both of white monks and of grey.
Here are bowers and high halls,

And of pasties are the walls
Of flesh and fish and of rich meat,
All the best that men may eat.

Flour-cakes, the shingles all
Of church and cloister, bower and hall,
Pins there are of puddings rich,
Meat that princes can bewitch.
Men may sit and eat it long,
All with right and not with wrong.

여기에 진정으로 아름다운 수도원이 있고
머리가 희고 회색인 두 명의 승려가 있네.
여기에 정자와 호화로운 홀들이 있는데,
성벽들은 가루 반죽으로 칠했으며,
신선한 생선과 풍부한 고기가 있는데,
사람들이 먹는 것은 모두가 최고이네.

교회와 수도원, 정자와 홀에 관한
모두는 밀로 만든 케이크와 조약돌이고,
거기에 있는 밀방망이들은 풍부한 푸딩으로 되어 있네,
왕자들이 매혹 당할 수 있는 고기가 있으며,
사람들은 앉아서 그것을 오랫동안 먹어도 되는데,
만사가 정당하며 잘못된 것은 없네.[3)]

더블린과 킬케니 같은 타운들에서 시작된 드라마는 교훈과 기적극(奇蹟劇)으로

56 14세기 말 『재무부의 신사록(紳士錄, Red book)』에 나온 중세의 회계청 (아일랜드 국립 필사본의 복사본, iii, 1879)

분류할 수 있는데, 이들 드라마는 목수, 양복장이, 빵 굽는 사람 같은 지방의 수공에 길드에 의해 상연되었다.

식민지 개척자들이 정착한 지역은 아일랜드에서 봉건적인 지역으로 좀 더 광범위한 공동체의 일부분이 되었으며, 서구유럽의 봉건세계와 접촉하여 이득을 얻고 있었다. 이러한 지역에는 좁고 긴 땅으로 경작된 넓은 평야를 가진 대저택과 마을이 있고, 성들과 작은 농가의 땅, 시장과 장터, 교구의 교회들, 수도원과 탁발수도원이 있었다. 큰 진전은 평화의 술책이 있는 곳이면 어디든지 이루어졌다. 삼림은 개간되었고, 새로운 방식의 농경이 도입됨에 따라 더 많은 토지가 경작되었다. 상업적인 실생활이 확장되었고 교역이 붐을 이루었다. 아센라이와 네나(Nenagh)같이 성벽으로 둘러싸인 새로운 타운들이 어디서든 생겨났다. 더블린과 워터퍼드 같은 옛 항구들이 발전했고, 드로에다, 골웨이, 뉴로스 같은 새로운 항구들도 만들어졌다.

아일랜드에서 기록된 이 시대의 문학으로 살아남은 가장 흥미로운 것 중의 하나는 프랑스어로 된 시로, 이 시는 뉴로스의 타운이 13세기에 어떻게 성벽으로 둘러싸였는가를 긴 이야기체로 기술하고 있다. 뉴로스의 주민들은 성벽의 부족으로 타운 부근에서 전쟁을 벌이고 있는 파벌들에 의해 좌우될까봐 두려워했다. 그 시는 다음과 같이 전해준다.

Commons both, and leading men,
Gathered in the council then,
What for safety to devise,

In shortest time and lowest price;
'Twas that around the town be thrown
Walls of mortar and of stone.

시민들과 지도자 둘 다,
그때 지방의회에 모였네,
안전을 위해 무엇을 고안해야 하나,
가장 짧은 시간 안에 그리고 최저의 가격으로;
타운 주위를 둘러싼
회반죽과 돌로 된 성벽을 짓는 것이네.

이들은 석공과 노동자들을 고용하여 성벽을 설계하여 지었다.

Yet small advance these fellows made,
Though to labour they were paid.

하지만 이 친구들은 진전이 적었네,
비록 그들이 노동에 대한 보수는 받았지만.

그래서 그 타운 의회는 다시 만나 모든 시민들이 성벽 축성을 도와야 한다는 법을 통과시켰다.

Vintners, drapers, merchants, all
Were to labour at the wall,
From the early morning time,
Till the day was in its prime.

포도주 상인, 포목상, 상인들 모두는
성벽에서 일하고 있었네,
이른 아침부터,
낮까지는 한창 일하는 시간이었네.

그들은 매일 일하러 왔고, 심지어 사제들도 노동을 했다.

And the priests, when mass was chanted,
In the foss they dug and panted;
Quicker, harder, worked each brother,
Harder, far, than any other;
For both old and young did feel
Great and strong with holy zeal.

대중들이 노래를 불렀을 때 사제들도,
도랑 속에서 땅을 파고 숨을 헐떡거렸네;
더 빨리, 더 열심히 모든 형제들은 일했네,
다른 사람보다도 더 열심히 더 많이;
노인네와 젊은이 모두
신성한 열정으로 위대하고 강함을 느꼈네.

드디어 일요일에는 심지어 여성들도 작업에 참여하려고 도착했다.

Then on Sunday there came down
All the dames of that brave town;
Know, good labourers were they,

But their numbers none may say.
On the ramparts there were thrown
By their fair hands many a stone.
Who had there a gazer
Many a beauty might have seen.
In all the lands where I have been,
Such fair dames working I've not seen.

그런 다음 일요일이 다가왔네.
그 용감한 타운의 모든 귀부인들도;
이해심 있는 좋은 노동자들이었네,
하지만 그들의 숫자는 아무도 말할 수 없네.
누벽 위로는 그들의 매력적인 손들이
많은 돌을 던졌네.
거기서 눈여겨보았던 사람이 있었다면
많은 수의 미인을 보았을지 모르는데,
내가 있던 땅 모두에서 그러한 아름다운 부인들이,
일하고 있는 모습을 본적이 없네.[4)]

그래서 성벽은 완성이 되었는데, 가장 강한 적이라도 들어올 수 없을 정도로 튼튼했다. 그 성벽 안은 안전하여 타운은 번영했고 교역은 확장되었다.

타운의 생활은 잉글랜드에 있는 유사한 타운들과 아주 비슷했고, 이들의 유사함은 식민지 건축물과 예술에도 반영되어 있다. 가령 아일랜드에서 최초로 완전한 고딕스타일로 지은 교회는 뉴 로스에 있는 성 매리 교구 대교회로 초기 잉글랜드 스타일로 알려졌으며 윌리엄 마셜이 지었다. 폐허가 된 이 성의 성가대석과 수랑(袖廊)〔십자형 교회당의 좌우의 익부(翼部)__옮긴이〕의 상세도를 보면, 그 당시 꽃을 피운

57 미드 주의 트림 성, 13세기 초기 (아일랜드 공공작업위원회)

잉글랜드식 고딕이 아일랜드에 들어온 첫 번째 이식(移植)임을 알 수 있는데, 13세기가 조금 지난 후 구축된 카셀의 교회와 같이 아일랜드 남부와 동부에 있는 대성당의 디자인에 이러한 양식이 나타난다.

이러한 종류의 큰 발전은 식민지화된 지역 전역에 걸쳐 나타났다. 어느 곳에서든지 진전이 이루어지고 있었고, 또한 안정으로 아일랜드가 통치되는 듯이 보였다. 16세기 작가가 이를 '조용하고 부유한 땅(quiett and welthie estate)'이라고 언급한 것처럼, 식민지 전체가 공유되는 것 같았다. 칼로(Carlow)의 대군주제에 대한 기록은 그 당시 더블린 회계국의 수입이 약 6,000파운드였을 때 군주가 매년 그곳의 자신의 땅에서 약 450파운드의 총 수입을 거뒀다고 되어 있다. 또한 식민지가 크게 번창하고 있다는 증거는 헨리 3세(Henry III)나 그의 아들 에드워드 1세(Edward I) 같은 잉글랜드 왕들이 식민지에서 거두어 들였던 대량의 화폐를 통해 알 수 있다. 이러한 번영으로, 토지를 가진 교회를 위한 사치스런 기부금과 사방에서 솟아 오른 수도원과 탁발수도원 건물, 그리고 이들의 웅장한 폐허들을 아일랜드 시골에서 여전히 볼 수 있다.

번영은 여가와 교육에 대한 욕구를 증가시켰다. 수많은 프란시스코와 도미니코 수도원이 학교를 운영했고, 더블린의 성 패트릭 대성당 같은 일부 성당들도 학교를 운영했다. 1320년 더블린의 대주교 알렉산더 비크노르(Alexander Biknor)는 더블린 시에 대학 하나를 건립했는데, 이 대학은 그 세기 후에 뒤를 이은 떠들썩한 시기까지 지속되지 못했다. 당시 대부분의 학생들은 유학을 선호했는데, 주로 파리에 있는 대학과 특히 옥스퍼드에 있는 대학으로 갔다. 이들 중 가장 유명한 사람은 그 당시에 가장 위대한 학자들 가운데 한 사람이었던 리처드 피츠랄프(Richard FitzRalph)로, 그는 아비뇽의 교황 앞에서 연설을 했으며 옥스퍼드 대학의 총장을 역임하고 마침내는 아마주의 대주교가 되었다. 그는 유능한 설교자였는데 1349년 3월 25일 드로예다에 있는 카르멜회 수도사의 교회에서 행한 설교를 통해 자신의 신자들에게 그들이 처한 비탄에서 해방시켜줄 성모마리아를 신뢰하라고 권고했다. 그들의 비탄은 1348~1349년 아일랜드를 강타했던 대전염병인 흑사병에 의해 야기되었는데, 그 당시는 흑사병이 이미 유럽 전역을 휩쓸었을 때였고, 그것의 진행 과정에서 인구의 1/3 이상이 사망했다. 킬케니의 프란시스코 회원이자 탁발수도사인 클라인(Clyn)은 흑사병과 아일랜드가 전염병에 유린당한 당시의 상황에 대해 생생하게 기술했다. 그에 따르면 더블린과 드로예다의 도시들은 거의 몇 주 만에 인구가 완전히 감소되었다고 한다. 킬케니에서 그는 "한 집안에서 한 사람만이 죽은 경우는 거의 없으며, 보통 그들의 자녀들과 부인, 남편과 모든 식구가 죽음이란 공통된 길을 갔다"라고 말했다. 그는 엄청난 수의 죽음으로 야기된 충격과 공포를 표현하는데, 흑사병은

58 웩스퍼드 주, 뉴로스의 성 메리 교회, 1220~1235: 동쪽 창 (아일랜드 공공작업위원회)

모든 사람들의 삶을 휩쓸어갔으며 그 세계에 종말이 오고 있다는 공통된 믿음을 자세히 설명한다. 그 스스로도 교육을 받은 사람으로서 이러한 믿음을 공유했다. 그가 연대기에 쓴 마지막 말은 가슴에 사무치고 감동적이다.

> 죽음이 다가오고 있다고 예상하고 죽은 이들 가운데 나는 그들에 대해 현실 그대로 듣고 그들을 판단하여 글로 〔그들의 행적을〕 적었다; 글쓰기가 작가와 함께 소멸하지 않고 작업이 일하는 사람과 계속되도록 작업을 양피지에 남길 것이다. 누군가 살아남거나 아담의 종족 어느 누구라도 흑사병을 피할 수만 있다면, 내가 시작한 작업을 계속할 것이다.

이것을 쓴 후 연대기는 갑자기 중단되고 다른 사람이 말을 부연했다. "저자가 여기서 사망한 것으로 보인다."5) 탁발수도사인 클라인은 흑사병의 희생자가 되었다.

흑사병과 그것의 결과는 식민지에 공포감을 불러일으켰고, 이주민들 간에 대파괴를 불러왔다. 많은 사람들이 외딴 지역에서 타운으로 피해갔으며, 그곳에서 다시 잉글랜드로 되돌아갔다. 대주택과 마을들이 버려졌고 들판은 경작되지 않았다. 삼림은 경작된 땅 뒤쪽으로 뻗어 나갔다. 하지만 아일랜드에서의 이러한 이주와 식민지의 쇠퇴는 흑사병이 가져다준 결과만은 아니었다. 도처의 식민지를 위협하고 있었던 놀랄 만한 게일인 부활의 결과로서 이는 얼마동안 계속되고 있었다. 13세기 말경 이미 '평화의 땅(terra pacis)'과 '전쟁의 땅(terra guerre)' 간에 구별이 생겼다. 1297년경 아일랜드 의회는 평화를 유지하는 방식과 전쟁을(그곳에서 전쟁이 일어난다면) 행하는 방식에 대해 법률로 정할 필요가 있음을 인식했다. 우리는 게일 레인스터 또는 오브리언이나 매카시에 대항하기 위한 기동력 있는 원정에 대해 읽을 수 있다. 전쟁은 계속되고 있었다. 하지만 이것은 적절한 견해로 이해되어야 한다. 식민지에 있는 대부분의 주민들이나 또는 게일 지역에서, 전쟁은 보통 멀리 떨어진 지역에서 일어나고 있었고 결코 그들에게 현실로 다가오지 않았다. 사실 사람들은 전쟁에 기여하기를 기대했던 것으로 보이는데, 이는 전쟁에는 물자를 공급하기 위해 돈이 제공되거나, 군대를 먹여 살릴 음식이 제공되기 때문이었다. 전쟁 시기에는 항상 그런 것처럼, 그 기간 동안은 전쟁을 통해 이득을 취할 준비가 되어 있는 모든 종류의 재정가들(대체로 이탈리아인), 상인들, 선주들과 중개인이 있었다. 사실 시장 타운들과, 특히 항구들은 전쟁 때문에 번영했다고 말할 수 있다. 물론 그 당시 토지가 없는 기사들과 한량들도 전쟁을 통해 일자리를 찾았다. 이러한 견지에서 볼 때 13세기에 행해졌던 전쟁들이 이주민의 번영을 크게 손상시켰고, 심지어 식민지의 발전을 심하게 늦춘 아주 중대한 사안이었다고 주장하기란 어려울 것이다.

그럼에도 아주 분명한 사실이 하나 있다. 전반적으로 게일 부족장들은 결코 정복되거나 타협하도록 강요받지 않았다는 점이다. 아일랜드 전역에 걸쳐서 독립된 게일 아일랜드인의 고립된 집단들이 있었는데, 이곳으로부터 식민지에 공격을 가할 수 있었다. 데스먼드(Desmond)의 매카시가 통치하는 지역과 같이 이들 중 일부는 앵글로-아일랜드에 대해 성공적으로 저항했으며, 그들을 들판의 전투에서 무찌를 수 있었다. 1261년 첫 번째 위대한 게일의 승리 중 하나인 칼란 전투는 매카시가(家)가 중세의 나머지 사람들을 통치한 대군주제라는 미래의 독립을 실제로 확보하게 만들었다. 더니골의 오도넬가도 이와 유사하게 크레드란(Credran) 전투(1257)에서 비슷한 시기에 걸쳐 그들의 독립을 공고히 했는데, 이때 그들은 북서부로 확장하고 있는 제럴딘(Geraldine)을 중단시켰다. 그러자 13세기 말이 되기 전 형세는 바뀌었다. 식민지의 확장은 중단되었고, 점차적으로 전방은 뒤로 밀려나갔다.

이러한 게일인 부활에서 가장 장관 중의 하나는 고대의 대왕권을 부활시키기 위한 시도였다. 1258년 에른 강에 있는 캘루이스의 유명한 회합에서 쏘먼드와 코넉트 왕의 아들들과 지도층 귀족들이 함께 모였고 거기에서 “브라이언 오닐에게 최고권을 주었다”라고 연대기 작성자는 설명한다. 하지만 우리는 이것을 가지고 너무나 큰 의미를 부여하거나 또는 새로운 민족정신이 과거에는 눈에 띄게 부족했으나 아일랜드에서 지금 증거로 나타나고 있다고 간주해서는 안 된다. 얼스터에서 브라이언 오닐의 가장 가까운 이웃인 더니골의 오도넬은 오닐의 권위를 인정하기를 거부했다. 확장되고 있는 식민지에 대항하여 가장 성공적으로 저항에 착수하고 있는 사람은 데스먼드의 매카시로 그는 그 회합에 참석하지도 않았고, 우리가 알고 있는 한 오닐에게 새로운 통치권을 부여하지도 않았다. 아무튼 전반적으로는 그 이후에 유감스러운 결말이 되었는데, 브라이언 오닐이 다운패트릭 전투(1260)에서 패배하여 살해당한 것이다. 3년 후인 1262~1263년, 대왕권을 부활시키기 위한 시도가 또 다시 실패로 끝났는데, 이때는 노르웨이의 하콘 왕에게 대왕권을 제공하려고 했다. 하지만 그는 아일랜드에 도착하기 전에 죽었다. 게일인 부활을 위한 가장 성공적인 시도는 1315년 스코틀랜드의 왕 로버트(Robert)의 동생인 에드워드 브루스(Edward Bruce)가 아일랜드로 초대를 받아 1316년 대왕으로 추대되었을 때였다. 브루스는 1318년 포가트(Faughart) 전투에서 살해당하기 전까지 3년 동안 식민지에 대파괴를 자행함으로써 이주지를 밑바닥까지 흔들어놓았다. 하지만 그는 결국 실패했다. 그와 함께 아일랜드 왕국을 만들려는 시도와 이주민들을 추방하려는 시도는 끝나버렸다. 그때부터 게일인 부활은 민족적 지도자를 찾지 못했고, 이에 대한 추진력은 중세시대 말까지 지역에 머물게 되었다. 이것의 성공은 지방의 부족장이나 부족장 동맹이 치른 수많은 전투에서 평가되었다. 그래서 잃어버린 영토에 대한 게일인의 회복은 어디에서든지 주목할 만한 반면, 게일 아일랜드를 통합시키기 위한 것이나, 아일랜드에서 잉글랜드 정부의 몰락을 가져오게 하거나, 식민지의 종말을 가져오게 하려는 어떠한 신중한 시도도 없었다.

이러한 게일인의 대부활은 다른 방법들을 통해서 나타났는데, 그중에서도 새로운 추진력이 게일 제도와 게일인 삶의 방식에 주어졌다. 확장되고 있는 게일인 지역은 귀족 계급으로부터 시인, 역사가, 법률가, 고리대금업자들이 많은 후원자를 제공받았다. 아일랜드어로 쓰인 위대한 책들이 이 시대에 가장 많이 나왔는데, 『레칸의 노란 서(Yellow book of Lecan)』(타라의 연회장에 대한 호기심이 있는 상상의 그림과 함께) 혹은 『레바 브레악(Leabhar Breac)』과 같은 훌륭한 편찬서 등이 그것이다. 이 책들은 내용이 본질적으로 전통적이었다. 실로 『발리모트의 서(Book of Ballymote)』와 같은 대전집은 아일랜드 학문과 이야기 및 시를 모은 한 권으로 된 총서로, 주도적 게일 가문들이 사용하기 위해 함께 만든 것이었다. 이러한 게일인 부활의 시기에 클레어 주에 있는 대버런스(Davorens)의 유명한 학교처럼 그들이 주관했던 법률 학교 출신의 법률가들이 쓴 고대 아일랜드 법률소책자에 관한 주석서 같은 책들도 많이 나왔다. 아일랜드어로 쓰인(주로 라틴어에서 번역됨) 최초의 의학논문들이 나왔고, 최초의 천문학 논문들 같은 진귀한 서적들도 이 시기에 출판이 되었다.

후원자 없이는 그 시대의 시인들과 학자들이 살아남기 힘들었음을 알 수 있는데, 당연히 처음부터 그들은 후원자를 얻기 위해 게일인 귀족가문을 찾고 있었다. 심지어 앵글로-아일랜드 귀족 역시 게일인 문학가들을 13세기에도 후원했음이 분명하다. 그뿐만 아니라 그들 중 일부는 스스로 아일랜드어로 시를 쓰기를 원했는데, 이들의 시는 종종 전문 직업시인들의 시에 필적하는 기교를 보여주기도 했다. 1374년 젠킨 새비지(Jenkin Savage)가 죽었을 때, 연대기 작성자는 "그가 시를 고아로 남겼다"라고 기록했다. 하지만 이들 아마추어 시인 가운데 제3대 백작인 데스먼드(Desmond, 1398년 사망)는 특출한 일례로, 그는 한때 아일랜드에서 잉글랜드 식민지의 수장이었지만, 또한 아일랜드어로 지은 그의 시는 수준이 높아 명성을 얻기도 했다. 그는 이주민들 가운데 많은 수가, 진부한 표현으로 말하자면, '아일랜드인보다 훨씬 더 아일랜드적'이 되어야 했던 문화적 동화 과정(cultural assimilation)에 대한 완벽한 실례가 된다. 사실 초창기 이주민들의 많은 수가 게일인 가문과 혼인했다. 그들은 게일계 어머니와 사촌에게 아일랜드어를 습득해서, 상당수는 게일어가 그들의 제일 언어가 되었다. 하지만 양육(fosterage) 같은 게일인 풍습의 차용은 그저 짧은 걸음이었을 뿐이었다.*

13세기 말경 더블린에 있는 정부는 이미 불고 있었던 동화의 정도에 대해 불안해했다. 그 문제에 대한 해답은 '인종들'을 별도로 유지하기 위해 고안된 일련의 의회법령이었는데, 인종을 의식하는 우리는 이것을 아파르트헤이트 정책(인종차별정책)이라 부를 것이다. 잉글랜드에서 흔하게 보내진 것 중 이러한 몇 가지의 입법이

* 당시 아일랜드 귀족층들은 자녀가 7세가 되면 다른 집에 내보내 다른 가족의 수양딸이나 수양아들이 되게 하는 관습이 있었다__옮긴이

가장 유명한 어구가 되어 1366년 킬케니 의회의 법령(statutes)〔잉글랜드인 대군주, 영주가 아일랜드인과 혼인하는 것을 금하고, 아일랜드어, 법률, 관습을 금하는 법령__옮긴이〕에 등장했다. 그들이 의도적으로 반아일랜드인이라는 것을 보여주기 위한 시도로 수많은 무의미한 말들이 법령에 쓰였다. 사실 이전과 이후에 법령과 이와 유사한 입법의 주요 목표는 평화의 땅에 살고 있는 앵글로-아일랜드 이주민들이었다. 하지만 정부의 모든 시도에도 불구하고 이주민들은 아일랜드의 대부분 지역에서 문화적으로 어찌할 수 없이 압도되었다. 수적으로도 그들 자신의 진정한 문화전통이 열세이고 부족해서 어느 정도의 동화가 불가피했다. 이는 그들 중 일부가 게일 아일랜드에 거의 전적으로 흡수되었음을 의미했다. 여기서 고전적 실례는 코넉트의 버크(Burke) 가문이 된 드 버러(de Burgh)가로, 정부의 눈에 이들은 게일인과 거의 구분되지 못했다.

게일문화의 부활은 군사적인 측면에서 정부에 좀 더 심각한 문제를 제기했다. 특히 14세기에 이 문제는 부활하고 있는 게일 부족장에 대해, 심지어 위클로처럼 더블린에 위험할 정도로 근접한 지역에서조차 그들에 대항할 충분한 방어력을 유지할 수 없다는 것을 증명했다. 게일 지도자들은 스코틀랜드에서 온 용병인 갤로우글래스들(gallowglasses)의 도움으로, 그리고 새로운 형태의 군대와 무기로 이주민들이 식민지 초기시대에 누렸던 군사적 이득을 상쇄할 수 있었다. 덧붙여 아일랜드로의 이주가 게일인 부활로 인한 영토의 손실로 크게 감소됨으로써 식민지의 재정적 자원이 게일 부족장에 대항해 정규적이고 성공적인 전쟁을 수행할 정도로 큰 군대를 유지하기에 적합하지 않음을 곧 깨닫게 되었다. 결국 식민지는 잉글랜드의 도움에 의지하지 않을 수 없었으며, 잠시 동안은 미리 이에 대한 준비가 되어 있어 그것이 가능했다. 하지만 잉글랜드 역시 스코틀랜드와 전쟁을 앞두고 있었고, 무엇보다 100년 전쟁(1338~1453)으로 알려진 프랑스와의 오랜 투쟁에 직면해 있었다. 아일랜드의 요구에 응하기 위해 필요로 하는 세입을 외면하기란 쉽지 않았다. 하지만 14세기에 걸쳐 아일랜드 정부에게 재정적 도움이 다소간 가능했고, 게일인 부활의 통제를 돕기 위해 잉글랜드에서 원정을 시작했다. 이에 대해 주목할 만한 예는 에드워드 3세의 아들이자 클래런스(Clarence)의 공작인 라이어넬(Lionel)이 행한 1360년대의 원정이었다. 하지만 잉글랜드의 군사적 간섭도 게일인 부활에 대해 일시적인 해답 이상은 제공하지 못했고, 따라서 게일인 부활은 계속되었다. 잉글랜드는 아일랜드에 쏟아 붓는 이러한 무거운 재정적 비용으로 재정 자원들을 지나치게 무리하게 소비해버려 큰 부담이 된다고 느끼기 시작했다. 프랑스와의 전쟁이 오래 지속됨에 따라, 아일랜드인과 전쟁을 치루기 위해 필요한 충분한 자금을 확보하기가 점점 어렵다는 것이 증명되었다. 마침내 에드워드 3세는 죽기 전에 아일랜드에 있는 식민지는 그들 스스로 꾸려나가야 하며 자신들의 방어 경비 대부분을 스스로 부담할 시기가 왔음을 결정했다.

그러나 14세기 말 프랑스와의 평화와 스코틀랜드와의 휴전으로 리처드 2세(Richard II)에게 아일랜드 문제에 결정적으로 간섭할 절호의 기회가 왔다. 그는 서두르지 않았고, 1394년 가을 직접 아일랜드에 와서는 1210년 이래 그렇게 하기로 한 아일랜드의 첫 번째 왕이자, 아일랜드가 일찍이 갖지 못했던 훌륭한 군대의 수장이 되었다. 그는 레인스터에서 성공적인 전쟁을 수행하여 위대한 아트 맥머로우(Art MacMurrough)로 하여금 타협하도록 강압했고, 레인스터에서 철수한다는 약속을 받아냈다. 그러자 곧바로 모든 대(大) 게일 지도자들이 찬란한 의식과 크고 화려한 행렬로 왕에게 복종했다. 이로써 드디어 게일인 부활이 좌절된 듯이 보였고, 왕은 아일랜드가 미래에 어떤 문제도 일으키지 않으리라는 자신감을 가지고 잉글랜드로 돌아갔다. 하지만 몇 달 만에 전쟁이 다시 발발했고, 여기에서 왕의 계승자인 로저 모티머(Roger Mortimer)가 전사했다. 1399년 리처드 2세는 아주 노여움에 차서 되돌아왔다. 하지만 그때쯤은 이미 전반적인 상황이 바뀌어 있었다. 레인스터에서 혹독한 교훈을 얻은 아트 맥머로우에게 지금은 어떤 강요도 할 수 없는 처지였다. 왕이 레인스터에서 전쟁을 수행하는 동안, 그의 대적인 랭커스터(Lancaster)의 헨리(Henry)가 잉글랜드에 도착해서 왕권을 강탈했다. 리처드 2세가 아일랜드에서 자신의 왕좌를 잃었다고 할 수 있는데, 결국 그 이유는 게일인 부활 때문이었다. 그래서 그는 갑작스럽게 잉글랜드로 돌아가야 했고, 아일랜드 문제를 해결하지 못한

59 1399년 6월 아트 맥머로우와 글로체스터(Gloucester)의 백작 간의 회합. 대영박물관에서, 할레이안 MS1319 (아일랜드 국립 필사본의 복사본, iii, 1879)

채 남겨 두었다. 중세시대에는 잉글랜드 왕이 아일랜드에 들어오지 못했다. 식민지는 계속해서 축소되었는데, 이것은 게일 지역이 지속적으로 확장되었기 때문이다. 잉글랜드의 새로운 랭커스터 왕조는 국내정세에서 극복하기에 어려운 일련의 위기들이 따라다녔기 때문에 아일랜드를 위해 할애할 관심도 그럴 시간도 거의 없었다. 때문에 잉글랜드는 그들 스스로의 길을 가도록 내버려두었는데, 그래서 게일과 앵글로-아일랜드의 구성원들은 본래의 식민지가 페일 지역(the Pale)으로 위축될 때까지 함께 사는 것을 배우는 수밖에 없었다.

10

게일인의 부활과 제럴딘의 최고 권력(약 1400~1534)

THE GAELIC RESURGENCE AND THE GERALDINE SUPREMACY(c. 1400-1534)

1399년 리처드 2세의 아일랜드 원정은 결국 정착의 꿈을 이루지 못했다. 그 원정에서 가장 주목할 만한 결과는 왕 자신의 전복이었다. 리처드가 레인스터 삼림에 에워싸여 아트 맥머로우와 타협이 이루어지기를 헛되이 추구하는 동안, 잉글랜드 왕위를 둘러싼 그의 경쟁자 헨리 볼링브로크(Henry Bolingbroke)는 자신이 잉글랜드의 왕과 아일랜드의 군주 자리를 차지하고자 병력을 소집했다. 그러한 군주권의 책임은 리처드 2세의 후계자들에게 경미하게 타격을 가했다. 중세시대에 실질적인 중요성을 지니고 '아일랜드의 군주(lord of Ireland)'란 호칭을 얻을 의도로 아일랜드를 방문한 왕은 없었다. 프랑스와 값비싼 전쟁에 연루된 잉글랜드는 식민지로부터 자주 되풀이되는 원조 요청을 효율적으로 충족시킬 만한 돈이나 사람을 제공할 여유가 없었다. 15세기 중반부터 잉글랜드 내부는 '장미전쟁(Wars of the Roses)'으로 알려진 랭커스터가와 요크(York)가 사이의 왕권 투쟁으로 극심하게 쇠약해졌다.

이러한 상황에서 아일랜드는 완전히 무시할 수 없는 나라가 되었다. 그 이유는 아일랜드가 잉글랜드 정치에서 진정으로 중요한 요인이 되었기 때문으로, 1461년

장미전쟁에서 승리한 요크가의 대의(大義)를 아일랜드가 옹호했고, 1485년 이후에는 아일랜드가 요크가의 왕위요구자를 지지함으로써 튜더 왕조(Tudor dynasty)를 위협했기 때문이다. 아일랜드의 운명이 잉글랜드 역사의 진로를 결정할 수 있다는 점이 명백해졌다. 아일랜드가 1399년 잉글랜드 왕의 전복에 기여했다면, 이제 또 다른 잉글랜드 왕을 추대하기 위한 출발점을 제공하고 있는 셈이었다. 좀 더 특별히, 약 1436년에 쓰인 『영국정책에 관한 책(Libelle of Englysche Polyce)』의 저자가 묘하게 경고하며 언급한 사실이 있다.

Nowe here beware and hertly take entente,
As ye woll answere at the last jugemente ……
To kepen Yrelond, that it be not loste,
For it is a boterasse and a poste
Undre England, and Wales is another,
God forbede but eche were other brothere,
Of one ligeaunce dewe unto the kynge.

현 시점의 중대성에 주의하여 열의를 갖고 거론하는데,
그대가 최종적인 판단을 가지고 답을 줄 것이기 때문에 ……
아일랜드는 버팀벽이고 전초 부대인 까닭으로
아일랜드가 없어지지 않도록 이를 지키기 위함이며,
잉글랜드하에서, 웨일스는 또 다른 나라인데,
이는 왕에게 베풀어야 할 충성 중 하나로
신은 이들 각 나라가 형제와 다른 어떤 것임을 허락하지 않는다.[1)]

잉글랜드 정부는 아일랜드가 그들의 안전에 위협적인 것으로 나타났을 때에만 그 나라를 재정복할 준비를 했다.

게일 부족장의 군인들이 이제 식민주의자의 호적수가 된 아일랜드 내부에서는 잉글랜드의 통제 아래 있는 영토의 감소, 게일 아일랜드인에 의한 식민지 공격, 그리고 앵글로-아일랜드인의 아일랜드화 등 모두가 15세기 내내 산발적인 방해 요소로 지속되었다.

1435년 아일랜드 평의회는 잉글랜드 왕에게 다음을 고려하도록 요청했다.

> 어떻게 아일랜드의 땅이 거의 파괴되어 그대들 적과 반란군들이 거주하는 곳으로 되어가고, 앞서 말한 적과 반란군의 정복으로 더블린, 미드, 라우스와 킬데어 같은 주들의 아래쪽 영역이 합쳐서 겨우 20마일 너비와 30마일 길이로 거의 남아 있지 않은 것인가. 그 이유는 한 사람이 왕의 칙서에 대답하고 그의 율법을 행하기 위해 언급된 주들로 분명히 말을 타고 들어갔거나 했기 때문일 것이다.[2]

잉글랜드에서 가까운 페일의 작은 지역조차도 게일 아일랜드인의 공격으로 고통을 겪고 있었기에, 식민지는 "언급된 아일랜드인 적들에게 십자군을 보낼 목적으로 …… 우리의 …… 가장 신성한 아버지인 교황"[3]에게 불평하도록 왕에게 강요하는 단계에 처해 있었다. 잉글랜드 식민지인에게 게일 아일랜드인은 이단자나 이교도보다 더 나을 것이 없었다!

하지만 잉글랜드로부터의 재정적인 보조 없이 식민지는 게일인의 전진을 저지하기 위한 어떤 일도 할 수 없었다. 방책은 '암거래 사용료(black rents)'에 의지하는 것으로, 이것은 공격을 일시적으로 중단시키기 위해 게일 부족장들에게 뇌물을 주거나, 아니면 병력에 필요한 인력과 말 그리고 병영(兵營)을 찾아야만 했던 지역 주민이 게일 아일랜드인과 싸우기 위해 군대를 원조하는 것이었다. 하나의 군대를 육성하기 위한 이러한 체계는 아일랜드에서 '공짜 말 사육(coign and livery)'*이라는

* 모든 영주는 사군대를 갖고 있었고, 소작인들은 그들의 영주와 부하들에게 일정 기간 거처를 공짜로 제공했다. 이러한 아일랜드의 풍습(custom)을 코인메드(coinmed)라 불렀다. 이것이 군인과

60 킬케니 주, 클라라(Clara) 성(城). 15세기 말의 전형적인 타워하우스(아일랜드 공공작업위원회)

용어로 알려졌다. 이 용어를 게일인이나 앵글로-아일랜드 지도자들, 또는 잉글랜드 최고 통치자 누가 사용했든 간에, 이 용어는 땅에서 평화로운 삶을 얻고자 했던 사람들에게는 무거운 부담을 주었다. 아마의 대주교인 스웨인(Swayne)은 1428년에 그러한 정책의 사악한 결과를 다음과 같이 요약했다.

> 이 나라에 살았던 총독들(lieutenants) 모두가 저쪽으로 갔을 때, 그들의 군인들은 농사꾼으로 생계를 이어갔고, 말을 위한 먹이나 사람을 위한 고기값을 지불하지 않았으며, 장교들의 식료품 징수인들은 양식의 전부인 옥수수, 건초, 육우와 가금(家禽)을 농부로부터 빼앗아 갔고, 그들 가족을 위해 필요한 다른 것들도 빼앗아갔다. 전혀 지불하지 않은 채 그 금액에 대한 기록만 남겼는데, 이것에 대해 내가 들은 바로는 장교들과 그들의 군인들은 몇 년 동안 2만 파운드 이상의 많은 빚을 이 땅에 지고 있다.[4)]

페일 지역 외부의 아일랜드는 잉글랜드 왕에 대해 다양한 정도의 충성심을 가지고 있는 개별적인 최고 권력을 가진 구역들로 분할되어 있었다. 게일 부족장은 잉글랜드의 행정에 관계없이 그들 자신의 법과 전통에 따라 지역 안의 일들을 수행했다. 더블린과 코크 사이 거의 사선에 위치해 있는 곳에 두 발로 버티고 있는 것은 세 개의 앵글로-아일랜드 대(大)군주였는데, 이들은 오먼드(Ormond) 백작의 지위를 가진 버틀러(Butler)와 데스먼드와 킬데어의 백작들인 피츠제럴드(Fitzgerald)였다. 이들 백작들 역시 게일인 이웃을 향한 적대심으로 서로 간에 동맹을 맺음으로써 게일 아일랜드 정치의 복잡한 세계에 휘말리게 되었다.

말들에게 급료와 음식을 제공하는 것으로 확대되었는데, 이를 '공짜 말 사육'이라 한다__옮긴이 이러한 복잡한 상황은 1449년 요크가의 공작인 리처드(Richard)가 총독으로 왔을 때 일어났다. 37세의 나이로, 프랑스에서 싸운 경험이 있는 전쟁 베테랑인 공작은 나약하고 경건한 잉글랜드 왕 헨리 6세(Henry VI)에 대항하는 구심점으로 주목받았다. 랭커스터가와 요크가 간의 갈등 양상이 이미 윤곽이 잡혔을 때인 이 시기에 아일랜드에 그를 임명한 것은 리처드의 관심을 이 역할에서 멀어지게 하려는 계획이었다.

리처드는 1449년 7월 호스(Howth)에 도착했다. 그를 수행한 사람은 부인 세실리 네빌(Cecily Neville)이었는데, 그녀의 아름다움은 널리 알려져 '래비의 장미(Rose of Raby)'로 불렸다. 그 부부는 열렬한 환호를 받았다. 게일의 역사는 다음과 같이 기록했다.

> 그는 이를 큰 영광으로 받아들였고, 아일랜드의 백작들은 그의 집을 방문했다. 미드에 인접한 아일랜드인들 또한 그렇게 했는데, 그가 좋아하여 요구하는 만큼의 많은 식용 소고기를 그에게 주었다.[5)]

그는 드 버러와 모티머가의 후손이었기 때문에, 코넉트, 트림, 리슈(Laois)의 군주권과 얼스터 백작의 지위를 세습 받았다. 그는 앵글로-아일랜드 귀족의 성원으로뿐만 아니라 귀족을 왕의 총독으로 임명해달라는 자주 반복된 식민지의 요구에 대한 잉글랜드의 대답으로 인정받았다. 식민지는 다음과 같이 믿었다.

> 사람들은 아일랜드 태생의 어떤 사람보다도 그를 더욱 선호하고 그에게 복종(잉글랜드 귀족 태생의 군주)할 것인데, 그 이유는 잉글랜드인 영역의 사람들이 훨씬 더 나은 정의를 지키며 아일랜드 법을 집행하고 거기에 있는 보통 사람들을 훨씬 더 아낄 것이며 …… 그 땅의 어떤 사람들이 행했던 것보다 훨씬 더 잘하거나 잘하기를 바라기 때문이다.[6)]

61 메이요 주, 로서크(Rosserk)의 프란시스코 대수도원, 15세기 중반 (아일랜드 공공작업위원회)

게일 아일랜드인 역시 바다를 건너 온 위대한 왕자에 대해 깊은 인상을 받았다. 그렇게 많은 게일 부족장들이 그에게 복종한 데 대해 동시대의 관찰자는 "일 년이 거의 끝나기 전에, 아일랜드에서 가장 거친 아일랜드인도 잉글랜드인에게 맹세해야 할 것"[7]이라는 지나치게 낙관적인 희망을 표현했다.

1449년 10월, 후에 클래런스 공작이 된 아들 조지(George)가 공작과 부인 사이에서 태어났다. 열정적 분위기 속에 그는 더블린의 세례반(洗禮盤)에서 오먼드와 데스먼드의 백작들을 대부로 삼아 세례를 받았다. 1450년 8월 그가 아일랜드를 떠날 무렵 리처드는 40년 이상 지속되었던 요크가의 대의와 아일랜드 간의 관계를 효율적으로 강화했다. 요크가 세력이 1459년 9월 루드퍼드(Ludford) 다리에서 참패했을 때 공작이 피난처로 택한 곳이 바로 아일랜드였다. 여기서 그는 환대받았으며, 아일랜드 의회는 아일랜드의 총독으로서 그의 지위를 합법화하는 조치를 취했고, 잉글랜드 의회가 내린 반역죄에 반대하여 그를 보호하기로 했다. 따라서 1460년에 아일랜드 의회는 아일랜드 의회가 수락한 법에 의해서만 의무를 이행할 필요가 있고, 아일랜드 외부의 의무에 답하기 위해 아일랜드 거주자를 소환하는 잉글랜드에서 온 영장은 무효임을 선언했다.

그러한 조치는 적어도 일시적으로는 잉글랜드와 아일랜드가 충성도에서 달랐다는 사실로 인해 요긴해졌다. 다시 말해 잉글랜드가 여전히 나약한 헨리 6세를 인정한 반면, 아일랜드는 이에 반역한 요크가 공작을 지지한 것이다. 아일랜드에서 그 공작은 잉글랜드의 왕좌를 손에 넣으려는 시도에 착수했다. 하지만 그는 아일랜드를 떠난 바로 직후인 1460년 12월 웨이크필드 전투(battle of Wakefield)에서 전사했다. 랭커스터가는 그의 머리를 베어 종이 왕관을 씌운 채 요크가의 성벽 위에 얹어 놓았다. 이러한 역전에도 불구하고 결국에는 요크가의 대의가 잉글랜드에서 승리했고 공작의 아들 에드워드 4세(Edward IV)가 1461년 3월 왕위에 올랐다. 따라서 잉글랜드와 아일랜드 간에 좀 더 지속적인 분할의 가능성을 피할 수 있게 되었다.

아일랜드에 랭커스터가의 지지자가 없었다는 것은 아니다. 오먼드의 버틀러가는 요크가의 대의에 대한 전반적인 호의에 가담하지 않았으며, 존 버틀러 경(Sir John Butler)은 아일랜드 내부에 랭커스터가의 희망을 부활시키기 위한 시도를 했다. 하지만 1462년 그의 군대는 캐릭-온-쉬르(Carrick-on-Suir) 근처의 필타운 전투(battle of Pilltown)에서 데스먼드 7대 백작의 아들인 토머스 피츠제럴드(Thomas Fitzgerald)에게 패배하는 고통을 겪는다. 『4인 정복자의 기록(The Annals of the Four Masters)』에는 "개와 새들이 먹어치운 수 이외에도 410명의 부하들이 살해되어 매장당했다"라고 기록되어 있다. 데스먼드의 전리품 중에는 『카셀의 시편서(The Psalter of Cashel)』로 알려진 위대한 아일랜드 성서사본의 필사본 일부가 있었다.

데스먼드의 백작이 아일랜드어로 글을 쓰는 작업에 관심을 가졌다는 것은 놀랄 만한 일이 아니었다. 데스먼드 백작들의 점차적인 게일화는 이전 100년 동안에 특징의 하나였다. 데스먼드의 3대 백작인 제럴드(Gerald)는 1398년 죽을 무렵 '아일랜드어 시의 재기 넘치고 독창적인 시인'으로서 『클론막노이즈 연대기(The Annals of Clonmacnoise)』에서 찬양받았으며, 『퍼모이의 서(The Book of Fermoy)』에 그의 시 몇 편이 남아 있다. 토머스(Thomas)는 게일 자료에서 다음과 같이 기술했다.

그 당시 아일랜드에서 자신의 부족 중 그가 가장 빛나는 것은 그의 준수함과 고매함 때문이며, 친절함과 기사도 정신 때문이며, 가난한 사람과 곤궁한 주님에 대한 자선과 인간애 때문이며, 평신도와 사제 그리고 시인들에게 보석과 부를 베푸는 그의 관대함 때문이다.[8)]

필타운에서의 승리는 토머스 피츠제럴드를 아일랜드 내부에서 가장 강력한 군주로서 확립시켰다. 1463년 3월 그가 데스먼드의 8대 백작으로서 자신의 아버지를 계승했을 때 요크가의 왕 에드워드 4세는 그를 아일랜드의 총독(chief governor)으로 임명했다. 동시에 왕은 그에게 게일의 법과 관습의 수용에 대한 경고도 함께 했다. 4년간의 통치기간 동안 데스먼드는 앵글로-아일랜드와 게일 아일랜드 지도자와의 유대를 통해 자신의 바로 앞선 선임자보다도 훨씬 더 넓은 지역에서 권위를 행사했다.

코크 주는 오랜 세월이 흐른 1463년에야 처음으로 의회에 대표를 배출했다. 이 의회에서 게일 아일랜드인과의 교제에 관해 온건한 법이 만들어져서 코크, 워터퍼드, 리머릭과 요갈의 시민들은 게일 아일랜드 이웃과 법적으로 교역이 가능해졌다.

일반적으로 페일 지역 바깥의 타운들은 그들을 에워싼 지방이 게일 아일랜드어로 되돌아간 훨씬 뒤까지 언어와 감성에서 잉글랜드적인 것으로 남았다. 하지만 그 타운들은 고립되어 존재할 수 없었다. 1463년 법령(statute)은 "이 땅에 있는 모든 시장과 도시 그리고 타운의 이익은 언급된 도시들과 타운들로 상품을 가져오는 아일랜드인에게 최우선으로 달려 있다"[9)]는 점을 공표했다. 타운들끼리나 더블린과 타운의 교류도 쉽지 않았다. 15세기 아일랜드에서 육지 여행은 어려웠고 위험이 따르는 일이었다. 일부 타운의 시장(市長)들이 여행에 따르는 위험 때문에 왕에 대한 충성의 서약을 수행하기 위해 더블린으로 오는 의무를 면제받을 정도였다. 의회 의석은 이와 같은 이유로 비워졌다. 캐슬더멋(Castledermot)의 타운이 게일 아일랜드인의 수중에 들어간 이후 페일에서 아일랜드 내부로 들어가는 여정에는 훨씬 더 큰 위험이 따랐다. 후에 지적되었듯이 그 타운은,

그곳과 그 주위에 거주하고 있는 왕의 가신(家臣)들을 위한 레인스터의 중심지 중 하나였으며, 얼스터의 여러 지역과 동부 지역으로부터 그리고 라우스, 미드, 더블린과 킬데어 주에서부터 먼스터의 여러 곳까지 지나가야 하는 왕의 부하들에게는 방위 수단이자 좋은 피난처였다 ……. 〔하지만〕 타운은 적들에 의해 완전히 파괴되어 그 주위의 지역 모두가 마지막으로 파괴될 때까지 결코 회복되지 못했다.[10)]

살아남은 타운들은 잉글랜드인의 관심 대상이 된 성곽으로 둘러싸인 고립된 장소로 남았다. 워터퍼드는 1462년 존 버틀러 경에 의해 점령된 바 있었지만, 요크가의 왕위요구자인 퍼킨 워베크(Perkin Warbeck)가 아일랜드 내부의 지지를 위한 자신의 노력을 새로이 했던 때인 1495년에는 10일 간의 포위를 견뎌냈다.

데스먼드가 권좌에 있는 기간 동안 아일랜드 내부에 고등교육의 중심지를 제공하려는 일부 시도가 있었다. 지역 대학의 부재로 앵글로-아일랜드인과 게일 아일랜드인 학생들은 케임브리지와 옥스퍼드에 있는 대학으로 갔다. 하지만 이들 많은 유학생들은 낯선 환경에서 행복하게 정착하지 못했다. 1422년 잉글랜드 의회는 옥스퍼드 대학에서 소동을 선동한 죄로 고소당한 사람들인 이른바 '거친 아일랜드인(wild Irishmen)'이라 불린 사람들에 대한 법령을 제정했다. 아일랜드인의 대학 입학이 제한을 받았고, 아일랜드 학자들을 자신의 숙소에 거주하지 못하게 하고 잉글랜드 동료 학생들과 함께 거주하도록 명령했다. 하지만 심지어 이러한 단계에서도 아일랜드 유학생들은 쉽게 잉글랜드 사회에 통합하지 못했다. 아일랜드 드로에다에 '옥스퍼드 대학처럼 모든 학문 분야에서 학사, 석사와 박사가 될 수 있는' 대학을 설립하려는 데스먼드의 계획은 불행하게도 수포로 돌아갔다. 하지만 그는 1464년 요갈에 어느 정도 옥스퍼드의 올 소울즈(All Souls)를 모델로 한 칼리지를 창설하는 데 성공했고 이를 성모 마리아에게 헌정했다.

데스먼드가 시도한 게일 아일랜드와의 가까운 관계는 궁극적으로 미드의 잉글랜드 주교인 윌리엄 셔우드(William Sherwood)가 이끌던 페일 거주자의 반감을 초래했다. 데스먼드는 군대를 보조하기 위해 '공짜 말 사육(coign and livery)'을 강요했다는 이유로 고소당했다. 그의 임명 당시 잉글랜드 왕은 "그곳에서 우리의 진실한 백성들을 강요하거나 억압하는 일, 특히 공짜 말 사육이라 불리는 가증스럽고 비합법적인 강요와 억압으로 그들을 혹사하는 일"[11]을 제지하도록 그에게 주의를 준 바 있었다. 그가 처남 오팔리의 오코너 페일리(O'Connor Faly)에 의해 포로가 되었을 때인 1466년 그의 군사행동에서, 그는 자신이 싸우던 사람들이 적인지 아니면 동맹을 맺었던 사람인지를 게일 부족장들로부터 쉽게 변별할 수 없었다. 이러한 고려사항들 때문에 1467년 에드워드 4세는 워체스터(Worcester)의 백작 존 팁토프트 경(Sir John Tiptoft)을 아일랜드에 발령했는데, 그는 데스먼드 총독을 대신할 인물이었다. 팁토프트는 잉글랜드의 귀족으로서 학식과 함께 적에 대한 냉혹함과 무자비함으로 잘 알려진 사람이었다. 왕의 적들을 즉결 처형함으로써 그는 '도살자(the butcher)'라는 썩 부럽지 않은 별명을 얻었다. 그가 아일랜드에 도착한 직후 데스먼드의 백작과 그의 처남인 킬데어의 백작은 게일 아일랜드인과 연관되었다는 이유에서 반역죄로 고소당했다. 데스먼드가 그 고발에 응해 드로예다에 왔을 때 붙잡혀서 1468년 2월 14일에 참수형을 당했다.

데스먼드의 처형은 게일 역사에서 충격적인 놀라움으로 기술되었다.

> 이 해에 드로예다에서 행해졌던 큰 행적, 즉 데스먼드의 백작 …… 이 참수를 당했다. 지식인들은 그보다 더 나은 외국의 젊은이가 일찍이 아일랜드에는 없었다고 설명했다. 그는 색슨의 백작에 의해 반역자로 처형당했다 …….[12]

백작의 처형에 대한 직접적인 반응은 게일인과 앵글로-아일랜드 군주들의 봉기였는데, 팁토프트는 이에 대항할 군대를 가지고 있지 않았다. 따라서 협정은 킬데어가 그의 힘으로 레인스터의 아일랜드인을 평화롭게 한다는 조건을 수락하여 권력을 되돌려 받는 것으로 맺어졌다. 이어서 팁토프트는 잉글랜드로 돌아갔는데, 1470년 일시적인 랭커스터가의 복귀 기간 동안 그곳에서 죽음에 직면했다. 이때 악명 높은 '도살자'에게 린치를 가하고 싶어 하는 군중들 때문에 처형은 하루가 연

62 킬케니 주, 제르포인트(Jerpoint)의 시토 수도원 회랑에 조각된 인물들, 15세기 (아일랜드 공공작업 위원회)

기되었다.

팁토프트의 임무가 실패한 것은 아일랜드 정착에 관한 어떠한 시도도 실로 어렵다는 것을 보여주었다. 아일랜드를 다시 성공적으로 점령하기 위해서는 어떠한 잉글랜드 왕이 지출하려고 준비한 것보다 훨씬 큰 재원이 필요했다. 따라서 유일한 대안은 데스먼드와 킬데어 같은 앵글로-아일랜드인 군주에게 아일랜드 정부를 위임하는 것인데, 이들은 잉글랜드에서 보낸 사람들보다 게일 아일랜드와 밀접한 연계를 통해 훨씬 더 효율적이고 적은 비용으로 그 나라를 통치할 수 있었기 때문이다. 하지만 그러한 통치방법에는 앵글로-아일랜드 통치자가 잉글랜드 왕과는 독립해서 자신의 권력을 증진시키기 위해 자신의 지위를 사용할 수 있다는 점에서 내재한 위험이 있었다. 처형당한 데스먼드 백작에 대한 비난 중의 하나는, 결코 입증된 적은 없었지만, 그 스스로 아일랜드의 왕이 되고 싶어 했다는 것이었다.

데스먼드 가문의 소외와 오먼드 가문의 명예 실추는 더블린과 매우 가까운 메이누스(Maynooth)의 튼튼한 성에 있는 킬데어 백작들이 상승할 수 있는 길을 열었다. 1478년 '위대한 백작(the great earl)'으로 유명한 개럿 모어 피츠제럴드(Garrett More Fitzgerald)가 총독직을 계승했다. 이 위대한 백작의 권력은 아일랜드를 대표하는 최고 권좌라는 지위에만 전적으로 달려 있지는 않았다. 그는 첫 번째 결혼에서 6명의 딸을 얻었는데, 그들 모두가 '혼인을 잘했다'. 이로 인해 그는 아일랜드에서 앵글로-아일랜드와 게일 아일랜드의 결합으로 수많은 최고의 가족들과 연계를 형성했다. 특히나 가까운 연계는 타이론(Tyrone)의 오닐 가문과 이루어져, 백작의 여동생인 엘리너(Eleanor)는 콘 모어 오닐(Conn More O'Neill)과, 그들의 아들인 타이론의 백작 콘 바카흐 오닐(Conn Bacach O'Neill)은 자신의 사촌이자 피츠제럴드 백작의 딸인 앨리스(Alice)와 혼인했다.

피츠제럴드의 전통에서 그 백작은 아일랜드의 언어와 문화에 지대한 관심을 보였다. 그의 관심 확장은 어느 정도는, 라틴어와 프랑스어 그리고 아일랜드어 작품을 소장한 자신의 서재에서 이루어질 수 있었다. 스스로 게일인과 앵글로-아일랜드인의 충성심을 끌어들임으로써 백작은 아일랜드 전체의 정신성(spirit)을 체현하는 데에서 누구보다 앞서 나아갔다. 분명 백작은 잉글랜드의 아일랜드 통치에 대한 잠재적인 위협이 되었다. 하지만 요크가 음모 사건에서 그는 스스로 독립적인 통치자가 되기 위함이 아니라, 그가 애착심을 가진 요크가의 대의를 지지하기 위해서 자신의 권력을 사용했다.

따라서 랭커스터 튜더가인 헨리 7세(Henry VII)가 잉글랜드의 후계자가 되었을 때, 아일랜드는 다시 한 번 요크가의 음모에 연루되었다. 1487년 요크가의 왕위요구자인 램버트 심널(Lambert Simnel)은 에드워드 4세의 조카로서 아일랜드에서 환대를 받았다. 5월 24일 아일랜드 귀족과 여성 대수도원장의 대규모 모임에서 잉글랜드의 에드워드 6세로 왕위에 올랐다. 개럿 모어 피츠제럴드 백작의 동생인 토머스 피츠제럴드는 이 소년 왕위요구자를 옹호하면서 잉글랜드를 습격했으나, 1487년 6월 스토크(Stoke)에서 패배했다. 심널은 포로로 잡혀 잉글랜드 왕의 부엌에서 일하는 하인이 되었다. 또 다시 1491년 두 번째 요크가의 왕위요구자인 퍼킨 워베크가 코크에서 리처드 왕자로서 환대를 받았다. 워베크는 1492년 봄에 다시 아일랜드를 떠났지만, 데스먼드와 킬데어의 두 백작들은 잉글랜드 왕으로 그를 추대할 계획을 추진했다.

헨리 7세는 이제 아일랜드에서 보이는 계속되는 위협을 좌시할 수 없었다. 1494년 왕은 에드워드 포이닝스 경(Sir Edward Poynings)을 아일랜드에 보냈는데, 그는 유능한 군인이자 행정가로 왕이 망명했을 당시 동행한 바 있으며, 1485년 보스워스(Bosworth)에서 헨리가 승리한 이후 기사 작위를 받았다. 포이닝스는 '전적으로 완벽한 복종(whole and perfect obedience)'으로 그 나라를 순순히 떠받들고자 하여, 요크가 왕위요구자들이 아일랜드를 하나의 기지로서 또 다시 사용하는 것을 막으려 했다. 우리가 북부의 수장인 오핸런(O'Hanlon)의 증언을 신임할 수 있다면, 킬데어의 백작 또한 포이닝스의 능력을 인정했다. 그가 오핸런에게 한 경고는 다음과 같다.

63 헨리 7세, 1485~1509, 알려지지 않은 플랑드르의 화가 그림 (국립초상화 미술관, 런던)

> 그대가 나와 나 자신에게 대항할 시도를 하지 않는 것처럼 그 총독에 대항하기 위해 어떤 시도도 하지 말라. 그 이유는 그는 나보다도 훨씬 더 나은 사람이기 때문이다. 하지만 그와 평화를 유지하기 위해 그에게 그대 아들을 볼모로 바쳐라.[13)]

포이닝스가 1494년 12월 드로에다에서 소집했던 의회의 법령은 중세 아일랜드 의회에서 가장 잘 알려진 입법이다.

페일의 4개 주(라우스, 미드, 더블린과 킬데어)와 그 나라의 나머지 사이의 분할은, 이 지역의 국경에 사는 거주인들에게 게일 아일랜드인 침략자들을 격퇴하기 위한 6피트 높이의 이중 도랑 건설을 요구하는 법령의 포고로 명백하게 인정되었다. 이와 유사한 방어적인 성격에서 아일랜드의 중요한 성들, 즉 더블린, 트림, 애슬론, 위클로, 그린캐슬(Greencastle)과 캐릭퍼거스(Carrickfergus) 같은 중요한 성들에 잉글랜드에서 태어난 성주(城主)들을 배치해야 한다고 규정했다.

1366년 킬케니 법령을 통해 아일랜드어와 법 그리고 관습의 사용을 금지하려는 시도가 있었다. 이 규정은 이제 아일랜드어 사용의 금지라는 중요한 예외를 둔 채 승인되었다. 1366년 이래 아일랜드어의 사용이 널리 퍼지자 이를 제한하려는 어떠한 시도도 소용이 없었다. 1394년 이전 앵글로-아일랜드 거물급 중 가장 잉글랜드적인 오먼드 백작은 리처드 2세와 게일 부족장 간의 거래에서 통역자로 행동할 수 있었다. 이제는 페일 지역과 일부 타운들만 영어 사용권으로 남았다.

일반적으로 킬케니 법령은 게일인 부활을 저지하는 데 실패했다. 심지어 머리 스타일과 복장조차 게일인 관습이 지배적이었다. 이는 1537년에 다시 금지되었는데, 다음과 같은 법령이 내려졌을 때다.

> 이 나라 안에서 왕의 백성들 어느 누구도 …… 귀 위의 길이로 머리카락을 깎거나 손질해서는 안 되며, 또한 '글리브스(glibes)'라 불리는 긴 머리타래처럼 이마 위로 가발 머리를 사용해서도 안 되며, 또한 '크롬밀(crommeal)'이라 불리거나 이름 지어진, 윗입술 위로 어떤 털도 자라도록 하거나 다듬어서도 안 될 것이다 …….

동시에 사람들은 아일랜드 방식을 본 따서 만든 "어떤 망토나 코트 또는 후드를 입는 것도 금지되었다".[14)]

항상 그래왔듯이, 이 시기 동안 사람들의 의복은 부와 지위에 따라 달랐다. 습지와 산악지대에 사는 가난한 거주자들은 항상 아일랜드식의 소매 없는 망토 이상의 옷이 거의 없었고 모자도 쓰지 않았다. 좀 더 여유 있는 사람들은 프리즈(frieze)〔띠 모양의 장식_옮긴이〕나 천으로 된 망토를 선호했으며, 사프란의 샛노란 빛깔로 물을 들이고 넓게 늘어뜨린 소매와 수많은 주름으로 모아지는 넓은 리넨 튜닉을 선호했다. 머리 위로는 프리즈의 고깔 모양 캡을 썼고, 다리는 '트류스(trews)'라 불린 딱 달라붙는 반바지로 에워쌌다. 여성들은 밝은 색의 스커트, 킬트로 된 것과 비단이나 여러 장식으로 수놓은 것을 좋아한 반면에, 머리에는 접힌 리넨으로 된 후드를 썼다. 언어와 법의 경우처럼 이러한 영역에서도 잉글랜드인의 '우리에게 그들 방식을 가르치기 위한' 시도는 성공적이지 못했음이 증명되었다.

또한 거주하는 집의 수준도 달랐다. 타워로 된 집은 그 당시에 앵글로-아일랜드 젠트리와 게일 부족장의 전형적인 거주지였으며, 여러 층으로 된 인상 깊은 이러한 구조물은 적들의 노략질을 방어하는 구실을 했을 뿐 아니라, 친구들을 위한 환대와 여흥의 장소이기도 했다. 다른 한편으로 관찰자들이 1516~1517년 아다(Ardagh)와 클론막노이즈의 교구로부터 교황에게 보낸 보고서에 의하면, 수많은 아일랜드인들이 가축과 함께 들판과 동굴에서 살았고, 일부의 집들은 나무와 짚으로 빈약하게 구성되었다고 한다.

1494년 의회에서 제정된 가장 유명한 법이 후에 포이닝스 법(Poynings' Law)*으로 알려졌는데, 이 법은 1782년에야 사실상 철폐되었다. 이 법의 협약에 따르면 먼저 왕실의 허가를 받고 잉글랜드의 왕과 추밀원에 알려서 재가를 얻어, 발의하기로 한 법령이 승인을 받은 후에야 아일랜드에서 의회가 열리게 되었다. 다음 3세기 동안 이에 대한 해석은 다양하게 이루어졌지만, 그 당시 이 법령의 주된 목적은 1487년 킬데어가 램버트 심널의 잉글랜드 왕위계승권을 공식적으로 인정받게 했던 것처럼, 총독이 의회를 이용하여 왕의 이익을 해치는 것을 막기 위함이었다.

포이닝스 의회(Poynings' parliament)는 위대한 백작의 구속으로 야기된 반란을 배경으로 생겨났다. 포이닝스는 킬데어의 백작이 북부 지역의 게일 아일랜드 부족장과 반역적인 동맹을 맺었다고 의심했다. 하지만 백작은 1496년 헨리 7세에 의해

* 헨리 7세에 의해 총독으로 아일랜드에 파견된 에드워드 포이닝스 경은 아일랜드 의회를 소집하여 '포이닝스 법'이라 불린 드로에다 성문법을 통과시켰다. 이 법은 아일랜드 의회는 잉글랜드 왕의 동의 없이 열리지 못하고, 어떠한 법안도 왕의 허락을 먼저 받아야 함을 명시했다. 또한 잉글랜드에서 통과된 모든 법은 아일랜드에서도 법이 되어야 한다는 요지로, 사실상 아일랜드에서 자치가 끝났음을 의미했다. 1782년 애국지사들의 노력으로 철폐되었다__옮긴이

권력이 회복되어 1513년 그가 죽을 때까지 아일랜드를 통치했다. 그가 '아일랜드의 왕이나 마찬가지인' 것으로 언급되기는 하지만, 그는 스스로를 그 나라의 독립적인 통치자로 내세우려는 시도를 하지 않았다. 그가 아일랜드 내부에서 행사한 힘은 1504년 노크도(knockdoe) 전투에서 클랜릭커드 버크가(Clanrickard Burkes)에 대한 승리로 널리 드러났지만, 요크가에 대한 지지에서 해방이 된 그는 튜더 군주에 충성했다. 그의 지휘하에 게일과 앵글로-아일랜드 지도자들이 군대를 결합함으로써 킬데어 백작은 버크가 이끄는 유사한 동맹을 진압했는데, 일부 보고서에 의하면 버크의 부인이 된 킬데어 백작의 딸 유스타시아(Eustacia)를 버크가 홀대하여 이러한 갈등이 유발되었다고 한다. 튜더 왕들은 충성스런 신하들이 아일랜드를 통치하는 것에 만족스러워했다.

잉글랜드로부터 어떤 간섭도 받지 않는 이러한 정책은 개럿 오게(Garret Oge)가 1513년 그의 아버지를 계승하여 킬데어 백작이자 총독이 된 이후에도 몇 년 동안 지속되었다. 하지만 1519년 강력한 헨리 8세는 아일랜드 정책에 대해 좀 더 적극적인 관심을 취하기로 결정했다. 킬데어 백작은 런던으로 소환되었고, 군인이자 정치인으로 능력을 칭송받고 있던 귀족 서리(Surrey) 백작이 더 나은 질서와 복종을 얻기 위해 작은 병력을 가지고 아일랜드에 파견되었다.

서리는 그 과업이 자신의 능력을 초월해 있음을 깨달았다. 1521년 그는 아일랜드가 정복에 의해서만 진압될 수 있다는 신념을 갖고 이를 위해 포병과 군수품 지원을 받는 6,000명 규모의 군대가 필요하다고 잉글랜드 왕에게 보고했다. 연속적으로 점령한 아일랜드의 각 지역을 통제하기 위해 성벽도 쌓아야만 했다. 식민지의 더 큰 계획이 수반되지 않는 한 군대 점령만으로는 견뎌낼 수 없었기 때문에, 아일랜드 영토를 점령하기 위해 잉글랜드인 정착민(English settlers)을 보내는 것 또한 필요했다. 하지만 헨리 8세는 그러한 전단(專斷) 정책(a thorough policy) 비용을 충당할 수 있는 준비가 되어 있지 않았고, 서리는 1522년 다시 소환되었다.

서리는 또한 아일랜드 교회의 통합과 '잉글랜드화(anglicisation)'를 실행하도록 강요당했다. 이는 평범한 배경에서 출세하여 잉글랜드 교회의 실질적인 수장이자 왕의 수석 고문이 된 잉글랜드인 추기경 울지(Wolsey)의 권위 아래에서 행해져야 했다. 하지만 이러한 과업 역시 서리에게 극복하기 어려운 장해물이 되었다.

아일랜드에서 교회는 세속 사회의 분리를 반영하고 있었다. 아마에 있는 대주교 관구는 자체적으로 남부의 페일 거주지와 북부의 게일 아일랜드인 간에 분리되었다. 대주교는 '게일 아일랜드인 사이(among the Gaelic Irish)'에서 자신의 신자들에 대한 관할권을 거의 실행할 수 없었는데, 그는 평상시에 아마가 아니라 라우스 주의 터먼펙킨(Termonfeckin)에 있는 자신의 성에서 살았기 때문이다. 15세기 동안 게일 아일랜드인이 거주하고 있는 교구에 임명된 잉글랜드인 주교들은 보통은 부재자(absentees)였고, 그들이 그 교구에 살았더라도 신자들의 언어나 전통 중 어느 하나도 이해할 수 없었을 것이다. 잉글랜드인 관리이자 아마의 대주교 관직에 임명되었던 울지의 하인 존 카이트(John Kite)는 자신이 책임을 졌던 게일인과 앵글로-아일랜드인 모두의 '야만성(barbarity)'에 대해 주인에게 심한 불평을 했다. 다른 많은 교구에서 주교직은 특정한 게일 아일랜드인 가족의 개인 영역이 되었고, 많은 주교들은 서자(庶子)들이었다. 세속적이고 군사적인 업무에 매여 있던 고위 성직자들은 심지어 자신들 교회의 수리를 등한시하기까지 했다. 1516~1517년의 기록에 의하면 클론막노이즈와 아다의 사원은 모두 폐허가 되었다. 아다에서 작가는 다음과 같이 언급했다.

> …… 벽들이 거의 남아 있지 않다. 벽 안에는 오직 하나의 제단만 있는데, 대기에 노출되어 있고, 오직 한 사제만이 미사를 진행하고 있으며, 이것조차 흔하지 않았다. 성구실(聖具室)에는 종루나 종조차 없었고, 갖추어 놓은 것이라고는 미사의 집행을 위한 필수품만이 간신히 그 교회의 찬장 안에 놓여 있다.[15)]

1515년 아일랜드의 종교적 상황에 대한 또 다른 관찰자의 보고서에 의하면,

> 그 교회에 대주교, 주교, 수도원장, 소 수도원장, 잉글랜드 국교회의 교구사제나 교구

64 1500년경 페일과 대군주제를 보여주는 아일랜드 지도 (*A History of Medieval Ireland*, 1938)

목사 등 지위의 고하를 막론하고, 또는 잉글랜드인이든 아일랜드인이든 가난한 탁발승 거지들을 구원할 주님의 말씀을 설교하는 데 익숙한 어느 누구도 없었다 …….[16)]

탁발승 거지들과 프란시스코, 도미니코와 아우구스티누스 성직에 있는 수사들이나 개혁된 종파가 이러한 일반적인 비난으로부터 예외였다는 것은 정당성을 가지고 있다. 아일랜드 전역에 걸쳐 수적으로 늘어난 이들 수도회는 그 운동의 힘을 입증해준다. 지속적인 설교와 성사(聖事) 행정을 통해 이 시기 동안 아일랜드에서 종교를 살아 있게 만들었고, 1533년 앤 볼린(Anne Boleyn)과 결혼 후 로마와 조약을 파기한 헨리 8세가 만든 종교적 혁신에 대해 아일랜드인의 저항을 강화했던 사람들이 이들이었다.

같은 해 개럿 오게는 마지막으로 잉글랜드에 소환되었다. 그가 1534년 2월에 떠났을 때, 그는 정부를 자신의 맏아들 로드 토머스 오팔리(Lord Thomas Offaly)에게 맡겼다. 1534년 6월 11일 오팔리는 각각 비단 술이 장식된 재킷을 입은 채 무장한 부하들과 함께 더블린으로 질주해 들어갔는데, 그때 오팔리의 웃옷 장식으로 얻은 이름이 '비단 토머스(Silken Thomas)'였다. 그는 성 메리 수도원(St. Mary's Abbey)에 있는 지방의회 회의소(council chamber)에서 국가의 검을 바닥에 메어치면서 더 이상 왕의 총독이 아니라 왕의 적이라고 선언하여 의회 의원들을 놀라게 했다.

이러한 반란에 대한 전통적인 설명은 이를 전적으로 토머스의 젊은 혈기에서만 원인을 찾는 경향이 있었다. 하지만 최근의 연구는 토머스가 자신의 아버지의 이해를 구하고 그의 동의하에 행동했음을 제시한다. 그 모반의 목적은 그가 아일랜드 정부에서 킬데어 백작들에 대한 자신의 신뢰를 버릴 수가 없었다는 것을 왕에게 설득하는 데 있었다. '비단 토머스'가 제안한 요구는 이러한 점을 분명히 했다. 그는 아일랜드의 종신 총독직 유지의 허용과 모반을 일으킨 귀족의 사면을 요구했다.[17]

비록 '비단 토머스'가 헨리 8세의 종교 정책에 반대한다는 배경에서 지지를 얻고자 했지만, 그의 반란이 종교 정책에 대한 반대로부터 유발된 것은 아니었다. 하지만 종교는 유럽의 어느 곳과 마찬가지로 아일랜드에 불을 지르는 문제가 되었다. 잉글랜드와 아일랜드 간에 이미 존재해 있는 언어와 문화 그리고 전통의 차이에 종교의 차이가 덧붙여졌을 때, 잉글랜드의 입장에서는 아일랜드의 재점령이 단지 바람직할 뿐만이 아니라 절박한 정치적 필요성으로 다가왔다.

11

튜더 왕조의 정복(1534~1603)

THE TUDOR CONQUEST(1534-1603)

헨리 8세는 1509년 잉글랜드의 왕권을 이어받고 1541년에는 아일랜드의 왕이 되었는데, 이때는 노르만이 침공했을 때와 아일랜드의 대부분에 걸친 잉글랜드의 통치가 끝난 때의 거의 중간쯤이다. 하지만 헨리 8세라는 오만하고 잘 알려진 인물은 아일랜드의 역사에 관한 한 중간 이상의 큰 족적을 남겼다.

그의 통치는 아일랜드의 새로운 출발을 의미했다. 그가 통치하기 이전의 시기, 특히 바로 앞 1세기 동안 잉글랜드의 왕권은 아일랜드 대부분의 지역에서 그 세력을 행사하지 못했다. 하지만 헨리와 그의 후계자들이 자신들의 관심사를 너무나 잘 밀어붙여 헨리의 딸 엘리자베스(Elizabeth)는 순조롭게 그녀의 후계자로 후에 잉글랜드의 왕 제임스 1세(James I)가 되는 스코틀랜드의 제임스 6세(James VI)에게 하나밖에 없는 어떤 것을 물려줄 수 있었는데, 그것은 바로 전체 영국 섬에 대한 통치권이었다. 그들 사이에는 튜더 왕조를 이룬 네 명의 군주 — 헨리 8세, 에드워드 6세, 메리, 엘리자베스 — 가 있었는데 이들이 아일랜드의 정복을 완성했다. 그들은 처음으로 아일랜드 전역에 중앙정부의 통제를 실행했을 뿐만 아니라, 그 정부가 잉글랜드 정부가 되어야 함을 확실히 했다.

이들 군주에게 아일랜드 인수(引受)의 영감을 불러일으킨 중요한 동기는 스스로의 보호였다. 튜더 왕조의 첫 번째 왕 헨리 7세는 잉글랜드에서 권력을 잡았으며, 그와 후계자들은 이를 유지하기로 결심했다. 그들은 국내의 경쟁자나 외부의 적들이 자신들에게 대항하기 위한 작전 기지로서 아일랜드를 이용할지 모른다는 점을 두려워했다. 그들의 입장에서 아일랜드의 반항은 16세기가 진전됨에 따라 그리고 그들이 그 시기 유럽인들의 권력 투쟁과 종교전쟁에 훨씬 더 깊이 관련됨에 따라 점점 커지는 위험한 것이었다. 16세기 말경 잉글랜드인이 에스파냐에 대항한 네덜란드의 반란자를 도우려 했던 것처럼, 에스파냐 사람들이 잉글랜드에 대항하고 있는 아일랜드의 반란자를 도울지도 — 사실 그랬다 — 몰랐다. 튜더 왕조가 잉글랜드를 계속 통치하려 한다면, 아일랜드 역시 통치해야만 했다.

튜더 정부에게 아일랜드의 정복을 위한 더 중요한 동기는 후대에 이른바 제국주의 팽창이라 불렸던 것과 관련된다. 잉글랜드는 에스파냐의 커다란 권력에 질투심을 느꼈고, 해외로 잉글랜드의 교역과 영토를 확장시킬 필요성이 있다는 생각에 사로잡히기 시작했다. 제국을 건설하기 위한 잉글랜드의 첫 번째 단계가 브리티시 제도 안에서 이루어졌다. 이 중 아일랜드는 잉글랜드의 식민지 사업을 위한 첫 번째 장(場)이 되었다. 월터 랠리 경(Sir Walter Raleigh)과 험프리 길버트 경(Sir Humphrey Gilbert) 그리고 랠프 레인(Ralph Lane)은 북미에서 초기 잉글랜드 식민지를 개척한 지도자들로, 이들은 아일랜드에서 첫 번째 경험을 얻었고, 잉글랜드는 대서양으로 도약하기 전 아일랜드 해를 넘어서면서 영제국의 수립을 배웠다.

그러한 생각은 헨리 8세 시대에 앵글로-아일랜드인과 게일 아일랜드인을 분리해서 유지하는 초기의 잉글랜드 정책을 폐기하는 것으로 이어졌다. 곧바로 호전성이 방어의 자리를 대신했다. 1534년경 헨리는 그와 선임자들이 의존했던 앵글로-아일랜드 영주들의 도움이 필요 없어졌고, 아일랜드를 더욱 직접적이고 강압적인 방법으로 통치할 수 있었다. 더블린에서 열린 왕의 아일랜드 평의회가 가진 권력은 점차 증가했고, 잉글랜드를 위해 아일랜드를 통치해야 했던 군주의 노련하고 충성스런 신하들의 여러 세대 선조였던 새로운 종류의 잉글랜드인 관리들이 모습을 나타내기 시작했다.

65 헨리 8세, 1509~1547, 홀바인(Holbein) 풍의 그림 (국립초상화 미술관)

9대 킬데어 백작의 아들로 앵글로-아일랜드인의 지도자이자 '비단 토머스'로서 유명한 토머스 피츠제럴드의 반란은 무자비하게 진압되었다. 왕을 대표한 윌리엄 스케핑턴 경(Sir William Skeffington)은 포병대로 피츠제럴드의 거점인 메이누스 성을 공격했다. 물론 총은 그 당시에 아일랜드에서 새로운 것이 아니었지만, 그가 말한 대로 "다른 사람들에게 무서운 본보기"[1]를 보이기 위해 스케핑턴은 자신의 무기를 새로운 목적으로 사용했다. 그는 요새를 박살내서 '비단 토머스'의 수비대가 항복하도록 만들었고, 생존자들에게는 '메이누스의 용서(the pardon of Maynooth)'를 주었는데, 이것은 그들의 처형이었다. 전쟁은 그 당시까지 빈번했지만, 잔인하지는 않았던 아일랜드 전투에서 이는 선례 없는 일이었다. 그리고 이것은 앞으로 닥칠 일을 예고했다. 아일랜드 역사에서 튜더 왕조 시기는 폭력의 시기였다. 반역 행위가 킬데어 가문의 몰락을 불러왔는데, 이때부터 총독은 잉글랜드인이 되어야 했고 — 그에게 대항할 수 있는 아일랜드 영주는 거의 없었다 — 1922년까지 더블린에는 항상 잉글랜드 군대가 주둔하게 되었다.

피츠제럴드 가문이 몰락한 6년 후인 1541년 헨리는 새로운 왕좌를 획득했다. 아일랜드 의회는 그를 아일랜드의 왕으로 선언했다. 1316년 왕위에 올랐지만 결코 통치한 적이 없었던 에드워드 브루스를 제외한다면, 헨리는 이러한 칭호를 얻은 첫 번째 군주가 되는 셈이었다. 그는 아일랜드 왕이라는 칭호가 자신의 왕족 선임자들이 지녔던 아일랜드의 영주라는 중세의 칭호보다 훨씬 낫다고 여겼는데, 이것이 아일랜드에 대한 그의 야망과 잘 맞아떨어졌기 때문이다. 이는 이 지위를 획득하기 위해 로마와의 관계를 끊었던 사람에게는 당연한 절차였다. 많은 사람들은 교황이

66 헨리 8세의 아일랜드 그로트(4펜스 은화) (아일랜드 국립박물관)

아일랜드의 왕이며, 잉글랜드의 왕들이 행사했던 권력은 "교황에 대한 복종 아래에서 통치하는 것에 지나지 않는 것"[2)]이라고 믿었다. 이제 그들의 환상은 깨졌다. 헨리는 자신의 새로운 권위에 걸맞은 새로운 상징물을 채택했다. 그가 주조한 화폐(coinage)가 보여주는 것처럼 그는 하프를 아일랜드의 상징으로 도입했다.

헨리는 레인스터의 피츠제럴드 가문에 맞서 승리를 가져다준 공격적인 군대를 계속 유지할 의향도 또 금전도(그의 새로운 경화주조에도 불구하고) 없었다. 반항적이었던 킬데어보다 다른 지역에서 그의 권한은 훨씬 적었지만, 그는 곧 스케핑턴의 무시무시한 방법을 버리고 다른 수단으로 아일랜드를 통제할 것을 제안했다.

'20마일 이상의 둘레'에 못 미쳤던 타운과 페일 지역 외부의 아일랜드에는 당시 동시대의 잉글랜드인들이 '잉글랜드인 반역자'와 '아일랜드인 적'이라 부른 두 계급이 주로 거주했다. '잉글랜드인 반역자'는 충성도가 떨어진 앵글로-아일랜드 영주로 게일인 삶의 방식을 많이 채택했으며, 데스먼드의 피츠제럴드(Fitzgerald), 먼스터의 로헤(Roche), 배리(Barry), 파워(Power)와 그 밖의 가문들, 레인스터의 버틀러(Butler), 딜런(Dillon), 티렐(Tyrrell)과 그 밖의 가문들, 코넉트의 버크(Burk)와 그 밖의 가문들 그리고 동부 얼스터의 새비지(Savage) 같은 일부 가문들이었다. '아일랜드인 적'은 훨씬 더 많았다. 그들은 60명 이상의 게일 영주나 지도자들로 그들 중 일부는 옛 주들에 있던 왕의 후손이었고, 이들 각자는 높거나 낮은 등급의 통치자로 모두 잉글랜드로부터 독립적이었다. 그들 중 좀 더 유명한 가문만을 열거하자면 얼스터의 오닐(O'Neill), 오도넬(O'Donnell), 맥과이어(Maguire), 맥마흔(MacMahon), 오렐리(O'Reilly), 레인스터의 카바나(Kavanagh), 오번(O'Byrne), 오모어(O'More), 오코너(O'Connor), 먼스터의 매카시(MacCarthy), 오브리언(O'Brien), 오설리번(O'Sullivan), 코넉트의 오코너(O'Connor), 오켈리(O'Kelly)가 있다.

이제까지 잉글랜드인은 이들 게일인 영주들을 영원한 적으로 간주했다. 그들이 그렇게 생각한 이유는, 노르만 침공 이후 3세기 정도 시간이 지났지만, 아일랜드 주민 중 게일인이 살았던 지역의 전통, 제도, 법과 언어 등 사회 체제가 여전히 잉글랜드와 달랐기 때문이다. 게일 아일랜드인은 자신들의 문화와 제도를 가지고 살았는데, 그 삶이란 그들의 조상이 태곳적부터 해오던 방식으로, 그들과 잉글랜드인이 아일랜드 섬에 이웃하고 살았다 하더라도 그들은 사실상 다른 두 나라였다. 잉글랜드인이 게일 아일랜드인을 멀리하면서 살았던 몇 세기 안에도 그들의 이해관계는 종종 증오를 부르는 갈등을 유발했다. 튜더 왕조의 새로운 정책이 그들의 차이점을 부인함으로써 그들의 독립을 제거하려고 했던 것이 분명해졌을 때, 곧 수많은 게일인 영주들은 이전보다 더 큰 증오심을 보이려고 했다.

그러나 헨리는 새로운 왕국의 정치가 평화롭게 펼쳐지기를 고대했다. 그는 전쟁에 잘 대비했지만, 1520년 자신의 아일랜드인 총독에게 이렇게 말했다.

> 우리와 우리의 평의회는 그대가 신중하고 정치적인 방법을 써서 아일랜드 영주들을 좀 더 복종시킬 수 있으리라고 진심으로 믿고 있네 ……. 그것은 힘이나 폭력으로 강제하거나 …… 가혹한 처사보다는 법과 이성에 기반을 둔 온건한 방식과 정치적 추진력 그리고 붙임성 있는 설득으로 이루어져야만 하는 것일세.[3)]

20년이 지난 후 총독들(Lord Deputies)인 그레이(Grey)와 성 레거(St. Leger)가 아일랜드 전역에서 일련의 원정으로(실제로는 침공이었지만) 정부의 세력을 과시했지

67 아일랜드 전사와 농민. 1521년 알브레히트 뒤러(Albrecht Dürer) 작 (아일랜드 국립미술관)

만, 헨리는 여전히 "선량하고 분별 있는 설득"[4]을 권고하고 있었다. 그리고 그의 정책은 결실을 맺었다. 데스먼드 백작은 그에게 무릎을 꿇고 복종했다. 골웨이의 맥윌리엄 버크는 겸손하게 용서를 구했다. 오브리언도 항복했다. 얼스터의 가장 위대한 영주인 콘 오닐은 잉글랜드로 건너가 통역자의 말을 통해 헨리의 자비에 감사했고 그에게 충성을 맹세했다. 이들 셋은 작위를 받았다. 버크는 클랜릭커드의 백작으로, 오브리언은 쏘먼드의 백작, 그리고 오닐은 타이론의 백작이 되었다. 1547년 헨리가 죽었을 당시 지도적 위치에 있는 게일인과 앵글로-아일랜드인 40명이 평화를 유지하며 잉글랜드 법에 복종할 것을 약속했다.

아일랜드 제도를 따르면서 살고 있었던 이들 영주들은 이렇게 왕에게 자신들의 땅을 바쳤고, 봉건제의 봉토로서 그들의 땅을 다시 돌려받았다. 이들 모두는 영어를 배우고 아일랜드 의복 착용을 중지함으로써 옛 풍속을 버리는 데 동의했고, 왕의 지배 동안 언어와 옷차림의 통일을 이루려고 했다. 헨리의 의도는 혁명을 가져오는 것이었다. 그는 아일랜드 주민을 형성한, 즉 앵글로-아일랜드인과 게일 아일랜드인인 '잡다한 종류'를 오직 한 계층인 왕의 백성들로 대치하려고 했고, 그들 모두가 잉글랜드화되기를 원했다. 이러한 변경을 약속하거나 유효하게 만들었던 협정은, 다른 많은 조약들처럼 독립적인 권력에 의해 만들어졌으며 그중 많은 부분이 위반되었다. 하지만 이전에는 그러한 대대적인 변화가, 특히 게일 제도에 대한 침략과도 같은 것이 아일랜드에서 기도된 적은 없었다.

헨리가 아일랜드에 남긴 유일한 유산은 옛 게일 세계의 파괴를 가져왔던 통합 정책만이 아니었다. 그는 또한 종교개혁을 추진했다. 헨리는 국제 가톨릭교회와 충돌했는데, 그 이유는 그가 잉글랜드에서 민족국가의 고집 센 통치자였기 때문이었다. 그 충돌은 재빨리 단교로 이어졌다. 헨리는 1534년경 교황의 잉글랜드에 대한 관할권을 폐지하고 '잉글랜드 교회의 수장'이란 호칭으로 교황의 자리를 차지했다. 또한 교황을 무시하고 그와 이혼한 여왕의 딸을 배제하기 위해 왕위계승권을 수정하기도 했다. 곧 잉글랜드식 수도원들이 해산되었다. 아일랜드에서 이 같은 변화를 되풀이하려는 시도가 잉글랜드화 정책의 일부분이 되었다. 잉글랜드에서 볼 수 있었던 교회에 대한 대중의 분노가 아일랜드에는 나타나지 않았으며, 새로운 신교도 추종자도 아직은 거의 없었다. 하지만 튜더 왕조의 전제주의를 위해 아일랜드의 종교 의식을 잉글랜드의 종교 의식과 동일하게 만드는 것은 필요했다. 1536년 아일랜드 의회에서 — 반대표 하나 없이 — 헨리를 '아일랜드 전 교회의 유일한 최고 수장'으로 만들었던 법이 통과되었을 때, 그들의 행위는 '아일랜드의 국토'가 잉글랜드의 제국 왕권에 의존하며, 또한 정당하고 합법적으로 복속해 있다[5]는 선언으로 정당화되었다.

종교개혁은 우선 타운과 페일 지역에서만 두드러졌는데, 통치 말기쯤 이 지역에 있는 거의 모든 종교 건물들은 해체되었다. 옛 교회가 분리되어 조직된 게일 통치 아래에 있는 관구의 상황은 달랐다. 1539년 초기 얼스터의 탁발수도사와 다른 사제들은,

모든 사람들은 자신의 영혼을 구원하기 위해서 우리의 통치자이자 군주인 왕의 위엄에 대항해 전쟁을 해야 하는데, 그들 중 누군가가 그의 영혼을 위해 싸우는 과정에서 죽는다면 …… 하나님을 위한 순교와 죽음으로 고통을 받은 성 베드로와 바울 등 다른 사람들의 영혼처럼 하늘나라로 갈 것임을 매일 설교했다.[6)]

궁극적으로 종교개혁은 아일랜드에서 거의 성공을 거두지 못했다. 1547년 헨리 8세를 계승한 에드워드 6세는 교리의 변화를 시도했으나, 저항을 받았다. 그의 후계자인 메리는 가톨릭교도로, 그녀는 공식적으로 옛 종교를 부활시켰다. 튜더의 마지막 왕인 여왕 엘리자베스 1세는 자신의 영토 안에서 신교도의 통합을 이룩하려고 노력했다. 엘리자베스가 아일랜드에서 직면했던 저항은 그의 아버지가 부딪쳤던 저항보다도 훨씬 더 큰 것이었다. 그 세기 동안 열렸던 모든 의회 — 아일랜드에서 좀 더 잉글랜드화한 지역만을 대표했다 — 에서처럼, 1560년 아일랜드 의회는 법령으로써 아일랜드를 신교도화하려고 했다. 하지만 개혁된 종교가 외국의 정부와 관련되었다는 사실과 함께 국민들의 종교적인 보수성과 종교개혁에 반대하는 대리인들 — 유럽대륙에서 아일랜드에 들어왔던 예수회 수도사와 그 밖의 사제들 — 의 모든 선교적 노력이 가톨릭의 입장을 굳히기 위해 모아졌다. 앵글로-아일랜드인과 게일 아일랜드인 모두가 신앙고백을 한 옛 종교는 곧 자체가 아일랜드인의 통합을 이루고 잉글랜드에 저항하는 힘으로 나타났다. 시간이 지남에 따라 국교회는 새로운 잉글랜드 식민지와 관리 계급을 위한 교회라는 사실이 점차 분명해졌다.

헨리의 후계자들인 에드워드와 메리 그리고 엘리자베스는 아버지의 민간 정책(civil policy)을 계승해 나갔다. 아일랜드를 통제하기 위한 잉글랜드식 결심이 그 세기가 진행됨에 따라 증대되었지만, 튜더 왕조의 가장 강력한 왕이었던 엘리자베스조차도 협상으로 자신의 목표를 성취하려는 희망을 끝까지 포기하지 않았다.

협상이 부적절하다는 첫 번째 신호는 얼스터에서 나타났다. 타이론의 백작이 되는 데 동의했을 때 오닐이라는 이름을 완전히 포기했던 콘 오닐 — 그가 오닐이라는 이름을 포기한 것은 아일랜드의 새로운 왕의 신하가 되는 것에 동의하고 아일랜드 왕권을 포기하는 것을 뜻했다 — 이 1559년에 사망했다. 누가 그를 계승할 것인가가 문제였다. 그의 아들인 메튜(Matthew)가 잉글랜드 법에 따라 지위를 물려받았다면, 헨리의 식민지로 얼스터 지역은 보존되었을 것이다. 하지만 콘의 또 다른 아들 '자랑스러운 셰인(Shane the Proud)'은 오닐의 영주권과 다른 모든 게일인 영주권이 의존하는 제도에 따라 자신이 합법적인 계승자이고 콘은 살아 있는 동안만 통치자가 되는 것이라고 주장했다. 콘이 "포기한 것에 지위는 들어 있지 않았다". 따라서 셰인은 그 포기와 백작 지위 수여는 "효력이 없다"[7]고 믿었다.

이것은 대담한 탄원이었는데 셰인이 런던의 퀸스 법정(queen's court)에서 행한 탄원은 훨씬 더 대담했다. 그 법정은 그가 1562년 엘리자베스가 비용을 대어 갔던 곳으로, 그는 "전투용 도끼와, 모자를 쓰지 않아 하늘거리는 곱슬머리, 사프란으로 물을 들인 노란색 셔츠 …… 커다란 소매, 짧은 튜닉과 거친 망토를 입고 무장을 한 갤로우글래스, 즉 스코틀랜드-아일랜드 용병의 호위를 받았는데, 잉글랜드인들은 그들이 중국이나 미국에서 오기나 한 것처럼 크게 감탄하면서 따랐다."[8] 하지만 이상하게도 — 여왕이 타협에 대한 희망을 가졌음을 기억한다면 — 셰인은 "명예롭게 고향으로 보내졌다". 그는 5년 이상을 얼스터의 왕으로서 행세했고, 말년에는 여왕이 아니라, 그가 '하고 싶은 대로 압박하고 망쳤던' 이웃인 오도넬 가문과 앤트림 스코틀랜드인(the Antrim Scots)에 의해 파멸 당했다(1567). 그의 머리는 더블린의 성문 중 한 곳의 대못 위에 꽂혔다. 셰인에게 인내심을 보임으로써 엘리자베스 여왕은 얼스터에서만큼은 잉글랜드화를 위한 프로젝트를 잠시 취소하도록 허락했다. 그녀는 같은 방식으로 터로우 리네흐(Turlough Luineach)를 셰인의 후계자로 허락했다. 터로우는 반란자가 아니었다. 그는 잉글랜드인에게 어떤 손해도 입히지 않았지만, 떠오르던 그의 경쟁자 휴 오닐(Hugh O'Neill)에 의해서 저지되었다. 휴는 콘의 손자로 잉글랜드에서 교육받았는데, 그는 북부 지방을 되찾을 것이라고 기대했다.

여왕은 시간이 지남에 따라 여러 지역에서 확실한 기반을 얻고 있었다. 1570년 먼스터와 코넉트의 도지사직(presidencies)* 확립은 잉글랜드 정부의 지배를 남부와 새넌 강 건너편 지역까지 넓혔으며, 1585년 무렵까지 모든 유럽 국가들이 근대적인 모습을 갖추게 되었을 때, 여왕은 레인스터와 먼스터 그리고 코넉트 지역을 폭넓게 통제했다. 이들 중 먼스터는 복속시키기 가장 어려운 지역이었다. 먼스터 영주들은 그들의 지역 권위를 빼앗아가려는 잉글랜드인의 노력에 저항했다. 그들은 당시 유럽을 양분했던 이념 투쟁에서 자신들의 종교를 방어하는 편에 섰는데, 그것은 신교도에 대항하는 가톨릭교도의 투쟁이었으며, 1570년 여왕의 파문으로 논쟁이 확산되었다. 먼스터는 1579년 반란을 일으켰다. 반란군을 지지하는 대륙의 노력, 특히 1580년 스머위크(Smerwick)에 상륙한 에스파냐인과 이탈리아인은 그들을 쳐부수려는 잉글랜드의 결심을 굳건하게 했고, 1583년경 반란은 매우 혹독하게 진압되었다. 이식(移植, plantation)이 뒤를 이었는데, 즉 반동적인 토지소유자의 땅을 빼앗아 충성스런 잉글랜드 식민지 개척자들이 살도록 하는 것이었다. 이식은 이미 중부와 북부 지역에서 시도되었으며, 이것은 얼스터를 바꾸기 위해 다음 세기에도 사용되었고, 또한 미국에 잉글랜드 식민지를 만드는 데도 쓰였다. 먼스터에 이식이 성공적으로 이루어지지는 않았지만, 먼스터는 1585년 코넉트가 넘어갔을 때 조용했다. 코넉트는 어려움이 거의 없었다. 그 지역의 영주나 대토지 소유자들은 자신들의 부동산을 보장하는 정착지를 만드는 데 동의했고, 아일랜드 방식인 봉사와 기부 대신 금전 임대를 도입함으로써, 결국 세습되던 지역의 관할권을 폐기했다.

68 휴 오닐 (H. Adami, *La spada d'Orione*, Rome, 1680)

이제까지 잉글랜드인의 견지에서 모든 것이 잘 되어갔다. 커다란 진전이 아일랜

* 잉글랜드화와 잉글랜드 법의 실시를 위해 코넉트와 먼스터에 도지사를 뽑아 통제하는 역할을 맡겼다. 더블린 행정부의 총독이 임명했다__옮긴이

드를 잉글랜드화하는 듯이 보였다. 토착민 출신이 없었던 타운들은 왕의 신하들을 적극적으로 지지했다. 1588년 아일랜드 해안에서 난파된 에스파냐의 아르마다(the Armada) 호 생존자들이 해안가로 왔을 때, 이 잉글랜드의 적들은 아일랜드 어디에서도 적으로 간주되었다. 잉글랜드화 과정에서 중요한 노력은 1592년 엘리자베스 여왕이 더블린에 대학을 세웠을 때 이루어졌다. 아일랜드는 대학을 세우려는 이전의 계획이 모두 실패하여 중세 유럽의 일반적인 유형과는 다른 상황이었고, 따라서 첫 번째 대학(그리고 250년간 유일한 대학)은 신교 확립과 불가피하게 동일시되었다. 더블린의 트리니티 칼리지(Trinity College)는 케임브리지 대학의 원형을 본떴으며, 대학의 모든 권력을 갖추어 고등 학문의 중심지일 뿐만 아니라 국교의 대들보가 되려는 의도를 지녔다. 이 학교는 학문의 중심지는 되었지만, 젊은 가톨릭교도들이 고등교육을 위해 유럽대륙에 있는 신학교로 집단 유학하는 데에는 큰 영향력을 갖지 못했다.

아일랜드에서 튜더 왕조가 성공한 기록에서 한 가지 눈에 띄는 예외가 있었다. 얼스터는 어디든 두드러지게 나타난 변화들에 오랫동안 영향을 받지 않았다. 하지만 북부 지역의 영주들은 불안해했다. 그들은 잉글랜드를 신뢰하지 않았다. 그들은 셰인 오닐에 대한 독살 시도, 라슬린(Rathlin)에서 스코틀랜드인의 대학살, 코넉트에서 빙엄(Bingham)의 신의에 대한 배반, 휴 오도넬의 납치, 클란데보이예(Clandeboye)의 오닐과 브레이프네의 오루크 그리고 모너언(Monaghan)의 맥마혼의 처형 등을 기억했다. 얼스터가 여왕의 대리인들 탓으로 돌리는 폭력과 반역행위에 관한 기록은 그 세기가 진전해감에 따라 늘어났다. 얼스터 영주들은 1591년 자신들의 경계선 안 모너언에서 합의가 이루어지는 것을 불안하게 지켜보았다. 곧 그들은 그러한 합의를 더 이상 하지 않기로 결정했으며, 도지사, 주장관, 사법비서관(provost marshall)과 잉글랜드 법률가들을 쫓아내려 했다. 이들은 게일 공동체에 미칠 결과에는 상관없이 여왕과 갈등을 일으키는 모든 권력을 무자비하게 폐기하려는 사람들이었다.

잉글랜드의 정복자들은 그들 나름으로 이러한 도전을 받아들였다. 얼스터는 그

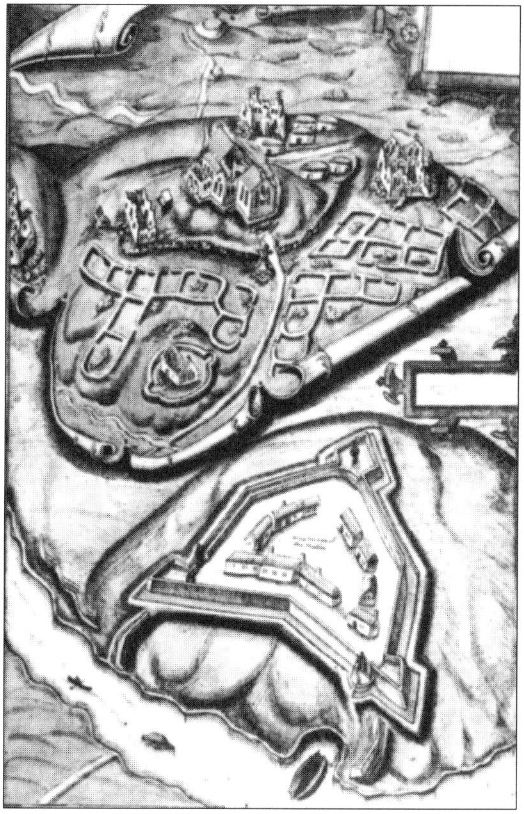

69 1600년경 폐허가 된 아마. R. 바트렛의 지도에서 (G. A. Hayes McCoy, *Ulster and Other Irish Maps, c.1600*, 1964)

들에게 반항적인 아일랜드였는데, 대륙의 적들이 침입할 수 있는 입구가 될 수 있는 지점이자, 어렵게 구슬리고 압박하여 개종시킨 다른 도(道)들에게는 나쁜 일례였다. 그들은 휴 오닐이 도울 것이라고 믿었고, 반목으로 분할된 얼스터가 결코 통합되지 못할 것이라 믿었다. 필요하다면 코넉트에서 이루었던 협상을 얼스터에서 강력한 힘으로 이루려고 했다. 그들은 자신들의 과업이 지닌 중대성을 생각하지 않았는데, 잉글랜드인들은 얼스터가 튜더 정복을 전반적으로 파멸시키는 것을 막기 이전에는 아일랜드에서 전혀 싸운 적이 없었기 때문에 전쟁을 벌여야 한다는 것을 예측하지 못했다.

얼스터 영주의 일부 가운데 특히 맥과이어는 1593년 이래 주권을 지탱하기 위해 얼스터에서 잉글랜드인을 쫓아내기 위한 싸움을 계속하고 있었다. 얼마 동안 이웃들의 전쟁을 보조하고 있던 타이론의 백작 휴 오닐이 1595년 공개적으로 이웃들과 힘을 합쳤다. 그때부터 1603년 엘리자베스 여왕이 죽을 때까지 모든 쟁점들이 얼스터에서 발생한 전쟁들에서 비롯되었다. 이것은 게일 제도의 미래와 튜더 정복의 완성을 결정짓는 마지막 시험이었다.

이러한 일련의 오랜 투쟁에서 아일랜드인의 성공에 주된 원인이 된 사람은 정신적인 지도자, 휴 오닐이었다. 이 사람은 타이론에서 자신의 경쟁자들을 성공적으로 제거했고, 얼스터의 더 큰 지역의 대영주였음을 주장했으며(셰인 오닐처럼), 용기 있고 조심성 있는 지도자이기도 했다. 때때로 감정이 그를 지배했지만, 보통은 교활하고 계산적이며 야망에 찬 사람이었다. 그는 권력을 좋아했는데, 의심의 여지없이 여왕이 그의 계속되는 권력 행사에 더 이상 인내하지 않을 것이라는 현실이 전쟁을 일으키게 된 주된 동기였다. 오닐은 얼스터만에 의한 독자적인 해결책이 없다는 것을 알았고, 결과적으로 전 나라가 전쟁에 관여하도록 노력했다. 잉글랜드인은 아일랜드인이 "그들이 옛 토지와 영토를 잉글랜드인의 손에서 회복하여"[9] 아일랜드 모두를 게일 통치 아래로 가져오고, 오닐을 잉글랜드 국교와 국민의 적인 에스파냐 왕과 교황의 대리인으로 만들기를 희망한다고 말했다. 아마도 오닐은 게일인 영주들을 간섭하지 않고도 국가의 관직에 아일랜드인을 고용하고 가톨릭교도로서 자유를 주는 것을 미약하게나마 받아들였을 것이다. 하지만 양측은 극한 상황으로까지 치달았다. 잉글랜드 국민의 적인 에스파냐의 원조는 오닐에게는 중요했고, 이에 대한 수락은 잉글랜드인의 입장에서는 죄를 더 무겁게 만드는 것이었다. 튜더 왕조의 오래된 두려움은 현실이 되었다. 엘리자베스 여왕의 적들이 잉글랜드를 손상시키기 위해 아일랜드를 이용하고 있었다.

1601년 말 에스파냐 군대가 도착했을 때, 얼스터인들은 방어적인 자세를 취했다. 그들은 적의 공격을 내려다볼 수 있는 아마 북부의 블랙워터(Blackwater) 위쪽과 밸리새넌(Ballyshannon)에 있는 에른 강 위쪽의 두 지역에서 적의 공격을 격퇴했다. 그들의 희망은 어떠한 패전 없이 — 그랬다면 그들의 동맹국은 와해되었을 것이다

— 전쟁을 연장하는 것이었다. 엘리자베스 여왕이 죽었을 때 그들이 전장에 있었다면, 더 나은 협상을 이루어냈을 것이다.

오닐은 전통적인 아일랜드 방식으로 싸웠다. 그는 이동하는 잉글랜드군의 종대(縱隊)를 공격했고 매복하여 습격했는데, 이런 습격의 일부는 1595년 클론티브렛(Clontibret)에서처럼 전투로 발전했다. 그의 군인들은 잉글랜드인처럼 머스켓 총병, 구경포를 쏘는 군인과 창을 든 보병이었고, 화기병도 많았다. 그는 뛰어난 조직가였고, 1601년 거의 1만 명의 훈련된 군대를 그에게 제공한 '보나흐트(bonnachts)'라 불린 내국의 용병 시스템도 완성시켰다.

1597년까지 잉글랜드인은 간신히 아일랜드 영토로 들어가 성에 수비대를 남기거나 요새를 대충 지었다. 1598년 아마 북부 옐로우퍼드(Yellow Ford)에서 오닐이 크게 승리하자 그들은 좀 더 경계심을 가졌다. 이후 그들은 오도넬 지역과 오닐 지역의 관문인 남서부 얼스터와 남동부 얼스터를 동시에 공격하려고 했다. 1600년에 잉글랜드군 최고사령관인 총독 마운트조이(Mountjoy)가 왔을 때 주둔지를 배로 늘렸고 무시무시한 전술을 사용했다. 그들은 들판에서 적의 옥수수를 헤집었고 집에 불을 질렀으며 겨울 내내 전쟁을 수행했다. 그들은 오닐의 등 뒤인 데리(Derry)에 상륙하기 위해 해군도 이용했다(1600).

얼스터인은 여전히 정복되지 않은 채 남았는데, 에스파냐군이 킨세일(Kinsale)에 도착했을 때 오닐과 오도넬은 그들과 합세하기 위해 남쪽으로 갔다. 하지만 이것은 그들에게 새로운 출발이 된 공격 장악과 관련되었는데, 킨세일에서 포위된 에스파냐군과 합류를 시도한 그들의 노력은 재앙이 되었다. 여러 해 동안 군사적인 성공을 거뒀지만 아일랜드인은 그들의 적이 — 앞뒤로 포탄 공격을 받고 있는 자신들의 위험을 깨달음으로써 — 자신들을 향해 빠르게 돌격하는 종류의 전투에서는 제대로 싸울 수 없었다. 마운트조이가 킨세일 바깥에서 그들을 공격하려 한다는 것을 알아차렸을 때, 아일랜드 보병연대는 당시 대륙의 큰 전투에서 에스파냐 동맹국들이 사용하여 오랫동안 승리했던 거대한 진법으로 밀집 대형을 이루려고 시도했다. 하지만 아일랜드인은 이전에 그런 방법으로 싸운 적이 없었기 때문에 이동이 느렸고 전문

70 1601년 킨세일 전투 (Thomas Stafford, Pacata Hibernia, 1633)

적이지도 못했다. 설상가상으로 기마대가 도망쳤고, 마운트조이의 부하들이 달려들었다. 그들은 아일랜드 군사들을 조금씩 집어삼켰는데, 야금야금 하나씩 떼어냈고 이윽고 모든 것이 끝나버렸다. 오닐과 그의 얼스터, 코낙트, 먼스터의 동맹은 완전히 패배했다. 에스파냐 군대는 곧 킨세일의 타운에서 항복했으며, 여태껏 정복되지 않았던 얼스터는 무너졌다. 그 전쟁은 1603년 오닐의 항복으로 끝이 났다.

킨세일 전투는 모든 것을 결정해버렸다. 마운트조이의 승리는 에스파냐 침략의 격퇴를 의미했고 오닐과 오도넬 그리고 동반자들의 궁극적인 전복을 의미했다. 이것은 또한 게일인 영주제의 마지막 몰락이었으며, 옛 아일랜드 세계의 종말이기도 했다. 엘리자베스 여왕은 멜리폰트(Mellifont)에서 오닐이 항복하던 시기에 죽었지만(1603년 3월 30일) 튜더 왕조의 정책은 계속되었다. 아일랜드의 수많은 영주들이 저항했지만 아일랜드는 정복당했다.

12

얼스터의 식민지화와 1641년 반란(1603~1660)

THE COLONISATION OF ULSTER AND THE REBELLION OF 1641(1603-1660)

17세기 전반부의 아일랜드 역사는 사건들로 넘쳐나, 이와 관련된 이해관계의 복잡성과 다양성은 우리를 당황하게 한다. 아일랜드인, 옛 잉글랜드인, 새로운 잉글랜드인, 왕당파, 의회파와 스코틀랜드인 각자는 이러한 사건들의 혼동 속에서 독자적인 역할을 해냈다. 하지만 그 시대에 무슨 일이 일어났는가는 단 하나의 간략한 문장으로 요약될 수 있는데, 그것은 바로 '아일랜드 토지의 주인이 바뀌었다'는 사실이다.

멜리폰트 조약(the Treaty of Mellifont)으로 9년 전쟁(the Nine Years' War)이 종말을 고했을 때, 전 지역의 토지 대부분은 가톨릭교도의 수중에 있었다. 그들 중 일부는 초기 잉글랜드인 정착민의 후손이었지만, 대부분은 아일랜드 토착민이었다. 1660년까지 가톨릭교도들은 그들의 고향과는 상관없이 코넉트와 클레어의 섀넌강 서부의 토지만을 소유하도록 허용되었다. 그 밖의 다른 곳에서는 17세기 초반에 걸쳐 얼스터로 이주했던 스코틀랜드인과 잉글랜드인이 새로운 토지 주인이 되었으며, 레인스터와 먼스터에서는 1650년대 크롬웰 군대를 따라 뒤이어 도착했던 좀 더 후대의 이주민들이 소유했다.

튜더 왕조의 아일랜드 정복은 종교적으로 분리된 유럽에서 신교도 잉글랜드를 안전하게 할 필요성에서 제기되었지만, 그러한 정복은 완성되지 못했다. 9년 전쟁이 패배한 반란군들에 대한 처벌이 아니라 협상을 통한 해결로 끝났던 것은 '위대한 오닐'의 업적에 따른 조처였다. 각각 타이론과 타이르코넬(Tyrconnell)의 백작이 된 오닐과 오도넬은 그들이 살고 있는 토지로 돌아가도록 허락을 받았다.

그 전쟁은 수많은 것을 바꾸어놓았다. 얼스터는 요새와 주둔군으로 점철되었고, 잉글랜드 군대와 법의 영향권에 놓였다. 처음으로 잉글랜드의 권위가 아일랜드의 전 영역에 걸쳐 확장되었으며, 옛 게일 제도는 시들어갔다. 하지만 오닐은 여전히 고려해야 하는 유력한 인물이었으며, 정부는 오랜 세월 많은 비용을 들인 수고에 대해 보상의 요구 없이 전쟁을 성공적으로 마무리 지은 것에 충분히 흡족해했다.

하지만 상황은 급격히 바뀌었고, 승리를 더 효율적으로 활용할 기회가 왔다. 오닐과 그의 많은 동료들이 독립적인 영주에서 평범한 지주로 정착해야 했기에 이런 새로운 질서체계를 수락하려 들지 않았다. 오닐은 잉글랜드 왕의 신하로서 4년간 후회스런 시절을 보낸 이후 로크스윌리(Lough Swilly)의 라스멀란(Rathmullan)에서 배를 타고 유럽으로 자발적인 망명의 길을 떠났다(1607년 9월 3일). 그와 함께 간 사람은 오도넬과 90명이 넘는 얼스터의 지도자들이었다.

'백작들의 도피(flight of the earls)'로 얼스터는 지도자를 잃어버렸고, 정부는 기뻐했다. 더 이상 얼스터에서 조심하거나 타협할 필요가 없어졌다. 망명으로 그 지역 사람들은 더 이상 방어할 수 없었고, 아일랜드의 중요한 말썽거리 지역의 문제를 풀기 위한 기회를 정부에 가져다주었다. 이상적인 해결책은 여러 세대 동안 알려져 왔다. 한 마디로 이식(移植, plantation)이었다. 이식이란 아이디어는 간단한 것이었다. 토지는 부의 자원이었고 권력의 기반이었다. 토지를 가톨릭 아일랜드인에게서 빼앗아 신교도 이주민에게 주는 것은 즉시 잉글랜드 통치에 대한 저항을 약화시키고 신교도 공동체가 아일랜드의 평화를 유지할 수 있을 만큼 충분히 크고 힘있는 존재가 되는 것이었다. 아일랜드인이 신교도가 되지 않으려 한다면, 신교도들을 아일랜드로 데려오면 되는 것이었다.

튜더 왕조 아래에서 이 아이디어는 마지못해 실시된 적이 있는데, 1550년대 리슈와 오팔리 그리고 1580년대 먼스터에 '이식된' 소규모 이주민은 아일랜드의 권력 균형에 별다른 차이를 가져다주지 못했다. '백작들의 도피' 이후 얼스터에서 계획된 일은 훨씬 더 야심차고 체계적이었다. 이식이 이루어지는 각 주마다 아일랜드 토착민은 정해진 지역 안에 격리됨으로써 전적으로 새로운 신교도 공동체 네트워크가 창출될 수 있었다. 앞서 준비들이 조급하게 진행되었다. 아마, 케이번, 콜러레인, 더니골, 퍼매너(Fermanagh)와 타이론의 6주에서 토지가 많이 몰수되었고, 안전한 정착을 위해 성과 바운(bawn)〔진흙과 돌로 구축된 성의 내부_옮긴이〕으로 이루어진 방어 체계를 만들고, 땅을 일구려는 신교도 소작인들이어야 한다는 조건을 받아들인 사람들이 1,000~2,000에이커의 많은 땅을 손쉽게 임대받았다. 포일(Foyle)과 반(Bann) 강 사이의 지역은 예외적인 곳으로 취급되었다. 이 지역은 런던 시가 특정한 의무(폐허가 된 도시 데리의 재건축 포함하여) 및 혜택과 함께 집단 '도급자(undertaker)'로 등록되었다. 따라서 데리는 런던데리(Londonderry)로 이름이 붙여졌고, 이전의 콜러레인 주는 이제까지 타이론의 한 부분의 영토에서 확장된 런던데리 주가 되었다.

1609년 이후 여러 해에 걸쳐 이식은 점차 그 형태를 갖추었다. 이주민들이 얼스터에 도착했다. 그들 중 많은 수는 잉글랜드에서 왔고, 훨씬 더 많은 수가 스코틀랜드의 저지대에서 왔다. 그들은 자신들의 전통, 제도, 익숙한 생활양식을 가져왔다. 그들은 삼림을 개간했고, 스스로 경작할 수 있는 농업에 헌신했으며, 아일랜드의 목축 방식은 거부했다. 아담한 통나무를 근간으로 집을 지어 타운과 마을을 건설했고, 초가집이나 슬레이트 돌로 농가를 만들고, 요새화된 변방의 주둔지로서 조심스럽게 위치를 정해서 설계했다.

그들은 시장과 지역 산업을 일으켰고, 교회와 학교를 건설했으며, 고향에서 친숙했던 일상의 편의 시설을 들여왔다. 또한 특별한 경우로서 런던데리 주의 머니모어(Moneymore)에서 일부 주민들은 파이프로 물을 공급받았다. 새롭게 들어온 사회적

71 더니골 성: 잉글랜드인 '종복(servitor)'인 캡틴 바실 브루크(Captain Basil Brooke)가 약 1615년경 오도넬 타워하우스(15~16세기)에 추가한 자코바이트 시대의 저택으로 집과 딸린 토지는 이식 계획하에 양도되었다. (아일랜드 관광공사)

으로 다양한 계층의 수많은 신교도들이 이루어놓은 변화는 극적이면서도 광범위했다. 전반적으로 새로운 사회가 재창출되었는데, 그 지역 전통에 전적으로 낯설었을 뿐만 아니라 아일랜드 지역들 어디와도 매우 달랐다. 얼스터를 특징적으로 만들었던 것은 단지 신교도 이주민뿐만 아니라, 그들의 전체적인 삶의 방식이었다. 그럼에도 식민지는 계획에 따라 완전하게 진행되지 못했는데, 그 이유는 그 지역의 자원을 온전하게 개척하기에는 정착민이 충분하지 않았기 때문이었다. 격리 계획은 온전히 수행되지 못하여 아일랜드 토착민은 남아서 소작농과 노동자가 되었지만, 점차 최악의 토지로 내몰리도록 경제적인 압박을 받았다. 그 결과 추측컨대 신교도 지역에서 아일랜드 토착민인 가톨릭교도가 많이 섞여 살았고 가톨릭교도들은 비참하고 굴욕적인 상황에서 복수의 기회를 기다리고 있었다.

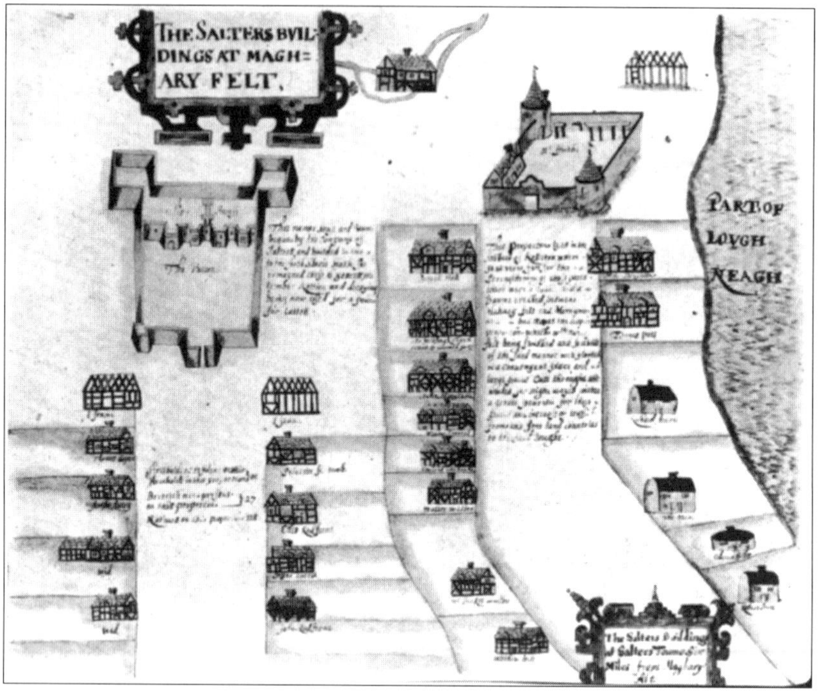

72 1622년 데리 주의 마거라펠트(Magherafelt)와 샐터스타운(Salterstown): 런던의 샐터스 컴퍼니에 의해 지어진 이식을 위한 마을들, 토머스 필립스 경(Sir Thomas Phillips)의 조사서에서. (D. A. Chart, *Londonderry and the London Companies, 1600~29*, 1928)

이식이 이루어지던 기간 동안 아일랜드 토착민들은 관심을 받지 못했는데, 아일랜드인 입장에서도 비교적 조용하게 남아 있었다. 정부는 그들이 당연히 충성스럽지 못하다고 여겼고, 그들의 지도자들이 유럽대륙에 있는 잉글랜드의 적과 지속적으로 의사소통해왔다는 의심을 했다. 많은 경우 정부의 이러한 생각은 옳았다. 아일랜드는 유럽의 가톨릭 정치가들의 계산속에 자리 잡고 있었다. 가령 아마의 가톨릭 대주교가 1625년에 죽었을 때 새로운 수석 대주교의 선택이 국제적으로 중요해지자, 프랑스와 에스파냐는 각자의 후보자를 지원했다. 결국 잉글랜드와 전쟁 중이었고 아일랜드의 동맹국이 되고자 했던 에스파냐 후보가 승리했다.

하지만 아일랜드와 유럽 사이의 중대한 연결은 종교적인 것이었지 정치적이지는 않았다. 첫째로 중요했던 곳은 에스파냐가 아니라 로마였는데, 이때는 신교주의로 잃어버렸던 기반을 회복하기 위해 가톨릭교회의 추진력에 대한 반(反)종교개혁이 있었던 시기였다. 가장 놀랄 만한 차원에서 반종교개혁은 정치와 관련이 되었지만, 또한 교회 일에서 일상적인 행정을 개선하기 위한 조직적 노력에 지속적으로 관련되었고, 로마의 관심 가운데 일부는 아일랜드에 있는 교회의 정규 예배를 위한 규정을 만드는 데 쏠려 있었다. 사제의 지속적인 공급을 확실하게 해주고, 성직(聖職)의 확장을 고무하고, 사제직에 들어가고 싶어 했던 아일랜드 젊은이를 위한 유럽의 교육기관을 만들려는 준비가 이루어졌다. 17세기 초반을 통해 이러한 조직과 격려의 작업은 꾸준히 지속되었고, 아일랜드 교회의 지위는 공고해졌다. 주교들이 오랫동안 자리가 비었던 주교 관할구에 임명되었고, 종교적인 질서, 특히 프란시스코 수도회는 성원을 폭넓게 보충해서 새로운 많은 교회들을 건립했다. 젊은이들은 꾸준히 유럽대륙으로 건너갔는데, 이들은 아일랜드 선교를 위해 마련된 20개의 아일랜드 칼리지 중 한 곳이나 다른 곳에 들어갔고, 루크 웨딩(Luke Wadding) 같은 교회의 정치가나 교황에 대한 조언자가 되고자 했다. 유럽대륙의 가톨릭교 국가와의 친밀하고 지속적인 접촉은 아일랜드에서 신앙의 생명선이 되었다.

아일랜드에 있는 잉글랜드 정부는 아일랜드인을 물리치는 것이 가톨릭교를 물리치는 것이 아니라는 것을 인정했다. 종교적으로는 가톨릭이지만, 혈통적으로는 잉글랜드인, 즉 '옛 잉글랜드인(old English)'이라 불리던 크고 영향력 있는 집단이 존재했기 때문이었다. 그들은 더 이상 과거처럼 아일랜드 정부를 통제하지는 못했지만, 여전히 아일랜드 토지의 1/3을 소유하고 있었고 잉글랜드 왕에게 충성했다. 하지만 잉글랜드가 더 이상 그들의 충성에 가치를 두지 않는다는 두려움과 가톨릭교도 모두가 충성스럽지 못해 정부가 더 이상 아일랜드 토착민과 그들을 구별하지 않을 것이라는 추측이 그들을 심각할 정도로 불안하게 만들었다. 그렇게 된다면 정부가 그들의 토지를 빼앗기 위한 기회를 냉혹하게 받아들일 거라고 예상할 수 있었다. 여러 해 동안 이들의 정치적인 관심은 그러한 의도를 단념시키고 그들의 완전한 안전을 보장하는 의회 법령을 통과시키도록 정부를 설득하는 데 집중되었다.

73 찰스 1세, 1625~1649. 1631년 대니얼 마이텐스(Daniel Mytens) 그림 (국립초상화 미술관, 런던)

사실 정부는 그들을 신뢰할 의향이 없었다. 하지만 상황이 그들을 신뢰하는 것처럼 행동하게 만들었다. 1625년 찰스 1세(Charles I)가 왕위에 올라 에스파냐와의 전쟁에 착수했을 때, 재정적인 어려움 때문에 막대한 돈을 받아낼 기대를 가지고 옛 잉글랜드인에게 토지 사용권을 즉시 보장했다. 1628년 '그레이스(the Graces)'*에서 옛 잉글랜드인의 요청을 보장했는데, 그들이 비록 가톨릭교도이긴 했지만 특별한 고려를 통해 그러한 자격을 받게 되었다고 왕이 인정하는 듯이 보였다. 하지만 전쟁이 끝났을 때, 돈은 탕진되었고 약속은 깨져 '그레이스'는 취소되었다.

이러한 신뢰 위반의 결과를 헤치고 나가기 위해서는 교묘함과 무자비함이 요구되었다. 새로운 총독(lord deputy)으로 웬트워스(Wentworth) 자작이 임명되었는데, 그는 1633년 도착하여 선임자들이 물리칠 수 없었던 지역의 압력으로부터 정부를 구하고 아일랜드를 자급하도록 하는 과업에 착수했다. 그는 아일랜드에서 중요한 모든 집단의 이익을 무자비하게 공격하는 강하고 효율적이며 독립적인 정부를 세움으로써 6년 만에 자신의 목표를 달성했다.

옛 잉글랜드인에게 가장 불길했던 것은 웬트워스가 아일랜드 의회를 대하는 방식이었다. 그들은 정부의 사업에 참여하기 위한 그들의 권리를 구현하는 기구이자 정치에 대해 자문을 구할 수 있는 곳이 의회라고 생각하는 전통에 오랫동안 익숙해

* 'the Graces'는 보통 'Matters of Grace and Bounty(은총과 하사금의 문제)'로 언급되는데, 아일랜드의 옛 잉글랜드인 가톨릭교도와 찰스 1세 간에 맺은 동의로 왕을 위한 재정적 지원을 확보할 의도에서 나왔고 그에 대한 답례로 옛 잉글랜드인 가톨릭교도의 불만들을 허가·용인(concessions)했다__옮긴이

있었다. 그러한 전통의 첫 번째 위반은 얼스터에서 이식과 함께 왔는데, 이러한 이식은 자연스럽게 의회 내의 신교도 수를 상당히 늘려놓았다. 그럼에도 1613년 의회가 개원했을 때, 옛 잉글랜드인들은 정부가 반가톨릭 법령을 도입하려는 시도를 좌절시킬 수 있을 만큼 충분한 힘을 여전히 가지고 있었다. 하지만 그러한 시도가 이루어졌다는 사실 그 자체가, 옛 잉글랜드인들이 아일랜드에서 그들의 지위를 유지하려면 의회를 계속 통제해야 한다는 점을 분명히 드러냈다. 그러나 1634년 웬트워스가 의회를 소집했을 때 의회의 통제에 실패했음이 명백해졌다. 웬트워스는 그 좋은 기회를 빈틈없이 이용했다. 의회로 하여금 정부가 제출한 것 이외에 다른 어떤 사업도 실행을 거부하게 함으로써, 정부안에 대한 건설적인 반대를 하지 못하도록 만들었다. 그리고 잉글랜드 하원에서 권력의 균형을 유지한 정부 관리 집단의 선거를 준비함으로써, 그는 '그레이스'의 거부를 포함한 정부 정책의 승인을 확보하기 위해 신교도에 대항하는 가톨릭교도를 이용할 수 있었다. 의회를 정부에 대항하는 보호 수단으로서 간주했던 옛 잉글랜드인들은 웬트워스에 의해 의회가 그들을 공격하는 또 다른 무기가 되었음을 알았다.

이후 몇 년 동안 총독이 전적으로 지역적 이해관계를 무시하는 일이 가능했던 것은 바로 이렇게 아일랜드 의회를 성공적으로 장악했기 때문이었다. 코넉트에서 가톨릭교도 토지의 1/4을 몰수했고, 처음으로 아일랜드인과 옛 잉글랜드인 간에 어떠한 구분도 하지 않았다. 얼스터에서는 수많은 이주민들이 보장받았던 조건을 성취하는 데 실패하여 곤란에 처하게 되었고, 스코틀랜드인이 스코틀랜드에서 가져온 장로교 의식에 대한 소송이 이루어졌다. 신교도 주류들은 냉대를 받았고, 그들에게 익숙했던 정부의 이해관계와 영향력을 빼앗겼다. 웬트워스가 아일랜드에 있는 동안, 그에 대한 어떠한 실제적인 반대도 없었다. 하지만 그가 1639년 잉글랜드로 소환되어 가자마자 그와 반목했던 사람들 모두가 아일랜드 의회에서 그에 대항하는 공동의 대의를 만들었다.

잉글랜드의 상황 전환이 아일랜드의 사정에 결정적인 영향력을 가지기 시작했던 때는 바로 이 시점이었다. 웬트워스는 다시 부름을 받았는데, 그 이유는 잉글랜

74 토머스 웬트워스(Thomas Wentworth). 스트래퍼드(Strafford) 1대 백작, 반 다이크(Van Dyck) 풍의 그림(국립초상화 미술관, 런던)

드 왕과 스코틀랜드에 있는 장로교인들 간의 종교적인 갈등이 미해결의 전쟁으로 귀결되었기 때문이었다. 1640년 여름에 스코틀랜드인들은 승리했다. 찰스가 잉글랜드 의회에 도움을 청했을 때 의회는 그에게 등을 돌려 그의 어려운 상황을 이용해 일련의 개혁을 요구함으로써 찰스의 많은 권력을 빼앗아버렸다.

처음에는 이러한 모든 것이 아일랜드에서 불만을 가진 집단에게 훨씬 더 많은 이득이 되었던 것처럼 보였다. 옛 잉글랜드인들과 얼스터의 이주민들 그리고 아일랜드 각지에 살고 있는 수많은 신교도들이, 웬트워스가 창출한 거북할 정도로 강력한 정부 체제를 파괴하기 위해 아일랜드 의회에서 힘을 합쳤다. 그가 아일랜드에서 행한 거의 모든 것에 이의가 제기되었다. 경제와 기업을 살리기 위해 노력했지만 전체적으로 효과가 없었던 시도들도 그를 비난하는 데 거론되었으며, 엘리자베스 시대의 전쟁으로부터 침체된 아일랜드 경제가 그의 통치 기간에 완전히 회복되었다는 사실이 분명했지만, 그가 아일랜드 무역에 해를 끼쳤다는 주장도 제기되었다. 웬트워스에 대한 공격은 아일랜드에만 한정된 것은 아니었다. 아일랜드 의회는 그를 반역자로 고발하는 준비를 잉글랜드 의회와 열정적으로 함께 했다. 결국 그들은 1641년 그를 처형으로 이끄는 데 성공했다. 동시에 옛 잉글랜드인들은 다시 한 번 '그레이스'를 보장받도록 왕을 설득했고, 잉글랜드에서 왕이 처한 어려움을 이용하여 코넉트에 이식한다는 구상을 버리는 데 동의하도록 요구했다.

하지만 경험을 통해 약속만으로는 충분치 않음을 알고 있었다. 옛 잉글랜드인들은 정부 정책에 따른 미래의 변화에 그들 스스로를 보호하기 위해 아일랜드 의회를 이용할 수 있는 권리를 확고히 하지 않는 한 예배의 자유와 안전하고 지속적인 재산권을 향유할 수 없다고 확신했다. 따라서 그들은 아일랜드의 정부에 대해 의회가 좀 더 독립적이고 영향력 있는 역할을 수행할 수 있도록 찰스를 설득하려고 시도했다. 하지만 이미 잉글랜드 의회로부터 유사한 요구들에 저항한다는 것이 불가능하다는 것을 알아차린 찰스는 아일랜드에서 자신의 권위를 축소하는 어떤 약속에도 동의할 마음이 없었고, 옛 잉글랜드인들은 호의에 따른 확신에만 만족한 상태로 있어야 했다. 아일랜드에서 일부는 잉글랜드에서 왕이 처한 어려움을 이용하기 위해 최선을 다하는 반면, 다른 사람들은 이러한 약점이 아일랜드에서 가톨릭교도의 손실로 나타날 수도 있다는 점을 깨닫기 시작했다. 잉글랜드에서 의회는 군사적이고 인내심 없는 신교도들이 지배했고, 동맹인 스코틀랜드도 그러했다. 둘 중의 하나가 아일랜드 사정에 개입하기 위해 그들의 새로운 권력을 사용한다면, 그 정책은 찰스가 허락했던 가톨릭 예배를 진압할 것이고 이식 지역을 확장할 것이라고 믿었다.

이러한 일이 조만간 일어날 것이라는 두려움이, 특히 얼스터에서 아일랜드인의 일부가 무장봉기라는 방향을 생각하도록 촉발시켰던 동기 중의 하나였다. 물론 이것이 유일한 이유는 아니었다. 얼스터에 있는 아일랜드인들은 잉글랜드 통치와 이식에 불만이 팽배했다. 그들은 언제나 빼앗겼던 재산과 사회적 지위를 회복하리라는 희망을 가졌다. 1641년 잉글랜드의 분쟁을 틈 타 이득을 얻을 기회가 생겼다. 그들의 계획은 더블린 총독부를 포위해 정부의 주요 인물을 생포하고, 동시에 일련의 지역적 봉기를 통해 얼스터의 중요한 요새들을 탈취하는 것이었다.

성공했더라면, 그들은 하룻밤 만에 잉글랜드 의회와 왕에게 협상 조건을 요구할 수 있는 아주 중요한 위치에 설 수도 있었을 것이다. 하지만 그들은 실패했다. 10월 22일 약속한 전날 밤, 무분별하게 술에 취해버린 탓에 그들의 계획이 탄로 났고, 핵심인물들이 붙잡혀 총독부 공격은 이루어지지 못했다. 하지만 얼스터에서는 지방 봉기들이 계획에 따라 진행되었고, 그 운동은 페림 오닐 경(Sir Phelim O'Neill)의 지휘로 재빠르고 폭넓게 번져나갔다. 오닐과 그의 추종자들은 그들이 반란자라는 사실을 부인했다. 그들은 스스로를 방어하고 잉글랜드 의회로부터 왕을 보호하기 위해 무장하여 봉기했다고 주장했다. 오닐은 지지자를 모으려는 목적으로 자신을 보호하기 위해 봉기하라는 얼스터인에 대한 찰스의 명령이 담긴 조서를 위조하기까지 했다. 오닐의 부하들은 왕에게 충성의 맹세를 하도록 요구받았다.

75 페림 오닐 경: 현대 프린트 (대영박물관, 프린트와 드로잉관)

처음에 얼스터의 아일랜드인들은 지역적인 저항만 받았다. 그들이 얼스터 지역의 대부분을 장악하고, 레인스터와 미드를 향해 남쪽으로 갔을 때에 비로소 정부군과 맞닥뜨렸다. 드로에다 외곽에서 그리 멀지 않은 줄리안스타운 브리지(Julianstown Bridge)에서 그들은 타운을 구하러 들어오는 작은 분견대를 무찔렀다. 이어서 드로에다를 포위한 뒤 그 지역의 옛 잉글랜드인들과 합류했고, 합친 병력은 스스로를 '가톨릭 군대(Catholic Army)'라 부르기 시작했다. 옛 잉글랜드인들은 얼스터의 동료 가톨릭교도들과 대의를 함께 했는데, 그 이유는 그들 역시 잉글랜드 의회의 의도에 의심을 가졌고, 아일랜드 정부가 그들을 신뢰하지 않아 자신들을 보호하지 않을 것이라는 점을 분명히 했기 때문이며, 또한 얼스터의 아일랜드인은 왕에게 충성하는 것만으로 만족해했기 때문이다. 1642년 초 봉기는 아일랜드 전역으로 퍼져나갔으며, 거의 성공하는 듯이 보였다. 그러나 잉글랜드에서 지원병이 도착하고 정부가 다시 세력을 회복하기 시작했다. 4월경 아일랜드인들은 얼스터로 밀려났고, 전투에 지친 많은 사람들은 평화를 갈망했다. 정부는 협상할 준비가 되어 있지 않았다. 아일랜드를 한 번 더 그리고 완전히 굴복시킬 기회로 삼고자 했다. 잉글랜드 의회는 이미 아일랜드에서 몰수할 것으로 기대했던 토지를 담보로 많은 돈을 빌리기 시작했다.

최후까지 싸워야 한다는 것이 분명해졌다. 사제들이 선동하여 전쟁을 이끌어가기 위한 중심 조직의 수립이 준비되었다. 1642년 10월에 킬케니에서 대표자들이 모이자는 동의가 이루어졌다. 이 모임에서 상황은 두 가지의 중요한 방식으로 바뀌었다. 즉 잉글랜드의 왕과 의회는 드디어 서로 전쟁까지 하기에 이르렀다. 또한 망명한 사람들이 아일랜드에 협력하기 위해 유럽대륙에서 돌아오기 시작했는데, 상당수는 직업군인들로 전쟁 경험이 있었고, 그들 중에는 오언 로 오닐 장군(Colonel Owen Roe O'Neill)과 토머스 프레스턴 장군(Colonel Thomas Preston)도 있었다.

그 후 약 7년 동안 상황은 극심한 혼돈 속에 빠졌다. 왕은 아일랜드에서 오먼드 백작의 명령을 받는 군대를 유지했지만, 왕의 유일한 목적은 협상을 이끌어내어 가능하면 아일랜드의 도움으로 잉글랜드 의회에 대항하는 시민전쟁에 그의 자원 모두를 집중시키도록 하는 것이었다. 잉글랜드 의회는 아일랜드에 점진적으로 군대를 증강했지만 전쟁을 수행하려는 노력은 거의 기울이지 않았는데, 잉글랜드에서 왕을 패배시키는 것이 급선무였기 때문이다. 스코틀랜드인 또한 아일랜드에서 보병대를 유지했지만, 얼스터에서 이주민을 방어하는 것이 주된 활동이었다. 그들이 스스로를 동맹 가톨릭교도(The Confederate Catholics)라고 부르면서 희망적인 구호, '신과 왕 그리고 조국을 위해 통합된 아일랜드'를 채택했지만, 그들은 분열되었다. 한편으로 옛 잉글랜드인들은 찰스와 온건한 협상을 이루어낼 준비가 되어 있었지만 얻을 것보다는 잃을 게 더 많았다. 또 다른 한편인 아일랜드인은 이제 망명자들과 로마 교황 특사인 리누치니(Rinuccini)가 이끌었다. 이들은 전쟁이 일어난 상황을 거의 알지 못했으며, 의회에서 패배한 찰스의 위험에 관심을 거의 가지지 못한 채, 빼앗긴 땅을 아일랜드인에게 되돌려줄 것과 가톨릭주의의 완전한 인정을 요구할 기회만을 노리고 있었다. 어떤 협상도 가능하지 않았음이 드러난 채 전쟁이 지연되었고, 1646년 블랙워터에 있는 벤버브(Benburb)에서 스코틀랜드를 향한 오닐의 명장다운 승리만이 두드러졌다. 잉글랜드의 시민전쟁이 찰스의 처형으로 끝나게 된 1649년이 되어서야 아일랜드의 상황은 결정적으로 바뀌었다. 기회의 시간이 찰스와 옥신각신한 협상으로 소비되는 동안, 진정으로 무시무시한 적인 잉글랜드 의회는 힘을 쌓아갔다.

의회는 찰스의 문제를 해결하고 그들의 의향에 따라 군주제를 폐기하고 나서, 아일랜드로 관심을 돌렸다. 가톨릭주의에 깊이 베어든 불신은, 얼스터 이주민들이 1641년에 받았던 잔악한 대접에 대한 과장된 보고서 때문에 불꽃이 튀었다. 1649

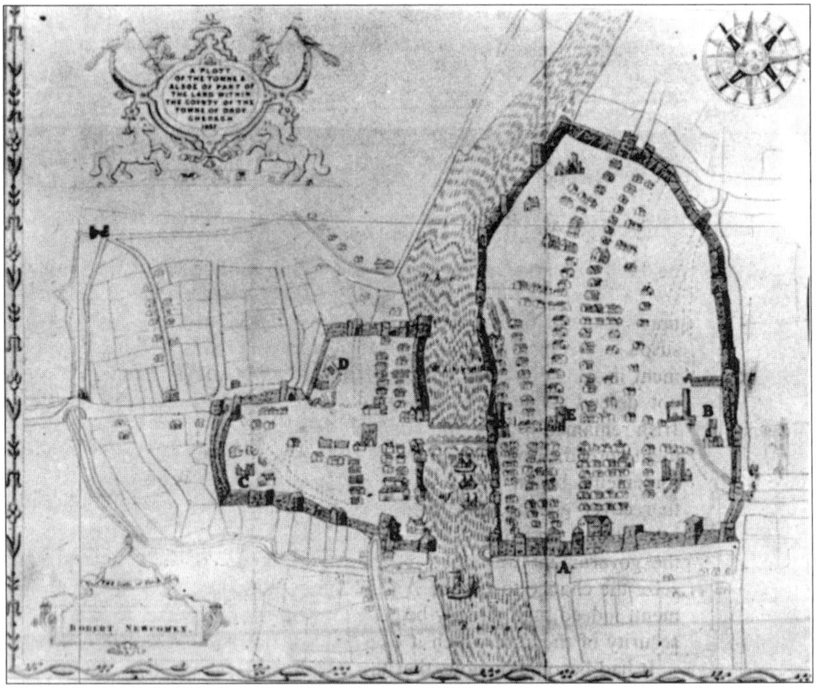

76 1657년 드로에다의 설계도. 로버트 뉴코멘(Robert Newcomen) 그림.
중세의 벽으로 에워싸였거나 서로 짝을 이루는 타운의 좋은 일례 — 보인 강이 남과 북으로 본래 자치구를 분리함으로써 양쪽 각자가 벽과 문을 가지고 있다. A의 성 로렌스 문의 성문탑은 13세기 요새에서 가장 인상적인 유물이다. B의 막달렌 탑은 리처드 2세가 1395년에 법정을 개최했던 곳인 도미니코 수도원의 일부분이다. 1세기 후에 포이닝스가 타운에 자신의 유명한 의회를 열었다. 크롬웰이 1649년 드로에다를 공격했을 때 그는 남동쪽의 구석에 위치한 성 메리 교회 뜰(C)로 난입해 들어갔다. 밀마운트의 경사진 언덕(D)은 당시에 점령당해 방어자들이 학살당한 곳이다. 또 다른 피난처인 성 피터 교회의 첨탑(E)은 크롬웰의 명령에 따라 불태워졌고 뒤이어 수비대와 타운주민들이 무자비하게 살해되었다. (John D'Alton, *History of Drogheda*, 1844)

년 올리버 크롬웰(Oliver Cromwell)이 청교도들과 더블린에 도착했을 때, 그의 사명은 정부의 전복과 더불어 복수를 하는 것이었다. 그러한 복수로 충성주의자 수비대와 수많은 드로에다 타운 사람과 웩스퍼드의 방어자들이 겪은 비인간성은 아일랜드인의 기억에 지울 수 없는 자국을 남겼다. 아일랜드인의 저항을 평정한 후 뒤따랐던 정착 역시 가혹했다. 하지만 그러한 가혹함이 그렇게까지 무차별적이지는 않았다. 반란에 참가한 사람들이 많이 처형당하지는 않았다. 무기를 든 사람들도 꽤 나 관대한 취급을 받았다. 그들은 유럽대륙으로 이주하는 것이 허락되었고, 3만 명 이상이 그 기회를 잡았다. 가난한 사람들은 간섭을 받지 않은 채 남았고, 일반사면이 이루어져 처벌에 대한 두려움 없이 일상적인 삶을 재개할 수 있었다. 잉글랜드 정부가 관심을 가진 것은 아일랜드의 토지가 가진 부(富)였다. 이것은 그 땅을 소유한 사람들의 특별한 분노를 사게 했다. 아일랜드의 가톨릭 토지소유자들은 두 집단으로 분리되었는데, 반란에 연루되어 죄를 지은 사람들과 그렇지 않은 사람들이었다. 반란에 연루된 사람들은 부동산과 재산권 모두를 잃었다. 반란에 연루되지 않은 사람들은 그들이 갖고 있는 토지의 일정 부분만 소유가 허락되었지만 이것은 그들이 소유한 토지와 같은 토지가 아니었다. 아일랜드 역시 두 지역으로 분리되었다. 첫 번째 지역은 코넉트와 클레어 주였는데, 자신의 결백을 입증한 사람 모두가 이주한 지역으로, 거기에서 그들은 할당된 땅을 지급받았다. 두 번째 지역은 나머지 26주로, 토지는 압류되고 정부 채권자의 변제에 사용되어서, 군대에 물품을 제공하거나 돈을 빌려준 투기꾼들(adventurers)〔아일랜드 반란군에 대항하는 전쟁에 재정을 지원하기 위해 잉글랜드 정부에 돈을 선불했던 사람들로 아일랜드에서 몰수한 땅을 부여받을 권리를 지닌 자들__옮긴이〕과 적절한 대가 없이 봉사한 군인 및 관리들에게 돌아갔다.

일부 평범한 군인들은 할당 받은 작은 땅에 정착했지만, 대부분은 그들의 이권을 팔아 처분하고 잉글랜드로 돌아갔다. 대폭적인 보장을 받았던 관리와 투기꾼들이 정착하기에 좀 더 적합했다. 사실상 크롬웰 치하에서 정착을 위해 행해졌던 조치는 얼스터에서 최초의 이식을 계획했던 사람들이 의도했던 철저함과는 비교조차 되지 못했다. 어떠한 시도도 타운들을 제외하고는 신교도를 위한 공동체를 조직해 만들어내지 못했다. 변화된 것은 땅을 소유한 사람들이었지 땅에서 일하고 살았던 사람들은 아니었다. 크롬웰 방식의 정착은 이식 이외에도 가톨릭교도에서 신교도로 향한 부와 권력에 대한 자원의 양도에 있었다. 이러한 부와 권력을 창출했던 집단은 신교도 공동체가 아니라 신교도의 상류층이었다.

극적인 변화가 계속 일어났는데, 찰스 1세의 아들이 잉글랜드 왕으로 복위했을 때, 이주해 온 사람들은 자신들이 얻은 많은 것을 유지할 수 있었다. 제임스 1세의 이식이 얼스터의 성격을 영구히 바꾸어놓았던 것처럼, 크롬웰의 정착도 아일랜드 토지를 소유하는 귀족사회를 변화시켰다.

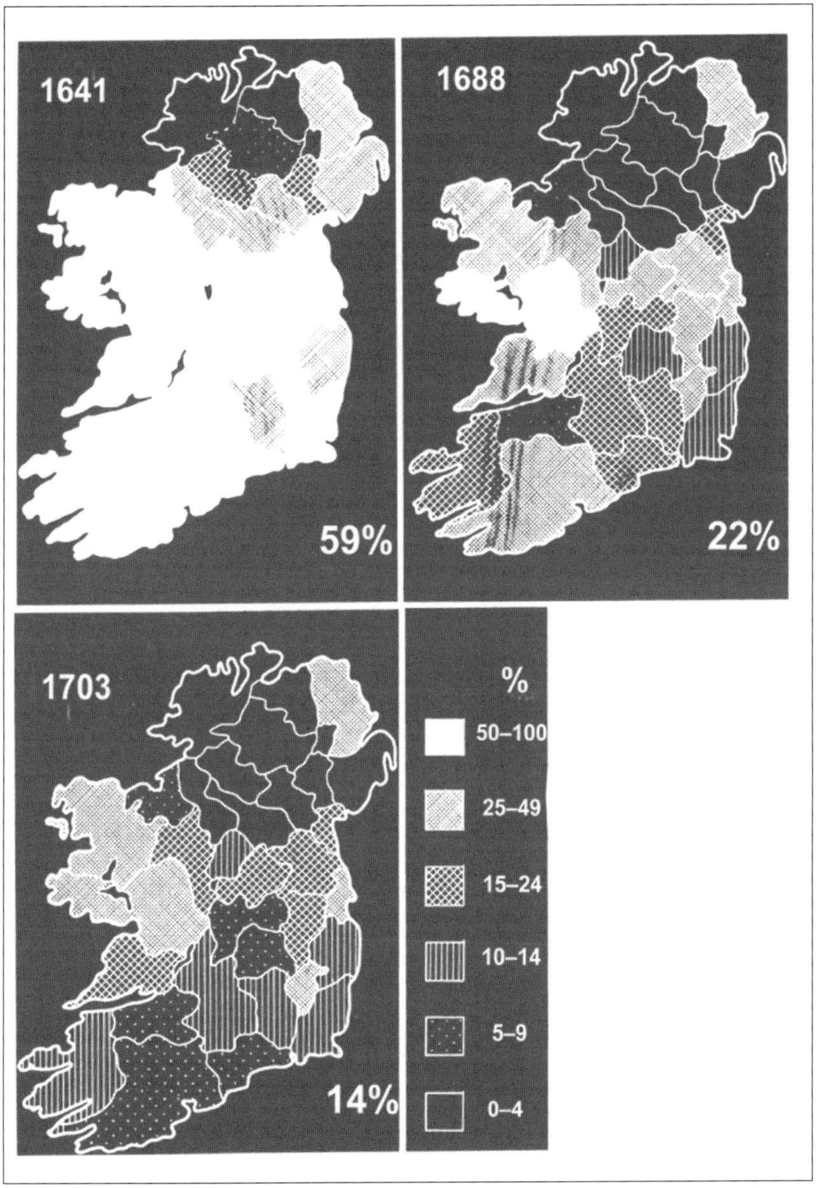

77 1641, 1688년과 1703년 아일랜드의 여러 주에서 가톨릭교도가 소유한 토지의 비율을 보여주는 심즈(J. G. Simns)가 만든 지도. 첫 번째와 두 번째 지도에는 크롬웰의 몰수와 왕정복고에 따른 변화와 영향이 표시되어 있고, 윌리엄 방식의 몰수에 의한 결과는 두 번째와 세 번째 지도에 나타나 있다.

13

왕정복고와 자코바이트 전쟁(1660~1691)

THE RESTORATION AND THE JACOBITE WAR(1660-1691)

1660년 잉글랜드 공화국 시대가 끝나고 찰스 2세(Charles II)가 본국으로 되돌아왔다. 아일랜드에서 가톨릭교도들은 왕당파(royalist)의 대의를 위해 싸웠으며, 그들 중 많은 수가 찰스를 따라 망명하고 있던 상태였다. 가톨릭교도들은 이제 토지 회복과 신앙의 관용을 고대하고 있었다. 왕 자신은 이에 동정적이었지만, 그는 공화국 군대의 부름으로 되돌아온 상태였고, 공화국 군대는 크롬웰의 토지 정착이 유지되어야 한다고 주장했다. 찰스는 양측에 약속을 했다. 크롬웰 쪽의 군인들과 투기꾼들은 가지고 있는 것을 지켜야 했으며, 가톨릭교도들은 왕을 지지한 이유 또는 종교로 인해 잃어버렸던 것을 되찾아야 했다. 모든 사람들을 만족시키기란 불가능했다. 아일랜드 총독인 오먼드(Ormond)는 "새로운 아일랜드의 신발견이 분명히 있어야 한다. 옛것은 이들 약속을 만족시키는 데 도움이 안 될 것이기 때문이다"라고 언급했다.[1)]

토지정착법(Act of Settlement)은 왕의 선언서에 효력을 부여하기 위해 전체 의원이 신교도인 의회에서 통과되었다. 무고한 사람들(innocents) — 이 용어는 엄격히 정의되었는데 — 과 특별히 왕당파라 불린 많은 사람들은 그들의 땅을 얻으려 했고, 크롬웰 쪽 사람들은 동등한 시가로 된 다른 토지들로 보상을 받으려 했다. 하지만 그러한 토지는 존재하지 않았기 때문에, 첫 번째 법령을 실행하기 위해 두 번째 법령을 통과시킬 필요가 생겼다. 이 법령은 대부분 크롬웰 쪽 사람들이 그들 토지의 1/3을 포기해야 한다는 조건으로 일부의 가톨릭교도들이 땅을 회복할 수 있다고 규정했다. 의회가 폐회되기 전에 약 500명의 가톨릭교도들이 무고한 사람들이라고 선언되었다. 그들 대부분과 영향력 있는 사람들은 적어도 이전에 가졌던 재산의 일부를 되돌려 받았다. 하지만 다른 많은 배상 청구자들은 만족하지 못한 채 남겨졌으며, 게일 아일랜드인은 최악의 상태가 되었다. 크롬웰 쪽 사람들은 부동산의 일부를 포기해야 하는 것에 분개했고, 심지어 일부를 회복한 가톨릭교도들에게도 그 회복은 느리고 문제가 많은 사업이 되었다. 땅을 회복하는 데 실패한 많은 사람들은 '무법자(tory)'〔아일랜드의 노상강도나 산적 — 17세기에 재산을 몰수당한 사람들, 뒤에 왕당파라고 자칭했음_옮긴이〕로 변해 언덕과 삼림지대로 들어가서 새로운 정착민들을 상대로 노략질을 했다. 아마의 레드먼드 오핸런(Redmond O'Hanlon)과 킬케니의 브레넌 삼형제(three Brennans)는 이 당시 유명한 무법자였다.

국채가 왕정복고의 정착 비용으로 사용되었을 때, 가톨릭교도 토지소유자들은 크롬웰 시대보다 훨씬 부유해졌지만, 그들은 본래 자신들이 가졌던 부동산의 일부만을 회복한 상태였다. 1641년 전쟁이 시작되기 전, 그들은 토지의 약 3/5을 소유했으나, 왕정복고 시기 말에 1/5도 채 갖지 못했다. 그들은 이에 대해 정착에 대한 신념을 위반한 것이라고 분개했으며, 이를 전복시키기 위해 첫 번째 기회를 취할 준비가 되었다. 후에 주임사제가 된 스위프트(Swift)는 그들의 태도를 다음과 같이 요약했다.

> 아일랜드 가톨릭교도들은 …… 그들의 왕을 방어하기 위한 싸움에서 자신들의 재산을 잃어버렸다. 아버지의 머리를 절단하고 자신의 삶을 위해 아들로 하여금 피하도록 했던 사람들, 정부의 전반적인 오랜 틀을 전복한 사람들은 …… 가톨릭교도들이 고대

법의 방어로 인해 잃어버린 자신들의 재산을 보장받게 되었으며, 따라서 그들은 가톨릭교도들이 충성으로 인해 잃었던 것을 그들의 반란을 통해 되찾게 되었다.[2]

78 제임스 버틀러(James Butler), 1대 오먼드 백작. 피터 렐리 경(Sir Peter Lely) 그림 (아일랜드 국립미술관)

가톨릭 주교는 토지정착법을 신과 자연에 대해 적의를 품은 것으로 비난했다. 시인 오 브류데어(Ó Bruadair)는 아일랜드 사람들의 일시적인 고난을 슬퍼했고, 크롬웰 쪽 사람들의 교양 없는 태도를 꾸짖었다.

> 난폭한 사람들이 각각의 천한 직업의 찌꺼기들로부터 형성되었는데, 이들은 스스로 지체 있는 집안에서 태어난 듯이 집안이 좋은 아들인 척 자신만만하고 가장 귀족적인 부족장의 집에서 편안하게 일정한 직업을 얻었다.[3]

종교는 재임기간에 또 다른 중요한 문제가 되었는데, 가톨릭교회는 수많은 오르막내리막 길의 운이 있었다. 오먼드는 국가의 권위에 대해 의심의 여지없이 인정했고, 교황의 국왕 폐위권을 부인하는 것에 대한 보답으로 관용을 보장하고자 했다. 그는 가톨릭교도들이 이러한 취지의 선언서에 서명해야 한다고 요구했는데, 이 선언서는 프란시스코파인 피터 월쉬(Peter Walsh)가 작성했다. 하지만 이 조건을 교회에서 받아들이지 않았고, 어떠한 협약도 이루지 못했다. 실제로 그 당시에 교회에 대해서는 대부분 관용이 이루어졌지만, 공적인 태도에서 변화가 있었고, 잉글랜드에서 '로마교황의 계략'에 대한 히스테리는 아일랜드에도 파장을 불러왔다. 대주교인 피터 탤벗(Peter Talbot)은 감옥에서 죽었고, 역시 대주교인 올리버 플런켓(Oliver Plunkett)은 단두대 위에서 순교했다.

찰스 2세의 25년간의 통치는 많은 면에서 가톨릭교도들에게 좌절과 근심을 가져다준 시기였고, 신교도들에게도 편안하지 못한 지배의 시기였다. 하지만 이 기간 동안 잉글랜드의 무역 정책으로 부과된 제한에도 불구하고 아일랜드에서는 이례적인 평화와 경제 확장이 이루어지기도 했다. 아일랜드 가축의 수출이 금지되었고, 아일랜드 양모는 잉글랜드를 위해 비축되어야 했다. 하지만 버터와 육류 무역은 활발하게 이루어졌고, 대륙으로 밀수가 행해지기도 했다. 인구의 증가로 통치 말기에 아일랜드에는 거의 200만 명의 거주민(가톨릭은 그들의 75퍼센트)이 있었다. 두 번째로 큰 도시인 더블린은 약 6만 명 이상의 인구를 가졌다. 코크와 리머릭은 번성하는 항구였다. 대부분의 토지를 소유하고 있는 신교도들은 행정과 상업에서도 중요한 위치를 차지하고 있었다. 하지만 적절한 기회가 있다면 가톨릭 부활의 기반을 형성할 수 있는 가톨릭 귀족의 핵가족과 토지를 가진 젠트리, 법률가와 교역상들의 핵심 집단이 남아 있었다.

1685년 찰스가 죽고 그의 가톨릭교도 동생 제임스 2세(James II)가 왕위를 계승했을 때 마침내 그 기회가 왔다. 아일랜드에서 가톨릭교도들은 이제 토지 정착의 전환과 그들 교회에 대한 인정이라는 새로운 거래에 대한 희망을 가졌다. 하지만 제임스는 잉글랜드의 왕이었고, 토지 정착과 아일랜드 국교는 잉글랜드 치하의 본질적인 소유물로서 간주되었으며, 제임스는 그것들을 유지하는 데 힘썼다. 신교도들은 미래를 걱정했지만, 신교도이자 왕의 처남인 로드 클래런던(Lord Clarendon)이 아일랜드 총독(lord lieutenant)으로 임명된 것과 왕의 보장으로부터 위안을 얻었다. 클래런던의 첫 번째 연설은 신교도 토지소유자를 위한 구명밧줄이 되었다.

> 여기에 있는 어떤 부하든지 우려를 하고 있을지 모른다는 …… 어떤 상상도 …… 그들 군주는 토지정착법을 바꿀 어떤 의도도 가지고 있지 않다는 것을 …… 모든 경우에서 선언하기 위해 나는 왕의 명령을 가지고 있다.[4]

하지만 진정한 권력은 사망한 대주교의 동생인 리처드 탤벗(Richard Talbot)에게 있었음이 분명해졌는데, 그는 오랫동안 제임스와 절친한 사람이었고, 가톨릭교도

79 타이르코넬의 공작인 리처드 탤벗 (국립초상화 미술관, 런던)

의 요구를 강력하게 대변하는 유능함을 보여주었다. 그는 타이르코넬(Tyrconnell)의 백작이 되었고, 아일랜드 군대의 수장이 되었다. 그는 수많은 신교도들을 해고하고 대신에 가톨릭교도들을 임명함으로써 재조직에 착수했다. 클래런던은 곧 소환되었고 타이르코넬은 총독으로서 그의 자리를 계승했다. 백 년이 넘어서야 처음으로 이루어진 가톨릭교도 총독 임명은 아일랜드 가톨릭교도들의 환영을 받았으며, 잉글랜드의 신교도들은 시로써 이 상황을 풍자했다.

Ho, brother Teig, dost hear de decree,
Dat we shall have a new deputy;
Jo, by my soul, it is a Talbot,
And he will cut all de English throat.

형제 테이그여, 그대는 계율에 대해 들었나,
우리는 새로운 총독을 가지고 있네;
조, 나의 영혼으로, 이는 탤벗이라네,
그는 잉글랜드인 모두의 목을 자를 것이네.[5)]

가톨릭교도 재판관과 추밀원 의원들이 임명되었고, 행정부에는 더욱 더 많은 중요한 요직이 가톨릭교도로 채워졌다. 아일랜드 국교는 폐지되지 않았지만, 가톨릭교도들 편에서는 신교도 목사에게 지급되는 보수에 대해서 분명히 내키지 않아 했다. 교회의 결원은 채워지지 못한 채 남겨졌으며, 수입은 가톨릭 주교에게 보조금으로 지급되곤 했다.

신교도들은 이에 상당히 겁을 먹고 있었는데, 상인들은 가족의 도움을 청했고,

비관주의자들은 잉글랜드로 떠났다. 모든 관심이 토지 정착 쪽으로 기울었고, 가톨릭교도들은 이것의 철회를 점차적으로 요구했다. 재판관 라이스(Rice)는 토지정착법 따위는 무시해버릴 것이라고 말했다. 추밀원장 네이글(Nagle)은 유명한 코번트리 편지(Coventry letter)에서, 만약 제임스가 아들 없이 죽는다면 가톨릭교도들은 토지를 가진 재산가로서 자신의 입장을 굳히지 않는 한, 어떤 것도 안전할 수 없을 것이라고 주장했다. 즉 토지 정착은 일의 진척이 잘 되어갈 때 바뀌어야 한다는 것이다. 크롬웰 쪽의 지도 제작자인 윌리엄 페티 경(Sir William Petty)과 그의 친구 사우스웰(Southwell)은 토지 정착을 폭풍우 치는 바다에 떠 있는 배로 비유했고, 화살을 관통하여 맞은 성 세바스티아누스(St. Sebastian)에 비유했다. 찰스 2세의 통치 기간 동안 신교도들이 독점한 의회는 압도적으로 많은 가톨릭교도 성원으로 대치될 준비가 되었다. 타운 특허장(charter)들은 폐지되었고, 새로운 도시 자치체들은 주로 가톨릭교도들로 구성되었다.

두 명의 가톨릭교도 판사가 토지정착법을 바꾸기 위한 법안을 가지고 왕의 승인을 얻기 위해 잉글랜드로 건너갔다. 그들은 감자를 꽂은 장대를 들고 '아일랜드 대사들을 위한 길을 만들라'고 소리치는 런던 군중의 환영을 받았다. 타이르코넬이 구성하려고 계획했던 의회는 아일랜드에서 오랫동안 차지했던 신교도 지배를 가톨릭교도 지배로 전환할 만큼 위협적이었다. 상황은 가톨릭교도들의 인계 준비가 다 된 듯했고, 정부의 전폭적인 지지도 받았다.

하지만 잉글랜드의 혁명은 또 다시 아일랜드 가톨릭교도들의 희망을 좌절시켰다. 공동 종교주의자들(co-religionists)을 선호하는 제임스 2세의 정책은 잉글랜드 신교도들의 반대를 불러일으켰고, 제임스 2세의 아들이 탄생함으로써 가톨릭 왕조가 계속되리라는 전망을 가능하게 했다. 1688년 일곱 명의 저명한 잉글랜드인들이 제임스의 사위이자 신교도인 오렌지 공 윌리엄(William of Orange)을 초청했는데, 이는 잉글랜드를 침입하여 그의 장인을 몰아내도록 하기 위함이었다. 잉글랜드에서 왕의 대의는 급격히 무너졌고, 그는 프랑스의 루이 14세(Louis XIV)에게 피난처를 찾았다. 하지만 아일랜드에서는 제임스를 토지와 종교를 위한 유일한 희망으로

80 1689년 3월 12일 킨세일에 도착한 제임스 2세: 현대 네덜란드 프린트 (아일랜드 국립미술관)

간주했기 때문에 타이르코넬은 그에게 희망을 걸었고, 가톨릭교도들이 기꺼이 도와줄 것이라 믿고 있었다. 신교도들은 좀 더 겁을 먹었고, 이주가 공황상태로까지 나타났으며, 얼스터 식민지인들은 무력 저항에 대비했다.

1689년 3월 제임스는 프랑스의 자금과 군대를 데리고 킨세일(Kinsale)에 도착했다. 제임스에게 아일랜드는 자신의 왕위 회복을 위한 발판일 뿐, 아일랜드에 대한 잉글랜드의 지배를 약화하는 데는 주저했다. 아일랜드인은 주로 토지 정착을 변화시키고 가톨릭교회의 지위를 안전하게 할 목적으로 제임스에게 관심을 가졌다. 제임스는 후대의 세대가 잉글랜드 의회의 독립을 옹호했기 때문에 '애국 의회(patriot parliament)'라 부르게 된 의회를 소집하도록 강요받았다. 선언 법령(the declaratory)이 헨리 그래튼(Henry Gratten)과 자위대(the Volunteers)가 조직되기 1세기에 앞서 아일랜드의 '왕과 군주 및 평민(king, lords and commons)'의 주권에 대한 원칙을 입안했다. 많은 논쟁 후에 토지 정착이 전환되었고, 반란자로서 윌리엄파의 재산 몰수가 선언되었다. 양심의 자유가 포고되었는데, 십일조(tithes)를 가톨릭교도들은 그들 사제에게, 신교도들은 그들 목사에게 헌납하도록 했다. 아일랜드 무역은 잉글랜드 법의 규제에서 벗어날 예정이었고, 잉글랜드 석탄의 수입은 금지되었다.

완전하게는 아니더라도, 의회의 의사록이 게일 아일랜드인 가톨릭교도들보다는 '옛 잉글랜드인'들의 열망을 대표하게 되었다. 제임스가 전쟁에서 승리했더라면, 이 입법이 아일랜드가 잉글랜드의 정복에서 벗어나거나 게일인의 통치를 복원하지는 못했을지라도, 가톨릭교도의 과두정치가 신교도의 과두정치를 대신하도록 했을지도 모른다. 제임스는 잉글랜드 왕에 대한 아일랜드인의 복종을 확실하게 하기 위해 포이닝스 법의 유지를 주장했으며, 아일랜드의 신교도교회는 공식적으로 폐지하지 않았다. 가톨릭교도는 '한쪽으로는 잉글랜드인과 다른 한쪽으로는 아일랜드인과 함께'란 왕의 정책에 환멸을 느꼈는데, 이것은 왕이 자신의 신교도 신하를 달래기 위한 유화정책에 열중한 듯이 보였기 때문이었다. 의회로서는 어쨌든 간에 좋지 않은 시기였는데, 이것의 효율성은 자코바이트의 승리(Jacobite victory)에 의존해야 했기 때문이며, 이에 대한 논쟁은 준비 중인 진정한 사업이었던 전쟁의 수행으로부터 주의를 분산시켰다.

뒤따랐던 전쟁은 아일랜드 역사에서 중대한 위기가 되었다. 아일랜드에서 이 전쟁은 코가예 언 다 리(Cogadh an dá rí)로 불리는데, 이것은 두 왕인 리 셰이머스(Rí Séamus)와 리 리암(Rí Liam) 사이의 '두 왕 간의 전쟁'이기 때문이다. 하지만 이 전쟁은 그 이상의 중요성이 있었다. 이 전쟁으로 잉글랜드에서 왕위의 변동이 있었고, 신교도 왕위를 확립해주었다. 하지만 유럽인의 맥락에서 볼 때 이 전쟁은 프랑스와 힘이 약한 동맹, 즉 종교적인 경계선을 넘나드는 동맹 사이에서 펼쳐진 사건의 현장이 되었다. 신성로마제국 황제와 에스파냐의 가톨릭교도 왕은 윌리엄의 동맹들이었는데, 교황 자신은 제임스의 후원자인 루이 14세와 친구가 되지 못했다. 양측은 국제적인 군대와 함께 싸웠고, 아일랜드 전투는 유럽의 여러 나라에 널리 알려졌다. 아일랜드의 맥락에서 볼 때 그 전쟁은 신교도와 가톨릭교도 사이의 전쟁이면서 새로운 이주민과 옛 거주자 간의 투쟁이었다. 이 전쟁은 이전의 어떠한 전투보다도 더욱 더 대등한 전세를 이루었다. 양측은 그들의 성취에 자부심을 가졌고, 민속전통에 그들의 기억을 새겼다. 사스필드(Sarsfield)와 리머릭에 있는 가톨릭교도들의 자부심은 데리, 에니스킬렌(Enniskillen), 보인에서 자부심을 가진 신교도와 짝을 이루었다.

갈등은 데리와 에니스킬렌에 있는 얼스터 식민지인들이 무장 저항을 시작하면서 비롯되었다. 데리는 훨씬 더 큰 어려움을 견디어냈고 좋은 선전효과를 얻었다. 그들은 조지 워커(George Walker) 목사에게서 강력한 지도력을 보았는데, 석 달간의 포위 기간 동안 그가 쓴 일기는 용기와 고통에 대해 기억할 만한 기록이다. 데리가 기아의 절정에 다다랐을 때, 구원의 배가 우렁찬 소리를 내면서 포위되고 파괴된 도시로 구호물자를 가져왔다. 이니스킬링어스(Inniskillingers)의 사람들은 돌격하는 군대 기술을 보여주었고, 뉴타운버틀러(Newtownbutler)에서 크게 승리했다. 이는 북부 지역을 몰아넣으려는 제임스의 계획에 치명적이었다. 그의 군대는 퇴각했고 윌리엄의 추종자들은 베테랑 마셜 셤버그(Marshal Schomberg)의 휘하로 들어가는 길이 열리게 되었다.

이듬해인 1690년 프랑스는 7,000명의 주둔군을 보냈지만, 그만큼의 아일랜드 군인을 프랑스에 보내야 한다고 요구했다. 곧이어 윌리엄 본인이 아일랜드에 건너왔다. 이것은 위험이 따르는 조치였는데, 잉글랜드가 프랑스에게 위협을 당하고 있었고, 그는 해상 명령권을 가지고 있지 않았기 때문이었다. 그가 아일랜드에 있는 동안 비치헤드(Beachy Head)에서 프랑스는 잉글랜드와 네덜란드 함대를 무찔렀고, 그 길은 프랑스의 잉글랜드 침공으로 이어질 듯했지만, 침공이 실행되지는 않았다.

두 왕은 보인에서 만났는데, 그곳에서 제임스는 자신의 아일랜드 주둔군과 프랑스 주둔군을 남쪽 강둑에 정렬시켰다. 윌리엄은 제임스의 2만 5,000명에 비해 더 큰 약 3만 6,000명 규모의 군대를 가졌다. 윌리엄의 주둔군들은 잉글랜드군뿐만 아니라 네덜란드, 덴마크, 독일 그리고 위그노 교도(Huguenots)까지 포함되었다. 그는 위대한 장군은 아니었지만 스스로 용감하고 무모한 군인임을 보여주었다. 전투가 있기 바로 전날 그가 아일랜드인의 총에 부상을 입자, 그가 사망했다는 소식이 파리까지 멀리 전해졌고, 그곳에서는 벨을 울리고 축하의 큰 횃불을 밝혔다. 실제로는 단지 약간의 부상을 입은 그는 '좀 더 가까이 오지 않아서 다행이군'이라는 냉담한 말과 함께 정찰을 재개했다. 전투는 옛 달력으로(새로운 양식으로는 7월 12일) 7월 1일에 개시되었고, 중심은 드로에다에서 약 3마일 위쪽에 있는 올드브리지(Oldbridge)의 여울이었다. 군대가 마주친 곳에서는 첨예한 싸움이 있었고, 이니스킬링어스의 꼭대기에 있는 윌리엄에게 접근하기는 힘겨웠다. 아일랜드 기병대는 잘 싸웠지만, 날이 바뀌기 전에 제임스는 도망을 갔고 그의 군대는 완전히 후퇴하여, 윌리엄은 명백한 승리자가 되었다. 군사적인 의미에서는 결정적 승리가 아니었다. 아일랜드의 손실은 적었고, 군대는 살아남아 다시 싸우게 되었기 때문이다. 하지만 이것은 유럽 전역에 보도되었으며, 심리적인 효과를 크게 가져다주었다. 오스트리아에 있는 가톨릭 사원에서는 그 승리에 대한 테 데움(Te Deums)〔성가_옮긴이〕을 불렀다. 더블린과 동부 아일랜드는 윌리엄에게 넘어갔고, 자코바이트〔제임스 2세의 지지자들_옮긴이〕 측은 섀넌 강으로 무질서하게 퇴각했다. 윌리엄은 모든 저항이 끝났다고 생각하여 무조건 항복을 요구했다. 타이르코넬과 프랑스인도 그 상황에 대해 똑같은 견해를 가졌다.

81 루칸(Lucan)의 백작인 패트릭 사스필드 (Franciscan House of Studies, Killiney, County Dublin)

하지만 아일랜드인에게는 패트릭 사스필드(Patrick Sarsfield)란 정신적인 지도자가 있었는데, 그는 리머릭의 방어에 힘을 불어넣었고, 밸리니티(Ballyneety, 1690년 8월 11일)에서 윌리엄의 포병대를 날려버림으로써 이에 기여했다. 리머릭 성은 파괴되었지만 사수되었고, 윌리엄은 그의 사업을 완성하지 못한 채 잉글랜드로 되돌아가야 했다. 타이르코넬과 프랑스 주둔군들은 프랑스로 떠났다. 이듬해 타이르코넬이 돌아오고 프랑스 사령관인 생뤼스(St Ruth)가 도착할 때까지 사스필드가 실질적인 지휘권을 가지고 있었다. 프랑스 군인들은 돌아오지 않았고, 나머지 전쟁 기간 동안 자코바이트 군대는 대부분 아일랜드인들로 이루어졌다.

전쟁이 1691년에도 이어졌는데, 네덜란드의 장군인 긴켈(Ginkel)이 애슬론에 있는 섀넌 강을 건넜을 때 그 다리는 필사적인 전투의 현장이 되었다. 다음에는 그 전쟁에서 중요한 전투였던 '오그림의 대재앙(Aughrim's dread disaster)'이 뒤따랐다. 프랑스 사령관인 생뤼스는 킬커머던(Kilcommodon) 언덕의 경사에 있는 튼튼한 지대를 택했다. 긴켈의 군대는 습지대에서 분리되고 버둥거리며 나아갔고, 생뤼스는 더블린의 성문으로 적을 몰아내기 위해 그의 부하들을 집결시켰다. 그러나 전투의 결정적인 단계에서 생뤼스가 전사했으며, 늪지대를 통하는 둑길이 긴켈의 부하에게 발각되어 아일랜드 쪽은 혼란에 빠졌다. 그들의 패배는 엄청났고 긴켈은 인상적인 승리를 했다.

윌리엄은 긴박한 상황에 처한 네덜란드의 방어를 위해 그의 군대를 이동시키고자, 아일랜드에서 전쟁을 가능한 한 빨리 종결하려고 노심초사했다. 그를 대신해서 긴켈이 아일랜드 가톨릭교도와 협상을 했는데, 항복의 대가로 그들 종교에 대해 관용을 베풀고 재산을 안전하게 해줄 것이라고 제의했다. 오그림 다음으로 골웨이는 그 조건을 수락했다. 타운에 있는 사람들과 수비대는 그들의 재산권을 보장받았고, 사제와 국민들은 사적인 종교 의식을 허락받았다.

이제 리머릭은 항복 협상에 저항하는 마지막으로 중요한 장소였다. 아일랜드인들은 저항이 성공할 거라는 전망을 가지지 않았는데, 그들의 주된 생각은 그들이 긴켈과 함께 거래할 수 있는 협상이 무엇인가였다. 프랑스 관리들은 그들에게 될 수 있는 한 협상을 길게 끌라고 요구했는데, 그 이유는 윌리엄의 군대를 또 다른 전쟁 기간 동안에 아일랜드에 묶어두기 위함이었다. 그 대가로 프랑스로부터 원조를 약속받았지만, 아일랜드인들은 그들의 기대보다 훨씬 적은 도움을 주었던 루이 14세에게 환멸을 느꼈다. 그들은 프랑스의 오랜 전략에 따른 이해관계에 휘둘리는 것을 바라지 않았다. 타이르코넬은 죽었고, 바로 한 해 전에 저항의 대들보 역할을 했던 사스필드는 이제 저항의 지속이 불필요하다고 생각했다. 그는 긴켈과 협상을 하

82 1690년 7월 1일 보인 전투. 레오도르 마스 그림 (아일랜드 국립도서관)

기로 결정했고, 한 주 이상의 협상 이후 리머릭 조약(Treaty of Limerick)에 서명했다(1691년 10월 3일). 그들은 가능한 한 많은 수의 아일랜드 군인들이 바라는 대로 자유를 얻어야 하며 프랑스에서 싸울 수 있도록 그곳으로 이송되어야 한다는 데 동의했다. 사스필드와 약 1만 4,000명의 부하들이 아일랜드를 떠났는데, 이들은 18세기에 퐁트누아(Fontenoy)와 다른 많은 유럽의 전쟁터에서 이름을 날리던 '기러기 군인들(wild geese)'의 선구자들이었다. 사스필드 자신은 살날이 많지 않았는데, 그는 란덴(Landen)의 전투에서 치명적인 부상을 당한 지 2년이 지나지 않아 죽었다. 하지만 그는 주목할 만한 명성을 쌓았으며, 그에 대한 기억은 아일랜드 노래와 민간전승에 보존되었다.

뒤에 남은 사람들에게 리머릭 협상은 인색한 것처럼 보이지는 않았다. 가톨릭교도들은 그들이 찰스 2세 시대에 누렸거나 아일랜드 법에 어긋나지 않는 예배의 권리를 제공받았다. 끝까지 저항했던 다른 수비대나 리머릭에 있었던 사람들은 재산권과 직업 수행의 권리를 약속받았다. 사스필드는 이러한 보장이 서부의 몇몇 주에 있는 아일랜드의 보호를 받고 있는 사람들에게도 확장되어야 한다고 주장했다. 긴켈은 동의했지만 조약이 런던에 도착했을 때 그 조항은 빠졌으며, 기나긴 논쟁은 아일랜드 신교도 의회의 비준 거부로 귀결되었다.

리머릭 조약은 윌리엄에게는 큰 이득을 가져다주었는데, 이는 아일랜드에서는 골치 아픈 작은 사건으로 끝이 났고 또한 그가 프랑스인들에 의해 심하게 압박을 받고 있는 플랑드르인에게 자신의 주둔군을 파견할 수 있도록 했기 때문이다. 하지만 아일랜드에 있는 그의 신교도 지지자들은 조약의 조건이 어리석을 정도로 관대했고 그들이 기대한 것이 전혀 아닌 조약을 가톨릭교도들에게 넘겨주는 것으로 끝났다고 생각했다. 많은 사람들은 자신들의 재산을 지키도록 허락받았으며, 전쟁 후에 뒤따랐던 토지 몰수는 크롬웰이 행했던 것보다 훨씬 덜 과감했다. 많은 사람들이 그 조약으로 보호를 받았고 누락된 조항은 가톨릭교도들이 염려했던 것보다 훨씬 덜 중요했음이 증명되었다. 프랑스에 갔던 사람들과 죽은 사람들, 그리고 조급하게 항복했던 몇몇 사람들의 재산 몰수가 있었다. 가톨릭교도의 토지는 약 1/7로 축소되었다. 하지만 모든 가톨릭교도들은 곧 새로운 형법(Penal Laws)에 종속되었으며, 뒤이은 세기는 신교도 패권(Protestant ascendancy)의 전형적인 시대가 되었다.

14

형법의 시대(1691~1778)

THE AGE OF THE PENAL LAWS(1691-1778)

1691년에 체결된 리머릭 조약은 17세기 아일랜드 가톨릭교도들의 대의로 보아 세 번째의 큰 패배였다. 그 당시의 승리는 결정적인 듯했지만, 지금은 전적으로 신교도들로 구성된 아일랜드 의회가 곧 삶의 모든 영역에서 신교도 패권을 보강하는 수단으로 작용했다. 아일랜드 국교의 성원들은 제1등급 시민으로서 지위가 복구되었고, 신교도 중 비국교도와 가톨릭교도들은 다시 잉글랜드 국교에 십일조를 바쳐야 했으며, 일련의 포괄적인 새로운 반(反)가톨릭 조치가 통과되었다. 1494년 이래 행해진 모든 아일랜드 법령처럼 이들 잉글랜드 법들은 왕과 지방의회에 최우선적인 법적 강제력을 띠고 있었는데, 18세기 내내 더블린 의회는 식민지 유형의 의회를 제외하고는 런던에 있는 정부에 종속되었다. 게다가 1720년 웨스트민스터 의회(Westminster parliament)는 법령(6 George I, c.5)〔조지 1세 치하 6년, 의회의 5번째 법령 __옮긴이〕으로 아일랜드 법 제정의 권리를 공식적으로 선언했다. 아일랜드에 대한 잉글랜드의 정책은 단지 두 나라 간의 관계를 유지하고, 아일랜드가 무역에서 모국과 경쟁해서는 안 된다는 점을 확인하는 것이 목적이었다. 수세기 동안 웨스트민스터 의회는 아일랜드 무역에 제약을 부과했기 때문에, 1699년 즈음 아일랜드의 모직물 수출은 사실상 파괴되었다. 윌리엄 몰리누(William Molyneux) 같은 사람들은 아일랜드 법을 제정하려는 웨스트민스터 의회의 권리에 도전했으나 소용이 없었다. 그 이유는 의회에 있는 수많은 아일랜드 의원들이 아일랜드가 식민지로 취급된다는 사실에 분개하기는 했지만, 그들은 잠재적으로 적대적인 가톨릭교도 주민들에 둘러싸여 있으며, 모든 것을 잃을 수 있는 상황, 다시 말해서 외국의 적이나 대다수 가톨릭교도들의 반란에 의한 침략으로부터 보호를 받기 위해 모국의 군사력에 의존할 수밖에 없는 고립된 소수라는 것을 깨달았기 때문이다.

따라서 토지 정착과 함께 교회와 국가에서 신교도 정착을 유지하기 위해 아일랜드 의회는 영원한 복종의 상태에서 가톨릭교도들을 지킬 것이라 믿었던 '천주교 관습법(popery code)'을 제정했다. 총독이 이끄는 아일랜드 행정부는 더블린 의회의 통제를 받지 않았으며, 따라서 잉글랜드 정부는 아일랜드를 위한 반가톨릭 법 제정의 상대가 되는 반면, 또한 그것의 집행에서 엄격함을 완화하기 위한 입장에 처해 있었다. 그래서 한 종교집단이 다른 집단에 대항해 균형을 맞춤으로써 그 나라 전역에서 지배력을 유지하기 위한 아주 오래된 '분리와 통치(divide and rule)' 체제를 사용할 수 있었다.

여러 강대국이 경쟁하고 있는 권력의 앞잡이로 아일랜드를 이미 이용한 유럽 전쟁의 배경에 반해 이들 법이 실행되었음을 기억하는 것은 중요하다. 아일랜드 군인들의 많은 수가 프랑스 루이 14세의 군대에 있었고, 아일랜드 가톨릭교도들이 스튜어트가(家)를 왕으로 복위시키기 위해 동맹을 결성하여 침략대 공격의 선두를 형성했을 거라는 것이다. 이러한 운명의 군인들은 그 유명한 '기러기 군인들'이었다. 따라서 모든 신교도 의회의 의원들이 그들의 특권적 지위를 신교도들의 이익을 유지하기 위해 사용했으리라는 것은 새삼스런 일이 아니다. 소수의 통치자는 세계의 여러 곳에서 이전에도 이와 같은 일을 했으며, 이후에도 그렇게 했다. 물론 프랑스, 에스파냐와 영제국 안에 있는 신교도들에 대한 박해는, 아일랜드 가톨릭교도들에 대해 그들이 통과시킨 야만적인 법을 정당화하기 위해 인용되지만, 그 박해를 받은 종파의 성원들이 소수집단인 반면, 아일랜드에서는 박해받는 사람들이 오히려 인구의 대다수를 형성하는 가톨릭교도였다는 점에서 서구유럽에서 매우 독특하다.

반가톨릭 법의 목적은 표면상으로는 아일랜드의 가톨릭 종교를 근절하는 것이었지만, 박해의 산발적인 분출과는 별도로 종교예배에 반대해 만들어진 형법은 약 1716년부터 사실상 폐지 상태로 두었다. 실제로 18세기에 종교예배가 널리 만연한 상황에서 일반적인 법 집행은 불가능한 과업이었을 것이다. 하지만 그 운용을 통해 법이 실시되거나 아니면 자동적으로 행해졌던 형법은 가톨릭교도가 의회, 높거나 낮은 공직, 사법의 전문직, 또는 군대의 위원회에 들어가는 것을 금지했다. 이러한 포괄적인 배타성은 이들 관리와 전문인에게 자격을 부여하는 서약을 규정함으로써 성취되었는데, 어떤 가톨릭교도들도 다음과 같은 성명이 들어가 있는 서약에는 맹세하지 않을 것이기 때문이었다.

> 나는 신 앞에서 장엄하고 진실하게 고백하며 증언하고 선언합니다. 주님의 저녁 성찬 예식에서 그리스도의 살과 피로 만들어진 빵과 포도주의 요소 중 어떠한 입증을 초월한 성(聖) 변화도 없으며, 그 이후 어느 누군가가 그것에 관하여 축성(祝聖)하며 무슨 말을 해도 나는 믿지 않으며, 그리고 성처녀 마리아 혹은 다른 성인의 기도와 숭배 또는 미사의 희생이, 지금은 로마 교회에 사용되고 있듯이 미신적이고 우상 숭배적이라고 나는 믿사옵니다 …….[1]

수많은 법정변호사와 법률가들이 18세기 초 국교로 개종했는데, 이들 중에는 미래의 클레어 백작의 시조이자 합병법의 주요 설계자였던 존 피츠기번(John Fitz-gibbon)도 포함된다.

가톨릭교도들은 어느 정도 무역과 산업에 종사해 부(富)를 축적할 자유는 있었지만, 특정한 자격을 부여하는 맹세는 공적 생활에서 이들의 모든 출셋길을 성공적으로 차단했다. 하지만 신교도의 우월성이 완전하게 보장받을 수 없었던 반면, 가톨릭교도들은 토지자산에서 꽤 높은 비율을 유지할 수 있었다. 윌리엄의 토지 몰수

이후에도 가톨릭교도들은 여전히 아일랜드 국토의 약 14퍼센트를 소유했다. 1704년과 1709년에 통과된 법령으로 새로운 제도가 고안되었는데, 이는 가톨릭교도들의 토지 매입을 금지하고, 31년 이상의 차지(借地) 계약을 금지하는 것이었으며, 이후 1778년경에는 아일랜드 국토의 5퍼센트만이 가톨릭교도에게 남겨져야 한다는 취지로 가톨릭교도 토지소유자들에게 짐이 되는 수많은 억압과 유인 그리고 금지가 있었다. 동시에 이런저런 이유로 가톨릭 지주의 대부분인 피츠윌리엄 자작(Viscount Fitzwilliam), 니일의 브라운(Browne of the Neale), 앤트림의 백작(the Earl of Antrim), 밸리나힌치의 마틴(Martin of Ballinahinch), 모니베아의 프렌치(French of Monivea), 로드 킹스랜드(Lord Kingsland), 로드 마운트가렛(Lord Mountgarrett), 로드 던서니(Lord Dunsany) 등 많은 사람들이 국교로 개종했다. 그래서 1778년경 가톨릭 토지소유자들은 1년 전체 지대(地代)가 그 당시 400만 파운드로 추산되는 가운데 오직 6만 파운드만을 소유했다.

83 아일랜드 오두막 (Arthur Young, *Tour in Ireland*, 1780)

그 세법의 다른 끝은 다수의 가톨릭 농민들이었는데, 이들의 고통과 가난의 일반적인 상황은 형법에 기인하지 않았으며, 그들의 지주가 가톨릭교도든 신교도든 별로 중요하지도 않았다. 가톨릭교도로서 그들의 주된 불평거리는 국교에 대한 십일조의 헌금이었다. 일반적으로 18세기는 주로 팽창하는 인구로 인해 그들의 생활수준이 떨어졌는데, 이것은 농장을 둘러싼 열정적인 경쟁 때문으로, 이미 전세가 높은 가격으로 올랐다. 이 나라에서 시발된 무역의 제한과 광산 및 사업의 부족은 인구의 대부분이 생계를 농업에 의존하고 점점 더 감자를 주식으로 삼는 운명으로 몰아넣었다. 1840년대 대기근이 형법의 대부분이 폐지된 이후에도 이들의 상황이 계속적으로 악화되었음을 증명한다.

성 패트릭 성당의 수석 사제였던 조너선 스위프트(Jonathan Swift)는 가난한 사람들의 아주 끔찍한 상황을 묵인하는 사회를 맹렬히 공격했다. 1729년 그는 『겸손한 제안(A modest proposal)』을 발표했는데, 이는 한 살짜리 아기를 잡아먹는 야만적인 상황을 가정한 풍자의 글로, 이 아이의 살은 "가장 맛있고 영양가가 있으며, 건강에 좋은 음식이 될 것이다"라는 내용이다. 클로인(Cloyne)의 신교도 주교인 조지 버클리(George Berkeley)는 1730년대에 초판이 출간된 『질문자(The Querist)』란 책에서 아일랜드의 사회경제적 악에 대한 관심을 유도했다. 그 책에서 그는 수백 개 이상의 질문을 하는데 이들 중 다음과 같은 일부는 여전히 대답이 요구된다.

> 기독교권 안에서 어떤 나라든지 아일랜드보다 더 개선될 수 있는 나라가 존재하는가? 나의 국민들이 구제책보다는 해명을 찾는 데 더 빠르지 않은가?[2)]

그 당시 농촌 주민의 많은 수가 고통을 받고 있는 상태였다는 것과 관련하여 많은 동시대의 증거들이 남아 있다. 가령, 아서 영(Arthur Young)은 1770년경 아일랜드를 여행했던 사람으로 다음과 같이 기술하고 있다.

> 오두막(cabin)이라 불린 아일랜드의 전통가옥은 상상할 수 있는 가장 비참한 모습을 한 누옥이다 ……. 가구는 그 건물만큼이나 좋지 않으며, 많은 가구 중에서 오로지 감자를 끓이기 위한 솥만이 갖추어져 있고, 작은 탁자 하나와 한두 개의 부서진 등 없는 걸상이 있을 뿐, 침대는 거의 찾아볼 수 없고 가족은 짚 위에 누워서 잔다.[3)]

물론 1741년에 발생한 기근과 같은 엄청난 재앙이 있었다 하더라도 농민들의 삶을 완전한 슬픔과 절망으로만 생각하는 것은 잘못된 일일 것이다. 정상적인 시기에 날씨와 추수가 좋을 때 그들은 충분히 자유스런 삶을 영위했다. 이야기꾼과 가수, 춤꾼과 음악인들의 예술이 폭넓게 배양되어 향유되었다. 이들 시대 사람은 물질적으로는 가난했지만 민속 문화라는 풍부한 유산을 가지고 있었으며, 지금 시대에까지 자손들에 의해 보존되고 있다. 그해에는 종교적 축제 혹은 지역 성자들을 모신 신성한 우물로 향한 성지순례가 계속 있었다. 더그 호(Lough Derg)에 대한 순례는 꽃을 피웠고 순례자는 선물로 십자가들(지금은 '형법 십자가'로 알려진)을 고향으로 가져왔으며, 거기에는 그들이 방문한 날짜가 적혀 있었다. 성지순례가 법으로 금지되어 있었지만, 신문에서의 언급과 여행자의 일화는 이러한 사실이 그 행위에 대해 어두운 그림자만을 던지지는 않았음을 암시해준다. 사실 성지순례에 대한 주된 반대는 가톨릭 주교와 사제의 일부에서 유래하는데, 이들은 유럽 도시의 대학에서 교육을 받은 자들이고, 상당한 불만을 가지고 이들 지방 고유의 신앙 표현을 바라보았으며, 또한 이들은 5월제(May Day)와 밤을 새는 경야(經夜)에서 드러난 경박함에 대해 엄격하게 비난했다.

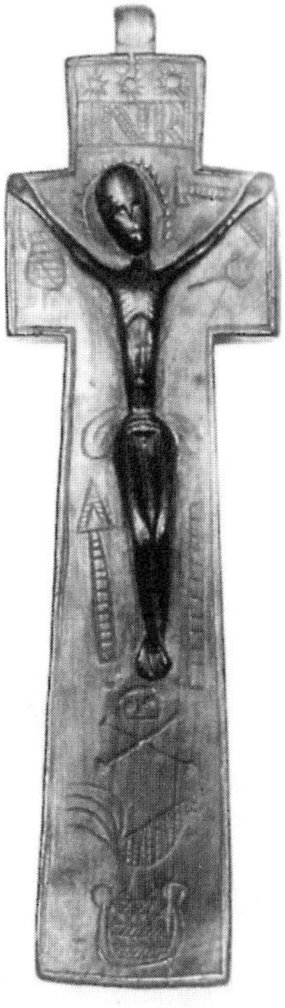

84 형법 시대의 나무로 된 십자가(아일랜드 국립박물관)

1697년 추방 법령(banishment act)이 통과된 후 수백 명의 전임사제와 수많은 주교가 아일랜드를 떠나고, 큰 반역죄를 야기해 사형이란 형벌로 인해 귀국이 금지되었을지라도 약 1,000명의 교구사제들은 남아 있는 것이 허락되었다. 그래서 18세기의 초반 20~30년간 야만적인 법이 존재했음에도, 점차적으로 가톨릭교회는 재구성되고 개혁되었다. 18세기 중반 이전에, 성직자단은 종교개혁 이래 처음으로 완전한 힘으로 복위되었다. 사제와 주교는 자연히 잉글랜드와 프랑스 간에 벌어진 전쟁의 시기 동안 의혹을 받았으며, 때로 침공으로 위협을 받았을 때 그들은 피난처로 강제로 떠나가야 했다. 하지만 대체로 평화로운 시대에 그들은, 신도들에게 통치자와 사유재산을 존중하도록 설득하거나 설득하려고 노력하는 한 권위에 의한 박해의 두려움 없이 의무를 부지런히 수행할 수 있었으며, 그들이 출판한 교리문답서와 설교에서 그렇게 자주 보이듯, 모든 권위가 신으로부터 오기 때문에 일시적인 권위에 복종해야 한다고 신도들에게 상기시켰다. 그들이 정부의 묵인 아래 아일랜드에 머물러야 한다면, 이러한 것이 그 당시 그들이 따라야 할 유일하게 가능한 노선이었다〔그들의 지위가 1782년에 법령화된 이후에도 아일랜드의 가톨릭 사제는 1800년의 합병 후까지 통치자들이 저지른 부당함에 대해 감히 직언하지 못했다. 가령, 킬데어와 레일린의 도일(Doyle)과 같은 주교들은 재산가이자 토지소유자에 대항하여 죄를 지은 농민들을 비난했고, 동시에 가난으로 점철된 사람들로부터 착취적인 집세와 십일조 및 세금을 요구하던 사제들을 비난했던 주교였다〕. 하지만 1782년 이전 시대에 법에 복종하기 위해 신자들에게 행한 훈계는 그들 세력의 많은 것을 잃게 했는데, 수많은 주교와 사제 스스로가 아일랜드에서 바로 현존해 있는 법을 위반하고 있다는 사실을 신자들이 알았기 때문이었다.

주교들이 직면한 최소한의 문제는 일부 사제의 훈련의 결여가 아니었다. 주교들이 책망했던 사제들은 때때로 당국에 그들을 고발했고, 이들 중 일부는 국교 개종자가 되었다. 사제 도미니크 오도넬(Dominick O'Donnell)의 어머니의 비가(悲歌)는 그가 1739년 더니골에서 신교도 사제가 되었을 때 작곡한 것으로 알려져 있는데, 이는 형법 시대로부터 전해져 내려오는 가장 잘 알려진 노래 중의 하나이다.

Crádh ort, a Dhoiminic Uí Dhomhnaill,
Nach mairg ariamh a chonnaic thú;
Bhí tú 'do shagart Dia Domhnaigh,
'S ar maidin Dia Luain 'do mhinistir.

Pill, pill, a rúin ó,
Pill, a rúin ó, is ná h-imthigh uaim;
Pill ort, a chuid den tsaol mhór,
Nó chan fheiceann tú 'n ghlóir mur' bpille tú.

Thréig tusa Peadar is Pol,
Thréig tú Eoin, 's an bunadh sin,

Thréig tú bain-tiarna an domhain -
Ó 'sí bhíos i gcónaí ag guí orainn.

Woe to you, Dominick O'Donnell,
Alas for anyone who ever saw you;
On Sunday you a priest
And on Monday morning a minister.

Come back, come back, love,
Come back, love, and do not leave me;
Come back, my share of the world,
For unless you come back you'll not see the eternal glory.

You abandoned Peter and Paul,
You abandoned John and their kindred,
You abandoned the queen of the universe
Though it is she who is constantly praying for us.

오, 슬프도다, 도미니크 오도넬이여,
오, 가엾도다. 일찍이 그대를 본 누구를 위해서든지;
일요일에 그대는 사제였고
그리고 월요일 아침에는 목사였네.

돌아와라, 돌아와, 내 아들아,
돌아와라, 내 아들아, 나를 떠나지 말아다오;
돌아와라, 이 세상을 함께 살자꾸나,

85 1738~1749년에 건립된 더블린의 가톨릭 예배당, 제임스 게이트(James's Gate); 종의 첨가를 포함하는 작은 변화와 함께 1853년까지 교구의 교회로 남아 있었다. (M. V. Ronan ed. *Catholic Emancipation Centenary Record*, 1929, p.33에서 다시 제작; 또한 Nicholas Donnelly, *Short Histories of Dublin Parishes*, pt lx, 1911, pp.230~232 참조)

네가 돌아오지 않는다면 너는 결코 영원한 천국을 보지 못할 것이다.

그대는 베드로와 바울을 저버렸네
그대는 요한과 그 부류들을 저버렸네,
그대는 세상의 연인을 저버렸네
변함없이 우리들을 위해 기도하는 사람은 그녀이지만.4)

형법이 존재했음에도 얼스터 외부의 도시들과 타운들 대부분은 가톨릭 예배당을 가지고 있었는데, 18세기부터 새로운 것이 세워졌다. 국교의 예배를 위한 장소들만이 법적으로 '교회'란 이름으로 위엄을 갖게 되었으며, 종교개혁 이후 다양한 시대에서 파괴를 모면했던 옛 교회들과 성당 및 수도원들 그리고 본래의 모든 교회의 재산은 국교에 귀속되었다. 더블린의 예배당 대다수가 처음에는 단순히 개조된 마구간과 물품창고였지만, 18세기의 이사분기가 시작되자 리피 강을 따라 있는 좁은 길과 뒷골목에 서로 가까이 새로운 예배당이 세워졌다. 리피 거리(Liffey Street)의 성 메리(St. Mary), 메리스 레인(Mary's Lane)의 성 미천(St. Michan), 아란 키(Arran Quay)의 성 바울(St. Paul), 워틀링 거리(Watling Street)의 성 제임스(St. James), 더티 레인(Dirty Lane)의 성 캐서린(St. Catherine), 프랜시스 거리(Francis Street)의 성 니콜라스(St. Nicholas), 쿡 거리(Cook Street)의 성 오돈(St. Audoen), 로즈메리 레인(Rosemary Lane)의 성 미카엘(St. Michael), 호킨스 거리(Hawkins Street)의 성 앤드루(St. Andrew) 및 교구 사제하의 모든 곳에 예배당이 생겼다. 성직자단 역시 그들의 예배당을 가지게 되었다. 원래 쿡 거리에 있던 프란시스코 예배당은 머천트 키(Merchant's Quay)로 이동했고, 후에 이와 가까이에 있는 선술집 간판에서 '아담과 이브'로서 대중적으로 알려졌다. 도미니코 예배당은 브리지 거리(Bridge Street)에 있었고, 웜우드 게이트(Wormwood Gate)와 애쉬 거리(Ash Street)에는 카르멜파의 수도원, 존스 레인(John's Lane)에는 아우구스티누스 예배당, 카프친스(Capuchins) 수도원은 처치 거리(Church Street)에 있었다. 도미닉 교단 수녀원은 채널 로우(Channel Row)에 있었고, 푸어 클레어 수녀원(the Poor Clares)은 킹 거리(King Street), 카르멜파의 수도원은 아란 키, 아우구스티누스 수녀원은 멀리나하크(Mullinahack)에 있었다.

86 레익스 주 아리스의 가톨릭 예배당, 18세기 초. (Francis Grose, *Antiquities of Ireland*, ii, 1795, facing p.34.)

아일랜드 시골에 있는 예배당들은 레익스(Leix) 주 아리스(Arles)에 있는 것처럼 보통 간단한 초가집 구조로 되어 있었다. 아일랜드의 여러 지방, 특히 북부에서는 예배당 부지를 얻기 매우 어려웠는데 신교도 지주들로부터는 더욱 심했다. 게다가 일부 교구들은 너무나 크고 분산되어 신자들이 한 예배당에서 미사를 드릴 수 없었으며, 그래서 가끔 개인 집에서 행해지거나, 개방된 뜰에 있는 미사를 위한 바위(Mass rocks)에서, 아니면 예배당이란 특성으로 적어도 사제와 제단은 부분적으로 보호를 받는, 작은 피난처라 불리는 '스캐슬런(scathlan)'에서 행해졌다. 때로는 너무나 많은 사람들이 밸린터버(Ballintubber)와 그레이그나매너(Graiguenamanagh) 같은 고대 수도원의 폐허가 된 피난처에 미사를 위해 모여들었다. 18세기 아일랜드에서 가톨릭 예배를 위한 가혹한 환경은 유명한 퍼매너(Fermanagh) 가족의 가계전

87 1867년 더니골 주의 번린 브리지(Bunlin Bridge)의 스캐슬런에서 야외 미사 후 전경. 1867년으로 되어 있지만, 이 사진은 14장에서 전개되는 시기에도 들어맞는다고 할 수 있다. (*Sights and Scenes in Ireland*, 1896)

통으로 전해져 내려오는 이야기에 잘 예시되어 있다. 이야기는 1714~1744년에 걸쳐 지방의 대지주였던 존 컬드웰 경(Sir John Caldwell)의 이야기로부터 시작된다.

믿음직한 신교도는 로마 가톨릭교도들을 언제나 인간적이고 따뜻하게 취급하긴 했지만, 이야기는 어느 폭풍우가 있던 날, 비가 몹시 쏟아졌을 때 한 신교도가 울타리 아래에 있는 무리들에서 회중과 함께 있는 한 사제를 발견하면서 시작한다. 그는 자신의 집과 매우 가까운 곳에서 회합이 행해지는데 (그리고 그 사제가 주저했다면 그가 비난을 했을지 모르지만) 이 때문에 그들을 비난할 기회로 삼지 않고, 대신에 자신의 젖소들을 이웃에 있는 목장으로 내몰도록 명령했고, 그들이 그곳에서 궂은 날씨를 피해 피난처를 취하라고 사제와 회중들에게 뜻을 전했으며, 그래서 그들은 그곳에서 평화적으로 예배를 끝낼 수 있었다.5)

아일랜드에서 신교도 지주계급이나 전문직에 있는 계층은 신교도로 개종한 사람들과 함께 예배 보기를 원하지 않았다. 그 이유는 통치계급의 물질적 이득을 위해 소수의 특권층을 유지하려 했기 때문이었다. 국교의 주교와 사제들 대다수도 어떤 선교적인 열의 같은 것을 보이지 않았다. 신교도 비국교도들은 1719년 종교의 사법적 관용을 보장받았지만, 그들은 가톨릭교도들처럼 국교에 십일조를 바치도록 강요당했고, 계속해서 왕권하의 모든 관직으로부터 지속적으로 배제를 당했다. 하지만 가톨릭교도들의 경우처럼 비국교도들의 재산권은 몰수당하거나 제한당하지 않았으며, 선거권과 의회에 앉을 권리가 주어졌고 또한 무기를 지닐 권리를 가졌다. 1775년경 국교의 성원은 신교도 비국교도들을 차별대우할 여유가 생겼다. 신교도 비국교도들이 가톨릭교도들과 공통된 대의를 만들어내더라도 거기에는 어떠한 위험도 없었으며, 침략이나 반역 같은 사건에서 그들은 신교와 잉글랜드인의 관계를 방어하는 데에 자신들의 삶과 재산을 걸었다.

88 벨라나게어의 찰스 오코너 (아일랜드 국립도서관)

18세기 중반이 되자마자 가톨릭 측은 천주교 관습법으로 내몰려진 고립집단에서 점차 모습을 드러내기 시작했다. 그들의 대변인은 벨라나게어의 찰스 오코너(Charles O'Conor of Belanagare)였는데, 그의 조상은 노르만 침공 이전에 대왕이었다. 또한 더블린의 의사인 존 커리(John Curry)도 포함되었다. 이들은 역사서와 소책자를 통해 게일 아일랜드인이 야만적인 사람들이었다는 영국 역사가들의 잦은 비난과 가톨릭교도들이 여전히 신교도의 대참살에 착수할 기회를 기다리고 있다는 신교도 논객(論客)들의 비난을 처음으로 논박하기 시작했다. 이러한 것은 천주교 관습법의 지속을 정당화하기 위해 오랫동안 행해졌던 상투적인 논쟁이었다. 커리와 오코너는 워터퍼드에 있는 성 요한 영지(Manor)의 토머스 와이스(Thomas Wyse)와 함께, 형법으로부터 구제에 대한 일부 법안을 확보할 목적으로 타운에서 세력이 커지고 있는 가톨릭 중류층들을 가톨릭교도 주민과 정부 간 의사소통의 채널로서 활용하기 위해 대표위원회(delegate committee, 1760년에 창설)를 구성하려고 했는데, 가톨릭 중류층들은 주로 천주교 관습법의 그물망을 피했던 사람들이었다. 동시에 지금은 애석하게도 사라진 가톨릭 귀족의 대변인이 된 대영주들인 트림레스타운(Trimlestown), 고맨스톤(Gormanston), 핀갈(Fingall)과 켄메어(Kenmare)는 계속해서 스스로를 아일랜드 가톨릭의 세습적인 지도자로서 생각했다. 이들 두 집단은 지도력의 문제에 대해서는 의견이 달랐지만, 잉글랜드의 정복과 하노버가(the Hanoverian)의 계승을 수락하는 데는 모두 다 일치했다. 여기서 스튜어트(Stuart)의 복위를 원하는 사람은 아무도 없었고, 여전히 게일 국가의 재출현에 대한 희망은 작았다. 그들이 고려의 대상으로 삼은 주장은 교황에 대한 가톨릭교도들의 충성이 왕의 충성스런 신하가 되는 것을 막지는 못했고, 70년 동안 보여준 그들의 이력은 국교 의식에 대한 변함없는 충성이었으며, 그들은 적어도 박탈당한 권리 중 일부를 회복하는 데 자격이 있는 사람들이었다는 점이다.

7년 전쟁(Seven Years' War, 1756~1763)이 일어나는 동안 더블린을 비롯한 도시들에 있는 가톨릭교도들은 왕과 의회에 충성을 맹세한 청원서를 제시하여, 잉글랜드와의 관계에서 완전하게 헌신하고 외국세력의 어떠한 침략 시도도 격퇴하는 것을 지지할 것이라는 그들의 의지를 역설했다. 잉글랜드가 프랑스와 오스트리아 및 에스파냐의 가톨릭 연합과 맞서고 있을 무렵인 1762년, 잉글랜드의 연합군인 포르투갈에서 싸우기 위한 아일랜드 가톨릭교도 연대 충원 문제가 정부와 가톨릭 지도자 사이에서 논의되었다. 하지만 아일랜드 의회의 성원들은 가톨릭교도들의 무장에 대해 거칠게 반대해서 전체 계획은 취소되었다. 불행히도 그 제안은 그해 먼스터에서 발생한 농민 폭동과 즉각적으로 관련이 되었다. 먼스터에서의 이들 화이트보이단(Whiteboy)의 행위는 얼스터에서 '용감한 사람(heart of oak)'과 '냉혹한 마음(heart of steel)' 사이에 벌어진 농민 소요(agrarian disturbances)에 필적했는데, 이러한 소동은 그들이 법정에서 배상을 거절당한 공유지의 인클로저, 강제노동, 실업률, 착취적인 집세와 십일조에 대한 불평거리로 인해 야기되었다. 니컬러스 쉬이(Nicholas Sheehy) 사제는 1766년 클론멜(Clonmel)의 타운에서 살인에 대한 소문을 퍼트려 농민들의 고통에 대한 동정심을 나타냈다는 죄로 기소를 당해 교수형에 처해지고 사지가 찢겨 죽었다. 산드래건(Shandraghan)에 있는 그의 무덤은 곧바로 순례의 장소가 되었으며, 그의 죽음은 수호성인과 함께 후세대 화이트보이단에 빌미를 제공했다.

가톨릭교도 연대 편성의 등록에 대한 제안과 토지의 지대를 취하도록 가톨릭교도들에게 허락하기 위해 1762년 의회에 제출된 법안은 수많은 신교도들이 두려워하고 있는 것이 실제이거나 가장(假裝)된 것이라는 것을 일깨워주었다. 또한 이것은 먼스터에서 발생한 화이트보이단의 소란이 프랑스인에 의해 선동된 가톨릭교도의 반란이었다는 것을 주장하는 공격적인 신교도 패권의 지도자들에게는 적절한 것이 되었다. 그들은 동지를 결속시키고 가톨릭교도와 이들의 활동에 대한 모든 노력을 좌절시키기 위해 그리고 자신들의 보호를 위해 조상들이 현명하게 고안했던 체제를 최소한의 정도에서 바꾸도록 영향력 있는 신교도들에게 요청했다.

십일조와 토지제도의 법령 개혁이 이 기간을 통해 실행되었더라면, 아일랜드 역사의 과정을 상당히 변화시켰을 것이다. 그러나 그 대신 1766년 이 세기의 역사에서 가장 중요한 사건 중의 하나인 화이트보이단에 반한 첫 번째 법령이 나왔다. 이것이 당시에는 분명하지 못했지만, 당시에 적용된 대로 압제정치는 다음 150여 년 동안 아일랜드가 은폐된 전쟁 상태에 있다는 것을 인정하는 셈이 되었다. 압제정치는 지역 주민들에게 관할 당국에 대한 비협조의 정신을 고취할 뿐이었으며, 그들의 잘못을 시정하려는 수단으로서 법률체계와 제도에 대한 전반적인 신념의 부족을 야기했다. 자신들의 사제에 의한 경고와 비난, 심지어 파문에도 불구하고, 맹세로 결속한 비밀사회는 계속해서 존재했는데, 특히 고통의 시기에 사람들은 토지법 대신 지역적 화이트보이단의 관례에 순종했다.

18세기의 게일 시인들은 다각도로 게일어를 사용한 소책자를 만드는 사람이거나 저널리스트였다는 것을 잊어서는 안 된다. 수많은 노래가 장터, 선술집이나 화롯가 둘레에서 불렸다. 이 노래들은 개종이나 십일조 대리인, 토지중개인을 풍자하고, 지역적 불의를 비난하거나 또는 사람들에게 그들의 민족적 정체성을 상기시켜 주었다. 나아가 아일랜드 언어와 가톨릭 종교가 또다시 높은 선호로, 프랑스 루이 왕의 원조로 스튜어트가가 다시 왕위에 복위할 것이라는 좀 더 비현실적이고 유토피아적인 미래를 예언했다. 이 노래들은 당시의 통치계급과 심지어 영어로 말하는 부유한 가톨릭교도들이 충분히 의식을 하지 못했던 여론을 부추기는 데 공헌했다. 대개의 경우 스튜어트가는 아일랜드에 재앙과 환멸 이외에는 어떤 것도 가져다주지 못했지만 단순한 농민들은 정치 현실에 정통하지 못함으로써 변화가 좀 더 나은 방향으로 가는 것으로 여겼다. 그들이 스튜어트가의 귀환할 것이라는 희망을 가졌던 것은 오늘날 억압을 받고 착취를 당하고 있는 사람들이 공산주의를 모든 사람들의 병을 고치는 만병통치약으로 생각하는 것과 같은 방식에서 혁명을 시각화했을 것이다.

이러한 수백 개의 자코바이트 노래 중에서 「로스 카하 나 무완(Rosc Catha na Mumhan)」을 보면 다음과 같다.

D'aithníos féin gan bhréag ar fhuacht
'sar anaithe Thétis taobh le cuan,
Ar chanadh na n-éan go séiseach suairc
Go gcasfadh mo Shésar glé gan ghruaim.
Measaim gur subhach don Mhumhain an fhuaim
Is dá maireann go dubhach de chrú na mbuadh
Torann na dtonn le sleasaibh na long
Ag tarraingt go teann 'nár gceann ar cuaird.

(I knew well by the cold and the stormy sea by the shore and by the tuneful and

cheerful singing of the birds that my bright prince would return without sorrow. I think that for Munster and for our fine folk who are now dejected the noise of the waves against the sides of the ships drawing steadily near us is a joyful sound.
나는 춥고 폭풍우 치는 바다와 해안가에서 새들이 듣기 좋고 활기차게 노래하고 있는 것으로 나의 명석한 왕자는 슬퍼하지 않고 돌아오리라는 것을 잘 알고 있네. 나는 먼스터를 위해 그리고 지금은 지속적으로 우리 곁으로 다가오고 있는 뱃전을 두드리는 파도의 소음에 풀이 죽은 우리의 훌륭한 민중들을 위해 생각하고 있다네.)[6]

결국 1760년대 말경 화이트보이단에 대한 심한 비난이 사그라져 가고 있을 때, 가톨릭 상류층과 중류층은 다시 한 번 형법의 일부 완화에 대해 희망을 걸기 시작했다. 이 당시 아일랜드 의회에서 성장하고 있는 야당집단은 헨리 플러드(Henry Flood)와 찰리먼트(Charlemont) 백작 같은 사람들이 이끌었는데, 이들은 아일랜드 상황에 대한 잉글랜드의 간섭에 저항하는 것을 점차적으로 옹호했다. 그 결과 잉글랜드 정부는 아일랜드 신교도 민족주의의 확신에 대한 균형으로서 그리고 '분할과 통치'의 옛날식 게임의 균형을 복원하기 위해 가톨릭교도들을 향해 누그러진 태도를 채택하려는 경향을 보였다. 존 몽크 메이슨(John Monk Mason)과 허큘리스 랑그리셰 경(Sir Hercules Langrishe) 같은 행정부의 일부 지지자들은 1762년과 1778년에 걸쳐 의회에 법안을 제출해서 가톨릭교도들이 31년보다 훨씬 긴 차용기간을 갖고 토지에 대한 지대를 취할 수 있도록 했지만, 신교도가 주도하는 군대의 힘이 매번 이러한 조처를 좌절시키기 위해 그들의 지지자들과 연합했다.

하지만 미국의 독립전쟁이 새로운 상황을 가져다주었고, 프랑스가 1778년 잉글랜드와의 전쟁을 선언하고 침략의 소문이 다시 한 번 떠돌아다니기 시작했을 때, 잉글랜드 정부는 전쟁 기간의 전략과 제국의 안전을 위해 가톨릭교도의 구제 논의들을 강제로 결정했다. 이것은 침략의 상황에서 가톨릭교도들과 화해하기 위한 편법이었을 뿐 아니라, 군대에 가톨릭교도 충원군이 급하게 필요했기 때문이었다. 잉글랜드 정부는 1778년 초기 잉글랜드인 가톨릭교도들을 위한 구제법을 통과시킴으로써 본보기를 보였다. 하지만 루크 가디너(Luke Gardiner)가 999년 동안 가톨릭 교도들이 임대를 할 수 있도록 허락하고 가톨릭 지주들에 대한 완전한 유언의 권리를 회복하는 법안을 아일랜드 의회에 제안했는데, 이것은 합의되고 난 후 지속적인 반대에 부딪쳤다. 오랫동안 지속된 신랄한 논쟁 끝에 이러한 최초의 가톨릭 구제 법안은 아일랜드 의회에서 억지로 관철이 되었는데, 그 당시 잉글랜드 정치가들은 그렇게 하는 것이 제국의 안전을 위해 필요하다고 믿었기 때문이었다.

법률의 완화를 금지하고자 그렇게 오랫동안 그리고 끈질기게 싸웠던 신교도들은 천주교 관습법이 최소한도로 완화된다면, 이것은 미래에 가톨릭교도들이 제기할 무제한의 요구를 위한 신호가 될 것이라고 주장했다. 징후는 당연히 정확하게 입증되었다. 가톨릭교도 지도자들은 1778년 법을 시작으로서 간주했으며, 1778년부터 1829년까지의 기간이나 또는 20세기 초까지 지금은 다른 나라들에서도 유사한 유형의 법을 출현시켰다. 이러한 법의 출현은 첫째로, 우리가 오늘날 이렇게 부르듯이, 완전한 평등 혹은 통합을 위한 투쟁이며, 이것이 실패했을 때 둘째로, 한편으로 특권을 가진 소수와 다른 한편으로 소외받는 다수 사이의 정치적인 우위권을 위한 투쟁이다.

15

신교도 국가(1775~1800)

THE PROTESTANT NATION(1775-1800)

미국의 독립전쟁은 아일랜드 정치에 심오하고 극적인 방식으로 중대한 영향을 미쳤다. 제국주의적 틀 안에서 볼 때 아일랜드와 북미는 식민지란 입장에서 의미심장한 유사점이 있었다. 아일랜드가 훨씬 더 유서 깊고 장식적인 의회를 가졌지만 각각의 식민지는 대표자 의회(representative assembly)가 있었다. 그럼에도 웨스트민스터 의회는 여전히 미국과 아일랜드 식민지 둘 다에서 유사한 방식으로 법률을 제정할 권리를 주장했다. 미국의 식민지인들이 잉글랜드 의회를 무시했을 때, 그들은 아일랜드의 투쟁에 대항하여 싸우고 있었다. 수많은 아일랜드인은 이를 고맙게 여겨 공개적으로 미국의 식민지인을 지지했고, 그들의 지지는 미국 식민지인들의 많은 수가 아일랜드로부터, 좀 더 특정하게는 얼스터로부터 이주한 사람들이었다는 사실로 강화되었다. 하지만 잉글랜드 정부는 미국에서 정책을 수행하기 위해 아일랜드 의회의 지지를 확보했는데, 전쟁이 계속되자 아일랜드의 경비로 유지된 군부대를 파견했다. 1778년에서 1779년 사이 자신들의 옛 라이벌인 대서양 건너편의 어려움을 이용하여 프랑스와 에스파냐가 미국을 지지하는 쪽으로 전쟁에 돌입했을 때, 아일랜드는 주둔군을 빼앗겨 침략에 노출되었다. 이러한 위험에 직면한 아일랜드인, 여하간 아일랜드 신교도들은 갑자기 군사를 일으켰다. 이웃 집단들이나 대중적 정신을 지닌 지주들이 전국에 걸쳐 의용군(volunteer corps)을 결성했다. 의용군 조직은 곧 유행했다. 병사는 많았고 훌륭하게 연합을 이루었다. 열병과 행진은 흔한 일이었다. 신사들(Gentlemen)은 자신 있게 의용군의 계급장을 달았고, 아일랜드는 곧 지휘관과 연대장으로 넘쳐흘렀다. 의용군 조직은 애국심 발로의 기회와 여흥을 즐길 수 있는 기회를 제공했을 뿐 아니라 정치적인 행위도 창출했다. 군부대에서는 쉽게 토론이 이루어졌다. 아일랜드는 이전보다 정치적으로 더 잘 구성되었을 뿐만 아니라, 과감한 권력 변화가 있어났음이 분명해졌다. 궁극적인 중재인이 된 무장 병력은 더 이상 정부가 아닌 정치적으로 의식화된 대중이 통제하게 되었다.

이러한 모든 것은 아일랜드인의 점차 늘어나는 상업적·제도적 불평과 일치했다. 전쟁으로 야기된 무역의 혼란은 가뜩이나 빈약한 경제 상황을 더욱 더 옥죄었다. 1778년경 상업적 제한들이 아일랜드 경제병의 근원지로서 심한 비난을 받게 되었다. 의용군은 대포를 가지고 더블린에서 행진했으며, "자유무역, 그렇지 않으면 이것이다!"라고 쓰인 플래카드를 대포의 목에 내걸었다. 자신들의 특권을 유지하고자 하는 잉글랜드 사업가들과 성난 아일랜드인들 간에 묶여 있던 잉글랜드 정부는 머뭇거리며 최선의 방책을 확신하지 못했다. 1779년 드디어 상업적 제한을 폐지함으로써 아일랜드와 화해하기로 결정했을 때는 감사의 표시를 얻기에 너무나 늦은 때였다. 그때쯤은 새로운 운동이 힘을 얻고 있었는데, 그 하나는 포이닝스 법에 의해 부과된 아일랜드 의회의 권력 제한에 반대하는 것이며, 아일랜드 법 제정에 대한 잉글랜드 의회의 권리를 선언한 1720년 법령에 반대하는 것이었다.

이러한 운동은 헨리 그래튼(Henry Grattan)이라는 위대하고 웅변적인 지도자에 의해 추진되었는데, 그는 1775년 의회에 들어가 스스로를 흥분하기 쉽고 최고로 충만한 낭만적인 성격을 지닌 최상의 웅변가로 재빨리 정립했던 인물이었다. 너그러운 열정을 지닌 그는 아일랜드가 영제국과 함께 입헌군주국의 공통된 정부와 공통된 정치적 전통을 공유함으로써 연계를 맺어야 한다고 주장은 했지만, 아일랜드

89 1779년 11월 4일 칼리지 그린(College Green)의 의용군 행진. 프란시스 휘틀리(Francis Wheatley) 작 (아일랜드 국립미술관)

가 언제나 독립국가로서 적합한 지위를 보장받아야 한다고 요구했다. 일련의 강력한 연설을 통해 자신의 주장을 상술했지만, 성직 수여권의 행사로 의회에서 다수를 유지한 정부는 그의 공격을 논박하는 데 성공했다. 하지만 의회 밖에서 상황은 점차 비관적으로 바뀌었다. 1781년 가을 거대한 잉글랜드 병력의 수장인 로드 콘윌리스(Lord Cornwallis)는 버지니아의 요크타운에서 미국 군대와 프랑스 함대에 의해 포위당한 후 항복했다. 1782년 2월에는 수많은 얼스터 의용군 출신인 사절단이 던가넌(Dungannon)에 있는 교구교회에 모여 입법에 의한 독립에 찬성하는 결의에 서약했다. 옛 제국은 미국에서 패배하여 무너지고 있었는데, 자신감을 상실했고 아일랜드에는 군대가 없었다. 던가넌 회합 얼마 후 로드 노스(Lord North)는 옛 제국주의적 지배체제를 유지하려고 투쟁하고 있던 잉글랜드 정부의 총리직에서 밀려났고 그 자리를 차지한 휘그당(Whigs)이 아일랜드 의회에 대한 제한을 폐지함으로써 아일랜드의 여론과 화합하려고 고심했다. 포고령(declaratory act)은 폐기되었고, 다음 해 잉글랜드 의회는 특별히 아일랜드를 위한 법령을 제정하려는 주장을 포기했다. 포이닝스 법령이 과감하게 수정된 결과 잉글랜드 왕실에는 법안의 거부권만이

90 약 1793년경 더블린의 세관. 제임스 말톤(James Malton) 작 (아일랜드 국립도서관)

아일랜드 입법에 대한 유일한 통제로 남았다. 또한 아일랜드가 일 년마다 폭동 법령(annual mutiny act)을 가지고 있어야 한다는 것과 아일랜드인 판사가 의도적으로 의회적 행위를 하는 것을 제외하고는 면직시킬 수 없게 해야 한다는 데 동의했다.

아일랜드는 한 군주를 이웃의 섬과 함께 공유하는 독립된 왕국의 형태로 있게 되었다. 잠시 동안 만족과 자부심에서 커다란 고조가 있었다. 주권에 대한 징후들이 여러 방향에서 나타났다. 영제국의 우편국과 아일랜드 우편국이 분리되었고, 아일랜드 은행이 창설되었으며, 세관과 네 개 법원이 세워졌다. 루틀랜드 광장(Rutland Square)과 메리온 광장(Merrion Square)이 완성되었다. 그 당시 말튼이 묘사했듯이 더블린은 의심의 여지없이 자아의식을 지닌 수도(capital city)였다.

관대함이 경고로 저지되었다고 곧 부언해야 했지만, 이러한 국가통합의 감각을 과거에 아일랜드 가톨릭교도들에게 부과되었던 여러 가지 종교와 사회 및 경제적 무능력을 제거하는 것으로써 보여주었다. 오직 과격한 자유주의자들만이 가톨릭교도들과 함께 정치권력을 기꺼이 공유할 준비가 되어 있었다. 거기에는 또한 경제적 미래에 대한 낙관적인 느낌이 있었다. 훨씬 앞서가고 있는 잉글랜드인의 기준에서 볼 때 훨씬 더 많은 개선할 것들이 있었지만, 그 유명한 아서 영(Arthur Young)이 아일랜드를 여행했을 때 언급했던 것처럼 농업은 분명 개선되고 있었다. 아일랜드 산업은 값싼 노동력과 풍부한 수력(水力)으로 이윤이 기대되었다. 예민한 보호주의자들이 영국의 이해관계에 역행하고 싶지 않았다고 해도, 아일랜드 의회는 관세와 장려금에 협조할 준비가 되어 있었다. 우리는 섀넌 강과 더블린을 연결하는 대운하를 건설하려고 한 이 시기의 경제적 낙관론을 기억하고 있는데, 이것은 인상적이고 엄청나게 돈이 많이 드는 18세기 공학기술의 공적이었다.

하지만 제도적인 형식들이 정치적 현실과 일치하지 않는다는 점을 곧바로 목격하게 되었다. 아일랜드는 사법적으로 독립국가였다. 하지만 아일랜드의 왕은 잉글랜드 정부가 임명하는 총독으로 대신하고 있었으며, 총독은 아일랜드 행정부를 선출하고 통제했는데, 결과적으로 수많은 의원들을 움직이는 데 영향을 미치는 후원자들인 귀족계급과 관직 그리고 장려금을 통제했다. 독립이란 외관 뒤에 잉글랜드 정부는 계속해서 아일랜드 문제에 대한 통제권을 행사하고 있었다. 의회를 개혁하기 위해 분명한 구제책이 있었는데, 대중의 의견을 좀 더 정확하게 반영해야 한다는 것이었다. 1800년 초기에 잉글랜드와 아일랜드의 자유주의자들은 개혁의 틀을 활발하게 토론했다. 아일랜드에서 의용군이 문제를 제기했고, 다양한 군단으로부터 대표자를 형성한 지방의 대표자회의(convention)는 하원에서 좀 더 많은 수의 의원(representative)을 만들어야 한다고 결의한 후 이를 입법으로 전환하도록 의회에 제출하기 위해 더블린에서 국민 의용군 대표자회의(national Volunteer convention)를 열기로 결정했다. 대표단은 의용군의 장군인 찰리먼트(Charlemont) 의장의 지도하에 1783년 11월 10일에 로툰다(Rotunda)에 모였는데, 찰리먼트는 건축의 후원자로 세련된 취향을 지녔으며 정치적으로 매우 신중한 자유주의자로 주목을 받았다. 대표단에서 가장 뛰어난 사람은 브리스틀의 백작이자 데리의 주교인 허비(Hervey)로, 위엄 있는 고위 성직자이며 훌륭한 저택 건축가이자 당대의 강력한 급진주의자기이도 했다. 가장 영향력 있는 대표는 헨리 플러드로, 강인한 정치적 지성과 엄격한 웅변적 스타일을 지닌 인물이었다. 플러드는 대표자회의를 지배했고, 개혁을 위한 계획안에 자신의 견해를 반영했다. 이것은 잉글랜드 하원에 제시되었지만, 하원은 무장을 한 사람들에 의해 위압되는 것을 거부함으로써 즉석에서 이를 거절했다. 의원들은 상황을 정확히 측정했다. 의용군은 많은 존경을 받았고 법을 준수하는 쪽이었으므로 의회에 대항하기 위한 무력을 행사할 수 없었다. 그들이 적절한 계획이라고 믿었던 것이 거절당했을 때, 다음에 무엇을 해야 할지에 대해 엄두를 내지 못했다. 사실 그들은 조용히 집으로 돌아갔다.

91 찰리먼트 1대 백작 제임스 카울필드(James Caulfield). 윌리엄 쿠밍(William Cuming) 작 (아일랜드 국립미술관)

그 이후로 개혁가들은 중요한 문제에 일대일로 직면했다. 만약 의회의 다수가 그들의 특권을 잃지 않으려 하고, 현재의 시스템이 잘 운영되고 있다고 자신할 때, 또 현존하는 제도의 변경을 단순히 거부한다면 무엇을 해야 할 것인가? 우선 여론을 최고한도로까지 동원시키고 전시한다면, 여론의 압력으로 하원이 부끄럽거나 두려워 스스로 개혁할 수밖에 없다고 개혁가들은 믿었던 듯했다. 의용군 대표자회의가 해체된 바로 직후, 활달하고 또한 때로는 터무니없는 웅변가이면서 아주 빈틈없는 정치조직가였던 내퍼 탠디(Napper Tandy)가 이끄는 더블린의 과격주의자들은 개혁 대표자회의를 개최하려고 시도했다. 대중으로부터 선택받은, 주와 의회 자치도시(boroughs)에서 온 대표들이 더블린에 모여 개혁에 대한 계획을 짜기로 되어 있었다. 그러나 이 계획은 완전히 실패로 끝났다. 비교적 적은 수의 대표들만이 도착했고(1784년 10월 25일), 그들의 협의는 거의 관심을 끌지 못했다. 아일랜드의 과격파들은 또 다른 교훈을 얻었다. 그것은 다름 아닌 성공을 하지 못할 경우 그 뒤의 여세는 대중의 관심을 잃음으로써 완화될 수 있다는 것이다.

실로 1780년대 중반 아일랜드 정치는 주목할 만큼 평온했다. 하지만 이러한 평온함은 폭풍우가 닥치기 전의 고요함이었다. 프랑스에서 발생한 국가 전략가의 회합, 다수의 대표자회의 및 바스티유 몰락 같은 대사건은 정치적으로 중요하고 큰 교란을 불러왔다. 프랑스혁명의 중요성을 한마디로 요약하기란 불가능하다. 하지만 그 주도적 사상은 자유와 평등이란 용어로 가장 잘 표현할 수 있다. 자유란 먼저 정부가 권력을 멋대로 사용하는 것으로부터 개인이 보호를 받아야 한다는 의미이고, 다음으로 적어도 선거권에 적합하다고 생각되는 사람들인 국민은 정부를 통제해야 한다는 것을 의미했다. 평등은 공동체의 어떤 당파도 법적으로 특권을 받아서는 안 된다는 의미였다. 게다가 모든 제도들은 자유와 평등 및 효율성의 기준척도에 의해 예외 없이 검사를 받고 평가를 받아야 하며, 비난을 받게 된다면 이것을 완전히 재구성해야 한다는 것이다. 대유럽 커뮤니티가 헌법 및 행정적 기구의 전체를 재구성하려고 시도한 것은 이때가 처음이었다. 물론 프랑스인들이 선언한 원리 중의 많은 것이 영국과 아일랜드의 정치적 사고에서는 진부하다고 논란이 될 수도 있다. 하지만 영국 제도(諸島)에서 영국인은 1688년의 혁명을 정당화하는 데 익숙해진 반면, 프랑스에서 그들은 새로운 시대를 열기 위해 혁명을 이용했다. 과거의 잔재는 일소되어버렸고, 유럽인들이나 또는 적어도 중류층들은 자신들의 운명을 통제하고 있었다. 유럽 전반에 걸쳐 자유주의자는 사회를 다시 건설한다는 전망으로 들떠 있었다.

아일랜드와 프랑스의 관계는 무역, 문화, 종교 및 가족 등 수많은 면에서 연계되어 있었으며, 아일랜드 신문은 프랑스에서 발생하는 사건들에 대해 많은 지면을 할애하여 보도했다. 프랑스혁명이 진전되고 있었던 바로 그때에 아일랜드 정치는 편협한 이유들 때문에 휘둘리기 시작했다. 국가의 수뇌들이 만나기 6개월 전 잉글랜드와 아일랜드의 왕인 조지 3세(George III)가 미쳐버렸다. 브리튼과 아일랜드의 섭정은 웨일스의 왕자가 되어야 한다는 동의가 있었다. 하지만 그가 공직에 정식으로 취임해야 한다는 대논박이 터져 나왔다. 그래튼과 그의 동료들은 브리튼의 섭정이 자동으로 아일랜드의 섭정이 되지 못한다는 점을 분명히 해야 한다고 강조했다. 조지 3세의 회복은 그 논박을 끝나게 만들었지만, 그때쯤 자신의 연설에서 분노와 유머를 혼합할 수 있었던 대주창자인 그래튼, 폰선바이가(Ponsonbys), 커런(Curran)이

92 약 1792년경 테오발드 울프 톤 (아일랜드 국립도서관)

이끄는 아일랜드 휘그당이나 또는 자유당 야당이 출현했다. 이들은 개혁이 아닌 보조금 목록을 과감히 축소하는 것으로, 그리고 의회 안에서 허락된 의석의 수를 제한함으로써 의회를 '정화'하라고 요구했다. 휘그당은 다수를 유지하는 정부의 방식에 대해 통렬한 용어를 사용하며 비난했다.

동시에 잉글랜드와 연계해야 한다는 그래튼의 열렬한 신념은 1790년 여름에 나타났다. 북미의 서부 해안가에서 잉글랜드와 에스파냐 사이의 주장이 서로 충돌했을 때 그들 간 전쟁의 가능성이 제기되었다. 그래튼은 잉글랜드와 아일랜드 간의 이해가 떼려야 뗄 수 없는 관계임을 강조했다. 그의 태도는 젊은 신교도 법정변호사인 테오발드 울프 톤(Theobald Wolfe Tone)을 화나게 했는데, 이 무렵 톤은 정치에 관심을 두기 시작했던 때였다. 그는 아일랜드가 에스파냐와 싸우지 말아야 한다는 것과 '영제국의 선(善)'은 허울 좋은 문구라고 주장한 팸플릿을 즉각적으로 출판했다. 약 일 년 후 그는 자신의 유명한 출판물인, 아일랜드 가톨릭교도들을 대신하는 논쟁에 긴 글로 자신의 견해를 발전시켰다. 톤은 아일랜드가 "어떤 국민적 정부를 가지고 있지" 않으며 정부는 잉글랜드의 통제 아래에 놓여 있다는 것, 그리고 아일랜드에서 잉글랜드의 영향을 저지하기 위한 유일한 방법은 의회의 개혁으로, 그러한 의회 개혁은 두 종류의 피특권층 집단인 아일랜드 가톨릭교도와 신교도 과격파가 가톨릭 해방(Catholic emancipation)을 포함하는 개혁 프로그램에 협동할 때에만 성공할 수 있다는 것을 주장했다.

톤의 견해는 벨파스트(Belfast) 자유주의자들을 크게 감동시켰다. 벨파스트는 그 당시 약 2만 명의 거주민이 사는 타운이었는데, 경제와 정치적 활기로 요동치고 있었다. 벨파스트는 리넨 제품 교역의 중심지로 최근에 개장한 화이트 리넨 홀(White Linen Hall)이 상징적이었으며, 릿치이(Ritchie)는 새로운 조선소로 개장하여 대산업의 시작을 기록하는 단계였다. 벨파스트 주민들은 박애주의적이고 교육적인 목적이 되는 지식의 승격을 위해 벨파스트 협회(Belfast Society)를 자발적으로 조직하는 데 큰 관심이 있었는데, 톤의 친구로 이상에 젖은 군인인 토머스 러셀(Thomas Russell)이 협회의 첫 번째 사서가 되었다. 아카데미의 총재는 성공적인 문법학교를 운영했던 사람이며, 벨파스트 자선협회는 가난한 사람들을 위해 지은 것으로 병들고 가난한 사람들을 돌보았고, 또한 방적과 직물업에서 일을 하려는 착실한 거지들을 거두었다. 그 당시의 전형적인 벨파스트인들은 장로교 사업가로 감독파 지주(Episcopalian landlord)의 통치에 대해 비판적이지 않을 수 없었으며, 자신들의 경제적 이해관계가 무시당하고 있다는 점에 대해 의문을 품고 있었다.

톤은 1791년 여름 벨파스트에 초대되었다. 그는 벨파스트와 더블린을 자신의 고향으로 만든 일부 아일랜드 정치가 중의 한 사람이었으며, 2주 동안 대화와 연회가 진행되면서 연합아일랜드인당(United Irishmen)의 벨파스트 협회가 창설되었다(10월 14일). 그 후 바로 톤은 경험 많은 시의회 정치인 내퍼 탠디와 접촉했으며 탠디의 노력으로 연합아일랜드인당의 더블린 협회(Dublin Society)가 11월에 나타났다. 이들 협회의 성원들은 대중의 의견을 주조하기 위해 특정한 사회들을 논의하고 있는 중류층들이었다. 더블린 협회는 1794년의 의회 개혁안을 포함하여 수많은 선언서를 출간했고, 여기에서 아일랜드가 인구에 따라 평등하게 300개의 의회 선거구로 분할되어야 하며, 모든 사람이 투표권을 가져야 한다고 제안했다(그 협회의 뛰어난 한 성원은 여성들에게 역시 투표권을 주어야 논리적이라고 했지만 그 생각은 현실적이지 못하다는 점을 인정했다).

어떻게 연합아일랜드인당이 개혁을 확보하기로 희망했는가? 처음에 분명히 그들은 여전히 설득과 대중 여론의 압력을 신뢰했다. 의용군과 정치 집단들은 개혁의 선호로 결의안을 통과시켰는데, 1793년 초 얼스터 개혁가들은 던가넌에서 대표자회의를 열었고, 거기에서 의회개혁에 대한 자신들의 지지를 서약했다. 그 후에는 국민 대표자회의(national convention)가 애슬론에서 열릴 수 있기를 희망했다. 급진주의자들에게 의회개혁은 아일랜드의 정당하고 효율적인 행정을 향한 첫 번째 단계였다. 그들은 십일조의 폐지, 정부지출의 삭감, 세금 인하, 교역의 장려와 초등교육을 위한 지원을 기대했다.

하지만 1792년과 1793년에 걸쳐 성공했던 압력집단은 가톨릭 조직체였다. 1791년 가톨릭 위원회(Catholic Committee)는 분발했다. 특권(concessions)의 문제를 정부에 맡기기를 원했던 좀 더 온건한 성원들의 감소로 인해 강화된 그 위원회는 형법을 좀 더 완화시키기 위한 요청을 하기 위해 의회에 탄원서를 제시했다. 그 결과는 1792년의 미약한 구제법이었다. 가톨릭의 문제점이 잉글랜드 하원에서 논의되었을 때 일부 의원들은 아일랜드의 가톨릭교도들을 대변하기 위한 것이라고 그 위원회의 주장을 비꼬았다. 위원회는 여러 명의 정력적이고 성공적인 더블린 사업가가 이끌었는데, 이들 중 가장 뛰어난 사람은 존 케오(John Keogh)로, 그는 단호한 반응을 보였다. 그들은 톤을 자신들의 부총무로 종사하게 했고, 양쪽 다 관용을 신뢰하여 한 사람의 매우 유능한 고용인을 얻었다고 선전했다. 그리고 아일랜드 전역에 걸쳐 타운과 주 출신의 대표들을 뽑아 더블린에서 만나도록 하기 위해 교구 사절단에게 요청함으로써 가톨릭교도들의 의견을 제시한다는 것을 증명하기로 결정했다.

가톨릭 대표자회의가 1792년 12월 더블린에서 소집되어 남아 있는 형법의 폐지를 요청하기로 동의했다. 한 사절단이 아일랜드 정부에서 통과되어 잉글랜드 총리와 면담하기 위해 런던으로 파견되는 것이 결정되었다. 총독과 그의 고문단은 신교도 패권이 전 유럽에 걸쳐 확립한 질서가 위협을 받고 있을 당시에 간섭을 받아서는 안 된다는 확신을 가졌다. 특권은 그 나라를 위험한 비탈길에 놓이게 할 것이다. 대법관(lord chancellor)이자 빈틈없는 직언자로 보수주의자인 피츠기번(Fitzgibbon)은 가톨릭 해방이 의회개혁으로 이끌어지고, 개혁된 의회는 브리튼의 안전과 아일랜드의 사회적 안정에 중요한 연결고리인 영제국과의 연계를 파괴할 것이라고 논쟁했다. 사실 그의 논쟁은 톤의 초기의 논쟁과는 완전히 반대가 되었다.

하지만 혁명 중인 프랑스와 전쟁이 확실하다는 현실에 부딪친 잉글랜드 정부는 아일랜드 여론을 안정시키려고 필사적으로 열망했다. 그 혁명의 반대자인 매우 총명한 버크(Burke)는 실질적으로 자격이 주어지고 있는 아일랜드 가톨릭교도들에게 특권을 보장함으로써 잉글랜드 보수당 편으로 끌어들이려는 열망을 조급하게 가지고 있었다. 잉글랜드 정부는 아일랜드 정부에 압력을 가했고, 그 결과는 가톨릭교도에게 투표권을 주고 무자격인 대부분을 일소한다는 1793년의 구제법(Relief Act)이었다. 하지만 가톨릭교도들은 여전히 의회, 사법부로부터 배제되었고 국정의 고위직도 맡을 수 없었다. 동시에 정부는 아일랜드 여론에 따른 일부의 특권에 동의했다. 약간의 보조금을 받는 사람과 직위를 가진 사람들은 의회로부터 배제되었다. 오두막집은 난방세(hearth tax)를 면제받았고, 명예훼손죄에서 배심원의 영향력은 확장되었다. 하지만 동시에 의용군은 진압되었고, 정부 통제 아래 봉급을 받는 자위군인 민병대(militia)가 형성되었으며, 아일랜드 여론을 대표한다는 주장을 나타내기 위해 모이는 집회를 금지하는 대표자회의 법령이 통과되었다.

특권과 진압으로 획득된 권위는 위기의 시간을 만날 준비가 되었다. 해외에서 잉글랜드는 프랑스와 전쟁 중이었다. 국내에서는 농민들의 불만이 십일조와 임대에 반대하는 방향으로 훨씬 더 많이 진행되고 있었다. 얼스터에서 토지를 위한 경쟁은 '다이아몬드 전투(battle of the Diamond)'로 절정을 이룬 가톨릭과 신교 간의 지역적인 폭동과 오렌지 협회(Orang Society)의 창립으로 이끌었다(1795년 9월). 그래튼이 이끄는 휘그당이나 자유파들은 가톨릭교도들을 향한 훨씬 더 많은 특권에 찬성했다. 완전한 가톨릭 해방과 남성 참정권을 제외하고 중지해 있는 온건파 의회개혁법안은 대개의 경우 그 나라를 만족시킬 것이라고 그들은 믿었다. 1795년 1월 전시 연합정부가 영제국에서 형성된 직후, 그래튼의 친구이자 휘그당원인 피츠윌리엄(Fitzwilliam)이 총독이 되었고, 당분간은 아일랜드가 휘그당의 통제하에 있는 것처럼 보였다. 하지만 피츠윌리엄은 경험이 부족했고 충동적이었다. 잉글랜드 정부는 완전한 가톨릭 해방에 대해 동의하는 그의 지침이 지나치다고 간주했다. 피츠윌리엄은 소환되었고, 법적인 방법으로 개혁이 수행되기를 희망했던 그들에게는 결정적인 실망을 안겨주었다.

반면에 급진파들은 점차 참을성을 잃었다. 그들의 성급함은 두 가지 형태로 표현되었다. 그들은 혁명 중인 프랑스로부터 도움을 얻기 위해 노력했고, 스스로를 군사 상비군 선상으로 조직하기 시작했다. 1794년 봄 프랑스 대리인인 윌리엄 잭슨(William Jackson)이 더블린을 방문했다. 톤은 프랑스의 침공이 환영을 받을 것이라고 제안한 아일랜드 상황에 관한 문서를 그에게 주었다. 잭슨은 옛 지인을 아일랜드로 데리고 갔는데, 그는 자신이 하고 있는 일에 대해 정부에 지속적으로 알렸다. 그 사건으로 잭슨은 체포되었고 반역으로 기소되자, 1795년 4월 30일 부두에서 극적으로 자살했다.

톤은 잭슨과 거래를 하고 있었던 것이 분명했기 때문에 곤란한 입장이 되었다. 하지만 그에 대한 사법적 증거는 부족했고, 그는 일부의 영향력 있는 보수주의자들에게 개인적으로 꽤나 지지를 받고 있었다. 결국에는 미국으로의 이민을 허락 받았다. 미국을 디딤돌로서 이용하기 위해 그는 1796년 초 프랑스에 도착했다. 그곳에서 아일랜드 급진주의자들의 말을 빌리면, 프랑스의 침공을 위해 압력을 행사하기 시작했으며, 여름이 되자 그의 요청이 아서 오코너(Arthur O'Connor)에 의해 강화되었다. 아서 오코너는 젊은 의원으로 급진적인 견해를 표현함으로써 의회에 충격을 준 사람이었다. 전쟁이 시작된 이래 프랑스인은 영국 제도(諸島)의 침공을 고려하게 되었고, 아일랜드는 분명한 목표물이 되었다. 그러나 아일랜드는 서쪽 멀리에 놓여 있었기 때문에 프랑스 원정함대의 봉쇄를 쉽게 피할 수 있었다. 만약 프랑스인이 아일랜드 항구의 통제를 확보했다면, 잉글랜드의 무역은 심각하게 위험해졌을 것이고, 전 서해안은 위협을 받았을 것이 분명했다. 게다가 톤이 특별히 강조한 것같이 침략자들은 아일랜드에서 우호적인 환영을 받았을 것이다. 파리에서 그는 '승리의 조직자(the organiser of victory)'인 카넛(Carnot)에게 그 입장을 억지로 떠맡겼고, 12월 프랑스 함대는 젊고 혁명적인 뛰어난 장군들 중의 하나인 오슈(Hoche)의 명령하에 1만 4,000명의 병력을 싣고 브레스트(Brest)를 떠나 아일랜드로 향했다. 모든 것이 프랑스와 잉글랜드 두 진영에게 잘못되어갔다. 잉글랜드 함대는 잘못 배치되었고 느슨하게 인도되었다. 조선소의 결함으로 출항이 연기된 프랑스 함대는 겨울의 폭풍우가 일어나는 곳으로 항해했다. 함대는 산산조각이 났고, 오슈의

93 약 1793년 더블린의 의회와 트리니티 칼리지. 제임스 말튼 작 (아일랜드 국립도서관)

배는 대서양 멀리까지 밀려갔으며, 벤트리 만(Bantry Bay)에 도착한 함대는 해안의 거친 날씨 때문에 며칠 동안 풍랑을 겪은 후 착륙하는 데 실패했다.

프랑스인이 하마터면 성공할 뻔 했다는 사실은 아일랜드 정부에 대한 가장 큰 경고로, 특히 국내에서 불만이 효율적으로 조직되어가고 있다는 것을 알아차렸다. 전쟁이 시작된 후 약 일 년간인 1794년 동안 연합아일랜드인당의 더블린 협회는 당국으로부터 회합을 연기하도록 강요받았다. 곧 이어 농민의 음모에 오랫동안 익숙해진 도시의 노동자층과 지역인들은 함께 행동함으로써, 중류층 개혁가들 중 일부는 폭넓게 퍼진, 비밀의 서약으로 묶인 협회의 건립을 시작으로 해방과 개혁을 얻기 위해 청원했다. 그 조직은 수많은 소위원회에 기반을 두고 있는데, 지방 위원회와 주(州) 위원회로 대표자를 보냈다. 차례로 도 위원회로도 대표자를 보냈으며, 국가 위원회에서 시스템이 절정을 이루게 되었다.

정부는 단호하게 반대 조치를 취했다. 이미 존재해 있는 질서를 간절히 방어하고 싶어 하는 보수주의자에게 자유민 단체의 구성을 장려했고, 인신보호(habeas cor-

94 1798년 6월 21일 에니스코시(Enniscorthy)의 비니거 힐 전투(the Battle of Vinegar Hill): 현대 프린트 (아일랜드 국립도서관)

pus) 법령을 정지시켰으며, '포고 지역(proclaimed district)' 안에 통행금지를 부과한 폭동법(insurrection act)을 통과시켰고, 무기를 수색하기 위해 치안판사에게 광범위한 권력을 주었다. 1797년 레이크(Lake)에서 압제적인 군인들은 얼스터를 무장해제하기 위해 무기에 대한 체계적인 일제검문을 실시했다. 곧 아일랜드 전역에서 음모를 검열하기 위한 정부의 필사적인 노력은 계속해서 분쟁과 분노를 불러일으켰다. 연합아일랜드인당은 가톨릭 해방과 급진적 개혁 및 독립을 쟁취하기로 마음 먹었다. 이와 대등하게 기존 질서의 지지자는 법과 질서를 보전하려 했고, 잉글랜드와의 연계를 유지하면서 프랑스의 공격에 저항하기로 했다. 어떤 측에서도 양보하지 않았으며, 한 측은 다른 측에 아일랜드의 불행한 상황에 대한 궁극적인 책임이 있다며 서로 책임을 전가했다.

한 가지 실제적인 중요성이 급진파에게 영향을 주었다. 시간이 흐름에 따라 그들 조직이 확장되고 개선되자 정부가 주도권을 다시 획득하여 그것을 쳐부술 것이라는 위험이 증가했다. 정부는 한 가지 가치 있는 자산을 가지고 있는데, 이는 정보기관 시스템이었다. 1797년 초 킬데어 주에 집 한 채를 가지고 있었던 토머스 레이놀즈(Tomas Reynolds)는 연합아일랜드인당에 가담했다. 그는 레인스터 지방 중역회(directory)의 일원이 된 후 곧바로 정부에 정보를 제공했다. 그 결과 1798년 3월 연합아일랜드인당의 레인스터 중역회가 더블린의 브리지 거리에 있는 올리버 본드(Oliver Bond)의 집에서 회합을 가졌는데, 거기 모인 사람들 모두가 체포되었다. 노련한 군인이자 열렬한 혁명주의자였던 로드 에드워드 피츠제럴드(Lord Edward Fitzgerald)는 몇 주 동안 체포를 피할 수 있었지만, 5월 19일에 그의 은신처가 발각이 되어 붙잡혔고 치명적인 부상을 당했다. 며칠 후 연합아일랜드인당은 반란을 일으켰는데, 그들의 노력은 연합이 잘못된 채 군대의 시각에서 볼 때 반란은 일련의 고립된 투쟁이 되었다. 더블린을 둘러싸고 있는 주들에서는 작은 충돌이 있었지만 당국에 의해 확고하게 통제되었다. 남동 지역에서는 워터퍼드와 웩스퍼드 주에서 전반적인 봉기가 있었다. 반란군은 주를 장악한 후, 서부와 북부로 여세를 몰아가려고 했지만, 뉴로스와 아클로(Arklow)에서 저지당했다. 마침내 군대가 에니스코시(Enniscorthy)의 비니거 힐(Vinegar Hill)에 모였는데, 이곳은 반란군이 주요 캠프를 차렸던 곳으로 격렬한 전투 후 연합아일랜드군 병력은 뿔뿔이 흩어졌다. 북부에서는 앤트림과 다운에서 봉기가 있었다. 하지만 지난해 레이크에서의 일제검문은 얼스터에서 연합아일랜드인당을 심각하게 약화시켰다. 게다가 정부 병력은 벨파스트 지역의 전략적인 중앙부에서 통제를 유지하고 있었다. 앤트림에서 헨리 조이 매크래컨(Henry Joy McCracken)의 반란군과, 밸리나힌치(Ballinahinch)에서 헨리 먼로(Henry Munro)의 반란군은 결정적으로 참패했다.

반란이 일어나기 며칠 전, 나폴레옹이 이집트로 향하고 있었는데, 그는 이곳이 중심적인 프랑스 해외 목표지점이 되어야 한다는 결정을 내렸다. 그래서 오직 소수의 프랑스 원정대만을 참여 가능한 병력과 함께 아일랜드 반란군을 돕기 위해 보낼 수 있었다. 사실상 원정대는 봉기가 진압된 후에 도착했다. 8월 윰베르(Humbert)가 이끄는 소규모의 프랑스 병력이 킬라라(Killala)에 도착해서 수많은 아일랜드인들

95 1780년경 크로막 우드(Cromac Wood)에서 본 벨파스트. 항구의 선박들을 주시하라. 타운의 전원 풍경, 매카트(MacArt) 요새와 케이브 힐(Cave Hill)의 후경(톤과 그의 친구들이 1795년 5월 또는 6월 기억에 남을 날을 보냈던 곳이다). (얼스터 박물관)

과 합류했다. 움베르의 출정은 짜릿했지만 짧았다. 캐슬바(Castlebar)에서 기마의용군(yeomanry) 단체와 민병대(militia) 병력을 패배시켰지만, 훨씬 더 많은 병력을 지닌 총독 콘월리스에게 포위되었으며 롱퍼드 주의 밸리나머크(Ballinamuck)에서 항복을 강요당했다(9월 8일). 일주일 후 움베르는 항복했다. 또 다른 소규모 프랑스 원정대가 아일랜드 북부로 쳐들어왔지만, 로크스윌리 밖에서 우세한 잉글랜드 소함대를 만나 대부분의 프랑스 배가 나포되었다(10월). 기함(旗艦)에 승선한 사람은 프랑스 관리인 울프 톤(Wolfe Tone)이었다. 그는 더블린 군법회의에서 유죄를 선고받았지만 처형되기 전 자살했다(11월 19일).

반란은 한 가지 중요한 결과를 가져다주었다. 즉 아일랜드가 긴급한 정치적 문제를 안고 있다는 점을 분명하게 보여준 것이다. 잉글랜드 총리 윌리엄 피트(William Pitt)에게 아일랜드는 도전할 만한 요소가 되었다. 피트는 강력하고 창조적인 지성인으로 장기간에 걸쳐 대담한 해결책을 제시함으로써 이 문제를 다룰 준비를 했다.

1780년대 그는 영제국과 아일랜드를 거대한 자유무역 지역으로 만들 계획을 세웠지만, 기존 이해관계의 의혹과 편견으로 비판을 받았다. 1798년 그는 잉글랜드와 아일랜드 두 의회를 통합하기로 결정했다. 둘의 통합은 비상시 협력을 확보하는 것으로 영국의 자본주의자로 하여금 아일랜드에 투자하는 것을 장려하며, 따라서 아일랜드의 생활수준을 높이고 아일랜드 신교도들의 위치를 아일랜드의 소수에서 영제국의 다수로 변형함으로써 가톨릭 해방에 대한 그들의 두려움을 제거하자는 취지였다. 정치에 대한 피트의 접근방식은 수학과 같이 치밀했다. 그는 감정적인 요인들이 중요한 부분으로 작용하는 민족주의와 같은 힘의 중요성을 이해하는 것이 어렵다는 것을 알고 있었다. 그의 제안이 아일랜드 의회에 나왔을 때, 그래튼이 이끈 여러 명의 기개 높은 달변의 의원들을 항상 가치 있는 것으로 평가한 일단은 두 국가 간에 아일랜드의 독자적인 정체성을 열렬하고 강력하게 강조했으며, 아일랜드가 개별적인 의회의 형태로 정치적 표현을 할 수 있는 민족적 개별성을 소유하고 있다고 단언했다. 1799년 정력적이고 흥분을 야기하는 논란 이후에 정부의 제안은 5개당 대다수에 의해 거절당했다. 정부는 다수표를 얻기 위한 작업에 착수했는데, 부분적으로는 선동과 설득으로, 또 어떤 때는 수많은 귀족과 의원들의 투박한 개인적인 목표를 만족시키는 방식으로 시도했다. 이러한 방법으로 상하 양원에서 합병을 위한 다수표가 확보되었다. 1800년 합병법(Act of Union)은 회기 동안 통과되었고, 1801년 1월 아일랜드는 영제국의 일부분이 되었다.

합병의 실행은 앵글로-프랑스 갈등에 나온 첫 번째 국면의 마지막과 일치했는데, 조약이 있은 지 몇 달 만에 상원의 승인을 받음으로써 콘월리스는 프랑스에서 평화 협상을 했다. 아미앵 조약(Treaty of Amiens, 1802년 3월 27일)은 유일하게 숨돌릴 여유를 제공했다. 1803년 여름경 영제국과 프랑스는 또 다시 전쟁을 시작했고, 연합아일랜드인당 지도부의 잔재가 아일랜드에서 권위에 대항하기 위해 새로운 노력을 계획하기 시작했다. 그들은 다시 프랑스의 원조를 희망했지만, 나폴레옹은 잉글랜드에 대한 직접적인 침공에 열중하고 있었으며, 1790년대의 급진적 지도자들 가운데 한 사람인 로버트 에멧(Robert Emmet)이 구성하고 이끈 봉기는 1803

년 7월 23일 밤 더블린의 거리에서 갈팡질팡하던 가운데 막을 내렸다. 에멧은 붙잡힌 뒤 재판에서 자신의 정치적인 신념의 극적인 고백을 하고 나서 처형되었다. 아일랜드는 농민의 동요와 가톨릭교도 소요에 의해 종말을 맞게 되는 평화기간으로 나아갔다.

96 로버트 에멧 (아일랜드 국립도서관)

16

대니얼 오코넬의 시대(1800~1847)

THE AGE OF DANIEL O'CONNELL(1800-1847)

이 장은 대략 19세기 전반부를 포함하는데, 이를 '대니얼 오코넬의 시대'라 부른다. 이 제목은 적절한 것으로, 아일랜드 역사상 반세기 동안 한 사람에 의해 지배된 적이 없었기 때문이다. 대니얼 오코넬은 1775년 케리 주 소지주의 아들로 태어났다. 그는 1798년 법조계에 입문해서 아일랜드에서는 가장 빨리 성공한 법정변호사(barrister) 중의 한 사람이 되었다. 그는 1792년 가톨릭교도들이 법률가가 될 수 있도록 허락된 이후 법률 전문직으로 들어간 첫 번째 가톨릭교도들 가운데 한 사람이었다. 그는 변호사 개업과 동시에 정치적 경력을 쌓기 시작했으며, 약 1814년에서 그가 죽은 1847년까지 아일랜드에서 가장 출중한 정치가였다.

그의 정치적 경력에 대해 검토하기 전에 그가 활동하던 당시의 정치적 상황에 대해 언급해야 할 것이다. 합병법(Act of Union)이 1800년에 통과되었고 아일랜드는 웨스트민스터 의회에 종속되었다. 합병은 피할 수 있는 것이 아니었다. 참으로 합병은 당시 세계에서 가장 부유한 나라와의 관계에서 아일랜드에게 큰 이득이 되었을 것이다. 하지만 아일랜드의 운명은 이제 아일랜드인에 의해 더 이상 결정될 수 없었다. 하원의원 658명 중 오직 100명만이 아일랜드 유권자를 대표했다. 분명한 점은 합병의 성공이나 실패는 대규모 다수당을 형성했던 영국 의원들이 아일랜드 문제에 어떠한 태도를 갖느냐에 따라 결정되었다는 것이다.

아일랜드인은 많은 문제를 가지고 있었다. 이 문제 중 가장 심각한 것은, 돌이켜 보건대 토지에 대한 것이었다. 아일랜드의 토지는 단순히 이에 의존하고 있었던 사람 모두를 먹여 살리기에 충분치 못했다. 인구는 급속히 증가하고 있었다. 인구증가는 토지에 대한 경쟁을 불러왔고 지대(地代, rents) 가격이 올라감으로써 인적 자원이 훨씬 더 많이 줄었다. 농업방식이 개선되었더라면 상황이 더 좋았을 테지만, 얼스터를 제외한 대부분 지역의 농민은 토지보유권(tenure)을 확보하지 못했다. 만약 그들이 보유권을 가졌더라도, 토지주인이 임대료를 꽤나 많이 올리려고 했다는 것을 경험을 통해 배웠을 것이다. 그래서 토지문제는 1845~1848년 기근(famine)까지 해마다 악화되었고, 인구는 다루기 쉬운 규모가 될 때까지 가장 비참한 방식으로 감소했다.

하지만 객관적인 견해로 볼 때, 19세기 초 토지문제가 아일랜드에서 가장 악화된 문제인 것처럼 보였지만 대기근으로 토지문제가 무시할 수 없게 되자 비로소 선입견을 가졌던 정치가들이 이에 관심을 가지게 되었다고 말하는 것이 공정할 것이다. 초기 시절 영국 장관과 아일랜드 정치가들은 다른 문제, 즉 좀 더 당면한 문제들에 관심을 가졌다. 가톨릭교도와 장로교도들은 국교에 십일조를 바치는 것에 대해 불평했다. 지방정부는 각 자치도시(borough)에 있는 소수의 독재자(oligarchies)에 의해 통제되었다. 거기에는 빈민 구제를 위한 어떠한 법 규정도 없었다. 수많은 아일랜드 산업이 쇠락하고 있었는데, 이는 영국의 대규모 산업과 경쟁하고 있었기 때문이었다.

통합의 시대 초기에 모든 쟁점 중 가장 지배적인 것은 완전한 해방(emancipation)을 위한 가톨릭교도들의 요구였다. 형법(Penal Laws)의 대부분이 1780년과 1790년대에 철폐되었다는 것은 사실이다. 가톨릭교도들은 학교를 다니고 전문직에 참여하며 의원선거에서 투표를 할 수 있게 되었다. 하지만 그들은 여전히 그 나라에서 훨씬 더 중요한 관직에 들어가는 것을 저지당하고 있었다. 그들은 의원석에 앉을 수 없었으며, 판사가 될 수 없었고, 군대에서 연대장이나 해군에서 지휘관, 정부에서 각료나 공무원에서 가장 등급이 낮은 직급을 제외한 어떠한 지위도 가질 수 없었다. 피트가 1800년 영국과 아일랜드 간 합병(Union)을 주도했을 때, 가톨릭 조직체에게 완전한 해방이 뒤따를 것이라고 실제적으로 약속했던 터라 이 제한들은 자연히 가톨릭교도들을 더욱 성나게 만들었다. 하지만 왕과 피트의 동료 각료들의 반대는 너무나 강력해서 결과적으로 그 계획은 취하되었다.

97 대니얼 오코넬 (아일랜드 국립도서관)

오코넬의 오랜 경력은 여러 방면의 일로 가득 차 있는데, 우리는 여기서 두 가지의 가장 중요한 운동에 대해 당연히 관심을 가지게 될 것이다. 하나는 1820년대 가톨릭 해방(Catholic emancipation)을 위한 성공적인 투쟁이고, 다른 하나는 1840년대 영국의 합병 철회(repeal of the union)에 대한 성공적이지 못했던 투쟁이다.

19세기 전반부의 20년간 행해진 완전한 해방을 위한 가톨릭교도들의 소요는 지주, 상인과 전문직 사람들에 의해 수행되었다. 그러나 그들은 아일랜드 가톨릭 대중을 대변할 어떠한 주장도 가지고 있지 못했다. 그러면서 자신들끼리 계속해서 논쟁을 벌였다. 그들의 행위가 신문에 많은 공간을 차지하긴 했지만, 정권을 이어받은 영국 정부가 이들의 행위에 주목할 필요가 없었다는 것은 그리 놀라운 일이 아니다.

가톨릭교도 해방을 위한 진정한 투쟁은 1823년 오코넬이 가톨릭협회(Catholic Association)를 설립하는 것으로 시작되었다. 오코넬은 지난 십여 년 동안 비효율적이었던 가톨릭 정치에서 뛰어난 역할을 맡았으며, 경험으로부터 배웠다. 가톨릭 조직에서 이전에 행했던 시도와 그의 협회 간에는 중요한 차이가 있었다. 협회는 대중의 멤버십에 목표를 두었는데, 이는 두 가지 방법에서 확보될 수 있었다.

첫 번째로 협회는 가톨릭 사제단의 도움을 요청했다. 사제단은 지금껏 가톨릭 운동에 그리 큰 역할을 하지 못했지만, 나라 전역에 퍼져 있었기 때문에 많은 사람들에게 이 운동을 전파했고 그들로부터 신임을 받았다. 그들은 소요에서 지역적 지도자가 될 수 있는 더할 나위없는 위치에 있었다. 두 번째로 훨씬 더 중요한 역할로 협회는 '가톨릭 지대(the Catholic rent)'로 알려진 것을 시작했다. 이는 한 달에 1페니씩 내는 기부금이었는데, 금액이 너무나 싸서 가장 빈곤한 사람조차도 기부금을 낼 수 있었다. 그 결과 수천 명이 협회에 가입했고, 이전의 가톨릭 조직이 일찍이 부자의 기부금으로 획득했던 기금보다 빈곤한 사람들의 페니로 인한 수입이 훨씬 더 많게 되었다. 그 수입이 가톨릭 임대료에서 유래되어 의미 있는 만큼 심리적인 효과도 지대했다. 기부금을 냄으로써 운동에 대한 사람들의 관심을 증가시켰고, 수천 명의 가톨릭교도들이, 모든 생활에서 가톨릭협회와 동일시되었다. 현대의 연구자는 개선된 도덕성과 가톨릭 조직의 협동정신에 주목했다. 아일랜드 국교회의 주교인 리머릭의 젭 박사(Dr Jebb)는 이에 대해 다음과 같이 말했다.

> 우리가 이전에 결코 하지 못했던 로마 가톨릭 조직의 완전한 합병을 우리 세대가 목격한 것이다 ……. 사실 이러한 위대한 조치로 아일랜드 혁명이 시작되었다.[1)]

가톨릭 조직에서 이러한 새로운 활기를 자체적으로 느끼기 시작한 시기는 그리 오래되지 않았다. 1826년 여름 총선거가 열렸다. 가톨릭교도들은 의회에 참석할 수는 없었지만 투표는 할 수 있었다. 대부분의 아일랜드 주에서 가톨릭교도들은 유권자의 대다수를 형성했다. 이들 투표자의 대부분이 소작농이었으며, 지금까지 보통 그들의 지주 후보자들에게 투표했다. 이는 몇몇 주에서 가톨릭 해방에 반대하는 사람이 주로 가톨릭 유권자에 의해 의원이 되어 의회에 들어간다는 것을 의미했다. 하지만 일단 가톨릭협회가 유권자에게 그들 지주의 바람이 아닌 그들 종교의 신념에 따라 투표하도록 설득만 한다면 이러한 것을 종식시킬 수 있었다.

1826년의 총선에서 이것이 나타났다. 워터퍼드, 웨스트미드, 라우스와 모너언

등 네 개 주에서 가톨릭교도 주장에 반대하는 의원이 낙선했고, 물론 신교도이긴 했지만 가톨릭 해방을 지지하는 자가 새로운 의원으로 선출되었다. 승리는 오코넬과 협회의 조직적인 힘으로 성취한 것이었다. 가톨릭 임대료는 자본을 제공했다. 지방 사제단은 유권자에게 유세하여 그들로 하여금 투표하도록 유도했다. 일부 투표자들이 선거 이후 그들의 지주에 의해 희생되었는데, 가톨릭협회는 그들에게 기금을 통해 보상해주었다. 협회는 조직을 완벽하게 수행했고, 이로 인해 다음 번 총선에서는 거의 모든 아일랜드 주에서 가톨릭 해방의 반대자를 축출할 수 있었다.

다음 번 총선거가 열리기 전 협회는 더욱 깜짝 놀랄 만한 장면을 연출했는데, 1828년 그 유명한 클레어 주 선거에서 결정적인 승리를 거둔 것이었다. 그 당시에 장관직으로 임명된 의원들은 자신의 선거구에서 재선거를 위해 출마할 의무가 있었는데, 클레어 주의 의원 중 한 사람인 베시 피츠제럴드(Vesey Fitzgerald)가 영국 내각의 공직에 임명되어 재선거가 열렸다. 클레어 지역에서 피츠제럴드의 지위는 견고했다. 그는 10년 동안 현직의원이었고, 그 지역에 거주하는 지주로 차지인들에게 좋은 평판을 얻고 있었다. 그 자신은 가톨릭 해방에 우호적이었지만 가톨릭의 주장에 반대하는 정부에 공직을 얻었고, 가톨릭협회는 그러한 정부에 있는 의원들 모두에게 반대하기로 결정했다.

우선 협회는 피츠제럴드에 대항하는 후보자를 내세우기 위해 우호적인 신교도를 찾았다. 하지만 피츠제럴드는 클레어 주에서 지반을 견고히 굳힌 인물로 그에 대항할 사람을 찾기란 불가능하다는 것이 판명되었다. 오코넬 자신이 피츠제럴드와 맞서야 한다는 생각을 하게 된 것은 바로 이 시점이었다. 가톨릭교도로서 오코넬은 의회에 들어갈 수 없었지만, 그가 후보자로 나오는 것을 금지하는 법은 없었다. 따라서 오코넬은 입후보를 선언했고 클레어 주로 내려갔다. 거기에서 그는 가톨릭협회, 지금은 가장 좋은 평가를 받고 있는 선거인 조직의 지지를 받고 있었다.

협회의 사제와 임원들이 유권자에게 투표하라며 유세를 했다. 투표가 시작되었을 때 그들은 사제와 전문 악대부에 의해 에니스(Ennis)의 투표소로 인도되었다. 훈련된 열정의 분위기에 대한 어떤 것을 오늘날 신문의 무미건조한 기록에서조차 포

98 '가톨릭 청원자 또는 평화로운 탄원의 징조들': 오코넬이 거친 일단의 수장에 나타나다. 1828년 클레어 선거의 카툰 (Radio Times Hulton Picture Library)

착할 수 있었다. 가령 여기서 한 기자의 설명을 들어보자.

화요일 아침

8시__ 존 옴스비 밴더러(John Ormsby Vandeleur)의 자유토지 보유자 300~400명이 지금 법원을 향해 가고 있다. 손에 초록색 잎을 든 모든 남자들이 깃발을 앞세우고 주민들로부터 큰 환호를 받으며 그 길을 지나고 있다. 그들은 서부의 킬러시(Kilrush)에서 온 사람들이고 오코넬에게 투표하기 위해 사제들이 불러 모았다. 그 길을 따라 이들이 외치는 환호성이 있었다. '여기는 킬러시다, 오코넬을 위해 드높게, 우리의 사제를 위해 드높게' 킬러시의 사제인 오리어리(O'Leary) 씨가 그들과 함께 와서 타운은 가톨릭 사제들로 가득 찼다. 투표를 하기 위해 문을 연 투표소는 15개가 있다.

10시__ 피클의 사제인 엠이너니(M'Inerney) 씨가 관구에서 온 수많은 자유토지 보유자들의 맨 앞에서 막 지나가고 있는데 그들은 초록색 나뭇가지를 들었고 음악이 그들을 이끌었다.

11시__ 또 다른 한 무리의 사람들이 금색으로 '스카리프(Scariff), 시민, 종교의 자유'라고 쓰인 초록색 실크 깃발을 앞세우고 지나갔다. 아일랜드의 상징인 클로버가 금색의 화관으로 만들어졌다. 오코넬 씨는 법원 의장직을 맡아왔으며, 그 문에서 사람들이 자신들의 종교와 나라에 진실하기를 애원했다. 맥과이어 씨는 거리를 다니며, 자유토지 보유자 모든 집단에게 연설하고 있다. 서약에 대한 자격조건이 요구되어 치안판사는 지금 부행정관인 헨리 씨의 사무실에서 이를 다루고 있다. 버티어주기만 한다면, 선거를 저지시키게 될 것이다.

12시__ 초록색 나뭇가지로 머리에 장식을 한 적어도 500명의 사람들 맨 앞에서 코로핀(Corofin)의 사제인 머피(Murphy) 씨가 스타운턴 카힐(Staunton Cahill) 씨와 함께 들어오고 있다. 머피 씨는 그의 이륜마차에서 힘찬 소리로 환영을 받았다.[2)]

가톨릭협회의 기술적인 조직은 선거에 불가피한 영향을 주었다. 젠트리와 대농업인들이 피츠제럴드 곁에 섰지만, 소농업인은 거의 일괄하여 그를 저버렸다. 오코넬이 2,057 대 982표로 당선되었다.

이때 영국 정부의 수반은 나폴레옹 전쟁의 위대한 장군 웰링턴 공작(Duke of Wellington)이었다. 정부에서 그 다음으로 중요한 성원은 내무장관인 로버트 필 경(Sir Robert Peel)이었다. 웰링턴과 필 둘 다 가톨릭 해방에 반대는 했지만, 그 문제에 대해 완전히 유연하지 않은 것은 아니었다. 그들은 클레어 선거가 새로운 국면을 야기했다는 점을 인정했다. 오코넬과 가톨릭협회의 승리 후 아일랜드 가톨릭교도들의 흥분은 너무나 강렬해서 어느 누구도 어떤 일이 일어날지 예측할 수 없었다. 오코넬이 오로지 평화로운 수단으로 가톨릭 해방이 승리하기를 원했다고 성실하게 선언했더라도, 그가 그의 추종자를 통제할 수 있을지는 확신하지 못했다. 경찰과 군대에 수많은 가톨릭교도들이 있어서 정부는 충돌이 일어나게 되더라도 그들의 충성을 기대할 수 없었다.

웰링턴과 필이 함께 고민한 또 다른 문제가 있었다. 비록 그들이 가톨릭교도들을 제지하는 정책을 추구하기를 바란다고 해도, 이것이 의회에서 다수에 의해 지지를 받게 될는지 확신할 수 없었다. 왜냐하면 의회 내부에 가톨릭 해방을 승인해야 한다는 강력한 조직이 이미 있었기 때문이었다. 1820년대 일련의 분열은 하원이 일반적으로 해방에 찬성하는 대다수를 의문시함으로써 거의 균등하게 분열되었음을 보여주었다. 상원에서만이 실질적으로 대다수가 반대를 했다. 따라서 억압 정책이 상원에서는 지지를 받을 수 있겠지만, 하원에서는 거부당할 수도 있었다.

웰링턴과 필에게 이런 논란들은 결정적인 것이었다. 그들이 해방을 좋아하지 않더라도, 지금은 다른 어떤 과정도 가능한 것 같아 보이지 않았기 때문에, 1829년 의회 개원 동안에 가톨릭 해방에 대한 법안을 상정했다. 그들의 논쟁은 모든 사람들을 확신시키지 못했고, 결국 소수의 사람들이 법안에 대해 끝까지 토론했다. 하지만 그들은 충분한 동료들과 의원들에게 양원에서 안전한 다수표를 확보하는 지지를 얻었으며, 1829년 4월 13일 가톨릭해방법(Catholic emancipation act)이 통과되었다. 이에 따라 가톨릭교도들에 대해 중요하게 남아 있는 모든 제한은 제거되었다. 가톨릭교도들은 아일랜드의 총독직(lord lieutenancy)과 영국과 아일랜드의 대법관직(lord chancellorships)은 여전히 맡을 수 없었다. 하지만 그들은 의원, 내각장관, 판사, 장군, 해군제독은 될 수 있었다. 이들 직위에 대해 포부를 가질 수 있는 가톨릭교도의 숫자가 매우 적더라도, 전체 조직은 불평등이란 결함의 제거로부터 도덕심을 얻게 되었다.

이것은 오코넬에게 그리고 그가 이끄는 가톨릭협회에게는 대승리였다. 이것은 또한 조직된 여론의 힘을 보여주었다. 아일랜드 국민이 충분한 수로 조직된 이상, 영국 정부가 그들의 요구에 양보해야 하는 듯이 보였다. 거기에는 폭력의 수단을 사용할 필요도 없었다. 하지만 오코넬에게 이러한 소요는 특별한 이득이 있었다. 그는 결단력을 지닌 반대자와 직면하지 않았다. 그 대신 그는 꽤나 관용의 마음을 가진 장관들과 의견이 나뉜 하원에 직면하고 있었다. 상황이 달랐더라면 가톨릭협회와 같이 굉장히 조직력 있는 세력조차 변화를 강압하기에 불충분했을 것이다.

가톨릭 해방의 승리는 오코넬을 아일랜드 대중의 영웅으로 만들었다. 그와 함께 그의 영향력은 이전보다 훨씬 더 커졌고, 따라서 그는 하원에서 아일랜드 성원으로 된 소집단의 수장이 되었다. 가톨릭 해방 이후 12년 동안 오코넬은 자신의 영향력 대부분을 잉글랜드 자유당(English Liberal party)을 지지하기 위해 사용했다. 그는 이것이 아일랜드를 위한 최고의 방법이라고 여겼다. 그는 자유당이 보수당보다 훨씬 낫다고 간주했고, 아일랜드를 위해 점진적인 소량의 개혁으로 그들에게 이길 수 있다고 생각했다. 좀 더 많은 사람들이 투표권을 얻었다. 자치도시 정부는 정화되었고, 경찰은 좀 더 공평한 힘으로 바뀌었으며, 십일조는 임대료로 전환되었다.

하지만 1841년, 자유당은 총선에서 패배했고 보수당이 권력을 잡았다. 총리는 그렇게 오랫동안 가톨릭 해방에 반대했던 로버트 필 경으로 그가 더 이상 어떤 일도 할 수 없게 되자 종국에 이것만을 양보했던 사람이었다. 오코넬은 항상 언젠가는 아일랜드만의 의회를 회복할 것이라는 희망을 가졌고, 지금 아일랜드의 적이 권력을 잡은 이상 자신의 야망을 더 이상 지체할 상황이 아니라고 생각했다. 그는 자신의 경력에서 두 번째로 위대한 소요에 당장 착수했는데, 이는 아일랜드와 영국 간의 합병의 철회를 위한 운동이었다.

이러한 소요에서 오코넬은 수많은 아일랜드 주민의 지지를 기대할 수 있었다. 그들의 직관적인 민족적 감정, 그에 대한 개인적인 찬미, 합병 철회가 승리할 것이라는 실제적 개혁안들 모두는 국민들을 다시 한 번 그의 편으로 끌어들였다. 그는 가톨릭 해방을 위한 운동에서 했던 것과 같은 방식으로 그들을 조직하려고 했다. 그는 합병철회협회(Repeal Association, 1840년)를 창설했는데 지난 번 가톨릭협회가 했던 것과 같은 노선으로 운용되었다. 합병철회 지대도 한곳에 모았다. 이전에 가톨릭 지대로 모았던 것보다 훨씬 더 많은 금액이었다. 가톨릭 사제단 대부분의 도움도 확보했는데, 이들을 지역 조직원으로서 활용할 수 있었다.

합병 철회를 위한 그의 운동에서 가장 특징적인 방법은 대규모 집회였다. 대규모 집회가 가톨릭 해방을 위한 운동 중에도 열렸지만, 지금은 훨씬 더 큰 규모로 열렸다. 1843년 동안은 소요가 극에 달했는데, 40회 이상의 대집회가 열렸고, 각각의 집회는 한 장소로 선택되어 더 크게 둘러싸고 있는 지역의 사람들을 위해 중심이 될 수 있었다. 주민들의 훈련되고 열정적인 시위로 대규모 집회는 심지어 1828년 클레어 주 선거를 능가하기까지 했다. 집회의 참석률은 대단해서, 여러 경우에 수십만 명까지 추정되었다. 주민의 진지함과 질서정연함은 그 숫자 이상으로 큰 인상을 남겼다. 가장 성공적인 집회 가운데 하나인 타라 집회(Tara meeting)에 관한 당시의 서술 가운데 하나를 읽으면 집회의 분위기를 어느 정도 짐작해볼 수 있다(1843년 8월 15일).

> 아침 9시, 오코넬과 친구들이 탑승한 여러 대의 사륜마차가 메리언 스퀘어를 떠났다. 그들은 더블린의 주요 구간 일부를 지나 통과했는데, 창문과 도로는 이미 열광적인 관중으로 가득 찼다. 마차에는 관직의 옷을 입은 도시의 성원과 다른 유명 인사들이 타고 있었는데, 다양한 지점으로 묵묵히 모였으며, 시골 교외에서 차량의 긴 선과 그 유명한 더블린 이륜마차들을 탄 시민들로 북적인 채 그들과 합류하기 위해 기다리고 있었다. 곧 행렬은 거리행진으로 변했다. 경로는 부락, 마을, 타운의 연속이었다. 모든 부락이나 마을 또는 타운에서는 전 주민이 나들이옷을 입은 채 서 있었고, 집들은 깃발이나 상록수로 장식되었다. 즉각적으로 지역 악대가 선두에 선 지역적 소집이 거리행진과 말이나 차량으로 자리를 차지했다. 마차와 널찍한 '장식수레'가 도시에서 왔고, 농업에 사용되는 시골마차 모두가 동원되었는데, 모든 것이 주민들을 수용하는 데 거의 불충분해 보였다. 통행료로 카브라, 핍스버러와 블란차즈타운에서 1,300개 수송수단에 지급된 것이 후에 확인되었다. 마부는 엄격하게 계산에 포함할 수 없었지만, 오코넬 연설에 참석한 성원이 만 명 이하로 떨어지지는 않았다고 추정되었다. 그 거리행진이 역사적인 언덕의 12마일 안에 도착하기 전, 먼 곳으로부터 와서 그날 밤 쾌적한 8월의 하늘 아래 미드의 푸른 초원에서 야영했던 많은 무리의 사람들이 보였다. 조금 후에 켈스, 트림, 네이번과 미드의 주요 타운에서 온 합병 철회자들이 행진에 참여했다. 그들은 목표에 대해 더 많은 여유와 동기를 가지고 있었고, 조직을 위해 목표를 가졌으며, 눈에 띄는 모습으로 나타났다. 각각의 타운은 초록과 흰색의 국가 유니폼을 입은 악대와 적절한 서명을 새긴 깃발들로 선행되었다. 그들은 배지로 구별할 수 있

는, 말에 탄 전례관(典禮官)도 소집했고, 4열로 줄을 이어 말을 탄 사람들, 6열로 줄을 이어 걷는 사람들로 구별되었으며, 각 교구의 남자들이 행진을 했는데, 후에 오코넬은 '그들은 마치 대(大)부대와 같았다'고 선언했다. 언덕에서 3마일 떨어진 곳에 수송 도구를 내버려두어야 했고, 어마어마한 참석자로 인해 그곳은 보행자를 위한 공간만이 있었다. 버려진 수송 도구들은 점령자의 귀환을 기다리기 위해 일렬로 정렬되었으며, 이것은 그들이 감지할 수 있을 정도의 손상이나 사고 없이도 해질녘에 만나게 되었던 훌륭한 시대의 기적 중의 하나이다. 언덕 기슭 주위에 악대와 깃발들이 소집되었다. 악대는 40개로 계산이 되어 군대를 위한 충분한 장비가 되었고, 깃발들은 셀 수 없이 많았다.

하지만 거리행진은 강이 대양으로 흘러들어가는 것 이상은 아니었다. 전 구간은 사람들로 뒤덮였다. 하루의 행진 안에서 주민들은 새벽녘 이후 잠시 걸어서 도착하기 시작했으며, 정오까지 할 수 있는 모든 접근방법을 통해 사방에서 계속 도착하고 있었다. 어떤 한 지점에서 전체의 집회를 보기란 불가능했다. 즉 언덕은 거의 평평한 평야로부터 거의 직각으로 상승했고, 언덕과 평야는 여러 층의 '셀 수 없는 까끄라기가 있는 곡식으로' 덮였다. 그 숫자는 50만과 75만 명 사이에 이른 것으로 추정된다. 이 숫자는 보통 100만 명이라고 알려졌는데, 분명히 평화나 전시 중에 아일랜드에서 사람들의 소집이 한 곳에서 그렇게 모인 적은 결코 없었다.[3)]

이렇게 엄청난 집회를 조직함으로써 오코넬이 얻고자 희망한 것은 무엇이었을까? 그는 아일랜드인의 의지를 보여주는 시위가 그 자체로 합병 철회에 대한 영국 의회의 반전을 확보하기에 충분하리라고 생각한 것으로 보인다. 합병 철회 집회를 시작했을 때 분명하게 그 점을 언급했는데 다음과 같다.

그 철회를 수행하는 실제적인 양상은 아일랜드 주민들의 4/5가 구성될 때까지 철폐협회 회원들의 숫자를 늘리는 것이다 …….

그러한 결합이 완성될 때 의회는 전 국가의 바람과 기도하는 사람들에게 자연히 양보

99 1843월 8월 15일 타라에서 영국과 아일랜드 합병철회운동을 위한 회합 (Illustrated *London News*, 1843년 8월 26일)

> 할 것이다. 사태의 본질로 보아 그렇게 하는 것이 당연하다.
>
> 내가 말했듯이 그러한 결합은 아직 어떠한 정부에 의해 결코 저항을 받지 못했고, 결코 그렇게 할 수도 없다. 우리는 사회의 한 단계에 다다랐는데, 이 단계에서 사람들의 평화적인 결합은 그들의 바람을 절대력을 가진 것으로 쉽게 바꿀 수 있다.[4)]

이러한 주장의 지지에 힘입어 그는 1829년의 성공으로 향할 수 있었다. 가톨릭 해방이 그러한 수단으로 승리했다. 총을 발사할 필요도 없었다. 영국 정부는 아일랜드의 민족감정이 얼마나 격해졌는지를 깨닫자마자 양보했다. 하지만 오코넬은 1828년과 1843년의 상황 사이에 중요한 차이점을 간과해버린 듯했다. 우리가 보아온 대로, 1829년 그는 이미 자신의 편에 아주 큰 영향력 있는 지지자를 가졌다.

하원의 약 과반수와 상원에서조차 실질적인 소수자가 이미 가톨릭 해방의 문제에 대해 확신을 가지고 있었다. 이것은 의회의 양원에서 결정적인 대다수로, 이러한 의견이 실현되기 위해서는 웰링턴과 필의 전환만이 필요했다. 하지만 1843년 의회는 거의 확고하게 합병 철회에 대해 반대하고 있었다. 하원에서 오코넬은 약 20여 명의 지지자만 가지고 있었다. 반면에 자유당과 보수당은 그에 대항해 연합했다. 상원에서 그는 어떤 지지도 받지 못했다. 1843년에는 자신의 반대자 숫자가 훨씬 더 많았을 뿐 아니라, 그들의 결심도 그만큼 확고했다. 우리가 보아온 대로 가톨릭 해방을 반대했던 잉글랜드 정치가들은 아일랜드에서 전쟁에 직면하기보다는 그들의 반대를 철회할 준비가 되어 있었다. 그러나 합병 철회에 대한 문제에서 그들은 양보보다는 어떠한 행위도 서슴지 않을 준비가 되어 있었다. 1843년 5월 9일 총리인 로버트 필 경은 그가 할 수 있는 한 단호한 언어로 이를 분명하게 했다.

> 왕과 존재하는 법의 특권이 정부에게 부여하는 영향력이나 힘, 또는 권위가 거기에는 없다. 또한 합병국을 유지하는 것을 목적으로 실행되어서도 안 될 것이다. 합병의 철회는 단순한 의회법의 폐지뿐만 아니라 이 거대한 제국의 해체와도 관련된다 ……. 모든 전쟁, 특히 내란에 내가 반대하지만, 어떤 대안도 이 제국의 해체보다 못하다고는 생각되지 않는다.[5)]

마지막이자 가장 큰 대규모 집회가 1843년 10월 8일 더블린 교외에 있는, 북유럽인에 대해 브라이언 보루가 승리한 장소인 클론타프에서 열리기로 예정되었는데, 회합이 시작되기 몇 시간 전에 정부는 이를 금지시켰다. 여러 단체의 사람들이 이미 먼 지역에서 집회장소를 향해 이동하고 있었다. 하지만 오코넬은, 항상 법을 지키고자 하는 그의 원칙에 충실하게도 정부의 명령을 따르기 위해 그 회합을 취소했다.

하지만 이것은 합병 철회 집회의 끝을 의미하지 않았다. 합병철회협회는 계속해서 회합을 가졌다. 철회 지대가 1843년에 들어온 것과 거의 마찬가지로 1844년에도 많이 들어왔다. 하지만 클론타프에서 오코넬의 후퇴는 일반적으로 올바른 방향으로 전환점을 보였다. 정부로서는 유혈 참사를 유발할지 모르는 위험에도 불구하고, 회합을 금지시킴으로써 오코넬의 기본적인 억측의 허위성을 증명했다. 그가 주장한 대로 '사람들의 평화로운 결합(the peaceful combination of a people)'이라 불린 것이 반드시 널리 퍼질 것이라는 것은 사실이 아니었다. 대규모 집회 실패 이후, 오코넬은 다음에 무엇을 해야 할지를 알지 못하는 듯싶었다. 서서히 운동은 추진력을 잃어갔고, 철회협회 내부의 분화가 촉발되었으며, 1847년 오코넬이 죽기 머지않아 그가 실패했음이 분명해졌다.

그렇다면 아일랜드 역사에서 합병철회운동이 항구적인 중요성을 가지는가? 그 대답은 의심의 여지없이 '그렇다'인데, 하지만 여러 방법에서 오코넬이 예상했던 것과는 다소 차이가 있었다. 역사가에게 합병철회운동의 영구적인 효과는 오코넬 자신의 행위가 아닌 '청년아일랜드인회(Young Irelanders)'라는, 그의 운동이 만들어낸 열렬한 정치가들의 집단에서 찾을 수 있다. 이것은 대부분이 20대인 남성 집단에 붙여진 이름이다. 그들은 합병철회운동에서 오코넬을 돕기 위해 1842년에 창간된 주간신문 ≪네이션(Nation)≫과 관련되어 있었다. 이 집단은 19세기 후반부나 때때로 현재까지도 아일랜드 정치에서 그 중요성을 증명하는 사상들을 만들어냈다.

그들 중 가장 재능이 있는 사람은 더블린의 신교도 법정변호사인 토머스 데이비스(Thomas Davis)였다. 그는 아일랜드 국적에 대한 그 집단의 개념을 표현하기 위해 최선을 다했는데, 이는 교의나 혈통에 관계없이 아일랜드에 살았던 모든 사람을 포함하기 위함이었다. 이 생각은 데이비스가 처음 시작한 것은 아니었다. 톤과 오코넬도 했는데, 하지만 이것은 그 이전의 누구보다도 데이비스에 의해 좀 더 완전하고 폭넓게 표현되었다.

데이비스만큼이나 영향력이 있는 사람은 ≪네이션≫의 편집자였던 모너언 주 출신의 가톨릭 저널리스트인 찰스 개번 더피(Charles Gavan Duffy)였다. 그는 아일랜드의회당이 하원에서 어떤 기능을 행해야 하는가에 대한 전략 이론을 짜는 것에

100 피닉스 파크에서 ≪네이션≫의 창간을 계획하는 데이비(Davy)와 더피(Duffy) 및 딜런(Dillon)
1842년 J. F. 오헤아(O'Hea) (C. Gavan Duffy, *Young Ireland*, 2nd edition, 1896)

책임을 지고 있었는데, 이는 아일랜드의회당이 영국의 양대 정당으로부터 똑같이 독립해야 한다는 이론과 특히 어떠한 색깔을 갖든 영국 정부로부터 모든 임명을 거부해야 한다는 이론이다. 그의 생각은 다양한 척도에서 합병 기간 동안 계속적으로 아일랜드의회당의 모든 지도자들에게 영향을 주었다. 후에 그 집단을 이끈 사람은 존 미첼(John Mitchell)로, 다운 주 출신의 유니테리언(unitarian)교도의 사무변호사(solicitor)였다. 미첼은 영국으로부터 완전하게 분리되기 위한 입장을 가장 분명하게 했던 사람이며 또한 물리적 힘의 사용을 제창하기 위해 가장 잘 준비가 된 사람이었다. 그렇게 함으로써 그는 연합아일랜드인당의 실패 이래 가라앉았던 아일랜드의 전통을 부활시켰다. 이는 페니어회(Finian)를 통해 그의 시대부터 1916년 봉기까지 계속해서 살아남았다.

그 그룹 외변에 있던 제임스 핀턴 랄로(James Fintan Lalor)는 언급할 가치가 있는

101 1848년 7월 29일 티퍼러리 주 밸링거리(Ballingary) 근처 보러 코먼(Boulagh common), 미망인 매코맥(McCormack)의 집에서의 충돌 (Illustrated *London News*, 1848년 8월 12일)

인물이다. 랄로는 라우스 주 출신 농부의 절름발이 아들로 '청년아일랜드인회'의 대부분 성원에게 개인적으로는 알려지지 않았지만, ≪네이션≫과 다른 신문에 글을 발표함으로써 영향력을 행사했다. 그는 토지문제의 중요성을 강조했다. 그는 민족적 독립만으로 아일랜드의 농촌 대중을 결코 자극하지 말아야 한다고 생각했다. 그들에게 중요한 것은 토지제도의 직접적인 해악들로, 이는 높은 지대(rents)와 안전성의 결핍이었다. 그는 민족의 문제가 토지문제와 관련될 때까지는 아일랜드 국민들로부터 결코 충분한 주의를 확보하지 못할 것이라고 주장했다. 이후 파넬(Parnell)과 다비트(Davitt)는 1879~1892년 이와 똑같은 원칙을 세웠다.

결과적으로 '청년아일랜드인회'는 오코넬보다 훨씬 더 굴욕적으로 실패했다. 1844년 이후 가장 헌신적인 지지자들이 첫 번째 비판자가 되었고, 그 후 적대자가 되었다. 그로부터 이탈한 이래 그들은 자신들끼리 다투었고, 1848년 계획도 되지 않은 완전히 실패한 봉기로 치달았으며, 거의 모두가 범법자나 도망자로 종말을 맞았다.

하지만 결국 그들은 실패하지 않았는데, 그 이유는 자신들의 기록을 남겼기 때문이다. 다른 어떤 집단도 아일랜드 후세대의 사고방식에 그렇게 크게 영향을 준 적이 없었다. 이러한 사고방식의 영향에서 더욱 더 위대한 점을 다음 장에서 보게 될 것이다. 하지만 이 시점에서, 해방운동에 대한 오코넬의 지도력이 가진 가장 위대한 취지가 아일랜드 가톨릭 대중의 정치적 의식을 환기시켰던 것처럼, 이 집단의 용기를 불러일으키는 강한 요구가, 만약 의도한 것이 아니라면, 오코넬이 이끈 합병철회운동의 가장 큰 효과였다고 주장하는 것은 정당할 것이다.

17

대기근(1845~1850)

THE GREAT FAMINE(1845-1850)

19세기 아일랜드 역사에서 폭풍우를 가져다준 가장 소란스러운 과정은 종종 홍수로 인해 발생하는 산골짝 계곡의 급류처럼 보이는데, 이것은 거품과 회오리 물살이 바위와 표석들을 감추기 때문이다. 정치에서 소동은 돌진과 포효 같아서 우리들의 관심을 손쉽게 잡아끈다. 하지만 모든 혼란의 원인이 되는 바위로 된 험한 경로란 무엇인가? 경제와 사회의 근본적인 조건은 역사의 조류에서 흘러내리는 수로와 같은데, 다른 하나에 대한 언급 없이 한 가지에 대해서만 기술하는 것은 단지 해명 없는 서술에 불과할 것이다.

18세기 이전으로 되돌아갈 필요는 없지만 먼저 설명이 필요한 몇 가지의 일반적인 사항들이 있다. 아일랜드는 본래 경제적 잠재력에서 일부 제한점이 있었다. 아일랜드는 산업화를 담보할 석탄 같은 지하자원이 부족한데, 특히 석탄 없이 19세기 산업화에서 무언가를 이룬다는 것은 불가능했다. 그렇다고 아일랜드가 국제무역에서 중요한 교차로에 위치해 있지도 못했다. 아일랜드의 가장 큰 자원은 온화하고 습한 기후로 인해 만들어진 풍부한 초원인데, 이것은 제한된 고용 기회만을 제공하는 농업에만 유리하다. 지금껏 사회는 개별적으로 제한된 자원을 가지고 놀라운 성공을 성취하는 것은 가능했지만, 이러한 것을 가능하게 했던 일종의 질서 있고 안정된 사회가 아일랜드에는 두드러지게 부족했다. 강력한 이웃국가가 아일랜드의 초기시대 독립국 자격을 앗아갔으며, 점령자의 작업은 반 이상을 끝내지 못한 채 남겨두었다. 정력적인 튜더 군주들은 다음과 같은 점을 제외하고는 이러한 것을 바로잡았다고 할 것이다. 즉 강력한 귀족층과 함께 수행하기로 한 그들의 결정은 기독교계에서 비극적인 종파 분립과 맞물렸으며, 왕조와 종교적 갈등을 한 세기 반 동안이나 몰고 갔다.

이러한 투쟁은 제임스 2세가 자신의 왕권을 회복하는 데에서 실패로 끝나고, 거의 한 세기 동안 평화의 시대가 바로 뒤따랐는데, 아일랜드에서는 일찍이 알려졌던 가장 긴 평화의 시기였다. 18세기는 아일랜드의 역사에서 주목할 만한 시기면서, 잘 알려져 있지 않은데다 이해하기도 결코 쉽지 않은 시기이다. 이 시대는 종종 역사가들이 가정한 대로 고갈로부터 나온 단순한 평화의 시대가 아니었다. 아일랜드는 항구들의 번영에서 증명이 되듯이 제한된 대서양 무역에의 참여에서 이득을 얻었다. 커뮤니케이션은 도로와 운하의 건설로 인해 많은 점에서 향상되었다. 리넨 산업은 점점 더 성장하는 활기찬 산업 부문으로 눈에 띌 만큼 성공적이었다. 아일랜드 역시 자국의 의회를 유지했고, 이것은 곧 애국심을 불러일으킨다는 점에서 중요했다.

18세기 아일랜드는 유럽의 나라들 가운데 가장 비탄에 빠진 나라가 결코 아니었다. 오히려 아일랜드의 전망은 한때 전반적으로 밝은 것으로 보였다. 그렇다면 무엇이 잘못되었는가? 이러한 사실을 좀 더 자세히 살펴보려면 18세기 아일랜드의 경제와 사회를 주제로 택함으로써 가장 잘 이해할 수 있다. 두 경우에 중요한 약점들이 있었다. 지주의 생활수준은 너무나 많은 수가 그들의 자력에서 벗어나 살고 있음을 보여주는데, 그 이유는 잉글랜드에 있는 그들보다 훨씬 더 부유한 동업자들이 대개는 정해놓았기 때문이다. 결과적으로 지주들이 최대한 자금세입을 산출하는 한, 그들은 자신들의 토지에 무슨 일이 일어나는가 하는 것에 대해서는 거의 관여하지 않았다. 그러한 지주들의 소작인들은 투자로 인해 어떠한 도움을 받을 수 있다는 희망을 가질 수 없었으며, 심지어 그들 자신의 개선을 통해 이득을 보상받는다는 희망도 가질 수 없었다.

결과적으로 아일랜드 사회 꼭대기에 있는 사람들의 무책임은 밑바닥에서 일하는 소작인들에게 똑같은 악을 기르고 있었다. 상업과 산업의 번영이 영국과 아일랜드에 있는 모든 종류의 자원 간 불일치로 위협을 받고 있었는데, 이러한 상황은 한 나라에서 다른 나라로의 정치적인 종속으로 인해 악화된 위협적인 것이었다.

20년 이상 지속된 프랑스와의 큰 전쟁으로 야기된 아일랜드 경제에 대한 왜곡을 제외하고는 지각되고 극복되어졌을지 모르는 위험스러운 신호들이 있었다. 곡식의 가격은 전쟁 동안 급속도로 상승했으며, 아일랜드의 초원은 점점 더 피폐해져갔다. 목초지에서 경작지 농업으로의 변화는 더욱 더 많은 노동력을 요구했다. 급속도로 증가하는 인구로 나라 안의 토지에 대한 필요성이 그토록 크지 않았더라면, 임대농민과 노동자들이 그들 자신의 이득을 위해 이용할 수도 있는 상황이었다. 18세기 초 아일랜드 인구는 산만하게 분포되었지만, 상황은 수적 상승을 촉진했다. 첫째로, 군대는 더 이상 사람들을 죽이거나 곡물을 파괴하지 않았다. 가장 중요한 것은 아일랜드인이 감자 요리를 채택함으로써 풍부하고 건강한 음식을 스스로 확보했다는 점이다. 감자는, 특히 우유와 함께 섭취하면 매우 이상적인 식량이 될 뿐만 아니라, 주어진 토지에서 감자의 생산량 또한 다른 어떤 곡물보다 많았다.

전쟁 시기 경작지에 대한 강조는 감자 수확의 승리를 완성시켰다. 이로써 농부는 곡류를 순수하게 환금작물로 생산할 수 있었으며, 부수적으로 소작농은 더 많은 소작료를 지불할 수 있었다. 소작농은 감자를 키울 밭 한 뙈기만으로도 족했기 때문에 일꾼을 살 돈도 필요하지 않았다. 충분한 넓이의 차지(借地)를 소유할 정도의 행운을 가진 사람들은 다른 사람에게 다시 땅을 빌려줌으로써 지주로 행세했다. 아버지는 아들에게 제공하기 위해 그들의 보유분을 나누어주었다. 토지가 없는 사람들은 산과 습지를 개간하여 경작했다.

1815년에는 평화가 찾아왔지만 군대의 병력은 계속 유지되었다. 경제가 실제로 불경기였을지라도 인구는 계속해서 크게 늘어났다. 1800년 아일랜드에는 500만 명이 있었고, 1821년경에는 650만 명 이상, 1841년에는 800만 명 이상이라고 추산되었다. 오늘날과 유사한 종류의 수는 아니더라도, 1815년 이후 아일랜드는 대규모 실직문제에 직면했다. 영제국과 북미로의 이주는 꾸준히 있었지만, 효과는 눈에 보이지 않을 정도였다. 1841년 인구조사는 아일랜드의 거대한 인구에 대해 섬뜩한 불안감을 보여준다. 토지 보유자의 7퍼센트만이 30에이커 이상 규모였고, 45퍼센트는 5에이커 미만이었다. 코넉트에서 5에이커 미만의 토지 보유자는 64퍼센트로 높이 올라갔다. 아마 주는 아일랜드에서 가장 인구가 밀집되어 있었고, 메이요 주가 그 뒤를 이었다. 가장 인구가 적은 주는 미드와 킬데어였다. 분명히 인구밀도와 보유지의 크기는 토지의 비옥함과는 거의 관련이 없었다.

1841년 아일랜드인의 2/3 이상이 농업으로 생계를 유지했지만, 나머지 1/3의 상태는 형편없었다. 점진적인 효율성과 규모를 지닌 영국의 산업은 작은 규모의 아일랜드 제조업자를 힘들게 만들었다. 영제국에는 더 이상 정부의 보조를 빌릴 수익권이 없었으며, 어떤 경우에서도 보호책은 크게 바람직하지 못했다. 당국이 추구한 통화긴축 정책으로 인해 1826년 국고금(國庫金)이 합병될 때까지 아일랜드의 상업 활동은 극심한 타격을 받았다. 증기선과 기차는 관세보호의 철폐와 유사한 효과를 지녔는데, 이는 운송과 출하 비용을 낮춤으로써 아일랜드 제조업자와 도매상들의 생계를 위협했다.

엄청나게 가난한 주민의 생존은 계속되는 감자 생산에 달려 있었다. 감자 역시 곡류처럼 썩기 쉬워 기근을 구제하기 위해 저장소에 보존할 수 없었다. 그러한 상황에서 감자의 수확에 어떤 일이라도 일어난다면, 재앙은 아일랜드가 통제할 수 없을 규모로 발생할 터인데, 이에 대해 영국 정부는 대비를 하지 못하고 있었다. 아일랜드의 전망은 어둡고 암담했을지 모르지만 이 재앙이 닥쳐왔을 때는 어느 누구도 상상할 수 없을 만큼 더 갑작스럽고 철저했다. 1845년 7월은 오랜 기간 습한 날씨가 지속되었는데, 감자 수확 전망에 해가 되는 것처럼 보이지는 않았다. 그런데 8월 영국 남부지역의 농작물을 공격하고 있다는 이상한 병에 대한 소식이 들려왔다.

102 대기근 동안 감자를 캐는 모습 (Illustrated *London News*, 1849년 12월 22일)

이것은 감자마름병(potato blight)이었다. 1842년 미국과 캐나다의 동부 해안 지역을 따라 모든 곡류는 황폐해졌다. 바로 이 병이 유럽에 처음으로 나타났다. 9월 감자마름병은 워터퍼드와 웩스퍼드 주에 나타났고, 아일랜드의 절반이 그 영향을 받을 때까지 급속도로 퍼져나갔다.

부분적인 감자 수확의 실패는 아일랜드에서 전혀 새로운 것이 아니었지만 당국은 즉각적인 조치를 취했다. 총리인 로버트 필 경이 새로운 질병을 조사하기 위해 과학위원회를 조직했다. 위원회는 불행하게도, 마름병이 실제로는 진균의 성장 때문이지 감자 자체의 병이 아니라는 것을 찾아내는 데 실패했으며, 그 결과 제시된 구제책의 어떤 것도 적합하지 않았다. 다른 측면에서 필의 구제조처는 즉각적이고 역량이 있었으며 전체적으로는 성공적이었다. 그의 관심은 아일랜드에서 치솟는 식량가격을 막는 것이었고, 결과적으로 그는 시장을 통제할 수 있다는 희망을 가지고 11월 초 미국으로부터 인디언산 옥수수와 밀가루를 10만 파운드의 가격으로 사들였다. 빈곤을 해결하기 위해 구제위원회가 세워졌고, 지방위원회의 구성이 장려되었다. 지역자발대의 봉사활동이 시작되었고, 보통은 2/3 정도로 정부의 보조금을 받았다. 정부가 가격의 반을 지불한 구제 사업은 동시에 고용을 촉진하기 위한 것으로, 이는 식량을 나누어 주는 것보다 이를 파는 것이 제안되었다. 다양한 계획의 수행으로 한때는 약 14만 명의 사람들에게 일자리를 제공했다. 정부는 1845~1846년에 36만 5,000파운드를 지출했고 그 두 배 정도 되는 돈을 빌려주었다.

필은 아일랜드의 식량 수출 금지조치를 해제하기로 결정했다. 그는 훨씬 더 신중한 생각을 하고 있었는데, 이는 영국 농부들의 이해관계를 위해 수입된 곡물에 부과시키는 관세였다. 필은 그들이 일컫는 대로 곡물법(corn laws)을 폐지하기 위한 중대한 결정을 취했다. 농업보호책은 여러 해 동안 영국 정치사에서 뜨거운 논란이 되었으며, 토지를 지닌 계층과 사업가 간의 세력다툼의 상징이 되었다. 필은 그렇게 하는 것이 자신의 정부를 전복시키고 토리당(the Tories)을 분열시킬 위험이 있다는 것을 알고 있었지만 이를 주장했다. 로드 존 러셀(Lord John Russell)이 이끄는 휘그당(the Whigs) 정부가 출현했다. 정치적 변화는 아일랜드에게는 흉조가 되었는데, 휘그당은 경제제도에 대해 현시대의 신념들에 훨씬 더 융합했기 때문이다. 이 시기는 자유방임주의(laissez-faire)가 지적이고 현대적인 사람들의 신조가 되었던 시대로, 규제를 위한 경제법은 잘못되었을 뿐만 아니라 무익하다고 확신하던 때였다. 찰스 트리벨리언(Charles Trevelyan)은 재무부의 수장으로 구제사업을 통제하던 인물이었는데 이들의 생각에 크게 공감했고, 새로운 재무장관인 찰스 우드(Charles Wood) — 경제에 대한 불간섭을 확고한 신념으로 가진 — 와 뜻이 잘 맞았다. 감자 수확이 또다시 실패하자 정부가 이번엔 어떤 것도 구입하지 않을 것이라는 결정을 즉시 내렸는데, 이는 식량의 공급이 사적인 사업으로 남겨져야 하기 때문이라는 이유였다.

103 재무성 차관 찰스 에드워드 트리벨리언, 1840~1859년, 런던 (Hulton Picture Library)

1846년에는 두 번째 감자 수확의 실패가 있었고, 이번에는 철저했다. 극심한 재앙의 전망이 있었지만 정부의 계획에는 어떠한 수정도 없었다. 구제는 공공사업으로 제한했다. 정부는 더 이상 가격을 어중간하게 충족시키지 않았는데, 이는 시세에 따라 정부가 완전히 부담을 져야 했기 때문이었다. 이는 물론 아일랜드 지주들로 하여금 가격을 떠맡도록 강압하는 것이었다. 전체적인 작업의 부담은 아일랜드 직업위원회(the Irish board of works)에 맡겨졌다. 겨울이 시작되었는데, 아마도 삶의

104 대기근 장례식 (Illustrated *London News*, 1847년 2월 13일)

기억 속에서 가장 고달프고 긴 겨울이었을 것이다. 어떤 식량도 남아 있지 않았고 공포심이 굶주린 사람들을 에워싸기 시작했다. 배고픈 군중들은 나라 전역을 헤맸고, 그들 모두는 구제 사업에 투입되었다. 9월에는 3만 명, 10월에는 15만 명 그리고 11월에는 28만 5,000명이 고용되었으며, 12월에는 거의 50만 명에 달했다.

새해가 되자 정부는 실패를 시인해야 했는데 작업위원회는 하루에 거의 3만 파운드를 지출했으며, 관리들은 1만 1,500명 이상으로 늘어났다. 1847년 1월 공공사업을 폐쇄하고 직접적인 구제를 확장한다는 결정이 내려졌다. 이러한 결정이 영국 관리들에게 얼마나 쉽지 않은 것이었나를 깨달아야만 한다. 1834년 영제국의 구빈법 개혁(English poor-law reform)의 기본원칙은 구제가 오로지 작업장에서만 주어져야 한다는 것으로, 이것은 규칙으로부터 어떠한 이탈도 생계수단보다 훨씬 더 빠르게 증가하는 인구에 기인한다는 정통적인 신념이었다. 우선 급식소를 설립하여 죽을 무료로 배급하는 법령이 통과되었다. 이러한 조치의 가장 극적인 결과로, 런던 개혁 클럽(London Reform Club)의 유명한 요리사인 알렉시스 소이어(Alexis Soyer)가 원정을 와서, 런던의 빈민층을 위해 고안했던 것과 마찬가지의 똑같은 요

105 프렌즈 스프 키친(Friends' soup kitchen)의 코크 협회. 왼쪽에 있는 남자가 막대기를 사용해 표를 걷고 있다. (Illustrated *London News*, 1847년 1월 16일)

리법에 따라 죽을 만들 수 있는 급식소를 설치했다.

정부의 구제조치들은 자발대의 노력으로 증가했다. 기금조성 단체가 아일랜드, 영국, 미국 등 여러 곳에서 형성되었는데 가장 극심하게 고통을 받는 자들, 특히 코넉트에 수많은 사람들을 먹이기 위한 재원이 공급되었다. 퀘이커 교도(Quaker)들은 이러한 사업에 지도적인 역할을 했고, 아일랜드 도처에서 보낸 관리들의 보고서가 재난의 성격에 대한 대중의 견해를 영국에 알리는 데 큰 기여를 했다. 이러한 보고서 중에는 이후 아일랜드 최고장관(chief secretary)이 된 윌리엄 에드워드 포스터(William Edward Forster)의 것도 있었다.

1847년 2월 아일랜드의 상황은 최악으로 치달았다. 폭풍이 불었고 나라는 폭설로 뒤덮였다. 굶는 사람들이 마을에 군집해 있었고, 정부가 폐쇄하기로 한 공공작업장으로 쏟아져 나왔다. 전염성 열병이 아일랜드 전역에 도깨비불처럼 번져나갔다. 이른바 '기근열병(famine fever)'으로 불린 이 열병은 사실 두 종류의 질병으로 발진 티푸스와 재발성 열병이었다. 이러한 열병이 유일한 천벌은 아니었다. 날 순무나 해초 혹은 반쯤 익힌 인도산 음식을 먹은 사람들 사이에서 이질이 나타났다. 이것은 치명적인 간균에 의한 이질인 '적리(赤痢)'로 발전했는데, 이것 역시 전염병이었다. 괴혈병은 인도산 음식을 강제로 먹었던 사람들의 일반적인 병이었는데, 비타민 C가 부족한 것이 원인이었다. '기근수종(Famine dropsy)', 혹은 이에 적합한 이름으로 배고픔의 부종(浮腫)이라 불린 병은 널리 퍼졌으며 순전히 굶주림 때문이었다. 얼마나 많은 사람들이 굶어 죽었는지를 묻는 것은 의미가 없는데, 거기에는 영양 미달의 사람들이 매서운 겨울 추위에 노출되고, 죽 급식소(soup kitchen)와 작업장에서 전염되며, 위험한 공공작업을 수행하는 등 수많은 원인이 있기 때문이다.

사람들이 어디에 있든 간에 공포에 질려 아일랜드를 벗어나려고 했다. 이주는 봄과 여름으로 제한되었기 때문에, 1845년 감자 수확의 부분적인 실패는 그해의 이주민 수를 거의 증가시키기 못했다. 전반적인 실패가 대량의 가을철 이주란 새로운 비참한 광경을 가져왔을 때는 1846년 7월과 8월로 이는 또 다른 이야기였다. 가난한 입찰소작인이 제일 먼저 갔고, 그 다음 1947년 초에 소작농들이 떼를 지어 아일랜드를 떠나기 시작했다. 1월에만 6,000명의 이주민이 리버풀(Liverpool) 한 도시에서 항해했다. 항로 증설에 대한 요구가 너무나 커서 아일랜드에서 직접 항해를 시작했다. 악명 높은 '낡은 배(coffin ships)'가 항해한 곳은 주로 작은 아일랜드 항구였는데, 선박 주인들은 낡고 초만원인 선박을 높은 이득을 취할 목적으로 항해에 이용했다. 리버풀은 실제로 피난민 떼에게 점거당한 최초의 도시였다. 당시에 그 항구의 인구는 약 25만 명이었고, 1847년 1월 한 주에 13만 명 이상에게 빈곤구제가 주어져야 했다. 6월경 30만 명의 가난한 아일랜드인들이 그 도시에 도착했다고 추정된다. 그들 상당수는 물론 북미로 이주해갔지만, 가장 가난으로 찌든 나머지는 불가피하게 남았다. 1847년 10만 명 이상의 이주민이 케나다로 갔다(당시에는 이렇게 우회하는 것이 미국으로 가는 가장 경제적인 방법이었다). 또한 이 중 적어도 1/5이 궁핍과 질병으로 사망했다고 추정된다.

한편으로 정부는 죽 급식소를 시작한 이래, 아일랜드에서 기근을 다루기 위한 차

106 님로드(Nimrod)와 애슬론에서 리버풀을 향해 〔코크를〕 떠나는 이주민들 (Illustrated *London News*, 1851년 5월 10일)

후 계획을 진행하고 있었다. 1847년 6월 빈민구제법의 확장법(the Poor Law Extension Act)은 책임을 아일랜드 구빈법(Irish poor law)에 떠맡김으로써, 전반적인 문제를 깨끗하게 해결하려고 했다. 따라서 매우 낮은 세율로 생긴 모든 비용은 아일랜드가 떠맡은 채로 남게 되었다. 직접적으로 고통을 받는 자들은 아일랜드 지주들이었으며, 휘그당은 발생한 재난에 대해 대체로 아일랜드 지주들을 비난했다. 불가피하게 세율의 부담을 경감해야 하는 지주들은 극빈자 소작농을 추방하기 위한 노력을 확고히 했다. 구제 과정은 '1/4에이커 조항'에 따랐는데, 이는 1루드〔토지면적의 단위로 1에이커의 1/4인 약 1,011.7 제곱미터, 약 300평__옮긴이〕 이상의 토지를 소지한 소작농이면 누구든지 구제에서 배제하는 것이었다. 견디기 힘든 부담이 아일랜드 구빈법 조합들에게 주어졌는데, 이들 작업장 숙소는 이미 엄청난 혼잡을 이루고 있었다. 그렇게 4년 만에 약 10만 명에서 30만 명까지 최대한의 동거인 수를 증가시켰다. 1849년 93만 2,000명이란 어마어마한 수가 얼마동안 그 작업장에서 유지되었다. 아일랜드가 가난하게 된 더 많은 통렬한 증거들은 거의 존재하지 않았다.

1847년의 암담함은 전혀 기근의 끝처럼 보이지 않았다. 감자마름병은 그해 가을에 좀 누그러졌지만 재발할 것이라는 확신이 있었다. 다음해인 1848년 완전한 독성을 지닌 채 돌아왔다. 하지만 우리는 이러한 여러 해 동안의 공포에 대해 이미 충분히 알고 있었는데, 이제 기근의 결과에 대해 요약해볼 때이다. 제일 먼저 우리는 기근이 홍수나 지진 같은 전반적인 재앙이었다는 점을 분명히 할 필요가 있다. 감자마름병은 자연적인 것으로, 어느 누구도 그것에 대해 책임질 수 없었다. 수많은 사람들이 그들의 삶을 감자에 완전히 의존하고 있었던 아일랜드의 상황은 또 다른 문제였다. 양심적인 역사가라면 누구든지 악역(惡役)의 장본인으로서 어떠한 특정 계급이나 개인을 분류하는 것에 심기가 불편할 것이다. 아일랜드 지주들이 궁극적인 책임을 지고는 있지만, 전반적으로 그들의 소작인과 마찬가지로 재앙에 훨씬 더 많이 연루되어 있었다. 발생한 재앙에 대해 책임을 일단 받아들여야 했던 영국의 장관들은 무정하고 인색하며 독선적이었다. 이러한 그들의 성질은 가령 찰스 디킨스(Charles Dickens)가 너무나 혐오스럽게 생각했던 바로 그 특성들이며, 그들은 아일랜드 빈민층과 마찬가지로 영국 빈민층에게도 이러한 성질을 많이 드러내보였다.

감자마름병은 프랑스 전쟁 기간 성장했던 뒤뚱거리는 경제를 파괴시켰다. 실직의 엄청난 문제는 그 단어에 대한 가장 끔찍한 의미로 종결되었다. 1851년 인구는 650만 명으로 1845년에 추정된 인구보다 200만 명이 적었다. 100만 명 정도가 떠나가는 데 성공했으며, 또 다른 100만 명이 죽었다. 농업적 통계로 돌아가 보면 그러한 손실에도 불구하고, 아일랜드의 생산은 감소했기보다 증가했다는 것을 알 수 있다. 경작할 수 있는 지역은 100만 에이커 이상 증가했다. 인구의 손실은 토지 보유수의 감소와도 병행했다. 5에이커 이하의 보유지는 전체 45퍼센트에서 15퍼센트까지 하락했다. 30에이커 이상의 보유지는 7퍼센트에서 26퍼센트가 되었다.

근대 아일랜드의 농업 방식은 감자마름병에 의해 야기된 폐허로부터 막 떠오르기 시작했다. 가족농장은 현금 수입을 점차적으로 제공하는 곡물보다 자본을 지닌 가축생산과 혼합 농작물 경작으로 바뀌었다. 필연적으로 분양 토지에 대한 정지 또

107 대기근 후기 추방 장면 (Illustrated *London News*, 1848년 12월 16일)

한 아일랜드 사회에 기본적인 변화를 가져다주었다. 조혼(早婚)의 풍습과 젊은이 및 어린이들로 가득 찬 시골 풍경은 사라져 버렸다. 오랫동안 가족농장을 함께 한 보유지의 대가는 미혼으로 남는 것이었다. 많은 사람들이 아일랜드에 더 이상 머무를 수 없어 그들의 힘으로 미국을 건설하거나 또는 바다를 건너 다른 새로운 나라로 갔다. 경제적인 개선에 반해 정치적인 상황은 더욱 더 악화되었다. 기근 위기에 대한 영국의 조치에도 불구하고 아일랜드의 분개는 치유하기에 너무나 깊고 느렸다. 여전히 더 악화된 것은 지주와 소작인 간의 쓰디쓴 적대감정으로, 이는 농장가격의 하락이 1870년대 말 농부의 발목을 붙잡았을 때 더 큰 농민 갈등으로 들끓게 만들었다. 그러한 상황에서 변화는 필연적으로 느리다. 심지어 오늘날에도 19세기 초 아일랜드 경제가 입은 상처를 치료하고, 기근이 아일랜드 사회에 남긴 상처를 치유하기 위해서 여전히 해야 할 많은 일이 남아 있다.

18

페니어회주의, 자치 그리고 토지전쟁(1850~1891)

FENIANISM, HOME RULE AND THE LAND WAR(1850-1891)

토지와 민족의 독립이라는 두 가지 큰 문제가 기근과 파넬의 몰락 사이의 40여 년을 지배한다. 보유지 확보를 위한 소작농의 투쟁과 독립을 위한 민족의 투쟁은 각각 두 가지 방법으로 나타났다. 하나는 헌법과 의회에 바탕을 둔 것이었고 다른 하나는 혁명과 모의에 근거한 것이었다. 헌법적인 전통은 1850년대 조직된 개번 더피(Gavan Duffy)의 아일랜드소작농연맹(Irish Tenant League)과 1870년대 조직된 아이작 버트(Isaac Butt)의 자치운동(home-rule movement)으로 대표된다. 혁명적인 전통은 농촌의 비밀사회에서 산발적으로 나타난 폭력과 1848년 '청년아일랜드인회' 봉기, 그리고 무엇보다 1860년대의 페니어회 운동(the Fenian movement)으로 대표된다. 이 두 가지 방법이 분리되어 행해졌을 때는 그 어떤 방법도 효과적이지 못했다. 하지만 1879년, 대기근의 고통에 버금갈 정도로 농민을 위협했던 궁핍의 증대 앞에서, 찰스 스튜어트 파넬(Charles Stewart Parnell)의 탁월한 정치적 천재성과 마이클 다비트(Michael Davitt)의 사회정의에 대한 열정은 법적으로 해결하려는 민족주의자와 혁명을 지지하는 민족주의자 간의 공동 전선을 이루어냈다.

토지와 민족 독립을 위한 두 투쟁은 아일랜드 역사에서 전례 없는 대중운동으로 통합되었다. 이 두 운동의 파급적인 성공은 한편으로 1879~1882년 사이 소작농들의 복지를 위해 발생한 이른바 '토지전쟁(land war)'을 통해서, 다른 한편으로 1886년 자치(home rule)라는 대의를 위해 글래드스턴(W. E. Gladstone) 총리하의 영국 자유당(British Liberal Party)이 아일랜드에 자치정부 제공의 필요성과 정당성을 인정했을 때 이루어졌다. 비록 토지문제는 1882년까지 해결되지 않았고, 글래드스턴이 제안한 자치법안은 1886년 하원에서 기각되었으며, 또한 1890~1891년 발생한 파넬의 비극적인 몰락으로 전반적인 민족운동이 붕괴되기는 했지만, 1879년 '새로운 출발(new departure)'의 결과는 미래의 아일랜드와 영국-아일랜드 관계 전반에 심오하고 지속적인 영향을 주었다.

기근 후반기의 아일랜드는 지치고, 의기소침해 있었으며 게다가 분단국가였다. 1845~1851년의 6년 동안 아일랜드의 인구 약 200만 명가량이 감소했다. 19세기 전반부의 인구 상승 추세는 역전되었다. 인구의 감소는 토지 보유 면적과 농촌 생활수준의 점진적 향상을 가져다주었다. 하지만 토지 보유를 위한 소작농의 요구와 주장이 더욱 커진 반면, 불필요한 소작농들을 제거하기 위한 지주들의 노력 또한 배가되었기 때문에 지주와 소작농 간의 관계는 이전보다 훨씬 첨예해졌다. 1850년대 생존을 위한 싸움에 몰두한 대다수의 주민들은 국가 독립을 위해 투쟁할 힘도 정신도 없었다. 오코넬의 철회운동(repeal movement)은 대기근 시작 전에 이미 붕괴되었다. 기근이 절정에 달했을 때 제임스 핀턴 랄로는 기아에서 벗어나기 위해 소작농들에게 열렬한 호소를 했고, 동시에 소작에 대해 총파업을 함으로써 영국의 권위를 전복시키려 했다. 하지만 그의 주장은 묵살되었다. 1848년 청년아일랜드인회라는 단체가 자치정부 획득을 위한 필사적인 시도로 무장 폭동을 일으켰지만, 밸링거리(Ballingary)에서 성과 없는 소동으로 끝나고 말았다. 영국에 대한 저항 정신이 이제 아주 약해졌다고 해도, 주로 신교도이며 합병을 지지하는 소수와 거의 대부분이 가톨릭교도이며 합병으로부터 소외된 대다수 아일랜드 국민들은 그 어느 때보다 훨씬 심하게 분열되어 있었다.

아일랜드인 대다수에게 합병은 좌절된 희망, 없앨 수 없는 불만, 거부된 자유, 가난과 함께 한 퇴보, 그리고 무엇보다 대기근의 재앙과 동일시되었다. 다른 한편 재산이 있는 소수의 아일랜드인은 합병을 정당한 결과로 간주했으며, 이를 유지하기 위해 모든 대가를 치를 결심을 하고 있었다. 아일랜드 전역에 걸쳐 토지를 소유한 귀족 계층과, 얼스터의 경우 토지 소유자에서 공장 노동자에 이르기까지 모든 사회 계층은 긴밀하게 결합된 신교도 공동체를 이루었다. 아일랜드의 다른 지역 주민들과는 달리 북동부에 거주하는 주민들은 지역에 지속적인 번영을 가져다주었고 벨파스트를 리넨 제조와 조선 그리고 공업의 대중심지로 바꾸어놓은 19세기 전반부의 산업혁명을 경험했다. 얼스터 신교도가 자본을 제공했기 때문에 산업 발전은 영국의 산업과 중요한 연계를 이루었으며, 합병의 찬성으로 부여된 강력한 이해관계가 있었다. 또한 다른 점에서도 얼스터의 경제적 형편은 예외적이었는데, 소작농들은 '얼스터의 관례(Ulster custom)'〔얼스터에서 법이 아닌 관례에 따라 소작농에게 보장한 보유권 및 퇴거에 대한 보상 등의 특정한 권리_옮긴이〕에 따라 자신의 소유권에 대한 어느 정도의 안전성을 누리고 있었으며, 이것은 아일랜드의 다른 지역 어디에서도 찾아보기 힘들었다.

합병의 유지는 영제국뿐만 아니라 아일랜드 내에서도 중요한 이해관계로 간주되었다. 하지만 독립적이고 단결된 아일랜드 민족이라는 생각 역시 확고하게 정립되었다. 대기근의 전날 밤 청년아일랜드인회의 지도자 토머스 데이비스는 다음과 같은 고전적인 표현을 했다. "아일랜드 민족은 신조나 계층 또는 선조가 누구든지 서로 간에 애정과 존경 그리고 정치적 자유를 가지고 공통된 선의를 위해 함께 일하기 위한 소명을 받은 하나의 공동체였다." 이러한 데이비스의 고상한 통찰력은 오늘날 우리 시대까지 전해져 내려온 모든 세대의 아일랜드 민족주의자들에게 소중하게 여겨져야 했지만, 기근이 지나간 아일랜드의 현실에서는 찾아보기 어려웠다. 이러한 상황에서 공동체 의식을 되살린 인물은 데이비스의 가장 친한 동료 중 한 사람인 찰스 개번 더피로, 그는 1850년 전(全) 아일랜드소작농연맹을 조직함으

108 제임스 스티븐스

109 존 오마호니

(John Devoy, *Recollections of an Irish Rebel*, 1929)

로써 아일랜드의 민족정신을 되살리려고 했다.

아일랜드소작농연맹의 목적은 '세 가지 에프(three Fs)'였다. 이는 공정한 소작료(fair rent)와 보유 기간의 영속성(fixity of tenure) 그리고 보유의 이권을 팔 수 있는 소작농의 자유(freedom in holding)로, 아일랜드독립당(independent Irish party)을 통해 의회에서 성취하고자 했다. 아일랜드독립당은 1852년 총선에서 소작권을 주장한 약 40명의 지지자들이 총 103명의 아일랜드 대표로 구성된 의회에 복귀했을 때 등장한 것으로 보인다. 하지만 아일랜드독립당은 곧 해체되었다. 실패한 이유는 다양했는데, 가장 대중의 눈을 끈 것은 지도적인 위치에 있는 일부 가톨릭교도인 케오(Keogh), 새들리어(Sadleir) 등 몇몇 사람들의 행동이었다. 이들이 아일랜드소작농연맹의 원칙과 이해를 전면적으로 무시했을 뿐만 아니라 가톨릭교도와의 이해관계를 이용하여 자신들의 경력을 유리하게 만들었기 때문이었다. '아일랜드 여단(Irish Brigade)'*이란 별명이 붙여진 소작농연맹은 아일랜드 역사에서 '교황의 브라스밴드(the pope's brass band)'로 더 잘 알려져 있다. 연맹의 붕괴는 조직의 방법에 대한

110 존 오리어리

111 토머스 클라크 루비

(John Devoy, *Recollections of an Irish Rebel*, 1929)

깊은 의기소침과 뿌리 깊은 불신을 불러왔다. 민족운동의 다음 단계에서는 입헌제도를 강력히 부인하고 오직 물리적 힘(physical force)에 광적으로 의존하는 결과가 나타났다.

아일랜드공화국형제단(IRB), 즉 페니어회 조직이 1858년 신념을 가진 수많은 남자들에 의해 더블린과 뉴욕에서 동시에 창립되었는데, 창립 구성원 거의가 1848년의 봉기와 관련된 사람들이었다. 이들은 제임스 스티븐스(James Stephens), 존 오마호니(John O'Mahony), 찰스 조지프 킥엄(Charles Joseph Kickham), 존 오리어리(John O'Leary), 토머스 클라크 루비(Tomas Clarke Luby)와 마이클 도헤니(Michael Doheny)

* 'brigade'란 용어는 아일랜드 역사에서 군사와 의회 의석과 관련하여 다양한 의미로 사용되었다. 17세기에는 '기마대'란 뜻으로, 1850년대에는 영국 의회에서 반가톨릭 법과 관련하여 사용되었다. 이 용어는 저널리스트인 프레데릭 루카스가 만들어낸 것으로 아일랜드의 군사적 경력과 무용의 반향을 전달하려는 의도에서 유래했다__옮긴이

112 찰스 조지프 킥엄

113 제러마이아 오도너번 로사

(John Devoy, *Recollections of an Irish Rebel*, 1929)

등이다. 제러마이아 오도너번 로사(Jeremiah O'Donovan Rossa)와 그의 스키버린 피닉스 협회(Phoenix society of Skibbereen)는 이러한 새로운 운동의 최초 참여자 가운데 알려진 사람이었다. 여기서는 토머스 데이비스가 제창한 아일랜드 민족성이라는 강령이 완전히 받아들여진 반면, 페니어회 지지자들은 물리적 힘을 가하지 않는 한 영국이 자주독립을 결코 인정하지 않을 것이라고 믿었고, 따라서 영국이 불리한 입장에 처하게 될 때 무장봉기를 일으키기 위한 비밀군대 조직을 준비했다. 그들은 유일한 목표인 독립에 집중했는데, 독립 이외의 다른 어떠한 목표, 심지어 토지제도의 개혁조차도 위험한 일탈이라고 주장했다. 하지만 이전의 혁명적 지도자들과는 달리 그들은 거의 전적으로 노동자 계층인 소농민, 노동자, 성직자, 가게 도우미와 수공업자들을 포섭했다. 페니어회 사람들은 수적으로는 민족운동 내에서 소수자에 불과했지만, 1865년까지 수천 명이 페니어회에 등록하고 행동을 준비했다.

가톨릭 사제들은 비밀조직과 함께 통합된 페니어회주의의 사회적 구성원이 공산주의자라고 주장했는데, 이것은 페니어회 당원들에 대한 비난의 근거가 되었다.

하지만 페니어회 운동에 대한 중요한 사실은 이들이 단지 민족주의자적 사고에만 기반을 두고 있었다는 점이다. 그들은 아일랜드 공화국을 이룩하기 위한 어떠한 특정한 사회 프로그램도 가지고 있지 못했다. 성원 거의 모두가 가톨릭교도들이었지만, 그들 교회의 비난을 꿋꿋하게 견디어냈고 교회와 국가의 완전한 분리를 믿었다. 이들의 활동은 아일랜드 국내뿐만 아니라 이주민이 건설한 영국과 미국 안의 새로운 아일랜드로부터 지지를 받았다는 점에서 이전에 존재했던 모든 민족주의 운동과 달랐다. 미국 지부의 특별한 기능은 무기와 장교를 보내 국내 조직을 돕는 것이었다. 남북전쟁에서 훈련을 받은 상당한 수의 미국인 장교들이 1865년 아일랜드로 왔는데 이때는 이미 전쟁이 끝난 상황이었다. 그러나 미국에 있는 페니어회 사람들 사이의 견해 차이 때문에 약속한 무기는 도착하지 못했고, 이 때문에 1865년에 의도된 봉기는 연기되었다. 만약 1865년에 봉기가 시작되었더라면 영국과 미국 간의 관계는 격한 긴장 상태에 놓이게 되었을 것이며, 비록 성공이 어려웠다고 해도 이는 영국의 통치에 대한 심각한 도전이 되었을 것이다. 1867년 드디어 봉기가 시도되었을 때 정부는 그들의 음모를 간파해서 페니어회 지도자들 거의 모두를 감옥에 보냈다. 1867년 페니어회 봉기는 1848년의 청년아일랜드인회의 봉기와 마찬가지로 하나의 제스처에 불과했다.

페니어회주의는 1867년에 그 전력을 다한 듯이 보였다. 하지만 그 정신은 실패로 인해 사그라지지 않았다. 새로운 성원들이 감옥에 들어간 지도자들의 자리를 대신하여 부상했으며, 비밀조직은 재빨리 철저한 조사를 거쳐 개선되었고, 여태까지 제임스 스티븐스에게 부여되었던 최고 권력을 실행하기 위한 대표자회의를 구성했다. 이렇게 재구성된 아일랜드공화국형제단은 행동의 그날이 올 때까지 전시 태세 유지에 노력하는 긴박한 임무에 몰두했다. 행동의 그날까지는 거의 50년을 기다려야 했다. 이 기간 동안 입헌적 민족주의의 성공으로 페니어회주의는 아일랜드 정치의 주류에서 어긋나면서도 부적절한 것으로 보였다. 페니어회주의는 합병주의자들의 시각에서 볼 때 아일랜드의 폭도들을 감염시켰던 일종의 질병이었다. 하지만 이를 이해하고 믿었던 사람들에게 페니어회주의는 불꽃으로, 그 '피닉스의 불꽃(phoenix flame)'은 대개의 경우 아일랜드 사람들의 가슴속에 환하게, 일반적으로는 희미하지만 계속해서 불타올랐다. 아일랜드공화국형제단은 1865년에 목표했던 행동과 유사한 1916년의 봉기에서 지도적인 역할을 맡음으로써 살아남았다.

114 존 데보이 (John Devoy, *Recollections of an Irish Rebel*, 1929)

페니어회주의가 낳은 민족정신의 발로는 영국과 아일랜드 두 나라에 심오한 영향을 주었다. 영국의 경우 그 시대 가장 위대한 정치가였던 글래드스턴의 마음속에서 결정적인 반응이 나타났는데, 그는 '아일랜드를 향한 정의(justice to Ireland)'란 프로그램에 착수하기에 이르렀고, 여기에 생애 마지막까지 최대의 노력을 기울였다. 그의 양심은 아일랜드라는 주제로 오랫동안 괴로워했지만, 자신에게 '아일랜드 문제의 거대한 중요성(the vast importance of the Irish question)'[1)]의 참뜻을 일깨워주었던 것은 페니어회 봉기였다고 고백했다. 그의 첫 번째 정부(1868~1874)는 아일랜드 문제를 해결하기 위한 두 가지 개혁 조치로, 합병의 역사에서 하나의 새로운 획을 긋는다. 첫 번째로, 1869년 교회법령(Church Act)으로 아일랜드의 앵글로 국교를 해체하고 재산을 몰수했는데, 이들 교회의 특권적인 위치는 합병 자체에서 흔들릴 수 없는 부분으로 간주되던 것이었다. 따라서 법이 이러한 것을 실행함으로써 모든 종파는 평등이란 발판에 놓일 수 있었다. 아일랜드 국교는 그 나라와의 오랜 연계에서 자유로워졌고, 자치정부 공동체가 들어서자 새롭고 좀 더 도전적으로 심한 저항을 했지만, 교회의 역사에서는 더 행복해진 국면이었다. 두 번째 개혁인 1870년 글래드스턴 토지법안(Land Act)은 소작인의 편에 서서 토지문제를 규제하기 위한 영국 의회 최초의 시도였다. 이것은 비록 퇴거로부터 소작인을 보호하자는 목적에서는 비효율적인 것으로 증명되었지만, 그러한 방향을 향한 첫 번째 단계였으며, 영국 입법의 이정표가 되었다. 글래드스턴이 직면한 세 번째 문제는 고등교육의 분야에 대한 가톨릭의 주장에 의해 나왔다. 교육 분야에서는 로버트 필 경이

1845년 퀸스 칼리지(Queen's College)의 설립을 시도했지만 성공을 거두지 못했다. 1873년 글래드스턴의 대학 설립 법안은 전국에 걸쳐 많은 칼리지 및 관련 기관과 더불어 위대하고 새로운 더블린 대학교의 구상에 중점을 둔 대담하고 독창적이며 멀리 내다보는 기획이었다. 사실상 그 법안은 가톨릭교도 및 신교도와 관련된 중요 관심사에 대해 적대적이었는데, 이 구상의 실패는 정부를 치명적으로 약화시켰다. 1874년의 총선에서 자유당은 패배했고 디즈레일리(Disraeli)를 당수로 한 보수당이 복귀했다. 정권 마지막 해에 새로운 대학인 아일랜드 왕립대학(the Royal University of Ireland) 창립의 초석을 다진 사람이 디즈레일리였으며, 아일랜드 왕립대학은 1880년에서 1908년까지 가톨릭 성직자 집단의 주장과 영국 의회의 주장을 타협으로 이끌어내는 역할을 했다.

글래드스턴이 개혁을 통해 아일랜드 문제를 해결하려고 많은 노력을 기울인 반면, 법적인 수단으로 독립을 획득하려는 새로운 노력이 아일랜드에서 시도되었다. 이는 자치운동으로 1870년 아이작 버트가 기초를 마련했는데 그는 당시의 탁월한 아일랜드 법정변호사였다. 그는 통이 크고 화려한 개성을 지닌 사람으로 신교도이자 이전에는 합병주의자였다. 그러나 대기근 시대를 직접 체험한 후 처음에는 청년 아일랜드인회, 다음에는 페니어회주의의 용기와 성실에 영향을 받아 민족주의자로 개종한 인물이었다. 아일랜드 국내 문제의 통제와 함께 종속의회라는 새로운 운동의 목표는 페니어회 사람들이 추구한 자주독립에는 훨씬 미치지 못했다. 하지만 그것은 지금 당장엔 가능성이 너무나 희박해 보여서 영향력 있는 여러 명의 페니어회 사람들, 특히 유명한 패트릭 이건(Patrick Egan)과 존 오코너 파워(John O'Connor Power) 등은 막연히 아무 활동 없이 남기보다 버트를 도와 단계적으로 자주독립을 얻고자 결정했다. 그래서 주로 가톨릭 중산층의 지지를 받은, 본질적으로는 온건하며 보수적이었던 이들 운동은 극단적인 민족주의자의 호의가 더해져 시작되었다. 페니어회 사람들에게 이 운동은 '새로운 출발'이었으나, 이는 곧 그들 사이의 깊은 분열로 이어졌다.

1872년에 제정한 비밀투표법(Ballot Act)에 의거하여 처음으로 실시한 1874년

115 아이작 버트. 존 B. 예이츠 작 (아일랜드 국립미술관)

116 찰스 스튜어트 파넬 (John Devoy, *The Land of Éire*, 1882)

총선에서 버트의 새 정당은 전체 아일랜드 의석의 반 이상을 획득했다. 다음 5년간 버트는 영국 하원의 전통에 따라 최대한의 설득력과 인내심 그리고 존경심을 가지고 의회에서 여러 가지 자치정부를 주장했다. 하지만 아일랜드를 위해 독립국의 지위를 쟁취하려는 그의 주장은 영국의 양쪽 정당 어디에도 신중하게 받아들여지지 못했다. 영국 하원을 무마하여 확신을 주기 위한 버트의 노력이 매우 잘못되었다는 것을 알아채자 아일랜드 정당 내의 작은 집단에서 동요가 일기 시작했다. 효과적인 방식은 의회의 사업을 방해하기 위한 목적으로 하원의 옛날 의사 절차(ancient procedure)를 사용함으로써 영국의 양당을 공격하고 격앙시키는 것이었다. 이러한 방해 정책(policy of obstruction)의 선구자는 조지프 길리스 비거(Joseph Gillis Biggar)와 존 오코너 파워로 둘 다 페니어회 사람들인데, 1875년에 새롭게 선출된 찰스 파넬 의원이 이들과 힘을 합쳤다. 파넬은 위클로 주 출신의 젊은 신교도 지주였다. 그는 아일랜드인 아버지와 아일랜드 후손인 미국인 어머니로부터 아일랜드의 민족주의적인 씨앗을 물려받았다. 훌륭한 연설가는 아니었지만 방해 기술이 완벽하여 자신을 영국 하원에서 가장 미움 받는 사람으로 만들었다. 이것으로 운동의 지도자인

117 마이클 다비트, 1880년경 (John Devoy, *The Land of Éire*, 1882)

버트와 갈등이 생겼는데, 버트는 방해주의자의 행위를 불쾌하게 여기고 있었다. 지도자와 젊고 새로운 신참자 간의 권력 투쟁이 시작되었다. 1877년 중엽 파넬은 분명히 떠오르는 스타였고, 버트는 지는 해였다. 파넬은 지도력에서 비길 데 없는 천재성을 드러냈다. 그는 초연함과 절제로, 목적을 위해서는 비범하게 집중하고 힘을 쏟는 자신의 정열적인 본성을 드러내지 않았다. 그의 기질과 사회관은 보수적이었고, 모든 문제에 대해서 실용적이고 분명한 안목으로 접근하는 인물이었다. 또한 그는 위험하고 자극적인 극단의 인상을 늘 풍겼지만, 아일랜드의 중요한 문제점을 해결하는 데 필요하다고 판단한 최소한의 변화는 이루어내기 위해 자신의 주의력을 집중했다.

1876년 8월 아일랜드공화국형제단의 최고회의가 공식적으로 자치운동과 관련한 계속적인 협동을 비난했지만, 새로운 정책은 페니어회 사람들 사이에서 계속해서 전향자를 만들었다. 클란 나 게일(Clan na Gael)을 조직한 것처럼, 미국의 페니어회 운동은 자치운동과 민족주의자로서 파넬의 가능성에 흥미로운 관심을 보이고 있었다. 파넬은 페니어회의 지지를 환영했으며, 1877년 이후 그들과 늘 함께했지만, 페니어회와 맺은 어떤 동맹도 비현실적이며 그가 선택한 영역에서 방해받기 쉬운 것일 뿐이라고 생각했다.

이것이 파넬이 처한 상황이었고, 이때는 아일랜드 정치에 새로운 개성을 두드러지게 부여한 마이클 다비트(Michael Davitt)가 등장한 시기였다. 그는 7년 동안의 노역을 마친 후 1877년 12월 감옥에서 석방되었다. 파넬과 다비트는 둘 다 기근의 절정기였던 1846년생인데, 이전의 경력은 극적인 대조를 이룬다. 지주의 아들이었던 파넬은 위클로 주 한가운데 있는 아름다운 환경의 안락한 시골 저택인 애번데일 하우스(Avondale House)에서 태어났다. 1874년 그가 의회에 들어갈 때까지, 그는 편안하고 풍요로우며 목적 없는 전형적인 안락한 삶을 살았다. 반면에 다비트는 1850년 메이요 주에서 추방당한 소작농의 아들이었다. 그는 랭커셔 주의 해슬링든(Haslingden) 면직물 마을에서 불행하지는 않았으나 어려운 소년 시절을 보냈다. 9세 때 그는 면직물 공장에서 하루 12시간을 일했다. 1857년 11살이 갓 넘었을 때 그는 다루던 기계에 오른팔을 잃었다. 이 사건으로 예기치 못했던 4년간의 훈련교육을 받았고 이후 지방의 우체국장으로 취직할 수 있었다. 비교적 확고한 삶은 1865년 다비트가 페니어회 운동에 몸을 바쳤을 때 시작되는 것처럼 보였다. 그는 페니어회를 위해 일한 경력으로 1870년 15년의 노역 선고를 받았는데, 7년간은 주로 다트무어(Dartmoor)에서 수감생활을 했다. 1877년 12월 가출옥 허가증을 받아 석방된 것은 페니어회 수감자의 사면을 위한 오래고 지속적인 소요의 결과였는데, 버트와 파넬을 비롯한 몇몇 사람들이 지도적인 역할을 했다. 그는 감옥에 들어갔을 때보다 출옥했을 때 훨씬 더 영국인에게 두려운 적으로 떠올랐다. 그는 여전히 페니어회의 일원이었지만, 페니어회식의 방법과 독단에 대해서는 비판적이었다. 정열적이고 자부심이 강한 그는 또한 자아비판과 자아규제가 강했다. 웨슬리교파(Wesleyan)의 교장에게 교육받은 가톨릭교도인 그는 사람들 사이에 소원(疎遠)의 씨앗이 아닌 사회적 사실로서 종교적인 다양성을 수락했다. 아일랜드에서 영국의 지배와 지주제를 싫어했던 것은 그의 천성이었으나, 영국에서 성장한 아일랜드인인 그는 영국인을 좋아하는 편이었고 영국 노동자를 직관적으로 이해했다. 무엇보다 그는 국적을 초월한 사회정의에 대한 열정이 있었다.

파넬과 다비트는 금세 서로를 존경하고 이해했다. 다비트는 파넬을 아일랜드공화국형제단으로 끌어들이기 원했으며, 그의 도움으로 페니어회와 파넬주의 간의 동맹을 조직할 수 있었다. 파넬은 흥미를 가지긴 했으나 설득되지는 않았다. 1878년 다비트가 미국에 갔을 때 미국인 페니어회 사이에서 주도적인 인물인 존 데보이(John Devoy)와 협력했던 인연으로 그는 민족운동을 위한 새로운 정책을 구상했다. 이러한 두 번째 '새로운 출발'의 본질을 클란 나 게일이 부여했는데, 이는 자치정부와 토지라는 두 가지의 중요한 논의에 대한 혁명적이고 헌법적인 민족주의자 동맹이었다.

아일랜드공화국형제단과 파넬의 최고회의 둘 다 이 새로운 정책을 받아들이지 않았다. 하지만 좀 더 다른 '새로운 출발'을 1879년 다비트가 눈부시게 성공적으로 시작했다. 이는 1878~1879년 겨울, 대기근과 비교할 만한 재앙으로 지방 주민을 위협했던 경제 위기에 대한 대응이었다. 생산물 가격의 하락, 곡물의 흉작과 이례적으로 습한 날씨가 복합되어 소농민의 다수가 파산과 기아 및 퇴거에 직면하고 있었다. 여기에 즉각적인 정치적 해결책이 따르지 않자, 다비트는 소작농들 스스로의 방어를 위해 일치된 행동을 촉진하는 과업에 자신의 모든 정열을 바쳤다. 1879년 4월 그는 ≪코노트 텔레그래프(Connaught Telegraph)≫의 편집장인 제임스 데일리(James Daly)와 합세했다. 그리고 서부에서의 소요를 촉진시킨 그의 고향 메이요 주 아이리시타운(Irishtown)에서 토지 회합을 구성하면서 페니어회의 일원들과도 힘을 합쳤다. 다비트의 견해로는 새로운 운동을 성공적으로 이끌 수 있는 유일한 사람은 파넬임이 분명했다. 1879년 5월 버트의 죽음 이후, 파넬은 의심의 여지없이 자치당의 궁극적인 지도자로서 예정되어 있었다. 파넬은 6월 8일 웨스트포트에서 열리는 대(大)토지 회합의 연설에 동의했고, 그곳에서 "그대의 마을과 토지를 확고히 붙잡아라"[2]라는 뒤이어진 전체 소요의 선동 구호를 제창했다. 넉 달 후 다비트는 아일랜드민족토지연맹(Irish National Land League)을 창설했는데, 아일랜드 전역에 걸쳐 조직적인 소요를 일으키기 위한 것으로 파넬은 의장직을 수락했다.

토지연맹에서 파넬과 다비트의 협력은 뒤이은 투쟁 성공의 본질을 드러내주었다. 파넬은 전 지역의 민족적 여론이 충성심을 갖고 따르는 지도자로서 특출했고, 다비트는 연맹의 영감적인 수완가와 으뜸가는 조직가로서 뛰어났다. 토지연맹은 중도적인 자치론자에서 극단적인 공화주의자에 이르기까지 모든 종류의 민족주의자를 하나의 커다란 농민운동으로 묶었다. 그들이 아일랜드공화국형제단의 승인 없이 행동하기는 했지만 가장 전투적인 부대는 페니어회에서 나왔다. 클란 나 게일은 토지연맹에 시의적절한 재정적인 도움을 주었고, 미국의 아일랜드 민족주의 여론이 뭉쳐진 강력한 후원 아래에서 빠르게 세력을 넓혔다. 가톨릭 교구 사제단은 대체로 연맹의 뒤에서 이를 확고히 지지했으며, 수많은 가톨릭 주교들도 연맹을 지지하게 되었다. 부분적으로 연맹은 구제 기관으로서 공헌하면서 자발적 구제 조직 사업을 늘려나갔다. 이 구제 조직 사업으로 1879~1880년 겨울 동안 두 번째 대기근의 재난을 피할 수 있었다. 하지만 연맹의 본질적인 과업은 퇴거를 방지하고 지대를 낮추려는 우선적인 목적으로 지주에 대한 저항을 조직화하는 것이었고, 나아가 궁극적으로는 소작농을 그들 보유지의 실제 소유자로 전환하는 데 있었다. 이른바 1879~1882년의 '토지전쟁(land war)'은 근대 아일랜드에서 가장 위대한 대중운동이 되었다. '도덕적 힘의 전투(moral-force warfare)'에 대한 체계는 다음과 같이 정교하게 발전했다. 즉 영장 발부(process-serving)와 퇴거는 중점적인 대중시위 사건이 되었고, 지대를 지급하지 못해 추방된 가족들은 피난처를 제공받았으며, 소작인이 추방된 토지에는 경작 금지령이 붙었고, 연맹 활동으로 인해 재판에 연루된 사람들은 변호를 받았으며, 감옥으로 보내진 자들의 가족들을 보살폈고, 사회적 추방주의(social ostracism)의 섬뜩한 무기인 보이콧(boycott)은 이러한 규약을 위반한 모든 사람들을 향해, 즉 연맹의 궁극적인 제재로서 수행되었다. 소작농들은 처음으로 하나의 계급으로서 지주에 대항하여 용감하게 맞섰다. 소요로 인한 열정이 불가피하게 폭력과 유린으로 분출되었지만, 토지연맹이 그 자체로는 합법적인 조직이었기 때문에 정부는 이를 단순히 통제하는 데 큰 어려움을 겪었다.

이러한 격동의 한가운데 1880년 4월에 열린 총선거에서 디즈레일리의 보수당 행정부가 종말을 고하고 글래드스턴이 다시 권좌로 돌아왔다. 아일랜드 선거에서 토지문제는 논쟁의 초점이 되었다. 파넬은 토지 소요의 지도력으로 얻은 모든 특권과 함께 자신의 첫 번째 선거에서 승리를 거두었고, 의회에서 호전적인 아일랜드당의 수장이 되었다. 글래드스턴은 가장 정력적이고 헌신적인 동지들 중의 한 사람인 윌리엄 에드워드 포스터(William Edward Forster)에게 아일랜드 정부를 위임했는데, 포스터는 아일랜드를 향한 선의와 화해의 정신으로 수석장관직(chief secretaryship)을 수락했다. 하지만 소작농을 위한 보호의 일시적인 조치 — 침해에 대한 보상법 — 로 긴장을 감소시키려는 그의 처음의 의도는 8월 영국 상원의 반대로 좌절되었으

118 1881년 1월 3일 킬데어에서 열린 토지연맹 회합; 마이클 J. 보이턴(Michael J. Boyton)이 '98 곡괭이('98 pike)로 레인스터 공작(Duke of Leinster)의 차용증서를 불태우고 있다. (Illustrated *London News*, 1881년 1월 8일)

며, 그에게는 소작인에 불리한 현재의 토지법을 강행하는 것 이외에 어떠한 대안도 남지 않았다. 그래서 그와 글래드스턴이 새로운 토지 법안(land bill)을 준비하는 동안 토지전쟁은 이전보다 더욱 비참해졌다. 이제 기근의 위험은 지나갔지만 지주는 채무를 이행하지 않은 소작인을 퇴거시키기 위한 노력을 배가했다. 일상법은 효력을 잃게 되었고, 토지연맹은 대항 정부의 기능을 떠맡았는데, 1920년에 조직된 신페인(Sinn Féin) 법정의 선조인 이 법정은 국가 자체의 것보다 더욱 강한 제재를 행사했다. 메이요 주 로크 마스크 하우스(Lough Mask House)의 캡틴 찰스 보이콧(Captain Charles Boycott)이 연맹에 도전한 때는 이러한 토지전쟁이 발생했던 와중이었다. 그는 이렇게 하여 '보이콧'이라는 새로운 영어 단어를 사전에 첨가했다. 1880년 9월 그와 그의 가족은 고립되고 아무런 힘이 없는 상태가 되었다. 그들은 모너언 출신 50명의 지원자로 구성된 오렌지당 노동자의 구제 원정으로 목숨을 건졌고, 강력한 주둔군의 보호를 받았다. 이들의 도움으로 약 350파운드어치의 감자와 그 밖의 곡물들이 10배 이상의 가격으로 수확되었다.

정부는 의회로부터 강압(coercion)이라는 이례적인 권한을 획득하여 구속력을 가지고 엄격하게 적용함으로써 토지연맹의 도전에 대응했다. 다비트는 첫 번째 지도자로 체포되었다(2월 3일). 하지만 이와 동시에 글래드스턴은 새로운 토지 법안을 수행했는데, 이는 '세 가지 에프(F)'에 대한 원칙에 기반을 두었다. 이것은 지주와 소작인의 관계를 변화시켰고, 이중(二重) 소유권의 체계를 도입하기도 했다. 소작인으로 하여금 그들의 보유지에 공정한 지대(地代)를 적용할 수 있도록 특별한 법원이 만들어졌으며, 이러한 사법적 지대는 15년 동안 효력을 지녔다. 소작인을 위한 이 법률의 완전한 가치는 즉각적으로 고맙게 받아들여지지는 않았다. 농민의 소유권과 '세 가지 에프'가 정착에서 유일하게 만족할 만한 원칙이 아님을 주장하는 토지연맹은 소요의 중지를 거부했다. 글래드스턴은 연맹의 중심에 서 있는 지도자들, 파넬, 딜런(Dillon), 오브리언(O'Brien), 브레넌(Brennan), 섹스턴(Sexton)과 케틀(Kettle) 모두를 체포하는 것으로 응수했으며, 궁극적으로 연맹 자체를 억압했다(1881년 10월). 이 운동의 방향은 부수적인 단체인 여성 토지연맹으로 이양되었는데, 다비트가 체포되기 전 조직한 단체로 찰스의 여동생이자 굽히지 않는 성격의 소유자인 안나 파넬(Anna Parnell)에 의해 이어졌다. 하지만 여성들은 소요에서 거친 요인들을 감당할 수 없었다. 어느 누구도 책임을 지지 않으려는 것에 희생되는 아일랜드의 현실은 글래드스턴과 마찬가지로 파넬을 불쾌하게 만들었다. 글래드스턴은 1882년 3월 '킬메이넘 조약(Kilmainham Treaty)'에서 파넬과 평화협정을 맺었는데, 정부는 소작인에게 훨씬 더 큰 양보를 하는 것에 동의했고, 파넬은 소요를 중지하기로 약속했다. 포스터는 그 협정의 찬성을 거부하면서 사퇴했고, 죄수들은 석방되었으며, 강압 체제는 중지되었고, 로드 프레더릭 캐번디시(Lord Frederick Cavendish)는 새롭고 더욱 행복한 시대를 시작하기 위해 수석장관으로서 더블린에 파견되었다. 그러나 5월 6일 그가 도착한 날 그와 정무차관인 버크(T. H. Burke)가 '무적의 사람들(the Invincibles)'이라 불린 비밀 암살집단의 일원에 의해 피닉스 공원에서 살해당했다. 그 행위는 킬메이넘 조약이 제시한 모든 희망을 파괴하는 협박이었다. 이로 인해 새롭고 지독한 강요 법령(Coercion Act)이 뒤따랐지만, 소작인 연체금에 대한 중요한 문제와 관련하여 글래드스턴이 아일랜드인의 기대를 충족시켜주는 것을 막지는 못했고, 파넬과 아일랜드를 향한 글래드스턴의 태도를 근본적으로 변화시키지도 못했다.

토지전쟁은 양 정당의 영국인 정치가들에게 아일랜드의 현존하는 지주 체계가 더 이상 방어적이 아니라는 점을 확신시켜주었다. 글래드스턴의 치유책인 1881년 토지 법안은 점진적으로 토지에 관한 지주들의 관심을 감소시켰다. 시행 후 3년 동안 토지법정에 의해 정해진 공정한 지대(地代)가 거의 평균 20퍼센트 삭감되자, 지주들은 소작농과 함께 토지소유권을 공유하기보다 알맞은 조건으로 소작인에게 팔아치우는 것이 더 낫다고 느끼기 시작했다. 따라서 이중 소유권이라는 농민의 소유권을 위한 방법이 생겨났다. 역사적으로 역설적이게도 바로 보수당 정부가 1885년 애시번 법령(Ashbourne Act)에 의해 국가가 보조하는 토지구매체계를 확립했다. 이 토지구매체계는 특별히 1903년의 윈덤 법령(Wyndham Act)을 비롯한 훗날의 많은 법령에 의해 발전되었고 결국에는 옛 지주제를 폐지하여 아일랜드를 소유자-거주자의 토지로 바꾸고야 말았다. 이것이 '토지연맹의 아버지'인 다비트가 추구한 혁명은 아니었지만 근대 아일랜드 역사에서 가장 위대한 혁명이 되었다. 토지연맹의 위대한 표어인 '대중을 위한 토지'는 오직 하나 — 그들 스스로가 보유 토지의 주인이 되어야 한다 — 다시 말해서 소작농을 의미했다. 하지만 1881년부터 다비트는 그 구호가 민족적 소유권을 의미하는 것으로 정의했다. 1882년부터 그는 이 목표가 토지문제에 대한 유일하고 실질적인 해결책이라고 끊임없이 주창했다.

대기근에서 토지전쟁까지 민족적 독립에 대한 생각은 실제적으로 소작농에게는 거의 아무것도 의미하지 않았다. 하지만 토지전쟁은 단순히 토지 재분배운동(agrarian movement)을 뜻하지는 않았다. 이것은 또한 민족적인 자기주장에 관한 위대한 운동이었다. 파넬과 다비트는 지주제의 해체가 아일랜드에서 영국인 세력의 전복을 가져오리라는 것을 의심하지 않았다. 1880년 10월 14일 골웨이에서 파넬은 특징적인 진술을 했다. "우리의 법적인 독립의 쇄신을 위한 운동을 하는 데 우리가 기초를 쌓고 있다는 것을 내가 몰랐더라면, 나는 이러한 작업을 떠맡을 준비를 본격적으로 하지 않았을 것이다."[3] 농민의 위기가 지나가자마자 파넬은 토지 재분배 운동에서 철수하고 의회 법안을 성취하기 위해 민족운동의 방향을 자치정부 쪽으로 확고하게 돌렸다. 토지연맹은 새로운 조직인 민족연맹으로 대치되었고 의회당의 지배를 받게 되었으며, 효과적인 선거기구로 제공되었다. 정당의 훈련은 완벽해서 전반적인 민족운동은 다음 번 총선거를 위한 준비를 했고 파넬의 지도력으로 더욱 강화되었다. 1885년 11～12월에 실시된 선거는 훨씬 더 중요했는데, 이 선거가 상대적으로 민주주의적인 참정권에 따라 치러지는 것으로서 영국 역사상 최초였기 때문이었다. 그 결과는 영제국에서 자유당의 승리가 되었으며, 아일랜드에서는 압도적으로 파넬에게 승리를 가져다주었다. 선거공약으로 자치정부를 내세운 후보들이 동부 얼스터와 더블린 대학 외부에서 의석을 차지하기 위해 귀환하고 있었다. 글래드스턴에게 이러한 결과는 결정적이었는데, 당 안에서 그는 "한 국가의 고정된 욕망이 분명하고 헌법적으로 표현된"[4] 것으로 인정했다. 1885년 8월 그의 두 번째 정부의 패배 이후, 어떠한 대가를 치르더라도 그가 권력의 부름을 받은 정당한 대의는 바로 자치정부라는 것을 확신했다. 따라서 1886년 1월 그는 아일랜드에 자치권을 주려는 목적으로 세 번째 행정부를 조직했다. 당시 그는 77세의 나이로, 영국 정치사에서 가장 지배적이고 놀랍고도 용감한 인물이 되었다.

1886년 글래드스턴의 자치법안은 제국 의회의 권한을 아일랜드 의회로 이양하는 문제를 심사숙고했는데, 1921년에서 1972년까지 북아일랜드에서 운용된 것과 비교할 만했다. 글래드스턴은 법안의 의도가 아일랜드의 정의를 위해 거대한 역사적 빚을 갚는 것이라고 선언했고, 그러한 정신으로 이것은 원칙적으로 수락되었다. 반면, 일부 세부 사항은 파넬과 그의 정당 그리고 국내와 미국, 오스트레일리아의 아일랜드 민족주의자들에 의해 문제해결을 지연하는 근거로서 비판을 받았다. 이것은 아일랜드를 여러 세기 동안 통치했던 정책에 대한 영국의 거부와 국가 독립이라는 아일랜드의 주장을 영국이 인정한 것과 관련되었다. 또한 이것은 영제국의 다양한 지역과 캐나다에서 독자적인 기관의 성장을 촉진했던 영국의 정치적 수완의 전통을 아일랜드에도 적용하는 것을 의미했다. 하여간 이 법안이 상정되었다는 것은 파넬이 지닌 정치력의 승리였으며, 글래드스턴이 파넬의 본질적인 보수주의를 인식했다는 결정적인 증거였다. 하지만 보수당에서 볼 때 그 법안은 불명예스러운 것이었고, 제국의 통합을 해치는 것이었으며, 아일랜드에 있는 왕당파와 신교도에 대한 배신이었고, 그들이 자치정부에는 적합하지 않다는 것을 표리부동과 범죄로써 증명한 사람들에게는 항복 행위였다. 분리된 입법부 같은, 얼스터 신교도의 이해관계를 위한 특정한 보장 조항이 법안에서 빠진 것은 야당이 논쟁을 걸 수 있는 중요한 구실이 되었다. 글래드스턴은 얼스터 문제를 의식했지만 제안된 아일랜드 입법부에 대해 상원이 사회적 신분과 재산의 유지에 무게가 실릴 소수자의 이해관계를 적절하게 보장할 것이라고 믿었다. 호전적인 오렌지당주의는 민족주의자의 정열적인 주장보다 훨씬 덜 중요했다(파넬의 말에서).

> 우리는 이러한 위대한 실험을 …… 성공적으로 하기 위해 모든 아일랜드인의 에너지, 애국주의, 재능 그리고 노력을 원한다. 우리는 아일랜드에서 모든 강령과 모든 계층을 …… 원한다. 우리는 우리에게 속하지 않은 단 하나의 아일랜드인을 고려할 수 없다.[5)]

보수당의 반대로는 그 법안을 폐기할 수 없었지만, 자유당의 극단적인 양 진영, 우익인 로드 하팅턴(Lord Hartington) 아래의 휘그당과 좌익인 조지프 체임벌린(Joseph Chamberlain) 아래의 급진파 간의 이반으로 반대 의견이 결정적으로 증가했다. 귀족적인 휘그당의 반란은 아일랜드 문제뿐만 아니라 사회 및 제국 정책에 관한 차이 때문에 미리 예정된 것이었다. 하지만 급진파의 결정은, 만약 글래드스턴이 체임벌린을 다르게 다루었더라면, 생각하건대 회피되었을지도 몰랐다. 체임벌린은 당의 지도자로서 글래드스턴을 승계하여 사회개혁의 선두주자가 되기를 열망했던 사람이었다. 법안은 30표 차이로 폐기되었다. 만약 하원에서 통과되었더라도 물론 상원의원들이 기각했을 것이다. 하지만 그러한 경우라면 글래드스턴이

1886년 총선거 때 투쟁했던 상황보다 훨씬 더 우호적인 상황에서 국가에 대한 호소가 이루어질 수 있었을 것이다. 1886년 영국에서는 처음으로 자치문제를 총선거로 결정했다. 이것은 글래드스턴에게 엄청난 패배를 안겨주었는데, 그는 용기를 가지고 투쟁을 포기하지 않는다는 생각으로 그 패배를 받아들였다.

자치를 수행하기 위한 1886년의 시도는 성공적이지 못했지만, 영국-아일랜드 관계에서 이정표가 되었다. 이것은 상상력을 사로잡았고 어느 곳에서든지 아일랜드인의 칭송을 얻었다. 이는 자치에 대해 자유당의 대다수를 연루시켰으며, 그래서 아일랜드와 영국 정치의 상황을 근본적으로 바꾸어놓았다. 민족주의 아일랜드는 집단적으로 영국을 더 이상 민족의 적으로서 간주할 수 없었고, 아일랜드인은 1880년부터 그래왔듯 영국 의회에서 이질적인 '제3의 힘(third force)'으로 간주될 수 없었다. 하지만 자유당의 내분은 수습이 불가능한 것으로 드러났다. 다음 20여 년 동안 자유당은 단 한 번 정권을 차지했는데, 겨우 3년 동안(1892~1895)이었다. 하지만 그것은 1886년에는 알 수 없었으며, 글래드스턴은 자신의 정치 생명이 다할 때(1894년)까지 계속해서 자치를 위해 투쟁했다. 그는 전향자를 확보하는 데에서 주목할 만한 개선을 이루었다는 합당한 이유에서, 다음 번 총선거가 1892년(이때 치러졌다)이 아닌 1890년 여름에 치러졌더라면 보란 듯이 다수표를 얻었을 것이라고 믿었다. 그의 노력은 파넬주의(the parnellites)의 명성을 파괴하려는 ≪타임스(Times)≫의 엄청난 실패로 지지를 받게 되었는데, ≪타임스≫는 자유당이 토지전쟁 기간과 그 이후에 침범과 살인을 공모했다는 오명을 씌웠다. ≪타임스≫의 책임을 조사하기 위한 세 명의 대법원 판사들로 구성된 특별위원회는 그 근거가 된 편지들이 변절한 민족주의자 리처드 피고트(Richard Pigott)에 의해 위조되었음을 알아냈다. 판사들의 보고서는 영국의 감정을 파넬에게 호의적으로 급변하도록 했지만, 1년이 되지 않아 이러한 모든 이득은 자치당(home rule party)의 전 멤버인 W. H. 오쉬아(W. H. O'Shea)의 부인과 파넬의 간통이 이혼법정에서 폭로(1890년 11월)되면서 일소되었다.

오쉬아 재판에 대한 영국 비국교도의 즉각적인 여론은 파넬이 계속하여 아일랜

119 1886년 4월 8일 영국 하원에서 자치법안을 소개하는 글래드스턴 (Illustrated *London News*, 1886년 4월 17일)

드 정당을 이끄는 것에 대해 극단적인 적대감으로 나타났다. 영국 여론의 어떠한 당파도 비국교도만큼 자치를 위한 글래드스턴의 성전(聖戰)을 커다란 도덕적 문제로 다루어 그렇게 격렬하게 반응하지 않았으며, 특히 휘그당원의 탈퇴 이래 어느 당원도 비국교도들보다 자유당의 존립에 절대로 중요하지 않았다. 따라서 자유당은 새롭고 파괴적인 분열 위협을 받게 되었다. 글래드스턴이 파넬에게 일시적으로 권력에서 물러나도록 요구한 것은 파넬에 관한 어떠한 도덕적 평가가 아니라 이러한 정치적인 이유 때문이었다. 퇴진을 사납게 거절한 파넬은 주로 그가 창립했던 정당 내에서 맹렬하고 부도덕한 분열을 만들어냈다. 1년 후 그가 죽을 때까지(1891년 10월 6일), 자신의 권력을 위해 여전히 필사적으로 싸웠고, 이 분열은 1900년이 될 때까지 끝이 나지 않았다. 그럼에도 글래드스턴은 자치 문제 논란에 관해 확고한 자유당의 입장을 고수하는 데 성공했으며, 1892년 총선거로 자유당이 다수석을 차지했을 때, 자치를 수행하기 위한 노력을 쇄신하여 그의 네 번째이자 마지막 행정부를 수립했다. 그의 두 번째 자치법안(1893년)은 하원을 통과했지만, 상원에서 압도적인 표 차로 폐기되었다. 당시 그는 84세였다.

파넬의 몰락으로 아일랜드당은 어느 누구도 대신할 수 없는 천재적인 지도자를 잃었으며, 이는 영국 대중 사이에서 자치라는 대의를 심하게 손상시켰다. 이것은 모든 것을 훨씬 더 비극적으로 만들었는데, 생애 최고의 위기에서 파넬은 여태껏 자신의 모든 정치 행위를 좌우했던 준엄한 현실주의를 단념했고, 자신의 열정과 자부심이 자신을 압도하도록 내버려두었다. 일시적인 사퇴조차 고려하기를 거부한 파넬은 자신의 정당 내 대다수에게 몹시 고통스런 결정을 강요했다.

하지만 정치가로서 파넬의 성취는, 그의 몰락으로 손상되긴 했지만, 많은 것을 이루어냈으며 지금까지도 뚜렷하게 남아 있다. 그는 영국 국민들에게 아일랜드의 주장을 어떤 아일랜드 지도자보다 호소력 있게 성공적으로 전달했으며, 그가 영국으로부터 기꺼이 수락 받고자 했던 자치정부가 가진 실질적인 한계가 아니라 자주 독립 국가를 요구하는 아일랜드의 목소리에 담은 빛나는 저항정신으로 올바르게 기억되고 있다. 10년이라는 중요한 기간 동안 파넬의 탁월한 지도력은 독립을 위한 투쟁에서 마지막 단계를 위한 길을 준비하는 결과를 만들어냈다.

19

파넬에서 피어스의 시대로(1891~1921)

FROM PARNELL TO PEARSE(1891-1921)

파넬의 죽음 이후 1921년 영국-아일랜드 조약(Anglo-Irish treaty)의 체결까지 30년간은 찬연히 빛났던 시기였고, 동시에 아일랜드 역사에서 그 어느 시대보다 더 큰 실망감을 가져다준 의문투성이의 시기이기도 했다. 이 기간 초 아일랜드인들은 자국이 영제국의 일부분으로 남아 영국의 제도와 영어 사용에 만족하는 듯이 보였다. 의회에서 국민적 요구는 국내 정세를 통제하는 제한된 조처와 소작농이 그들이 일했던 토지의 주인이 되도록 하는 토지체계에 대한 개혁의 계승 이외에는 더 이상 발전해 나가지 못했다. 하지만 1921년 영국과의 관계를 확실하게 끊고 나서 정치·경제·문화 면에서 좀 더 뚜렷하고 분리된 국가 존재를 위한 요구들이 있었다. 한 세대의 사고방식에서 일어났던 변화를 이제 해명해보자.

1891년 파넬은 사망했다. 그의 위대한 지도력으로 연합되어 민족운동을 통해 계속 단결해가던 힘은 분열되어 떨어져 나갔고, 그 결과 10년 동안은 정치적 분단과 함께 비효율적인 시기가 되었다. 파넬주의적 분열이라는 쓰라린 시기는 파넬이 이루었던 영광스러운 시대와 뚜렷한 대조를 보였다. 낭만적인 영웅인 파넬이 몰락하자 젊은이들은 자치를 위한 정당정치에서 후퇴함으로써 다른 활동들을 통해 자신들의 꿈을 형성했다. 1890년대 타락한 정치적 말다툼에 질려 이를 외면하려는 작은 동인들이 생겨나 스스로를 위해 민족주의적인 젊은이의 국가〔치르 나노그(Tír-na-nÓg)〕로 분리된 작은 꿈의 세계를 수없이 건설했는데, 여기서 시(詩)는 정치 이상의 어떤 것을 의미했고, 꿈은 투표보다 훨씬 더 큰 것을 의미했다.

이른바 영국-아일랜드 문예부흥(Anglo-Irish literary revival)이라 불린 비정치적 운동 중의 하나가 시인인 윌리엄 버틀러 예이츠(William Butler Yeats)에 의해 주도되었다. 예이츠의 통찰력은 시인과 극작가 및 작가들이 물질세계와는 별개로 아일랜드인의 지적인 욕구를 충족시켜줄 것이라는 것에서 출발했다. 그들은 문학과 같은 지적인 삶이 존재하지 않고는 자신들의 국적을 오랫동안 보전할 수 없다고 논평했다. 예이츠는 최상의 미학적 특성이 되는 민족문학을 만드는 사람들에 대한 꿈을 꾸었다. 이러한 운동을 통해 그는 문학적 재능을 지닌 많은 사람들의 지지를 받았는데, 그들은 레이디 그레고리(Lady Gregory), 조지 러셀(George Russell), 더글러스 하이드(Douglas Hyde), T. W. 롤스턴(T. W. Rolleston), 스탠디시 오그래디(Standish O'Grady), J. M. 싱(J. M. Synge), 조지 무어(George Moore), 제임스 스티븐스(James Stephens) 같은 시인들이었다. 그들은 아일랜드의 고대 전설과 역사를 부활시켜 이를 낭만적으로 각색했다. 영웅적 공훈으로 유명한 전설적인 쿠 훌란을 새로운 아일랜드 영웅의 이미지로 보급하고, 자치 주창자의 본보기가 되는 그래튼이나 오코넬을 산문체로 만들어 그 고대 영웅을 대신해 유포시켰다. 문예부흥주의자는 아일랜드를 불쌍한 노파로 묘사했는데, 남자들이 쿠 훌란처럼 기사다울 때 그리고 조국을 위해 죽을 가치가 있다고 생각할 때만이 노파는 한 번 더 여왕이 될 것이라고 했다. 이러한 생각은 예이츠에 의해 『캐슬린 니 훌리한(Cathleen Ní Houlihan)』으로 극화되었다.

그들이 나를 도와주기 위해 하는 일은 힘든 봉사다. 지금 빨갛게 된 뺨을 가진 많은 사

120 더글러스 하이드, 사라 퍼저(Sarah Purser), R. H. A. (아일랜드 국립미술관)

121 이언 맥닐 (Cashman Collection, Radio Telefís Éireann)

람들은 창백한 뺨으로 변하게 될 것이고, 언덕과 습지와 골풀을 자유롭게 걸었던 많은 사람들이 머나 먼 나라로 보내져 그들 나라의 어려운 길을 걷게 될 것이며, 많은 좋은 계획이 무산될 것이며, 돈을 모은 많은 사람들은 자신들의 돈을 소비하려고 이곳에 머무르지 않을 것이며, 앞으로 계속해서 어린이가 태어날 텐데, 이들을 위해 이름을 지어주거나 세례를 주기 위한 사제들도 존재하지 않을 것이다. 붉은 뺨을 가진 사람들은 나를 위해 창백한 뺨을 가지게 될 것이다. 그들이 좋은 보답을 받고 있다고 생각한다 하더라도,

그들은 영원히 기억될 것이며
그들은 영원히 살아 있어야 하며
그들은 영원히 이야기될 것이며
사람들은 영원히 그들에 대해 들을 것이다.[1]

민족주의적이면서 분리주의적인 성향의 예이츠나 그의 동료들의 영향력은 심오

했지만, 그 영향력은 동료 시인들만으로 국한되었다. 하지만 게일연맹(Gael League)은 문예부흥에서 결여되어 있던 대중적인 호소를 보충해주었다. 1893년 더글러스 하이드와 이언 맥닐(Eoin MacNeill)이 창설한 게일연맹은 꿈을 지니고 있었는데, 그 꿈이란 아일랜드어를 여전히 사용하고 있는 지역에서 그 언어가 소멸하지 않게 하고, 아일랜드어를 자국에서 사용하는 상용 언어로 회복시키는 것이었다. 하이드는 아일랜드인이 자국의 언어와 관습을 포기한 분리된 나라로 아일랜드인에 대한 세계의 인식을 유지했던 최상의 요구를 헛되게 했다고 언급했다. 따라서 아일랜드인의 현 세대가 직면하고 있는 과제는 분리된 아일랜드라는 현실에서 문화국가의 재창조에 있으며, 이것은 하이드가 일컬은 이른바 '탈영국화(de-anglicisation)'라는 것으로 성취될 수 있다는 것이다. 탈영국화란 언어, 문학, 음악, 스포츠 게임, 의상과 사고에서 영국적인 것의 모방을 거부하는 것이었다. 하이드는 게일 스포츠협회(GAA)가 민족적 게임을 부활시키기 위해 5년 동안 했던 실용적인 조치들이 지난 60년 동안 진행해왔던 아일랜드를 위한 회담들보다 훨씬 더 좋은 일이었다고 주장했다. 모런(D. P. Moran)은 정력적으로 하이드의 주장을 발전시켰다. 큰 영향력을 지닌 그의 신문인 ≪리더(Leader)≫를 통해 매주 현재의 사건에 대해 쓴 좋은 글과 신랄한 비평으로 그가 아일랜드적인 아일랜드 철학이라 일컬은 것을 가차 없이 홍보했다.

하이드와 모런 같은 홍보 담당자와 맥닐과 피어스(Pearse) 같은 일꾼, 그리고 오그로우니(O'Growney), 디닌(Dinneen)과 피더(An t-Athair Peadar) 같은 작가가 함께 협력한 게일연맹은 대중적 상상력을 사로잡았다. 게일연맹은 언어, 역사와 전통무용 교실, 드라마 공연집단, 지역축제(feiseanna)와 연례행사인 축제와 경연(oireachtas), 민족회의(ard-fheis)와 함께 성인교육 겸 여흥운동으로서 훌륭한 잠재력을 보여주었다. 연맹은 단순히 언어나 문학을 위한 조직 이상의 것이 되었다. 이것은 민족적 자신감과 자존심을 고무시켰고, 서구-브리튼주의와 추종주의(shoneenism) 같은 모든 형태에 반해 캠페인을 벌였다. 게일연맹은 조직이 잘되어 나라 전역에 걸쳐 압박집단이 되었는데, 이들이 성취한 것은 아일랜드인들에게 교육의 모든 부문에 걸출한 자리를 마련해준 것이다. 그 예로 성 패트릭 축제일에는 펍(pub)이 문을 닫았고, 축제일은 국경일로 바뀌었으며, 산업적 퍼레이드를 조직하여 도와줌으로써 내수산업을 촉진시켰다.

122 이건 오그로우니 (Leabhar an t-Athair Eoghan: The O'Growney Memorial Volume, 1904)

게일연맹은 일부 합병주의자들에게도 호소력을 지녔다. 가령 호레이스 플런켓(Horace Plunkett)은 당시 아일랜드 농업협동조합 운동을 조직하는 데 바빴던 사람으로, 1903년 600개던 연맹지부가 불과 몇 년 사이에 세 배로 늘어났고, 1년 내에 아일랜드어가 1,300개의 국립학교에 도입되었으며, 글을 읽지 못했던 나라에서 출판물의 판매가 1년 동안 25만 부에 달했고, 자발적인 기부금으로 모아진 행정비가 1년에 약 6,000파운드였으며, 이를 위해 약 22명의 정규직을 고용하고 있다는 사실에 깊은 인상을 받았다. 플런켓은 게일연맹이 아일랜드인 삶의 모든 부분에 걸쳐 활기를 북돋아주고 있으며, 국민들의 지적·사회적 및 도덕적 개선을 보완해주고 있다고 적었다.

게일연맹은 비정치적인 운동이라고 주장했지만, 분리된 민족의 통일체로서 아일랜드의 인식에 대해 최선의 논의를 제공했다. 게일연맹은 다른 어떤 운동보다 아일랜드에 당시 유럽에서 강력하게 운용되고 있던 새로운 모습의 민족주의 발전을 위한 분위기를 제공했다. 이러한 신민족주의 원칙에 따르면, 뚜렷한 문화민족이 존재하는 곳에는 정치적으로 독립한 국가가 일어나야 한다. 게일연맹은 아일랜드가 문화민족이었음을 제시했고, 이로써 아일랜드가 하나의 민족-국가(nation-state) 자격이 있다고 주장했다.

게일연맹의 철학이 다양하게 영향을 준 정치집단으로는 신페인(Sinn Féin)과 아일랜드공화국형제단(IRB) 및 코널리(Connolly)의 사회주의 운동이 있다. 신페인은 아서 그리피스(Arthur Griffith)에게 영감을 받았는데, 그는 많은 더블린 사람들처럼 파넬에 대한 기억에 완고한 충성심을 가지고 있었다. 예이츠와 하이드 및 다른 동지들의 경우에서처럼 그리피스 역시 자치에 대해 후기 파넬주의적인 정치를 거부했다. 그리피스는 1899년 창간한 이래 편집을 맡았던 신문인 ≪연합아일랜드인(United Irishmen)≫에서 처음으로 자신의 심오한 정책을 제의했다. 이 정책은 파넬의 의사방해 책략의 확장과 토지연맹의 보이콧의 적응 또한 게일체육협회의 외국 스포츠 게임에 대한 금지, 탈영국화라는 게일연맹의 정책 등 정치적 상황에까지 이르렀다. 그리피스가 쓴 기사는 모아져 1904년 『헝가리의 봉기(The Resurrection of Hungary)』란 표제하에 팸플릿 형태로 출간되었다.

신페인 정책의 커다란 매력은 — '우리들 스스로(Sinn Féin)'란 뜻 그대로 — 논리에 대한 단순함이었다. 자치당의 지도자들이 그랬던 것처럼, 그리피스는 1800년의 합병법이 비합법적이었다는 견해를 유지했다. 따라서 1800년 이후 웨스트민스터 의회에 참석했던 아일랜드 의원들은 비합법적으로 참여했고 범죄를 영구화하는 것을 도왔다는 결론을 이끌어냈다. 그는 의원들이 제국주의 의회에서 탈퇴하여 아일랜드 주자치 의회와 지역당국에서 선출된 대표자들과 함께 아일랜드 정부를 인수할 300개 지방의회를 설립하여 정치경제적으로 자급자족할 수 있는 정책을 펴야 한다고 역설했다. 이것이 바로 헝가리인이 오스트리아로부터 독립을 쟁취한 정책이었다는 것이다.

종종 그리피스 자신이 분리주의자라는 사실과, 적어도 그가 자신의 정책을 처음으로 구성했을 때는 얼마 동안 아일랜드공화국형제단의 성원이었다는 점이 간과되었다. 그는 아일랜드와 잉글랜드 사이의 개인적인 유대관계로서 영국 왕과 함께 그래튼 의회의 헌법적 지위로 돌아가야 한다고 제안했는데, 그 이유는 그러한 상황에서 이원군주제 원칙이 아일랜드에서 훨씬 더 포괄적인 지지를 얻을 것이라고 생각했기 때문이었다. 그리피스의 정책은 던가넌 클럽(Dungannon Club)을 창설했던 벨파스트 공화주의자를 위시하여 1900년과 1903년 왕족방문에 대한 반대를 이끌어냈던 게일협회(Cumann na nGael)와 민족평의회(National Council) 및 마우드 고네(Maud Gonne)의 아일랜드의 딸들이라고 불린 잉이니에 나 에이런(Inghinidhe na hEirenn)과 같은 분리주의 협회의 일원에게는 매력을 지녔다. 이들 단체 회원들은

1908년부터 신페인이 조직된 시기까지 함께 통합되었다.

신페인은 지역선거에서 성공을 거두자 주간지를 펴내기 시작했다. 하지만 케틀(T. M. Kettle)과 같은 젊은 지성인 자치주의자가 그리피스의 정책을 “한 세대를 통해 아일랜드 정치에 기여한 가장 광범위한 사고”[2]라고 기술은 했지만, 신페인은 자치 지지자로부터 거의 공감을 얻어내지 못했다. 그럼에도 신페인은 1908년 아일랜드당과 함께 정신력 시험에 연루되기에 충분한 자부심을 느꼈다. 젊은 자치주의자로 북리이트림 출신 의원인 찰스 J. 돌런(Charles J. Dolan)은 의석에서 사퇴하고 재선거를 위해 신페인 후보자로 나섰지만 의회당이 2 대 1로 의석을 차지했다. 자치를 위한 전망이 밝아지고 있을 때, 그 기간에 행해진 투표에서 의회당에 필적할 만한 당은 없었지만, 신페인은 의회정치에 계속해서 대안을 제공했다.

신페인과 아일랜드공화국형제단(IRB) 간에는 둘 다 분리주의자 성향에 기반을 둔 친근함이 있었고, 개인적인 동지애로 확고한 관계를 유지했다. 두 조직 간의 큰 차이점은 신페인이 수동적인 입장에서 이원군주제를 목표로 하는 저항정책을 펼침으로써 대다수 아일랜드인을 포섭하기 위해 충분히 넓은 망을 던졌다면, IRB는 물리적 힘으로 아일랜드 공화국을 확립하려는 계획을 세웠다는 점이다. 파넬주의적 분열 이후에 소수의 성원으로 유지되었던 IRB는 자체 내에서 내적인 분열로 고통을 받았고, 그 상황에서 실행 가능한 반란과 같은 것은 고려하지 않았다. 하지만 그들 이전에 존 미첼(John Mitchell) 같은 IRB의 성원들은 잉글랜드가 연루되어 아일랜드에 기회를 제공하는 전쟁의 발발을 꿈꾸었다.

> 미첼의 기도를 들었던 그대여,
> ‘주님이여, 우리 시대에 전쟁을 내보내소서!’[3]

유럽에서는 두 종류 무장 진영의 성장과 서로에게 영향을 미치는 하나의 외교적 위기가 밀어닥침으로써 전쟁의 가능성이 증폭되었다. 15년 6개월 동안의 감금에도 기가 꺾이거나 굴하지 않았던 페니어회 정신과 함께 머릿속에 잉글랜드인을 내쫓는다는 단 하나의 생각을 가지고 있는 나약하고 작은 남자가 전면전이라는 기대를 지닌 채 의기양양해 있었다. 미국으로 추방된 톰 클라크(Tom Clarke)가 아일랜드가 이 기회를 잡기 위해 준비해야 한다는 것을 확신시키기 위해 돌아왔다. 파넬가(街)에 있는 그의 작은 가게는 활동의 근거지가 되었고, 그의 가까운 친구인 잘생긴 숀 마흐크 지아마다(Seán Mac Diarmada)는 활기를 되찾은 IRB 내에 핵심적인 참모가 되었는데, 숀은 그때 신페인에서 봉급을 받는 조직원이었다.

1910년경 IRB는 ≪아일랜드인의 자유(Irish Freedom)≫란 신문을 출간하고 있었고, 이를 마흐크 지아마다가 운영했으며 홉슨(Hobson)이 편집인이 되었는데, 이 신문의 발행 목적은 울프 톤의 구호인 "잉글랜드와의 고리를 끊기 위해"서였다. 피어스가 언급했듯이, 피어스 자신과 맥도너(MacDonagh), 플런켓(Plunkett)과 캔트(Ceannt)처럼 게일연맹에서 훈련을 쌓고 있던 열렬한 젊은 민족주의자들은 곧바로 IRB 속으로 끌려들어갔다.

IRB로부터 독립한 단체로서 또 다른 소집단인 노동조합과 사회주의자들은 다소 다른 종류의 혁명을 꿈꾸고 있었다. 1880년대의 토지전쟁 이래 아일랜드의 토지소유권에서 혁명이 발생하는 것이었다. 왜냐하면 토지전쟁의 영향 중 하나로 상승일로의 합병주의 지주들 대부분이 가톨릭교도와 민족주의자인 소작농 지주로 대치되었기 때문이다. 토지문제의 정착은 개선된 물질적 조건과 함께 농민계층을 꽤나 잘 충족시켜주었다. 1911년, 지난 11년간에 걸쳐 '뚜렷한 물질적인 개선'이 있었다는 당시의 견해에도 불구하고, 더블린은 유럽에서 가장 부족한 식량섭취, 최악의 주택난, 최저임금을 받는 주민이 있는 지역 중 하나가 되었다. 2만 1,000세대 가족들이 한 칸의 셋방에서 함께 살았다. 1,000명당 27.6명이 태어났지만 유럽의 다른 어떤 도시보다 사망률이 높았다(더블린에 이어 모스크바가 두 번째). 피어스는 ≪아일랜드인의 자유≫(1913년 10월)에 다음과 같이 기고했다.

> 나는 더블린에 있는 1/3의 주민이 식량을 불충분하게 섭취하고, 아일랜드 초등학교에 다니는 어린이들의 절반이 영양실조라고 본다 ……. 더블린에는 2만 명의 가족이 있

> 는데, 그들의 가사 내 경제는 우유와 버터 이외에는 거의 알려지지 않았다고 생각한다. 우유를 타지 않은 차와 마른 빵이 그들의 기본적인 식품이다. 더블린에는 겨울의 가장 추운 날씨에도 불이 없는 수천 개의 벽난로가 있다.[4)]

마르크스와 엥겔스 및 레닌은 각자 아일랜드에 대해 면밀한 관찰을 했는데, 현존하는 사회질서를 전복하는 사회주의 혁명이 세상에 도래할 때, 아일랜드에서 그 불꽃이 튈 수도 있다는 사실을 시사했다. 1913년 더블린 사태는 유럽의 사회주의자 간에 이러한 신념을 조장했다.

불같은 성격의 짐 라킨(Jim Larkin)은 좀 더 지적인 제임스 코널리(James Connolly)의 지원을 받아 노동자계급의 환경을 개선하기 위해 아일랜드운송과 총노동자조합(Irish Transport and General Workers' Union)을 조직했다. 1913년 8월 라킨과 고용주의 대표인 윌리엄 마틴 머피(William Martin Murphy) 간에 대결이 시작되었다. 머피는 연맹에 들어가도록 약 400명의 고용주들을 조직해서 라킨 조합의 성원이 된 노동자를 내쫓았다. 9월 말경에는 2만 4,000명이 내쫓겼다. 8개월에 걸친 이 투쟁은 후에 더욱 더 치열해졌다. 더블린에서는 대집회와 경찰의 단속으로 수많은 부상자와 여러 명의 죽음, 폭동, 체포, 투옥이 발생했고, 잉글랜드의 동지에게서 온 식량을 실은 배와 연대 파업으로 막을 내렸다.

어느 측도 승리하지 못했지만, 그 결과는 원대한 것이었다. 일깨워진 투쟁정신은 혁명적 분위기를 증대시키는 데 중요한 역할을 했다. 시위대들을 보호하기 위해 구성된 시민군대(Citizen Army)는 노동분쟁이 진정된 이후에도 계속해서 존재했는데, 이는 1916년 봉기에서 중요한 역할을 하게 된다. 1896년으로 거슬러 올라가 코널리는 아일랜드사회주의공화당(Irish Socialist Republican Party)을 창설했는데, 자신은 사회주의자로서 뿐만 아니라 민족주의자로서도 평생을 보냈다. 1913년 사회주의자인 코널리는 영국의 노동자 계층에게 더블린에 있는 그들의 형제들과 유대감을 보이면서 총체적이고 연대적인 파업을 일으키도록 요구했다. 하지만 이것이 실현될 수 있다는 일부 징후들이 있은 후에 코널리는 실망했다. 그는 미래를 위해 아일

123 1914년 퍼레이드 중인 시민군대 (Keogh Bros., Dublin)

랜드 노동자 스스로에 의한 공화국 수립에 더욱 더 믿음을 가졌다. 그는 "노동의 대의는 아일랜드의 대의이며, 아일랜드의 대의는 노동의 대의"[5]라고 썼다. 이 외에 톰 클라크와 피어스 및 ≪아일랜드인의 자유≫는 1913년 라킨을 후원해주었고, 그리하여 노동운동과 공화국 사람들 사이의 공감대가 증대되었다.

여기서 역동적인 소집단의 성원인 문예운동, 게일연맹, 게일체육협회, 아일랜드인의 아일랜드, 신페인, IRB와 노동자 운동은 각기 선거나 의회적 성공에 대해 그리 큰 관심을 보이지는 않았지만, 한 세대의 정신에 들어 있는 효소로서 다 함께 행동했고 어느 정도 사회적·문화적 또는 정치적 이상을 위해 전념했다. 1891년과 1921년 사이 아일랜드의 정신적 분위기에 변화를 가져다주고 있었던 것은 서로에게 영향을 준 이들이 가진 힘의 상호작용이었다.

1913년 톤의 장례식과 1915년 오도노번 로사의 장례식에 참석했던 피어스는 당시에 개별적으로 발생했던 문화적·정치적 분리주의 전통의 종합에 대해 좋은 예를 보여준다. 장례식에서 피어스는 1915년 아일랜드 의용군의 유니폼을 입고 IRB의 일원으로서 아일랜드 공화주의자의 아버지인 톤과 '완고한 페니어회주의자'인 로사를 기념하기 위해 연설했다. 로사에 대한 그의 개회사는 아일랜드어로 행해졌

124 1915년 8월 1일 글라스네빈(Glasnevin), 오도노번 로사의 장례식 (Cashman Collection, R. T. É.)

는데, 게일연맹에 대해 "일찍이 아일랜드에서 존재한 가장 혁명적인 영향력이다"라고 말함으로써 자신이 받은 충격을 보여주었다. 톤의 장례식에서 행한 연설에서 아일랜드를 위한 즐거운 행로에서 등을 돌리는 영웅들의 슬픈 운명에 대해 말할 때, 그는 예이츠가 연극에서 캐흘린 니 훌리한이 젊은이에게 모든 일을 당당하게 그만 두고 역사의 가시밭길로 그녀를 따르라고 유혹했을 때 그녀가 했던 말들이나, 스탠디시 오그래디의 책에서 낭만적인 언어로 쓰인 것처럼 북부 지역의 협곡을 방어하는 쿠 훌란의 입에서 나왔을지 모르는 말들을 잘 바꾸어서 설명했다. 피어스는 노동운동의 지도자인 코널리의 찬성을 얻을 것이라는 이유로 톤과 로사를 찬미했는데, 이들 무덤 곁을 통해 흐르는 연설은 신페인주의의 도전적이고 자기신뢰적인 의사표명이었다. 따라서 문예부흥, 게일연맹, IRB, 신페인, 아일랜드 의용군과 코널리의 사회주의적 공화주의자의 이상은 피어스가 제시했던 한 세대의 심리학적 구성의 일부분이 되었다.

하지만 정치 표면에서 이제껏 가장 크게 소음을 낸 것은 자치문제였다. 글래드스턴 체제하의 자유당은 1886년과 1893년에 자치법안을 상정했지만 패배했다. 공직으로 지반을 굳힌 합병주의자들과 아일랜드의회당이 결별함에 따라 자유당이 권력에 복귀하여 자치에 대한 전망이 밝아질 때인 1906년이 되어서야 비로소 자치문제가 다시 논의되기 시작했다. 한편으로 1900년 이후 레드먼드(Redmond) 체제하에서 재통합된 아일랜드당은 파넬 시대에 아일랜드 선거구로부터 받았던 큰 지지와 존경을 되찾았다. 게다가 지주들이 중심이 된 대배심원(grand juries)에서 대중투표로 선출된 단체인 주 의회와 지방 및 도시의 구(區) 자치의회까지 그 지역 정세에 대한 감독권을 이전시켰던 1898년 주 정부의 개혁은 민족주의자들로 하여금 아일랜드 의회에 적용하기를 고대했던 지역 자치정부에 대한 경험을 얻게 했다.

자유당 정부가 아일랜드당의 지지에 의존했던 1910년의 총선은 자치문제를 좀 더 가까이 가져다주었다. 지난 40년간 자치는 아일랜드에서 대다수 민족주의자들에게 희망과 염원을 구현했다. 아일랜드당은 지난 40년간 아일랜드에서 행해진 거의 모든 중요한 개혁이 당의 노력에서 나왔다는 정당성을 주장할 수 있었다. 그리고 이 기간 동안 아일랜드 국민들은 의회당을 전적으로 지지하고 있었다. 북리이트림 보궐선거에서 패배한 이후 신페인의 운명적인 몰락은 자치에 대해 크게 개선된 전망과 의회당이 아일랜드를 위해 국내 의회의 주요 목적을 성취하는 쪽으로 얼마나 가깝게 갔느냐 하는 오직 한 가지 징후에 불과했다. 1911년 어스킨 차일더스(Erskine Childers)는 자신의 책 『자치의 구조(The Framework of Home Rule)』에서 "만약 신페인의 대안이 어떠한 것을 의미한다면, 이것은 아일랜드가 원하지 않는 완전한 분리와 헌법 방식의 최종적인 포기를 의미한다"[6]라고 썼다.

1912년 피어스는 삭크빌가(Sackville Street)에서 자치강령을 토로했다. 같은 해 자치법안이 하원을 통과했는데, 이전 해의 의회법안 때문에 상원은 1914년 이후로 이 법안의 실시를 연기할 수 없었다. 하지만 그러던 중에 합병주의자들은 자치에 대해 완고한 얼스터인이 반감을 가지고 있다는 사실을 근거로 전략을 짬으로서 폭력적 선동을 개시했다.

125 훈련 중인 국민 의용군, 1913년
(Cashman Collection, R. T. É.)

더블린에서 성공한 법률가인 에드워드 카슨(Edward Carson)도 보수당 지도자들의 원조를 받아 선동을 조장했는데, 그는 상당한 기술과 용기로 자치에 대한 반대를 이끌었다. 21만 8,000명은 자치법안을 폐지시키기 위해 필요한 '모든 수단'을 사용하기로 서약했다. 얼스터 의용군(Ulster Volunteers)이 설립(1913년 1월)되어 독일로부터 밀반입한 총포 화약으로 무장했으며, 자치가 법으로 되던 그날 얼스터를 통제하기 위해 임시정부가 설립되었다(1913년 9월). 카슨이 선언하기를,

> 이것이 불법이 될 것이라고 하더라. 물론 이것은 불법일 것이다. 훈련도 불법이다 ……. 의용군도 불법으로 정부는 그들이 불법임을 알고 있지만, 그들을 감히 참견하지 않을 것이다 ……. 비합법적인 것을 두려워하지 말라.[7]

오렌지회 당원은 어떤 일을 하든지 간에 영국 보수당이 자신들을 정식으로 후원해줄 것이라고 확신했으며, 보수당 지도자인 보나르 로(Bonar Law)는 자신의 지지와 압도적인 다수 영국인들의 지지를 받지 못할 때, 얼스터가 들고 일어날 수 있는 저항의 한도를 상상할 수 없을 것이라고 이미 공식적으로 선언한 바 있었다.

자치는 난관에 봉착했다. 영국 총리인 애스퀴스(Asquith)와 그의 아일랜드 연합인 레드먼드는 이것이 카슨과 그의 지지자들로부터 순교자를 만드는 극도로 현명치 못한 것이라고 생각했다. 애스퀴스는 단순히 기다리는 것만으로 합병주의자들의 헌법에 위배되는 어릿광대짓 때문에 그들 스스로가 정치적으로 '손상'을 받게 된다는 것을 계산했다. 글래드스턴이 헌신한 것만큼 하지 못했던 애스퀴스와 파넬의 생각에 미치지 못했던 레드먼드는 그들이 의회 대다수의 지지를 받아 승리할 수 있다는 기반에서 자치를 위해 투쟁하기로 결정했다. 그 후 카슨의 고집과 맞선 애스퀴스는 자신의 동료 의원인 레드먼드를 지위에서 물러나도록 설득했는데, 이는 전 아일랜드를 위한 조치였으므로 레드먼드는 한 걸음 뒤로 물러서서 '평화의 대가로서' 하는 수 없이 이를 수락했다.

반면에 활동무대에서 핵심을 벗어난 목소리는 자치에 대한 망설임 때문에 더 큰 비판이 가해졌다. ≪아일랜드인의 자유≫는 카슨이 중심적인 지주를 가진 유일한 아일랜드 의원임을 선언했다. 그가 얼스터에서 성취했던 것을 모방하여 더블린에서도 아일랜드 의용군이 창설되었다(1913년 11월).

1914년 제1차 세계대전의 발발로 자치 문제가 뒷전으로 밀렸지만, 지난 몇 년에 걸쳐 일어났던 열기는 쉽사리 꺼지지 않았다. 1914년 아일랜드는 다섯 개 정도의 군대를 가지고 있었다. 첫 번째 것은 정식 군대로 쿠라 '폭동'(Curragh 'mutiny')이 보여주었듯이 아일랜드 모두를 위한 자치의 정착을 실현할 수 없었다. 그 다음 얼스터 의용군, 아일랜드 의용군, 시민군대와 IRB와 같은 사(私)군대들이 있었다.

레드먼드가 '작은 민족들'의 방어를 위한 전쟁에서 잉글랜드에 대한 지지를 서약했을 때, 아일랜드 의용군은 분열되었다. 이로 인해 그는 좀 더 진보적이고 회의적인 민족주의자들로부터 심한 비판을 받았다. 코널리의 신문인 ≪노동자들의 공화국(The Workers' Republic)≫에 쓰인 현대적 압운이 그들의 입장을 표명했다.

꽉 찬 증기를 전방으로, 존 레드먼드는 말했네
모든 것이 좋은 단짝이 되었다고;

자치는 우리의 죽음 뒤에 올 것이고
벨기에에 묻혀버릴 것이네.[8)]

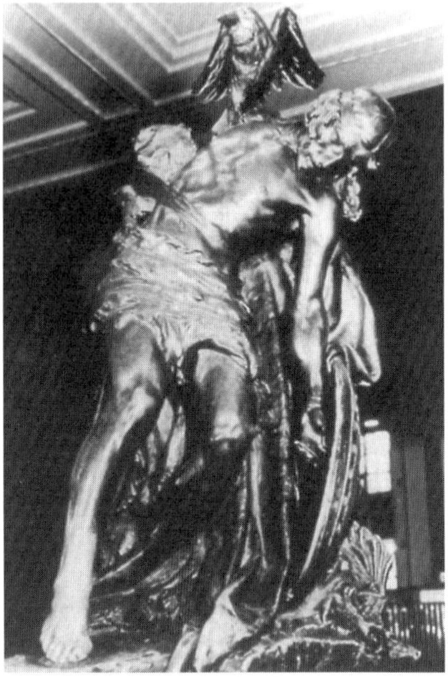
126 1916년 메모리얼: 더블린 중앙우체국에 있는 쿠 훌란의 동상. 올리버 셰퍼드(Oliver Sheppard) 작 (아일랜드 관광공사)

제1차 세계대전 발발 이후 아일랜드 의용군의 통제권을 가지고 있던 IRB는 전쟁이 끝나기 전에 봉기하기로 결정했다. 그들은 봉기를 희망하고 있던 코널리가 이끄는 시민군대의 협조를 확보했다. 그 결과가 1916년 부활절 봉기(Easter rebellion)였다.

전반적으로 아일랜드 국민들의 태도 변화를 종식시킨 것은 부활절 주간에 발생한 반란이라기보다는 오히려 그 반란 직후의 시기였다. 봉기에 참여하여 사형선고를 받은 90명의 반란군 중 15명은 항의를 위해 목소리를 높인 것뿐이었지만 처형을 당했는데, 첫 번째 처형은 5월 3일에 마지막은 5월 12일에 끝났다. 공무원들은 겁을 먹은 듯이 보였고, 계엄령이 내려졌으며 봉기에 실제로 참석했던 사람들보다 더 많은 사람들이 체포되었다. 비폭력주의자인 쉬이 스케핑턴(Sheehy Skeffington)은 봉기에 참가하지 않았지만 체포되어 재판 없이 총살당했다. 정부 역시 군부와는 별개로 훨씬 더 많은 실수를 범했으며, 징집의 위협이 아일랜드에 다가오고 있었다. 아일랜드의회당은 큰 실책을 범해 발의권을 잃게 되었다. 이후 몇 개월간 일어난 모든 것이 신페인의 손에서 운용되었는데, 그들은 최대한 기회를 이용했다.

1918년 12월 총선거가 실시되던 즈음에 아일랜드는 의심의 여지없이 신페인을 향해 움직였다. 신페인이 73석을, 합병주의자가 26석을 차지하고, 의회당은 단지 6석을 차지했다. 의회당의 패배는 그들에게는 극단적으로 불리한 상황에서 일어났다. 상황은 입헌주의 제도로 조정이 되었는데, 이는 사실상 레드먼드에게 맡기는 것이었다. 본래 그들은 평화 시기에 존재했던 정당이었지만, 1918년의 아일랜드와

127 1918년 밸라가더린(Ballaghadereen)에서 반징집회의를 선언하는 에이먼 드 발레라 (Cashman Collection, R. T. É.)

1912년 이후 아일랜드는 평화 시기로 기술될 수 없었다. 하지만 그들의 1918년 총선거 패배는 갑작스러운 것이 아니었는데, 그 이유는 아일랜드에서 가장 유능한 선동가들인 신페인 신문의 그리피스, ≪리더≫의 모런, ≪노동자들의 공화국≫의 코널리, ≪아일랜드인의 자유≫의 IRB와 그 나라에서 최고로 재능 있는 일부의 사람을 게일연맹에 정선했던 하이드 같은 인물들이 과거 몇 년에 걸쳐 그들의 위치를 서서히 훼손시키고 있었기 때문이었다. 가차 없는 비판은 점점 약해져 가는 효과를 가지고 있었고, 이것은 1918년의 바뀐 정황에서 선거구가 의회제도에 대한 대안을 제공받았을 때 결정적으로 증명되었다. 파넬은 아일랜드의 힘이 웨스트민스터의 아일랜드당을 지지하기 위해 어떻게 이용될 수 있는가를 보여주었다. 하지만 토지연맹과 페니어회까지도 이용할 수 있었던 의회당이 파넬이 없는 지금 게일연맹과

128 1919년의 달 에이런(Radio Times Hulton Picture Library).

왼쪽에서 오른쪽으로 첫 번째 열: L. 기넬, M. 콜린스, C. 브루가, A. 그리피스, E. 드 발레라, 플런켓 백작, E. 맥닐, W. T. 코스그레이브, E. 블리스

두 번째 열: P. J. 멀로니, T. 맥스위니, R. 멀캐이, J. 오더허티, J. 돌런, J.맥기네스, P. 오키프, M. 스테인스, J.맥그라스, B. 쿠삭, L.드 로슈테, M. P. 콜리벳, M. 오플래너건 목사

세 번째 열: J. P. 워드, A. 맥케이브, D. 피츠제럴드, J. 스위니, R. J. 헤이스, C. 콜린스, P. 오 마일, J. 오마라, B. 오히긴스, J. A. 버크, K. 오히긴스

네 번째 열: J. 맥도너, J. 매켄티

다섯 번째 열: P. 베즐리, R. C. 바턴, P. 갤리건

여섯 번째 열: P. 셰너엄, S. 에칭엄 (사진 뒷면에 나온 이름들의 철자를 따름)

IRB 또는 신페인이 가진 자신감을 결코 얻을 수 없었다. 1918년 그 당은 보복을 받은 것이다.

승리에 찬 신페인은 그 자체를 달 에이런(Dál Éireann, 아일랜드 의회)으로 구성하여 아일랜드 공화국이 될 것을 서약했고, 아서 그리피스가 이를 위해 이전에 수년간 윤곽을 만들었던 수동적인 저항 정책을 운용하는 절차를 밟았다. 에이먼 드 발레라(Éamon de Valera)는 전쟁에서 살아남은 연장자로 의용군 장교였는데 의회의 수장이 되었고, 아서 그리피스는 부대표, 그리고 IRB 출신 마이클 콜린스(Michael Collins)는 신페인을 파멸시키려는 영국에 대항한 군사적 저항의 무자비하면서 유능한 조직원으로 봉사했다.

1919년 초에서 1921년 7월까지 영국-아일랜드 전쟁, 또는 사람들이 이를 완곡하게 '분쟁(troubles)'으로 부른 사태는 영국과 아일랜드 관계에 심각한 갈등을 야기했다. 이것은 한편으로는 게릴라 전쟁, 복병, 경찰병영에 대한 습격과 계획된 암살들로 특징을 이룬 투쟁이었고, 다른 한편으로는 영국군 블랙 앤 탄스(Black and Tans)*와 외인 보조군대(Auxiliaries)를 고용한 '별동대(flying columns)'의 보복, 타운들의 사격과 방화, 처형과 테러를 행하는 것이었다. 결국 미국과 영국에서 휴전을 요구하는 여론이 일었는데, 1921년 7월에 시행되었다. 1921년 12월 협상이 체결된 지 여러 달이 지난 후 본래 약속했던 조약이 영국과 아일랜드 대표단에 의해 승인되었다. 영국인들은 26주에 대한 자치령의 지위를 인정했고, 아일랜드 협상자들은 공화국이 아닌 '자유를 성취하기 위한 자유'를 가져왔다. 아이러니하게도 가장 완고하게 자치를 거부했던 얼스터의 합병주의자들은 1920년 아일랜드 정부법(Government of Ireland Act)에 의해 자치 조처를 부여받았다.

1800년 형성된 아일랜드와 영제국 간의 불행한 입법적 합병이 마침내 해소되었으나, 아무도 상상하지 못했던 조건을 달고서였다. 1891~1921년 사이의 기간은 아일랜드 역사에서 조직들로 꽉 짜인 시간이었다. 거기에는 확고한 성취와 개선의 여지가 충분히 많았다. 라킨은 노동조합주의를 설립했고, 윌리엄 마틴 머피는 상업적 제국, 쿠삭은 게일체육협회, 맥닐과 하이드는 게일연맹을 형성한 반면, 레드먼드와 딜런 그리고 데블린(Devlin)과 동지들은 국민에게 자치라는 약속된 땅을 볼 수 있게 했다. 일련의 토지구매 법령이 1891년 이전 시행되어 1921년 기간에 걸쳐 지속됨으로써 토지문제는 소작농들의 이해관계를 해결하는 방향으로 잘 진행이 되고 있었다. 1908년 대학 법령으로 벨파스트의 퀸스 대학과 아일랜드의 국립대학이

* 1919년 이후 아일랜드공화군(IRA)과 전쟁에 연루된 왕립 아일랜드 보안대의 증원을 위해, 1920년 전(前) 영국 정규군 중에서 선발했다. 1920년 3월 아일랜드에 도착하자마자 짙은 초록과 검은 모자에 카키색 튜닉 군복을 입어 이 별명을 얻었다. 1920년 4월 28일 경찰막사를 공격한 IRA에 대한 보복으로 리머릭에서 난동을 부렸는데, 사유물을 파괴하고 시민들을 공격하는 등 악명을 떨쳤다__옮긴이

공화국 선언서의
서명인들(1916년 4월 24일),
숀 오설리번, R. H. A.에 의해
(아일랜드 국립미술관)

129 토머스 제임스 클라크

130 제임스 코널리

131 토머스 맥도너

132 숀 마흐크 지아마다

133 패트릭 헨리 피어스

134 에이먼 캔트

135 조지프 매리 플런켓

창설됨으로써 19세기에 제기되었던 대학문제가 어느 정도 해결되었고, 국립대학의 부속 칼리지들은 근대 아일랜드를 건설하는 데 커다란 역할을 했다. 법령이 주택공급을 개선했으며, 노인들의 연금이 보장되었고, 더욱 더 많은 자금이 교육에 투자되었다. 밀집지구 위원회, 농업부, 주 의회와 철도들 또한 이 기간 동안 만들어졌다.

하지만 거기에는 실망 또한 컸다. 글래드스턴은 정치에서 이상이란 결코 실현되지 못하기 때문에 국민들이 각성으로 인해 고통 받아서는 안 된다고 언급한 적이 있다. 아일랜드에서는 그 꿈들 중 어떤 것도 실현되지 못했다. 게일연맹의 아일랜드어 사용국가, 예이츠의 문학을 의식한 민족, IRB의 공화국, 코널리의 노동자를 위한 공화국, 그리피스의 경제적 자급을 위한 이원군주제, 레드먼드의 아일랜드인이 건설하기를 도왔던 하나의 제국 안에서의 자치, 카슨의 통합된 왕국인 유나이티드 킹덤 그 어느 것도 실현시키지 못했다. 이들 모든 꿈들이 다소 좌절되었지만, 꿈을 지닌 수많은 사람들이 꿈의 자국을 남겼다. 조약의 조인과 함께 그 꿈은 정치적 현실에 양보해야 했다.

20

북아일랜드: 1921~1966

NORTHERN IRELAND: 1921-1966

북아일랜드의 대다수 신교도들은 자치에 대해 격렬하게 반대했다. 그들은 '자치는 로마의 통치다'라는 슬로건을 내걸었다. 북아일랜드인들은 그들이 언제나 소수로 남아 있을 아일랜드 의회의 통치 아래에서는 그들의 종교와 생활방식 그리고 경제적 이해가 위협받을 것이라고 믿었다. 자치는 영국 역시 격노로 들끓게 만들었다. 이에 영국은 자치를 반대하는 얼스터인을 격려하고 유지시키기 위해 강력한 요인을 준비하고 있었다. 1886년과 1893년 글래드스턴이 제기한 자치법안이 얼스터에서 분노를 사자 벨파스트에서 폭동이 있었고, 오렌지회 결사단(Orange order)* 은 새로운 삶의 의욕으로 활기를 찾았다. 로드 랜돌프 처칠(Lord Randolph Churchill)은 '오렌지회 카드놀이(play the Orange card)'를 하기 위해 벨파스트를 방문했다고 언급하면서, 집회의 슬로건으로 '얼스터는 싸울 것이다, 얼스터는 잘될 것이다'라

* '오렌지'는 오렌지 공 윌리엄 3세(William III)를 나타내고, 이 결사단은 신교도 오렌지(아일랜드 국기 3색 중 오렌지색)의 지지자들, 즉 북아일랜드 신교도들이다__옮긴이

는 문구를 내걸었다. 1912년 3차 자치법안이 상정되었을 때 이에 저항하기 위해 얼스터에서는 자치 반대자들이 조직되었다. 얼스터 합병평의회(Ulster Unionist Council)가 1905년 창설되었는데, 이때의 지도자는 에드워드 카슨 경이었으며, 영국 보수당의 지지는 확고했다. 보수당 당수인 보나르 로의 폭력적인 언어 구사는 얼스터 합병주의자들의 격렬한 언사와 견줄 만했다.

얼스터 합병주의자들은 자치 반대를 말만으로 한정시키지 않았다. 신교도들은 헌당식 날인 1912년 9월 28일 얼스터 전역에 걸쳐 축하연을 열었는데, 이때 종교 예배가 열렸고, 엄숙한 연맹과 규약이 '아일랜드에 자치의회를 세우려는 현재의 음모를 좌절시키기 위해 필요한 모든 수단들'을 강구토록 서약했는데 21만 8,000명 이상의 서명이 있었다. 얼스터 의용군(Ulster Volunteer Force)은 자치에 대항할 목적으로 정치와 군대 복무를 위한 등록을 실시했고, 자치법안이 법이 되는 날에 그 지역을 인수하기 위해 임시정부가 수립되었다. 무기들이 독일에서 들어왔는데, 이 모든 것이 영국 지지자들의 승인을 받았고 때로는 적극적인 보조까지 받았다.

이러한 폭풍 같은 시간이 극한 긴장감에 도달하기 전, 자유당 정부는 타협으로 해결책을 찾기 시작했다. 합병주의자들은 얼스터를 6년 동안 자치령으로 운영되는 것에서 배제하기 위해 국민투표를 실시해 결정할 것이라는 제안을 거부했다. 카슨은 "우리는 6년 동안 유예기간을 가지는 것으로 사형선고를 원하지 않는다"[1]라고 말했다. 대신에 그는 1914년 7월 버킹엄 궁전에서 열린 회의에서 먼저 얼스터 전체, 그 다음 현재의 6주(six counties)를 배제할 것을 요구했다. 아일랜드의회당의 지도자인 레드먼드는 어느 쪽 제안도 거부했으며, 또한 그 배제가 얼마나 오랫동안 지속되어야 하느냐 하는 문제는 논의하지도 않았다.

제1차 세계대전이 일어난 날에 자치법안이 통과되었지만, 자치의 효력은 전쟁이 끝나는 날로 연기되었다. 1916년 봉기와 이의 여파로 상황이 완전히 바뀌기 전까지는 오랜 시간이 걸렸다. 합병주의자들이 그렇게 폭력적으로 거부했던 1914년 자치법안은 신페인당이 요구한 것에 훨씬 못 미쳤다. 아일랜드 내의 격노한 게릴라 전쟁으로 두 정당 간의 협상은 불가능했고, 그래서 로이드 조지(Lloyd George)는 해

136 1912년경 자치 반대를 위한 회합을 선언하는 에드워드 카슨 경 (공립 기록보관소, 벨파스트)

결을 강요하기로 결정했다. 1920년 아일랜드 정부법(Government of Irish Act)은 아일랜드에 두 개의 정부와 두 개의 의회를 설립하는 것을 규정했다. 하나는 북아일랜드를 형성할 6주를 두는 것이었고, 나머지는 남아일랜드라고 불리게 된 나머지 주를 두는 것이었다. 아일랜드는 영국 의회에 대표자를 가지고 있을 뿐 아니라, 아일랜드 평의회는 두 개의 아일랜드 의회의 성원으로 구성되어야 한다는 것이었다. 신페인당은 그 법령과 관련한 어떤 것도 협상하기를 거부했기 때문에, 남아일랜드에 관한 한 이는 효력이 없는 문서가 되었다. 얼스터 합병주의자들 역시 이를 싫어했지만, 이 법안을 더블린 통치보다 오히려 더 나은 대안으로 받아들이기로 결정했다. 제임스 크레이그 경(Sir James Craig)이 총리가 되었고, 북아일랜드 의회는 1921년 6월 22일 조지 5세(George V)에 의해 개원되었다.

이렇게 북아일랜드가 존재하게 되었지만 미래를 확신하기에는 갈 길이 여전히 멀었다. 독립을 위한 전쟁을 끝내고 아일랜드 자유국(Irish Free State)을 건설한 1921년 12월 영국-아일랜드 조약(Anglo-Irish Treaty)은 전체 아일랜드에 적용되었지만, 북아일랜드는 그 협정에서 탈퇴하여 법령이 확보한 지위를 존속시킨다는 선택권을 받았다. 이것은 연기되지 않고 시행되었다. 새로운 국가에 가해진 훨씬 더 무서운 위협은 국가를 폭력과 무질서 속으로 몰아넣을 뻔했던 당파 투쟁이었다. 1922년 두 명의 합병주의 의원을 포함하여 232명이 살해당했고, 거의 1,000명이 부상을 입었으며, 300만 파운드 이상의 재산이 파손되었다. 북아일랜드 정부는 이러한 상황에 맞서기 위해 부분적으로 영국 군대에 의존했지만, 또한 정규 경찰대(regular armed police force)와 크레이그가 '우리의 적에 대항하는 방어 군대'[2)]라고 부른 특수보안대(special constabulary)를 설치했다. 법과 질서가 복원된 후에도 영토의 경계위원회(boundary commission)에 대한 위협은 북아일랜드에서 여전히 계속되었다. 영국-아일랜드 조약은, 만약 북아일랜드가 아일랜드 자유국에서 탈퇴한다면, 두 국가 간의 국경을 고정시키기 위해 경계위원회를 두어야 한다고 규정했다. 아일랜드 지도자들은 결과적으로 북아일랜드가 분리된 국가로 살아남을 수 없기 때문에 자유국으로 국토의 넓은 영역이 양도될 것이라는 데 자신감을 가졌다. 크레이그는 그 위험을 꽤나 잘 인식했기 때문에 결과적으로 협조하기를 거절했다. 그의 거절에도 불구하고 위원회가 설치되었을 때, 그는 국경지역을 돌면서 "우리가 가지고 있는 것은 우리가 유지하는 것이다"라고 언급함으로써 지지자들을 안심시켰다. 위원회의 보고가 있던 전날(1925년 11월 7일) ≪모닝포스트(Morning Post)≫는 오로지 작은 변화들만 계획되어 있어 주로 북아일랜드를 지지하기 위한 변화였다고 폭로했던 조사결과 예측을 보도했다. 이는 세 명의 총리들 간의 회의에서 결정된, 국경을 원래대로 남겨두기로 한 동의를 위기에 빠뜨렸다. 크레이그는 '행복하고 만족한'[3)] 상태로 벨파스트로 돌아갔다.

하지만 로이드 조지의 해결책으로 야기된 딜레마는 여전히 해소되지 않았다. 1920년 법령은 주민의 약 1/3이 격렬하게 반대한 것으로 나타났다. 일부는 무력으로 이를 전복시킬 의도로 참여했고, 나머지 사람들은 자신들의 희망을 경계위원회에 불어넣어 비협조적인 태도를 취했다. 북아일랜드에서 의원선거에 최초로 출마한 민족주의자들은 "이것이 북동 얼스터 의회에 들어가지 않기 위한 우리의 확고

137 1921~1940년 북아일랜드의 총리로 후에 크레이거번의 자작이 된 제임스 크레이그 경 (공립 기록보관소, 벨파스트)

138 얼스터 민족주의자 지도자인 조지프 데블린 (공립 기록보관소, 벨파스트)

139 1940~1943년 북아일랜드의 총리였던 존 밀러 앤드루스 (J. R. Bainbridge, 벨파스트)

140 1943~1963년 북아일랜드의 총리였고, 후에 브루크버로우의 자작이 된 바실 브루크 경 (Leslie Stuart, 벨파스트)

한 결정이다"[4]라는 그들의 선거공약 성명서를 선언했다. 그들이 국경논의를 해결한 후에 마음을 바꾸긴 했지만, 그들은 공식적인 반대세력으로 행동하기를 거부했으며, 한 정당으로 구성되지도 못했다. 그들 중 가장 유능한 사람인 조 데블린(Joe

Devlin)은 사람들을 이끌 야심이 없다고 말했다. 그들의 목표는 하나의 연합된 아일랜드를 지지하는 데 있고, 다시 말해 자신들의 목표는 정부를 전복시키는 것이 아니라 국가를 파멸시키는 데 있기 때문에 전통적 의회 방식으로 야당의 역할을 할 수 없다는 것이었다. 이 점에서 그때부터 북아일랜드는 정치적 생명을 손상시키는 진퇴양난의 상황에 처하게 되었다. 민족주의자의 태도 덕분에 합병주의자들은 스스로에게 충성하고 좋은 시민이 될 수 있었으며, 국기*를 당의 문장으로 사용할 수 있었다. 민족주의자들이 가톨릭교 주민의 일부에게 단독으로 지지를 받았기 때문에 그들의 지지는 신교도 합병주의자들이나 또는 적어도 그들의 일반당원들에게 가톨릭교야말로 국가에 적의(敵意)를 가진 집단으로 생각하게 만들었다. 합병주의자의 판단에서 볼 때 이러한 생각은 특정의 지방정부 선거구 구획을 정당화시켰는데, 목적은 지방정부 단체가 민족주의자들 손에 떨어지는 것을 막기 위한 것이었다. 이는 또한 선거구 문제와는 하등의 관계가 없는 논의들에 대해 민족주의자가 정부를 비판하는 것이 유효하지 못하도록 주의를 분산시켰다. 따라서 소수야당이라는 것밖에 희망을 가질 수 없었던 사람들과 관직을 얻는 것에 대해 전혀 기대할 수 없었던 일부 민족주의자 간에 속 좁은 파벌적인 접근방식과 무책임 및 경솔함을 조장했다.

민족주의자들이 처해 있고, 그들 스스로가 몰아넣은 상황 또한 당 조직의 발전을 막았다. 이에 대해 다양한 시도들이 행해졌다. 1928년 민족연맹(National League)이 아일랜드의 국가통합을 성취하기 위해 창설되었다. 이것은 민족주의자들에게 정의를 요구하고, 모든 강령과 계층들 간의 협동을 촉진하기 위한 것이었다. 1936년 벨파스트에서 그 주(州)에 있는 민족주의자와 공화주의자 및 피아나 페일당(Fianna

* 현재 아일랜드의 3색(초록색, 흰색, 오렌지색) 국기는 1848년 토머스 F. 미거(Thomas F. Meagher)가 프랑스 국기의 영향을 받아 제안한 것으로, 초록색은 옛 게일 전통(가톨릭교도), 흰색은 영원한 평화, 오렌지색은 오렌지 공 윌리엄 3세의 지지자(신교도)를 각각 상징한다. 이 국기는 1916년 부활절 봉기 때 중앙우체국 계단의 선언문 낭독에서 본래의 초록색 국기를 대신하여 처음 사용되었다__옮긴이

Fáil) 지지자들 간의 간격을 메우기 위해 모든 소수자 대표자들이 모여 아일랜드 연합협회(Irish Union Association)를 창립했다. 전쟁이 끝난 시기에는 반(反)분할(anti-partition) 운동이 있었다. 하지만 이 모두는 아무런 결실도 얻지 못했다. 그 이유는 반분할 운동 당원들 내부에서 실행방법들에 관해 의견이 일치되지 않았을 뿐 아니라 이의 조직을 위한 동기도 결여되었기 때문이다. 일부 지역에서 민족주의자는 선거에서 확실히 승리할 것이라고 했고, 마찬가지로 다른 지역에 있는 합병주의자도 자신들의 승리를 장담했다. 당 조직의 어떠한 가치도 그들 지역 외부의 표를 끌어당길 수 없었다. 선거구 논의에 관해서는 부동표도 없었다.

반면에 합병주의자들은 효율적인 당 기구를 유지하기 위해 확고한 동기를 가지고 있었다. 합병주의자 당은 모든 계층의 사람들을 포함한 폭넓은 기반을 가졌는데, 다양한 정치적 맥락 안에서 이들 중 많은 사람들이 노동당이나 자유당에 입당했다. 비록 모든 총리들이 토지를 가진 젠트리나 대(大) 산업가 계층에서 선출되었지만, 노동자 계층과 자수성가한 사람들은 항상 그 지도자들 사이에서 주인공으로 등장했다. 정부는 평의원의 견해(backbench opinion)에 항상 민감했지만, 정통 합병주의자 강령을 벗어나는 일탈에는 난색을 표명했다. 이러한 것들이 초기 위기에 뒤이어 통합 시대(period of consolidation)에 분명해졌다. 그 당시에 다양한 압력집단들은 정부에 당혹감을 야기했다. 1925년 내무부장관은 이른바 '구입하지 못한 소작농(unbought tenants)'이라 불린 반대파 집단의 대표에게 자신의 의석을 잃었다. 신교도 교회와 오렌지 결사단은 1923년 교육법 개정으로 동요하고 있었고, 신교도 사제단으로부터 강력한 후원을 받고 있던 금주회(禁酒會) 개혁자들은 지역 선택권의 법령을 위해 압박을 가하고 있었다. 지역 선택주의자조차 1929년의 총선에서 공식 합병주의자에 대항하여 후보를 추천했다. 이들은 민족주의자는 아니었지만 총리가 마음속에 두고 있었던 집단으로 그가 당시 대학의석을 제외하고 의원 선거에서 비례대표제를 폐지하려고 결정할 때였다. 총리는 "얼스터에는 진정으로 중요한 두 개의 적극적이고 빈틈없이 활발하게 운영되고 있는 정당들이 기초가 되고 있는데 …… 하나는 제국을 위한 것이고, 다른 것은 더블린에 있는 전(全) 아일랜드

의회를 위한 것이다"라고 견해를 밝혔다. 비례대표제는 그 논의를 흐리게 했다.

> 내가 가진 견해는, 만약 얼스터 사람들이 더블린 의회에 들어가려고 한다면, 그들이 그러지 않기를 주님에게 기도하지만, 나는 그 사람들을 이해시키기 위해 말하는데, 그들은 더블린 의회에 들어가려고 투표하는 것이며 비례대표제와 같은 복잡한 체계의 속임수에 개입하려는 것은 아닐 것이다.[5)]

1929년 비례대표제의 폐지는 민족주의자에게 어떤 차이도 가져다주지 못했다. 이를 시행한 이유는 단지 합병주의자 분리파 집단이 의석을 차지하지 못하도록 막기 위해서였다. 1929년부터 상이한 의견들에 대해서는 당의 내부에서 철저하게 논의되었는데, 1938년 진보 합병주의자와 같은 반대파 집단이 선거에 나섰을 때는 불명예스럽게도 패배했다. 지금 형편으로는 노동당이나 독립당은 거의 설 자리가 없었다. 노동당은 1925년 비례대표제하에 세 개의 의석을 차지했고, 1965년에는 두 개의 의석을 차지했다. 두 개의 다수집단에서 그들 대표단은 여러 해에 걸쳐 거의 바뀌지 않았다. 1921년 첫 번째 총선에서는 40명의 합병주의자, 6명의 민족주의자와 6명의 공화주의자가 선출되었고, 1965년에는 36명의 합병주의자, 9명의 민족주의자, 2명의 노동당과 5명의 다른 당이 의석을 차지했다. 북아일랜드에서 정치적 상황은 두 가지 다른 방식으로 엄중하게 나타났는데, 모든 총선에서 경쟁 없는 높은 수의 의석과 정부의 안정성이 그것이다. 보통은 의석의 약 40퍼센트가 경쟁자 없이 선출되었으며, 때로는 그 비율이 60퍼센트를 넘기도 했다. 정부 입장에서는 합병주의자가 계속하여 통치하는 시기가 있었을 뿐 아니라 인원수에서도 거의 변화가 없었다. 로드 크레이거번(Lord Craigavon)은 1940년 죽을 때까지 총리로 있었다. 그의 후임자인 앤드루스(J. M. Andrews)는 1943년까지만 직위를 수행했지만, 그는 1921년 이후 내각의 장관이었다. 그의 뒤를 따라 로드 브루크버로우(Lord Brookeborough)가 10년간 총리를 했다. 직위 교대(交代)는 1963년까지 지속되었으며, 캡틴 테런스 오닐(Captain Terence O'Neill)이 이 직위를 계승했다. 양 의

141 1956년 10월 벨파스트에서의 선박건조. 왼쪽 배경은 화이트헤드(White Head)와 벨파스트 호 (런던 중앙정보국)

회에서는 다양한 장관들과 평의원들이 오랫동안 봉사했는데, 가령 하원이 생긴 지 15년이 지난 1936년에는 이들 수의 40퍼센트가 하원에서 근무하고 있었다. 북아일랜드는 웨스트민스터에서 13석을 차지했고, 똑같은 엄중함이 그곳 웨스트민스터에도 있었다. 보통 이들 의석의 둘을 제외하고는 보수당을 지속적으로 지지했던 합병주의자가 차지했다.

이러한 상황은 기본적으로 초기 시절의 혼란에서 발전했지만, 과정은 결과적으로 분열을 영구화하려는 경향과 신의를 어렵게 만들려는 경향이 함께 있었다. 합병주의 정부가 이러한 환경에 익숙해졌기 때문에, 뒤이은 영국 법령의 '단계적' 정책이 그 틀을 짜기 시작했다. 영국과의 합병은 1926년 북아일랜드인을 위한 법학도 숙사(Inn of Court) 건설, 1933년 법정 건물의 개관과 무엇보다 스토먼트(Stormont)의 설립과 같은 사건에서 나타났다. 1928년 본래 훨씬 더 웅장한 규모로 계획되었던 그 건물의 기초석이 놓였다. 1932년 11월 웨일스의 왕자가 개관식을 한 것은 대합병주의자 시위를 위한 행사가 되었지만, 분할에 대항한 시위로서 민족주의자 의원은 참여하지 않았다.

1930년대 북아일랜드는 공황과 실업이 지속적으로 있었다. 얼스터의 두 개의 큰 산업인 리넨과 조선업이 쇠락의 길에 놓여 있었고, 농업은 국내와 영국에서의 산업공황으로 인해 어렵게 내닫고 있었다. 무역과 산업을 촉진시키기 위한 정부의 노력은 거의 효력을 발휘하지 못했다. 실업률은 1927년 13퍼센트에서 1931년 28퍼센트로 절정을 이루었고, 제2차 세계대전이 일어날 즈음에도 여전히 20퍼센트 정도로 높았다. 당파 싸움의 소요와 폭동의 부활은 이러한 고실업으로 인해 나타난 부산물이었다. 1931년 오렌지 당원 시위에 대한 공격이 일련의 보복으로 유발되었다. 1932년 벨파스트와 여러 곳에서 소요가 있었고, 그 다음 해에도 계속해서 일어났으며 1935년 벨파스트에서 심상치 않은 폭동이 절정을 이루었을 때는 많은 사람들이 사망했다. 폭동은 1940년대에도 간헐적으로 발생했으며, 합병주의자 입장에서 이러한 폭력은 특수병력법(the Special Powers Act)의 유지에 정당성을 제공했다. 1922년 '분쟁(troubles)'이 절정에 이르렀을 때, 본래 일시적인 미봉책으로 통과되었던 법이 1933년에는 영구화되어 계속되는 폭동에 대처했다.

이들 시기에 걸쳐 아일랜드의 나머지 지역에서 일어난 사건들은 북아일랜드에서 오래된 쟁점들을 살아 있게 하는 데 도움이 되었다. 1932년 이후 영국-아일랜드 조약의 폐지, 1937년 아일랜드 새 헌법과 가능할 때마다 분할 문제를 제기하는 정책이 민족주의자를 고무시켰지만, 크레이거번이 언급했듯이 영제국과 제국 내에서 얼스터의 위치는 변함이 없어야 한다는 그들의 결의를 합병주의자들에게 확인시켜주었다. 제2차 세계대전에서 아일랜드 공화국이 선언한 중립은 두 개의 아일랜드 정부가 얼마나 멀리 갈라졌는가를 극명히 보여주었다.

북아일랜드에게 제2차 세계대전은 새롭고 다양한 경험을 가져다주었다. 영국 정부는 징집이 북아일랜드에도 적용되어야 한다는 크레이거번의 요청을 거절했지만, 북아일랜드인들은 영국인들이 전시 동안 겪은 경험을 공유했는데, 이는 높은 세금,

제한, 배급제와 벨파스트에 대한 극심한 공습이었다. 수많은 얼스터인들이 영국 군대에 입대했다. 수천 개의 영국 부대가 얼스터에서 훈련을 받았고, 새로운 비행장이 구축되었으며, 데리는 중요한 해군기지가 되었다. 1942년 미군 부대가 북아일랜드에 도착하기 시작했다. 그들에 대해 드 발레라가 항의하자 앤드루스는 그가 북아일랜드의 정세에 간섭할 권리가 없다고 대답했다. 전시 산업의 발전과 함께 이례적인 번영이 찾아왔다. 아일랜드 사람들이 북아일랜드로 일하러 갔지만, 그들은 등록해서 허락을 받아야 했다. 총리는 아일랜드인들이 북아일랜드에 잔류해서 투표자가 되는 것을 허락하지 않고 "합병주의자 정부는 언제나 북아일랜드의 권력 안에 있어야 한다"[6]는 점을 분명히 했다. 또한 반대 입장에서의 움직임도 있었는데, 이전에 그렇게 할 의향이 없었거나 방법을 알지 못했던 합병주의 노동자들 중에서 많은 수가 전시 상황의 엄격한 집행으로부터 도피하기 위해 아일랜드 공화국으로 휴가를 갔다. 이들 모두의 경험이 합병주의자와 민족주의자 사이에 공유되었는데, 신교도와 가톨릭교도도 마찬가지였다.

제2차 세계대전이 끝난 후에는 사회와 경제문제가 점차적으로 중요해졌다. 대규모 주택계획이 수행되었는데, 이는 지방 당국뿐만 아니라, 1945년 정부가 창설한 조직인 주택공급 트러스트에 의해서도 이루어졌다. 이미 존재해 있는 산업을 보조하고 새로운 산업을 끌어들이기 위해 계획된 법안은 상당히 성공적이었는데, 꼬르따르드(Courtaulds), 드퐁, 영국의 옥시겐과 같은 세계적으로 유명한 상사와 미셸린 타이어가 들어와서 수천 개의 새로운 일자리를 창출해냈다. 보조금의 장려와 개발계획하에 농업이 큰 진전을 보았다. '단계식' 정책이 영국에서 발전했던 복지국가로 유지되었는데, 교육체계, 건강서비스, 실업과 의료 혜택이 공화국에서 행한 것보다 훨씬 앞서 북아일랜드에서 시행되었다. 이들 전후의 발전은 북아일랜드와 아일랜드 공화국 간의 차이점과 영국과의 연계에 대한 이익을 강조하려는 경향이 있었다.

다른 한편으로 전후 시기 두 정부 사이에 경제적 필요성에 따라 협동한 조치도 있었다. 1950년 어퍼(Upper)와 로우어 로크 에른(Lower Lough Erne)을 둘러싼 토지

142 1965년 2월 9일 북아일랜드의 총리인 테런스 오닐(Terence O'Neill)이 아일랜드 총리인 숀 레마스(Seán Lemass)를 방문. 통상부 장관인 잭 린치(Jack Lynch, 왼쪽)와 외무부 장관인 프랭크 에이컨(Frank Aiken, 중앙)과 함께 (렌즈멘 주식회사, 더블린)

배수로에 대한 계획과 수력전기 발전소의 개발에 동의했고, 1951년 대(大) 북아일랜드 철도의 운행에 대한 책임을 떠맡았다. 1952년 런던 아일랜드 명예협회에서 공동으로 획득한 수산업 행정에 대해 포일 수산업위원회(Foyle Fisheries Commission)를 함께 착수했다. 이들 협정은 두 국가에서 온 내각장관들과 공무원들 간의 회담을 수반했다.

하지만 과거의 논의들이 전후 시대에도 그대로 잔존해 있었다. 분할에 대한 격렬한 소요와 1948년 해외관계 법령(External Relations Act)의 철폐가 또 다시 헌법적 문제로 제기되었다. 1949년 영국 정부에 대해 합병주의 대표자들은 아일랜드 법령의 통과로 결론을 얻어냈는데, 북아일랜드가 의회의 동의 없이 영제국의 일부가 되어야 한다는 것이 명시되었다. 1956년에서 1962년 사이에 새로운 폭동이 발생했다. 민족주의자들의 시위가 경찰에 의해 해산되었을 때 기회가 있었다. 민족주의자들은 주택과 직업의 분배에서 차별받는 데 대한 불평을 계속했다. 합병주의자는 영국에 대한 그들의 충성을 재확인하기 위해 왕족 방문과 같은 행사들을 이용했다. 두 공동체는 독자적인 방식으로 그들의 상이한 견해와 삶의 방식을 추구했다. 하지만 두 공동체는, 몇몇 개인과 집단이 언제나 행한, 좀 더 좋은 이해를 위해 약간의 불완전한 조처를 완화하는 경험을 공유하기도 했다. 텔레비전의 영향은, 1965년 1월 오닐과 레마스 사이에 이루어진 회담 그리고 바로 그 뒤 스토먼트에서 공식적 야당의 역할을 수락하기 위해 에드워드 매카티어(Edward McAteer)와 그의 민족주의 동료가 행한 결정과 같은 중요한 발전의 배경이 된다. 새로운 상황의 가능성은 오닐에 의해 아래와 같은 말로 요약되었다.

> 우정의 정신이 형성될 수 있다면, 나는 여태껏 오랫동안 꽃피어온 증오와 폭력 같은 헛된 힘이 마침내 여론의 영향력에 의해 포용될 것이라고 믿는다.[7]

21

아일랜드 자유국과 아일랜드 공화국: 1921~1966

THE IRISH FREE STATE AND THE REPUBLIC OF IRELAND: 1921-1966

현대사 지식은 역사교육보다는 오히려 정치교육을 통해 더 많이 얻을 수 있다. 최근의 사건들일수록 그 역사적 의미와 영향력에 대해 완전하게 포착하기는 더 어렵기 때문이다. 예컨대 시민전쟁은 여전히 여론에 영향을 주어 양쪽 진영에 공평한 판단을 어렵게 하는 강력한 감정을 불러일으켰다.

역사에서 객관성은 얻기 어렵다. 하지만 이 장에서 객관성을 위한 시도로 1921년에서 1966년까지 45년에 걸쳐 일어난 중심 사건들을 선택하여 역사적으로 분리시킴으로써 이를 연대순으로 기록하고자 한다. 이는 이들 사건에 대해 몇 가지 책임 있는 동기를 설명하고, 머뭇거리면서 그 사건에 대해 잠정적인 역사적 판단을 하게 할 것이다.

영국-아일랜드 전쟁은 1921년 7월 11일 휴전과 함께 영국 정부와 협상을 위해 신페인당 대표단을 런던에 파견하는 것으로 끝이 났다. 본래 그리피스와 드 발레라가 이끈 신페인당은 협상을 통해 타협하는 것으로 의견의 일치를 보았다. 하지만 1921년 12월 6일에 서명된 영국-아일랜드 조약은 신페인당 내에서 아일랜드가 국내 정세에 몰두할 수 있도록 독립이라는 현실을 원했던 분리주의자들과 근본적으로 조약에 반대하고 더욱 많은 것, 즉 공화국을 원했던 사람들 사이에 분열을 가져왔다. 정확히 공화국이 무엇을 의미하는가에 대해 의견의 불일치가 있었을지 모른다. 그러나 공화국을 추구한 사람들은, 이것이 영국 왕에게 충성의 서약을 요구하는 조약의 수락을 뜻하지는 않는다는 것을 알고 있었다.

조약에 찬성한 쪽은 아서 그리피스가 이끈 사람들이었다. 조약이 완전한 독립을 위해 싸웠던 수많은 사람들에게 명분을 제공하는 데 실패했더라도, 그리피스가 제안한 것은 아일랜드의 운명을 광범위한 정도로 아일랜드인의 통치로 결정할 수 있게 하는 것이었다. 이것은 마이클 콜린스가 얘기한 '자유를 성취하기 위한 자유'[1]를 제공했고, 이때는 그리피스가 조약을 지지하기 위해 의회(Dáil)의 대다수 의원들을 설득했을 때였다. 그리피스는 조약을 통한 해결이 "우리가 지구상의 사람들로는 마지막 세대가 아니듯이 최후의 판결도 아니다"[2]라고 선언했다.

조약은 의회에서 57 대 64로 승인되었다(1922년 1월 7일). 영국이 이를 받아들여 아일랜드에서 영국군을 철수시키기 시작했으며, 아일랜드 군대가 통제권을 이어받았다. 임시정부는 국민들에게 조약의 승인을 선언했고, 이에 대한 분명한 의사를 묻고자 총선을 실시했다. 공화국의 대통령으로서 드 발레라와 그의 추종자들은 조약의 승인을 반대했는데, 그들은 국민이 당연히 옳은 일을 할 권리를 가지고 있으며 의회는 훨씬 더 나은 판단에 반해 조약의 비준을 설득 당했다고 주장했다. 격렬한 논쟁 끝에 선거(1922년 6월)의 결과는 조약찬성 쪽으로 기울었는데, 58명의 조약찬성자와 36명의 조약반대자, 17명의 노동당과 17명의 농민대표자, 독립당과 그 밖의 사람들이 선출되었다.

1923년 5월까지 지속된 시민전쟁은 공화국을 희망하고 조약에 반대했던 사람들의 패배로 끝났다. 시민전쟁의 과정에서 마이클 콜린스는 매복 중 살해당했다(1922년 8월 22일). 아일랜드 자유국 정부의 첫 번째 수장인 아서 그리피스는 윌리엄 T. 코스그레이브(William T. Cosgrave)가 직위를 계승하기 10일 전에 사망했다.

조약으로 영국은 아일랜드가 드디어 영국의 정치에서 배제되었다는 잘못된 안

도감을 가졌다. 이러한 영국의 오해는 700년에 걸친 아일랜드와의 경험에도 불구하고 부분적으로 영국 정치인이 아일랜드 문제를 진정으로 이해한 적이 없었고, 아일랜드 문제가 너무나 복잡하고 난해했기 때문이었다. 돌이켜 보건대 그리피스가 조약이 수많은 아일랜드인이 갈망했던 것보다 작은 것을 확보한다는 것을 알면서도 그것을 받아들였을 때, 과연 그의 마음속엔 무슨 생각이 있었을까. 그리피스는 아일랜드가 조약을 거절할 경우의 결과에 대해 영국 총리인 로이드 조지의 위협에 영향을 받았을지 모른다. 그는 압도적으로 우세한 영국군에 대해 아일랜드의 게릴라전이 추진력을 잃고 있다는 콜린스의 신념에 영향을 받았을지도 모른다. 현실적인 그리피스는 아일랜드의 나머지 주로부터 얼스터의 부분적 분할이 이미 성취되었고, 특히 신페인당과 영국 정부 간에 오간 협상의 어떤 가능한 결과도 실질적으로 이러한 사실을 변화시킬 수 없다는 정보에 특별히 관심을 가졌음에 틀림없다. 1920년 아일랜드 정부법(Government of Irish Act)으로 얼스터의 6개 주를 위한 개별 의회가 존재했다. 이는 13명의 대표를 보내는 웨스트민스터 의회에 대한 종속이었다. 6개 주는 로이드 조지가 선택한 것으로, 이는 그러한 분할에 찬성한 주민 대다수가 합리적으로 기대할 수 있는 가능한 한 가장 큰 지리적 영역을 포함하는 것이었다. 또한 이는 분할된 얼스터 지역을 위한 일종의 자치를 의미했다. 그리피스는 아일랜드 정부법의 규정 이래 자신의 분리주의 목표를 현재로선 전체 섬에서 확보할 수 없다는 것을 일찍이 알았을 것이다. 그는 분할된 6개 주를 위해 오로지 시간, 끈기, 인내심만이, 조약이 아일랜드 자유국에 제공하는 지위와 가능성을 얻을 수 있도록 해준다는 생각으로 조약에서 확보할 수 있는 것을 받아들이기로 결정했을 것이다.

143 아서 그리피스 (Cashman Collection, R. T. É.)

영국-아일랜드 전쟁에서 공화국을 끝까지 요구했던 아일랜드인들은 조약이 부여한 통치권 자격만으로는 감명을 받지 못했다. 그들은 국내적으로는 아일랜드를 공화국으로 남겨두고, 대외적으로는 영제국과 연합을 유지한다는 드 발레라의 제

144 1922년 8월 12일 아서 그리피스의 장례식에서 마이클 콜린스(Walsh, Dublin)

안을 선호했다. 하지만 이러한 해결은 얼스터의 분할을 감수해야만 했다.

일부 아일랜드인이 조약을 추천한 것은 북아일랜드의 지리적 한계를 정하기 위해 설치한 경계위원회가 북아일랜드를 정치경제적으로 유지할 수 없을 만큼 아주 작은 지역으로 축소함으로써 아일랜드의 영토적 통합에 도움을 줄 것이라는 영국의 암시 때문이었다. 민족주의자들이 많이 거주하는 지역을 아일랜드 자유국과 통합함으로써 성취할 수 있다는 것이었다. 하지만 1925년 보고에서 경계위원회는 1921년에 존재했던 경계선을 바꿀 어떠한 시도도 하지 않았다. 이 보고서는 출판되지 않았는데, ≪모닝포스트≫가 이에 대한 정보를 누설한 것이 아일랜드 자유국 정부를 자극하여 영국 정부와 직접적으로 협정에 이르게 했기 때문이었다.

영국은 아일랜드의 해군기지 일부를 유지했고, 특정한 상황에서 항구와 다른 설비들이 영국의 방어목적에 사용되었지만, 조약은 아일랜드 자유국에 아일랜드인이 평생 실현되리라는 기대조차 하지 않았을 어느 정도의 자율을 제공했다. 그리피스는 회계와 재정적 독립의 이익과 중요성을 힘껏 강조했는데, 조약이 이를 제공했다. 조약이 부여했던 통치권 자격의 완전한 가능성은 조약을 거리낌 없이 수락했던 사람들조차도 거의 예상치 못했다. 가령 조약을 지지한 많은 사람들은 영연방의 유대(Commonwealth tie)가 강압적이라는 데 대해 후회했다. 하지만 그 후 10년에 걸친 시기에서 아일랜드 자유국은 1931년 웨스트민스터 법령(Statute of Westminster)을 채택한 사건으로 점차 적극적이고 중요한 부분을 행했다. 데스먼드 피츠제럴드(Desmond Fitzgerald), 패트릭 맥길리건(Patrick McGilligan), 존 A. 코스텔로(John A.

Costello) 같은 사람들은 캐나다 정부의 대표자들과 긴밀히 협조하면서, 옛 영제국의 잔재(殘滓)를 변화시키고 이를 자치통치국의 자유로운 연합으로 전환함으로써 영연방을 재구성한 혁신자들이었다.

드 발레라와 피아나 페일당은 1927년까지 의회 권력 밖에 있었지만, 그해 총선거가 끝난 후 다수 야당이 되었다. 하지만 드 발레라는 자유국의 헌법이나 제도를 인정하지 않았던 숀 맥브라이드(Seán MacBride)와 조지 길모어(George Gilmore) 같은 공화주의자의 지지를 잃었다. 1932년 3월 피아나 페일당은 총선에서 70석을 확보했고, 드 발레라는 노동당의 지지와 함께 자신의 첫 번째 정부를 구성했다. 코스그레이브가 10년 전 자유국의 존재 그 자체에 도전했던 사람들에게 정부를 이양했는데, 이 중요한 사건은 자유국가에서 아일랜드 민주주의의 성취를 강화시켰다. 코스그레이브는 1922년 이래 정부의 수장이었다. 드 발레라는 1948년까지 16년간 권력의 자리에 있었다.

1930년 아일랜드 자유국은 민족연맹 평의회를 선출했고, 드 발레라는 1932년 평의회의 의장으로 선출되었다. 공화국 정책을 추구해야 한다고 선언한 피아나 페일당에 의해 1932년에 구성된 정부는 영국 왕에 대한 충성 서약을 자유국의 헌법에서 삭제하고 급속도로 산업화를 촉진했다. 곧 정부는 일 년에 약 총 500만 파운드에 달하는 토지 배당금과 약간의 다른 지불금을 영국에 보내는 것을 보류하기로 결정했다. 연간 배당금은 지주들로부터 구매하는 자본원가에서 농부들이 1년에 두 번 지불하는 할부금식이었다. 영국 정부로부터 나온 자본원가가 인상됨에 따라 코스그레이브는 농부에게 배당금을 거두어 런던으로 보냈다.

영국은 자국 내로 수입되는 아일랜드 젖소에 관세를 매김으로써 복수했고, 자유국은 영국 재화에 대한 관세로 응수했다. 그래서 '경제전쟁'이 6년 이상 계속되었고, 이것은 1930년대 전 세계로 퍼진 경제 공황으로 아일랜드에 더 큰 피해를 끼쳤다. 농부들이 주된 피해자였지만, 대체로 유권자들은 드 발레라를 확고하게 지지했다. 1938년 연간 배당금 분쟁은 1,000만 파운드란 최고액을 영국에 지불하는 것으로 해결되었고, 이로써 아일랜드 정부는 조약에 의한 무역항을 이양 받았다.

145 1928년 뉴욕을 방문한 아일랜드 자유국 1922~1932년의 행정부 평의회(executive council) 의장 윌리엄 토머스 코스그레이브 (Radio Times Hulton Picture Library)

이 사건들은 소란의 배경에 반해 발생했는데, 그 당시 다른 유럽 국가들처럼 아일랜드 역시 아일랜드공화군(IRA)과 같은 사군대의 문제점을 안고 있었다. 아일랜드공화군은 1930년대에 무장 훈련을 받았고, 그 당시 유럽의 패션을 따르고 있는 전우회(Army Comrades' Association)의 성원들이 착용한 블루셔츠 복장의 유니폼을 채택했다.

1937년 드 발레라는 영국-아일랜드 조약으로 강요된 것이라고 생각한 것을 대치하기 위해 새 헌법을 제안했다. 이 헌법은 아일랜드를 '주권, 독립, 민주국가'라고 선언했다. 외국 국가들에 아일랜드 외교 대표자들의 신임을 비준하기 위한 기구로서 영국 왕을 인정했지만, 전 해에 발생한 에드워드 8세(Edward VIII)의 왕위 포기로 국제관계법은 사실상 아일랜드를 공화국으로 만들었다. 새로운 헌법은 1937년 국민투표로 채택되었다. 1938년 더글러스 하이드 박사가 새 헌법하의 첫 대통령이 되었다.

아일랜드가 1937년 이후에도 영연방의 성원이냐 아니냐 하는 문제는 논란의 여지가 있다. 영연방 성원이라면 영연방 회의에 아일랜드인이 참석해야 했을 것이다. 하지만 1937년부터 11년 후인 1948년 총선에서 피아나 페일당 정부의 패배까지 아일랜드는 영연방 회의에 참석한 적이 없었다. 이 기간의 대부분은 영국이 전쟁 중이었고, 아일랜드는 중립국이었으며, 영국 왕은 국제관계법을 토대로 승인된 아일랜드 기구에 머물렀다.

1938년의 무역협정은 경제적으로 매우 중요했다. 아일랜드 재화는 농산물의 양적 제한을 제외하고는 영국시장에서 관세의 자유가 인정되었다. 아일랜드 정부는 영국 상품에 대해 특정 부류의 것은 아일랜드로 수입하는 것에 자유허가를 보장했

146 1932~1937년 아일랜드 자유국 행정부 평의회(executive council)의 의장인 에이먼 드 발레라; 총리 1937~1948년, 1951~1954년, 1957~1959년; 대통령(Uachtarán) 1959~1973년; 1941년 12월 3일 '국가의 식량요구'에 관한 국립방송 행사장에서의 모습 (*Irish Press*)

지만, 정력적인 통상부 장관인 숀 레마스(Seán Lemass)는 자신의 매우 중요한 특권인 아일랜드 산업을 보호할 권리를 지켰다.

아일랜드는 전쟁 기간 어려움을 겪었다. 그러나 국민들은 드 발레라 정부가 단호한 결단으로 유지한 중립국을 위한 희생으로 실업, 이민, 생활필수품의 부족 등의 어려움을 견뎌냈다. 드 발레라는 루스벨트 대통령이 중립국을 단념하고 연맹국의 대의를 지지하라는 촉구에도 잘 버텨냈는데, 아일랜드 국민이 그의 뒤에 서서 그를 대대적으로 지지했기 때문이었다. 아일랜드 국민 대부분은 사실상 도덕적으로 나치 공격에 대항하는 연합주의를 지지했으며, 수천 명은 의용군으로 영국군에 복무했다. 하지만 그들은 또한 영국의 분할정책에 의해 분단된 아일랜드가 민주적인 자유와 민족자결을 위해 영국의 전투에 뛰어드는 것을 어리석은 행동이라고 말한 드 발레라의 견해에 동의했다. 정부의 정책은 공식적으로는 중립성을 유지하는 것으로, 이것이 가능할 때 북아일랜드의 아일랜드인이 전쟁 지역으로 징집되는 것으로부터 보호할 수 있는 조치가 되었다. 전쟁의 영향력을 제한하고 북아일랜드의 아일랜드인을 공화국의 사람들과 동일시하기 위한 결정이 있었다. 이는 정부가 독일의 폭탄투하로 밤마다 공습을 받던 벨파스트를 돕기 위해 더블린과 던 로게어(Dun Laoghaire)의 소방대를 보냈을 때 상징적으로 제시되었다(1941년 4월 15~16일). 유럽에서 전쟁이 끝나는 마지막 날 영국의 총리인 윈스턴 처칠(Winston Churchill)은 승리의 연설(1945년 5월 13일)에서 아일랜드가 동맹국에 가담하지 않은 것에 대해 힐책했다. 3일 뒤 드 발레라는 자제력을 가지고 위엄 있는 답변을 처칠에게 보냈는데, 어떤 아일랜드인도 드 발레라가 했던 것만큼 세계적으로나 국내적으로나 그렇게 많이 아일랜드인을 대변하지 못했을 것이다.

전쟁 이후 첫 총선은 1948년에 열렸는데 16년 만에 선거인 대다수가 정부의 교체를 선호하는 것으로 결정이 났다. 피아나 페일당이 패배는 했지만 다수 야당으로 남게 되었다. 정부는 정당들의 연합으로 구성되었는데, 이전에 합의된 공통된 정책에 기준을 둔 것이 아니라 피아나 페일당에 대항하기 위한 정책을 위해 연합했다. 정당 간 정부는 그 말뜻 그대로 모든 구성원 집단이 피너 게일당(Fine Gael), 클란 나 포블락타(Clann na Poblachta, '공화국 후손'), 노동당, 클란 나 탈만(Clann na Talmhan)과 독립당의 명칭으로 서명할 수 있는 정책을 구성하는 임무를 지니고 있었다. 선거는 어떤 정당도 다수표를 받지 못해 결과적으로 제시된 정책 중 어떤 것도 승인되지 못했다. 그 이유는 국민들이 그저 변화를 원했기 때문이었다. 이러한 합의가 진전되는 가운데 새로운 총리인 존 A. 코스텔로(John A. Costello)는 자신의 정당인 피너 게일당이 기여했던 조약 해결이 1932년 이래 국민이 승인한 일련의 조치들을 통해 드 발레라 정부가 단계별로 폐지했다는 사실에 직면해야 했다. 1948년경 그 조약은 아일랜드 정치에서 더 이상 논의점이 되지 않았다. 그래서 국제관계법이 1936년 아일랜드 국가의 명칭을 '아일랜드 공화국(the Republic of Ireland)'으로 선언한 법령으로 1949년에 대치되었다. 총리는 의회에 아일랜드 공화국 법안을 천거

147 총리인 존 A. 코스텔로, 1948~1951년, 1954~1957년. 1948년 2월 19일 1차 정당 간 내각의 1차 회담에서의 모습 (*Irish Press*)

했는데, 이것은 헌법적 지위에 대한 모호함을 제거하기 위한 수단이자 그가 말한 바와 같이 26주에서 '정치에서 총을 빼앗기(gun out of politics)' 위한 것이었다. 영국 정부는 아일랜드를 영연방에서 벗어나게 함으로써 아일랜드 공화국 법령을 고려했다고 언급했다. 이것은 현재의 주권자격이 사실은 그 조약이 자유를 성취하기 위해 자유를 수여하는 것으로 보장되었다는 것을 보여주었다.

1951년 코스텔로의 정당 간 정부는 보건부 장관인 노엘 브라운(Noël Browne) 박사가 후원하고 구성한 '모자(母子) 건강계획'이란 프로젝트를 수행했는데, 이는 의학 전문인과 가톨릭 고위층에게 비난을 받았고 내부갈등을 가져와 결국에 와해되었다. 정당 간 정부는 일부 독립당원의 지지를 받은 드 발레라의 지도하에서 소수의 피아나 페일당 정부로 대치되었다. 1954년 야당인 피아나 페일당과 함께 두 번째 정당 간 정부가 들어섰다. 또 다시 총리로 코스텔로를 내세운 두 번째 정당 간 정부는 자본투자라는 무게 있는 프로그램을 계속해서 진행했는데, 이는 전쟁 중에 어쩔 수 없이 소홀히 했던 것으로 국가의 발전을 위한 것이었다. 그러나 1956년 소비재 수입의 과도한 수요 때문에 국제수지 문제가 발생했다. 제라드 스위트먼(Gerard Sweetman)은 이를 바로잡기 위해 필요한 회계법령을 고무적으로 상정했다. 이 법령은 경제성장률을 감소시켜 높은 실업과 이주가 뒤따랐다. 숀 T. 오켈리(Seán T. O'Kelly)의 퇴임으로 드 발레라는 1957년 다시 공직에 돌아와 정부의 수장을 맡다가 1959년 아일랜드 대통령이 되었으며, 이때 숀 레마스가 총리가 되었다.

아일랜드 역사학자의 입장에서 아일랜드가 공화국이 된 지 첫 10년간을 판단하기에는 지금 이 시점에서조차 너무 일러 잠정적인 평가를 할 수밖에 없다. 이것은 가슴이 벅찬 나머지 시민전쟁 시 각각의 편을 택한 사람들로부터 완전히 벗어나리라고 기대할 수 없기 때문이고, 후세대 사람들 중 많은 수가 여전히 시민전쟁으로 인해 강한 감동을 받았기 때문이다. 하지만 행정부 평의회 의장인 윌리엄 T. 코스그레이브가 효율적이고 정직하게 행정을 위한 초석을 세웠을 때, 아일랜드가 시민전쟁의 물리적 황폐함 속에서 짧은 시간 안에 놀랄 만큼 회복될 수 있음을 증명했다. 조약에 반대했던 야당 정치인 다수는 자유국가의 첫 정부에서 코스그레이브와 그의 동료들이 어렵고 남에게 인정받기 힘든 과업을, 그들이 본 대로 아주 효율적으로 행했다는 것에 동의할 것이다. 첫 번째 자유국 정부는 조국을 위해 경제사회적으로 많은 과업을 수행했는데, 만약 자유국이 영제국의 일부분으로 남았다면 영국 정부도 했을 정도였다고 조약 반대자들은 주장할 것이다. 새로 선출된 아일랜드의 공무원들은 영국 공무원이 뛰어나다고 간주하여 의식적으로 그들을 모델로 삼았다. 사실 아일랜드의 많은 새로운 공무원들이 영국의 제도를 가져왔다. 1922년 이후 메리온가(街)〔아일랜드 정부_옮긴이〕는 화이트홀〔영국 정부_옮긴이〕의 작은 칙서가 되었다. 가다 쉬하나(Garda Siochána)가 비무장 경찰 병력에 대한 일례로 조직되었다. 국군이 국민정부의 통제하에서 확고하게 충성했다.

그리피스가 살아 있었다면 무슨 일이 일어났을까. 1922~1932년까지 10년간 자유공화국에서는 평화와 진보가 함께 있었던 시기였지만, 정부의 사회 및 경제 프로그램은 리처드 멀카이(Richard Mulcahy) 장군이 1919년 1월 21일 합병된 아일랜드 의회에서 웅변적으로 제안했던 민주 프로그램에 대해 열렬하고 마음 깊이 언급한 자발성과는 현저한 차이가 있었음이 사실이다. 그리피스와는 달리 코스그레이브 정부는 농업과 산업 발전을 위해 양자에 똑같이 들어맞는 완전히 일관성 있는 경제철학을 가지고 있지 못했다. 이들 중 어니스트 블라이스(Ernest Blythe)와 패트릭 호건(Patrick Hogan) 및 패트릭 맥길리건은 굉장히 분석적인 능력을 가지고 있었지만, 농민의 이해관계를 손상하지 않으면서 급속한 산업 발전을 이루는 가능성에 대한 신념이 부족했다. 반면에 그리피스는 제조산업의 역동적인 발전을 위한 욕구와 관세의 사용에 관해 또한 신페인당의 경제적 중요성에 대해 뿌리 깊은 이데올로기적인 신념을 가지고 있었다. 그는 거의 확실하게 정부의 첫 번째 경제적 과업으로, 북동 얼스터에서 훨씬 일찍 성취했던 성과를 자유국가에서도 달성해야 하는 산업혁명의 성과로 이해하고 추진했을 것이다. 아일랜드 토지개혁은 영국이 통치하는 과정에서 이미 이루어졌는데, 다비트와 파넬 및 딜런에게 공로를 돌려야 한다.

새 정부는 1922년 대단히 어려운 해를 맞이했다. 첫째, 아일랜드는 시민전쟁의 후유증에서 회복해야 했다. 게다가 자유국은 산업부문의 전통이 부족했는데, 국경선은 벨파스트 부근에 집중된 산업화 지역과의 관계를 끊어버려, 산업기술과 훈련 면에서 역부족이었다. 이들은 혹독하고 불리한 조건에도 불구하고 아주 상당한 정도의 성과를 이룰 수 있었는데, 시민전쟁 후 질서의 회복, 농업생산에서 더욱 더 개선된 시장, 1923년 통합되는 토지법(Consolidating Land Act), 사탕무 산업의 확립, 농업신용조합의 설립, 섀넌 강 계획에 따른 광대한 사업이 그것이다. 하지만 그리피스가 살아 있었다면 산업화 프로그램을 수행하는 수단으로 1922년과 1932년 사이 '선택 보호무역(selective protection)'을 택한 정부조처에 만족했을까 하는 의문이 생긴다. 정부의 산업정책은 배경과 훈련에서 영국의 진보적이고 자유방임적인 전통 외부에 있는 많은 아이디어에 관심을 가지지 않았던 공무원과 경제학자의 영향뿐만 아니라, 산업화된 경제 이데올로기의 부족 또한 반영했다. 사실 변증론자로서 마르크스와 엥겔스가 미소를 지었을 산업화를 위한 그리피스의 보호주의 정책이 1932년 이후 드 발레라와 레마스의 권력이 도래할 때까지 그 이행을 기다려야 했다는 것은 기묘한 역사적 아이러니가 아닐 수 없다.

1922년 이후 첫 번째 10년간 주요한 경제적 향상의 일부는 공무원의 충고에서 나왔다기보다는 개별적인 장관들의 상상력과 독창성에서 유래되었다고 할 수 있다. 공무원의 역할은 이미 존재해 있는 제도를 그대로 운용하는 것이었다. 이러한 공무원의 지적인 풍토는 혁신적인 정신을 촉진시키지 못했는데, 특히 1930년대 초 세계경제공황이 시작된 후에는 더욱 그러했다. 공무원의 수준 높은 특성과 청렴은 중앙과 지방 공공 서비스 분야에서 부원을 충당하기 위해 정부가 독립적으로 위원회를 구성하는 것으로 강화되었다. 자치정부가 정치적 영향력을 지닌 지원자를 위해 납세자의 비용으로 일하는 곳이 아니라는 것을 1922년과 1932년 사이 코스그레이브 정부가 풍요롭고 고무적으로 만들었음은 분명했다.

1932년 피아나 페일당 정권하에서의 경제정책은 그 당 출신의 상공업 장관인 레마스 체제하에서 급속한 산업화를 위해 활기찬 프로그램이 준비되어 있었고 농부들을 위해 관세를 올리는 것을 포함하여 실행되었는데, 산업발전을 확보하기 위해 사용된 수단인 농업에 대해 결실을 맞이할 준비가 되었음을 보여주었다. 레마스 총리는 이전의 코스그레이브 행정부의 공무원들처럼 경제적 입장에 대한 어떤 공리공론을 가지고 있지는 않았다. 하지만 그는 실제적으로 자신의 경제정책에 좌익적 방향을 제공해준 경제활동에서 국가의 간섭에 맡겨야 했다. 레마스는 사기업이 실패했거나 운영할 수 없게 되었을 때 또는 필요한 서비스를 기꺼이 제공하지 않는 곳에 공기업을 설립했다. 예컨대 아일랜드 항공사인 에어 링거스(Aer Lingus)가 공적으로 소유한 항공서비스를 제공하기 위해 1936년에 창설되었고, 1944년 아일랜드 운수제도(Córas Iompair Éireann)는 사적 소유권하에서 어렵게 운영되었던 도로교통 서비스를 양도받았다. 화폐국(Bord na Móna, 1946년)은 가장 성공한 고안물 중의 하나였다. 1932년 이후 레마스는 아일랜드 신산업혁명의 설계자가 되었다.

어떠한 아일랜드 정당도, 심지어 노동당조차도 사회주의가 되지 못했는데, 오히려 공적 또는 국가후원을 받게 된 기업이 경제에서 크고 중요한 몫을 해냈다.

1948년 이후 첫 번째 정당 간 정부가 정권을 이양 받았는데, 경제정책들은 일부의 경우 레마스가 추진했던 것보다도 더 급진적으로 보인 것이 채택되었다. 가령 재정부 장관인 맥길리건은 자본회계란 개념을 도입했는데, 이것은 아일랜드 공공재정이 케인스 이론의 영향을 받은 최초의 명백한 증거가 되었다. 그때부터 정부는 계속해서 국가자본 프로그램이 중심이 되어 점진적으로 성장해갔다. 케인스는 실제로 1950년대와 1960년대 아일랜드 경제에서 코널리보다 훨씬 더 큰 영향을 주었던 것으로 보였다.

피아나 페일당이 1956년 심각한 경제위기에 이어 1957년의 총선거로 돌아왔을 때, 공적인 행정에 전례 없는 조치가 있었다. 공무원의 수장이자 재정부 장관인 윗테이커(T. K. Whitaker)가 정부의 승낙으로 1958년 경제발전이라고 이름이 붙여진 보고서를 출간했다. 이것은 그의 신념을 보여준 것으로 이제는 아일랜드가 생활수준이 향상되어야 하고 실업과 이주가 줄어야 한다는 것을 목표로 했다. 윗테이커의 법규는 필연적으로 복잡한 것으로, 요약하기 어렵고 단순화하기에는 위험한 면이 있다. 하지만 대체로 그가 생각한 올바른 종류의 투자는 나라의 부와 복지를 늘려 존재해 있는 부를 단순히 재분배하는 것이 아닌 생산적인 투자를 의미했고, 그래서 크게 증가된 자본투자가 필요하다고 주장했다. 윗테이커의 보고서는 그 방식대로 경제계획에 추천되지 않았지만, 그가 제안했던 목적과 수단은 경제계획으로 사실상 최상으로 성취되어질 수 있고 제공될 수 있었다.

윗테이커의 보고서를 기반으로 정부는 1958년 말경 1차 경제개발을 위한 프로그램을 승인하고 시행했다. 그 프로그램이 진정으로 1958년 이후 여러 해 동안 발생했던 놀랄 만한 경제회복의 초석이 되었는지, 아니면 경제회복과의 연관성이 단순한 우연이었는지는 여전히 논쟁거리이다. 여하튼 1958년 이후의 성장은 이전 해의 반에도 못 미치는 성장률에 비해 일 년에 약 4퍼센트로 증가했다. 경제발전이 시행된 이래 아일랜드에서 공무원의 위신은 초기의 경제정책에서 윗테이커의 모

148 영국의 총리인 해럴드 윌슨(Harold Wilson)과 아일랜드 총리인 숀 레마스가 1965년 12월 14일 나우닝가 10번가에서 영국-아일랜드 자유교역 동의서에 사인하고 있다. (*Thomson Newspapers*, London)

범을 기대했던 범위에서 매우 높았다.

레마스 주도하의 1963~1964년 정부는 2차 경제개발을 위한 프로그램을 도입하고 1964년부터 1970년까지 7년 동안 시행했다. 정부는 경제계획을 자유로운 사회에서 나타날 수 있는 모든 시련과 보답에 맡겼다. 1956년 코스텔로 정부가 한 것처럼, 1964년 레마스는 너무나 많은 것을 성급히 실행하려고 노력했고, 그래서 아일랜드는 1965년 또 다시 국제수지 위기로 내몰렸다. 하지만 이들 문제점을 수정하기 위해 없어서는 안 될 하기 싫은 조처임에도 불구하고, 2차 프로그램의 목표가 1970년경에 성취될 수 있다는 희망은 남아 있었다(22장 참조). 레마스 총리는 북아일랜드의 총리인 테런스 오닐과 일련의 회합을 갖기 시작했는데, 이것은 아일랜드의 두 지역 간에 좀 더 가깝고 건설적인 관계의 약속을 유지하게 했다.

1965년 레마스와 오닐 간의 극적인 회담이 열렸고, 영국과 아일랜드 간에 여태껏 했던 것보다 좀 더 상호적으로 보답을 받는 경제관계의 희망을 제공했던 신영국

-아일랜드 무역협정이 맺어졌다. 다음 단계에는 아일랜드가 유럽경제공동체에 가입하는 것이 가능할 것처럼 보였다(22장 참조). 영국과 좀 더 가까운 경제관계는 역사와 지리적 논리로 인식되었다. '좋든 나쁘든 간에 영국은 우리와 가장 가까운 이웃이다. 우리 무역의 대부분은 영국과 이루어진다. 우리의 이주민 대부분이 영국에서 일을 한다. 영국과 아일랜드는 많은 목적을 위해 하나의 시장을 형성한다.' 이렇듯 많은 사람들에게 영국-아일랜드 간 자유무역의 영역은 오랫동안 불가피한 것으로 보였다.

조약 이후 몇십 년 동안은 환멸과 좌절의 분위기 속에 있었는데, 아일랜드 문화에 대해 좀 더 안으로 바라보는 측면이 강조되어야 한다는 기대감이 있었다. 청교도적인 잣대로 실시한 검열의 폭동은 국제적 평판을 지닌 외국예술가의 작품뿐만 아니라 현대의 몇몇 위대한 아일랜드 작가의 작품을 금지했다. 이러한 태도는 정치적 자유의 관점에서는 부끄러운 산물이 되었다. 하지만 그 당시 세계적으로 알려진 아일랜드 문학은 제임스 조이스(James Joyce), 윌리엄 버틀러 예이츠(William Butler Yeats), 숀 오케이시(Seán O'Casey), 숀 오파올레인(Seán O'Faolain), 파드레이크 오코네이어(Pádraic Ó Conaire)를 비롯한 작가들의 창작물이었다. 1940년대 마일레스나 교팔린(Myles na gCopaleen)〔'작은 말들의 마일스'__옮긴이〕과 플랜 오브리언(Flann O'Brien)이란 필명으로 영어와 아일랜드어 양쪽 언어를 사용하는 경이로운 작가인 브라이언 오 뉴알레인(Brian Ó Nualláin)〔1911~1966년, 소설가, 풍자가이자 공무원으로 ≪아이리시타임스(Irish Times)≫ 등에 필명으로 수많은 칼럼과 비평을 기고했다. 그의 작품 중 *At Swim-Two-Birds*는 1945년 이전에 출간된 포스트모더니즘의 시초로 간주된다__옮긴이〕은 아일랜드의 생활과 문단에 있는 모든 위장과 허세의 채찍으로 등장했다.

조약은 교육 면에서는 혁신적인 발전을 가져다주지 못했다. 아일랜드어의 부활을 위한 좀 더 효율적인 방법으로 초등학교 정상 교육 과목에 포함시키는 것이 요구되었고, 이러한 책임이 학생과 교사 양쪽에 무거운 짐이었다는 점은 사실이다.

초등학교와 중등학교 및 대학교 같은 교육기관을 위한 국가의 재정적 보조는 여러 해 동안 충분하지 못했다. 하지만 미래를 향한 교육의 전망은 훨씬 더 밝았다. 1930년대 확장된 직업학교 교육이 차별화된 가치 있는 결과를 냈지만, 1960년대 종합중등학교의 맥락에서만이 이들 잠재력에 접근하게 되었다. 조약이 행해진 이래 아일랜드에서 국제적으로 가장 중요한 교육적 또는 문화적 이벤트는 드 발레라가 후원한 고등교육을 위한 더블린 연구소(Dublin Institute for Advanced Studies, 1940)의 확립이었다. 이 연구소는 국제적으로 뛰어난 학자들을 끌어들였는데, 이 중에 이론물리학자인 어빈 슈뢰딩거(Erwin Schroedinger)도 있었다.

1960년 중등교육의 모든 측면을 조사하여 정부에 보고하기 위해 하나의 위원회가 구성되었다. 이들의 보고서는 전반적인 주제에 대한 새로운 접근방식을 전달하기 위한 것이었다(22장 참조).

사회적으로 또한 커다란 진전이 있었다. 아일랜드 자유국에서 더블린은 유럽에서 가장 최악의 슬럼 중 하나로 여겨졌다. 1966년에 더블린의 괜찮은 지역조차 여전히 개선되어야 할 필요가 있었지만, 옛 의미에서의 슬럼적 개념은 사라지고 자치도시는 전반적으로 상당히 수준이 높아졌다. 아일랜드 노동조합 운동은 성장 면에서 내부 알력으로 후퇴하고는 있었지만, 조직은 막강했는데 약 39만 명의 성원으로 집계되었다. 조합 운동은 또한 분열로 인해 발전을 저해받았는데, 스토먼트 정부(Stormont government)는 1964년까지 아일랜드 노동조합 총협회를 협상단체로서 인정했다.

정부는 여러 해 동안 계속되는 이주를 위해 만족할 만한 구제방법을 찾지 못했다. 하지만 1966년 일시적인 경제적 어려움에도, 생활수준을 향상시키고 사회복지를 개선하며 불필요한 이주를 제거하기 위한 견해와 더불어 경제성장이 가능했다는 징조들이 있다. 하지만 국가적으로 조약 이후 아일랜드의 가장 큰 실패는 이주를 원치 않았던 사람들에게 국내에서 일자리를 제공하지 못했다는 점이다.

조약 이래 교회와 국가는 오직 단 한 번만 충돌했는데, 1951년 노엘 브라운 박사의 '모자 건강계획'에 관한 정책 때문으로, 가톨릭 성직자단은 이 계획이 교육 면에서 가족과 교회의 권리에 대한 가톨릭 사회교육에 대항하는 것이라고 선언했다. 이로부터 15년이 지난 1966년 존 교황의 재위 이후 실업 구제를 받을 사람의 수입 조사가 원칙적으로 의료봉사에 이의로 제기되는 것은 상상하기 어려웠다. 1951년 브라운 박사가 공직을 떠난 후 이와 매우 유사한 건강계획이 새로운 피아나 페일당 정부에 의해 도입되었는데, 이는 가톨릭 성직자단의 이의를 충족시켰다.

149 유엔군으로 봉사하고 있는 아일랜드 군인 (John F. Kelly, R. H. A.)

제2차 세계대전 이래 21년에 걸쳐 아일랜드는 유엔기구에서의 입지에서 민족연맹에서 획득한 것만큼 주목할 만한 성취를 이룩했다. 1932년 제네바에서 드 발레라는 국내적으로 분명히 융통성 없는 정치적 강령에 연루된 정치적 인물로서 자신의 도덕적 위상으로 굉장히 기운을 불어 넣었던 국가들 간에 정의와 평화를 구했다. 1966년 6월 아일랜드 재선거에서 대통령으로서 그는 세계적인 정치적 인물로 계속해서 활약했다.

1948년 이래 리암 코스그레이브(Liam Cosgrave)가 첫 번째로 그리고 후에 프랭크 에이켄(Frank Aiken)이 유엔의 연례총회를 위해 아일랜드 대표단을 이끌었으며, 약소국가가 국제평화 운동을 촉진시키기 위해 할 수 있는 역할을 암시했다. 1916년 봉기 50주년이 되던 해에는 숀 매케인(Seán MacEion) 장군하에서 질서유지를 위해 유엔의 부름으로 멀리까지는 콩고공화국과 사이프러스에서 복무했던 아일랜드 군인들을 기념하기에 이르렀다. 1916년 아일랜드 공화국을 선언했던 사람들과 조약을 지지했던 국민들, 이에 반대했던 사람들뿐만 아니라 군대에서 지지했던 사람들은 유엔 체제하에서 평화유지군에 참가하는 아일랜드 군인들을 환호하는 데 일치된 견해를 보였다.

공화국의 경제는 유럽경제공동체 가입을 준비함으로써 사기업과 공기업의 경험적 혼합으로 재조직되었다. 하지만 1965년 중심 야당이 제기한 '정의로운 사회의 구상(Planning a Just Society)'에 대한 논의는 경제성장이 본질적으로 충분치 않다는 것을 생각하게 하는 것이었다.

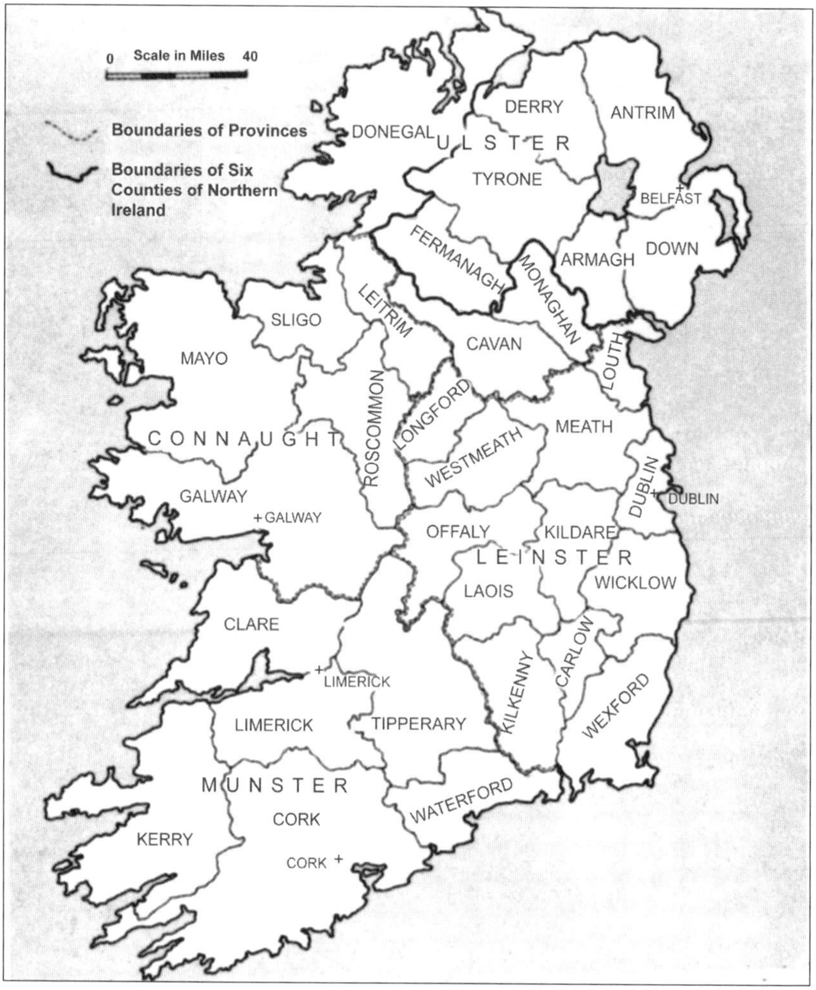

150 아일랜드의 행정 지도

아란 제도 이니스 모어(Inis Mór)의 던 엥거스(Dún Aengus). 청동기 시대로 거슬러 올라가는 거대한 반원으로 된 석조 요새(기원전 500년 이후). (Shannon Development)

1세기의 것으로 추정되는 금으로 만든 배는 기독교 이전 시대 아일랜드 토착민의 장인적인 기술을 보여준다. (아일랜드 국립박물관)

『얼스터 연대기』는 552년 성 패트릭의 묘지에서 성 콜럼바가 종을 포함하여 3개의 성물을 따로 옮겼음을 기록하고 있다. 성 패트릭의 종으로 알려진 철로 된 이 종은 그와 함께 묻혔던 것일 수도 있다. (아일랜드 국립박물관)

초기 기독교 시대에서 아일랜드의 수많은 수도원 거주지는 벌집형 오두막 군집을 이루는데, 이들 중 일부는 오늘날까지 남아 있다. 사진의 오두막은 케리 주에 있다. (Keewi Photography)

『켈스의 서』, 32쪽, 그리스도의 초상. 8세기의 채색된 사본으로 서문과 요약 그리고 미사 전문의 목차와 함께 라틴어로 된 4개의 복음서를 포함하고 있다. (트리니티 칼리지, 더블린)

스트롱보와 이이페의 결혼식. Daniel Maclise 그림. 그림은 1169~1970년 노르만인에 대한 아일랜드 토착민의 패배를 묘사한다. (아일랜드 국립미술관)

존 왕의 성. 리머릭 주 섀넌 강에 위치한 이 성은 1200년경에 도시를 방어하고 강 건너 쏘먼드의 오브라이언 왕국에 있는 아일랜드인을 진압하기 위해 세워졌다. (Shannon Development)

Abraham Ortelius, *Theatrum Orbis Terrarum*, Antwerp, 1593년. 1573년에 만들어진 이 아일랜드 지도는 대군주와 부족장의 영역을 표시하고 타운들과 교회부지 그리고 성들을 포함한다. 상대적으로 얼스터는 거의 나타나 있지 않은데, 그 이유는 잉글랜드인 조사자가 아직 정복하여 답사하지 않았기 때문이다. (아일랜드 국립도서관)

올리버 크롬웰. Robert Walker 그림. 1649~1660년 사이 크롬웰은 대규모 토지를 몰수하고 이전 소유자들을 아일랜드에서 가장 가난한 지역으로 추방함으로써 그들 재산과 정치세력을 새로운 식민지인들에게 전해주었다. (런던 국립 초상화미술관)

1780년 아일랜드 하원. Francis Wheatley 그림. 아일랜드 의회 내부 장면. 1801년 합병법으로 아일랜드 의회는 불필요하게 되었다. (리즈 박물관과 미술관, Lotherton Hall)

자유를 수호하는 아일랜드 의용군. 1786년 Jean Delatre 그림. 프랑스 혁명의 이상이 18세기 말 아일랜드를 휩쓸었는데, 이러한 정신은 숙명의 1798년 반란으로 절정에 다다랐다. (아일랜드 국립도서관)

1828년 클레어 선거에서 오코넬과 그의 동료들. Joseph Haverty 그림. 가톨릭 법정변호사인 대니얼 오코넬은 1828년 의회에 출석함으로써 가톨릭교도의 차별을 반대했고, 합병법에 대한 강력하고 대중적인 반대자가 되었다. (아일랜드 국립미술관)

찰스 스튜어트 파넬, 정치인. Sydner Hall 그림. 웨스트민스터에 있는 아일랜드 의회당의 카리스마적인 지도자로 치명적인 불명예 이전까지 아일랜드 국민들의 존경을 받았다. (아일랜드 국립미술관)

경제적 압박. Seán Keating PRHA 그림. 아일랜드 역사에서 19세기와 20세기의 경제적 상황과 과도한 인구는 세계 각지의 좀 더 번영한 나라로 떠나는 대규모 이민을 초래했다. (코크의 크로퍼드 시립 미술관)

미국에서 온 편지. Jas Brenan 그림. 고국으로 돌아갈 희망을 가질 수 있던 사람이 거의 없었기 때문에 이주민이 보낸 편지는 이주 이후 고국과 접촉하는 유일한 수단이었다. (코크의 크로퍼드 시립 미술관)

더블린 킬메이넘 감옥의 소름 끼치는 중앙 홀. 이곳은 1916년 봉기의 반란군이 수감되었다가 처형된 곳이었다. (Imagefile)

1921년 민족주의자 법원. Seán Keating PRHA 그림. 독립전쟁과 시민전쟁 동안 특별법원이 아일랜드 전역에 걸쳐 운용되었는데, 정의를 시행하고 사형선거를 내렸다. (코크의 크로퍼드 시립 미술관)

1932년 또는 1933년 총선거 때 게일협회(Cumann na nGael) 선거 포스터. 이 당은 포스터에서 자신을 법과 질서의 지지자로, 주요 야당인 피아나 페일당을 폭력 사용과 연관되도록 나타내고자 했다. 게일협회는 양 선거에서 패배했다. (아일랜드 국립도서관)

부두 노동자들(1934). Maurice MacGonigal 그림. 새롭게 구성된 정부하의 아일랜드 사회 상황에 대한 묘사. 더블린 부두에서 세 명의 '버튼 맨(button men, 일용직 노동자)'이 고용을 기다리고 있다. (휴 레인 근대 시립 미술관)

잭 린치 총리가 1973년 아일랜드를 유럽으로 이끌었는데, 이것은 영국 경제에 대한 아일랜드의 의존을 종식하고 국가를 세계무대로 올리기 위한 새로운 기회를 제공했다. (Colman Doyle)

아일랜드군이 1978년 이래 주둔하고 있던 레바논에서 한 아일랜드 군인이 평화유지 임무를 수행하고 있다. 그들은 2001년 1월 11일 에티오피아-에리트레아에서 군사작전을 시작했다. (An Cosantóir)

메이즈(Maze) 감옥에 수감된 민족주의자들의 단식 투쟁을 지지하기 위해 여성과 어린이들이 행진하고 있다. 1981년 단식 투쟁자 가운데 10명이 사망했다. (An Phoblacht)

북아일랜드에서 오렌지 지부회원들이 개최하는 연례 행진은 합병주의자들의 전통행사이다. (Pacemaker Press International Ltd)

얼스터합병당(UUP)의 당수 데이비드 트림블과 사회민주노동당(SDLP)의 당수 존 흄이 북아일랜드의 평화를 위한 그들의 공적을 인정받아 1996년에 노벨평화상을 수상했다. (Pacemaker Press International Ltd)

북아일랜드의 정치적 벽화는 세계적으로 유명하다. 얼스터의 붉은 손은 합병주의자의 전통으로 전용(專用)되었는데, 여기서는 준(準)군사적인 얼스터 의용군을 나타낸다. (keewi Photography)

번영하는 경제와 자유화된 사회는 21세기 초반 아일랜드에 커다란 변화를 일구었다. 더블린에는 오래된 것과 새로운 것이 나란히 존재한다. (keewi Photography)

골웨이의 역사적 도시는 아일랜드의 점진적인 번영으로 이득을 얻었지만, 여전히 독자적인 매력을 간직하고 있다. (keewi Photography)

2000년 12월 당시 미국 대통령이었던 빌 클린턴이 대통령직 말기에 아일랜드를 방문한다. (아이리시 타임스)

영국의 토니 블레어 총리와 아일랜드의 버티 어헌 총리. 북아일랜드에서 평화협정을 체결하는 데 두 사람이 중요한 역할을 했다. (아이리시 타임스)

소니아 오설리반(Sonia O'Sullivan), 2000년 시드니 올림픽에서 5,000미터 달리기로 은메달을 획득했다. (Sportsfile)

셰이머스 히니. 아일랜드의 대표적 현대 시인으로 1995년에 노벨문학상을 수상했다. (아일랜드 국영방송국 사진 도서관)

22

아일랜드: 1966~1982

IRELAND: 1966-1982

1966년에서 1982년까지 16년에 걸쳐, 남과 북으로 분단된 아일랜드의 정세는 전례 없이 빠르게 변화가 진행되었다. 북아일랜드에서 일어난 변화는 대개의 경우 조용히 외부로 향한 정치적인 것이었다. 그러나 중요한 사회경제적 변화 역시 일어났다. 아일랜드 공화국에서의 변화는 무엇보다도 경제와 사회 면에서 두드러졌다. 우선 북아일랜드에 대해 논의할 것인데, 그 이유는 그곳에서 나타난 위기가 공화국에서 발생한 사건들의 과정에 영향을 미쳤기 때문이다.[1)]

1966년 북아일랜드에서 미래에 대한 전망은 좀 더 밝은 듯이 보였다. 경제적으로 북아일랜드는 진보하고 있었다. 사실 그 나라는 기본산업인 리넨과 조선업 그리고 농업의 지속적인 쇠퇴와 높은 실업으로 고통을 받고 있었다. 하지만 통상부는 새로운 산업들을 활발하게 끌어들였고, 옛 기초 사업의 쇠락을 만회하려는 노력을 기울였다. 가장 큰 성공은 수제품 섬유 분야였다. 북아일랜드는 활기를 띠고 있는 이들 산업으로 유럽의 중심지 중 하나가 되었다. 반면에 국토개발원은 도로와 공익사업 및 주택공급 같은 '경제기반'이라는 최신의 유행을 좇아 북아일랜드의 기업인들에게 주의를 끌 수 있는 산업 쪽으로 압박을 가하고 있었다. 아일랜드에서 건설된 최초의 고속도로는 1962년 벨파스트와 리스번(Lisburn) 간에 개통되었고, 1965년에는 포터다운(Portadown)과 러간(Lurgan) 사이의 고속도로가 새로운 타운(크레이거번)에 개통되었다. 1960~1973년 동안 성장률은 연평균 4퍼센트였는데, 이는 영국의 다른 곳보다 높았고 아일랜드 공화국의 성장률과 맞먹었다.

정치적으로도 북아일랜드의 분위기는 개선되고 있는 듯했다. 북아일랜드의 창건 이래 그 나라는 대다수 신교도와 소수의 가톨릭교도 간에 첨예하게 나뉘어 있었다. 인종적 경계선은 서로 다른 종교인 사이의 비결혼과 분리된 교육을 통해 유지되었고, 일부 지역에서는 주거지 차별로 유지되었다. 정치적인 태도는 주로 종교적 집착에 따라갔는데, 가톨릭교도들은 주로 연합아일랜드를 선호한 반면, 신교도들은 영국과의 지속적인 연계를 지지하고 있었다. 가톨릭교도는 직업, 주택, 법과 질서의 상요, 그리고 신기구의 선을 긋는 차별정책에 대해 신랄하게 불평을 가했다. 신교도들은 가톨릭교도들이 그 나라에 충성스럽지 못하다고 반박했다. 하지만 1963년 캡틴 테런스 오닐이 새 총리가 되었을 때, 그는 두 공동체 간의 중개역할에 대해 언급했다. 다른 편에서는 영국 복지국가의 교육을 북아일랜드에 불어넣음으로써 교육의 혜택을 받은 가톨릭교도의 통솔력이 떠오르고 있었는데, 가톨릭교도들이 정책 내에서 공정한 대우를 받는 조건으로 헌법적 현상(現狀)을 마지못해 받아들이기 위해 선임자들보다도 훨씬 더 많은 준비를 하고 있었다. 아일랜드공화군(IRA)은 1956~1962년까지 무력으로 북아일랜드를 전복시키려고 시도했지만 점차 빛을 잃어가고 있었기 때문에, 그 지도자들은 사회경제적 논의를 추구하기 위해 노력을 기울였다. 아일랜드 공화국 총리인 숀 레마스는 북아일랜드와 더 나은 관계를 맺고자 1965년 스토먼트를 방문했다. 이러한 화해에 대해 반대한 유일한 집단은 북아일랜드 신교도 공동체의 우익이었는데, 웅변적인 선동가인 이언 페이즐리(Ian Paisley)가 영향력을 행사하고 있었다.

따라서 혼란 속으로의 몰락은 피할 수 있는 사안이 되었다. 분개와 불신의 유산에도 불구하고 화해를 위해 노력하는 힘은 갈등을 만드는 힘만큼 강인하게 보였고,

분쟁이 시작된 후에도 북아일랜드가 평화 쪽으로 되돌아갈 수 있는 가능성이 높았다. 이야기는 네 시기로 요약될 수 있는데, 1966~1969년, 1969~1974년, 1974~1975년 그리고 1975~1982년이다.

151 이언 페이즐리 (R. T. É., 1973)

1966~1969년

가톨릭 공동체에서 새로운 분위기가 조성되고 있다는 신호는 1967년에 창설된 북아일랜드 인권협회(Northern Ireland Civil Rights Association)의 성장에서 보여주었다. 주로 가톨릭 소수자를 대표하는 이전의 조직과는 달리 이 단체는 북아일랜드 국가의 존재에 도전하지는 않았지만, 그 나라 안에서 벌어지고 있는 악습의 철폐를 요구했다. 1968년 8월부터 이러한 목표를 지지하는 행진과 시위들이 여러 소도시에서 있었다. 하지만 경찰과 신교도 우익당은 이러한 발전을 북아일랜드를 저해하기 위한 새로운 시도로 간주하고 당파에 대항한 외적인 캠페인보다 더 음험할 수 있기 때문에 훨씬 더 위험하다고 보았다. 연이은 시위는 경찰에 의해 저지되었고, 신교도 극단주의자의 방해를 받았다. 큰 충돌은 데리(1968년 10월 5일)와 번톨렛(Burntollet, 1969년 1월 4일) 및 데리와 벨파스트(1969년 8월 12~15일)에서 발생했는데 이를 기술하기 위해서는 많은 지면이 필요하다. 1969년 8월 중순경의 무질서는 경찰이 이를 더 이상 저지할 수 없는 절정에까지 이르렀으며, 북아일랜드 정부는 질서 회복을 위해 영국 정부에게 군대 파병을 요청하지 않을 수 없었다. 가톨릭 지역에서 영국군의 도착은 경찰이 패배했다는 신호로 받아들여졌기 때문에 영국군은 환영을 받았다.

그 당시 웨스트민스터의 노동당 정부는 북아일랜드 정부에 대해 오랫동안 개혁을 요구하고 있었고, 이미 어느 정도의 양보를 얻어냈다. 이제 노동당 정부는 그들 사이에서 인권협회가 요구하는 거의 모두를 승인한 두 꾸러미나 되는 개혁(1969년 8월과 10월)의 채택을 주장했다. 신교도 특수보안대가 전적으로 해체되어야 했다.

선거구 경계가 다시 만들어져야 했고, 주택문제가 비당파적 단체에 의해 운영되었으며, 보장 조항은 공적 고용에서 차별반대법을 받아들였다. 개혁들은 신교도 우익 진영을 몹시 화나게 만들었고, 가톨릭교도도 탐탁지 않아 했는데 그 개혁들이 소요가 발생하기 일 년 전에 미리 시행되었더라면 훨씬 더 좋았을 것이기 때문이었다. 그럼에도 개혁은 충격을 주었으며, 북아일랜드가 평화와 안정으로 되돌아가는 길을 찾았을 때인 1969년 말이 되서야 그 개혁이 가능한 것처럼 보였다.

1969~1974년

다음의 18개월은 불안했다. 한쪽에서는 시위 진압 병력이 급증했다. 합병주의 우익 진영은 북아일랜드 정부에 의해 '배반행위'로 기술된 것을 가차 없이 비판한 반면, 다른 극단주의자인 IRA는 새롭게 하나의 군사행동을 준비하고 있었다. 하지만 다른 쪽에서는 좀 더 중도적인 요인들이 신교도와 가톨릭교도 양쪽에서 상승하는 기세로 보였다. 잇따른 총리 체제하에서(1969년 4월까지 캡틴 오닐, 1969년 4월에서 1971년 3월까지 메이저 치체스터-클라크, 1971년 3월부터 브라이언 포크너) 북아일랜드 정부는 1969년에 선언한 개혁들과 함께 서서히 앞으로 나아갔다. 가톨릭 편에서 있는 새로운 정당인 사회민주노동당(Social Democratic and Labour Party: SDLP)이 1970년에 창당되었다. 이들은 목표를 동의에 의한 연합아일랜드에 두었으나, 북아일랜드 내 개혁의 중요성에 대해 더욱 더 강조했다. 개혁이 재빨리 완성되었더라면 SDLP와 좀 더 온건한 합병주의자들에게는 얼마간의 새로운 합의가 가능했을지 모른다.

하지만 개혁은 지역정부를 재구성하는 것을 포함시켰는데, 너무 복잡해서 1973년까지 완성하기는 불가능했다. 반면에 당시는 군대가 강하게 보강되었는데, 군대는 가톨릭 소요자들과 대치함으로써 말려들었고, 따라서 벨파스트와 데리의 가톨릭교도 지역에 머물고 있는 주둔군이 얻었던 초기의 친선은 적대감으로 바뀌었다. 1971년 초 IRA가 공격을 시작했다. 군인과 경찰관이 살해당하고, 폭파의 횟수가 다달이 상승했다. 합병주의 정부는 점차 신교도들로부터 확고한 조치를 내리라는

152 제임스 치체스터-클라크(James Chichester-Clark) (Pacemaker Ltd, 1969)

압력을 받게 되었다.

정부가 취해야 할 분명하고 확고한 조치는 억류였는데, 이는 분쟁이 끝날 때까지 의심되는 IRA 성원들을 재판 없이 붙잡아두는 것이었다. 이러한 억류는 1922년, 1939년 및 1956년에 성공적으로 사용되었다. 1971년 8월 포크너(Brian Faulkner)는 이를 다시 사용할 시간이 왔다고 결정했다. 하지만 이번 경우에는 지난번과 같은 결과를 가져오지 않을 것이라는 점을 확신시켰다. 첫째, 그 운용의 크기는 선례가 없는 것으로 300명 이상이 체포되었다(이들 중 많은 수가 IRA와 관계가 없다는 것이 밝혀졌을 때 재빨리 석방해야 했다). 둘째, 극단적인 신교도들이 그 위기를 선동하기 위해 많은 것을 했지만, 억류는 공화주의자에 대해서만 단독으로 이루어졌다. 셋째, 가장 중요한 것은 피억류자의 일부가 엄청나게 부당한 대우를 받았다는 사실이 알려지게 되었다는 점이다.

153 브라이언 포크너(R. T. É., 1969)

결과적으로 억류는 폭력을 증폭시켰다. 신참병이 IRA로 몰려들었다. 수많은 가톨릭교도들은 물론이고 공화주의자와 SDLP의 지지자 같은 중도파까지 지대와 사용료 파업을 계속하거나 공공기관으로부터 철수했다. 억류에 반대한 시위들이 극에 달했다. 1972년 1월 30일 데리에서는 13명이 영국군의 총에 맞아 사망했는데, 이것이 바로 그 유명한 '피의 일요일(Bloody Sunday)'이었다. 이 사건은 민족주의 아일랜드 전역에 걸쳐 급변의 물결을 야기했고, 더블린에 있는 영국대사관이 불에 타기까지 했다(2월 2일).

하지만 상황이 매우 심각하게 되자 해결을 위한 압박이 증가했다. 1970년 6월 이래 정권을 잡고 있었던 보수당 정부가 있는 웨스트민스터에서 포크너의 정책이 가져다준 불행한 결과들이 정권의 각성을 자아내고 있었다. 1972년 3월 영국 정부는 북아일랜드 정부와 의회를 일시 정지했고, 웨스트민스터의 직접통치를 결정했다. 영국 내각이 새로이 수립되었는데, 북아일랜드를 위한 장관 자리에 화합의 재능을 지닌 사람인 윌리엄 화이트로(William Whitelaw, 후에 로드 화이트로)가 임명되었다.

직접통치는 즉각적인 개선을 가져오지 못했다. 1972년 봄과 여름에 걸쳐 일어난 폭동은 최고조에 다다랐다. IRA는 이들 성공으로 격려를 받았고, 폭탄 테러를 다시 두 배로 증가시켰다. 신교도의 사군대인 얼스터 방어협회와 얼스터 의용군이 나타났다. 가톨릭교도들에 대한 무차별 살인이 빈번해졌고, 이들 살인자들에 대한 보복이 IRA에 의해 행해졌다. 6월에, 영국 군대와 IRA 간에 이루어진 짧은 휴전이 서로 죄를 뒤집어씌움으로써 무너졌다. 하지만 최하의 지점은 1972년 7월 21일〔'피의 금요일(Bloody Friday)'〕로 IRA가 벨파스트에 일련의 폭탄을 터뜨린 자체가 도를 넘는 것이었다. 이로 인해 9명이 죽고 130명이 부상당했는데, 잇따라 일어나

154 윌리엄 화이트로 (Pacemaker Ltd, 1973)

는 급변 속에서 군대는 벨파스트와 데리의 가톨릭교도 지역에서 자체적으로 재확립할 수 있게 되었다. 그런 후에 폭동은 느린 속도로 누그러졌다.

그 사이에 화이트로는 협정을 위해 두 공동체인 포크너의 합병주의자와 SDLP 안에 있는 좀 더 온건한 성원들을 설득하고 있었다. 합병주의자들은 다수의 주민들이 바라는 한, 북아일랜드는 영국의 일부분으로 남을 것이라고 되풀이하여 보장하는 말을 듣고서야 진정을 했다. SDLP는 행정부 권력을 공유하는 것과 전 아일랜드 기관들의 발전을 약속받았다. 1973년 6월에 열린 신(新)북아일랜드 회합을 위한 선거에서 포크너의 합병주의자와 연합집단 및 SDLP가 다수를 획득했다. 1973년 11월 그들은 협상이 어렵게 이루어진 후에야 연합행정의 구성에 관해 합의했다. 1973년 12월 버크셔(Berkshire)의 서닝데일(Sunningdale)에서 열렸던 회의에서 영국과 아일랜드 정부 및 지명된 행정부의 성원들은 북과 남의 대표자들과 함께 공동관심사의 일들을 운용하기 위해 아일랜드 평의회(Council of Ireland)를 설치하기로 합의했다. 1974년 1월 1일 새로운 행정부가 출범했으며, 포크너가 행정부의 수석으로, 그리고 SDLP 지도자인 게리 피트(Gerry Fitt, 후에 로드 피트)가 부수석이 되었다. 다시 한 번 북아일랜드가 갈등에서 합의로 향하는 것처럼 보였다.

155 서닝데일 회의에서, 왼쪽부터 올리버 네피어, 리암 코스그레이브, 에드워드 히드, 브라이언 포크너와 게리 피트 (*The Irish Times*)

1974~1975년

하지만 새로운 행정부에 대한 지지가 허약하다는 것이 곧 분명해졌다. IRA는 가톨릭교도 편에서 행정부가 출범한 이후에도 몇 주 동안 폭탄 테러를 계속했다. 신교도 편에서 포크너는 합병주의당 다수에 의해 거부되었으며, 결과적으로 자신의 새로운 당을 만들었다. 1974년 2월 28일에 열린 웨스트민스터 의회를 위한 총선은 12개의 선거구 중 11개에서 반(反)포크너 합병주의의 승리로 나타났으며, 4명의 신교도 투표자들 중 3명이 그러한 후보자에게 투표했음이 드러났다. 신교도들의 반대는 제안된 아일랜드 평의회만큼 SDLP와 권력공유 쪽으로 그렇게 많이 향하는 듯이 보이지 않았는데, 이는 전반적으로 볼 때 연합아일랜드 쪽으로 그들을 유인하기 위한 고안이었다.

1974년 5월 14일에 얼스터노동자평의회(the Ulster Workers Council)라 불린 조직이 서닝데일 협정에 반대하는 총파업을 선포했다. 처음에는 소수의 지지만을 받았는데, 이 조직은 5월 28일 포크너와 행정부에 있는 그의 합병주의 동료들이 그 공동체에서 공직에 남아 있는 데 필요한 더 이상의 충분한 지지를 받지 못함을 결정하여 사임할 때까지 느리게 여세를 모았다. 행정부는 즉시 무너졌다. 몰락이 어느 정도 불가피했느냐 하는 것에 대해서는 의견이 분분하다. 한편으로 경찰과 군대가 초기단계에서 결정적으로 움직였더라면 아마도 파업은 진압되었을 것이다. 다른 한편으로 얼스터노동자평의회가 파업을 끝까지 버티어냈다 하더라도, 신교도와 가톨릭교도 사이의 무너지기 쉬운 연합이 과도했음을 보여주는 일부 다른 사건들이 나타났을 듯하다.

영국 정부는 또 다른 새로운 방침을 시도했다. 북아일랜드 정치가들로 하여금 해결을 받아들이는 쪽으로 압박하는 대신에, 그들이 스스로 해결하도록 남겨두었다. 1975년 5월 78명의 의원들이 대표자회의(convention)에 선출되었을 때 서로 의견을 달리하는 정치가들이 북아일랜드의 미래정부에 대한 합의를 추진할 수 있었다. 대표자회의에서 합의는 가능한 것처럼 보였다. 1975년 8월 말경 합병주의 협상팀이 윌리엄 크레이그(William Craig)에 의해 주도되었는데, 지금껏 가장 완고한 합병주의 정치가들 중의 한 사람으로 간주된 그는 '자발적 연립'에 관한 타협 가능성을 SDLP와 함께 찾고 있었다. 합병주의자는 SDLP가 아일랜드 평의회에 대한 그들의 요구를 미결 상태로 둔다면, 실험적인 시기 동안 권력을 공유하는 것을 사실상 승인하는 것임을 시사했다.

1975~1982년

다시 한 번 협정에 대한 희망이 산산이 부서졌다. 1975년 9월이 시작되면서 SDLP와 함께 크레이그가 제안한 타협안이 그의 동료인 이언 페이즐리 목사와 대표자회의의 많은 합병주의자들에 의해 거부되었다. IRA가 일으킨 새로운 폭발은 그러한 변화와 관련이 있다. 그러나 가장 중요한 이유는 일시적으로라도 권력의 공유를 허용하는 것은 그 나라의 존립에 근본적으로 반대하는 것으로 간주했던 그들에게 너무나 많이 양보하는 것이라는 것이 합병주의자들 간의 심정이었던 것처럼 보인다. 1975년 11월에 완성된 대표자회의의 보고서에서 합병주의자들은 소수자를 위해 약간의 안전장치를 가지고 있었던, 1972년 이전에 존재한 것과 같은, 다수자 통치의 복귀를 주장했다. SDLP와 중도 합병주의자는 이런 보고서에 서명하기를 거절했다. 이것은 공동체 간 협정의 적절한 조처를 반영하는 데 실패했기 때문이었다.

1975년부터 많은 난관이 북아일랜드 정치를 지배했다. 법률상의 억류가 1971년에 들어왔을 때 그렇게 신랄하게 비난을 받았으나 1975년 말이 되어서야 끝이 났다. 하지만 계속되는 폭력은 그 다음해에 일단 줄어들었지만 끝이 나지는 않았다. 1976년 피이스 피플(Peace People)〔북아일랜드에서 가톨릭교도와 신교도 양파로 이루어진 평화운동의 하나__옮긴이〕은 대규모의 집회를 구성함으로써 인구의 대다수가 전쟁에 대해 싫증이 나 있음을 표현했다. 그들이 단기간 동안 대중의 지지를 얻었을지라도, 그들은 프로그램을 명확히 표현할 수 없었고 따라서 불확실성으로 사그라졌다. 1977년과 이어 1979년 영국의 장관들이 위임 정부의 형태에 관한 정당들 간에 협정을 얻으려는 시도를 했지만, SDLP와 합병주의자들에 의해 거의 같은 열기로 파결되었다. 1981년 대리 공격의 혐의로 북아일랜드 감옥에 수감된 10명의 공화주의자들이 '특정 지위'를 추구하는 가운데 단식투쟁(hunger strike)*으로 사망했다. 이들 중 최초의 그리고 가장 잘 알려진 사람은 보비 샌즈(Bobby Sands)였다. 영국 정부가 그 투쟁에 끝까지 버티었지만 투쟁가들이 보인 용기는 선거에서의 성공을 포함하여 공화국 운동에 상당한 공감을 얻었다. 1982년 새 장관인 제임스 프라이어(James Prior)는 자신의 '되돌아오는 권력이양(rolling devolution)'이란 계획으로 정당 간의 합의를 얻기 위한 또 다른 시도를 했으며, 북아일랜드 의회(Northern Ireland Assembly) 선거가 10월에 열렸다. 하지만 SDLP와 공화당원들이 좌석을 차지하기를 거부했고, 프라이어는 합병주의자가 지배적인 의회에 권력을 이양하기를 거부했다.

* 게일 전통에서 뿌리 깊은 시위의 한 형태로 적(라이벌 부족장)을 '압박'하기 위해 적의 집 문 앞에 앉아 굶는 것이다. 이는 20세기 아일랜드 공화주의자들이 영국 정부에 수치심을 줄 의도로 사용한 무기로, 1981년 IRA의 보비 샌즈가 감옥에서 6주간에 걸친 단식투쟁으로 사망한 소식은 영국 정부를 경악케 했고, 영국인에 대한 아일랜드인의 분노를 일으켰다__옮긴이

그 상황으로 인해 교착상태가 누적되어가는 듯이 보였다. 어떤 정당도 자신의 견해를 강요할 만큼 충분히 강하지는 못했다. 정당들은 모두가 너무나 약해 그들을 바꾸어야겠다는 생각조차 하지 못했다. SDLP는 북아일랜드 내에서의 해결을 위한 탐색과는 동떨어졌으며, 합의에 의한 통합된 아일랜드를 요구했다. 하지만 명백히 합의점을 얻는 방법을 찾지 못했다. IRA는 강요에 의한 통합된 아일랜드를 추구했지만, 강요를 효력 있게 만들기에 충분할 정도로 강력하지는 못했으며, 그렇게 하려고 시도하는 과정에서 오히려 합병주의자들을 더욱 더 완고하게 만들었을 뿐이었다. 대부분의 합병주의자들은 북아일랜드에서 다수파의 통치를 회복하려고 노력했지만 영국 정부는 계속되는 이러한 요구를 거절했다. 그 이유는 이것이 합병주의자들로 하여금 다시 한 번 가톨릭 소수자를 지배할 수 있게 하기 때문이었다. 가톨릭교도들은 이에 대해 영국에 조금도 고마운 감정을 느끼지 않았는데, 그 이유는 영국이 화해 쪽으로 합병주의자에게 영향력을 행사하기 위해 훨씬 더 많은 것을 할 수 있다고 느꼈기 때문이었다.

156 제임스 프라이어 (Pacemaker Ltd, 1982)

하지만 1970년대 말과 1980년대 초 정치적 침체 아래에서 중요한 경제적 변동이 일어나고 있었다. 이것은 주로 폭력의 결과로 나타난 것은 아니었다. 1972년 폭력이 극에 달한 반면, 북아일랜드 경제는 1973년까지 계속해서 팽창했다. 하지만 1974년부터 경제는 쇠퇴일로에 있었다. 이것은 전반적인 영국 경제가 나빠진 영향에서 부분적인 원인을 찾을 수 있으며, 또 영국에서 더 가난한 지역을 보조해주기 위해 런던 정부가 북아일랜드의 보조를 신속하게 축소한 것도 일부 원인이 되었다. 폭력 또한 간접적인 영향을 주었는데, 이는 투자를 억제했다. 1970~1980년 동안 제조산업에 고용된 노동인구는 32퍼센트에서 23퍼센트로 떨어졌다. 그 지역, 특히 한때 그렇게 번영을 누렸던 합성섬유 산업부문에서, 큰 공장들의 많은 수가 노동자들과 결별하거나 혹은 문을 닫았다. 실업은 1982년 보험에 들어 있는 노동자 수의

20퍼센트로 껑충 뛰었다. 제조업이 축소되는 만큼 빠르게 서비스 부문이 성장하지 않았다면 상황은 더욱 악화되었을 것이다. 서비스 부문에 고용된 비율은 1970~1980년 기간 동안 41퍼센트에서 54퍼센트로 상승했다. 상승의 많은 부분은 공공부문에 있었고 영국 국고금에서의 보조금에 의해 가능했다. 1980년대 초가 되자 북아일랜드에서 조달한 공적자금의 매 3파운드를 위해 5파운드가 그곳에 소비되었다.

이들 경제적 변화를 수반하여 중요한 사회적 변화가 나타났는데, 공동체들이 균형을 이루는 데는 변화가 느렸다. 가톨릭교도들의 좀 더 높아진 출산율과 감소한 이주는 주민 중 가톨릭교도의 비율을 느리게 상승하게 했는데, 1961년 35퍼센트였던 것이 1981년에는 일부 지역에서 40퍼센트에 육박했다. 반면에 북아일랜드 산업조직의 축소는 가톨릭교도보다 신교도들을 훨씬 더 힘들게 강타하고 있었다. 가톨릭교도들은 항상 높은 실업률을 경험했지만 캐릭퍼거스와 앤트림 같은 신교도 소도시는 대형 고용주의 직장폐쇄에 직면해야 했다. 다른 한편으로 다수의 사무직과 함께 서비스 부문의 성장은 교육을 받은 늘어나고 있는 가톨릭교도들에게 기회를 제공했다. 너무나 많은 것을 이들 변화로 곡해해서는 안 된다. 1982년 평균적인 신교도가 평균적인 가톨릭교도보다 훨씬 더 부유했다는 것은 사실이다. 지난 몇 년간 경제사회적 변동들은 정치적인 태도에서 뚜렷하게 충격을 가져다주지 못했다. 하지만 이들 사회경제적 변동은 장기간에 걸쳐 볼 때 정치적 영향력을 가지고 있었다. 이는 1966년 이전에 존재한 것과 같은 통제를 또 다시 주장하는 것을 어렵게 만들었다.

1966년에서 1982년 동안 아일랜드 공화국은 전반적으로 가파른 상승세로 번영을 누리고 있었다. 사실은 급격한 변동이 있었다. 2차 경제개발 프로그램은 1970년 완성하기로 한 기간 이전에 포기해야 했고, 좀 더 조심스럽게 계획된 1969~1972년을 포괄하는 3차 경제개발 프로그램 또한 포기해야 했다. 1974~1975년의 급격한 침체기와 1979년에 시작된 좀 더 지속적인 침체기가 서구 세계를 크게 강타한 만큼이나 아일랜드를 강하게 강타했다. 하지만 1960년대와 1970년대를 통한 성장의 평균비율은 매년 4퍼센트를 유지했다.

이러한 성장을 이룬 데에는 두 가지의 중요한 이유가 있는 것으로 보인다. 첫째는 1973년 1월 유럽공동체의 가입으로 제공된 농업을 지원하는 것이었다. 아일랜드 농부들은 즉시 공동체로부터 확보할 수 있는 관대한 재정적인 지원을 받기에 적합했는데, 그들의 소득은 극적으로 상승하여 1978년에는 절정에 도달했다. 둘째는 아일랜드 산업의 실행이었다. 1950년대 말까지 거슬러 올라가 아일랜드 산업은 주로 소규모로 종종 비효율적이고 단일 조직으로 이루어져 보호를 받고 있는 국내 시장의 수요를 위한 것이었다. 관세장벽의 철거는 이러한 산업을 쓸모없는 것으로 만들었다. 1960~1970년대, 산업개발당국은 수출 시장의 확보를 위해 주로 해외에서 새로운 상사(商社)를 끌어들이려고 적극적으로 노력했다. 그 노력의 대가로 아일랜드는 미래의 전자, 화학, 전기 제품 같은 촉망받는 다양한 산업의 중심지가 되었다. 이러한 발전은 공화국의 수출 시장을 다양화시키는 장점을 가졌으며, 모든 선진국들 중 가장 서서히 성장하고 있었던 영국 시장에 덜 의존하게 만들었다.

급격한 경제적 변화는 급속한 사회변화를 가져왔다. 가장 눈에 띄는 발전은 인구의 증가였다. 인구는 한 세기 이상에 걸쳐 감소한 이후 또 다시 증가하고 있었다. 1961년의 인구조사에서 281만 8,000명의 최하 지점에서 1981년에는 344만 명에 달했다. 인구는 더 늘어났을 뿐만 아니라 비율적으로 훨씬 더 젊어졌다. 1979년 인구의 거의 반이 25세 이하였다. 특히 더블린 지역이 빨리 성장했는데, 아일랜드 전 지역도 이러한 인구성장의 영향을 받았다. 반면에 리이트림은 26개 주 가운데 1971~1981년 사이에 인구하락을 경험한 유일한 곳이 되었다.

사회적 변화와 함께 가치관에도 변화를 가져다주었다. 1960년대 중반 공화국은 전통적인 가톨릭 도덕성이 여전히 뿌리 깊이 정립된 국가였다. 음란하거나 외설적인 서적은 금지되었으며, 피임약의 판매와 수입은 불법이었다. 이혼은 위헌이었으며, 낙태는 언급조차 할 수 없었다. 뒤이은 시기에서는 이러한 사회문제들이 재빨리 변했다. 1966년 초에 서적에 대한 검열이 완화되었는데, 수천 권의 단행본이 금서 목록에서 풀려났다. 피임에 반대하는 법이 점차적으로 비난을 받게 되자, 1979년 조치로 일부를 제한하는 가운데 수입과 판매를 하는 것이 허락되었다. 1980년대 초 법적으로 금지되었던 이혼에 대한 철폐의 압박이 가해지고 있었다. 낙태는 여전히 불법으로 남았지만, 수천 명의 아일랜드 여성들이 낙태를 위해 매년 영국으로 건너갔다. 결혼파탄이 늘어나자 관심을 끌었고, 많은 부부들이 결혼하지 않고 동거를 했다. 한때 공공의 주의를 끌기 피했던 동성애자들은 그들이 법률상으로 무능력자라는 것의 철폐를 위해 압력단체를 만들었다. 확실히 옛 관습이 붕괴하지는 않았다. 다수의 주민들은 여느 때와 마찬가지로 일요일에 교회에 갔고, 오랫동안 확립된 종교에 대한 충성심은 1979년 교황 요한 바오로 2세가 아일랜드를 방문했을 때 그에게 베푼 엄청난 환호로써 그 영향력을 보여주었다. 하지만 아일랜드의 가치체계는 분해되고 있었다. 일부는 전통적인 가톨릭교도로 남았고, 일부는 영국, 미국과 유럽대륙에서 유입된 사고의 영향을 받았다.

여성운동이 이 기간을 통해 활발하게 발전했다. 경제 면에서 여성에게 가해졌던 차별은 제한을 받았다. 공화국에서 일하는 여성은 유럽에 있는 대부분의 국가보다 더 낮은 비율을 계속해서 이루었고, 또한 북아일랜드보다 훨씬 더 낮은 비율을 유지했다. 하지만 여성에 대한 법적 안전 조치는 개선되었다. 임금과 기회의 평등을 유지하기 위한 법령이 통과되었고, 세금구조가 수정되어 일하는 가정주부들은 좀 더 관대한 취급을 받게 되었다.

이러한 문제에 대한 논쟁은 매스미디어의 발전으로 촉진되었다. 아일랜드 텔레비전은 1961년 말 바로 이전에 겨우 시작했으나, 곧 논쟁이 되는 질문들을 다루기 위한 의지를 보여주었다. 아일랜드 신문들은 점진적으로 연구조사의 저널리즘을 출판할 준비를 했고, 아일랜드 출판업자들은 아일랜드 제1세대 사회과학자들의 연구서를 출판하여 시장에 제공했다.

특히 중요한 변화를 이룬 분야는 교육이었다. 이 책 21장의 저자인 패트릭 린치(Patrick Lynch) 교수는 이 교육 분야에서 중요한 역할을 했다. 그는 연구팀의 수장으로, 1966년 『교육에 대한 투자』란 제목으로 출판된 그의 보고서는 과학적인 태도로 초등교육과 중등교육 체계의 결함을 분석했다. 일 년이 지난 후 고등교육에 관한 위원회의 보고서(1960~1967)는 3등급 문제에 대한 균형 있는 조사 결과를 제공했다. 이들과 다른 영향으로 자극을 받은 정력적인 장관과 공무원들은 일련의 변화들을 통해 압박을 가했다. 새로운 교과과정들이 초등과 중등 과정에 도입되었다. 많은 초등학교들이 더 크고 더 잘 갖추어진 편성단위로 대체되었다. 가장 광범위한 변화는 중등 과정에서 발생했는데, 이미 존재해 있는 학교들은 확대되거나 병합되었고, 새로운 유형의 학교가 생겼으며 1967년부터 교육은 폭넓은 대다수 학생들을 위해 무상으로 제공되었다. 무상교육계획은 모든 기대를 넘어 널리 보급되었고, 중등학교와 초등학교에서 학생 수는 1965~1966년 14만 3,000명에서 1980~1981년에는 30만 1,000명으로 급속도로 성장했다. 고등교육에서는 1960~1967년 위원회의 중심적인 건의의 일부가 효율적으로 실시되었는데, 교육을 위한 기금의 할당에 관해 장관에게 충고하기 위해, 그리고 일반적으로 고등교육의 발전을 향상시키기 위해 1968년에 항구적인 고등교육 당국을 설립한 것이 가장 잘 알려졌다. 대학들이 확장되었고, 고등교육과 지역 공과대학을 위한 국가기관, 다시 말해서 직업과 기술 과목을 강조하는 새로운 기관들이 보충되었다. 가톨릭 성직자단이 고등교육의 새로운 사고에 공헌했는데, 1970년 트리니티 칼리지에서 가톨릭교도들의 출석에 대한 오랜 '금지조항'이 제거되었으며, 이로써 트리니티는 고등교육에서 국가제도의 필수적인 부분이 되었다.

이들 16년에 걸친 변화 모두가 호의적인 것은 아니었다. 인플레가 걱정스러울 정도로 지속되었다. 대부분의 사람들은 성장하는 번영을 통해 혜택을 받았지만, 인구의 20퍼센트 또는 그 이상이 되는 해결하기 어려운 가난한 사람들의 문제가 있었다. 일부 관찰자들은 부유한 다수가 가난한 이웃들에게 점점 더 관심을 기울이지 않는다고 보았다. 더블린에서 범죄는 눈에 띄게 증가했고, 시골에서는 환경오염이 크게 증가했다. 특히 더블린에서는 형편없는 우편제도, 버스, 공중전화 서비스와 끝없는 교통 혼잡에 대해 불평을 늘어놓았다. 더 심각한 문제는 인구가 무분별하게 상승하는 것으로, 이는 더 많은 젊은이들이 직업에 만족해서 일하기보다는 육체노

157 잭 린치 (R. T. É., 1972)

동시장으로 들어가고 있는 것으로, 그래서 실직이 높다는 것을 의미했다. 하지만 좋든 나쁘든 아일랜드가 경제적 및 사회적으로 변화하고 있다는 데에는 의심의 여지가 없었다.

전반적으로 볼 때 정치적으로 변화의 속도는 사회에서의 변화보다는 더디었지만 상당히 진행되었다. 1966~1982년의 16년간은 권력에서 다섯 명의 총리와 그 정당이나 정당들 안에서 다섯 번에 걸친 변화들이 있었는데, 이는 이전의 16년에 걸쳐 세 명의 총리와 세 번 바뀐 정당과 비교할 때 대조를 이룬다. 똑같은 세 개의 당은 피아나 페일당과 피너 게일당 및 노동당으로 당시 상황에서 정세를 주도했고, 그들은 훨씬 더 전문적이었고 더 많은 자금을 형성했으며 텔레비전 시대를 맞이하기 위해 훨씬 더 잘 준비를 갖추었다.

그 시기는 1965년의 총선에서 숀 레마스가 다수표를 얻음으로써 안정되게 열어갔다. 1966년 11월 숀 레마스는 갑자기 사퇴를 선언했고, 그 후 피아나 페일당의 당권을 위한 투쟁이 잇따랐다. 최초의 선두주자는 두 명의 정력적인 젊은 장관으로 찰스 호히(Charles Haughey)와 조지 콜리(George Colley)였다. 하지만 마지막에 그 정당은 절충하여 좀 더 연장자인 잭 린치(Jack Lynch)를 후보자로 임명했다. 린치는 게일체육협회(GAA)에서 보인 자신의 용감한 행동으로 정치계로 들어갔던 인물로, 처음에는 결단성이 결여된 사람으로 보였다. 그러나 세월이 지나 그가 처음의 인상에서 보인 것보다 훨씬 더 강한 장점을 지닌 인물임이 증명되었다.

1968년 10월 피아나 페일당 정부는 유권자 비례대표제를 폐지하기 위한 제안을 국민투표에 붙였는데 이 때 60 대 40에 가까운 결과로 패배했다. 이것은 선거 패배를 예측하게 만들었지만, 1969년 6월 다음 번 총선거에서 피아나 페일당은 최종적으로 2개 의석 차의 승리를 거두었다. 그 당 안에서 린치의 지위는 강화되었는데, 몇 달 후 '무기 위기'로 잘 알려졌던 사건이 터져 나오게 되었을 때는 더욱 더 중요한 인물로 부각되었다. 1970년 4월 더블린 공항에서 세관원들이 북아일랜드에서 공화주의자 당원이 사용하기 위해 유럽대륙에서 비밀리에 수입한 무기를 압류했다. 5월 린치는 무기 수입과 관련이 있다고 믿었던, 두 사람의 장관 찰스 호히와 닐 블래니(Neil Blaney)를 해임했으며, 제3의 장관인 케빈 볼랜드(Kevin Boland)는 총리의 행위에 반대해 도중에 사임했다. 블래니와 호히는 불법으로 수입한 무기에 대한 책임으로 체포되었고, 후에 블래니는 해임되었으며 호히는 석방되었다. 하지만 린치는 그 폭풍을 뚫고 나갔다. 블래니와 볼랜드가 피아나 페일당을 떠난 때 적은 수의 대의원들만이 그들을 따랐다. 호히는 1975년까지도 의원의 간부로 복귀하지 못했지만 그 당에 남아 있었다.

158 찰스 호히 (R. T. É., 1973)

1973년 2월 린치는 총선을 실시했는데 1969년에 있었던 자신의 승리만큼이나 예측불허의 패배를 맞이했다. 피아나 페일당은 실제로 그 선거에서 표를 얻었지만 6석을 잃었고, 이로써 피너 게일당과 노동당의 연합정부가 구성되었다. 그 변화의 중요한 이유는 피너 게일당과 노동당이 선거 이전에 협약을 하여 각 당의 지지자들이 두 당의 한 쪽을 지지하여 좀 더 낮은 지지자 쪽을 물리치라는 훈령을 따랐기 때문이다. 새 정부는 1922~1932년에 걸쳐 역임한 코스그레이브 총리의 아들인 리암 코스그레이브(Liam Cosgrave)를 총리로 세웠다.

새 정부는 1974~1975년의 경제위기와 더불어, 북아일랜드의 힘든 상황을 다루어야 했다. 그럼에도 보궐선거는 정부가 지지를 유지하고 있음을 보여주었고, 다음 번 총선에서 일반적으로 선거구를 위해 경계선을 다시 긋는 것을 선호하는 것으로 기대되었다. 선거는 1977년 6월에 열렸다. 세 번째 접전에서 선거구는 전문가들을 놀라게 했다. 다른 정당이 얻은 64석에 비해 84석을 얻은 피아나 페일당이 가장 큰 다수정당이 되어 돌아왔기 때문이다. 피아나 페일당의 선거공약으로 중요한 것은 무엇보다 사(私) 거주지에 대한 지방세와 경차량에 대한 도로세를 철폐한다는 것이었다.

그 선거에 이어 린치는 다시 한 번 총리가 되었다. 하지만 이번의 임기는 쉬운 일이 아니었다. 일부 평의원들은 합병주의자와 북아일랜드 문제에서 영국에 대해 비교적 회유적인 태도를 취한 그를 싫어했다. 1979년 그는 경제적 난관이 되살아난 상황에 직면해야 했다. 그해 12월 그는 돌연 사임했다. 1966년 찰스 호히와 조지 콜리가 했던 것과 똑같이 당권 경쟁이 뒤따랐다. 이 때 어떠한 유망한 인물도 나타나지 않자 호히가 38 대 44표로 당선이 되었다. 그는 즉시 총리가 되었지만 당 안에서 자신의 지도력에 대항하는 세력과 계속 다투어야 했다.

159 리암 코스그레이브 (R. T. É., 1973)

호히는 북아일랜드 문제의 해결을 자신이 총리직을 맡는 동안 중심적인 목표로 행하겠다고 선언했다. 하지만 경제적 난관과 정당 내분이 끼어들었다. 1981년 6월 그는 자신의 입지를 강화할 희망으로 총선거를 소집했다. 이것은 역효과를 가져다주었다. 어떤 당도 압도적인 다수로 복귀하지 못했는데, 소수당의 독립파와 대표들이 권력의 균형을 이루었다. 피너 게일당과 노동당의 연합당은 그 당시 개럿 피츠제럴드(Garret FitzGerald) 박사의 지도력 아래에 있었는데, 그는 피너 게일당의 지도자로서 코스그레이브를 계승하여 직위를 얻었다.

피츠제럴드는 경제위기를 자신의 정부가 직면하고 있는 주된 문제로 보았다. 1979년 시작된 경제 침체가 짧을 것이라고 예상했던 호히는 필요한 자금의 많은 부문을 해외에서 빌림으로써 공공지출의 수준을 유지했다. 하지만 경제 침체는 계속되었고, 외채는 급속하게 증가했다. 1981년 말경 총 공공부문에 대한 외채는 40억 8,000만 파운드 또는 국민총생산의 거의 반에 달했다. 1982년 1월 이러한 엄청난 부담을 경감하려는 시도에서 정부는 깜짝 놀랄 정도의 엄밀한 예산안을 상정했다. 이의 조항은 한 명의 결정적인 독립된 대리인을 위해서는 지나쳤으며, 이로 인해 정부는 단 한 번의 투표로 패배했다.

총선은 다음달(1982년 2월 18일)에 열렸다. 다시 한 번 그 결과는 우유부단하여 독립당과 소수당이 권력 균형을 유지했다. 하지만 호히는 승리하여 피츠제럴드보다 훨씬 더 성공적으로 직위에 돌아왔다. 하지만 그의 공직 유지는 불안정한 것으로 증명되었다. 피아나 페일당 안에서 분열은 계속되었다. 일련의 이상한 추문이 호히와 가까운 여러 사람들과 관련되었다. 침체는 더욱 더 깊어져 갔다. 정부의 세입은 줄어들고, 외채는 더욱 높아만 갔으며 정부는 여전히 훨씬 더 많은 세금을 가중시켰다. 11월에 중추적인 집단(3명의 대리인과 더불어 노동당)은 신임 동의 투표에서 호히에 반대했고, 그는 사임했다. 총선이 뒤따랐는데 이는 18개월 동안 세 번째였다. 이 총선은 결국 명백한 결과를 초래했다. 피너 게일당과 노동당은 다른 당과 집단에 대해 분명한 다수표를 얻었다. 그들은 연합정부로 출범했으며, 다시 피츠제럴드가 총리가 되었다.

160 개럿 피츠제럴드 (R. T. É., 1978)

지금까지 이 장에서는 북아일랜드와 아일랜드 공화국이 마치 두 개의 다른 역사를 가진 것처럼 언급했다. 이는 대체로 현실과 일치한다. 하지만 두 국가가 공통적 경험을 공유한 것에는 몇 가지 방법이 있는데 그 점에 대해 주의를 기울여 마무리할 것이다.

이 중 가장 분명한 것은 1973년 1월 1일 두 나라 다 유럽공동체의 일부가 되었다는 점이다. 공화국은 국가로, 북아일랜드는 영제국의 일부로서였다. 이러한 변화는 두 아일랜드에게 일부의 사람들이 기대한 것보다는 더 적은 효과를 가져다주었다. 유럽공동체에서 확보할 수 있는 농업을 위한 증가된 보조금은 북아일랜드보다는 공화국에서 훨씬 더 큰 차이를 이루었는데, 부분적으로는 북아일랜드 농업이 영국 통치하에서 이미 잘 보조되었고, 부분적으로 '녹색 파운드'(농업 보조금으로 지불된 수준)는 영국에서보다 공화국에서 농민을 위해 더 크게 선호된 비율로 각각의 국민 정부들로 고정이 되었기 때문이다. 게다가 1979년 3월 유럽공동체가 유럽통화체계를 형성했는데, 공화국이 여기에 조인한 반면 영국은 조인하지 않았다. 독립

이래 공화국의 통화가 영국 화폐인 스털링과 관련되어온 것에서 지금은 유럽대륙의 통화와 관련되어 있다. 아일랜드 통화는 영국의 통화와 비교할 때 가치가 떨어졌고, 최저점까지 도달했던 때는 1981년 2월로 아일랜드 파운드가 73.38펜스 스털링의 가치였다. 이는 공화국의 수출업자에게 이득을 주었다. 하지만 이것은 사람들이 국경을 건널 때 환전을 해야 하는 문제가 있었다. 단기적으로 유럽의 공동시장은 이전에 존재한 것보다 점점 더 완전하게 아일랜드를 경제적 분리로 이끌었다.

하지만 다른 측면에서 유럽공동체는 얼마간 공유되는 경험을 가져다주었다. 1979년 6월 총선은 유럽의회의 문제로 전 공동체에서 실시되었고, 아일랜드의 남과 북은 1918년 이래 처음으로 동일한 선거를 치렀다. 그 이후로 아일랜드 각각에서 온 성원들은 의회에 같이 앉게 되었고, 비정치적인 문제에 대해 합병주의자와 공화주의자가 서로 다른 로비에서 부득이 투표하지 않았음을 알게 되었다.

두 개의 아일랜드에게 영향을 준 비정치적 힘은 전(全) 기독교회 운동이었다. 1960년대에 작은 규모로 시작된 이 운동은 1970년대 아일랜드 삶의 실질적인 특성이 되었다. 전 기독교회 회담은 1964년에 열렸고, 아일랜드 전 기독교회학교가 1970년에 창설되었다. 1968년부터 네 개의 중요한 교회들(가톨릭, 아일랜드 국교, 장로교, 감리교)의 수장들이 정규적으로 회합을 가졌고 때때로 공동성명을 발표했다. 친절한 말이 실천보다 덜하다는 것은 사실이다. 다른 종교를 가진 사람끼리의 혼인에서부터 어린이 교육에 관한 가톨릭 규칙이 계속해서 신교도들의 기분을 상하게 했다. 다른 편에서는 두 명의 장로교회의 의장이 가톨릭 수석대주교를 만나는 것조차 거부했다. 하지만 전반적으로 교회지도자와 신학자들은 이전보다 훨씬 더 자유롭고 솔직하게 서로 간에 이야기를 했다.

두 개의 아일랜드 간의 다른 연관성은 1980년 12월 당시 총리였던 찰스 호히가 각국의 공무원들이 두 섬 간에 '관계의 총체성'을 검토해야 한다는 점에 동의한다는 영국 마거릿 대처(Margaret Thatcher) 총리의 확고한 언급을 들었을 때 나타났다. 그 전략은 영국 정부가 두 아일랜드 사이에 좀 더 가까운 관계의 형성을 격려하려고 유도한 것처럼 보였는데, 결과적으로 영국과 함께 얼마동안 공화국은 공동의 기

161 1980년 12월 8일 호히-대처 회담 (*Colman Doyle*)

관을 받아들였다. 영국-아일랜드 평의회가 1981년 11월 구성되었는데, 영국-아일랜드 의회 위원회는 한동안 미래를 위한 전망을 가져다주었다. 그러나 영국-아일랜드 간 국교 회복이 급작스럽게 중단되었다. 여기에는 여러 가지 이유가 있었는데, 이 중 가장 중요한 것은 1982년 4월 분출되었던 포클랜드 섬을 둘러싼 아르헨티나와의 분쟁에서 아일랜드 정부가 영국의 지지 요구를 거절한 것을 영국이 불쾌하게 받아들였기 때문이었다. 하지만 두 국가 간에 더 이상의 진전이 없었다고 하더라도, 이미 도달된 합의는 거부되지 않았다. 1980~1981년 협정이 막다른 골목에 온 것인지 아니면 그것이 영국-아일랜드 문제에 대한 해결을 찾을 수 있는 기초작업의 시작이 될지는 앞으로 두고 볼 일이다.

한 가지 분명한 것은 1966~1982년이라는 기간이 아일랜드 역사에서 비교할 만한 앞 시대의 기간보다 훨씬 더 빠른 변화 중의 하나였다는 점이다.

23

아일랜드: 1982~1994

IRELAND: 1982-1994

1982년 7월 영국의 총리 마거릿 대처는 "영국 여왕의 정부는 북아일랜드에 영향을 주는 사건들에 관해 아일랜드 정부와 협의를 한다는 어떠한 공약도 하지 않을 것이다"라고 말했다. 이 장에서는 1982년부터 1994년까지의 기간 동안, 이러한 협의가 북아일랜드인의 정치적 삶에 중요한 부분이 되었던 공식적 구조의 발전을 세밀하게 살펴보려고 한다. 1982년 10월에 열린 북아일랜드의 새 의회를 위한 선거에서 신페인당은 일차 선호투표의 10.1퍼센트를 얻은 반면, 사회민주노동당(SDLP)은 18.8퍼센트를 얻었다. 신페인당은 IRA의 정치적 분신이자 북아일랜드 민족주의자의 대다수를 대표하는 정당으로서, 앞으로 사회민주노동당을 대치하게 될 가능성에 대한 두려움이 몇몇 집단 안에 있었으나, 이 견해는 더블린과 런던 양편에서 수락할 수 없었다. 신페인당의 게리 애덤스(Gerry Adams)는 1983년 6월 영국 총선에서 서벨파스트 지역의 의원으로 선출되었을 때 큰 관심을 모았다. 게리 애덤스의 정당은 예상투표인 13.4퍼센트로 승리했고, 사회민주노동당은 17.9퍼센트로 승리하고 있었다. 북아일랜드 민족주의자 간에서 사회민주노동당을 추월하려는 신페인당의 가능성은 거의 희박했지만, 정치 발전이 북아일랜드에서 공화주의자가 기반을 얻고 있다는 인식의 영향을 받는다는 점에서 의심의 여지가 없었다.

아일랜드의 헌법정당 간 논쟁을 위해 아일랜드 정부가 개최한 포럼은 북아일랜드와 관련하여 효율적인 토론을 위한 기반을 제공했다. 1983년 5월 처음으로 개최된 아일랜드의 신포럼은 중점적으로 헌법적 민족주의 정당 출신의 대표들로 구성되었는데, 그들은 북아일랜드의 사회민주노동당과 아일랜드 공화국의 피아나 페일당, 피너 게일당, 노동당이다. 그 포럼은 수많은 제안을 제공받았는데, 이들 중 북아일랜드를 위한 세 가지 선택권을 검토한 마지막 보고서가 제출되었다. 이 세 가지 선택권이란 북아일랜드는 단일 아일랜드 국가의 일부분이 되거나, 연합아일랜드 국가의 일부분으로 또는 더블린과 런던 간의 공동 권한의 조직하에서 통치된다는 것이 그 골자이다. 보고서에 따르면 이 중 마지막 제안은 '북아일랜드에 있는 양측 전통에 동등한 효력'을 제공하는 것을 포함하고 있다. 이러한 동등한 타당성의 개념은 이 시기에 북아일랜드 위기와 관련하여, 영국뿐 아니라 아일랜드까지 많은 정책의 중심 사상이 되었다. 포럼 보고서에 대한 영국인의 반응은 이것의 설계에 실망을 했지만, 영국 정부의 태도는 헌법적 민족주의자 사고의 방향으로 신중하게 움직이고 있었다. 1984년 11월 마거릿 대처 총리와 아일랜드 개럿 피츠제럴드 총리 간의 정상회담 이후 공표한 공동성명서는 "북아일랜드에 있는 다수파와 소수파 공동체 둘 다의 정체성이 두 공동체에서 수락할 수 있는 방식으로 북아일랜드의 구성과 과정을 인정해야 하고 존경해야 하며 반영해야 한다"는 점을 명시했다. 정상회담 직후인 1985년 영국-아일랜드 협정에 대한 신중한 입안이 시작되고 있었다. 11월 15일에 서명한 이 협정은 북아일랜드에 대한 영국-아일랜드의 새롭고 협조적인 접근방식의 시도로 상징되었다. (단호하게) 영국 의회와 (좀 더 좁게는) 아일랜드 의회(Dáil)에 의해 명확하게 승인된 협정은 두 정부가 "북아일랜드의 지위 변화는 오로지 북아일랜드인 대다수의 동의와 함께 나와야 한다는 것을 확인"하는 것과 "북아일랜드인 대다수가 현재 원하는 것은 북아일랜드의 지위에 어떤 변화도 없다는 점을 인정"하는 것이며 "미래에 북아일랜드의 대다수 시민이 연합아일랜드의 수립에 대해 공식적으로 합의하고 분명히 그렇게 하기를 원한다면, 그들은 그러한 소망에 효력을 주기 위해 각각의 의회에 법률을 제안하고 지지할 것임을 선언하는 것"으로 이해되었다. 북아일랜드에서 대다수가 그렇게 되기를 원하는 한 영국 내에서도 북아일랜드의 지위가 확고해지도록 합병주의자를 안심시키려고 노력하는 만큼, 그 협정은 북아일랜드와 관련하여 문제점들이 논의될 수 있는 틀을 제공하고, 서로 정규적으로 만나기 위해 영국-아일랜드 상호 간에 정부 회의를 수립했다. 이러한 획기적 발전은 지역 통치에 극적이고 두드러진 변화를 가져왔는데, 그 회의를 지지했던 공무원(북과 남)의 상임 문서과는 공화국에 새로 할당된 협의적 역할의 중요성을 강조하는 데 기여했다.

협정에서 양 정부는 "공동체에 널리 퍼져 있는 수용을 확보할 것이라는 기반을 바탕으로" 북아일랜드 내 세력의 권한이양을 지지하기로 했다. 참으로 그 문서는 회의가 "북아일랜드에서 양쪽 전통의 권리와 정체성을 인정하고 수용하기 위한 법령에 관심"을 둘 것이라는 것과 균형 있는 접근방식이라고 표현한 것에 의존한 전반적 이니셔티브 이면의 사고(思考)를 언급하고 있다. 북아일랜드의 양쪽 편은 합병주의자를 안심시키고 동시에 민족주의자를 진정시킬 수 있다는 희망에서 상호 존경과 타당성 및 합법성으로 의견을 일치시켜야 했다. 그 문서의 공동 서명자인 대처와 피츠제럴드 양쪽은 그 후 이 문서로 충돌을 빚게 되자 실망감을 표시했는데, 두 가지 특별히 중요한 점에 주목해야 한다. 첫째, 그 협정은 이를 위임했던 지역에서 다수파 공동체의 동의 없이 시행되었다. 그래서 협정에 대해 합병주의자의 반대가 계속되었으며 이는 때로 격렬하기까지 했다. 더구나 그 열기의 많은 것은 합병주의자들이 그 이니셔티브에 대한 반대로 간 반면, 많은 사람들은 협정이 여전히 명백하게 환영을 받지 못하는 방향에 있는 단계로 인식했다. 따라서 1994년 2월 민주연합당(DUP)의 지도자 이언 페이즐리는 1985년 협정을 '준비 중'에 있는 공동 통치국으로 기술했는데, 결국에는 이것이 두려움을 느낄 수 있는 연합아일랜드로 성장하게 되리라고 생각했다. 둘째, 개럿 피츠제럴드 같은 민족주의자들은 합병주의자의 동의와 함께 아일랜드 연합을 이루는 것에 대해, 이들이 첫째로 그러한 동의가 나오기 시작하고 있는 징조인가, 아니면 둘째로 그러한 동의가 이루어져야 한다는 이유와 방법에 대해 효과적인 설명을 하지 못한 것이 아니냐 하는 논쟁을 했다. 만약 합병주의자의 동의가 발전하는 것에 있다면 그러한 동의가 정당하게 나오기 기대할 수 없다는 사실에 대항을 시키게 될 때 연합아일랜드가 다가올 것이라는 그 협정은 좀 더 나약하게 보인다는 것이다. 하지만 북아일랜드 위기에 대한 영국과 아일랜드 정책은 조화로운 접근방법이 실행 가능하다는 신념에 기반을 두었다. 합병주의자를 안심시키기 위한 시도는 민족주의자 혈통의 사람들이 증가하고 있다는 주장과 공존해 있었다. 협정 기간 동안 개럿 피츠제럴드는 "민족주의자는 자신들의 입장에 합병주의 공동체 성원들의 입장과 동등한 자격이 있다는 점을 알고 있기에 그들은 지금 바로 나타날 수 있고 또 그렇게 보인다"라고 설득했다.

신페인당의 희생으로 세력을 얻고 있는 사회민주노동당을 보기 원했던 사람들은 1987년 영국 총선거의 결과로 용기를 얻었다. 투표에서 사회민주노동당의 득표율이 3.2퍼센트로 상승한 반면, 신페인당의 지지율은 2퍼센트로 떨어졌다. 영국-아일랜드 협정이 직접적으로 어느 정도의 결과를 가져왔는가에 대해서는 논쟁의 여지가 있지만, 1987년에 걸쳐 실행된 공화주의 운동에서 수많은 어려움을 경험한 것은 분명하다. 선거 결과에 대한 신페인당의 실망은 아일랜드공화군(IRA)과 관련된 좌절로 보충이 되었다. 1987년 5월 8명의 IRA 일원이 아마 주에 있는 로프갈(Loughgall) 왕립 얼스터 보안대(RUC) 관서를 공격하는 과정에서 살해되었다. 같은 해 11월 IRA가 퍼매너 주 에니스킬렌(Enniskillen)에서 현충일 기념행사 도중 폭발로 11명을 살해하여 대중과 국제적 비난을 받게 되자 IRA는 급변의 상황으로 빠져들었다. 1988년 3월 세 명의 IRA 성원이 지브롤터에서 임무수행 중 영국군에게 살해당했는데 이는 한 에피소드가 되어 지속적으로 논란을 야기했다. 죽은 세 사람은 무장을 하고 있지 않았으며, 총격의 상황과 관련해 더욱 큰 논란을 일으켰다.

그러한 사건들이 상당한 주의를 끌고 유지되는 반면, 다른 쪽에서는 좀 더 중요한 발전들이 진행 중이었다. 1989년 북아일랜드 공정고용법은 차별로부터 개인을 보호하고 지역에서 불평등한 고용기회에 문제를 제기하는 것을 목표로 했다. 북아일랜드의 실업률에서 가톨릭교도와 신교도인 간에 차이가 지속적으로 크게 나자 중요한 정치 논의로 간주되었다. 부분적으로 이것은 소란한 캠페인 활동가들이, 특히 미국에서 가톨릭교의 불이익에 관한 문제로 소요를 일으키는 데서 상당한 추진력을 쌓을 수 있었다. 게다가 일부 관찰자는 종교적 불이익 또는 차별이 북아일랜드의 정치적 갈등의 뿌리에 놓여 있다고 판단했다. 1960년대에 나왔던 공민권 운동의 또 다른 불만이 주로 1970년대 초에 나왔던 반면, 차이가 나는 고용 수준은 두 공동체 간에 상당한 긴장의 근원으로 남았다. 새로운 법률이 존재하고 있던 공정고용 대리를 (좀 더 힘든) 공정고용위원회로 대치했는데, 이것은 종교의 견지에서 가장 작은 상사들을 제외하고는 작업장의 생산에 대한 감시를 강압적으로 행하게 했다. 그러한 의도는 불이익의 영역을 확인하여 개정하는 것을 목표로 조처를 취하는 것이었다.

그러한 의도의 장점이 무엇이든 간에, 프로젝트의 이행은 큰 장애에 부딪쳤다. 북아일랜드에서 고용은 정치적으로 일촉즉발의 문제가 되었으며, 제안된 프로젝트를 효율적으로 추진하기 위해 요구되는 합의와 냉정함의 부재가 첫 번째로 그 프로젝트를 절박하게 만든 것이었다. 따라서 정부는 자체적으로 다음과 같은 비판을 받았다. 한편으로 고용기회에서 불균형을 시정하는 것만으로는 충분하지 못한 해결책이 되었고, 다른 한편으로는 가톨릭교도의 불이익을 일으킨 데서 차별의 중요성을 과장했기 때문이다. 확실히 불이익과 차별은 다 같이 희미하게 해서는 안 되는 것이었고, 경제적 지역에 대한 질문과 북아일랜드 경제의 위험한 상황에 대한 질문 둘 다는 전반적으로 불공평한 직업기회를 수정하기 위해 노력을 기울인 사람들에게는 심각한 문제로 제시되었다. 게다가 일부는 고용불이익이 정치적 갈등을 해결하는 데 도움이 된다고 주장하는 반면, 정치적 갈등이 고용에서 불평등을 근절하기 위해 노력하는 사람들의 과업을 더욱 더 어렵게 만든다는 것 또한 사실이다. 이러한 의미에서 북아일랜드에서 고용문제에 대한 종교적 불이익은 일부 다른 형태의 구조적 불이익과는 다르다. 예컨대 영국에서 인종이나 성적 불평등은 북아일랜드에서 정치적 폭력 문제나 또는 가톨릭-신교 관계와 관련한 국가적 합법성 같은 문제들로 말려들지 않는다. 작업하는 데에서 안전이나 안보대원 회원제와 같은 논의들은 북아일랜드의 맥락에서 특히나 어려운 것으로 입증되었다.

1989년 5월 자치구 의회(District Council) 선거는 얼스터합병당(UUP)과 사회민주노동당에게는 최소한의 이득만 가져다주었고 민주연합당(DUP)과 신페인당에게는 패배를 안겨주었다. 그해 후반 북아일랜드 장관인 피터 브루크(Peter Brooke)는 만약 IRA가 폭력을 포기한다면 영국 정부는 이에 대해 유연하게 반응해야 하며, 그러한 상황하에서 정부는 신페인당과 대화를 할 수 있다는 것을 제안했다. 1990년 11월 브루크는 영국이 북아일랜드에 대해 어떠한 '전략적·경제적 이해'도 가지고 있지 않다고 선언했고, 그러한 발전에 대해 동의가 제기되어야 하는 (일어날 것 같지는 않지만) 이벤트에서 아일랜드의 통일을 받아들이기 위해 정부의 준비가 있어야 한다고 재차 진술했다. 1990년 초 브루크는 그의 견해를 밝히는 과정에서, 북아일랜드 헌법적 정당끼리 회담을 유용하게 하기 위해 공동의 토대가 충분히 있다는 점을 주장했다. 브루크 이니셔티브(Brooke initiative)로 알려지게 된 이 진술에서 브루크는 이것의 목적은 1985년 영국-아일랜드 협정이 더욱 더 폭넓게 수용되고 (따라서) 결실 있는 협정으로 되도록 하기 위해 정당 간 의견의 일치를 쌓는 것이라고 밝혔다.

그 절차는 세 가지 요인으로 이루어진다. 첫 번째는 북아일랜드의 헌법적 정당(UUP, SDLP, DUP, Alliance Party)인 4개의 정당을 포함할 것이며, 두 번째는 더블린과 북아일랜드 정당 간의 회담이 이루어지며, 세 번째는 더블린과 런던 간의 관계에 역점을 두어 다루는 것이었다. 예견된 대로 이러한 계획을 이행하는 데는 많은 어려움이 있었다. 예컨대 두 번째 계획을 위한 회담 장소에 관한 문제들과 회담에서 누가 의장이 되느냐에 대한 문제가 있었다. 그러한 어려움에도 불구하고 피터 브루크는 초기의 회담이 더 나은 진전을 위해 유익한 초석을 다졌다고 주장했고, 패트릭 메이휴(Patrick Mayhew, 1992년 4월 북아일랜드의 장관이 된)는 그 회담 이니셔티브를 계속 가졌다.

1992년 4월 29일 메이휴의 연속 회담은 공식적으로 시작되어 재빠르게 움직였지만, 다양한 당의 참여자를 갈라놓은 엄청난 차이점은 고통스러울 만큼 분명했다. 예컨대 북아일랜드가 6인 위원회(북아일랜드로부터 선출된 3인과 런던 정부, 더블린 정부와 유럽공동체에 의해 각각 임명된 세 사람으로 이루어지는)에 의해 통치된다는 사회민주노동당의 제안에 대해 다른 정당으로부터 부정적인 반응이 있었다. 참으로, 그 회담이 점차 구체적이 됨에 따라 이 제안은 점차적으로 어렵게 되어갔는데, 패트릭 메이휴가 신중하게 표현한 낙관론에도 불구하고 회담과정은 합병주의자와 민족주의자의 견해를 분리시키는 시각차만 드러내주었다. 회담 도중에 북아일랜드의 6주에 대한 아일랜드 공화국의 헌법적 주장을 둘러싼 긴장은 구획의 합법성에 대한 합병주의자와 민족주의자 간의 근본적으로 상이한 의견을 반영했다. 다시 얼스터합병당(UUP)이 양편의 권력공유와 아일랜드 특징 중 일부 형태가 북아일랜드 정부에 자리를 차지하고 있다는 근본방침을 인정한 반면, 사회민주노동당의 좀 더 야망에 찬 민족주의적 의사일정(議事日程)은 이것이 더블린과의 연계 이외에도 권한이양의 기반을 바탕으로 관계를 확립하는 것이 가능하지 않는다는 것을 의미했다.

1992년 4월 영국의 총선에서 SDLP의 표가 늘어나는 것과 동시에 신페인당의 표는 감소했다. 신페인당의 게리 애덤스는 SDLP의 조 헨드런(Joe Hendron)에게 자신의 서벨파스트 지역 의석을 잃었지만(공화당에게는 의미 있고 상징적인 후퇴로) IRA는 4월 10일 런던 시내에 두 개의 폭탄을 터뜨리는 잔혹한 수단으로 민족주의자의 목표를 추구할 수 있다는 그들의 지속적인 결심을 신호로 보냈다. 충성주의자 폭력 역시 이해할 만한 수위의 관심을 불러일으켰다. 1992년 보수파가 공화당원 39명을 살해하고, 공화당원은 보수파 36명을 살해했는데, 보수파의 폭력행위가 점차 늘어나는 수위는 RUC와 보수파 간의 불화로 보완이 되었다. 1985년 영국-아일랜드 협정을 좇아서 보수파와 경찰 간에 긴장이 상당히 발전했고, 보수파는 경찰이 더블린의 부패한 규정을 실행하는 것으로 이해했다. 1990년대 초 그러한 불화는 여러 기회를 통해 좀 더 눈에 띄게 나타났다. 1992년 8월 충성주의파 얼스터방어협회(UDA)는 정부로부터 금지 당했다.

UDA의 금지를 좇아서 몇몇 사람들은 신페인당 역시 사회에서 매장되지 않았는가 하며 의아해했다. IRA와 공화당 간의 관계는 일부 관찰자들로 하여금 테러리즘의 후원자이거나 이와 관련된 사람들에 대항해 조처가 취해져야 한다면, 이들 역시 추방되어야 한다는 느낌이 들도록 했다. 하지만 그 당시 신페인당에 대한 영국 정부의 접근방식은 신페인당을 달래어 헌법적 장(場)으로 끌어내기 위한 것 중의 하나였다. 만약 있다고 하더라도, 이것이 공화주의 운동에 역점을 두어 다루었을 때 정부는 강압적인 억양보다는 회유적으로 대화를 하고 있었다. 가령 1992년 12월 콜러레인에서 행한 연설에서 패트릭 메이휴는 다음과 같이 단언했다.

162 게리 애덤스 (Sinn Féin)

> 헌법적 방침을 따른다는 욕구와 평화로운 해결을 위해 그들의 소망을 목소리로 내는 지도적인 신페인당 연설자들이 있다. 이것이 헌법적으로 옹호된다면, 토론으로부터 어떠한 정치적 목적을 배제시키기 위한 타당한 이유도 있을 수 없다. 확실히 아일랜드의 합병을 위한 목표가 폭넓은 동의를 거쳐 정당하고 자유롭게 성취되지는 못했지만 …… 폭력에 대해 진심에서 우러나고 확립된 휴전의 이벤트에서 우리가 그러한 폭력에 대처해야 했던 전반적인 반응의 폭은 어쩔 수 없이 다시 보일 수 있고 또한 보일 것이다.

만약 공화주의자가 폭력을 포기한다면 정부가 적극적으로 반응할 것이라는 메시지는 이 시기에 영국정책의 기본을 형성했다. 그 역할을 위해 SDLP 지도자인 존 흄(John Hume)은 공화주의 폭력을 종식하고 신페인당을 헌법적 정치로 이끌기 위해 노력을 기울이고 있었다. 흄과 신페인당 의장인 게리 애덤스는 함께 만나 의논을 했고 드디어 1993년 4월 '전 아일랜드인이 민족의 자치결정에 대한 권리를 가지고 있다는 수락과 이러한 권리의 실행은 아일랜드 국민들 간에 협정을 위한 사

163 존 흄 (Cork Examiner)

안'이라는 그들의 견해를 선언한 공동선언문을 발표했다.

1993년 12월 영국 총리(존 메이저)와 아일랜드 공화국 총리(앨버트 레이놀즈)가 공동선언문을 발표했을 때, 흄은 필경 공화당원의 폭력을 정당화시키는 그 조약들이 관련성이 없는 것으로 만들어졌다고 간주했다. 그는 선언문이 그들의 폭력적 운동을 정당화하기 위한 시도에서 IRA에 의해 관습적으로 제공된 그 이유를 받아들였다고 주장했다. 즉 "그 선언문은 영국 정부가 아일랜드에 대해 이기적이거나 전략적 이해, 경제적 이해도 가지고 있지 않다는 점을 아주 분명히 하고 있다 ……. 그리고 무력의 사용에 대한 두 번째 중요한 이유는 영국인이 아일랜드 국민들로 하여금 민족자결권에 대한 권리를 실행하는 것을 막고 있으며, 그 선언문은 이를 분명하게 명시하고 있다는 것이다." 실제로 1993년 12월 공동선언문은 영국 정부가 "그것이 그들의 소망이라면 아일랜드 국민을 위해 각각 두 파트 간의 협정에 의해 북과 남을 통일된 아일랜드가 되도록 공동으로 자유롭게 협력하여 주어진 협의 기반에 따라 민족자결권의 권리를 실행하기 위한 것"이라는 데 동의한 것으로 보았다. 공화당원이 그러한 발전을 막기 위해 북아일랜드의 권리를 문서에 허락한 것에 대해 후회하고 있는 반면, 선언문은 아일랜드 민족주의자 주장의 언어와 구조에 중요할 만큼 양보의 흔적을 남겼다는 점에는 의심의 여지가 없다.

하지만 얼스터 합병주의자와 아일랜드 민족주의자 사이의 경쟁적인 포부를 화합시키려는 두 정부 간의 시도는 정당 간 치러진 회담과정을 애태웠던, 완전히 다른 억측이라는 똑같은 문제에 부딪쳤다. 예컨대 1993년 후반 IRA 대표의 성명, 즉 "아일랜드에서 평화에 대한 장애는 영국의 현존이며 아일랜드의 분할이다"라는 언급은 영국으로 향한 합병주의자의 집착을 어떻게 화해시킬 수 있는가에 대한 방법을 모색하기에 어려운 문제로 남았다. 하지만 이 장에서 언급한 여러 해 동안의 영국 정부의 접근방식은 민족주의자에게 양보하기 위해 그리고 합병주의자를 안심시키기 위해 동시에 시도하고 있는 것 중의 하나였다. 1985년 영국-아일랜드 협정과 1993년 공동선언문의 각각은 그들 방식에 따라 이러한 정책을 반영했다. 1993년 11월 북아일랜드 장관인 메이휴가 북아일랜드와 관련하여 정부의 태도를 아래와 같이 밝혔다.

> 그 공동체 안에 존재하고 있는 분열은, 불만과 함께 …… 사회경제 및 헌법적 영역에서 존재하고 있는 상호 공동체적 폭력과 테러리즘으로 이끌었다. 그리고 이것이 어떤 지역에서 유래되었건 간에 정부의 최우선적인 목표는 테러주의의 제거이다. 하지만 정부는 기저에 깔린 원인과 문제점에 역점을 두어 동시에 다루어져야 한다고 믿고 있다.

최근에 나타난 갈등의 근저에 깔린 원인에 역점을 두어 다루는 정부의 방식은 그 지역에 있는 두 가지의 중요한 전통, 즉 한편으로는 신교도/합병주의자, 다른 한편으로는 가톨릭교도/민족주의자에 대한 동등한 존경심, 합법성과 정당성을 제공하려는 개념에서 발전되었다. 1992년 12월 콜러레인 연설에서 패트릭 메이휴는 다음과 같이 선언했다. "우리는 북아일랜드에 있는 대다수의 소망에 대한 우리의 약속을 존중하기 위해 …… 헌신한다 ……. 현실은 합병주의자의 정체성이 실제적으로 그리고 국내법과 국제법 내에서 보호를 받고 있다는 점이다. 이는 또한 헌법적 민족주의자가 전적으로 합법성을 인정하는 바이다. 하지만 거기에는 아일랜드의 합병에 대한 열망이 있으며, 합법성 이상의 열망을 가지고 있다." 합병주의자와 민족주의자 각각의 열망에 대한 이러한 균형이 잡힌 접근방식은 최근 북아일랜드에 대한 영국 정부의 정책을 지지한다. 1993년 공동선언문의 서언에서 메이휴는 그 문서가 "북아일랜드에 있는 양쪽 편의 공동체 내의 중요한 이해관계를 안전하게 보호해주는 헌법적 원칙과 정치적 현실을" 강조한다고 확인했다. 그 선언 자체에서 영국 정부는 "아일랜드에서 양쪽 전통의 권리와 정체성을 완전히 존중해야 할" 필요성을 강조했다.

164 존 메이저 (Cork Examiner)

165 앨버트 레이놀즈(Cork Examiner)

정부적이고 비정부적인 차원에서 북아일랜드 갈등에 대한 반응을 다양하게 고려해볼 때, 두 가지의 중심이 되는 현실을 반영한다는 점이 중요하다. 첫째로, 학자들은 북아일랜드에서 지역적으로 다양한 정치적 경험의 본질을 확고하게 수립했다. 존 화이트(John Whyte) 교수는 “서로 몇 마일 간에 있는 지역에서도 종교적인 혼합, 경제상황, 폭력의 정도, 정치적인 태도 면에서 엄청나게 차이가 날 수 있다”고 지적했다. 이는 갈등의 본질과 강도가 폭넓은 정도로 다양해질 수 있다는 것을 의미한다. 다음에 이것은 북아일랜드의 기본적인 정치현실을 강조해주는데, 즉 어떠한 하나의 정치적 동의가 주민의 상당수에게 불만을 품도록 방치할지 모른다는 것이다. 둘째로, 일정한 경제적 현실을 인정하지 않고 북아일랜드에 대해 토론하는 것은 그 지역에서 향상과 진보를 방해하는 것으로 가게 될 것이다. 북아일랜드는 한 국가의 주변 상황에서 존재하는데, 이들 전쟁 후의 경제적 수행은 전혀 인상적이지 못하다. 높은 수준의 실업률은 그 지역의 삶에 대한 지속적인 일부분을 형성하고 있으며, 이것은 최근 정치적 갈등의 패턴에 중요하게 기여했다. 게다가 북아일랜드 경제의 취약함은 정치적 재배열이나 해결의 가능성에 대해 논의할 때 충분히 고려해야 한다. 가령 북아일랜드에 대한 영국의 보조금은 너무나 많아 아일랜드 공화국으로서는 도저히 참을 수 없는 노릇이다. 영국과 북아일랜드의 계속되는 합병의 찬성에서 경제적 논의는 합병주의자 입장에서 감정적으로 일촉즉발의 방어가 아닐지는 모르지만, 경제적 논의는 분명 가장 설득력 있는 것이다.

앞에 언급된 대로 1983~1984년 신아일랜드 포럼은 북아일랜드의 미래를 위한 세 가지 옵션을 검토했다. 이는 단일의 아일랜드 국가의 일부분이 되는 것, 연합/동맹 국가의 일부분이거나 또는 공동(더블린-런던 당국)의 조직 아래에서 다스려지거나 하는 것이다. 그 포럼에 대한 피아나 페일당의 대표자는 이들 선택권 중 첫 번째를 선호했는데, 그 당의 지도자(찰스 호히)는 다음과 같이 주장했다. "유일한 해결책은 그 보고서에 명시된 대로이다. 즉 새로운 헌법을 가진 단일국이다." 좀 더 큰 이러한 민족주의적인 공적 입장은 호히 스타일의 전형적인 웅변술과 제스처였다. 1979년에서 1992년까지 피아나 페일당의 지도자였던 호히의 경력은 북아일랜드와 관련하여 수사학적 화려함과 실용적 타협을 둘 다 담고 있었다. 북아일랜드의 갈등에 공화국의 정치 정당의 최근의 태도는 상당히 모호성을 반영했다. 중심이 되는 모호성은 1937년 헌법의 이중적 메시지에 근거를 두고 있다.

제2조: 국가 영역은 아일랜드의 전체 섬과 부속 섬들 및 영해로 이루어진다.

제3조: 국가영역의 재통합이 절박한 채로 있으며, 그 영역의 전반에 걸쳐 관할권을 행사하기 위해 이 헌법에 의해 수립된 의회와 정부의 권리에 대한 선입관 없이, 그 의회에서 법령화한 법들은 아일랜드 자유국(Saorstát Éireann)의 법과 그와 유사한 여분의 영역적 효력으로서 이에 대한 적용의 확대와 그와 유사한 영역을 가지게 될 것이다.

이와 유사하게 이 장에서 상세히 다루고 있는 이 시기의 정당들은 (이상적으로) 연합아일랜드가 바람직하면서도, 이것은 예측 가능한 미래에 그러한 약속을 성취하려고 노력하는 것은 실용적이지 못하다는 것을 동시에 인정한다는 근본방침을 승인하려는 경향이 있다. 이러한 점에서 그 정당들은 대중의 의견을 반영했다. 따라서 정당들이 1987년 아일랜드 공화국의 총선이 치러지는 동안 관심을 가져야 하는 중요한 논의들이 무엇인가를 질문했을 때 오직 응답자의 3퍼센트만이 북아일랜드가 중요한 쟁점들 중의 하나로 제시되어야 한다고 대답했다. 1989년 총선 운동을 통해 제시된 일련의 논의들에 대한 중요성이 제기되었을 때 응답자의 29퍼센트가 북아일랜드는 매우 중요하다고 말했다. 하지만 이 점은 사실과 비교되어야 하는데, 선거운동을 하는 정당들이 관심을 가져야 하는 중점적인 쟁점을 열거하기 위해 (즉석이 아닌) 질문을 받았을 때 북아일랜드 문제가 이들 중심 논의들 중 하나는 아니었다는 사실이다. 따라서 연합아일랜드를 위한 욕구는 공화국 선거인들 사이에는 아주 관심이 낮은 대상이었다.

1980년대에 거쳐 공화국에서 일어난 정권의 연속적인 바뀜은 다음과 같다. 개럿 피츠제럴드가 피너 게일당-노동당 연립 내각(1981~1982)을 주도했고, 피아나 페일당 행정부(1982)는 찰스 호히가 지휘했다. 피츠제럴드가 피너 게일당-노동당 정부(1982~1987)와 함께 권력으로 복귀했고, 이후 호히가 처음으로 피아나 페일당(1987~1989)을 주도했다. 그런 다음 진보민주당(1989~1992)과 연합내각을 이루었다. 1981년 개럿 피츠제럴드는 아일랜드 공화국이 북아일랜드 신교도들에게 좀 더 관심을 가지는 정책을 목표로 두었다. 피너 게일당 지도자인 그는 헌법에 기반을 둔 강력한 개혁운동가로 알려졌는데 얼스터 신교도들에게 흥미를 끌지 못하는 특징을 가진 그 나라 헌법 중 일부의 제거에 착수했다. 하지만 1980년대 기간 국민투표를 거쳐 결정하는 중요한 헌법적 투쟁의 첫 번째는 이러한 방식에 들어맞지 않았다. 피츠제럴드 자신은 공적으로 자신의 '낙태에 대한 개인적 반감'뿐만 아니라 '낙태에 대한 북과 남, 대다수 아일랜드 가톨릭교도와 신교도의 반대'까지 언급했다. 낙태에 관한 헌법적 금지를 삽입하기 위한 1981~1983년 캠페인은 존재하고 있는 엄격한 낙태법에 헌법적 근거를 제공하는 것이 목표였다. 낙태를 반대하는 개정 운동그룹(PLAC)들은 이것이 낙태를 합법화하려는 미래의 입법을 방지하기 위해 필요한 것으로 이에 기반을 둔 헌법 개정을 위한 사례였다고 주장했다. 반대로 반(反)개정 운동그룹(AAC)들은 낙태를 반대하는 개정 운동보다 훨씬 더 느슨하게 조직은 되었지만 그 문제로 논쟁했다. 1983년 9월 국민투표에서 개정(낙태의 합법화를 금지하는)을 지지하는 사람은 67퍼센트였고 반대하는 사람은 33퍼센트였다. 투표율은 54퍼센트로 낮았다.

피츠제럴드가 행한 좀 더 자유롭고 강력한 개혁운동은 1986년 캠페인으로 이는 이혼에 관한 헌법적 금지를 제거하는 것이었다. 피츠제럴드는 자신이 제안한 변화가 공화국을 다원화함으로써 북남 관계를 도울 것이라는 점과 공화국 시민들이 그 변화로부터 이득을 얻을 것이라는 두 가지 생각을 마음에 두었다. 1986년 4월 피츠제럴드는 정부가 다음 달 이혼개정안을 발표할 것이며, 6월 그 논의에 대한 국민투표를 실시할 것이라고 선언했다. 1986년 4월 말 이혼반대운동(ADC)이 일어났다. 이혼찬성운동이 비교적 약하게 이루어진 것과는 대조적으로 이혼반대운동의 접근방식은 잘 조합되어 효율성 있게 이루어졌다. 국가적으로뿐만 아니라 지역적으로도 이혼반대 사례를 재빨리 이해시켰고, 더불어 이혼법의 도입이 재산권에 미치는 (필경) 가능한 효과에 대한 가톨릭 설교단의 압박과 시민 불안의 혼합은 투표자로 하여금 이혼반대의 입장 쪽으로 충분히 밀어 넣는 데 도움을 주었다. 60.5퍼센트라는 투표율을 보인 1986년 6월 국민투표는 이혼의 입법을 허락하는 개정 찬성이 36.5퍼센트의 표를 얻었고, 이혼을 반대하는 표가 63.5퍼센트였다.

두 차례에 걸친 국민투표에서 나타난 유형은 극도로 복잡했다. 지역적 다양성은 설명이 필요하다. 예컨대 낙태에 대한 국민투표에서 '아니오'에 투표를 한 5개의 선거구와 이혼에 대한 국민투표에서 '예'에 투표한 6개의 선거구는 모두 더블린에서 나왔다. 또 다시 가톨릭교회의 역할은 흥미를 자아내는 정치적이고 역사적 질문을 제기했다. 반낙태 개정법과 이혼반대운동에서 가톨릭교회의 지지는 중요한 역할을 했다. 이에 더해 한쪽으로 이것은 공화국의 정치사회적 풍조와 다른 한쪽으로는 아일랜드 연합을 위한 공화국 아일랜드 민족주의자들의 욕망을 표현한 것의 관계에 대한 논의를 제기했다. 언급한 대로 낙태찬성에 대한 정서는 얼스터 합병주의자 정치에서는 중점적인 요인이 아니었지만 이혼에 관한 질문은 좀 더 관련이 된 듯했다. 이혼을 입법적으로 허락하는 개정안이 거부된 이후 개럿 피츠제럴드는 이러한 결과가 "아일랜드의 두 나라에는 장기적인 전망에서 후퇴라는 어떤 것이 정치적인 문제와 함께 다가올 것이다"라고 관망했다. 사실 그렇게 엄청난 가톨릭 풍조의 국가가 — 중요할 정도로 — 가톨릭적 사고방식을 반영한다는 것이 놀랄 일은 아니지만 민족통합을 위한 민족주의의 이러한 종류의 암시는 거의 고무적이지 못했다. 화이트 교수는 이를 예의주시하여 관찰하기를, 북아일랜드 신교도인들이 만연해 있는 다수의 기풍을 위해서는 자연스러운 것일 뿐이라는 가톨릭 주교의 주장에 동의한 반면, 신교도들은 "그 경우에서 그들이 가톨릭교도가 대다수인 나라에 참여하기보다는 신교도가 대다수인 그들 자신의 국가에 남아 있기를 선호할 것이라고 결론지었을" 거라는 것이다. 공화국의 사회적 논의에 대한 태도는, 이 장에서 상세하게 다루고 있는 1982~1994년의 기간 동안 복잡화하면서도 변화하고 있었다. 낙태와 이혼을 둘러싼 운동은 최근에 나타난 피임약 구하기의 용이함과 관련지어 법률제정에 대해 점차적으로 자유로워지는 것과 비교되어야 한다. 게다가 1992년에는 한걸음 더 나아가 국민투표는 낙태를 위해 국외로 여행하기 위한 권리와 다른 나라에서 행해지는 낙태의 용이함과 관련된 정보 얻기 권리에 찬성하는 투표자가 있었다. 다시 이러한 현상에는 지역적 다양함을 보이는데, 정보에 대한 권리와 여행에 대한 권리에 반대하는 투표가 지방 선거구에서 가장 높게 반영되었다.

1987년 2월 총선은 소수당 피아나 페일당 정부를 구성한 찰스 호히에게 승리를 가져왔다. 그 당이 75석에서 81석으로 의석 수를 증가시킨 반면, 피너 게일당의 의석은 70석에서 51석으로 감소했다. 첫 번째 선호투표에서 노동당의 지지율은 9.4퍼센트에서 6.4퍼센트로 떨어졌고 의석은 16석에서 12석으로 줄었다. 중요한 발전은 진보민주당(PDs)이 선거에게 유리하게 떠올랐다는 점이다. 피아나 페일당의 전직 장관인 데스먼드 오말리(Desmond O'Malley)는 찰스 호히와 오랜 기간 불화로 대립하고 있었는데, 그는 1985년 진보민주당을 창립했고 그 당은 국가의 경제적 역할의 제한과 함께 국가기관의 합리화와 개혁을 제창했다. 1987년 선거에서 그들은 첫 번째 선호투표의 11.9퍼센트를 확보했고, 의회에서 14개의 의석을 차지했다. 좀 덜 인상 깊은 첫무대의 등장은 신페인당에서 나왔는데, 1986년 불개입주의(abstentionism)*를 포기하고, 자신들이 승리하여 의석을 차지할 수 있다는 생각으로 1987년 2월 선거에 도전했다. 하지만 신페인당의 성과는 보잘것없었다. 27명의 후보자를 지명하여 선거운동 기간 활발하게 싸웠던 신페인당은 일차 선호투표에서 단지 1.9퍼센트를 확보하는 데 그치고 단 하나의 의석도 차지하지 못했다.

이 기간 공화국에서 행해진 정당정치 제도의 몇 가지 핵심에 대해 언급하는 것이 필요하다. 첫째는 피아나 페일당의 정치적 라이벌에 관한 것이다. 1973년부터 피너 게일당-노동당 정부는 피아나 페일당 행정부와 교차되었는데, 1973~1977년, 1981~1982년, 1982~1987년은 피너 게일당-노동당, 1977~1981년, 1982년, 1987~1989년은 피아나 페일당이었다. 하지만 1987년경 피너 게일당과 노동당 간의 분열은 심화되었다. 피너 게일당이 회계청렴의 방향으로 움직인 반면, 노동당은 연립을 지지한 결과로 고통을 겪게 되었다. 게다가 진보민주당의 등장은 작지만 의미 있는 도전으로 다 같이 노동자당으로 좌파의 입장에 있었는데, 이는 피아나 페일당도 어떠한 뚜렷하게 단편화된 대안을 제시하지 못했음을 의미했다. 두 번째, 1989년 총선으로 피아나 페일당 대(對) 아일랜드 정당 정치의 나머지 모델이라고 부를 수 있는 것의 종말을 목격했다. 전통적으로 피아나 페일당은 단일당 정부를 형성하기 위해 차이를 분명히 나타내는 능력을 강조했다. 1932년 이 당이 최초로 직무를 수행했던 이래 피아나 페일당은 연립 파트너 없이 통치한 유일한 당이었다. 이것은 더 큰 안정성, 힘과 효율성을 가져다주었으며 라이벌 당이 정부를 구성하기 위해 강압적으로 만들었던 동맹과는 대조가 되었다. 1989년 그 패턴은 바뀌었다. 피아나 페일당은 77석을 차지했고 피너 게일당은 55석, 노동당은 15석, 나머지는 19석으로 피아나 페일당은 진보민주당과 연립에 들어갔다. 연립 행로를 따름으로써 피아나 페일당은 그 당 조직 내부에서 하나의 다른 역할을 했다. 몇 가지 방법에서 당의 지위는 강화되었고, 가장 큰 정당으로서 피아나 페일당은 연립에서 가장 강력한 주자로 떠올랐다. 연립을 형성해야 한다면 피아나 페일당이 좀 더 작은 라

* 1917년 공화주의 신페인당이 영국 의회에 당선되더라도 의회에 출석하지 않음으로써 영국 당국을 인정하지 않는다는 주의__옮긴이

이별의 당이 협상하는 것보다 좀 더 쉽게 연립을 이룰 수 있다는 것을 알게 되었다.

1989년 선거는 아일랜드 정당제도의 역사에서 전환점이었고, 분명하게 연립(진보민주당과 함께 1989~1992년, 노동당과 함께 1993년 이래)의 수단으로 피아나 페일당이 정부 권력을 유지하는 방식이 지지되었다. 1990년 메리 로빈슨(Mary Robinson)이 공화국의 대통령으로 선출되었다. 이전의 대통령은 모두 남자였고, 더글러스 하이드를 제외하고는 모두가 피아나 페일당 계보였다. 로빈슨은 법조계에서 탁월한 경력을 가지고 있었고 인권과 소수자 문제에 관한 운동을 했는데, 그녀는 노동당의 대통령 후보자로서 지명되어 지지를 받았으며, 노동자 당의 후원을 얻고 있었다. 1990년 여름 동안 그녀는 아일랜드 전역에 걸친 선거운동의 정확한 스케줄에 따랐는데, 대통령 선거의 가장 극적인 장면은 피아나 페일당 후보인 브라이언 레니한(Brian Lenihan)과 관련한 것이었다. 텔레비전 토론에서 레니한은 1982년 그가 의회의 해산을 선취하기 위해 당시 대통령이었던 패트릭 힐러리(Patrick Hillery)에게 전화했다는 것을 부인했다. 하지만 한 연구자와의 인터뷰 녹음에서 레니한은 그 사실에 대해 인정했다. 그 테이프는 유용했고 레니한에 대한 신뢰는 치명적인 손상을 입었으며, 이러한 상황은 피아나 페일당 후보자가 부인(否認)을 계속했다는 점에서 악화되기만 했다.

이러한 좌절이 있었지만 레니한은 자신의 두 경쟁자보다 일차 선호투표에서 훨씬 더 많은 표인 44.1퍼센트로 승리했는데, 로빈슨은 38.9퍼센트, 피너 게일당의 오스틴 커리(Austin Currie)는 17.0퍼센트였다. 하지만 커리로부터 엄청나게 많은 표가 로빈슨으로 옮아갔으며, 로빈슨은 2차 투표 합계 52.8퍼센트로 대통령에 당선되었다. 로빈슨의 승리는 좀 더 진취적인 직감을 지닌 투표자를 설득하는 시도가 유효했음을 보여주었다. 하지만 그녀가 아주 주목할 만한 대통령으로 당선되긴 했지만, 이것이 꽤나 중요성을 지닌 선거로 이해되어서는 안 된다. 대통령은 우선 의례적인 직책이다. 게다가 1990년의 승리는 사실상 일련의 폭넓은 발전 중 일부분이었다. 가령 피아나 페일당의 첫 번째 대통령 선거 패배는 최근 선거 경험에서 노출되었던 새로운 취약점이 반영된 것이었다. 진보적 승리의 범위가 과대평가되어서는 안 된다는 점 또한 중요하다. 로빈슨의 선거는 분명히 노동당 지도자인 딕 스프링(Dick Spring)의 지위를 확고히 했다. 하지만 노동당이 1992년 총선에서 33석이라는 인상적인 의석을 차지했을 때, 그 당은 정부 권력을 공유한 피아나 페일당과 함께였다. 이미 언급한 대로 아일랜드 정당제도에서 최근의 변화는 주도적인 이전의 정당의 위치를 반드시 약화시키지만은 않았다.

166 메리 로빈슨 대통령 (R. T. É.)

이 기간 동안 아일랜드 역사를 판단하는 데에서 중요한 의미는 유럽공동체(EC)가 아일랜드의 정치적 삶에서 점차적으로 영향력 있는 큰 역할을 했다는 것이다. 현재 공공정책에서 대부분의 쟁점은 유럽적 특성을 가지고 있다. 1987년 5월 아일랜드 투표자들은 국민투표로 유럽공동체의 회원국가 간 좀 더 가까운 연합을 희망한 단일유럽법(SEA)을 비준하기 위해 투표를 했다. 마스트리히트 조약은 유럽연합의 과정을 훨씬 더 발전시켰는데, 이는 경제, 재정, 외교, 안보와 사법정책을 포함하는 것이었다. 1992년 6월 국민투표에서 아일랜드 유권자들은 조약의 비준을 찬성했다. 실로 유럽연합의 과정은 현대 아일랜드 정치를 이해하기 위한 필수적인 맥락이다. 유럽의 법은 아일랜드 정치에 영향을 끼친다는 점에서 중요한 역할을 하며, 유럽연합은 점차적으로 그 속에서 아일랜드 국가가 움직여야 할 틀의 성격을 결정한다.

1994년 6월 유럽선거에서 공화국에 15석이 배분되었다. 피아나 페일당 7석, 피너 게일당 4석, 녹색당 2석, 노동당 1석, 독립당 1석이었다. 북아일랜드에는 3석의 의석이 배분되었다. DUP의 이언 페이즐리는 투표결과(16만 3,246)로는 최고였고, SDLP의 존 흄이 그 뒤를 바싹 좇았으며(16만 1,992), UUP의 짐 니콜슨(Jim Nicholson, 13만 3,459)은 DUP 이적자의 힘으로 선출되었다. 재미있게도 북아일랜드 정치가들은 이 결과에 대해 좀 더 폭넓고 다양한 해석을 제공했다. 투표에서 최고로 많은 표를 차지했던 페이즐리는 이에 대해 다우닝 스트리트 선언(Downing Street Declaration)에 반대한 자신의 격렬함 때문에 최고 득표를 했다고 주장했고, 흄은 자신의 지지자가 1989년 선거 이래 상승했으며, 평화과정(다우닝 스트리트 성명서가 중요한 부분이었다는 것에 대한)에서 대중적인 지지를 받았다고 주장했다. 니콜슨은 자신의 표가 많아진 것은 DUP의 좀 더 많은 대결 구도에 반해 UUP의 좀 더 조용한 전략에 대한 대중적인 선호라고 지적했다. '군사작전의 완전한 정전(complete cessation of military operations)'이라는 IRA의 선언(1994년 8월 31일)은 북아일랜드와 관련하여 큰 희망을 가져다주었지만 합병주의자와 민족주의자의 열망 사이의 날카로운 대치가 여전히 남아 있었다.[1)]

24

전환기의 아일랜드: 1994~2001

Ireland at the Turn Of The Century: 1994-2001

아일랜드에서 20세기의 마지막 6년과 새 천년의 첫 2년은 여러 가지 예기치 못한 사건 그리고 대체로 긍정적인 발전으로 특징지을 수 있다. 아일랜드 공화국의 국민들은 조국이 훨씬 더 높은 생활수준과 경제적 안정을 제공할 것이라는 허황된 기대를 오랫동안 가지고 살아왔다. 아일랜드는 1960년대에 일기 시작한 헛된 여명(黎明) 이래 수준 높은 경제적 안정을 취하는 데 실패했다. 20세기의 황혼(黃昏)에서 국내와 국제적 환경의 조합은 앞선 시대에 가졌던 운명론을 무모한 낙관론으로 대치했다. 경제적 선회가 너무나 빨라 공적 생활에서 많은 사람들은 국부(國富)의 반전에 개인적으로 역할이 있었다고 믿을 만큼 오만했으며, '좋은 시대'가 영원할 거라고 생각할 만큼 경솔했다.

필자는 자칭 '켈트의 호랑이'의 경제 '기적'과 아일랜드에서 변화하고 있는 사회적 풍조의 원인을 제공하는 이들 8년간의 중요한 발전을 다음과 같이 분류했다.

- 1990년대 초반에 걸쳐 잃었던 정치적 안정의 회복

- 선례 없는 번영의 수준과 높은 고용
- 브뤼셀에서 더블린으로 많은 보조금의 계속적인 전달
- 1980년대 이주했던 수많은 아일랜드 국민들의 귀국
- 성장하는 경제 수요를 충족하기 위한 외국인 기술자와 노동자의 고용
- 다른 유럽공동체 국가들 수준에 비해 적은 숫자이기는 하지만, 꾸준한 전례 없이 많은 수의 망명 희망자와 경제 도피자의 유입
- 중대한 스캔들의 폭로 와중에서 제도화한 가톨릭교회의 쇠퇴
- 지도적 정치인을 포함하는 공무원의 뇌물과 부패에 대해 널리 퍼진 주장
- 정치 부문과 아일랜드 법인 사이의 밀접한 유착의 폭로
- 북아일랜드에서 정치 폭력의 종말과 지속되는 평화의 확립에 있어 중요한 발전들

20세기 말 아일랜드의 낙관론과 경제 회복에 대한 정세는 1980년대 말에는 굉장히 예견하기 힘들었을 것이다. 하지만 바로 급진적 성향을 띤 변화가 20세기 후반부 마지막 10년에 발생했다. 처음에 다룰 분야는 정치 면으로 이의 안정을 되찾는 과정에 대한 검토가 필요하다.

노동당 지도자인 딕 스프링은 1992년 총선에 이어 앨버트 레이놀즈가 이끄는 연립내각에 들어감으로써 많은 사람을 놀라게 했는데, 그 이유는 수많은 노동당 지지자들이 피아나 페일당을 권력에서 밀어내는 것을 목표로 했기 때문이다. 그 협약서의 설계자는 버티 어헌(Bertie Ahern)으로, 그는 1977년 아일랜드 의회에 입성했던 협상인이자 정치적 사건의 해결사였으며, 호히의 심복이었던 인물이었다. 한 진술에 의하면 피아나 페일당과 노동당 간의 역사적 절충안은 어떤 면에서는 아일랜드 정치의 틀을 깼다는 것이다. 이전에 이루어진 진보민주당과 피아나 페일당 간의 연립은 결별로 끝이 났다. 노동당은 1992년 33석으로 주객전도의 상황을 만들었다고 할 수 있다. 노동당이 재정부와 외교부 같은 주요 부 장관직을 차지했던 사실에도 불구하고, 노동당 지도부가 노동당을 역사적·정치적 성공의 길로 이끌기를

희망했다면 그것은 그들이 크게 잘못 생각한 것이었다. 1993년에 계획된 조세 사면은 노동당에 투표했던 사람들 중 많은 수의 반감을 샀으며, 이 영향은 향후 노동당의 효율적인 정책수행을 좌절시켰다. 피아나 페일당-노동당 연립내각이 북아일랜드를 위한 평화 수행에 중요한 발전을 이룩한 것은 차치하더라도, 연립내각은 역사적 타협이라기보다는 역사적 실수였다. 노동당은 피아나 페일당과 협력자 관계였을 때 정국에 오래 몸담지 못했고 곧 선거의 대가를 치르게 되었다. 1994년 11월 17일 앨버트 레이놀즈는 고등법원의 검사인 해리 웰러한(Harry Whelehan)을 의장으로 임명하는 논쟁의 와중에 총리에서 사임했다. 해리 웰러한은 어린이 성폭행죄로 기소된 브렌던 스미스(Brendan Smyth) 신부를 북아일랜드로부터 추방하도록 한 자신의 조치로 비난을 받고 있었다. 웰러한 또한 고등법원의 의장에서 사임했다.[1] 그 정부는 무너졌다. 하지만 아일랜드 국가의 역사에서 한 정부의 몰락이 총선 결과에 따른 것이 아닌 경우는 처음 있는 일이었다.

피아나 페일당의 새 지도자인 버티 어헌과 노동당 사이에서 새로운 연립 구성에 대해 오랫동안 논쟁이 벌어졌다. 그 논쟁은 가장 그럴듯한 결과를 양산했고, 어헌은 새로운 총리로 고려되었다. 하지만 일반적인 기대와는 달리 딕 스프링은 피너 게일당과 민주좌파당(Democratic Left) 간의 '무지개(rainbow)' 연립과 더불어 정부를 운영하고자 했다. 피너 게일당의 지도자인 존 브루턴(John Bruton)이 총리가 되었고, 스프링은 외교부 장관의 직위를 계속 유지했다. 이 둘은 비교적 효율적인 협력관계를 보여주었다. 이러한 사무장제 아래에서 나라의 경제적 부는 계속 성장했다. 하지만 경제 성장은 충분하지 못했고, 유권자는 피너 게일당을 권력에서 밀어냈다. 1997년 6월 6일 총선에서 버티 어헌은 진보민주당과 더불어 피아나 페일당 연립정부로 뒤늦게 총리 자리에 올랐다. 메리 하니(Mary Harney)가 새 부총리가 되었다. 딕 스프링은 1997년 11월 5일 노동당 당수에서 사임하고 류이리 킨(Ruairí Quinn)이 그 자리를 대신했다. 류이리 킨은 노동당이 피아나 페일당과 함께 정부로 입성하기 위한 결정 때문에 대가를 치렀던 총선에서 자신의 당이 굴욕적으로 줄어든 것을 보았다. 아일랜드에서 사회민주주의가 분열된 좌파와 함께 진보를 행하지

167 메리 하니 (R. T. É. Stills Library)

못할 것을 인식한 킨은 민주좌파당과 함께 합병을 위한 회담에 들어갔다. 두 정당의 합병은 노동당의 의회 수행능력을 크게 강화시켰다. 그럼에도 두 정당의 성원이 정책 수행에서 서로 심각한 대립관계를 보였으며, 특히 북아일랜드에 관해 대립된 정책은 선거구에서 커다란 긴장을 야기했다.

두 정당 간에 무척이나 이념적이고 독자적인 상이점이 있었지만, 피아나 페일당과 진보민주당의 연립은 20세기의 마지막 3년 동안 확고하게 유지되었다. 부총리인 메리 하니와 재정부 장관인 피아나 페일당의 찰리 매크리비(Charlie McCreevy)의 경우 매크리비가 자신의 당과 관련하기보다는 정책적 쟁점에서 좀 더 공통점을 보여준 시기가 있었다. 1999년 7월 7일 법무장관직에 마이클 맥도월(Michael McDowell)이 임명됨으로써 진보민주당의 민족주의 측면이 더욱 더 강화되었다. 그 자리는 데이비드 번(David Byrne)이 파드레이그 플린(Pádraig Flynn)의 뒤를 이어 유럽연합 집행위원으로 지명되면서 공석 중이었다.

아일랜드는 국내에 정보기술 혁명을 일으키고 이와 관련하여 공장 지대로 관심을 끄는 중심지로 만드는 데 크게 성공했다. 전 세계 컴퓨터 산업에서 유명한 회사 대부분이 아일랜드에 공장을 세웠다. 1999년 4월 6일 아일랜드 파운드로 1억 이상이나 되는 기록적인 국고금의 흑자가 발생했는데, 이것은 아일랜드 사회가 전례 없는 풍요로움을 만끽하고 있는 단면을 보여주는 것이었다. 국립 통신회사인 아일랜드 텔레콤은 1999년 7월 6일에 민영화되었다. 이 사건은 '켈트의 호랑이(Celtic Tiger)'의 건전한 포효(咆哮)를 상징했다. 능란하고 격렬한 광고 캠페인이 새로운 경제적 모험에서 내기 돈을 맡아 보관하는 제삼자가 되어 시민들을 유혹했다. 그 교역의 첫 번째 주(week)에서 주식이 20퍼센트 상승한 후 폭락했다. 이는 호랑이 같은 경제에서 특정한 모험에 참여하기 위해 돈을 빌린 사람들이나 힘들여 번 돈을 현명하게 투자하지 못했던 초기의 수많은 소액 투자가들의 노여움을 크게 샀다. 그러한 노여움은, 피아나 페일당의 전직 지도자인 찰스 호히, 전직 외무부장관 레이 버크(Ray Burke), 평의원인 리암 로러(Liam Lawlor)에 대한 연속된 공개 법정에서의 폭로와 함께 섞였다. 1980년대 어려운 시기 동안 고분고분한 세금납부자들에게 허리끈을 단단히 조여 매라고 간곡히 권고했던 사람들은 결코 물질적 혜택을 받지 못한 것으로 보인다.

168 메리 매컬리스 (R. T. É. Stills Library)

메리 로빈슨 대통령은 '새로운' 아일랜드의 상징이 되었는데, 대통령 임기 말이 다가왔다. 그녀는 재선거에 도전하지 않았다. 그 대신 1997년 6월 12일 그녀는 제네바의 유엔 인권 고위 집행위원직을 얻었다. 전통적인 정치적 논리에 따르면 앨버트 레이놀즈는 대통령직을 위해 피아나 페일당의 후보자가 되었어야 했다. 브라이언 레니한은 1990년 역사상 최초의 대통령 선거에서 피아나 페일당 후보로 나와 패배했다. 1997년 출마를 결심했던 버티 어헌은 재능 있는 학자인 메리 매컬리스(Mary McAleese)를 피아나 페일당의 후보자로 나서도록 설득할 만큼 운이 좋았다. 이는 현명한 선택이었지만 앨버트 레이놀즈가 그 당의 후보로 나서지 못하도록 막아야 함을 뜻했다. 어헌은 레이놀즈에게 투표를 했지만 자신이 선호하는 후보자인 매컬리스를 위해 다수를 확보한 상태였다. 메리 매컬리스는 대다수의 지지로 대통령 선거에서 승리했다.

이것은 정당 간 정치란 논의를 남기긴 했지만 정치가들의 뜻을 받든 선택이었다. 대통령직에 대해 새로운 차원을 가져다준 메리 매컬리스는 직책을 훌륭하게 수행해냈다. 매컬리스 대통령은 독특한 스타일을 지닌 독립적이고 비판적인 대변자였다. 그녀는 '새로운' 아일랜드에 관해 '켈트의 호랑이'란 얄팍한 상투어에서 전달되는 것보다 훨씬 더 깊이 있는 무엇을 상징하게 되었다.

1990년대 아일랜드가 경험한 많은 풍요로움이 곧장 모든 곳의 발전을 가져다준 것처럼 보였다. 정부의 정책이 얼마간 신용을 얻는 반면, 회복세에 있는 세계경제는 아일랜드의 경제적 '기적'을 위한 계기를 제공했다. 아일랜드의 자금 지급 능력을 회복하도록 한 또 다른 요인은 과소평가되어왔는데, 그것은 북아일랜드에서 나타난 평화를 향한 움직임이었다.

1990년대 아일랜드와 영국 및 미국 정부의 중심적인 정책의 목표는 바로 북아일랜드에서 평화를 유지하는 것이었다. 앨버트 레이놀즈 아일랜드 총리, 존 메이저(John Major) 영국 총리 그리고 빌 클린턴(Bill Clinton) 미국 대통령은 이전에 널리 시행된 봉쇄정책을 넘어 함께 조치를 강구했다. 그들은 평화를 집단적으로 실현 가능한 목표로 간주했다. 영국의 경우 토니 블레어(Tony Blair)의 노동당이 1997년 5월 1일 총선으로 정권을 잡기 이전에 상당한 기초가 마련되었다. 영국 정부의 노력 이외에도 북아일랜드의 새 장관인 모 몰럼(Mo Mowlam)은 평화과정에서 이룩된 진전들에 많은 공적을 세운 인물로 평가되어야 하는데, 그녀는 심하게 물의를 일으킨 지명자인 피터 맨덜슨(Peter Mandelson)이 그녀를 대신하기까지 정력적이면서 참신한 공명심을 가지고 일을 한 장관이었다.

클린턴은 미국 대통령들 중 독특했는데, 그는 영국-아일랜드 문제의 해결에서 앞서 가는 방법을 찾기 위해 별도로 자신의 시간과 에너지를 투자한 첫 번째 인물이었다. 이 분야에서 그의 긴밀한 조언자였던 조지 미첼(George Mitchell) 상원의원은 그에 대해 "그는 관직에 있을 때 북아일랜드를 방문한 첫 번째 미국 대통령이었는데, 미국 정부의 최우선 사항으로 그곳에서 충돌을 끝내도록 노력한 첫 번째 사람이었다"라고 언급했다.2)

아일랜드에 대한 클린턴의 관심은 1960년대 말 옥스퍼드 대학에서 로즈 장학생으로 있었던 자신의 젊은 시절로 거슬러 올라간다. 1992년 대통령직을 위해 민주당 후보 지명 캠페인을 벌이고 있었을 때, 영국-아일랜드 논의를 우선적으로 제기했다는 이유로 그 아칸소 주지사는 기회주의자로 비난을 받았다. 그는 뉴욕에서 영향력 있는 청중에게 만약 백악관의 주인으로 당선된다면 북아일랜드를 위한 특별 평화사절단을 지명하고 신페인당의 지도자 게리 애덤스에게 미국에 입국할 수 있는 비자를 교부할 것이라고 말했다.3)

그는 대통령이 된 후 자신의 첫 번째 제안을 즉시 실천에 옮기지는 않았다. 하지만 그는 존 흄의 충고에 따라 애덤스에게 비자를 허락했는데, 존 흄은 신페인당의 지도자가 미국에 입국해서 자신의 추종자들과 발전에 대해 자유롭게 논의하도록 하는 것이 미래의 평화 진보에 필수적이라고 충고를 했기 때문이다. 흄은 그러한 방문을 위해 적절한 시기가 1994년 초기라고 확신했다.[4] 이것은 흄과 애덤스 간의 오랜 협의 이후 뒤따른 것이었으며, 1993년에 걸쳐 행해진 협의는 집중적이고 깊이 있게 진행되었다.

1993년 10월 23일 그들의 논의에 대한 배경은 벨파스트의 섄킬 로드(Shankill Road)에 있는 피시앤칩(fish-and-chip) 가게에서 IRA가 터트린 폭탄으로 9명이 죽고 57명이 부상당한 후 부상자 가운데 한 명이 추가로 사망했을 때 나왔다. 10월 30일에 얼스터 자유투사대(Ulster Freedom Fighters: UFF) 대원 두 명이 데리 주의 그레이스틸(Greysteel)에 있는 라이징선(Rising Sun) 바에 들어가 할로윈 의상을 입은 군중을 뚫고 닥치는 대로 총질을 해댔다. 그 총격에서 7명이 죽었는데 UFF는 "IRA가 마지막 토요일에 9명의 신교도를 살육한 데에 큰 대가를 지불해야 하는 민족주의자 선거구에 대해 우리가 하는 위협의 계속이다"[5]라고 주장했다. 폭력의 와중에서도 수많은 대화를 계속했다. 북아일랜드의 정당 간 대화, 공화당파와 접촉하는 아일랜드 정부, 신페인당과 접촉하는 영국 정부 그리고 흄-애덤스 사이의 회담은 성공적이지 못했다. 흄-애덤스 회담은 1993년 4월 24일 최초로 성명서가 나왔고 그런 다음 평화과정의 창조에 대해 상당한 진전을 이룬 1993년 9월 25일에 더 발전된 공동성명이 있었다.

1993년 12월 15일 존 메이저와 앨버트 레이놀즈는 북아일랜드에 관한 공동선언문을 발표했다. 다우닝 스트리트 선언(DSD)은 잘 알려진 대로 아래와 같이 요약할 수 있다.

DSD, 다우닝 스트리트 선언의 협정은 단순히 민족주의자와 공화주의자 간의 관계가 아닌 합병주의자와 보수주의자 간에 행해진 협상으로, 이에 대한 정치적 접근방식과 갈등에 대한 분석에서 결정적 변화를 이루었다. 이것은 아일랜드 국민, 북부와 남부(조항 1, 2)에 최우선적으로 영향을 준 아일랜드 섬의 역사적 과정에 갈등의 뿌리를 두었다. 이것은 그 섬(조항 4)에서 협정을 촉진시키기 위한 의도이며 영국 정부는 북아일랜드에서 어떠한 '이기적인 전략이나 경제적인 이해'가 부족하다는 점을 재확인했다. 이 선언문은 민족 자결(조항 4, 5)의 (수정된) 개념을 재확인했는데, 이는 헌법적 해결(조항 5, 6, 7)에 대한 중요한 모든 단체들의 동의를 얻기 위해 필요한 것으로 이에 대한 아일랜드인의 수락과 결합했다. 그리고 이것은 갈등의 원인들(조항 1)을 풀기 위한 시도로 그 섬(조항 6, 7, 9)의 두 지역에서의 변화를 서약했다.[6]

여기서 한 단계 더 나아갔다. 하지만 북아일랜드가 전환하는 데 실패하기 이전에 수많은 역사적 '전환기'들이 있었다. 클린턴과 그의 고문단의 혁신적인 역할이 해석되어야 하는 것은 바로 이러한 맥락에 있다. 영국의 반대가 있었지만 애덤스는 1994년 1월 말에 48시간의 비자를 받았다. 그 목적이 능력 있는 정치 지도자로서 그의 평판을 증대시키는 것이라면 이것은 성공적이었다. 아일랜드-미국의 이익집단과 미국 의회의 테드 케네디(Ted Kennedy) 같은 정치적 유력자뿐만 아니라 대통령, 국가안보협의회와 백악관 관리 등은 정치적 폭력의 사용을 포기하도록 애덤스에게 공화당 운동의 중요성을 인식시켰다. 더욱 많은 미국의 지지와 보조를 받음으로써 1994년 8월 31일 자정을 기해 IRA 휴전명령은 효력을 발휘할 수 있었다. 1994년 10월 13일 연합 보수파 군대관구(the Combined Loyalist Military Command)〔얼스터 방어협회, 얼스터 자유투사대, 얼스터 의용군과 레드 핸드 특공대(Red Hand Commandos)〕도 휴전을 요구했다.

휴전명령으로 인해 영국과 아일랜드 정부는 신페인당과 나른 누 개의 보수파 당, 진보통합당 및 얼스터 민주당과 같은 준군대적인 집단과 직접적인 대화에 들어갈 수 있는 기회를 얻었다. 애덤스는 9월에 미국에 입국하기 위한 무제한 비자를 얻었다. 그에게 미국 전역의 여행이 허락되었다. 그 방문의 표면에 나타난 승리주의에도 불구하고 애덤스는 그곳에서의 시간이 정치적 과정으로서 무장투쟁을 할 때가 되었다는 것을 그의 추종자들에게 믿게 했다.

1995년 2월 영국과 아일랜드 정부는 헌법과 제도적 해결을 위한 제안의 윤곽을 그리기 위해 『협약을 위한 새로운 틀(A New Framework for Agreement)』('프레임워크 문서'로서 널리 알려진)이란 문서를 출판했다. 영국의 존 메이저와 아일랜드의 존 브루턴 총리 두 사람은 서로 다른 전통에 대해 편견 없이 어떻게 명예로운 타협에 도달할 수 있는가를 기술하려고 노력했다. 프레임워크 문서는 또한 양 진영의 헌법적 변화를 위한 제안의 밑그림을 그림으로써 다우닝 스트리트 선언의 원칙을 적용시켰는데, 이는 북과 남, 영국과 아일랜드 공화국 간, 그리고 북아일랜드 안에서 새로운 정치적 구조를 위한 계획과 함께 진행되었다. 그 선언서에는 북과 남 양쪽에서 국민투표에 대한 정당과의 회담 결과를 제출하기 위한 서약과 인권을 위한 상호존중의 영역 안에서 좀 더 발전한 공약이 있었다. 애덤스는 정부대표와 함께 워싱턴에서 열리는 회담에 참여를 위해 초대되었다. 신페인당은 미국에서 기금조성을 하는 것이 허락되었고, 클린턴은 1995년 성 패트릭 축일에 애덤스를 백악관에 초대했다. 이틀 전 미국 대통령은 신페인당 지도자와 함께 악수를 나누는 사진을 찍었다.[7] 1995년 3월 29일 영국 정부는 이것이 신페인당과의 예비적 대화를 유지하기 위한 준비였다고 발표했다.

169 조지 미첼 (*The Irish Times*)

4월 존 메이저의 워싱턴 방문은 신페인당과 토론을 하게 해주었던 영국의 용기를 칭송하기 위해 클린턴이 제공한 공식적인 기회였다. 클린턴은 또한 북아일랜드에 대한 정책에서 급진적인 일탈로 야기된 런던과의 멍든 관계를 수정하기 위한 기회를 잡았다. 하지만 북아일랜드에서 영국 정부는 신페인당이 모든 정당회담에 참여하도록 수락하기 이전에 IRA는 무기를 해제해야 할 것이라고 계속해서 주장했다. 6월 IRA의 휴전명령이 계속되는 동안 신페인당은 그들이 더 이상 영국의 관리를 만날 준비가 되어 있지 않다고 선언했다. 또한 북아일랜드에는 신페인당과의 관계 정상화에 대한 합병주의자들의 강한 반감이 있었다. 애덤스는 1995년 8월 자신이 벨파스트 집회에서 연설했을 때 합병주의자들의 분노를 상기시켰다. '그대도 알다시피 그들[IRA]은 멀리 떠나지 않았다.' 이전 달에 포터다운은 거리 갈등의 진원지가 되었다. 오렌지당원 행진가와 민족주의자는 가배이 로드(Garvaghy Road)에 있는 가톨릭교도 단지에서 서로 마주섰다. 민주연합당의 이언 페이즐리 목사와 얼스터 합병주의당의 데이비드 트림블(David Trimble)은 그의 추종자들과 함께 도로를 따라 거리 행진을 했고, 결국 승리에 찬 기쁨으로 손을 높이 잡았다. 가톨릭 거주민들은 오렌지당원 승리주의(Orange triumphalism)의 행위를 보면서 굴욕을 당한 채 어쩔 수 없이 서 있었다. 얼스터 합병당의 지도자 제임스 몰리누(James Molyneaux)가 1995년 8월 말에 사임을 했을 때, 트림블이 그의 후계자로 선출되었다. 가배이 로드에서의 그의 허세는 인기를 끌어내지 못한 채 합병주의 집단에 얼마간의 손상을 입혔다.

백악관은 그 휴전으로 야기된 추진력을 지속적으로 유지하려고 노력했다. 1995년에는 더 발전된 이니셔티브의 초안이 작성되었는데, 북아일랜드 국내 투자를 강화한다는 것으로 이는 경제 회복을 위한 길을 열기 위함이었다. 클린턴은 1994년 말 아일랜드를 위한 국제기금 모금 중 미국의 부담은 1996년 동안 1,000만 달러에서 3,000만 달러로 상승할 것이라고 선언했다.[8] 1995년 1월 9일 메인(Maine) 주의 상원의원으로 퇴직한 조지 미첼은 7일 후 아일랜드에서 경제 이니셔티브를 위한 장관과 클린턴 대통령을 위한 특별보좌관으로 임명되었다. 그는 한 달 후 북아일랜드를 처음으로 방문했는데, 방문 중 평화선 — 담장 여기저기에 가시가 있는 철책을 쳐놓은 30피트 높이의 벽 — 의 상징과 마주쳤다. 이것은 벨파스트의 신교도 샨킬 지역으로부터 가톨릭 폴스(Falls) 지역을 분리시킨 것으로 거리를 따라 차단되어 있었다. 그는 "이것은 내가 일찍이 보아온 가장 침울한 구조물 중의 하나다. 이것을 평화선으로 부르는 것은 큰 아이러니이다"라고 썼다.[9] 여러 해 동안 누구도 그가 행한 만큼 그렇게 많은 일을 하지 못했는데, 북아일랜드에서는 공동체 간의 분리를 폐지하는 법안이 뒤따랐다. 미첼이 북아일랜드인의 문제를 논의하기 위해 벨파스트에 있는 사람들의 말에 귀 기울였을 때, 그는 '뉴욕, 디트로이트, 요하네스버그, 마닐라 또는 세계의 다른 어느 큰 도시에 있는 것과 같다'는 것을 인식했다. 그는 실직과 폭력 간에 강한 상관관계가 있고, 도시에서 직업을 갖지 않고는 결코 영구적인 평화도 없을 것이라는 말을 들었다. 그는 북아일랜드에서의 분쟁이 '기원과 성격에서 순수하지 않거나 심지어 일차적으로 경제적'인 이유에 있다고 인정하여 일자리와 번영에 대한 문제에 역점을 둘 필요가 있다고 이해했다.[10] 평화과정에서 경제적인 지원을 하기 위해 미국이 보인 분명한 의지의 표현은 5월 워싱턴에서 통상투자 회의를 개최한 것으로, 이 회의에는 중요한 정치적 지도자들과 함께 수백 명의 미국과 북아일랜드 사업가들이 참여했다.

평화와 화해를 위한 포럼은 아일랜드 정부가 주최하여 1994년 10월 28일 더블린 성에서 1차 회담이 열렸다. 합병주의자들은 이 회담을 보이콧했지만, 민주좌파당을 제외하고는 아일랜드의 중요한 정당 거의 모두가 참석했다. 그 회담은 많은 유용한 연구를 위촉하는 한편, 또한 아일랜드에 있는 대립 집단 간의 대화를 좀 더 넓히는 데 도움을 주었다.[11] 하지만 지금은 얼스터 합병주의당의 지도자가 된 트림블과 더불어 해결의 전망이 보이지 않는다.

IRA가 선언한 휴전을 지키기 위해 아일랜드와 미국 정부 간에 기울인 노력들이 결정을 본 채 클린턴이 1995년 11월 29일에서 12월 1일에 걸쳐 각각 아일랜드와 영국을 방문했다. 그는 존 메이저와 런던에서 회담을 하고 의회에서 연설을 끝낸 뒤 11월 30일에 벨파스트를 여행했다. 클린턴은 강한 확신을 가지고 벨파스트의 매키 금속 제조공장에서 고용인과 참석자들에게 아래와 같은 연설을 했다.

> 북아일랜드를 지지하는 데 자부심을 가지고 있다. 그대들은 우리에게 매우 많은 것을 주었다. 아일랜드 신교도와 가톨릭교도 다 함께 미국을 강인하게 하는 데 한몫을 했다. 우리의 독립전쟁에서부터 오늘날까지 그대들은 우리의 전쟁에서 싸웠을 뿐만 아니라 우리의 국가를 건설하기도 했다. 그래서 우리는 그대들에게 아주 큰 빚을 지고 있다.

하지만 그는 평화과정에 반대하려는 사람들이 있을 것이라고 경고했다.

> 그대들이 직면하고 있는 가장 큰 투쟁은, 내면 깊숙이 평화주의자가 되려는 사람들과, 내면 깊숙이 아직은 평화의 대의를 포용할 수 없는 사람들 사이에 있다. 평화라고 하는 배 안에 있는 사람들과 그것을 침몰시키려고 시도하는 사람들 사이에서, 옛 관습은 좀처럼 사라지지 않는다.

클린턴은 미국이 북아일랜드에서 그리고 세계 전역에 걸쳐 평화를 위해 위험을 감수해왔던 사람들 편에 설 것임을 청중에게 납득시켰다. 그는 워싱턴이 아일랜드를 위해 국제기금을 모금하고 다양한 방법을 통해 평화를 향해 가는 사람들의 부담을 덜어줄 것이라고 맹세했다. 그날 밤 늦게 그는 시청 앞의 시민환영회에 참석했고 평화를 지지하러 모인 수천 명의 사람들과 함께 그 지역 출신인 밴 모리슨(Van Morrison)의 연주회에도 참석했다. 1995년 10월 5일에 데리 출신인 셰이머스 히니(Séamus Heaney)가 노벨문학상을 탔다는 보도가 나오자 훨씬 더 희망에 찬 분위기가 되었다.

클린턴 대통령은 조지 미첼 상원의원을 설득하여 새로이 창설된 무기폐기에 관한 국제본부의 의장직에 앉혔다. 영국 정부는 주도권 싸움에 온갖 촉각을 곤두세웠지만 이를 지지하는 데 동의하고, 새로운 국제본부의 직책에 캐나다 국방부장관에서 물러난 존 드 채스틀렌(John de Chastelain) 장군을 임명했다. 아일랜드 정부는 핀란드의 전 총리인 하리 홀케리(Harri Holkeri)를 추천했다. 이 무기폐기 위원회의 보고서는 1996년 1월 23일에 출판되었다. 여기엔 평화 협상에서 당사자 모두가 민주와 비폭력을 지지하는 6개 원칙에 따라야 한다고 명시되었다. 이 원칙에는 준군사적 무기를 모두 그리고 확인할 수 있을 정도로 폐기하는 것이 포함되었다. 또한 이 보고서는 당사자들이 협상 도중에 일어날 수 있는 무기폐기에 대한 제안을 고려해야 한다고 규정했다.[12)]

축하할 시간은 거의 없었다. 1996년 2월 9일 금요일 IRA는 오후 7시 런던의 도크랜즈(Docklands)에 있는 캐너리 워프(Canary Wharf)에 대량의 폭탄을 터뜨림으로써 휴전명령을 종식시켰다. 약 1,000파운드의 무게를 지닌 이 폭탄은 트럭에 특별히 고안한 칸막이 안에 감추어져 있었다. 두 명의 현지노동자가 폭발로 죽었고 재정서비스 부문에 수백만 파운드에 달하는 손해를 입혔다. 한 성명서에서 IRA는 '일괄 협상의 해결'을 요구했고, 영국 정부가 '해로운 신념'을 가졌고, 합병주의자는 '갈등을 해결하기 위해 이러한 전례 없는 기회를 낭비하고' 있다고 비난했다. 6월 15일 소형 트럭 안에 설치된 1톤 반이나 되는 폭탄이 맨체스터 시내 중심부를 파괴했다. 그해 여름에 걸쳐 드럼크리(Drumcree) 근처의 가배이 거리에서는 한층 더한 폭력이 있었다. 10월에 IRA는 북아일랜드에 있는 영국군 막사에 두 개의 폭탄을 터뜨렸다.

미첼과 그의 두 동료는 일괄 회담을 통해 진전을 확보할 목적으로 계속해서 임무를 수행했다. 하지만 진행 속도는 느렸다. 하원에서 다수결을 유지하기 위해 합병주의자의 투표에 의존해야 하는 토리 정부는 북아일랜드 문제에 대해 일부러 꾸물거렸다. 1996년 5월 북아일랜드에서 행한 포럼의 결과에 대한 선거들에서 신페인당이 15.5퍼센트를 차지했다. 신페인당은 자신들의 의석을 차지하지 못할 것이라고 언급했지만 신페인당 수뇌부는 매우 강한 수행능력을 보였다. 회담은 계속되었지만 신페인당이 참여하지 않고는 거의 진전을 이룰 수 없게 되었다. 1997년 IRA는 경찰서에 폭발에 대한 위협전화를 걸어 영국 고속도로의 흐름에 훼방을 놓았다. 그들은 똑같은 속임수를 써서 그랜드내셔널 에인트리 경마장(Aintree Grand National)에 폭발 위협을 가했다. 1997년 5월 영국의 선거는 토니 블레어의 노동당에 압도적인 승리를 가져다주었는데, 이는 북아일랜드에서 정치적 힘의 배치를 바꾸는 데 도움이 되었다. 합병주의자 의원들은 하원에서 더 이상 세력 균형을 유지하지 못했다. 새로운 북아일랜드 장관인 모 몰럼은 보수당 선임자들보다 무장해제에 대해 덜 강조했다. 그녀는 개인적인 헌신과 정치적인 능숙함으로 급진적인 변화를 위한 기초를 세우는 데 도움을 주었다.

하지만 폭력은 계속되었다. IRA는 러간에서 2명의 경찰관을 살해했다. 1997년 파벌 싸움의 와중에서 21명이 죽었다. 이들 가운데 13명의 사망자는 보수파에 책임이 있었다. 포터다운의 가배이 로드는 오렌지당원의 행진이 경찰과 영국군의 도움을 받아 무리하게 진행되었기 때문에 또 다시 폭력의 장소가 되었다. 계속되는 폭력을 생각하면, IRA가 1997년 7월 20일 정전의 재개를 선언한 것은 굉장한 놀라움으로 다가왔다. 신페인당은 9월 9일 평화회담의 참석을 허락받았다. 벨파스트를 방문하는 자리에서 영국의 총리는 게리 애덤스와 악수함으로써 수많은 합병주의자를 분노케 했다. 블레어는 후에도 다우닝가 10번지에서 악수를 되풀이했다.

1998년 1월 12일 양 정부는 '협정의 지도자(head of agreement)'라는 제안을 발표했다. 이것은 더블린과 런던, 벨파스트와 더블린, 그리고 북아일랜드 내에서 1997년 9월 24일에 시작한 집중적인 협정을 위한 작업이었다. 버티 어헌 총리하의 아일랜드 협정 팀은 외무장관인 데이비드 앤드루스(David Andrews)와 외무부의 진보민주당 총리인 리즈 오도넬(Liz O'Donnell)을 포함했다. 그 제안은 협정에 집중하는 데 도움을 주었다. 미첼은 협정의 완성을 위해 1998년 4월 9일 자정을 최종 기한으로 정했다. 거기에는 토니 블레어, 버티 어헌과 북아일랜드 당의 지도자들을 포함한 막바지의 열정적인 토론이 있었다. 4월 10일 금요일, 최종 협정이 회담의 전체회의에서 결정되었다. 새로운 영국-아일랜드 협정(new British-Irish agreement)이 조인되었는데 양 정부와 함께 더블린과 런던이 이 협정에 효력을 줄 것이라고 서약했다. 1998년 5월 22일 국민투표에서 남과 북을 포함한 아일랜드 국민은 그 협정에 승인했다. 1918년 이래 처음으로 아일랜드의 모든 사람들이 그들의 정치적 미래를 결정하기 위해 다 함께 투표를 했다.[13] 아일랜드 공화국에서 유권자는 또한 헌법 2조와 3조를 수정하기 위해 투표를 했다. 이것은 평화협정 과정에서 신념을 지닌 행위가 되었다.

성 금요일 협정〔the Good Friday Agreement, 일반적으로 '벨파스트 협정(the Belfast Agreement)'으로 언급되는〕은 11개 부문으로 나뉘었다. 일련의 원칙에 대한 지지와 헌신의 선언으로 시작되었는데, 비폭력과 협력관계, 평등과 상호존중이 포함되었다. 정부는 헌법적 논의에 대한 그들의 공유된 견해를 명백히 했는데, 이는 1993년 다우닝 스트리트 선언에서 규정된 대로 합의와 자결권의 원칙에 기반을 두고 있다. 또한 북아일랜드, 북과 남의 평의회와 영-아 평의회에서 새로운 의회(assembly)의 설립을 위한 조항으로 뒤따랐다. 권리와 기회의 평등과 관련하여 새롭고 향상된 조항들이 새로운 부문을 구성했는데, 협정의 승인에 대해 그들이 2년 안에 무기 해제를 위해 영향력을 행사할 것이며, 신념을 갖고 작업하기 위해 당사자 모두가 헌신해야 한다는 조건이 뒤따랐다. 안보를 위한 항목에는 안보협정과 이것의 실천을 정상화하기 위한 조항이 있었다. 죄수들의 빠른 석방을 위한 프로그램의 윤곽을 그렸으며, 마지막 부문에서는 협정의 타당성에 대해 검토했다.

1998년 6월 25일에 북아일랜드의 새 의회를 구성하기 위한 선거가 치러졌다. 구성원이 7월 1일에 모였을 때, 데이비드 트림블이 지명된 수석장관으로 선출되었고, 지명된 부수석 장관으로서는 SDLP의 셰이머스 맬런(Séamus Mallon)이 선출되었다. 의회가 1999년 12월에 구성되었을 때 신페인당은 두 개의 장관자리를 차지했다. 현재 전시 중인 정치적·행정적 인재는 1970년대 초에 직접통치의 도입 이후 낭비한 세월을 단지 뚜렷이 보여줄 뿐이었다. 북아일랜드에서 총과 폭탄 및 탄환은 정부가 정상적인 임무를 수행하기 위한 기회를 여러 세대를 통해 박탈했다. 1960년대 이래 폭력은 아일랜드의 경제와 사회발전에 전반적으로 부정적인 영향을 끼쳤다.

1998년 성 금요일 협정이 맺어지는 해에 55명이 북아일랜드에서 폭력으로 죽었다. 7월 12일 보수주의자(loyalist)들은 신교도들이 지배적인 밸리머니(Ballymoney) 지역에 있는 집에 화염병을 터뜨려 8세에서 10세에 이르는 3명의 가톨릭교도 형제들을 살해했다. 가톨릭교도의 전통적 공휴일인 8월 15일에 28명이 오마(Omagh)에서 자동차 폭발로 죽었고, 그 공격은 다른 희생자를 불러, 며칠이 지나지 않아 다시 사람이 죽었다. 공화당의 당파집단인 Real IRA는 햇볕이 내리쬐는 여름날 토요일 사람들이 운집한 쇼핑 거리에 정차한 차에 500파운드의 폭탄을 설치했다. 이것은 북아일랜드 분쟁에서 최악의 폭력 행위 중의 하나였다. 폭발이 일어난 2주 후에 클린턴 대통령이 자신의 부인과 딸을 데리고, 토니 블레어 부부와 함께 약 700명의 부상자와 그 가족들을 위로하기 위해 방문했다. 방문록에는 "1998년 8월 15일 테러리스트의 폭탄테러로 사망한 남녀노소를 기리면서. 그들의 기억이 평화와 화해를 낳기를 빌면서"[14]라고 쓰여 있었다.

클린턴 대통령은 그해 말 다시 아일랜드를 방문했다. 더블린에서 버티 어헌은 미국 대통령에게 수많은 사람들이 평화과정에 관여했지만, '당신 없이 이것은 불가능했을 것'이라고 말했다. 12월 13일 빌 클린턴은 8,000명 이상의 청중들이 운집한 벨파스트에서 "나는 그대들이 건설하고 있는 평화를 믿고 있다. 나는 과거로 되돌아가는 일은 있을 수 없다고 믿는다"라고 연설했다.

공직 사회에서 부패의 스캔들은 1990년대에 계속하여 화제가 되었다. 대부분의 아일랜드인은 아일랜드 정치에 나타난 폭로 사건들을 의혹의 눈으로 바라보았다. 1994년 새성 법안(Finance Bill)은 아일랜드에서 조세망명자들이 자신들의 비거주지 지위를 유지하는 반면, 매년 그 나라에서 6개월을 지낼 수 있도록 허락했다. 같은 해 '팔기 위한 여권(passports for sale)' 계략이 폭로되었는데, 여권 주인이 이에 대해 전혀 알지 못했다는 것을 알고는 시민들이 충격을 받았다. 아일랜드에서 100만 파운드를 투자하고 있는 한 외국인이 공무상 계획으로 아일랜드 여권의 신청을 보장받았다. 그 여권은 사우디 가족에게 부여되었는데, 이들은 앨버트 레이놀즈의 가족 중 일부가 소유한 애완동물 사료 회사에 투자하고 있었다. 그 계획은 합법적이었지만 수많은 사람들이 수익자들에게는 가치가 없을 것이라는 데 우려를 나타냈다. 이것은 더욱 더 문제가 되었는데, 그 이유는 아일랜드 여권의 소지자가 또한 유럽공동체의 시민이 되고, 그렇기 때문에 이것은 성원 신분 각각에 부여하고 있는 거주자 권리 모두를 가지고 있기 때문이다.

아일랜드 사회에 대한 통찰은 1990년대를 통해 수많은 공적 심판 앞에 주어진 증언에서 이해할 수 있다. 2001년에는 이들 공적 심판 중 여러 업적이 계속되었다.

1991년 5월 의회는 육우가공 산업에 대한 조사를 위해 심판위원회를 구성했다. 육우 심판위원회(Beef Tribunal)는 육우가공 산업에서 비합법적 행위와 사기 및 배

임행위에 관해 조사하기 위한 것이었다. 아일랜드 의회가 이것을 언급했고, 1991년 5월 13일 ITV 텔레비전 프로그램에서 방송이 되었다. 그 당시 재판관인 리암 해밀턴(Liam Hamilton)이 1994년 7월 29일에 보고했는데, 아일랜드에서 농업부와 상공부의 관계가 그들 산업 내부에서 종종 미묘하게 운영되고 있는 점이 나타났다는 내용이었다. 그 보고서는 또한 육우 산업과 관련하여 정부의 결정을 분명히 했다. 폭로는 다음과 같이 요약된다.

> 3년간 정부와 회사 간에는 지속적이고 대단한 관계가 있었다 ……. 그러한 관계의 과정에서 정부는 법을 위반했고 그 회사에 대해 어떠한 질문도 하지 않았다 ……. 동시에 그 회사는 대규모로 공적 자금을 남용하고 공적 세금을 속이기 위해 획책하고 있었다 ……. 국민은 여전히 2억 파운드에 달하는 잠재적인 채무에 직면하고 있었다. 그러한 채무는 어떠한 이득 없이 아일랜드의 사기업과 이라크의 폭력적 독재자를 돕기 위해 모르는 사이에 발생한 것이다.[15)]

육우 심판위원회의 권한은 긴장하고 있는 정부에 의해 제한을 받았지만, 다음 심판위원회가 구성되었을 때는 좀 더 자유로이 조사할 수 있는 위치에 있게 되었다. 매크래컨 심판위원회(McCracken Tribunal)는 1997년 초 존 브루턴 정권하의 무지개 연합당에 의해 구성되었는데, 이는 슈퍼마켓 백만장자인 벤 던(Ben Dunne)이 찰스 호히와 전 피너 게일당 장관인 마이클 로리(Michael Lowry)에게 제공한 의심스러운 돈을 조사하기 위한 목적이었다. 놀라운 증언들이 쏟아져 나온 그 청문회는 고등법원의 판사인 브라이언 매크래컨(Brian McCracken)이 주관했다. 벤 던은 이 사건의 중심에 있었다. 그의 증언은 이례적이었다. 일례로 던은 1991년 골프를 치고 나서 돌아오는 길에 호히에게 들린 것을 떠올렸다. 그 시기는 호히가 피아나 페일당 안에서 제기된 자신의 재신임 투표에서 패배한 지 약 1주일이 지난 때였다. 총리가 우울하게 보인다고 느낀 벤 던은 21만 파운드의 가치에 달하는 3장의 은행 수표를 주머니에서 끄집어냈다고 말했다. 누구의 이름도 그 수표에 기입하지 않았다. 던은 호히에게 "보시오, 이것은 당신을 위한 것이오"라고 말했다. 호히의 대답을 추정해 보면, "고맙소, 관대한 친구여"였을 것이다. 매크래컨 보고서는 1997년 7월 15일에 출판되었고 다음처럼 결론지었다.

> 심판위원회는 찰스 호히 또는 의회의 어떠한 의원들도 이러한 성질의 개인적인 선물, 특히 국가에서 뛰어난 사업가로부터 받았다는 것을 진정으로 받아들일 수 없는 것으로 간주한다. 이 사건에서 보여주듯이, 찰스 호히의 전반적인 생활양식이 그러한 선물에 의존해야 한다는 것은 더욱 더 받아들일 수 없다. 그러한 선물이 용인되어야 한다면, 뇌물과 부패에 대한 잠재력은 어마어마할 것이다.

매크래컨은 그 문서를 검찰총장에게 위임했다. 심판위원회가 내민 증거는 호히에게 통렬한 일격을 가한 것이 되었지만, 그 뒤에 더욱 더 악화된 상황이 뒤따랐다.

모리어티 심판위원회(Moriarty Tribunal)가 1997년 9월에 구성되었다. 마이클 모리어티(Michael Moriarty)가 재판장을 맡은 심판위원회는 찰스 호히와 마이클 로리에 대한 비자금을 조사하고 있었다. 심판위원회는 공직에 있는 동안 한 사람 또는 한 회사가 어떤 방식으로 비자금을 만들어 이득을 취했는지, 또는 이들 중 어떠한 사람이 어떠한 정치적 결정을 내렸는지에 대해서만 조사할 책임이 있었다. 또한 모리어티 심판위원회는 안스바허 공탁금(Ansbacher deposits, 국외은행구좌)을 조사하여, 어떤 정치가가 그 은행계좌에서 돈을 받고 누가 그 자금을 줬는지 책임소재를 밝히고 있었다. 2000년 5월 모리어티 심판위원회는 호히가 1979년에서 1996년 사이에 거물급 사업가로부터 860만 파운드를 받았으리라고 추정했다. 그 폭로는 2001년을 통해 계속되었다.

플러드 심판위원회(Flood Tribunal)가 1997년 10월 의회에 의해서 구성되었다. 이 심판위원회는 재판관인 피어거스 플러드(Feargus Flood)가 의장직을 맡아 북더블린 주에 있는 726에이커 넓이의 한 구획 설계도에 대한 배경 조사에 착수했다. 전 외무상인 레이 버크는 조셉 머피 구조공학사(Joseph Murphy Structural Engineering)

로부터 8만 파운드의 뇌물을 받았다는 혐의를 받았다. 버크는 3만 파운드만 받았음을 인정했다. 심판위원회의 조사 기한은, 또 다른 3만 파운드의 뇌물이 레닉스 제조공업사(Rennicks Manufacturing Ltd.)로부터 버크에게 건네졌다는 폭로가 있고난 뒤 1998년 6월로 연장되었다. 플러드 심판위원회는 또한 설계 과정에서 정치가들에게 건네진 불법 자금을 조사할 권한이 주어졌다. 2000년 4월, 두 명의 건설업자가 15년간에 걸쳐 버크와 피아나 페일당에게 돈을 건넸지만 했지만, 그들이 서로 어떻게 나누어 가졌는지는 알지 못한다고 증언했다.

170 찰스 호히 (The *Irish Times*)

서부 더블린의 피아나 페일당 의원인 리암 로러는 플러드 심판위원회 이전에 등장했던 또 다른 인물이었다. 그는 2000년 6월 피아나 페일 의회당을 사임했다. 2001년 1월 심판위원회에 응하지 않아 벌금이 부과되고 잠시 감옥에 수감된 그는 그해 동안 계속적으로 불법 거래를 했다. 그는 두 번째 구금형에 직면했지만, 2001년 8월 국회의원으로 남아 있었다.

프랭크 던롭(Frank Dunlop)은 공공 관련 컨설턴트이자 피아나 페일당의 전 홍보담당이었는데, 중심가 쇼핑센터에 대한 논쟁적인 계획안에 투표를 하기 전인 1991년, 15명의 더블린 시 의원에게 11만 2,000파운드의 뇌물을 주었다고 플러드 심판위원회에 폭로하여 센세이션을 일으켰다. 그는 자신이 부동산 개발업자를 대신하여 38명의 정치가에게 18만 파운드의 비자금을 지급했다고 주장했다.

이들은 폭로와 함께 2001년 계속해서 아일랜드 민주주의를 철저하게 뒤흔들어 놓았다.

1995년 11월 24일 아일랜드 공화국에서 이혼을 인정하는 국민투표가 근소한 차이로 통과되었다. 그러한 조치는 가톨릭교회 지도부의 결사적인 반대에 직면했지만, 많은 가톨릭 신자들은 결혼의 파탄과 재산분배 문제에 역점을 두어 다루어져야 한다면서 이혼이 사회적 요구라는 견해를 마지못해 받아들였다. 2000년 7월 31일 3년간에 걸친 기간 동안 2만 6,472쌍의 이혼이 인정되었다.

2001년에는 낙태에 관한 떠들썩하고 분열된 논의가 여전히 입법을 기다리고 있었다. 1990년대 연간 약 5,000명의 아일랜드 여성들이 낙태를 위해 해외로, 주로 영국으로 갔다. 이러한 논의와 관련하여 정확한 수는 입증할 수 없다. 1992년 11월 25일 — 총선거 날 — 국민투표는 여행을 할 권리, 정보에 대한 권리 그리고 낙태를 할 수 있는 권리의 헌법적 수정을 위한 것이었다. 투표자들은 여행을 할 권리와 정보에 대한 권리를 찬성했고, 낙태를 할 수 있는 권리는 반대했다. 2000년 정부의 모든 당 위원회가 그 논점에 대해 검토했고, 그해 말 결과를 정부에 보고했다. 거기에는 쉬운 해결책이 없었다. 낙태는 계속해서 아일랜드 사람들의 의견을 분열시켰고, 1983년과 1992년의 국민투표의 경우에서처럼 어느 모로 보나 미래에 얼마간의 논쟁이 신랄하게 일어날 듯이 보였다.

1990년대 다양하고 많은 가톨릭교회 사제들이 냉혹한 현실 속에서 스캔들에 직면했다. 가장 큰 규모로, 부권에 관한 소송에 연루된 골웨이의 주교 에이먼 케이시(Eamonn Casey)의 사생활과 명망 있는 사제인 마이클 클리어리(Michael Cleary)가 아일랜드 신문들의 첫 페이지를 요란하게 장식했다. 심각한 주장들 또한 국가기금과 종교단체 기금으로 운영되는 고아원과 산업학교들에 역행하여 떠올랐다. 그 주장들의 많은 수가 1940년대와 1950년대로 되돌아가는 사건과 관련되어 있었다. 두 개의 텔레비전 프로그램은 이러한 영역에 관해 공적인 토론의 장을 제공해주었다. <사랑하는 딸(Dear Daughter)>이 1996년 2월 28일 아일랜드 국영방송(RTÉ)에서 방영되었다. 그 프로그램에서 크리스틴 버클리(Christine Buckley)는 자비의 성모 수녀회(the Sisters of Mercy)가 운영한 더블린의 성 빈센트 산업학교 골든브리지(St. Vincent's Industrial School Goldenbridge)에서 보냈던 시절에 대해 이야기했다. 그녀

171 리지외 성녀 테레즈의 성물이 아일랜드에 도착하고 있다. (The *Irish Times*)

의 이야기는 소문이 무성했던 학교운영 방식에 대한 고발이었다. 하지만 그 프로그램에서 보여준 취재의 범위는 총체적인 것도 한정적인 것도 아니었고, 따라서 수많은 의문들이 제기되었다. 1996년 5월 9일 더블린 성모의 집(Madonna House)의 자선 수녀회(the Sisters of Charity)가 운영하는 고아원에서 학대가 이루어졌다는 진술이 나왔다. 한 보고서는 약 15개의 사건을 기록했다. 1999년 4월과 5월 아일랜드 국영방송은 <공포의 상태(States of Fear)>란 제목으로 메리 라프터리(Mary Raftery)의 3부작 다큐멘터리를 방영했는데, 이 프로그램은 아일랜드에서 산업학교 체제의 역사에 관한 것이었다. 프로그램에 대한 반응이 신문과 라디오를 통해 광범위하고 집중적으로 나타났다. 그 주제를 다룬 수많은 책도 나왔다.[16)]

하지만 전체적인 맥락에서 볼 때, 이들 방송은 아일랜드의 산업학교 체계에 대한 설득력 있는 이력을 만들지 못한다. 이것은 1999년 5월 정부에 의해 추진된 아동학대에 대한 조사위원회의 결론에서 떠오른 문제로, 그때 총리는 이를 '그들을 구제하고 간섭하고 그들의 고통을 찾아내는 데 대한 우리의 집단적 실패 때문이라고'

하면서 국가와 국민을 대신하여 아동학대의 희생자들에게 사과했다.

1990년대 가톨릭교회는 주일 미사와 성찬식의 참석률이 떨어지는 것을 경험했지만, 아일랜드 국민의 생활에서 종교적 위치는 제도적 교회의 활력으로 결정되어서는 안 된다. 2001년 여름 리지외의 성녀 테레즈(St. Thérèse of Lisieux)의 성물(聖物) 행진이 남과 북 아일랜드 전역에서 행해졌다.

대중적인 반응은 엄청났다. 남녀노소 수만 명의 사람들이 밤새 철야 예배에 참석하기 위해 거리로 나섰다. 아일랜드가 2001년 기독교 후기 사회였다는 점은 리지외의 성녀 테레즈의 성물에 대한 반응에서 모순점을 찾아볼 수 있는데, 많은 수의 예배 참석자가 크로아 패트릭(Croagh Patrick)과 더그 호까지 순례여행을 했고, 연례적인 기도자의 골웨이 노베나(Galway Novena of Prayers) 축제 기간 동안 대성당을 꽉 채웠다. 아일랜드는 대조와 모순의 나라로 남았다.

1990년대는 아일랜드에서 연속적으로 두 명의 여성 대통령이 선출되었다. 메리 로빈슨이 승리를 한 후, 1997년 대통령직 경선이 4명의 여성과 1명의 남성 간에 있었고, 그 선거에서 메리 매컬리스가 당선되었다. 중요 정당들 모두가 여성후보자의 선택이 적절하다고 간주한 사실은, 아일랜드 여성들이 그 사회에서 가부장제의 보루에 도전하기 위한 결심이 어느 정도인지 보여준 척도였다. 정부는 그러한 보루의 하나가 되었다. 1990년대 여성들은 아일랜드의 역사에서 이전보다 훨씬 더 많은 수로 당선되었다. 하지만 아일랜드 의회와 입법부에서 여성의 수는 성적 동등함의 성취와는 여전히 거리가 멀었다. 아일랜드는 스칸디나비아 반도의 여러 국가에서나 볼 수 있는 50퍼센트의 여성대표에 이르기까지 가야 할 길이 여전히 멀다. 하지만 2001년까지는 총리가 매우 중요한 장관직에 여성을 포함하여 내각을 구성한다는 것은 생각하지도 못했을 것이다.

1990년대 정부는 젠더평등 정책을 촉진시켰지만, 그러한 사안에 업적을 남길 만큼 도움은 되지 못했다. 일부 진전은 있었지만 공무원의 경우 이 정책이 적용되지 못했다. 여성들이 정부부처의 사무총장으로서의 지위를 확보하기는 어려웠을

지라도 그들은 1990년대 초보다 훨씬 더 강력하게 공무원의 상위 단계로 진출했다. 외무부는 이러한 점에서 최고의 기록을 가지고 있었다. 여기에서 여성들은 다른 부서보다 여러 면에서 볼 때 훨씬 더 강력하게 활동하고 있는데, 일부 여성들이 오스트리아와 아르헨티나 및 유엔 등의 대사로서 임명되기도 했다.

비즈니스와 전문직에서 '켈트 호랑이'는 많은 여성 사업가들이 지도적 위치에 설 수 있도록 기회를 제공했다. 하지만 특정한 '럭비-클럽 문화(rugby-club culture)'는 계속하여 아일랜드 비즈니스의 상위권을 고르게 차지했고, 이에 대해 여성들이 투쟁하기가 어려웠다.

젠더평등과 관련된 논의에서 가톨릭교회는 아일랜드에서 가장 크게 저항하는 기관이었다. 1990년대 아일랜드 국교는 여성 사제들의 서품식을 허락했는데, 이는 교회를 계속해서 분열시키는 쟁점이 되었다. 아일랜드 성직자단 가운데 본질적으로 보수성을 띤 대다수는 교황청으로부터 받은 지시대로 여성 서품식의 문제에 관해 완고한 태도를 보였다. 아일랜드 가톨릭교회는 역동적인 수많은 여성들이 종교 행위에 영향을 끼쳤음에도 불구하고 쇼비니즘적인 태도를 지닌 요새로 남았다. 하지만 여성 평신도와 수녀들의 연합된 힘은 수많은 남성으로부터 지지를 받아 변화를 위한 강력한 압력단체로서 공헌했다. 아일랜드에서 미사와 성사에 정규적으로 참석하는 이들 대부분이 여성인 까닭에, 경청하거나 배우려 하지 않는 가톨릭교회의 지도부는 그에 대해 값비싼 대가를 치르게 되었다.

조직된 여성들의 네트워크는 규모 면에서 성장했는데, 부분적으로는 1980년대와 1990년대 행해진 낙태와 이혼에 관한 국민투표에서 보여준 힘 때문이었다. '여성들의 투표'는 정당들에게 그들의 위험을 무시하는 데 따른 중요한 강압으로 작용했다. 교육 분야에서 여성들이 대학과 소규모 칼리지에 입학하는 경우가 점차 증가했는데, 대다수는 예술 분야였다. 하지만 대학들이 좀 더 젠더평등을 확대하기 위해 새로운 법률의 강요를 받는다고 해도 소규모 칼리지의 여성 교수와 고참 강사들의 수는 빈약한 수준에 머무르고 있다. 여성들은 다른 어떤 아일랜드 기관보다 노동조합 운동에서 상위권 계층에 훨씬 더 큰 영향력을 행사했다. 최근에 여성들은 의학이나 법조계 같은 전문직 진출에 얼마만큼 향상을 이루었다. 하지만 여성 판사와 컨설턴트의 수가 증가하고는 있지만, 꽤나 적은 수에 머무르고 있다. 이와는 대조적으로 아일랜드 여성은 예술 전반에서, 예술가와 경영인으로서 매우 두각을 나타내고 있다.

여성들이 자신의 전통적 역할에서 벗어나게 되자, 아일랜드 사회의 가장 새로운 일원들은 편견과 보잘것없는 전망으로 괴롭힘을 당하게 되었다. 아일랜드로의 망명 희망자와 피난민들의 도착은 아일랜드가 경제적 붐을 이루었다는 가장 분명한 결과 중의 하나였다.

아일랜드의 경제 성장은 유럽과 아프리카의 좀 더 불리한 지역에 있는 사람들의 관심을 끌었다. 아일랜드로의 이주는 20세기에는 아주 적었다. 20세기 초 러시아의 유대인 학살을 피해 떠나온 유태인에서부터 20세기 말 아일랜드에서 좀 더 평화로운 생활을 하기 위해 조국을 버리고 떠나온 헝가리, 칠레, 베트남, 보스니아 사람에 이르기까지 적은 인원의 추방된 사람들로만 한정되었다. 하지만 1991년 이래 100개국 이상의 다양한 국적을 지닌 사람들이 아일랜드를 피난처 삼아 이주를 신청했다.[17]

2001년 사법부는 3,887명이 5월 말까지 공화국에 망명을 신청했다고 기록했다.[18] 망명 신청자 수는 1990년대 후반부에 급격하게 증가했다. 사법부는 1992년 망명을 위해 39명의 신청을 받아들였고, 1993년에는 91명, 1994년에는 362명, 1995년에는 424명, 1997년에는 3,883명, 1998년에는 4,626명을 받아들였다. 2001년 5월까지 3,887명이 신청해 앞선 해 같은 기간에 비하면 763명의 하락을 보였다. 나이지리아인의 신청이 1,392명에 달했고, 루마니아인은 499명이 신청을 했다. 1998년 신청자의 40퍼센트가 나이지리아 출신이었고, 22퍼센트는 루마니아 출신이었다. 리비아, 앙골라와 콩고는 알제리와 더불어 15퍼센트였다. 1999년 루마니아는 1,678명으로 신청자 목록에서 최고로 많았고 뒤이어 1,155명의 나이지리아, 그 다음은 폴란드로 459명, 케냐는 219명, 알제리는 206명, 몰도바에서는

197명, 콩고/자이레에서는 175명이었다. 슬로바키아에서 141명의 신청자가 있었고 앙고라가 125명, 러시아는 113명에 달했다.[19] 2000년 아일랜드 정부는 신청에서 탈락한 망명자를 강제 이송하기로 나이지리아와 협정을 맺었다. 10명 중 약 한 명만이 나이지리아 망명자 자격을 얻는 데 성공했다.

1992년에서 2000년 11월 17일 사이, 1996년 피난민법(Refugee Act, 개정된 대로)의 보충 이전에 749명(8퍼센트)이 피난민 자격을 보장받았다. 법무부의 기록 범주가 보여주는 수치에 따르면, 6,976명(68퍼센트)은 내용상 이유로 피난민 자격을 거부당했고, 2,467명(24퍼센트)은 절차상 명백한 근거를 두지 않아 피난민 자격을 거부당했다. 호기심 있게 명명된 범주는 대체로 가속화한 절차를 밟았다. 이 기간 동안 신청자 수는 총 1만 192명에 달했다. 2000년 11월 20일에서 2001년 5월 31일 사이 피난민 신청위원회의 추천을 보면 다음과 같다. 보장된 피난민 자격은 118명(6.5퍼센트), 내용상 이유로 거부된 피난민 자격은 1,119명(61.3퍼센트), 절차상 이유로 거부된 피난민 자격은 589명(32.2퍼센트)으로, 총 1,826명을 기록했다.

아일랜드 정부는 아일랜드 항구와 공항에서 보안을 튼튼히 하기 위해 강경조치를 취했다. 망명자 자격의 요구가 2001년 로스레어(Rosslare) 항구에서 있었는데, 5월 말까지 모두 3,887명의 신청인 가운데 0.6퍼센트가 받아들여졌다. 이는 이전 해에 비해 가파른 대조를 보인 수치였는데, ≪아이리시타임스(The Irish Times)≫ 보고서에 따르면, 2000년에는 항구에서 망명을 신청한 사람들 가운데 약 13.4퍼센트가 허가를 받았다. 보고서는 "그해 망명자의 2/3 이상이 더블린의 로우어 마운트 스트리트(Lower Mount Street)에 있는 피난민신청자위원회(Refugee Applications Commission) 사무실에서 조회를 받았다. 1/4이 조금 넘는 망명자가 더블린 공항에서 자격 신청을 했는데 더블린과 던 로게어(Dún Laoghaire) 및 섀넌 공항에서는 1퍼센트 미만이었다"라고 주장했다.[20] 법무장관 존 오도노휴(John O'Donoghue)는 2001년 2월 의회에서 망명자 신분을 얻기 위해 아일랜드 입국을 시도했던 사람들은 새로운 통제로 인해 셰르부르(Cherbourg)로 되돌아갔다고 보고했다. 그는 또한 그 사람들은 프랑스 또는 유럽공동체 국가에서 망명자 자격을 요청할 수 있다고 언급했다.

셰르부르 조처는 교회 조직의 대변인에게 강한 비판을 받았는데, 이들은 그 조처가 망명 희망자의 '선매권을 얻은 추방(pre-emptive exclusion)'을 야기했다고 주장했다. ≪아이리시타임스≫에 의하면 국제사면위원회(Amnesty International)는 아일랜드의 영토 접근이 — 따라서 망명 절차도 — 더 어려워졌다는 데 관심을 표명했다. 규제를 엄격히 하는 것은 망명 희망자들을 부도덕한 악덕 거래업자 세력으로 더욱 몰아넣을지 모른다는 두려움이 있었다.

하지만 입국조치를 엄중하게 하더라도 동유럽과 아프리카에서 수천 명의 사람들이 21세기의 첫 10년 동안 아일랜드 해안에 계속 도달할 것이다. 경제적으로 번영하는 국가에 일하러 오도록 고무된 수천 명의 이주 노동자들과 함께, 이들은 비교적 균일한 사회에서 다문화주의라는 현실에 적응하는 과제를 아일랜드에게 제공한다. 이러한 과정은 꾸준히 긴장 상태를 가져왔고 앞으로도 계속해서 그럴 것이다. '아일랜드인을 위한 아일랜드'란 구호는, 유권자들의 인기에 영합하려는 정치인들이 '외부인(outsider)'을 향한 상반되는 감정을 이용하고 '외국인(foreigners)'에 대한 두려움을 조작하려 함에 따라, 선거 기간에 더욱 자주 들리게 될 것이다. '작은 아일랜드(little Ireland)'의 정신이 아일랜드 사회에서 더 큰 관용을 추구하려는 사람들에게는 위험한 반향을 가져온다.

미디어는 다인종과 다문화 사회가 되는 쪽으로 가는 아일랜드의 피할 수 없는 흐름의 긍정적인 이미지 확산에 매우 중요한 역할을 하고 있다. 하지만 잘못 유도하는 표제와 선정적인 보고서는 '외국인'들을 당황하게 만드는 아일랜드의 신화를 영구화하고 있다. 2001년 7월 3일 ≪아이리시 인디펜던트(Irish Independent)≫의 주요 기사는 "이주자들이 일주일에 2,000명씩 아일랜드에 떼 지어 몰려들고 있다고 공식숫자를 폭로했다. 현재의 상황이 계속된다면 우리는 올해 안으로 — 리머릭 인구 이상인 — 거의 10만 명이나 달하는 성인의 유입이 있을 것이다"라고 보고했다. 그 기사의 편집진은 가능성과 사실을 혼동하여 '이주민 유입 올해 10만 명에 이를 듯'라고 표제를 뽑았다. 그러한 부정확함은 편견의 불꽃을 부채질한다.

172 500유로 지폐. 2002년 1월 세트 중 하나가 소개 (유럽중앙은행)

아일랜드의 경제적 상황에서 변화는 유럽에 대한 태도에서 뚜렷하게 반영된다. 즉 2001년 6월 7일 유권자는 국민투표에서 니스 조약(Treaty of Nice)을 거부했다.

그 조약은 15개국이 모여 다가오는 유럽연합의 확장에 대한 준비와 27개 성원 국가의 결합을 약속하려는 노력으로 10개월 이상에 걸친 협상 끝에 체결된 것이었다. 유럽에서 아일랜드의 권력에 위협이 된다는 두려움과 축소된 국가 자결권 그리고 아일랜드 중립주의의 훼손에 대한 두려움이 '반대' 운동으로 몰아갔다.

유권자 가운데 34.79퍼센트만이 투표에 참여했지만, 투표자 가운데 54퍼센트가 반대했다. ≪아이리시타임스≫의 '자기만족을 위한 패배(Defeat for Complacency)'라는 제목이 달린 논설은 그 결과의 본질을 꿰뚫었다. 즉 "이것은 결정적인 결과로 정부와 캠페인 옹호자들이 이를 받아들이고 존중해야 한다. 이것은 또한 후회스러운 것이기도 한데, 둘 다 실제적인 것으로 또한 민주적 절차의 관점에서이다".[21)]

민주적 절차의 관점에서 볼 때 유럽의 미래에 관한 논쟁은 일어나지 않았다. 피아나 페일당-진보민주당 정부의 '찬성' 운동은 연립내각 안에서 분열이 일어나 시작부터 좌절되었다. 부총리인 메리 하니는 2000년 9월자 ≪아이리시타임스≫에서 유럽공동체 파트너 국가들을 "그들 수백만 국민을 실직으로 몰아넣는 과도한 세금과 무거운 규제와 시대에 뒤떨어진 철학으로 짝을 이루었다"고 비난했다. 부총리와 예술, 문화유산, 게일어 및 부속 도서(島嶼) 장관인 실레 드 발레라(Síle de Valera, 에이먼 드 발레라의 손녀딸)는 아일랜드에 관한 유럽의 영향력을 경시하고 아일랜드와 미국 간의 튼튼한 유대를 강조했다.

국민투표 운동의 말기쯤, 재정부 장관인 찰리 매크리비는 유럽공동체를 향한 아일랜드의 미래의 태도에 대해서 총리와 공개적으로 갈라섰다. 그는 그해 초 유럽연합의 예산안 정책 지침을 무시했다. 이에 대해 유럽장관 위원회와 의회가 그를 완고한 사람이라며 공식적으로 비난했다. 하니는 국립방송국에서 "나는 모든 사람들이 이러한 것에 초록색 모직 재킷을 입고 우리의 경제적 성공을 수호하기를 희망한다"라고 그녀의 친구이자 동료 장관인 찰리 매크리비를 변호했다.

주요 정당 모두가 2001년 6월 니스 조약을 찬성했지만, 잘못 운용된 홍보운동과 유권자의 분위기를 감지하는 정부 노력의 실패는 유럽에 당황스럽고 전례 없는 반감을 갖게 만들었다. 국내와 해외에서 체면을 잃은 정부는 점차적으로 늘어나는 성가신 얘깃거리에 관해 정보를 근거로 한 논쟁을 부추기기 위해서 유럽에 관한 포럼(Forum on Europe) 수립을 발표했다. 이것은 2002년 같은 문제에 대한 2차 국민투표에서 유권자의 반응을 묻기 위한 것으로 기대되었다.

세계화 사조에 반응하여 2001년 중반 아일랜드 경제 상황은 둔화되는 조짐을 보이기 시작했다. 직물과 철강제조업의 전통적 산업에서는 노동력이 과잉 상태였으며, 정보통신 부문에서도 점차 실직자가 생겼다. 국가적 관광산업은 영국에서 발생한 구제역 병의 발발로 혹독한 타격을 받았는데, 이는 더블린에서 열리는 연례행사인 성 패트릭 축일 행진을 포함하는 중요한 행사를 축소하거나 취소하도록 만들었다. 취소와 이에 대한 제한들이 잇따랐다. 이러한 위기는 미국에서 이미 경기 후퇴의 영향을 감지함으로써 경제에 더욱 더 압박감을 야기했다.

유럽연합으로부터 인플레의 압박에 관한 징후들과 경고에도 불구하고, 아일랜드 국민들은 결코 이처럼 좋은 때를 맞이한 적이 없었다. 실업률은 낮았고, 기술을 가진 노동자들을 위한 높은 수요가 있었는데, 이는 이주와 이에 수반되는 문제점을 야기하기도 했다.

2001년 아일랜드는 많은 심판위원회들이 구성되었는데, 과거에 일어난 남용에 맞서기 위해 국가의 능력을 보여주고, 다양한 기관들 내부에서 잘못된 점을 수정하기 위한 조처들이 실행되었다. 또한 의회에서의 위원회 조직은 정치적 결정 과정에서 좀 더 많이 개방하려는 새로운 도전을 모색하기 위해 조정에 대한 잠재력을 제시했다. 결정된 노력의 결과들이 의회와 정부기관 및 건강서비스의 급진적인 개혁을 위한 필요성에 문제를 제기했다.

하지만 건강서비스 개혁은 가장 다루기 어려운 논의였다. 보건부 장관인 미허일 마틴(Micheál Martin)은 서비스를 재구축할 자금은 있었지만, 일상적인 방해가 되는 탐욕과 기득권에 대해 진력을 다하고 있었다. 70세 이상의 시민에게 무상 GP서비스〔일반 개업 전문의사의 진료__옮긴이〕를 부여하기 위한 그의 계획은 분명한 것이었다. 이것은 2단계 체계에 대해 근본적으로 불공평한 상황에 도전하는 데 도움이 되었다. 2단계 체계란 하나는 일반 환자를 위한 것이고, 다른 하나는 개인적으로 보험에 든 사람들을 위한 것이었다.

교육 분야 역시 개혁이 추진되었는데, 모든 수준의 교육에서 몇십 년간 충분한 재정적 뒷받침을 받지 못했던 영역이기도 했다. 1990년대에 변화를 일으키기 위한 기회들이 있었지만, 국가 경제가 쇠락하는 시기에 현금이 필요한 곳에 투자하는 데에서 교육 분야는 뒷전으로 물러나 있었다. 2001년에 새로운 투쟁정신과 파업을 보여주었던 중등학교 교사들은 당분간 졸업자격 시험의 실행가능성을 위협하는 것 같았다.

아일랜드는 유럽연합에게서 받은 지역적, 구조적 자금을 가장 잘 사용하지 못했다는 좀 더 심각한 걱정거리를 지녔다. 유럽공동체에서 거의 30년이 지난 후, 아일랜드 운송경제 기반은 연합에서 가장 악화된 것 중의 하나였다. 철도서비스는 더블린-벨파스트 노선을 제외하고는 표준 이하의 수준이었으며, 도로체계는 고속도로가 좀 더 확장될 필요가 있었다. 대도시 안에서의 자동차나 버스 운행은 가끔 어려웠다. 더블린 공공운송에서 한 가지 중요한 혁신은 LUAS였는데, 이는 2004년 운행하기로 한 고속철도 체계이다. 다른 도시들은 그렇게 특전이 부여되지 못했다.

2001년 아일랜드는 문학과 예술에서 르네상스를 꽃피웠다. 노벨문학상 수상자인 셰이머스 히니가 문학에서 선두적인 인물이었는데, 존 반빌(John Banville) 같은 소설가, 에반 볼랜드(Eavan Boland), 폴 더칸(Paul Durcan) 및 존 몬태규(John Montague) 같은 시인, 브라이언 프릴(Brian Friel) 같이 재능 있는 극작가들이 아일랜드의 문학적 명성을 계승했다. 예술과 음악 및 영화 부문에서 아일랜드 여성과 남성은 국제적으로 성공했다.

아일랜드의 부는 지적인 삶을 꽃피우게 하는 데 자극이 되었는데, 이는 아일랜드에서 새로운 자신감으로 나타났다. 아직도 부자와 가난한 사람 간에 큰 차이를 보이는데, 이는 내처 총리가 재임 기간 계층화된 사회를 선호하여 복지문화가 거의 쇠퇴했기 때문이다. 이것은 미래에 도전이 될 것이다.

2001년 아일랜드는 예측불가능하고 알려지지 않은 사건들을 다루는 데에서 유력한 위치에 있었다. 위태로운 평화과정이 계속해서 유지되었고, 국제 경제가 근본적으로 건전하게 진행되었다. 정치 지도자들이 — 이 책에 기고한 패트릭 린치 교수의 패러프레이즈인 — "경제성장이 공정한 사회를 계획하는 데 필요조건이기는 하지만 충분조건은 아니다"라는 말을 기억한다면, 아일랜드의 문제들을 적절하게 다룰 수 있을 것이다.

주

제3장

1) Whitley Stokes, *On the Calendar of Oengus* (1880), pp.xviii ff, *Félire Óengusso*에 관한 서언 참조.

2) D. A. Binchy(ed.), *Crith Gablach* (1941), p.23, §46; Eoin MacNeill, *Proceedings of the Royal Irish Academy*, 26 C 16(1923), pp.305 ff.

3) Ibid.

4) Ibid., pp.7 ff, §14, 15.

5) Ibid., p.16, §27.

6) Ibid.

제4장

1) *The Works of St. Patrick*, translated by Ludwig Bieler(1953), p.28.

2) Whitley Stokes and J. Strachan(eds.), *Thesaurus Palaeohibernicus*, ii(1903), p.247(철자가 현대화됨)

3) G. S. M. Walker(ed.), *Sancti Columbani Opera* (1957), pp.122 ff.

4) A. O'Kelleher and G. Schoepperle(eds.), *Betha Colaim Chille* (1918), p.294.

5) G. S. M. Walker(ed.), *Sancti Columbani Opera*, pp.46~49.

6) Ibid., pp.190, 114~119, Tomás Ó Fiaich의 영어 해석.

제5장

1) *Ancient Laws of Ireland*, iii, 88.

2) R. Thurneysen(ed.), *Scéla Mucce Meic Datho* (Medieval and Modern Irish series, vi), pp.15~16.

3) *Thesaurus Palaeohibernicus*, ii, 246.

4) G. Calder(ed.), *Auraicept na n-Éces* (1917), p.6, trans. by Robin Flower, *The Irish Tradition* (1947), p.45.

5) W. Stokes(ed.), *Félire Óengusso* (1905), p.26, trans. by Frank O'Connor, *Kings, Lords and Commons* (London, 1962), P.4.

6) Ibid., p.25, trans. by Frank O'Connor, Ibid, p.3.

7) *Thesaurus Palaeohibernicus*, ii, 327.

8) Migne, *Patrologia Latina*, lxxii, col. 789.

9) J. J. O'Meara(ed.), Giraldus Cambrensis Topographia Hibernie, in *Proceedings of the Royal Irish Academy*, 52 C 4(1940), pp.151~152, trans. by J. J. O'Meara, *The History and Topography of Ireland by Gerald of Wales* (Penguin Books, 1982), p.84.

제6장

1) 피에솔레(Fiesole)의 주교 도나투스(Donarus)의 라틴어 시편, *Monumenta Cermaniae Historica*, Poet. *Lat. Aevi Carol.*, iii(1890), pp.691~692, translated by Liam de Paor.
2) Poem in margin of St Gall Priscian, in *Thesaurus Palaeohibernicus*, ii, 290, translated by Liam de Paor.
3) Johs. Bøe, 'An Ornamented Bronze Object Found in a Norwegian Grave' in *Bergens Museums Aarbok*, 1924~1925, Hist.-Antikv. Raekke, no.4, p.34.
4) *Cogadh Gaedhel re Gallaibh*, translated by J. H. Todd(1867), p.41.
5) P. E. Wallace, 'Anglo-Norman Dublin: Continuity and Change' in Donnchadh Ó Corráin(ed.), *Irish Antiquity* (Cork, 1981), pp.247~267; 'The Origins of Dublin' in B. G. Scott(ed.), *Studies in Early Ireland: Essays in Honour of M. V. Duignan* (Belfast, 1982), pp.129~143.
6) *Cogadh Gaedhel re Gallaibh*, p.79.
7) From Njal's Saga, translated by Holger Arbnam, in *The Vikings* (1961), p.72.

제7장

1) *The Bardic Poems of Tadhg Dall Ó Huiginn* (Irish Texts Society, vol. xxi), ed. Elenor Knott, poem 17.
2) Edmond Curtis and R. B. McDowell(ed.), *Irish Historical Documents 1172-1922*, p.17.
3) 이러한 문법적 자료의 설명은 다음을 참조. Osborn Bergin, 'The Native Irish Grammarian' in *Proceedings of the British Academy*, xxiv; Brain Ó Cuív, 'Linguistic Terminology in the Medieval Irish Bardic Tracts' in *Transactions of the Philological Society* (1965), and *The Linguistic Training of the Medieval Irish Poet* (1973).
4) 세 개의 사본들은 다음과 같다. ① *Labor na hUidre*, 현재 더블린의 아일랜드 왕립 아카데미 소장, ② Rawlinson B. 502, 현재 옥스퍼드의 보들레이안 도서관(Bodleian Library) 소장, ③ *Lebor na hUachongbála*, 『레인스터의 서』로 흔히 알려진 이 사본은 더블린의 트리니티 칼리지에 일부가 있고, 더블린 주 킬리니의 Dún Mhuire에 있는 프란시스코회 도서관에도 일부가 있다. 최근에 로울린슨 사본의 중심 파트가 *Lebor Glinne Dá Loch*, 또는 *Book of Glendalough* 로 알려진 법전이라는 것이 Pádraig Ó Riain 교수(in *Éigse*, xvii, 161~176)에 의해 논쟁이 되었다.

5) *Early Irish Lyrics*, ed. G. Murphy(1956), pp.70~71.

6) *Book of Armagh*, f.16 r°. See fig. 42.

7) 10세기와 12세기 간 comarbas Pátraic의 세습적 특성은 Uí Shínaig 가족의 일원들을 보여주고 있는 아래의 가계도에서 알 수 있다. comarbas Pátraic의 관직을 유지하고 있는 인물들과 성 말라키(St Malachy) 시대에 대수도원장직을 두고 경쟁했던 두 성원의 이름은 이탤릭체로 되어 있고, 괄호 안은 관직 보유 기간이다.

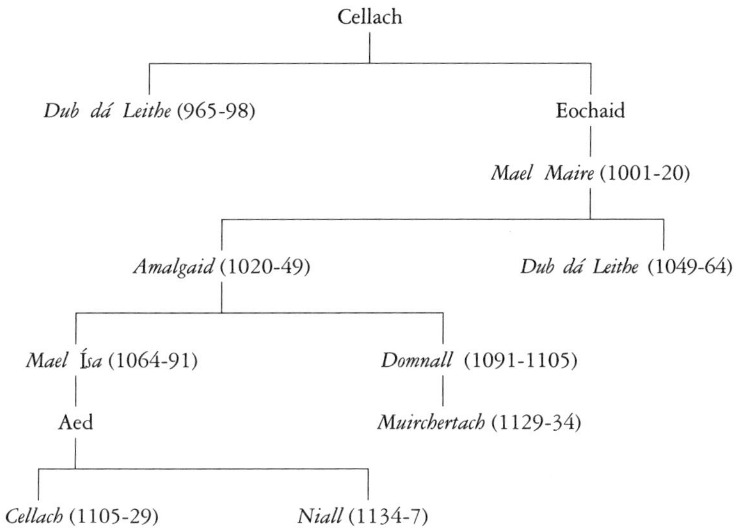

제8장

1) *Annals of the Four Masters,* ed. John O'Donovan, 1145, 1171.

2) Geoffrey Keating, *Foras Feasa ar Éirinn*, ed. David Comyn and P. S. Dineen, iii, 318(319).

3) Giraldus Cambrensis, *Expugnatio Hibernica, the Conquest of Ireland*, ed. A. B. Scott and F. X. Martin(1974), p.41.

4) *The Song of Dermot and the Earl*, ed. G. H. Orpen(1892), pp.22~25.

5) Ibid., pp.34~35.

6) Giraldus Cambrensis, as above, pp.87, 89.

7) Ibid., p.77.

마틴 교수는 더블린 트리니티 칼리지의 조셀린 오트웨이-루스벤 박사에게 특별히 감사의 마음을 표한다. 그는 8장의 마지막 초고를 읽고 솔직한 조언과 수정을 해주었다.

제9장

1) *Calender of the Justiciary Rolls, Ireland 1308-14*, p.103.

2) Seán Ó Tuama, 'The New Love Poetry' in Brian Ó Cuív(ed.). *Seven Centuries of Irish Learning* (1961), p.111.

3) Kathleen Hoagland, *1000 Years of Irish Poetry* (1953), p.313.

4) J. T. Gilbert, *Facsimiles of the National Manuscripts of Ireland* (1884), pp.98~100.

5) Aubrey Gwynn, 'The Black Death in Ireland' in *Studies* (March 1935), pp.27~28.

제10장

1) *The Libelle of Englyshe Polycye*, ed. G. F. Warner(1926), p.36.

2) Cited by H. G. Richardson and G. O. Sayles, *The Irish Parliament in the Middle Ages* (1952), p.180, n.40.

3) *Statute Rolls of the Parliament of Ireland, Henry VI*, p.567.

4) *Register of John Swayne*, ed. D. A. Chart(1935), p.108.

5) *Annals of the Four Masters*, ed. John O'Donovan, iv, 965.

6) *Statute Rolls of the Parliament of Ireland, Henry VI,* p.50.

7) Edmund Curtis, 'The Viceroyalty of Richard, Duke of York' in *Journal of the Royal Society of Antiquaries of Ireland*, lxii(1932), p.166.

8) *Annals of the Four Masters,* iv, 1051~1053.

9) *Statute Rolls of the Parliament of Ireland, Henry VI*, *1st to 12th years Edward IV*, p.139.

10) Margaret Griffith, 'The Talbot-Ormond Struggle for Control of the Anglo-Irish Government, 1414-47' in *Irish Historical Studies*, ii, no.8(Sept. 1941), p.396.

11) P.R.O., Council and Privy Seal Warrants, E 28/89. 30 Mar., 3 Edward IV.

12) *Annals of Ulster*, iii, 219~221.

13) G. O. Sayles, 'The Vindication of the Earl of Kildare from Treason, 1496' in *Irish Historical Studies*, vii, no.25(Mar. 1950), p.43.

14) Constantia Maxwell, ed., *Irish History from Contemporary Sources* (1923), p.113.

15) *Vetera Monumenta Hibernorum et Scotorum Historiam Illustrantia, 1216-1547*, ed. Augustine Theiner(Rome, 1864), p.521.

16) *State Papers, Henry VIII, Ireland*, ii, 15.

17) See Art Cosgrove, *Late Medieval Ireland, 1370-1541* (Dublin, 1981), pp.116~120.

제11장

1) Skeffington and the Irish council to Henry VIII, 26 Mar. 1535(*State Papers, Henry VIII, Ireland*, ii, 236ff).

2) 'A certain information for our sovereign lord's commissioners in Ireland, 1537'(ibid., ii, 480).

3) Henry VIII to Surrey, 1520(ibid., ii, 52ff).

4) Henry VIII to lord deputy and Irish council, 1541(ibid., iii, 332ff).

5) 28 Henry VIII c.5, *Irish Statues* (1786), i, 90.

6) Statement of Thomas Lynch of Galway(*State Papers, Henry VIII, Ireland*, iii, 141).

7) William Camden, *Annals* (1615), p.78.

8) Ibid.

9) Lord justice and Irish council to privy council, 5 Nov. 1597(*Calendar of State Papers, Ireland, 1596-7*, p.436).

제13장

1) Thomas Carte, *Life of Ormonde* (1736), ii, 140.

2) Jonathan Swift, *Works*, ed. T. Scott(1910), iv. 94.

3) *Poems of David Ó Bruadair*, ed. J. C. MacErlean(1917), iii, 15.

4) *Clarendon Correspondence*, ed. S W. Singer(1829), ii, 475.

5) 'Lilliburlero' in T. C. Croker, *Historical Songs of Ireland* (1841), pp.66~67.

제14장

1) 3 William and Mary, c.2.

2) George Berkeley, *The Querist*, in *The Works of George Berkeley, Bishop of Cloyne*, ed. A. A. Luce and T. E. Jessop, vi(1953), p.128.

3) Arthur Young, *A Tour of Ireland* (1780), ii, pt 2, pp.35, 36.

4) *Dánta Diadha Uladh*, ed. Énri Ó Muirgheasa(1936), pp.281~283.

5) John Burke, *A General and Heraldic Dictionary of the Peerage and Baronetage of the British Empire* (1828), p.89.

6) *Ambráin Phiarais Mhic Gearailt*, ed. Risteard Ó Foghludha(1905), p.23.

제16장

1) J. A. Reynolds, *The Catholic Emancipation Crisis in Ireland* (1954), p.22에서 인용.

2) *Dublin Evening Post*, 3 July 1828.

3) C. Gavan Duffy, *Young Ireland* (1880), pp.344~347.

4) *First Series of Reports of the Loyal National Repeal Association of Ireland* (1840), pp. viii~ix.

5) Duffy, *Young Ireland*, p.217.

제18장

1) Lord Eversley, *Gladstone and Ireland* (1912), p.18.

2) *Freeman's Journal* (9 June 1879), quoted in Michael Davitt, *The Fall of Feudalism in Ireland*, p.154.

3) R. Barry O'Brien, *Life of Charles Stewart Parnell* (1898), i, 240.

4) John Morley, *Life of William Ewart Gladstone* (1903), iii, 240.

5) *Speech by Mr Charles Stewart Parnell in the House of Commons, on the motion for the second reading of the bill for the future government of Ireland* (7 June 1886), p.13.

제19장

1) W. B. Yeats, *Nine One-Act Plays* (1937), p.36.

2) T. M. Kettle, 'Would the Hungarian Policy Work?' in *New Ireland Review* (Feb. 1905).

3) W. B. Yeats, 'Under Ben Bulben'(1938), in *Collected Poems* (1961), p.398.

4) P. H. Pearse, *Political Writings and Speeches* (1922), pp.177~178.

5) *The Workers' Republic* (6 Nov. 1915).

6) Erskine Childers, *The Framework of Home Rule* (1911), p.168.

7) Dorothy Macardle, *The Irish Republic*, new ed., 1951, pp.89~90; see also Ian Colvin, *Life of Lord Carson*, ii(1934), 206.

8) *The Workers' Republic* (6 Nov. 1915).

제20장

1) Ian Colvin, *Life of Lord Carson*, ii(1934), 298.

2) *Commons in NI*, ii, 603.

3) *Belfast News Letter* (7 Dec. 1925).

4) St John Ervine, *Craigavon* (1949), p.416.

5) *Hansard NI (commons)*, viii, 2272.

6) *Annual Register* (1942), p.98.

7) *Hansard NI (commons)*, lix, 15.

제21장

1) Treaty debates, 19 Dec. 1921, p.32.

2) Ibid., 7 Jan. 1922, p.337.

제22장

1) 이 주제에 관한 수많은 문헌들은 다음을 참조. *A Social Science Bibliography of Northern Ireland, 1945-83*, compiled by Bill Rolston, Mike Tomlinson, Liam O'Dowd, Bob Miller and Jim Smyth(Belfast 1983).

제23장

1) 최근의 아일랜드 정치와 역사에 관해서는 다음을 참조. J. Whyte, *Interpreting Northern Ireland* (Oxford, Clarendon, 1990) and J. Coakley and M. Gallagher(eds.), *Politics in the Republic of Ireland* (Dublin, Folens, 1993 edn.).

제24장

1) 1997년 4월 22일, 브렌던 스미스(Brendan Smyth)는 외설과 성폭행에 대한 74개의 죄로 더블린 법정에서 유죄를 선고받았다.

2) Senator George Mitchell, *Making Peace - The Inside Story of the Making of the Good Friday Agreement* (Heinemann, London, 1999), p.26.

3) Andrew J. Wilson, *Irish America and the Ulster Conflict 1968-1995* (Blackstaff Press, Belfast, 1995), p.293.

4) Interview with John Hume, University College Cork, 1995.

5) David McKittrick, Seamus Kelters, Brian Feeney and Chris Thornton, *Lost Lives - The Stories of the Men, Women and Children Who Died as a Result of the Northern Troubles* (Mainstream, Edinburgh and London, 1999), p.1336.

6) Joseph Ruane and Jennifer Todd(eds.), *After the Good Friday Agreement - Analysing Political Change in Northern Ireland* (University College Dublin Press, Dublin, 1999), pp. 6~7.

7) Wilson, *Irish America and the Ulster Conflict 1968-1995*, pp.298~299.

8) Ibid., p.300.

9) Mitchell, *Making Peace - The Inside Story of the Making of the Good Friday Agreement*, pp.10~11.

10) Ibid., pp.10~12.

11) 필자는 아일랜드 국가의 발전에서 가톨릭교회의 역할에 대한 연구를 위한 포럼에 위촉되었다. 다음의 책을 참조. *Building Trust in Ireland - Studies Commissioned by the Forum for Peace and Reconciliation* (Blackstaff Press, Belfast, 1996), pp.89~213.

12) Mitchell, *Making Peace - The Inside Story of the Making of the Good Friday Agreement*, pp.33ff.

13) Irish Department of Foreign Affairs information leaflet, 'Northern Ireland Peace Process - The Making of the Good Friday Agreement of 1998'.

14) 뛰어난 사무변호사인 로즈마리 넬슨(Rosemary Nelson)이 1999년 3월 15일 살해당했다. 폭탄 하나가 아마 주 러간에 있는 그녀의 차 아래에 장착되었다.

15) Fintan O'Toole, *Meanwhile Back at the Ranch - The Politics of Irish Beef* (Vintage, 1995), London pp.281~282. 이 책은 정부가 공청회를 통해 자체를 보호하려고 했던 방식에 대한 비판으로 소고기 심판위원회와 그 사건들을 요약한 해명서이다.

16) Based on *States of Fear*, Mary Raftery and Eoin O'Sullivan published *Suffer the Little Children: The Inside Story of Ireland's Industrial Schools* in 1999. In 1998, Susan McKay's *Sophia's Choice* was published. The following year, Bernadette Fahy wrote *Freedom of Angels: Surviving Goldenbridge Orphanage.*

17) Paul Cullen, *Refugees and Asylum-Seekers in Ireland* (Cork University Press, Cork, 2000), p.17.

18) *The Irish Times*, 11 June 2001.

19) Cullen, *Refugees and Asylum-Seekers in Ireland*, p.17.

20) *The Irish Times*, 11 June 2001; 이 기사는 다음과 같이 계속된다. "로스레어에서 망명하고자 하는 사람들의 수가 이번 연도에 극적으로 하락했다. 피난민신청위원회의 통계에 따르면 지난해(2001년) 첫 5개월 동안 514명이 망명을 요청한 것에 비해 올해 그 기간 동안 웩스퍼드 주 항구에서는 24명만이 망명을 요청했다. 로스레어에서 망명신청의 하락은 프랑스 항구 셰르부르에서 아일랜드 정기여객기 직원에 의해 지난 11월에 도입된 서류단속에 따른 것이다. 경찰의 충고를 실행에 옮긴 직원은 셰르부르에서 가짜이거나 부적절한 문서를 제시한 이주자를 승선하지 못하도록 하는 조치를 시작했다."

21) *The Irish Times*, 9 June 2001.

참고문헌
A BIBLIOGRAPHY OF IRISH HISTORY

다음은 아일랜드 역사에 관해 영어나 아일랜드어로 출판된 참고문헌이다. 이들 중 대부분은 20세기에 쓰인 것이다. 새로운 참고문헌은 최신년도(2001년)까지 추가되었다. 최근의 출판물은 *Irish Historical Studies*에서 매년 출판된 '아일랜드사 논문들'을 참조했다. 일부 예외가 있긴 하지만, 출처자료와 인쇄되거나 필사본에 있는 자료는 포함하지 않았다. 포괄적인 영역에 대한 지침을 찾고자 하는 독자들은 섹션 16을 참고하기 바란다.

1 아일랜드사의 개괄서
 사료수집
2 특정 분야에 대한 개괄서
 켈트
 경제 및 사회사
 타운
 법, 정부 및 의회
 교회
 교육
 언어, 문학 및 학문
 극장
 시각예술과 음악
 민족주의
 합병주의
 토지문제
 노동운동
 아일랜드 이주와 아일랜드인의 해외 거주
 다른 주제들
3 아일랜드의 역사지정학
4 아일랜드의 선사시대
5 1세기부터 12세기 아일랜드
6 중세시대 아일랜드
7 16세기의 아일랜드

8 17세기 아일랜드
9 18세기 아일랜드
10 1800~1850년 아일랜드
11 1850~1921년 아일랜드
12 1921~1982년 아일랜드
13 1983~2001년 아일랜드
14 얼스터의 역사
15 관련서의 참고문헌과 다른 서적
16 참고문헌, 연간 발행물 및 학술 논문집
참고문헌
간행물
시리즈
학술 논문집
17 추가 참고문헌

대부분의 란에서 배열은 주제의 연대순에 따라 폭넓게 되어 있다.

섹션 1에 있는 논문은 섹션 4~13에 포함된 기간들 중의 하나 이상과 관련된다. 섹션 2는 아일랜드사에 걸쳐 광범위한 자료로 이루어진다. 섹션 14에 있는 자료들은 섹션 6~10에 포함된 모든 기간과 관련된다. 시대구분을 초월하는 몇몇의 저서들은 한 섹션 이상에서 나타난다.

1 아일랜드사의 개괄서

사료수집

Edmund Curtis and R. B. McDowell(ed.). *Irish Historical Documents, 1172-1922*. London, 1943; reprint, 1968.

Constantia Maxwell(ed.). *Irish history from Contemporary Sources, 1509-1610*. London, 1923.

James Carty(ed.). *Ireland from the Flight of the Earls to Grattan's Parliament, 1607-1782*. Dublin, 1949.

James Carty(ed.). *Ireland from Grattan's Parliament to the Great Famine, 1783-1850*. Dublin, 1949.

James Carty(ed.). *Ireland from the Great Famine to the Treaty, 1851-1921*, Dublin, 1951.

Basil Chubb(ed.). *A Source Book of Irish Government*. Dublin, 1964.

일반 저서들

Edmund Curtis. *A History of Ireland*. London, 1936; 6th edition, 1950.

Sean O'Faolain. *The Irish*. Penguine Books, 1937; new edition, 1978.

J. C. Beckett. *A Short History of Ireland*. London, 1952; 6th edition, 1979; reprint, 1981.

Brian Inglis. *The Story of Ireland*. London, 1956; 2nd edition, 1965.

Robert Kee. *Ireland: A History*. London, 1980.

Eoin MacNeill. *Phases of Irish History*. Dublin, 1919.

Edmund Curtis. *A History of Medieval Ireland, from 1086 to 1513*. London, 1923; 2nd edition, 1938; reprint, 1968.

A. J. Otway-Ruthven. *A History of Medieval Ireland*. With an introduction (on Ireland before the coming of the Normans) by Kathleen Hughes. London, 1968; reprint 1980.

Extended review by F. X. Martin, in *Studia Hibernica*, no.14(1974), pp.143~160.

J. C. Beckett. *The Making of Modern Ireland, 1603-1923*. London, 1966; paperback edition, 1969; new edition, 1981.

J. C. Beckett. *Confrontations: Studies in Irish History*. London, 1972.

F. G. James. *Ireland in the empire, 1688-1770*. cambridge (Mass), 1973.

W. O'Connor Morris. *Ireland, 1798-1898*. London, 1898.

P. S. O'Hegarty. *A History of Ireland under the Union, 1801-1922*. London, 1952.

Oliver MacDonagh. *Ireland: the Union and its Aftermath*. London, 1977. (First published as *Ireland*, Englewood Cliffs (N.J.), 1968.)

F. S. L. Lyons, *Ireland Since the Famine*. London, 1971; revised edition, 1973.

F. S. L. Lyons. *Culture and Anarchy in Ireland, 1890-1939*. Oxford, 1974.

Dorothy Macardle. *The Irish Republic: A Documented Chronicle of the Anglo-Irish Conflict*. Preface by Éamon de Valera, London, 1937; 4th edition, Dublin, 1951; American edition, New York, 1965.

The Gill History of Ireland. Edited by J. F. Lydon and Margaret MacCurtain. 11 vols. Dublin, 1972~1975.

The Helicon History of Ireland. Edited by Art Cosgrove and Elma Collins. To be completed in 10 vols. Dublin, 1981.

A New History of Ireland. Edited by T. W. Moody, F. X. Martin, and F. J. Byrne. To be completed in 10 vols. Oxford, 1976~. (A cooperative history, under the auspices of the Royal Irish Academy)

2 특정 분야에 대한 개괄서

켈트

T. G. E. Powell. *The Celts*. London, 1958.

Joseph Raftery(ed.). *The Celts*. Cork, 1964.

Myles Dillon and Nora K. Chadwick. *The Celtic Realms*. London, 1967; 2nd edition, 1972.

Proinsias Mac Cana. *Celtic Mythology*. London, 1970.

경제 및 사회사

D. A. Chart. *The Economic History of Ireland*. Dublin, 1920.

Charles Doherty. 'Exchange and Trade in Early Medieval Ireland' in *Journal of the Royal Society of Antiquaries of Ireland*, cx (1980), pp.67~89.

M. D. O'Sullivan. *Italian Merchant Bankers in Ireland in the Thirteenth Century*. London, 1962.

Jacques Bernard. 'The Maritime Intercourse between Bordeaux and Ireland, c 1450~c. 1520' in *Irish Economic and Social History*, vii (1980), pp.7~21.

A. K. Longfield. *Anglo-Irish Trade in the Sixteenth Century*. London, 1929.

George O'Brien. *The Economic History of Ireland in the Seventeenth Century*. Dublin and London, 1918.

George O'Brien. *The Economic History of Ireland in the Eighteenth Century*. Dublin, 1918.

Geroge O'Brien. *The Economic History of Ireland from the Union to the Famine*. London, 1921.

A. E. Murray. *A History of the Commercial and Financial Relations between England and Ireland from the Period of the Restoration*. London, 1903.

L. M. Cullen. *The Emergence of Modern Ireland, 1600-1900*. London, 1981.

L. M. Cullen and T. C. Smout(ed.). *Comparative Aspects of Scottish and Irish Economic and Social History, 1600-1900*. Edinburgh, 1977.

L. M. Cullen and François Furet(ed.). *Ireland and France, seventeenth to Twentieth Centuries: Towards a Comparative Study of Social History*. Paris, 1980.

L. M. Cullen. *An Economic History of Ireland Since 1660*. London, 1972.

L. M. Cullen. *Anglo-Irish Trade, 1660-1800*. Manchester, 1968.

L. M. Cullen and Paul Butel(ed.). *Négoce et Industrie en France et en Irlande aux XVIII et XIX Siècles*. Paris, 1980.

L. M. Cullen(ed.). *The formation of the Irish Economy*. Cork, 1969.

K. B. Nowlan(ed.). *Travel and Transport in Ireland*. Dublin and New York, 1973.

R. N. Salaman. *The History and Social Influence of the Potato.* Cambridge, 1949; reprint, 1970.

K. H. Connell. 'The Potato in Ireland' in Past & Present, no.23(nov. 1962), pp.57~71.

Conrad Gill. *The Rise of the Irish Linen Industry*. Oxford, 1925; reprint, 1964.

Patrick Lynch and John Vaizey. *Guinness's Brewery in the Irish Economy, 1759-1876*. Cambridge, 1966.

E. B. McGuire. *Irish Whiskey: A History of Distilling, the Spirit Trade, and Excise Controls in Ireland.* Dublin, 1973.

Michael Drake. 'Marriage and Population Growth in Ireland, 1750-1845' in *Economic History Review*, xvi, no.2(Dec. 1963), pp.301~313.

R. D. C. *Black. Economic Thought and the Irish Question, 1817-1870*. Cambridge, 1960.

Elizabeth R. Hooker. *Readjustments of Agricultural Tenure in Ireland*. Chapel Hill, (N. C.), 1938.

David O'Mahony. *The Irish Economy*. Cork, 1962; 2nd edition, 1967.

James Meenan. *The Irish Economy Since 1922*. Liverpool, 1970.

Commission of Inquiry into Banking, Currency and Credit (1934-1938), *reports*. Dublin, Stationery Office, (1938). (P.2628)

Maurice Moynihan. *Currency and Central Banking in Ireland, 1922-1960*. Dublin, 1975.

Economic Development. Dublin, Stationery Office, 1958. (Pr. 4803)

Science and Irish Economic Development: Report of the Research and Technology Team Appointed by the Minister for Industry and Commerce in November 1963 (in association with OECD). 2 vols. Dublin, Stationery Office, 1966. (Pr. 8975, Pr. 9093)

N. J. Gibson and J. E. Spencer(ed.). *Economic Activity in Ireland: A Study of Two Open Economies*. Dublin, 1977.

Barry Moore, John Rhodes, and Roger Tarling. 'Industrial Policy and Economic Development: the Experiences of Northern Ireland and the Republic of Ireland' in *Cambridge Journal of Economics*, ii (1978).

K. A. Kennedy and B. R. Dowling. *Economic Growth in Ireland: the Experience Since 1947*. Dublin, 1975.

B. R. Dowling and J. Durkan(ed.). *Irish Economic Policy: A Review of Major Issues*. Dublin, 1978.

J. W. O'Hagan(ed.). *The Economy of Ireland: Policy and Performance*. 3rd edition. Dublin, 1981.

L. M. Cullen. *Life in Ireland*. London and New York, 1968.

Constantia Maxwell. *The Stranger in Ireland*. London, 1954.

Constantia Maxwell. *Country and Town in Ireland under the Georges*. London, 1940; new edition, Dundalk, 1949.

S. J. Connolly. *Priests and People in Pre-famine Ireland, 1780-1845*. Dublin, 1982.
L. M. Cullen. *Six Generations: Life and Work in Ireland from 1790*. Cork, 1970.
R. B. MaDowell(ed.). *Social Life in Ireland, 1800-45*. Dublin, 1957.
K. H. Connell. *Irish Peasant Society: Four Historical Essays*. Oxford, 1968.
Terence Brown. *Ireland: A Social and Cultural History, 1922-1979*. Fontana Paperbacks, 1981.

타운

R. A. Butlin(ed.). *The Development of the Irish Town*. London and Totowa(N.J.), 1977.
David Harkness and Mary O'Dowd(ed.). *The Town in Ireland*. Belfast, 1981.
H. B. Clarke. *Dublin, c. 840-c. 1560: the Medieval Town in the Modern City*. Dublin, 1978.
A. P. Smyth. *Scandinavian York and Dublin*. Vol. i, Dublin, 1975; vol. ii, 1981.
National Museum of Ireland. *Viking and Medieval Dublin*. Dublin, 1973.
P. F. Wallace. 'Dublin's Waterfront at Wood Quay: 900-1317' in G. Milne and B. Hobley(ed.). *Waterfront Archaeology in Britain and Northern Europe* (Council for British Archaeology, Research Report no.41, London, 1981), pp.109~118.
P. F. Wallace. 'Anglo-Norman Dublin: Continuity and Change' in D. Ó Corráin,(ed.). *Irish Antiquity* (Cork, 1981), pp.247~267.
P. F. Wallace. 'The Origins of Dublin' in B. G. Scott(ed.). *Studies on Early Ireland: Essays in Honour of M. V. Duignan* (Belfast, 1982), pp.129~143.
P. F. Wallace. 'Carpentry in Ireland, A. D. 900-1300: the Wood Quay Evidence' in S. McGrain(ed.). *Woodworking Techniques Before A. D. 1500* (British Archaeological Reports, International Series no.129, Oxford, 1982), pp.263~299.
John Ryan. 'Pre-Norman Dublin' in *Journal of the Royal Society of Antiquaries of Ireland*, lxxix (1949), pp.64~83.
M. D. O'Sullivan. Old Galway: The History of a Norman Colony in Ireland. Cambridge, 1942.
William O'Sullivan. *The Economic History of Cork City from the Earliest Times to the Act of Union*. Dublin and Cork, 1937.
J. F. Lydon. 'The City of Waterfront in the Later Middle Ages' in *Decies*, xii (1979), pp.9~15.
Gearóid Mac Niocaill. *Na Buirgéisi, XII-XV Aois*. I vol. in 2, Dublin, 1964.
Gearóid Mac Niocaill. 'Socio-economic Problems of the Late Medieval Town' in David Harkness and Mary O'Dowd(ed.). *The Town in Ireland* (Belfast, 1981), pp.7~21.
M. J. Craig. *Dublin, 1660-1860*. London, 1952.
J. G. Simms. 'Dublin in 1685' in *Irish Historical Studies*, xiv, no.55(Mar. 1965), pp.212~226.

Constantia Maxwell. *Dublin under the Georges, 1714-1830*. London, 1936; 2nd edition, London and Dublin, 1946; revised edition, London, 1956.

법, 정부 및 의회

Eoin MacNeill. *Early Irish Laws and Institutions*. Dublin, (1935).

Eoin MacNeill. 'Ancient Irish Law: The Law of Status and Franchise' in *Proceedings of the Royal Irish Academy*, 36 C 16 (1923).

D. A. Binchy. *Crith Gablach*. Dublin, 1941.

D. A. Binchy. *The Linguistic and Historical Value of the Irish Law Tracts* (Sir John Rhys memorial lecture). London, British Academy, 1943.

Liam Ó Buachalla. 'Some Researches in Ancient Irish Law' in *Journal of th Cork Historical and Archaeological Society*, lii (1947), pp.41~54, 135~148, liii (1948), pp.1~18.

Bryan Murphy. 'The Status of the Native Irish After 1331' in *Irish Jurist*, ii (1967), pp.116~138.

G. J. Hand. *English Law in Ireland, 1200-1324*. Cambridge, 1967.

A. G. Donaldson. *Some Comparative Aspects of Irish Law*. Durham(N.C.), 1957.

H. G. Richardson and G. O. Sayles. *The Irish Parliament in the Middle Ages*. Philadelphia, 1952; new impression, 1966.

H. G. Richardson and G. O. Sayles. *Parliament in Medieval Ireland*. Dublin Historical Association, 1964.

Brian Farrell(ed.). *The Irish Parliamentary Tradition*. Dublin, 1973.

D. B. Quinn. 'The Early Interpretation of Poynings' Law' in *Irish Historical Studies*, ii, no.7(Mar. 1941), pp.141~154.

R. Dudley Edwards and T. W. Moody. 'The History of Poynings' Law, 1494-1615' in *Irish Historical Studies*, ii, no.8(Sep. 1941), pp.415~424.

T. W. Moody. 'The Irish Parliament under Elizabeth and James I: A General Survey' in *Proceedings of the Royal Irish Academy*, 45 C. 6 (1939), pp.41~81.

V. W. Treadwell. 'The Irish Parliament of 1569-71' in *Proceedings of the Royal Irish Academy*, 65 C 4 (1966), pp.55~89.

Aidan Clarke. 'The History of Poynings' Law, 1615-41' in *Irish Historical Studies*, xviii, no.80(Sept. 1977), pp.384~417.

J. L. McCracken. *The Irish Parliament in the Eighteenth Century*. Dublin Historical Association, 1971.

V. W. Treadwell. 'The Irish Customs Administration in the Sixteenth Century' in *Irish Historical*

Studies, xx, no.80(Sept. 1977), pp.384~417.

T. J. Kiernan. *History of the financial administration of Ireland to 1817*. London, 1930.

R. B. McDowell. *The Irish Administration, 1801-1914*. London, 1930.

J. H. Whyte. 'The Influence of the Catholic Clergy on Elections in Nineteenth-Century Ireland' in *English Historical Review*, lxxv, no.295(Apr. 1960).

Peter Jupp. 'Irish Parliamentary Elections and the Influence of the Catholic Vote, 1801-20' in *Historical Journal*, x (1967), pp.183~196.

Brian Walker. 'The Irish electorate, 1806-1915' in *Irish Historical Studies*, xviii, no.71(Mar. 1973), pp.183~196.

Nicholas Mansergh. *The Irish Free State: Its Government and Politics*. London, 1934.

D. N. Haire. 'In Aid of the Civil Power, 1868-90' in F. S. L. Lyons and R. A. J. Hawkins(ed.), *Ireland Under the Union* (Oxford, 1980), pp.115~148.

Brian Farrell. *The Founding of Dáil Éireann: Parliament and Nation Building*, Dublin, 1971.

J. L. McCracken. *Representative Government in Ireland: A Study of Dáil Éireann, 1919-1948*. London, 1958.

Donal O'Sullivan. *The Irish Free State and its Senate*. London, 1940.

F. B. Chubb. *The Government and Politics of Ireland*. With a Historical Introduction by David Thornley. Stanford and London, 1970; paperback edition, 1974; 2nd edition, 1982.

R. K. Carty. *Party and Parish Pump: Electoral Politics in Ireland*. Waterloo, Ontario, 1981.

Ronan Fanning. *The Irish Department of Finance, 1922-58*. Dublin, 1978.

Seán Reámonn. *History of the Revenue Commissioners*. Dublin, 1981.

교회

Kathleen Hughes. *The Church in Early Irish Society*. Cambridge, 1966.

P. J. Corish(ed.). *A History of Irish Catholicism. Dublin, 1967-72*. (An incomplete series of brief studies by various authors issued in sixteen separate fascicles)

N. K. Chadwick. *The Age of the Saints in the Early Celtic Church*. London, 1961.

D. D. C. Pochin Mould. *The Irish Saints*. Dublin, 1964.

John Ryan. *Irish Monasticism: Origins and Early Development*. Dublin, 1934; reprint, Shannon 1972, with new introduction.

J. A. Watt. *The Church in Medieval Ireland*. Dublin, 1972.

J. A. Watt. *The Church and the Two Nations in Medieval Ireland*. Cambridge, 1970.

Kathleen Hughes and Anne Hamlin. *The Modern Traveller to the Medieval Irish Church*. London,

1977.

Aubrey Gwynn and R. N. Hadcock. *Medieval Religious Houses: Ireland*. London, 1970.

Aubrey Gwynn. 'The Twelfth and Thirteenth Eenturies' in Aubrey Gwynn and D. F. Gleeson, *A History of the Diocese of Killaloe* (Dublin, 1962) pp.135~291. (An Account of the General Reform Movement in the Church)

F. X. Martin. 'The Irish Friars and the Observant Movement in the Fifteenth Century' in *Proceedings of the Irish Catholic Historial Committee*, 1960, pp.10~16.

F. X. Martin. 'The Irish Augustinian Reform Movement in the Fifteenth Century' in J. A. Watt, J. B. Morrall, and F. X. Martin(ed.), *Medieval Studies Presented to Aubrey Gwynn* (Dublin, 1961), pp.230~264.

Aubrey Gwynn. *The Medieval Province of Armagh, 1470-1545*. Dundalk, 1946.

Aubrey Gwynn. 'Ireland and the English Nation at the Council of Constance' in *Proceedings of the Royal Irish Academy*, 45 C 8 (1940), pp.183~233.

Canice Mooney. 'The Irish Church in the Sixteenth Century' in *Irish Ecclesiastical Record*, xcix (1963) pp.102~113.

Brendan Bradshaw. *The Dissolution of the Religious Orders in Ireland under Henry VIII*. Cambridge, 1974.

F. X. Martin. 'Confusion Abounding: Bernard O'Higgins, O. S. A., Bishop of Elphin, 1542-1561' in Art Cosgrove and Donal McCartney(ed.), *Studies in Irish History Presented to R. Dudley Edwards* (Dublin, 1979), pp.38~84.

F. X. Martin. *Friar Nugent: A Study of Francis Lavalin Nugent (1569-1635), Agent of the Counter-Reformation*. Rome and London, 1962.

D. F. Cregan. 'The Social and Cultural Background of a Counter-Reformation Episcopate, 1618-60' in Art Cosgrove and Donal McCartney(ed.). *Studies in Irish History Presented to R. Dudley Edwards* (Dublin, 1979), pp.85~117.

James McCaffrey. *History of the Catholic Church in the Nineteenth Century*. 2 vols. Dublin, 1909.

P. J. Corish. 'Gallicanism at Maynooth: Archbishop Cullen and the Royal Visitation of 1853' in Art Cosgrove and Donal McCartney(ed.), *Studies in Irish History Presented to R. Dudley Edwards* (Dublin, 1979) pp.176~189.

Emmet Larkin. *The Making of the Roman Catholic Church in Ireland, 1850-1860*. Chapel Hill, (N. C.), 1980.

Emmet Larkin. *The Making of the Roman Catholic Church and the Creation of the Modern Irish State, 1878-86*. Philadelphia and Dublin, 1975.

Emmet Larkin. *The Roman Catholic Church and the Plan of Campaign in Ireland, 1886-8*. Cork, 1978.

Emmet Larkin. *The Roman Catholic church in Ireland and the Fall of Parnell, 1886-1891*. Liverpool, 1979.

W. A. Philips(ed.). *The history of the Church of Ireland*. 3 vols. Oxford, 1933-4.

D. H. Akenson. *The Church of Ireland: Ecclesiastical Reform and Revolution, 1800-1885*. New Haven and London, 1971.

T. J. Johnston, J. L. Robinson, and K. W. Jackson. *A History of the Church of Ireland*. Dublin, 1953.

Kenneth Milne. *The Church of Ireland: A History*. Dublin, 1966.

R. B. McDowell. *The Church of Ireland, 1869-1969*. London, 1978.

Michael Hurley. *Irish Anglicanism, 1869-1969: Essays on the Role of Anglicanism in Irish Life Presented to the Church of Ireland, on the Occasion of the Centenary of its Disestablishment, by a Group of Methodist, Presbyterian, Quaker and Roman Catholic Scholars*. Dublin, 1970.

J. S. Reid. *History of the Presbyterian Church in Ireland*. Edited by W. D. Killen. 3 vols. Belfast, 1867.

J. M. Barkley. *A Short History of the Presbyterian Church in Ireland*. Belfast, 1959.

J. L. M. Haire(ed.). *Challenge and Conflict: Essays in Irish Presbyterian History and Doctrine*. Belfast, 1981.

C. H. Crookshank. *History of Methodism in Ireland*. 3 vols. Belfast, 1885-8.

R. L. Cole. *History of Methodism in Ireland 1860-1960*. London, 1960.

Isabel Grubb. *Quakers in Ireland, 1654-1900*. London, 1927.

Louis Hyman. *The Jews of Ireland*. Shannon, 1972.

교육

N. D. Atkinson. *Irish Education: A History of Educational Institutions*. Dublin, 1969.

D. H. Akenson. *The Irish Education Experiment: The National System of Education in the Nineteenth Century*. London and Toronto, 1970.

Mary Daly. 'The Development of the National School System, 1831-40' in Art Cosgrove and Donal McCartney(ed.), *Studies in Irish History Presented to R. Dudley Edwards* (Dublin, 1979), pp.150~163.

D. H. Akenson. *A Mirror to Kathleen's Face: Education in Independent Ireland, 1922-1960*. Montreal and London, 1975.

John Coolahan. *Irish Education: Its History and Structure*. Dublin, 1981.

Constantia Maxwell. *A History of Trinity College, Dublin, 1591-1892*. Dublin, 1946.

K. C. Bailey. *A History of Trinity College, Dublin, 1892-1945*. Dublin, 1947.

R. B. McDowell and D. A. Webb. *Trinity College, Dublin, 1592-1952: An Academic History*. Cambridge, 1982.

John Healy. *Maynooth College, 1798-1895*. Dublin, 1985.

T. W. Moody. 'The Irish University Question of the Nineteenth Century' in *History*, xliii, no.148 (1958), pp.90~109.

T. W. Moody and J. C. Beckett. *Queen's, Belfast, 1845-1949: The History of a University*. 2 vols. London, 1959.

Robert Allen. *The Presbyterian College, Belfast, 1853-1953*. Belfast, 1954.

Fergal McGrath. *Newman's University: Idea and Reality*. Dublin, 1951.

Michael Tierney(ed.). *Struggle with Fortune: A Miscellany for the Centenary of the Catholic University of Ireland, 1854-1954*. Dublin, 1954.

Fathers of the Society of Jesus. *A Page of Irish History: Story of University College, Dublin, 1883-1909*. Dublin, 1930.

Report of the Council of Education: (1) The Function of the Primary School; (2) The Curriculum to be Pursued in the Primary School. Dublin, Stationery Office, 1954. (Pr. 2583)

Report of the Council of Education: The Curriculum of the Secondary School. Dublin, Stationery Office, 1962. (Pt. 5996)

The Restoration of the Irish Language. Dublin, Stationery Office, 1965. (Pr. 8061)

Investment in Education. Report of the Survey Team Appointed by the Minister for Education in October 1962. 2 vols. Dublin, Stationery Office, 1965. (Pr. 8311), 1966 (Pr. 8527)

Commission on Higher Education (1960-67), Presentation and Survey of Report. Dublin Stationery Office, 1967 (Pr. 9326)

Commission on Higher Education (1960-67), Report. 2 vols. Dublin, Stationery Office, 1967. (Pr. 9389, Pr 9588)

Higher Education Authority, First Report, 1968-9. Dublin, Stationery Office, 1969. (The first of a continuing series)

언어, 문학 및 학문

Brian Ó Cuív(ed.). *A View of the Irish Language*. Dublin, 1969.

David Green. *The Irish Language*. Dublin, 1966.

Douglas Hyde. *A Literary History of Ireland from the Earliest Times to the Present Day*. London, 1899; new edition, with an introduction by Brian Ó Cuív, London and New York, 1967.
A. de Blacám. *Gaelic Literature Surveyed*. Dublin and Cork, 1933.
K. H. Jackson. *The Oldest Irish Tradition*. Cambridge, 1964.
Myles Dillon(ed.). *Irish Sagas*. Dublin, 1959; reprint with new introduction, 1968.
Myles Dillon. *Early Irish Literature*. Chicago, 1948.
Myles Dillon. *The Cycles of the Kings*. Oxford, 1946.
Elanor Knott and Gerard Murphy. *Early Irish Literature*. Chicago, 1948.
Liam de Paor. *Great books of Ireland*. Dublin, 1967.
James Carney. *Early Irish Poetry*. Cork, 1965.
Frank O'Connor. *Kings, Lords, and Commons: An Anthology from the Irish*. Translated by Frank O'Connor. London, 1961; reprint, 1962.
Frank O'Connor. *The Backward Look: A Survey of Irish Literature*. London, 1967.
Proinsias Mac Cana. *Literature in Irish*. Dublin, 1980.
Proinsias Mac Cana. *The Learned Tales of Medieval Ireland*. Dublin, 1981.
Brian Ó Cuív(ed.). *Seven Centuries of Irish Learning, 1000-1700*. Dublin, 1961.
Robin Flower. *The Irish Tradition*. Oxford, 1947.
Roger McHugh and Maurice Harmon. *Short History of Anglo-Irish Literature from Its Origins to the Present Day*. Dublin, 1982.
St John D. Seymour. *Anglo-Irish Literature, 1200-1582*. Cambridge, 1929.
Thomas MacDonagh. *Literature in Ireland: Studies in Irish and Anglo-Irish Literature*. Dublin, 1916.
Seán Ó Tuama(ed.). *The Gaelic League Idea*. Cork and Dublin, 1971.
Malcolm Brown. *The Politics of Irish Literature from Thomas Davis to W. B. Yeats*. London, 1972.
Peter Costello. *The Heart Grown Brutal: The Irish Revolution in Literature from Parnell to the Death of Yeats*. Dublin, 1977.
Benedict Kiely. *Modern Irish Fiction: A Critique*. Dublin, 1950.
T. J. B. Flanagan. *Irish Novelists, 1800-1850*. New York, 1959.
Robert Farren. *The Course of Irish Cerse*. London, 1948.
W. B. Stanford. *Ireland and the Classical Tradition*. Dublin and Totowa (N. J.), 1976.
J. J. O'Meara. *Eriugena*. Cork, 1963.
Katherine Walsh. *A Fourteenth-Century Scholar and Primate: Richard FitzRalph in Oxford, Avignon, and Armagh*. Oxford, 1981.
K. T. Hoppen. *The Common Scientist in the Seventeenth Century: A Study of the Dublin Philosophical*

Society, 1683-1708. London, 1970.

J. G. Simms. *William Molyneux of Dublin*. edited by P. H. Kelly. Blackrock (County. Dublin), 1982.

극장

W. S. Clark. *The Early Irish Stage: The Beginnings to 1720*. Oxford, 1955.

W. S. Clark. *The Irish Stage in the County Towns, 1720-1800*. Oxford, 1965.

Michéal Mac Liammóir. *Theatre in Ireland*. Dublin, 1950.

Robert O'Driscoll. *Theatre and Nationalism in Twentieth Century Ireland*. London, 1971.

Lennox Robinson(ed.). *The Irish Theatre: Lectures Delivered during the Abbey Theatre Festival Held in Dublin in August 1938*. London, 1939.

Hugh Hunt. *The Abbey: Ireland's National Theatre, 1904-79*. Dublin, 1979.

시각예술과 음악

Peter Harbison, Homan Potterton, and Jeanne Sheehy. *Irish Art and Architecture from Pre-History to the Present*. London, 1978.

Françoise Henry. *Early Christian Irish Art*. Dublin, 1954.

Françoise Henry. *Irish Art in the Early Christian Period (to 800 AD)*. London, 1940; revised edition, 1965.

Françoise Henry. *Irish Art during the Viking Invasions (800-1020 AD)*. London, 1967.

Françoise Henry. *Irish Art in the Romanesque Period (1020-1170 AD)*. London, 1970.

Françoise Henry and G. L. Marsh-Micheli. 'A Century of Irish Illumination (1070-1170)' in *Proceedings of the Royal Irish Academy*, 62 C 5 (1962).

G. F. Mitchell and others. *Treasures of Early Irish Art, 1500 BC to 1500 AD, from the Collections of the National Museum of Ireland, Royal Irish Academy, {and} Trinity College, Dublin*. New York: Metropolitan Museum of Art, 1977.

R. A. Stalley. *Architecture in Ireland, 1150-1350*. Dublin, 1971.

H. G. Leask. *Irish Churches and Monastic Buildings*. 3 vols. Dundalk, 1955, 1958, 1960.

John Hunt, *Irish Medieval Figure Sculpture, 1200-1600*. 2 vols. Dublin, 1974.

M. J. Craig. *Dublin, 1660-1860*. London, 1952; reprint, 1980.

M. J. Craig. *The Architecture of Ireland from the Earliest Times to 1880*. Dublin, 1982.

Anne Crookshank and the Knight of Glin. *The Painters of Ireland, c. 1660-1920*. London, 1978.

Anne Crookshank. *Irish Art from 1600 to the Present Day*. Dublin, 1979.

Jeanne Sheehy. *The Rediscovery of Ireland's Past: the Celtic Revival, 1830-1930*. London, 1978.
Records of Eighteenth-Century Domestic Architecture and Decoration in Ireland. 5 vols. Dublin, Grorgian Society, 1900-13.
Brian Boydell(ed.). *Four Centuries of Music in Ireland*. London, 1979.
Donal O'Sullivan. *Irish Folk Music, Songs, and Dance*. Dublin, 1952; revised reprint, 1961, 1969.
Donal O'Sullivan. *Songs of the Irish*. Dublin, 1967; reprint, Cork, 1981.
Doanl O'Sullivan. *Carolan: The Life, Times, and Music of an Irish Harper*. 2 vols. London, 1958.

민족주의

T. W. Moody(ed.). *Nationality and the Pursuit of National Independence*. Belfast, 1978.
J. G. Simms. *Colonial Nationalism, 1698-1776*. Dublin, 1976.
Emil Strauss. *Irish Nationalism and British Democracy*. London, 1951.
Robert Kee. *The Green Flag: A History of Irish Nationalism*. London, 1972.
A. C. Hepburn(ed.). *The Conflict of Nationality in Modern Ireland*. London, 1980.
T. W. Mood(ed.) *The Fenian Movement*. Cork, 1968; reprint, Dublin and Cork, 1978.
Erhard Rumpf and A. C. Hepburn. *Nationalism and Socialism in Twentieth-Century Ireland*. Liverpool, 1977.
Tom Garvin. *The Evolution of Irish Nationalist Politics*. Dublin, 1981.
L. M. Cullen. 'The Cultural Basis of Modern Irish Nationalism' in Rosalind Mitchison(ed.), *The Roots of Nationalism: Studies in Northern Europe* (Edinburgh, 1980).

합병주의

Hugh Shearman. *Not an Inch: A Study of Northern Ireland and Lord Craigavon*. London, 1942.
Patrick Buckland. *Irish Unionism 1: The Anglo-Irish and the New Ireland, 1885-1922*. Dublin and New York, 1972.
Patrick Buckland. *Irish Unionism 2: Ulster Unionism and the Origins of Northern Ireland, 1886-1922*. Dublin and New York, 1973.
Patrick Buckland(ed.). *Irish Unionism, 1885-1923: A Documentary History*. Belfast, 1973.
Patrick Buckland. *Irish Unionism, 1885-1922*. London, Historical Association, 1973.
Peter Gibbson. *The Origins of Ulster Unionism: The Formation of Popular Protestant Politics and Ideology in Nineteenth-Century Ireland*. Manchester, 1975.
Sybil Gribbon. 'The Social Origins of Ulster Unionism' in *Irish Economic and Social History*, iv (1977), pp.66~72. (A review article on the preceding)

D. C. Savage. 'The Origins of the Ulster Unionist Party, 1885-6' in *Irish Historical Studies*, xii, no.47(Mar. 1961), pp.185~208.

J. F. Harbinson. *The Ulster Unionist Party, 1882-1973: Its Development and Organisation*. Belfast, 1973.

토지문제

W. F. T. Butler. *Confiscation in Irish History*. Dublin, 1917; 2nd edition, 1918.

J. P. Prendergast. *The Cromwellian Settlement of Ireland*. London, 1865; revised edition, 1870; 3rd edition, 1922.

Margaret MacCurtain. 'Rural Society in Post-Cromwellian Ireland' in Art Cosgrove and Donal McCartney(ed.), *Studies in Irish History Presented to R. Dudley Edwards* (Dublin, 1979), pp.118~136.

J. G. Simms. *The Williamite Confiscation in Ireland, 1690-1703*. London, 1956.

David Large. 'The Wealth of the Greater Irish Landowners, 1750-1815' in *Irish Historical Studies*, xv, no.57(Mar. 1966), pp.21~47.

J. E. Pomfret. *The Struggle for Land in Ireland, 1800-1923*. Princeton, 1930.

Brian O'Neill. *The War for the Land in Ireland*. With an introduction by Peadar O'Donnell. New York, 1933.

J. S. Donnelly jr. *The Land and the People of Nineteenth-Century Cork; The Rural Economy and the Land Question*. London and Boston, 1975.

W. E. Vaughan. 'Landlord and Tenant Relations between the Fenian and the Land War, 1850-75' in L. M. Cullen and T. C. Smout(ed.), *Comparative Aspects of Scottish and Irish Economic and Social History, 1600-1900* (Edinburgh, 1971), pp.216~226.

W. E. Vaughan. 'An Assessment of the Economic Performance of the Irish Landlords, 1851-81' in F. S. L. Lyons and R. A. J. Hawkins(ed.), *Ireland under the Union* (Oxford, 1980), pp.173~199.

E. D. Steele. *Irish Land and British Politics: Tenant Right and Nationality, 1865-1870*. Cambridge, 1974.

Barbara L. Solow. *The Land Question in the Irish Economy, 1870-1903*. Cambridge (Mass.), 1971.

N. D. Palmer. The Irish Land League Crisis. New Haven, 1940.

Paul Bew. *Land and the National Question*. Dublin, 1978.

S. D. Clark. *Social Origins of the Irish Land War*. Princeton, 1979.

H. E. Socolofsky. *Landlord William Scully*. Lawrence (Kansas), 1979.

T. W. Moody. *Davitt and Irish Revolution, 1846-82*. Oxford, 1981.

노동운동

James Connolly. *Labour in Ireland*. Introduction by Robert Lynd. Dublin, 1917. New edition, introduction by Cathal O'Shannon, Dublin, 1960. (Comprises 'Labour in Irish history' and 'The Reconquest of Ireland')

W. P. Ryan. *The Irish Labour Movement, from the Twenties to Our Own Day*. Dublin and London, 1919.

T. W. Moody. 'Michael Davitt and the British Labour Movement, 1882-1906' in *Transactions of the Royal Historical Society*, 5th series, iii (1953), pp.53~76.

J. D. Clarkson. *Labour and Nationalism in Ireland*. New York, 1925; reprint, 1970.

J. W. Boyle(ed.). *Leaders and Workers*. Cork, 1965.

Charles McCarthy. *Trade Unions in Ireland, 1894-1960*. Dublin, 1977.

Charles McCarthy. *The Decade of Upheaval: The Irish Trade Unions in the Nineteen Sixties*. Dublin, 1973.

C. D. Greaves. *The Life and Times of James Connolly*. London, 1961.

Emmet Larkin. *James Connolly, Irish Labour Leader, 1876-1947*. London, 1965.

J. A. Gaughan. *Thomas Johnson, 1872-1963*. Dublin, 1980.

Dermot Keogh. *The Making of the Irish Working Class: The Dublin Trade Union Movement and Labour Leadership, 1880-1914*. Belfast, 1981.

아일랜드 이주와 아일랜드인의 해외 거주

Sylvia L. Thrupp. 'A Survey of the Alien Population of England in 1440' in *Speculum*, xxxii (1957), pp.262~272.

John Denvir. *The Irish in Britain from the Earliest Times to the Fall and Death of Parnell*. London, 1894.

J. A. Jackson. *The Irish in Britain*. London, 1963.

M. A. G. Ó Tuathaigh. 'The Irish in Nineteenth-Century Britain' in *Transactions of the Royal Historical Society*, 5th series, xxxi (1981), pp.149~173.

Fergus D'Arcy. 'The Irish in Nineteenth-Century Britain: Reflections on their Role and Experience' in *Irish Historical Workshop*, i (1981), pp.3~12.

Barbara Kerr. 'Irish Seasonal Migration to Great Britain, 1800-38' in *Irish Historical Studies*, iii, no.12(Sept. 1943), pp.365~380.

James E. Handley. *The Irish in Scotland, 1798-1845*. Cork, 1943.

James E. Handley. *The Irish in Modern Scotland*. Cork, 1947.

D. N. Doyle and Owen Dudley Edwards. *America and Ireland, 1776-1976*. Westport (Conn.), 1979.

D. N. Doyle. *Ireland, Irishmen, and Revolutionary America, 1760-1820*. Dublin and Cork, 1981.

W. F. Adams. *Ireland and Irish Emigration to the New World from 1815 to the Famine*. New Haven, 1932.

S. H. Cousens. 'Emigration ad Demographic Change in Ireland, 1851-61' in *Economic Historical Review*, xiv, no.2(Dec. 1961), pp.275~288.

Arnold Schrier. *Ireland and the American Emigration, 1870-1900*. Minneapolis, 1958.

T. N. Brown. *Irish-American Nationalism, 1870-1890*. Philadelphia and New York, 1966.

T. W. Moody. 'Irish-American Nationalism' in *Irish Historical Studies*, xv, no.60(Sept. 1967), pp.438~445. (A review article on the preceding)

K. A. Miller, with Bruce Boling and D. N. Doyle. 'Emigrants and Exiles: Irish Cultures and Irish Emigration to North America, 1790-1922' in *Irish Historical Studies*, xxii, no.86(Sept. 1980), pp.97~125.

Cormac Ó Gràda. 'Some Aspects of Nineteenth-Century Irish Emigration' in L. M. Cullen and T. C. Smout(ed.), *Comparative Aspects of Scottish and Irish Economic and Social History, 1600-1900* (Edinburgh, [1972]), pp.65~71.

David Fitzpatrick. 'Irish Emigration in the Late Nineteenth Century' in *Irish Historical Studies*, xxii, no.86(Sept. 1980), pp.126~143.

Carl Wittke. *The Irish in America*. Baton Rouge (Louisiana), 1950.

George Potter. *To the Golden Door: The Story of the Irish in Ireland and America*. Boston, 1960.

W. V. Shannon. *The American Irish*. New York, 1963.

Commission on Emigration and Other Population Problems, 1948-1954, *reports*. Dublin Stationery Office, 1954. (Pr. 2541)

다른 주제들

K. W. Nichols. 'The Irish Genealogies: Their Value and Defects' in *Irish Genealogist*, v (1975), pp.256~261.

Gearóid Mac Niocaill. *The Medieval Irish Annals*. Dublin Historical Association, 1975.

Michael Dolley. *Medieval Anglo-Irish Coins*. London, 1972.

G. A. Hayes-McCoy. *The Irish at War*. Cork, 1964.

G. A. Hayes-McCoy. *Irish Battles*. London, 1969.

Katharine Simms. 'Warfare in the Medieval Gaelic Lordships' in *Irish Sword*, xii (1976), pp.98~108.

R. E. Glasscock and T. E. McNeill. 'Mottes in Ireland: A Draft List' in *Bulletin of the Group for the Study of Irish Historical Settlement*, iii (1972), pp.27~51.

Terence Barry. *Medieval Moated Sites of S. E. Ireland: Counties Carlow, Kilkenny, Tipperary, and Wexford*. Oxford, 1977.

Kevin Danaher. 'Irish Tower Houses and their Regional Distribution' in *Bealoideas*, xlv-xlvii (1977-9), pp.158~163.

H. G. Leask. *Irish Castles and Castellated Houses*. Dundalk, 1941.

Hugh Shearman. *Anglo-Irish Relations*. London, 1948.

J. C. Beckett. *The Anglo-Irish tradition*. London, 1976.

P. J. O'Farrell. *Ireland's English question: Anglo-Irish relations, 1534-1970*. London, 1971.

P. J. O'Farrell. *England and Ireland Since 1800*. London, 1975.

C. Cruise O'Brien. *States of Ireland*. London, 1972.

Elizabeth Malcolm. 'Temperance and Irish Nationalism' in F. S. L. Lyons and R. A. J. Hawkins(ed.), *Ireland Under the Union* (Oxford, 1980), pp.69~114.

H. F. Kearney. 'Fr Mathew: Apostle of Modernisation' in Art Cosgrove and Donal McCartney(ed.), *Studies in Irish History Presented to R. Dudley Edwards* (Dublin, 1979). pp.164~175.

Margaret MacCurtain and Donncha Ó Corráin(ed.). *Women in Irish Society: The Historical Dimension*. Dublin, 1978.

L. P. Curtis. *Anglo-Saxons and Celts: A Study of Anti-Irish Prejudice in Victorian Britain*. Bridgeport (Conn.), 1968.

L. P. Curtis. *Apes and Angles: The Irishman in Victorian Caricature*. Washington D.C., 1971.

Katharine Simms. 'The Legal Position of Irishwomen in the Late Middle Ages' in *Irish Jurist*, v (1975), pp.96~111.

Marcus de Búrca (Bourke). *The GAA: A History*. Dublin, 1980.

N. P. Canny. 'The Formation of the Irish Mind: Religion, Politics and Gaelic Irish Literature, 1580-1750' in *Past & Present*, no.95(May 1982), pp.91~116.

Maurice Gorham. *Forty Years of Irish Broadcasting*. Dublin, 1967.

Gay Byrne. *To Whom It May Concern: Ten Years of the Late Late Show*. Dublin, 1972.

Broadcasting Review Committee, Report 1974. Dublin, Stationery Office, 1974. (Pr. 3827)

3 아일랜드의 역사지정학

T. W. Freeman. *Ireland: A General and Regional Geography*. London, 1950; 4th edition, 1972.

A. R. Orme. (The World's Landscapes, 4) *Ireland*. London, 1970.

G. F. Mitchell. *The Irish Landscape*. London, 1976.

F. H. A. Aalen. *Man and the Landscape in Ireland*. London, 1978.

E. E. Evans. *The Personality in Ireland: Habitat, Heritage and History*. Cambridge, 1973.

Nicholas Stephens and R. E. Glasscock(ed.). *Irish Geographical Studies in Honour of E. Estyn Evans*. Belfast, 1970.

E. E. Evans. *Irish Folkways*. London, 1957.

M. W. Heslinga. *The Irish Border As a Cultural Divide*. Assen, 1962; reprint, 1971.

Eileen McCracken. *The Irish Woods Since Tudor Times: Their Distribution and Exploitation*. Newton Abbot, 1971.

W. J. Smyth. 'The Western Isle of Ireland and the Eastern Seaboard of America-England's First Frontiers' in *Irish Geography*, vi (1978), pp.1~22.

T. W. Freeman. *Pre-Famine Ireland: A Study in Historical Geography*. Manchester, 1957.

T. Jones Hughes. 'Society and Settlement in Nineteenth-Century Ireland' in *Irish Geography*, v (1965), pp.79~96.

Ruth Dudley Edwards. *An Atlas of Irish History*. London, 1973; 2nd edition, London, 1981.

J. H. Andrews. *Irish Maps*. Dublin, 1978.

J. H. Andrews. *A Paper Landscape: The Ordnance Survey in Ireland*. Oxford, 1975.

R. N. Hadcock. *Map of Monastic Ireland, Scale 1:625,000*. Dublin, Ordnance Survey, 1960; 2nd edition, 1964.

Atlas of Ireland, Prepared Under the Direction of the Irish National Committee for Geography. Dublin, Royal Irish Academy, 1979.

4 아일랜드의 선사시대

S. P. O Rrordâin. *Antiquities of the Irish Countryside*. Cork, 1942; 5th edition, revised by Ruaidhri de Valera, London, 1979.

Joseph Raftery. *Prehistoric Ireland*. London, 1951.

P. C. Woodman. *The Mesolithic in Ireland*. Oxford, 1978.

Michael Herity and George Eogan. *Ireland in Prehistory*. London, 1977.

Peter Harbison. *Guide to the National Monuments of Ireland*, 1970; 2nd revised edition, 1979.

5 1세기부터 12세기 아일랜드

J. F. Kenny. *Sources for the Early History of Ireland: Ecclesiastical*. New York, 1929; reprint, New York, 1966, with preface by Ludwig Bieler.

E. R. Norman and J. K. S. St Joseph. *The Early Development of Irish Society: The Evidence of Aerial Photography*. Cambridge, 1969.

Myles Dillon(ed.). *Early Irish Society*. Dublin, 1954.

Eoin MacNeill. *Celtic Ireland*, Dublin and London, 1921; 2nd edition, with introduction and notes by Donnach Ó Corráin, Dublin, 1981.

Cecile O'Rahilly(ed.). *Táin bó Cúailnge, from the Book of Leinster*. Dublin, 1967.

Cecile O'Rahilly(ed.). *Táin bó Cúailnge, Recension I*. Dublin, 1976.

T. F. O'Rahilly. *Early Irish History and Mythology*. Dublin, 1946.

Kathleen Hughes. *Early Christian Ireland: Introduction to the Sources*. London, 1972.

Máire and Liam de Paor. *Early Christian Ireland*. London 1958.

Libri Sancti Patricii: the Latin Writings of St Patrick. Edited and translated by Newport J. D. White. Dublin, 1905.

Libri epistolarum Sancti Patricii episcopi. Edited by Ludwig Bieler. 2 vols. Dublin, 1952.

The Works of St Patrick; St Secundinus, Hymn on St Patrick. Edited and translated by Ludwig Bieler. Westminster (Maryland) and London, 1953.

J. B. Bury. *The Life of St Patrick and His Place in History*. London, 1905.

Eoin MacNeill. *Saint Patrick*. London, 1934; new edition, edited by John Ryan, with other Patrician writings by MacNeill, and a bibliography of Patrician literature by F. X., Martin. Dublin and London, 1964.

T. F. O'Rahilly. *The Two Patricks*. Dublin, 1942; reprint, 1957.

Ludwig Bieler. *The Life and Legend of Saint Patrick: Problems of Modern Scholarship*. Dublin, 1949.

John Ryan(ed.). *Saint Patrick*. Dublin, 1958.

James Carney. *The Problem of Saint Patrick*. Dublin, 1961.

D. A. Binchy. 'Patrick and His Biographers, Ancient and Modern' in *Sutdia Hibernica*, 2 (1962).

R. P. C. Hanson. *Saint Patrick, His Origins and Career*. Oxford, 1968.

'Muirchú's Life of Patrick'. Translated by N. J. D. White, in *St Patrick, his Writings and Life* (London, 1920).

Adomnan's Life of Columba. Edited and translated by A. O. and M. O. Anderson. London, 1961.

Frank MacManus. *Saint Columban*. Dublin, 1963.

Liam de Paor. 'A Survey of Sceilg Mhichíl' in *Journal of the Royal Society of Antiquaries of Ireland*, ixxxv (1955).

Ludwig Bieler. *Ireland, Harbinger of the Middle Ages*. London, 1963.

D. Whitelock, R. McKitterick, and D. Demville. *Ireland in Early Medieval Europe*. Cambridge, 1982.

Donncha Ó Corráin. *Ireland Before the Normans*. Dublin, 1972.

F. J. Byrne. *Irish Kings and High-Kings*. London, 1973.

Martin MacNamara. *The Apocrypha in the Irish Church*. Dublin, 1975.

Brian Ó Cuív. *The Impact of the Scandinavian Invasions on the Celtic-Speaking Peoples, c.800-1100 AD* Dublin, 1975.

A. P. Smyth. *Scandinavian Kings in the British Isles, 850-880*. Oxford, 1977.

Johannes Brondsted. The Vikings. Penguin Books, 1960.

Gwyn Jones. *A History of the Vikings*. Oxford, 1968.

James Graham-Campbell. *The Vikings*. London, 1980.

P. H. Sawyer. *The Age of the Vikings*. 2nd edition, London, 1971.

P. G. Foote and D. M. Wilson. *The Viking Achievement*. London, 1970.

Michael Dolley. *Viking Coins of the Danelaw and of Dublin*. London, 1965.

A. B. Scott. *Malachy*. Dublin, 1976.

6 중세시대 아일랜드

J. F. O'Doherty. 'St Laurence O'Toole and the Anglo-Norman Invasion' in *Irish Ecclesiastical Record* 1 (1937), pp.449~477; li (1938), pp.131~146.

J. F. O'Doherty. 'The Anglo-Norman Invasion, 1167-71' in *Irish Historical Studies*, i, no.2(Sept. 1938), pp.154~157.

G. H. Orpen. *Ireland Under the Normans, 1169-1333*. 4 vols. Oxford, 1911-20; reprint, 1968.

G. H. Orpen. 'Ireland to 1315' in *Cambridge Medieval History*, vii (1932), pp.527~547.

G. H. Orpen. 'The Effects of Norman Rule in Ireland, 1169-1333' in *American Historical Review*, xix (1913-14), pp.245~256.

R. Dudley Edwards. 'Anglo-Norman Relations with Connacht, 1169-1224' in *Irish Historical Studies*, i, no.2(Sept. 1938), pp.135~153.

W. L. Warren. *Henry II*. London, 1973. (Section on Ireland, pp.187~206)

W. L. Warren. 'John in Ireland, 1185' in John Bossy and Peter Jupp(ed.), *Essays Presented to Michael Roberts* (Belfast, 1976), pp.11~23.

W. L. Warren. 'King John and Ireland' in J. F. Lydon(ed.), *England and Ireland in the Later Middle Ages* (Dublin, 1981), pp.26~42.

Michael Richter. 'The First Century of Anglo-Irish Relations' in *History*, lix (1974), pp.194~210.

M. P. Sheehy. 'The Bull *Laudabiliter*: A Problem in Medieval Diplomatique and History' in *the Journal of the Galway Archaeological and Historical Society*, xxix (1960-61), pp.45~70.

Giraldus Cambrenis. *Expugnatio Hibernica, The Conquest of Ireland*. Edited, with translation, by A. B. Scott and F. X. Martin. Dublin, 1978.

Gerald of Wales. *The History and Topography of Ireland*. Edited, with translation, by John J. O'Meara. London, 1978.

F. X. Martin. *No Hero in the House: Diarmait Mac Murchada and the Coming of the Normans to Ireland*. Dublin, 1977. (O'Donnell Lecture, 1975)

Michael Dolley. *Anglo Norman Ireland, c.1100-1318*. Dublin, 1972.

K. W. Nicholls. *Gaelic and Gaelicised Ireland in the Middle Ages*. Dublin, 1972.

J. F. Lydon. *The Lordship of Ireland in the Middle Ages*. Dublin, 1972.

J. F. Lydon. *Ireland in the Later Middle Ages*. Dublin, 1973.

Robin Frame. *Colonial Ireland, 1169-1369*. Dublin, 1981.

Brian Graham. 'The Towns of Medieval Ireland' in R. A. Butlin(ed.), *The Development of the Irish Town*. (London and Totowa (N.J.), 1977), pp.28~60.

Robin Frame. *English Lordship in Ireland, 1318-1361*. Oxford, 1982.

Barry W. O'Dwyer. *The Conspiracy of Mellifont, 1216-1231*. Dublin Historical Association, 1970.

Robin Frame. 'The Bruces in Ireland, 1315-18' in *Irish Historical Studies*, xlx, no.73(Mar. 1974), pp.3~37.

J. F. Lydon. 'The Bruce Invasion of Ireland' in *Historical Studies*, iv, edited by G. A. Hayes-McCoy (London, 1963), pp.111~125.

Robin Frame. 'Power and Society in the Lordship of Ireland, 1272-1377' in *Past & Present*, no.76(1977), pp.3~33.

J. F. Lydon. 'The Problem of the Frontier in Medieval Ireland' in *Topic: a Journal of the Liberal Arts* (Washington, Pa), no.13(spring 1967), pp.5~22.

C. A. Empey. 'The Butler Lordship' in *Butler Society Journal*, i (1971), pp.174~187.

Bryan Murphy. 'The Status of the Native Irish After 1331' in *Irish Jurist*, ii (1967), pp.116~138.

Aubrey Gwynn. 'The Black Death in Ireland' in *Studies*, xxiv (1935), pp.558~572.

Art Cosgrove. *Late Medieval Ireland, 1370-1541*. Dublin, 1981.

Art Cosgrove. 'The Execution of the Earl of Desmond, 1468' in *Journal of the Kerry Archaeological and Historical Society*, viii (1975), pp.11~27.

Art Cosgrove. 'Hiberniores ipsis Hibernicis' in Art Cosgrove and Donal McCartney(ed.), *Studies in Irish History Presented to R. Dudley Edwards* (Dublin, 1979), pp.1~14.

C. A. Empey and Katharine Simms. 'The Ordinances of the White Earl and the Problem of Coign in the Later Middle Ages' in *Proceedings of the Royal Irish Academy*, 75 C 8 (1975), pp.161~187.

A. J. Otway-Ruthven. 'The Character of Norman Settlement in Ireland' in J. L. McCracken(ed.), *Historical Studies*, v (London, 1965), pp.75~84.

A. J. Otway-Ruthven. 'Knight Service in Ireland' in *Journal of the Royal Society of Antiquaries of Ireland*, lxxxix (1959), pp.1~15.

A. J. Otway-Ruthven. 'The Organisation of Anglo-Irish Agriculture in the Middle Ages' in *Journal of the Royal Society of Antiquaries of Ireland*, lxxxi (1951), pp.1~13.

J. F. Lydon. 'Richard II's Expeditions to Ireland' in *Journal of the Royal Society of Antiquaries of Ireland*, xciii (1963), pp.135~149.

R. J. Mitchell. *John Tiptoft*. London, 1938.

Donough Bryan. *The Great Earl of Kildare*. Dublin, 1933.

G. O. Sayles. 'The Vindication of the Earl of Kildare from Treason, 1496' in *Irish Historical Studies*, vii, no.25(Mar. 1950), pp.39~47.

Agnes Conway. *Henry VII's Relations with Scotland and Ireland*. Cambridge, 1932.

Steven Ellis. 'Henry VII and Ireland, 1491-6' in J. F. Lydon(ed.), *Ireland in the Later Middle Ages* (Dublin, 1981), pp.237~254.

7 16세기의 아일랜드

T. W. Moody, F. X. Martin, and F. J. Byrne(ed.). *Early Modern Ireland, 1534-1691*. Oxford, 1976. (*A New History of Ireland*, vol. iii)

Margaret MacCurtain. *Tudor ad Stuart Ireland*. Dublin, 1972.

Richard Bagwell. *Ireland under the Tudors*. 3 vols. London, 1885-90; reprint, 1963.

Philip Wilson. *The Beginnings of Modern Ireland*. Dublin and London, 1912.

James Hogan. *Ireland in the European System*. London, 1920.

R. Dudley Edwards. *Church and State in Tudor Ireland*. Dublin, 1935.

Brendan Bradshaw. *The Irish Constitutional Revolution of the Sixteenth Century*. Cambridge, 1979.

D. B. Quinn. 'Henry VIII and Ireland, 1509-34' in *Irish Historical Studies*, xii, no.48(Sept. 1961), pp.318~344.

W. F. T. Butler. *Gleanings from Irish History*. London, 1925.

David Mathew. *The Celtic Peoples and Renaissance Europe*. London, 1933.

G. A. Hayes-McCoy. 'Gaelic Society in Ireland in the Late Sixteenth Century' in *Historical Studies*, iv, edited by G. a. Hayes-McCoy (London, 1963), pp.45~61.

Steven Ellis. 'Tudor Policy and the Kildare Ascendancy in the Lordship of Ireland' in *Irish Historical Studies*, xx, no.79(Mar. 1977), pp.235~271.

Steven Ellis. 'The Kildare Rebellion and the Early Henrician Reformation' in *Historical Journal*, xix (1976), pp.807~830.

Brendan Bradshaw. 'Cromwellian Reforms and the Origins of the Kildare Rebellion' in *Transactions of the Royal Historical Society*, xxvii (1977), pp.69~93.

Steven Ellis. 'Thomas Cromwell and Ireland, 1532-40' in *Historical Journal*, xxiii (1980).

James Hogan. 'Shane O'Neill Comes to the Court of Elizabeth' in Séamas Pender(ed.), *Féilscríbhinn Torna: Essays and Studies Presented to Professor Tadhg Ua Donnchadha* (Cork, 1947), pp.154~170.

N. P. Canny. *The Elizabethan Conquest of Ireland: A Pattern Established, 1565-1576*. Hassocks, 1976.

N. P. Canny. *The Upstart Earl: A Study of the Social and Mental Life of Richard Boyle, First Earl of Cork, 1566-1643*. Cambridge, 1982.

Captain Cuellar's Adventures in Connaught and Ulster, 1588. Edited by Hugh Allingham, London, 1897.

R. E. Hardy. *Survivors of the Armada*. London, 1966.

Cyril Falls. *Elizabeth's Irish Wars*. London, 1950.

G. A. Hayes-McCoy. 'Strategy and Tactics in Irish Warfare, 1593-1601' in *Irish Historical Studies*, ii, no.7(Mar. 1941) pp.255~279.

G. A. Hayes-McCoy. 'The Army of Ulster, 1593-1601' in the *Irish Sword*, i (1949-53), pp.105~117.

G. A. Hayes-McCoy. 'The Tide of Victory and Defeat: I The Battle of Clontibret, 1595; II The Battle of Kinsale, 1601', in *Studies*, xxxviii (1959), pp.158~168, 307~317.

J. J. Silke. 'Spain and the Invasion of Ireland, 1601-2' in *Irish Historical Studies*, viv, no.56(Sept. 1965), pp.295~312.

D. B. Quinn. *The Elizabethans and the Irish*. Ithaca (new York), 1966.

Edmund Spenser. *A View of the Present State of Ireland* (1596). Edited by W. L. Renwick. Oxford, 1934; reissue, 1970.

8 17세기 아일랜드

T. W. Moody, F. X. Martin, and F. J. Byrne(ed.). *A New History of Ireland, vol. iii, Early Modern Ireland, 1534-1691*. Oxford, 1976.

Margaret MacCurtain. *Tudor and Stuart Ireland*. Dublin, 1972.

Richard Bagwll. *Ireland Under the Stuarts*. 3 vols. London, 1909-16; reprint, 1963.

George O'Brien. *The Economic History of Ireland in the Seventeenth Century*. Dublin and London, 1919.

P. J. Corish. *The Catholic Community in the Seventeenth and Eighteenth Centuries*. Dublin, 1981.

N. P. Canny. *The Upstart Earl: A Study of the Social and Mental life of Richard Boyle, First Earl of Cork, 1566-1643*. Cambridge, 1982.

N. P. Canny. 'The Flight of the Earls, 1607' in *Irish Historical Studies*, xvii, no.67(Mar. 1971), pp.380~399.

Sir John Davies. *A Discovery of the True Causes Why Ireland Was Never Entirely Subdued Until His Majesty's Happy Reign*. London, 1612; facsimile reprint, Shannon, 1969.

George Hill. *A Historical Account of the Plantation in Ulster, 1608-20*. Belfast, 1877; reprint, Shannon, 1970.

T. W. Moody. *The Londonderry Plantation, 1609-1641*: *The City of London and the Plantation in Ulster*. Belfast, 1939.

Aidan Clarke. *The Old English in Ireland, 1625-42*. London, 1966.

Aidan Clarke. *The Graces, 1625-41*. Dublin Historical Association, 1968.

H. F. Kearney. *Strafford in Ireland, 1633-41*. Manchester, 1959.

Aidan Clarke. 'The Genesis of the Ulster Rising of 1641' in Peter Roebuck(ed.), *Plantation to Partition* (Belfast, 1981), pp.29~45.

St J. D. Seymore. *The Puritans in Ireland, 1647-61*. Oxford, 1921; reprint, 1969.

Aidan Clarke. 'Ireland and the General Crisis' in *Past & Present*, no.48(1970), pp.79~99.

C. P. Meehan. *The Confederation of Kilkenny*. Dublin, 1905.

J. C. Beckett. 'The Confederation of Kilkenny Reviewed' in M. Roberts(ed.), *Historical Studies*, ii (London, 1959), pp.29~41.

David Stevenson. *Scottish Covenanters and Irish Confederates: Scottish-Irish Relations in the Mid-Seventeenth Century*. Belfast, 1981.

T. C. Barnard. *Cromwellian Ireland: English Government and Reform in Ireland, 1649-1660*. Oxford, 1975.

J. P. Prendergast. *The Cromwellian Settlement of Ireland*. London, 1865; revised edition, 1870; 3rd edition, 1922.

Edward MacLysaght. *Irish Life in the Seventeenth Century After Cromwell*. Dublin and Cork, 1939; 2nd edition, Cork, 1950; reprint, Shannon, 1969.

W. E. H. Lecky. *History of Ireland in the Eighteenth Century*. Vol. i. London, 1982.

J. G. Simms. *Jacobite Ireland, 1685-91*. London and Toronto, 1969.

J. C. Beckett. *Protestant Dissent in Ireland*, 1687-1780. London, 1948.

Thomas Davis. *The Patriot Parliament of 1689*. Edited by C. Gavan Duffy. London, 1893.

J. G. Simms. *The Williamite Confiscation in Ireland, 1690-1703*. London, 1958.

J. G. Simms. *The Treaty of Limerick*. Dublin Historical Association, 1961; reprinted, 1965.

J. G. Simms. *The Jacobite Parliament of 1689*. Dublin Historical Association, 1966.

9 18세기 아일랜드

J. A. Froude. *The English in Ireland in the Eighteenth Century*. 3 vols. London, 1872-4; 2nd edition, 1881.

W. E. H. Lecky. *History of Ireland in the Eighteenth Century*. 5 vols. London, 1892.

W. E. H. Lecky. *The Leaders of Public Opinion in Ireland*. 2nd edition, London, 1871. (Studies of Swift, Flood, Grattan, and O'Connell)

E. M. Johnston. *Ireland in the Eighteenth Century*. Dublin, 1974.

Thomas Bartlett and D. W. Hayton(ed.). *Penal Era and Golden Age: Essays in Irish History. 1690-1800*. Belfast, 1979.

R. B. McDowell. *Ireland in the Age of Imperialism and eEolution, 1760-1800*. Oxford, 1979.

George O'Brien. *The Economic History of Ireland in the Eighteenth Century*. Dublin, 1918.

L. M. Cullen. 'Problems in the Interpretation and Revision of Eighteenth-Century Irish Economic History' in *Transactions of the Royal Historical Society*, 5th series, xvii (1967), pp.1~22.

H. F. Kearney. 'The Political Background to English Mercantilism, 1695-1700' in *Economic History Review*, xi (1959), pp.484~496.

Patrick Kelly. 'The Irish Woollen Export Prohibition Act of 1699: Kearney Revisited' in *Irish*

Economic and Social History, vii (1980), pp.22~43.

L. M. Cullen. 'The Smuggling Trade in Ireland in the Eighteenth Century' in *Proceedings of the Royal Irish Academy*, 67 C 5 (1969), pp.149~175.

Daniel Corkery. *The Hidden Ireland: A Study of Gaelic Munster in the Eighteenth Century*. Dublin, 1925; 4th impression, 1956.

L. M. Cullen. 'The Hidden Ireland; Reassessment of a Concept' in *Studia Hibernica*, no.9(1969), pp.7~47.

Oliver W. Ferguson. *Jonathan Swift and Ireland*. Urbana (Illinois), 1962.

Jonathan Swift. *The Drapier's Letters to the People of Ireland Against Receiving Wood's Halfpence [1724]*. Edited by Herbert Davis. Oxford, 1935; reprint, 1965.

George Berkeley. *The Querist*. Dublin, 1735. (Best edition in *The works of George Berkeley, Bishop of Cloyne*, ed. A. A. Luce and T. E. Jessop, vi (London, 1953)).

Michael Drake. 'The Irish Demographic Crisis of 1740-41' in *Historical Studies*, vi, edited by T. W. Moody (London, 1968), pp.101~124.

J. G. Simms. 'Connacht in the Eighteenth Century' in *Irish Historical Studies*, vi, no.42(Sept. 1958), pp.116~133.

J. C. Beckett. *Protestant Dissent in Ireland, 1687-1780*. London, 1948.

Maureen Wall. *The Penal Laws, 1691-1760*. Dublin Historical Association, 1961.

Maureen Wall. 'The Catholics of the Towns and the Quarterage Dispute in Eighteenth-Century Ireland' in *Irish Historical Studies*, viii, no.30(Sept. 1952), pp.91~114.

Maureen Wall. 'The Rise of a Catholic Middle Class in Eighteenth-Century Ireland' in *Irish Historical Studies*, xi, no.42(Sept. 1958), pp.91~115.

Maureen Wall. 'Catholic Loyalty to King and Pope in Eighteenth-Century Ireland' in *Proceedings of the Irish Catholic Historical Committee*, (1960), pp.17~24.

Thomas Wall. *The Sign of Dr Hay's Head*. Dublin, 1958.

R. B. McDowell. *Irish Public Opinion, 1750-1800*. London, 1944.

J. S. Donnelly Jr. 'The Whiteboy Movement, 1761-6' in *Irish Historical Studies*, xxi, no.80(Mar. 1978), pp.20~54.

J. S. Donnelly Jr. 'The Rightboy Movement, 1785-8' in *Studia Hibernica*, nos. 17~18 (1977-8), pp.120~202.

Arthur Young. *A Tour in Ireland. Made in the Years 1776, 1777, and 1778, and Bought Down to the End of 1779*. London, 1780; edited by A. W. Hutton. 2 vols, 1892; reprint, Shannon, 1970.

Maurice R. O'Connell. *Irish Politics and Social Conflict in the Age of the American Revolution*. Philadelphia, 1967.

J. C. Beckett. 'Anglo-Irish Constitutional Relations in the Later Eighteenth Century' in *Irish Historical Studies*, xiv, no.53(Mar. 1964), pp.20~38.

Edith M. Johnston. *Great Britain and Ireland, 1760-1800: A Study in Political Administration*. Edinburgh, 1963.

A. P. W. Malcolmson. *John Foster: The Politics of the Anglo-Irish Ascendancy*. Oxford, 1978.

Patrick Rogers. *The Volunteers and Catholic Emancipation, 1778-93*. London, 1934.

R. R. Madden. *The United Irishmen, Their Lives and Times*. 7 vols. London, 1842-6; revised edition, 4 vols, 1857-60.

Rosamund Jacob. *The Rise of the United Irishmen, 1791-4*. London, 1937.

Robert Dunlop. *Henry Grattan*. London, 1889.

W. E. H. Lecky. *Leaders of Public Opinion in Ireland*. 3rd edition. vol. I: *Flood and Grattan*, London, 1903.

Stephen Gwynn, *Henry Grattan and His Times*. London, 1939.

Theobald Wolfe Tone. *Life of Theobald Wolfe Tone. Written by Himself and Continued by His Son*. Edited by W. T. Tone. 2 vols. Washington, 1826. (A new edition of Tone's writings, including much new material, is in preparation by T. W. Moody and R. B. McDowell.)

Frank MacDermot. *Theobald Wolfe Tone: A Biographical Study*. London, 1939; new edition, Tralee, 1968.

D. A. Chart(ed.). *The Drennan Letters 1776-1819*. Belfast, 1931.

Hereward Senior. *Orangeism in Ireland and Britain, 1795-1836*. London and Toronto, 1966.

E. H. Stuart Jones. *An Invasion That Failed: The French Expedition to Ireland, 1796*. Oxford, 1950.

Charles Dickson. *The Wexford Rising in 1798: Its Causes and Course*. Tralee, 1955.

Charles Dickson. *Revolt in the North: Antrim and Down in 1798*. Dublin and London, 1960.

Thomas Pakenham. *The Year of Liberty: The Story of the Great Irish Rebellion of 1798*. London, 1969.

Richard Hayes. *The Last Invasion of Ireland: When Connacht Rose*. Dublin, 1937; 2nd edition, 1939.

G. C. Bolton. *The Passing of the Irish Act of Union*. London, 1966.

10 1800~1850년 아일랜드

M. A. G. Ó Tauthaigh. *Ireland Before the Famine, 1798-1848*. Dublin, 1972.

S. J. Connolly. *Priests and People in Pre-Famine Ireland, 1780-1845*. Dublin, 1982.

D. A. Chart. *Ireland from the Union to Catholic Emancipation*. London, 1910.

R. B. McDowell. *Public Opinion and Government Policy in Ireland, 1801-1846*. London, 1952.

R. B. McDowell(ed.). *Social Life in Ireland, 1800-45*. Dublin, 1957.

Desmond Bowen. *The Protestant Crusade in Ireland, 1800-70: A Study of Protestant-Catholic Relations Between the Act of Union and Disestablishment*. Dublin and Montreal, 1978.

R. W. Postgate. *Robert Emmet*. London, 1931.

Leon Ó Broin. *The Unfortunate Mr Robert Emmet*. Dublin and London, 1958.

Galen Broeker. *Rural Disorder and Police Reform in Ireland, 1812-36*. London and Toronto, 1970.

Ian Dalton. *Protestant Society and Politics in Cork, 1812-1844*, Cork, 1981.

James A. Reynolds. *The Catholic Emancipation Crisis in Ireland, 1823-29*. New Haven, 1954.

M. A. G. Ó Tuathaig. *Thomas Drummond and the Government of Ireland, 1835-41*. The O'Donnell lecture delivered at University College, Galway, on 15 December 1977. Dublin: National University of Ireland.

K. B. Nowlan. *The Politics of Repeal: A Study in the Relations between Great Britain and Ireland, 1841-50*. London, 1965.

K. B. Kerr. *Peel, Priests and Politics: Sir Robert Peel's Administration and the Roman Catholic Church in Ireland, 1841-1846*. Oxford, 1982.

W. E. H. Lecky. *Leaders of Public Opinion in Ireland.* 3rd edition . Vol. II: Daniel O'Connell. London, 1903.

Robert Dunlop. *Daniel O'Connell and the Revival of National Life in Ireland*. New York and London, 1908.

Sean O'Faolain. *King of the Beggars*. London, 1938.

Michael Tierney(ed.). *Daniel O'Connell: Nine Centenary Essays*. Dublin, 1949.

Angus Macintyre. *The Liberator: Daniel O'Connell and the Irish Party, 1830-47*. London, 1965.

L. J. McCaffrey. *Daniel O'Connell and the Repeal Year*. Lexington (Kentucky), 1966.

Rachel O'Higgins. 'Irish Trade Unions and Politics, 1830-50' in *Historical Journal*, iv (1961), pp.208~217.

F. A. D'Arcy. 'The Artisans of Dublin and Daniel O'Connell, 1830-47: An Unquiet Liaison' in *Irish Historical Studies*, xvii, no.66(Sept. 1970), pp.221~243.

Jacqueline Hill. 'The Protestant Response to Repeal: The Case of the Dublin Working Class' in F. S. L. Lyons and R. A. J. Hawkins(ed.), *Ireland Under the Union* (Oxford, 1980), pp.35~68.

J. H. Whyte. 'Daniel O'Connell an the Repeal Party' in *Irish Historical Studies*, xi, no.44(Sept. 1959), pp.297~316.

David Large. 'The House of Lords and Ireland in the Age of Peel, 1832-50' in *Irish Historical Studies*, ix, no.36(Sept. 1955), pp.367~369.

Randall Clarke. 'The Relations Between O'Connell and the Young Irelanders' in *Irish Historial Studies*, iii, no.44(Sept. 1959), pp.297~315.

J. F. Broderick. *The Holy See and the Irish Movement for the Repeal of the Union with England, 1829-47*. Rome, 1951.

Charles Gavan Duffy. *Young Ireland: A Fragment of Irish History, 1840-50*. (Ends in 1845 with the death of Davis. A revised edition (London, 2 vols, 1896) has the same title except that the terminal dates are given (correctly) as 1840-1845.)

Charles Gavan Duffy. *Four Years of Irish History, 1845-1849: A Sequel to 'Young Ireland'*. London, 1883.

Charles Gavan Duffy. *Thomas Davis: The Memoirs of an Irish Patriot, 1840-1846*. London, 1890.

T. W. Moody. *Thomas Davis, 1814-1845*. Dublin, 1945.

T. W. Moody. 'Thomas Davis and the Irish Nation' in *Hermathena*, ciii (1966), pp.5~31. (includes a bibliography of Davis's writings and of writings on Davis.)

K. B. Nowlan. *Charles Gavan Duffy*. Dublin, [1964].

Denis Gwynn. *Young Ireland and 1948*. Cork, 1949.

C. E. Trevelyan. *The Irish Crisis*. London, 1848.

Transactions of the Central Relief Committee of the Society of Friends During the Famine in Ireland in 1846 and 1847. Dublin, 1852.

John O'Rourke. *The History of the Great Irish Famine of 1847, With Notices of Earlier Famines*. Dublin, 1875.

W, P. O'Brien. *The Great Famine in Ireland and a Retrospect of the Fifty Years 1845-95*. London, 1896.

R. Dudley Edwards and T. D. Williams(ed.). *The Great Famine: Studies in Irish History, 1845-1852*. Dublin, 1956; reprint, with introduction by E. R. R. Green, New York, 1976.

Cecil Woodham-Smith. *The Great Hunger: Ireland 1845-9*. London, 1962.

S. H. Cousens. 'The Regional Variation in Mortality during the Great Irish Famine' in *Proceedings of Royal Irish Academy*, 63 C 3 (1963), pp.127~149.

11 1850~1921년 아일랜드

F. S. L. Lyons. *Ireland Since the Famine*. London, 1971; revised edition, 1973. (Full, classified bibliography)

Joseph Lee. *The Modernisation of Irish Society, 1848-1918*. Dublin, 1973.

Nicholas Mansergh. *The Irish Question, 1840-1921*. London, 1948; new edition, 1965.

J. H. Whyte. *The Independent Irish Party, 1850-59*. Oxford, 1958.

Charles Gavan Duffy. *The League of North and South*. London, 1886.

T. K. Hoppen. 'National Politics and Local Realities in Mid-Nineteenth Century Ireland' in Art Cosgrove and Donal McCartney(ed.), *Studies in Irish History Presented to R. Dudley Edwards* (Dublin, 1979), pp.190~227.

S. H. Cousens. 'The Regional Variations in Population Changes in Ireland, 1861-1881' in *Economic History Review*, xvii, no.2(Dec. 1964), pp.301~321.

T. N. Brown. *Irish-American Nationalism, 1870-1890*. Philadelphia and New York, 1966.

Desmond Ryan. *The Phoenix Flame: A Dtudy of Fenianism and John Devoy*. London, 1937.

T. W. Moody(ed.). *The Fenian Movement*. Cork, 1968; reprint, Dublin and Cork, 1978.

John O'Leary. *Recollections of Fenians and Fenianism*. 2 vols. London, 1896; reprint, Shannon, 1969.

John Devoy. *Recollections of an Irish Rebel*. New York, 1929; reprint, Shannon, 1969.

William O'Brien and Desmond Ryan(ed.). *Devoy's Post Bag, 1871-1928*. 2 vols. Dublin, 1948, 1953.

Mark Ryan. *Fenian Memories*. Dublin, 1945.

Leon Ó Broin. *Fenian Fever: An Anglo-Irish Dilemma*. London, 1971.

Leon Ó Broin. *Revolutionary Underground: The Story of the Irish Republican Brotherhood, 1858-1924*. Dublin, 1976.

Marcus Bourke. *John O'Leary: A Study in Irish Separatism*. Tralee, 1967.

Desmond Ryan. *The Fenian Chief: A Biography of James Stephens*. (Edited by Patrick Lynch and Owen Dudley Edwards.) Dublin and Sydney, 1967.

R. V. Comerford. *Charles J. Kickham: A Study in Irish Nationalism and Literature*. Portmarnock, 1979.

R. V. Comerford. 'Anglo-French Tension and the Origins of Fenianism' in F. S. L. Lyons and R. A. J. Hawkins(ed.), *Ireland Under the Union* (Oxford, 1980), pp.149~172.

R. V. Comerford. 'Patriotism As Pastime: The Appeal of Fenianism in the Mid-1860s' in *Irish*

Historical Studies, xxii, no.87(Mar. 1981), pp. 239~250.
Mark Tierney. *Croke of Cashel: The Life of Archbishop Thomas William Crorke, 1823-1920*. Dublin, 1976.
E. R. Norman. *The Catholic Church and Ireland in the Age of Rebellion, 1859-73*. London, 1965.
Lord Eversley. *Gladstone and Ireland: The Irish Policy of Parliament, 1850-94*. London, 1912.
J. L. Hammond. *Gladstone and the Irish Nation*. London, 1938; new impression, with introduction by M. R. D. Foot, 1964.
E. D. Steele. 'Gladstone and Ireland' in *Irish Historical Studies*, xvii, no.65(Mar. 1970), pp.58~88.
J. R. Vincent. 'Gladstone and Ireland' in *Proceedings of the British Academy*, lxii (1977), pp.193~238.
Michael MacDonagh. *The Home Rule Movement*. Dublin, 1920.
T. P. O'Connor. *The Parnell Movement*. London, 1886; new edition, 1887.
T. de V. White. *The Road of Access*. (A Biography of Isaac Butt) Dublin, 1946.
D. A. Thornley. *Issac Butt and Home Rule*. London, 1964.
R. B. O'Brien. *The Life of Charles Stewart Parnell, 1846-1891*. 2 vols. London, 1898.
Henry Harrison. *Parnell Vindicated: The Lifting of the Veil*. London, 1931.
M. M. O'Hara. *Chief and Tribune: Parnell and Davitt*. Dublin and London, 1919.
Leon Ó Broin. *Parnell: Beathaisnéis*. Dublin, 1937.
C. Cruise O'Brien. *Parnell and His Party, 1880-90*. Oxford, 1957; corrected impression, 1964.
F. S. L. Lyons. *Charles Stewart Parnell*. London, 1977; paperback edition, 1078.
F. S. L. Lyons. The Fall of Parnell, 1890-91. London, 1960.
F. Sheehy Skeffington. *Michael Davitt: Revolutionary, Agitator and Labour Leader*. London, 1908; reprint, with introduction by F. S. L. Lyons, 1967.
T. W. Moody. *Davitt and Irish Revolution, 1846-82*. Oxford, 1981.
Michael Davitt. *The Fall of Feudalism in Ireland, or the Story of the Land League Revolution*. London and New York, 1904.
N. D. Palmer. *The Irish Land League Crisis*. New Haven, 1940.
T. W. Moody. 'Michael Davitt and the British Labour Movement, 1882-1906' in *Transactions of the Royal Historical Society*, 5th series, iii (1953), pp.53~76.
F. S. L. Lyons. John Dillon: A Biography. London, 1968.
J. V. O'Brien. *William O'Brien and the Course of Irish Politics, 1881-1918*. Berkeley (Cal.), 1976.
L. P. Curtis. *Coercion and Conciliation in Ireland, 1880-92*. Princeton and London, 1963.
K. R. M. Short. *The Dynamite War: Irish-American Bombers in Victorian Britain*. Dublin, 1971.
C. J. Woods. 'Ireland and Anglo-papal Relations, 1880-85' in *Irish Historical Studies*, xviii,

no.69(Mar. 1972), pp.29~60.

Richard Hawkins. 'Gladstone, Forster and the Release of Parnell, 1882-8' in *Irish Historical Studies*, xvi, no.64(Sept. 1969), pp.417~445.

Tom Corfe. *The Phoenix Park Murders: Conflict, Compromise and Tragedy in Ireland, 1879-1882*. London, 1968.

W. F. Mandle. 'The IRB and the Beginnings of the Gaelic Athletic Association' in *Irish Historical Studies*, xx, no.80(Sept. 1977), pp.418~438.

A. B. Cooks and J, R. Vincent. *The Governing Passion: Cabinet Government and Party Politics in Britain, 1885-86*. Brighton, 1974.

Alan O'Day. *The English Face of Irish Nationalism: Parnellite Involvement in British Politics, 1880-86*. Dublin, 1977.

F. S. L. Lyons. *The Irish Parliamentary Party, 1890-1901*. London, 1951.

C. Cruise O'Brien(ed.). *The Shaping of Modern Ireland (1891-1916)*. London, 1960.

Catherine B. Shannon. 'The Ulster Liberal Unionists and Local Government Reform, 1885-98' in *Irish Historical Studies*, xviii, no.71(Mar. 1973), pp.307~323.

C. J. Woods. 'The General Election of 1892: The Catholic Clergy and the Defeat of the Parnellites' in F. S. L. Lyons and K. A. J. Hawkins(ed.), *Ireland Under the Union* (Oxford, 1980), pp.149~172.

D. W. Miller. *Church, State and Nation in Ireland, 1898-1921*. Dublin, 1973.

A. J. Ward. *Ireland and Anglo-American Relations, 1899-1921*. London, 1969.

R. M. Henry. *The Evolution of Sinn Féin*. Dublin, 1920.

J. J. Horgan. *Parnell to Pearse*. Dublin, 1948.

Denis Gwynn. *The Life of John Redmond*. London, 1932.

Padraic Colum. *Arthur Griffith*. Dublin, 1959.

Seán Ó Lúing. *Art Ó Gríofa*. Dublin, 1953.

R. P. Davis. *Arthur Griffith and Non-violent Sinn Féin*. Dublin, 1974.

R. P. Davis. *Arthur Griffith*. Dublin Historical Association, 1976.

W. Alison Phillips. *The Revolution in Ireland, 1906-1923*. 2nd edition, 1926.

Leon Ó Broin. *The Chief Secretary: Augustine Birrell in Ireland*. London, 1969.

W. B. Stanford and R. B. McDowell. *Mahaffy: A Biography of an Anglo-Irishman*. London, 1971.

Brian Inglis. *Roger Casement*. London, 1973.

Pádraic H. Pearse. *Political Writings and Speeches*. Dublin, 1922; reprint, 1958.

Pádraic H. Pearse. *Playes, Stories, Poems*. Dublin, 1917; reprint, 1952.

Ruth Dudley Edwards. *Patrick Pearse: The Triumph of Failure*. London, 1977.

James Connolly. *Socialism and Nationalism*. Introduction and notes by Desmond Ryan. Dublin, 1948.

James Connolly. *The Workers' Republic*. Introduction by William McMullen. Dublin, 1951.

James Connolly. *Labour and Easter Week*. Introduction by William O'Brien. Dublin, 1949.

C. D. Greaves. *The Life and Times of James Connolly*. London, 1961.

Proinsias Mac an Bheatha. *Tart na Córa - Séamus Ó Congaile, a Shaol augs a Shaothar*. Dublin, 1963.

Emmt Larkin. *James Larkin, Irish Labour Leader, 1876-1947*. London, 1965.

A. P. Ryan. *Munity At the Curragh*. London, 1963.

F. X. Martin(ed.). *The Irish Volunteers, 1913-15: Recollections and Documents*. Dublin, 1963.

F. X. Martin(ed.). *The Howth Gun-running and the Kilcoole Gun-running, 1914: Recollections and Documents*. Dublin, 1964.

Diarmuid Lynch. *The I. R. B. and the 1916 Rising*. Edited by F. O'Donoghue, Cork, 1957.

Desmond Ryan. *The Rising: The Complete Story of Easter Week*. Dublin, 1949; 3rd edition, 1957.

Owen Dudley Edwards and Fergus Pyle(ed.). *1916. The Easter Rising*. London, 1968.

K. B. Nowlan(ed.). *The Making of 1916: Studies in the History of the Rising*. Dublin, 1969.

J. Bowyer Bell. *The Secret Army: A History of the IRA, 1916-1979*. London, 1970; 3rd edition, Dublin, 1979.

T. P. Coogan. *The IRA*. London, 1970; 2nd edition, Glasgow, 1980.

Leon Ó Broin. *Dublin Castle and the 1916 Rising: The Story of Sir Matthew Nathan*. Dublin, 1966.

F. X. Martin(ed.). *Leaders and Men of the Easter Rising: Dublin 1916*. London and Ithaca, 1967.

F. X. Martin. '1916 - Myth, Fact and Mystery' in *Studia Hibernica*, 1967[1968], pp.7~126. Review article of published literature, 1916-1966, on the Easter Rising.

T. D. Williams(ed.). *The Irish Struggle, 1916-1926*. London, 1966.

Edgar Holt. *Protest in Arms: The Irish Troubles, 1916-23*. London, 1960.

F. X. Martin(ed.). 'Eoin MacNeill on the 1916 Rising' in *Irish Historical Studies*, xii, no.47(Mar. 1961), pp.226~271.

F. X. Martin and F. J. Byrne(ed.). *The Scholar Revolutionary: Eoin MacNeill, 1867-1945, and the Making of the New Ireland*. Shannon, 1973.

Michael Tierney. *Eoin Mac Neill: Scholar and Man of Action, 1867-1945*. Edited by F. X. Martin. Oxford, 1980.

Margery Forester. *Michael Collins - The Lost Leader*. London, 1971.

F. X. Martin(ed.). *1916 and University College, Dublin*. Dublin, 1966.

Florence O'Donoghue. *No Other Law: The Story of Liam Lynch and the Irish Republican Army, 1916-1923*. Dublin, 1954.

Tomás Ó Néill and Pádraig Ó Fiannachta. *De Valera*. 2 vols. Dublin, 1968.

Frank Pakenham and T. P. O'Neill. *Éamon de Valera*. London, 1970.

C. D. Greaves. *Liam Mellows and the Irish Revolution*. London, 1971.

Andrew Boyle. *The Riddle of Erskine Childers*. London, 1977.

Thomas Jones. *Whitehall Diary: iii, Ireland, 1918-25*. Edited by Keith Middlemas. London, 1971.

Charles Townshend. *The British Campaign in Ireland, 1919-1921*. London, 1969.

D. G. Boyce. *Englishmen and Irish Troubles: British Public Opinion and the Making of Irish Policy, 1918-22*. London, 1972.

Frank Pakenham. *Peace By Ordeal*. London, 1955; new edition, 1962.

David Fitzpatrick. *Politics and Irish Life, 1913-21: Provincial Experience of War and Revolution*. Dublin, 1977.

12 1921~1982년 아일랜드

John A. Murphy. *Ireland in the Twentieth Century*. Dublin, 1975.

T. P. Coogan. *Ireland Since the Rising*. London, 1966.

Denis Gwynn. *The Irish Free State, 1922-7*. London, 1928.

J. M. Curran. *The Birth of the Irish Free State, 1921-1923*. Alabama, 1980.

Ternece Brown. *Ireland: A Social and Cultural History, 1922-79*. Fontana Paperbacks, 1981.

George O'Brien. *The Four Green Fields*. Dublin, 1936.

Peadar O'Donnell. *There Will Be Another Day*. Dublin, 1963.

T. D. Williams(ed.). *The Irish Struggle, 1916-26*. Lodnon, 1966.

Francis MacManus(ed.). *The Years of the Great Test, 1926-39*. Cork, 1967.

K. B. Nowlan and T. D. Williams(ed.). *Ireland in the War Years and After, 1939-51*. Dublin, 1969.

J. T. Carroll. *Ireland in the War Years*. Newton Abbot, 1975.

J. J. Lee(ed.). *Ireland, 1945-70*. Dublin, 1979.

Sáorstát Éireann, Irish Free State, Official Handbook. Dublin, 1932.

T. de V. White. *Kevin O'Higgins*. London, 1948.

Mary C. Bromage. *De Valera and the March of a Nation*. London, 1956.

Tomás Ó Néill and Pádraig Ó Fiannachta. *De Valera*. 2 vols. Dublin, 1968.

Lord Longford and T. P. O'Neill. *Éamon de Valera*. Dublin and London, 1970.

John Bowman. *De Valera and the Ulster Question, 1917-1973*. Oxford, 1982.

D. W. Harkness. *The Restless Dominion: The Irish Free State and the British Commonwealth of Nations, 1921-31*. London and Dublin, 1969.

G. J. Hand(ed.). *Report of the Irish Boundary Commission, 1925*. Shannon, 1969.

Nicholas Mansergh. *Survey of British Commonwealth Affairs: Problems of External Policy, 1931-39*. London, 1982.

Nicholas Mansergh. *Survey of British Commonwealth Affairs: Problems of Wartime Cooperation and Post-War Change, 1939-52*. London, 1958.

J. Bowyer Bell. *The Secret Army: A History of the IRA, 1916-79*. London, 1970; 3rd edition, Dublin, 1979.

T. P. Coogan. *The IRA*. London, 1970; 2nd edition, Glasgow, 1980.

Calton Younger. *Ireland's Civil War*. London, 1968.

Maurice Manning. *The Blueshirts*. Dublin, 1971.

J. H. Whyte. *Church and State in Modern Ireland, 1923-1970*. Dublin, 1971; 2nd edition, 1980.

Patrick Keatinge. *A Place Among the Nations: Issues of Irish Foreign Policy*. Dublin, 1978.

D. R. O'Connor Lysaght. *The Republic of Ireland*. Cork, 1970.

Jack White. *Minority Report: The Anatomy of the Southern Irish Protestant*. Dublin, 1975.

Frank Litton(ed.). *Unequal Achievement: The Irish Experience, 1957-1982*. Dublin, 1982.

T. Ryle Dwyer. *Michael Collins and the Treaty*. Dublin and Cork, 1981.

T. Ryle Dwyer. *De Valera's Darkest Hour: In Search of National Independence, 1919-1932*. Dublin and Cork, 1982.

T. Ryle Dwyer. *De Valera's Finest Hour: In Search of National Independence, 1932-1959*. Dublin and Cork, 1982.

Kevin Boland. *The Rise and Decline of Fianna Fáil*. Dublin and Cork, 1982.

13 1983~2001년 아일랜드

D. H. Akenson. *The Irish Diaspora: A Primer*. Belfast, 1993.

J. Augusteijin(ed.). *Ireland in the 1930s: New Perspectives*. Dublin, 1999.

J. Bardon. *A History of Ulster*. Belfast, 1992.

R. Barrington. *Health, Medicine and Politics in Ireland 1900-1970*. Dublin, 1987.

P. Bew, E. Hazelkorn and H. Patterson. *The Dynamics of Irish Politics*. London, 1989.

A Bielenberg(ed.). *The Irish Diaspora*. London, 2000.

P. Bishop and E. Mallie. *The Provisional IRA*. London, 1987.

D. G. Boyce and A. O'Day(eds). *Modern Irish History: Revisionism and the Revisionist Controversy*. London, 1996.

D. G. Boyce. *Nationalism in Ireland*. London, 1982, 1995.

C. Brady(ed.). *Interpreting Irish History: The Debate on Historical Revisionism*. Dublin, 1994.

T. Nrown. *Ireland: A Social and Cultural History 1922-1985*. London, 1985.

S. J. Connolly(ed.). *The Oxford Companion to Irish History*. Oxford, 1998.

T. P. Coogan. *Michael Collins*. London, 1990.

T. P. Coogan. *De Valera: Long Fellow, Long Shadow*. London, 1993.

T. P. Coogan. *Wherever Green is Worn: The Irish Diaspora*. London, 2001.

J. Cooney. *John Charles McQuaid: Ruler of Catholic Ireland*. Dublin, 1999.

M. E. Daly. *Social and Economic History of Ireland Since 1800*. Dublin, 1981.

R. Dunphy. *The Making of Fianna Fáil Power in Ireland, 1923-48*. Oxford, 1995.

R. English. *Radicals and the Republic: Social Republicanism in the Irish Free State 1925-1937*. Oxford, 1994.

B. Fallon. *An Age of Innocence: Irish Culture 1930-1960*. Dublin, 1998.

R. Fanning. *Independent Ireland*. Dublin, 1983.

R. Fanning et al.(eds). *Documents on Irish Foreign Policy*, Vol.1, 1919-22 and Vol. 2, 1922-6. dublin, 1998 and 2000.

R. Fisk. In Time of War: *Ireland, Ulster and the Price of Neutrality*. London, 1983.

D. Fitzpatrick. *The Two Irelands 1912-1939*. Oxford, 1998.

R. Foster. *Modern Ireland 1600-1972*. London, 1998.

T. Garvin. *Nationalist Revolutionaries in Ireland*. Oxford, 1987.

T. Garvin. *1922: The Birth of Irish Democracy*. Dublin, 1996.

B.Girvin and G. Roberts(eds). *Ireland and the Second World War: Politics, Society and Remembrance*. Dublin, 2000.

]. B. Girvin. *Between Two Worlds: Politics and Economy in Contemporary Ireland*. Dublin, 1989.

P. Hart. *The IRA and Its Enemies: Violence and Community in Cork 1916-21*. Oxford, 1998.

A. Hyaes and D. Urqhuart(eds). *The Irish Women's History Reader*. London, 2001.

T. Hennessey. *A History of Northern Ireland, 1920-1996*. Basingstoke, 1997.

T. Hennessey. *Dividing Ireland: World War One and Partition*. London, 1998.

M. Hopkinson. *Green Against Green: The Irish civil War*. Dublin, 1998.

K. T. Hoppen. *Ireland Since 1800: Conflict and Conformity*. London, 1989.

J. Horgan. *Seán Lemas: Enigmatic Outsider*. Dublin, 1997.

J. Horgan. *Noel Browne: Passionate Outsider*. Dublin, 2000.

J. Horgan. *Irish Media: A Critical History Since 1922*. London, 2001.

A Jackson. *Ireland, 1798-1998: Politics and War*. Oxford, 1999.

K. Jeffrey. *Ireland and the Great War*. Cambridge, 2000.

M. Kennedy. *Ireland and the League of Nations, 1923-1946*. Dublin, 1996.

M. Kennedy and J. Skelly(eds). *Irish Foreign Policy, 1919-1996*. Dublin,2000.

D. Keogh. *Ireland and Europe 1919-1989*. Cork and Dublin, 1989.

D. Keogh. *Twentieth century Ireland: Nation and State*. Dublin, 1989.

D. Keogh. *Ireland and the Vatican: The Politics and Diplomacy of Church and State*. Cork, 1995.

D. Keogh. *Jews in Twentieth-Century Ireland*. Cork, 1998.

J. J. Lee. *Ireland 1912-85: Politics and Society*. Cambridge, 1989.

J. F. McGarry. *Irish Politics and the Spanish Civil War*. Cork, 1999.

D. McMahon. *Republicans and Imperialists. Anglo-Irish Relations in the 1930s*. New Haven, 1984.

M. Milotte. *Communism in Modern Ireland*. Dublin, 1984.

A. Mitchell and P. Ó Snodaigh(eds). *Irish Political Documents 1916-1949*. Dublin, 1985.

P. Murray. *Oracles of God: The Roman Catholic Church and Irish Politics, 1922-37*. Dublin, 2000.

N. Ni Donnchadha and T. Dorgan(eds). *Revising the Rising*. Derry, 1991.

E. Connor. *A Labour History of Ireland 1824-1960*. Dublin, 1992.

S. O Buachalla. *Education Policy in Twentieth Century Ireland*. Dublin, 1988.

J. P. O'Carroll and J. A. Murphy(eds). *De Valera and His Times*. Cork. 1983.

D. Ó Drisceoil. *Censorship in Ireland 1939-45: Neutrality, Politics and Society*. Cork, 1996.

C. Ó Grada. *Ireland: A New Economic History 1780-1939*. Oxford, 1994.

C. O'Halloran. *Partition and the Limits of Irish Nationalism*. Dublin, 1987.

E. O'Halpin. *The Decline of the Union: British Government in Ireland, 1892-1920*. Dublin, 1987.

E. O'Halpin. *Defending Ireland: The Irish State and Its Enemies Since 1922*. Oxford, 1999.

H. Patterson. *The Politics of Illusion: A Political History of the IRA*. London, 1997.

J. Regan. *The Irish Counter-Revolution 1921-36*. Dublin, 1999.

T. Salmon. *Unneutral Ireland: An Ambivalent and Unique Security Policy*. Oxford, 1989.

R. Savage. *Irish Television: The Political and Social Origins*. Cork, 1996.

F. Tobin. *The Best of Decades: Ireland in the 1960s*. Dublin, 1984.

C. Townshend. *Ireland in the Twentieth Century*. London, 1998.

M. Ward. *Unmanageable Revolutionaries: Women and Irish Nationalism*. Dingle, 1983.

K. Woodman. *Media Control in Ireland 1923-1983*. Galway, 1986.

14 얼스터 역사

T. E. McNeill. *Anglo-Norman Ulster: The History and Archaeology of an Irish Barony, 1177-1400*. Edinburgh, 1980.

Katharine Simms. 'The Archbishops of Armagh and the O'Neills, 1347-1471' in *Irish Historical Studies*, xix, no.73(Mar. 1974), pp.38~55.

Katharine Simms. '"The King's Friend"; O'Neill, the Crown, and the Earldom of Ulster' in J. F. Lydon(ed.), *England and Ireland in the Later Middle Ages* (Dublin, 1981), pp.214~236.

George Hill. *An Historical Account of the MacDonnells of Antrim*. Belfast, 1873; reprint, 1976.

George Hill. *An Historical Account of the Plantation in Ulster, 1608-20*. Belfast, 1877; reprint, Shannon, 1970.

Cyril Falls. *The Birth of Ulster. London*, 1936.

T. W. Moody. *The Londonderry Plantation, 1609-41: The City of London and the Plantation in Ulster*. Belfast. 1939.

T. W. Moody(ed.). 'The Revised Articles of the Ulster Plantation, 1610' in *Bulletin of the Institute of Historical Research*, xii, no.36(Feb. 1935), pp.178~183.

T. W. Moody. 'The Treatment of the Native Population Under the Scheme from the Plantation in Ulster' in *Irish Historical Studies*, I, no.1(Mar. 1938), pp.59~63.

J. B. Woodburn. *The Ulster Scot: His History and Religion*. London, 1915.

M. Perceval Maxwell. *The Scottish Migration to Ulster in the Reign of James I*. London, 1973.

C. D. Milligan. *History of the Siege of Londonderry*. Belfast, 1951.

J. G. Simms. *The Siege of Derry*. Dublin, 1966.

Peter Roebuck(ed.). *Plantation to Partition: Essays in Ulster History in Honour of J. L. McCraken*. Belfast, 1981.

R. J. Dickson. *Ulster Emigration to Colonial America, 1718-1775*. London, 1966.

E. R. R. Green(ed.). *Essays in Scotch-Irish History*. London, 1969.

Mary McNeill. *The Life and Times of Mary Ann McCraken, 1770-1866: A Belfast Panorama*. Dublin, 1960.

Finlay Holmes. *Henry Cooke*. Belfast, 1982.

Peter Jupp. 'County Down Elections, 1783-1831' in *Irish Historical Studies*, xviii, no.70(Sept.

1972), pp.177~206.

Desmond Murphy. *Derry, Donegal, and Modern Ulster, 1790-1921*. Londonderry, 1981.

D. H. Akenson. *Between Two Revolutions: Islandmagee, County Antrim, 1798-1920*. Ontario, 1979.

T. W. Moody and J. C. Beckett(ed.). *Ulster Since 1800: A Political and Economic Survey*. London, 1955; reprint, with corrections, 1957.

T. W. Moody and J. C. Beckett(ed.). *Ulster Since 1800: A Social Survey*. London, 1957; reprint, with corrections, 1958.

E. R. R. Green. *The Lagan Valley, 1800-1850: A Local History of the Industrial Revolution*. London, 1949.

W. E. Coe. *The Engineering Industry of the North of Ireland.* Newton Abbot, 1969.

J. A. McCutcheon. *The Industrial Archaeology of Northen Ireland*. Belfast, 1980.

R. W. Kirkpatrick. 'Origins and Development of the Land War in Mid-Ulster, 1879-85' in F. S. L. Lyons and r. A. J. Hawkins(ed.), *Ireland Under the Union* (Oxford, 1980), pp.201~236.

R. F. Foster. 'To the Northern Counties Station: Lord Randolph Churchill and the Prelude to the Orange Card' in F. S. L. Lyons and r. A. J. Hawkins(ed.), *Ireland Under the Union* (Oxford, 1980), pp.237~288.

Patrick Buckland. *Irish Unionism 2: Ulster Unionism and the Origins of Northern Ireland, 1886-1922.* Dublin and New York, 1973.

A. T. Q. Stewart. *The Ulster Crisis*. London, 1967; reprint, 1979.

Liam de Paor. *Divided Ulster*. Penguin Books, 1970.

Hugh Shearman. *Not An Inch: A Study of Northen Ireland and Lord Craigavon*. London, 1942.

T. W. Moody. *The Ulster Question, 1603-1973*. Dublin and Cork, 1974. (Extensive bibliography)

A. T. Q. Stewart. *The Narrow Ground: Aspects of Ulster, 1609-1969*. London, 1977.

D. W. Miller. *Queen's Rebels: Ulster Loyalism in Historical Perspective*. Dublin and New York, 1978.

St John Ervine. *Craigavon, Ulsterman*. London, 1949.

Edward Marjoribanks and Ian Colvin. *Life of Lord Carson*. 3 vols. London, 1932, 1934, 1936.

A. T. Q. Stewart. *Edward Carson*. Dublin, 1981.

John Bowman. *De Valera and the Ulster Question, 1917-1973*. Oxford, 1982.

Hugh Shearman. *Northern Ireland, 1921-1971*. Belfast, 1971. (Many valuable illustrations)

Patrick Buckland. *A History of Northern Ireland*. Dublin, 1981.

R. J. McNeill. *Ulster's Stand For Union*. London, 1922.

W. S. Armour. *Armour of Ballymoney. London*, 1934.

Denis Gwynn. *The History of Partition, 1912-1925*. Dublin, [1950].

J. W. Blake. *Northern Ireland in the Second World War*. Belfast, 1956.

Nicholas Mansergh. *The Government of Northern Ireland*. London, 1936.

Thomas Wilson(ed.). *Ulster Under Home Rule: A Study of the Political and Economic Problems of Northern Ireland*. London, 1955.

R. J. Lawrence. *The Government of Northern Ireland: Public Finance and Public Services, 1921-1964*. Oxford, 1965.

K. S. Isles and N. Cuthbert. *An Economic Survey of Northern Ireland*. Belfast, 1957.

D. P. Barritt and C. F. Carter. *The Northern Ireland Problem: A Study in Group Relations*. London, 1962; 2nd edition, 1972.

Sydney Elliott. *Northern Ireland Parliamentary Election Results, 1921-71*. Chichester, 1973.

Paul Bew, Peter Gibbon, and Henry Patterson. *The State in Northern Ireland, 1921-72*. Manchester, 1979.

D. H. Akenson. *Education and Enmity: The Control of Schooling in Northern Ireland, 1920-1950*. Newton Abbot and New York, 1973.

Michael Farrell. *Northern Ireland: The Orange State*. London, 1976.

Liam O'Dowd, Bill Rolston, and Mike Tomlinson. *Northern Ireland Between Civil Rights and Civil War*. London, 1980.

Derek Birrell and Alan Murie. *Policy and Government in Northern Ireland: Lessons of Devolution*. Dublin, 1980.

Richard Rose. *Governing Without Consensus: An Irish Perspective*. London, 1971.

Paul Arthur. *Government and Politics in Northern Ireland*. London, 1980.

Patrick Buckland. *The Factory of Grievances: Devolved Government in Northern Ireland, 1921-39*. Dublin, 1979.

Martin Wallace. *British Government in Northern Ireland from Devolution to Direct Rule*. Newton Abbot, 1982.

David Watt(ed.). *The Constitution of Northern Ireland: Problems and Prospects*. London, 1981.

Rosemary Harris. *Prejudice and Tolerance in Ulster*. Manchester, 1972.

David Boulton. *The UVF, 1966-73: An Anatomy of Loyalist Rebellion*. Dublin, 1973.

John Darby. *Conflict in Northern Ireland: The Development of a Polarised Community*. Dublin, 1976.

Terence O'Neill. *Ulster at the Crossroads*. London, 1969.

Terence O'Neill. *Autobiography*. London, 1972.

Brian Faulkner. *Memoirs of a Statesman*. Edited by John Houston. London, 1978.

Sunday Times Insight Team. *Ulster*. 2nd edition. Penguin Books, 1972.

Ian MacAllister. *The Northern Ireland Social Democratic and Labour Party*. London, 1977.

Robert Fisk. *The Point of No Return: The Striker Which Broke the British in Ulster*. London, 1975.

Dervla Murphy. *A Place Apart*. Penguin Books, 1978.

Bob Rowthorn. 'Northern Ireland: An Economy in Crisis' in *Cambridge Journal of Economics*, v, (1981).

J. M. Mogey. *Rural Life in Northern Ireland: Fiver Regional Studies*. London, 1937.

Hugh Shearman. *Ulster*. London, 1949. (County Books)

Lord Longford and Anne Hardy. *Ulster*. London, 1981.

J. C. Beckett and R. E. Glasscock(ed.). *Belfast: Origin and Growth of an Industrial City*. London, 1967.

Jonathan Bardon. *Belfast: An Illustrated History*. With picture research by Henry V. Bell. Belfast, 1982; reprint, with corrections, 1983.

Ian Budge and Cornelius O'Leary. *Belfast: Approach to Crisis: A Study of Belfast Politics, 1613-1970*. London, 1973.

Henry Patterson. *Class Conflict and Sectarianism: The Protestant Working Class and the Belfast Labour Movement. The Town in Ulster*. Belfast, 1980.

Gilbert Camblin. *The Town in Ulster*. London, 1951.

C. E. B. Brett. *Buildings of Belfast, 1700-1914*. London, 1967.

Alistair Rowan. *The Buildings of Ireland: North-West Ulster: The Counties of Londonderry, Donegal, Fermanagh, and Tyrone*. Harmondsworth, 1979.

Emrys Jones. *A Social Geography of Belfast*. London, 1960.

Richard Deutsch and Vivien Magowan. *Northern Ireland, 1968-73: A Chronology of Events*. Vol. I: 19868-71; vol. ii: 1972-73. Belfast, 1973, 1974. (Includes valuable bibliography and appendices.)

Richard Deutsch. *Northern Ireland, 1921-1974: A Select Bibliography*. New York and London, 1975.

15 관련서의 참고문헌과 다른 서적

T. W. Moody, F. X. Martin, and F. J. Byrne(ed.). *A New History of Ireland*. Vol. viii: *A Chronology of Irish History to 1976*. Oxford, 1982.

Alfred Webb. *Compendium of Irish Biography*. Dublin, 1878.

J. S. Crone. *A Concise Dictionary of Irish Biography*. Dublin, 1928; 2nd edition, [1937].

Henry Boylan. *A Dictionary of Irish Biography*. Dublin, 1878.

Edward MacLysaght. *Irish Families: Their Names, Arms, and Origins*. Dublin, 1957.

Edward MacLysaght. *More Irish Families*. Galway and Dublin, 1960.

Edward MacLysaght. *Supplement to Irish Families*. Dublin, 1964.

Edward MacLysaght *Guide to Irish Families*. Dublin, 1964.

Dictionary of National Biography. Edited by Leslie Stephen and Sidney Lee. 66 vols. London, 1885-1901; Reprinted with corrections, 22 vols, 1908-9. (The main dictionary to 1900; continued from 1901 in decadal volumes, of which the latest is for 1961-1970. Contains innumerable Irish biographies.)

Concise Dictionary of National Biography. 2 vols: (1) to 1900 (corrected impression, London, 1959); (2) 1901-1970 (1982).

Dictionary of American Biography. Edited by Allen Johnson and Dumas Malone. 20 vols. New York and London, 1928-37. (Contains many Irish-American biographies.)

John Lodge. *Peerage of Ireland*. Revised edition, by Mervyn Archdall. 7 vols. Dublin, 1789.

G. E. C. *Complete Peerage of England, Scotland, Ireland, Great Britain and the United Kingdom.* Edited by Vicary Gibbs and others. 13 vols. London, 1910-59.

Aubrey Gwynn and R. N. Hadcock. *Medieval Religious Houses*. London, 1970.

F. E. Ball. *The Judges in Ireland, 1121-1921*. 2 vols. London, 1926.

Thom's Irish Almanac and Official Directory for the Year 1844 etc. Dublin, 1844 etc.

Ulster Year Book, 1926 etc. Belfast: H. M. Stationery Office, 1926 etc.

Samuel Lewis. *A Topographical Dictionary of Ireland*. 2 vols. and Atlas. London, 1837.

Census of Ireland, 1901: General Topographical Index. Dublin: H. M. Stationary Office, 1904 (Cd 2071).

Brian Cleeve(ed.). *Dictionary of Irish Writers*. 3 vols. Cork, 1967, 1969, 1971.

D. J. Hickey and J. E. Doherty. *A Dictionary of Irish History Since 1800*. Dublin, 1980.

W. E. Vaughan and A. J. Fitzpatrick. Irish Historical Statistics: Population, 1821-1971. Dublin, 1978. (New History of Ireland Ancillary Publications II)

B. M. Walker. *Parliamentary Election Results in Ireland, 1801-1922*. Dublin, 1978. (New History of Ireland Ancillary Publications IV)

Lord Killanin and M. V. Duignan. *Shell Guide to Ireland*. London, 1962.

Department of Foreign Affairs. *Facts About Ireland*. 5th edition. Dublin, 1981.

16 참고문헌, 연간 발행물 및 학술 논문집

참고문헌

Edith M. Johnston. *Irish History: A Select Bibliography*. London, Historical Association, 1969; reprint, 1972.

J. F. Kenny. *The Sources for the Early History of Ireland: Ecclesiastical*. New York, 1929; reprint New York 1966, with preface by Ludwig Bieler.

P. W. A. Asplin. *Medieval Ireland, c.1170-1498: A Bibliography of Secondary Works*. Dublin, 1971.

For the period 1485-1914 a bibliography of Irish history is provided by the Irish sections of the Royal Historical Society's *Bibliography of British History, 1485-1603* (2nd edition, London, 1959); —, *1603-1714* (1928); —, *1789-1851* (1977); —, *1851-1914* (1976).

James Carty. *Bibliography of Irish History, 1870-1911*. Dublin, 1940.

James Carty. *Bibliography of Irish History, 1911-21*. Dublin, 1936.

Writings on Irish History, 1936-78. A Bibliography of Current Publications, Published Annually in *Irish Historical Studies* from 1938 to 1979.

Select Bibliography of Publications in Irish Economic and Social History Published in 1973 etc. Published Annually in *Irish Economic and Social History* since 1974.

Royal Historical Society. *Annual Bibliography of British and Irish History: Publications of 1975 etc.* Edited by G. R. Elton. Hasscoks, 1976-.

T. W. Moody(ed.). *Irish Historiography, 1936-70*. Dublin, 1971.

J. J. Lee(ed.). *Irish Historiography, 1970-79*. Cork, 1980.

Irish Manuscripts Commission, Catalogue of Publications Issued and in Preparation, 1928-1966. Dublin, Stationery Office, 1966.

A Guide to the Reports on Collections of Manuscripts. Issued by the Royal Commissioners for Historical Manuscripts. Part I - *Topographical (index)*. London, Stationery Office, 1914.

Guide to the Reports of the Royal Commission on Historical Manuscripts, 1870-1911. Part II - *Index of Persons*. 2 vols. London, Stationery Office, 1935, 1938.

R. J. Hayes(ed.). *Sources for the History of Irish Civilisation: Articles in Irish Periodicals*. 9 vols. Boston (Mass.), 1970.

R. J. Hayes(ed.). *Manuscript Sources for the History of Irish Civilisation*. 11 vols. Boston (Mass.), 1966; *Supplement*. 3 vols. 1979.

A. R. Eager. *A guide to Irish Bibliographical Material: A Bibliography of Irish Bibliographies and Sources of Information*. London, 1964; 2nd edition, 1980.

간행물

Irish Historical Studies (Dublin, 1938-; biannual).

Historical Studies: Papers Read Before the Irish Conference of Historians (London, 1958-).

Irish Economic and Social History (1974; annual).

Proceedings of the Royal Irish Academy, section C (Dublin, 1836-).

Journal of the Royal Society of Antiquaries of Ireland (Dublin, 1892-).

Studia Hibernica (Dublin, 1961-; annual).

Proceedings of the Irish Catholic Historical Committee (Dublin, 1955-; annual).

The Irish Sword (Dublin, 1949-; biannual).

Ulster Journal of Archaeology (Belfast, 1853-62; 1895-1911; 1938-; annual).

Dublin Historical Record (Dublin, 1938-).

Journal of the Cork Historical and Archaeological Society (Cork, 1892-).

Journal of the Galway Historical and Archaeological Society (Galway, 1900-).

Journal of the County Louth Archaeological Society (Dundalk, 1904-).

Studies (Dublin, 1912-; quarterly).

Irish Ecclesiastical Record (Dublin, 1864-1968; monthly).

Ulster Genealogical & Historical Guild Newsletter (Belfast, 1978-).

시리즈

Studies in Irish History. Edited by T. W. Moody and others. First series, vols i-vii. London, 1944-56; second series, vols i-x, 1960-75.

New History of Ireland Ancilliary Publications. Edited by T. w. Moody, F. X. Martin, and F. J. Byrne. Dublin, 1971-.

Dublin Historical Association. Irish History Series. Dundalk, 1961-.

Dublin Historical Association. Medieval Irish History Series. Dundalk, 1964-.

Irish Life and Culture: A Series of Pamphlets Issued by the Cultural Relations Committee of Ireland. Dublin, 1950-.

The Thomas Davis Lectures. A Continuing Programme of Half-Hour Talks, Mainly on Irish History, Culture, and Social Life, Broadcast Annually by Radio Telefís Éireann from 1953. complete list for 1953-67 by F. S. Martin, is in *Irish Historical Studies*, xv, no.59(Mar. 1967). Most of the published Thomas Davis Series are included in sections II-XII above.

Insights into Irish History. Edited by L. M. Cullen. Dublin, 1971-.

The O'Donnell Lectures. An Annual Series of Lectures on Irish History, given in rotation at the colleges of the National University of Ireland. Dublin: National University of Ireland, 1957-.

Public Record Office of Northern Ireland. Education Facsimiles. Belfast: H. M. Stationery Office, 1969-. (Packs of 20 loose documents with general introduction, notes, and illustrations; 14 packs published to date)

National Library of Ireland. Facsimile Documents. Dublin: Coordinating Committee for Educational Services based on the institutions of Science and Art, 1976-. (Packs of loose documents, on similar plan to preceding; 9 packs published to date)

학술 논문집

John Ryan(ed.). *Féil-sgribhinn Eóin Mhic Néill; Essays and studies presented to Eoin Mac Neill*. Dublin, 1940.

H. A. Cronne, T. W. Moody, and D. B. Quinn(ed.). *Essays in British and Irish history. in honour of James Eadie Todd*. London, 1949.

J. A. Watt, J. B. Morrall, and F. X. Martin(ed.). *Medieval studies presented to Aubrey Gwynn, S. J.* Dublin, 1961.

John Bossy and Peter Jupp(ed.). *Essays presented to Michael Roberts, sometime professor of modern history in the Queen's University of Belfast*. Belfast, 1976.

K. R. Andrews, N. P. Canny, and P. E. H. Haire(ed.). *The westward enterprise: English activities in Ireland, the Atlantic, and America, 1480-1650*. Liverpool, 1978. (Essays in honour of D. B. Quinn)

Art Cosgrove and Donal McCartney(ed.). *Studies in Irish History Presented to R. Dudley Edwards*. Dublin, 1979.

Thomas Bartlett and D W. Hayton(ed.). *Penal Era and Golden Age, 1690-1800*. Belfast, 1979. (A tribute to J. C. Beckett;)

F. S. L. Lyons and R. A. J. Hawkins(ed.). *Ireland Under the Union: Varieties of Tension: Essays in Honour of T. W. Moody*. Oxford, 1980.

J. F. Lydon(ed.). *England and Ireland in the Later Middle Ages: Essays in Honour of Jocelyn Otway-Ruthven*. Dublin, 1981.

Peter Roebuck(ed.). *Plantation to Partition: Essays in Ulster History in Honour of J. L. McCracken*. Belfast, 1981.

J. M. Goldstrom and L. A. Clarkson(ed.). *Irish Population, Economy, and Society: Essays in Honour of the Late K. H. Connell*. Oxford, 1981.

17 추가 참고문헌

1) 아일랜드 총서 - David Edwards

SOURCE COLLECTIONS

B. Donovan and D. Edwards. *British Sources for Irish History, 1485-1641*. Dublin, 1997.

GENERAL WORKS

S. Duffy. *A Concise History of Ireland*. Dublin, 2000, 2001.

S. Duffy(ed.). *Atlas of Irish History*. Dublin, 1994.

J. Lydon. *The Making of Ireland*. London, 1998.

2) 특정 분야의 개괄 도서 - David Edwards

LAW, GOVERNMENT AND PARLIAMENT

L. J. Arnold. 'The Irish Court of Claims of 1663' in *Irish Historical Studies*, xxiv, no.96(nov. 1985), pp.417~430.

T. C.Barnard. 'Lawyers and the law in later seventeenth-century Ireland', in *Irish Historical Studies*, xxviii, no.111(May 1993), pp.256~282.

P. Bonsall. *The Irish PMs: The Resident Magistrates in the British Administration in Ireland*. Dublin, 1997.

J. G. Crawford. 'The Origins of the Court of Castle Chamber: A Star Chamber jurisdiction in Ireland', in *American Journal of Legal History* xxiv (1980).

J. G. Crawford. *Anglicising the Government of Ireland: the Irish Privy Council and the Expansion of Tudor Rule, 1556-78*. Blackrock, 1993.

D. Edwards. 'Beyond Reform: Martial Law and the Tudor Reconquest of Ireland', *History Ireland*, v, no.2(Summer 1997), pp.16~21.

S. Ellis. 'Privy seals of chief governors in Ireland, 1392-1569', in *Bulletin of the Institute of Historical Research*, 51 (1978).

S. Ellis. 'Parliament and community in Yorkist and Tudor Ireland', in a. Cosgrove and J. I. McGuire(eds.). *Parliament & Community: Historical Studies* XIV. Belfeast, 1983.

R. Frame. 'Commissions of the peace in Ireland, 1302-1461', in *Analecta Hibernica* XXXV (1992).

N. Garnham. 'The trials of James Cotter and Henry, Baron Barry of Santry: Two case studies in the administration of criminal justice in early eighteenth-century Ireland', in *Irish Historical Studies*, xxxi, no.123(May 1999), pp.328~342.

B. Griffin. *The Bulkies: Police and Crime in Belfast, 1800-1865*. Dublin, 1997.

A. R. Hart. *A History of the King's Sergeants at Law in Ireland*. Dublin, 2000.

J. Herlihy. *The Royal Irish Constabulary: A Short History and Genealogical Guide*. Dublin, 1997.

L. Irwin. 'The Irish Presidency Courts, 1569-1672', in *Irish Jurist* 12 (1997).

C. Kenny. *King's Inns and the Kingdom of Ireland: The Irish 'Inns of Court', 1541-1800*. Dublin, 1992.

C. Kenny. 'The exclusion of Catholics from the legal profession in Ireland, 1637-1829', in *Irish Historical Studies*, xxv, no.1000(Nov. 1987), pp.337~357.

W. J. Lowe. 'The Constabulary Agitation of 1882', in *Irish Historical Studies*, xxxi, no.121(May 1998), pp.37~59.

J. Lydon(ed.), *Law and Disorder in Nineteenth-Century Ireland: The Dublin Parliament of 1297*. Dublin, 1997.

A. J. Sheehan, 'Irish revenues and English subventions, 1559-1622', in *Proceedings of the Royal Irish Academy*, 90 C (1990), pp.35~65.

V. Treadwell, 'Sir John Perrot and the Irish parliament of 1585-6', in *Proceedings of the Royal Irish Academy*, 85 C (1985), pp.259~308.

THE CHURCHES

K. Bottigheimer. 'The failure of the Reformation in Ireland: *Une question bien posée*', in *Journal of Ecclesiastical History*, 36 (1985).

B. Bradshaw. 'The Edwardian Reformation in Ireland', in *Archivium Hibernicum*, 34 (1976-7).

B. Bradshaw. 'The Reformation in the cities: Cork, Limerick and Galway, 1534-1603', in J. Bradley(ed.), *Settlement and Society in Medieval Ireland,* Kilkenny 1988. pp.445~476.

N. Canny. 'Why the Reformation failed in Ireland: *Une question mal posée*', in *Journal of Ecclesiastical History*, 30 (1979).

A Clarke. 'Varieties of Uniformity: the first century of the Church of Ireland', in W. J. Shiels and D. Wood(ed.), *The Churches, Ireland and the Irish: Studies in Church History 35* (Oxford 1989), pp.105~122.

S. Ellis. 'Economic problems of the church: Why the Reformation failed in Ireland', in *Journal of Ecclesiastical History*, 41 (1990).

A. Ford. *The Protestant Reformation in Ireland, 1590-1641*. Frankfurt, 1985; repr. Dublin, 1997.

A. Ford. 'The Reformation in Kilmore before 1641', in R. Gillespie(ed.), *Cavan: Essays on the History of an Irish County*. Dublin, 1995.

A. Forrestal. *The Catholics Synods in Ireland, 1600-90*. Dublin 1998.

J. Murray, A, Ford, J. I. McGuire, S. J. Connolly, F. O'Ferrall and K. Milne. 'The Church of Ireland: a critical bibliography, 1536-1992', in *Irish Historical Studies* xxviii, no.112(Nov. 1993), pp.345~384.

K. Herlihy(ed.). *Irish Dissent* series. Dublin, 1995-.

P. Fagan. *Catholics in a Protestant Country: The Papist Constituency in Eighteenth-Century Dublin*. Dublin, 1998.

R. Gillespie. *Devoted People: Belief and Religion in Early Modern Ireland*, Manchester, 1998.

R. Gillespie. 'The Presbyterian Revolution in Ulster, 1660-1690', in W. J. Shiels and D. Wood(ed.), *The Churches and the Irish: Studies in Church History 35*. Oxford 1989.

H. A. Jefferies. *Priests and Prelates of Armagh in the Age of Reformations, 1518-58*. Dublin, 1997.

H. A. Jefferies. 'The diocese of Dromore on the eve of the Tudor Reformation', in L. Proudfoot(ed.), *Down: History & Society* (Dublin, 1997), pp.123~140.

C. Lennon. *The Lords of Dublin in the Age of Reformation*. Blackrock, 1989.

C. Lennon. 'The chantries in the Irish Reformation: The case of St Anne's Guild, Dublin, 1550-1630', in R. V. Comerford et al(eds.), *Religion, Conflict and Coexistence* (Dublin, 1990), 00 6-25.

C. Lennon. *An Irish Prisoner of Conscience of Tudor Era: Richard Creagh, Archbishop of Armagh*. Dublin, 1999.

M. Mac Craith. 'The Gaelic reaction to the Reformation', in S. G. Ellis and S. Barber(eds.), *Conquest & Union: Fashioning a British Stage, 1485-1725* (London, 1995).

J. D. Neville. 'Irish Presbyterians under the restored Stuart monarchy', *Eire/Ireland* 16/2 (19981), pp.29~42.

T. Ó hAnnracháin. 'Rebels and confederates: The stance of the Irish clergy in the 1640s', in J. Young(ed.), *Celtic Dimensions of the British Civil Wars* (Edinburgh 1997), pp.96~115.

M. A. Valante. 'Reassessing the Irish "monastic town"', in *Irish Historical Studies* xxxi, no.121(May 1998), pp.1~18.

H. C. Walshe, 'Enforcing the Elizabethan settlement: The vicissitudes of Hugh Brady, Bishop of Meath, 1563-84', in *Irish Historical Studies* xxvi, no.104(Nov. 1989).

M. J. Westerkamp, *Triumph of the Laity: Scots-Irish Piety and the Great Awakening, 1625-1760*. Oxford, 1988.

OTHER SUBJECTS

T. Bartlett and K. Jeffery(eds.). *A Military History of Ireland*. Cambridge. 1996.

J. Burke, 'The New Model Army and the problems of siege warfare, 1648-51', in *Irish Historical Studies* xxvii, no.105(May 1990), pp.1～29.

3) 아일랜드 역사지리학 - David Edwards

E. H. A. Aalen, K. Whelan and M. Stout(eds.), *Atlas of the Irish Rural Landscape*. Cork, 1997.

P. J. Duffy, D. Edwards and E. FitzPatrick(eds.). *Gaelic Ireland, c. 1250-c. 1650: Land, Lordship and Settlement*. Dublin, 2001.

P. J. Duffy. 'The territorial organisation of Gaelic landownership and its transformation in County Monaghan, 1591-1640', in *Irish Geography*, 14 (1981).

P. J. Duffy, 'Patterns of landownership in Gaelic Monaghan in the late sixteenth century', *Clogher Record* 10/3 (1981), pp.304～322.

4) 초기 중세 아일랜드 - Damian Bracken

REFERENCE AND GUIDES TO THE SOURCES

J. J. G. Alexander. *Insular Manuscripts, Sixth to Ninth Century*. London, 1978.

E. J. Byrne. 'Seventh-century documents', *Irish Ecclesiastical Record 108* (1967), pp.164～182.

G. Henderson. *From Durrow to Kells: The Insular Gospel-Books, 650-800*. London, 1987.

K. Hughes. *Early Christian Ireland: Introduction to the Sources*. London, 1972.

J. F. Kenny. 'The Sources for the Early History of Ireland: Ecclesiastical', in W. T. H. Jackson(ed.) *Records of Civilisation: Sources and Studies 9*. New York, 1929; repr. Dublin, 1979.

M. Lapidge and R. Sharpe. *A Bibliography of Celtic-Latin Literature 400-1200, Royal Irish Academy Dictionary of Medieval Latin from celtic Sources Ancillary Publications 1*. Dublin, 1985.

G. Mac Niocaill. *The Medieval Irish Annals*. Dublin, 1975.

R. Sharpe. *Medieval Irish Saint's Lives*. Oxford, 1991.

A. P. Smyth. 'The earliest Irish annals: Their first contemporary entries and the earliest centres of recording', *Proceedings of the Royal Irish Academy 72* (C) (1972), pp.1～48.

GENERAL HISTORIES OF EARLY MEDIEVAL IRELAND

F. J. Byrne. *Irish Kings and High-Kings*. London, 1973.

T. M. Charles-Edwards. *Early Christian Ireland*. Cambridge, 2000.

J. Lydon. *The Making of Ireland*. London, 1998.

E. Mac Neill. *Phases of Irish History*. Dublin, 1919.

G. Mac Niocaill. *Ireland Before the Vikings*. Dublin, 1972.

H. Mythum. *The Origins of Early Christian Ireland*. London, 1992.

D. Ó Corráin. *Ireland Before the Normans*. Dublin, 1972.

D. Ó Corráin. 'Prehistoric and early Christian Ireland', in R. F. Foster(ed.) *The Oxford Illustrated History of Ireland*. Oxford, 1989.

D. Ó Cróinín. *Early Medieval Ireland: 400-1200*. London, 1996.

A. P. Smyth. *Celtic Leinster*. Blackrock, 1982.

CULTURE

B. Bischoff. *Latin Palaeography: Antiquity and the Middle Ages*. Tr. D. Ó Cróinín and D. Ganz. Cambridge, 1990.

D. Bracken. 'Rationalism and the Bible in seventh-century Ireland', in A. M. Luiselli Fadda and É. Ó Carragáin(ed.) *Le Isole Brittaniche e Rome in Età Romanobarbarica, Biblioteca di cultura Romanobrarbarica 1*. Rome, 1998.

J. Carey. *The Irish National Origin-legend: Synthetic Psedohistory*. Cambridge, 1994.

J. Carney. *Studies in Irish Literature and History*. Dublin, 1955.

C. Donahue. 'Beowulf, Ireland and the natural good', *Traditio* 7 (1949-51), pp.263~277.

M. Esposito. *Latin Learning in Medieval Ireland*. Ed. M. Lapidge. London, 1988.

P. Grosjean. 'Sur quelques exégètes irlandais du VIIe siècle', *Sacris Erudiri* 7 (1955), pp.67~98.

A. Harvey. 'Early literacy in Ireland: The evidence from ogam', *Cambridge Medical Celtic Studies* 14 (1987) 1~15.

A. Harvey. 'Latin literacy and Celtic vernaculars around the year 500', in C. J. Byrne, M. Harry and P. Ó Siadhail(eds.) *Celtic Languages and Celtic Peoples: Proceedings of the Second American Congress of Celtic Studies*. Halifax, 1992.

D. R. Howlett. *The Celtic Latin Tradition of Biblical Style*. Blackrock, 1995.

V. Law. 'The Insular Latin Grammarians', in *Studies in Celtic History 3*. Woodbridge, 1988.

V. Law. *Wisdom, Authority and Grammar in the Seventh Century: Decoding Virgiius Maro Grammaticus*. Cambridge, 1995.

D. MacManus. 'A chronology of Latin loan-words in early Irish', *Ériu 34* (1983), 21~69.

D. MacManus. *A Guide to Ogam: Maynooth Monographs 4*. Maynooth, 1991.

D. MacManus. 'Linguarum diuersitas: Latin and the vernaculars in early medieval Britain', *Peritia 3* (1984), pp.151~188.

D. MacManus. 'The so-called Cothrige and Pátraic strata of Latin loan-words in early Irish', in P. Ní Chatháin and M. Richter(ed.) *Irland and Europa: Die Kirche im Frühmittelater* (Stuttgart, 1984).

E. Mac Neill. 'Beginnings of Latin culture in Ireland', *Studies* 20 (1931) (2 articles).

K. McCone. *Pagan Past and /Christian Present, Maynooth Monographs 3*. Maynooth, 1990.

F. MaGrath. *Education in Ancient and Medieval Ireland*. Blackrock, 1979.

P. Ní Chatháin and M. Richter(ed.). *Ireland and Christendom: The Bible and the Missions*. Stuttgart, 1987.

P. Ní Chatháin and M. Richter(ed.). *Ireland and Christendom: The Early Church*. Stuttgart, 1984.

F. O'Mahony(ed.). *The Book of Kells: Proceedings of a Conference at Trinity College Dublin 1992*. Dublin, 1994.

J. J. O'Meara and B. Naumann(ed.). *Latin Script and Letters: AD 400-900: Festschrift Presented to Ludwig Bieler on the Occasion of his Seventieth Birthday*. Leiden, 1976.

J. Stevenson. 'The beginnings of literacy in Ireland', in *Proceedings of the Royal Irish Academy* (C) 89 (1989), pp.127~165.

CHRISTINISATION AND THE CHURCH

A. O. Anderson and M. O. Anderson. *Adomnán's Life of Columba*. London, 1961.

L. Bieler. *Studies on the Life and Legend of St Patrick*, ed. R. Sharpe. London, 1986.

D. A. Binchy. 'Patrick and his bioggraphiers: Ancinet and modern', *Studia Hibernica* 2 (1962), pp.7~173.

L. Bitel. *Isle of the Saints: Monastic Settlement and Christian Community in Early Ireland*. London, 1990.

J. Blair an R. Sharpe. *Pastoral Care Before the Parish*. Leicester, 1992.

T. M. Charles-Edwards. 'Palladius, Prosper and Leo the Great: sand Primatial Authority', in D. N. Dumville, *Saint Patrick, AD 493-1933*, Woodbridge, 1993.

P. J. Corish. *The Christian Mission*. Dublin, 1972.

W. Davies. 'The myth of the celtic church', in N. Edwards and A. Lane(eds.), *The Early Church in Wales and the West* (Oxford, 1992).

L. de Paor. *St Patrick's World*. Blackrock, 1993.

C. Etchingham. 'Bishops in the early Irish church: A reassessment', *Studia Hibernica* 28 (1994), pp.35~62.

C. Etchingham. *Church Orgaisation in Ireland, AD 650-1000*. Naas, 1999.

C. Etchingham. 'The early Irish church: Some observations on pastoral care and dues', *Ériu* 42 (1991), pp.99~118.

A. Firey. 'Cross-examining the witness: Recent research in celtic monastic history', in *Monastic Studies* 14 (1983), pp.31~49.

L. Gougaud. *Christianity in Celtic Lands*. London, 1932.

E. J. Gwynn. The Irish Cuhurch in the Elevennth and Twelfth centrues. blackrock, 1992.

R. P. C. Hanson. St. Patrick: His Origins and Career. Oxford, 1968.

M. Herbert. Iona, Kells and derry: The History and Hagiography of the Monastic 'Familia' of Columba. Oxford, 1988.

K. Hughes. *The Church in Early Irish Society*. London, 1966.

A. Mac Shambráin. *Church and Polity in Pre-Norman Ireland: The Case of Glendalough*. Maynooth, 1996.

D. Ó Corráin. 'The Early irish Churches: Some Aspects of Organisation', in Ó Carráin(ed.) *Irish Antiquity* (Cork, 1983).

P. O'Dwyer. *The Céli Dé*. Dublin, 1981.

T. O'Loughlin. *Celtic Theology: Humanity, World and God in Early Irish Writings*. New York, London, 2000.

P. Ó Riain. *Corpus Genealogiarum Sanctorum Hiberniae*. Dublin, 1985.

J. Ryan. *Irish Monasticism: Origins and Early Development*. London, 1931.

R. Sharpe. 'Armagh and Rome in the seventh century', in P. Ní Chatháin and M. Richter(eds.), *Ireland and Christendom: The Bible and the Missions* (Stuttgart, 1987).

R. Sharpe. 'Some problems concerning the organisation of the Church in early medieval Ireland', *Peritia 3* (1984), pp.230~270.

R. Sharpe. 'St Patrick and the see of Armagh', *Cambridge Medieval Celtic Studies 4* (1982), pp.33~59.

SOCIETY AND INSTITUTIONS

KINSHIP AND DYNASTIC HISTORY

E. Bhreathnach. 'Temoria: Caput Scotorum?', *Ériu* 47 (1996), pp.67~88.

D. A. Binchy. *Celtic and Anglo-Saxon Kingship*. Oxford, 1970.

D. A. Binchy. 'The Fair of Tailtiu and the Feast of Tara', *Ériu* 18 (1958), pp.113~138.

F. J. Byrne. *The Rise of the Uí Néill and the High-kingship of Ireland*. Dublin, 1969.

F. J. Byrne. 'Tribes and tribalism in early Ireland', *Ériu* 21 (1971), pp.128~164.

T. M. Charles-Edwards. 'Early medieval kingships in the British Isles', in S. Bassett(ed.) *The Origins of Anglo-Saxon Kingdoms* (London, 1989).

T. M. Charles-Edwards. 'The heir-apparent in Irish and Welsh law', *Celtica* 9 (1971), pp.180~190.

D. Corráin. 'Nationality and kingships in pre-Norman Ireland', in T. W. Moody(ed.) *Nationality and the Pursuit of National Independence* (Belfast, 1978).

S. T. Driscoll and M. R. Nieke(ed.). *Power and Politics in Early Medieval Britain and Ireland* (Edinburgh, 1988).

D. N. Dumville. 'Kingship, genealogies and regnal lists', in P. H. Sawyer and I. N. Wood(eds.), *Early Medieval Kingship* (Leeds, 1977).

M. J. Enright. 'Iona, Tara and Soisson: The origin of the royal anointing ritual', in H. Belting et al.(ed.) *Arbeiten zur Früuhmittelalterforshcung* 17 Berlin, 1985).

M. Gerriets. 'Kingship and exchange in pre-Viking Ireland', *Cambridge Medieval Celtic Studies* 13 (1987), pp.39~72.

M. Gerriets. 'The king as judge in early Ireland', *Celtica* 20 (1988), pp.1~24.

B. Jaski. *Early Irish Kingship and Succession*. Dublin, 2000.

G. MacNiocall. 'The "heir designate" in early medieval Ireland', *Irish Jurist* 3 (1968), pp.326~329.

D. Ó Corráin. 'Irish regnal succession', *Studia Hibernica* 11 (1971), pp.7~39.

P. Wormwald. 'Celtic and Anglo-Saxon kingship: Some further thoughts', in P. Szarmach(ed.) *Sources of Anglo-Saxon Culture* (Kalamazoo, 1986).

FAMILY STRUCTURE

R. Baumgarten. 'The kindred metaphors in Bechbretha and Coibnes Uisci Thairidne', *Pertia 4* (19985), pp.307~327.

T. M. Charles-Edwards. *Early Irish and Welsh Kinship*. Oxford, 1993.

A. Cosgrove(ed.). *Marriage in Ireland*. Dublin, 1954.

M. Dillon. *Early Irish Society*. Dublin, 1954.

B. Jaski. 'Marriage laws in Ireland and on the Continent in the early Middle Ages', in C. E. Meek and M. K. Simms(eds.), *'The Fragility of her Sex?' Medieval Irish Women in their European Context*. (Blackrock, 1996).

T. Ó Cathasaigh. 'The sister's son in early Irish literature', *Pertia 5* (1986), pp.128~160.

D. Ó Corráin. 'Women in early Irish society', in Ó Corráin and M. MacCurtain(eds.) *Women in Irish Society: The Historical Dimension*. Dublin, 1978.

M. O'Dowd et al.(eds.). *Chattel, Servant or Citizen? Women's Status in Church, State and Society*. Belfast. 1995.

N. Patterson. *Cattle-lords and Clansmen: The Social Structure of Early Ireland*. Notre Dame, 1994.

N. Patterson. 'Patrilineal kinship in early irish society: The evidence from the Irish law texts'. *Bulletin of the Board of Celtic Studies 37* (1900), pp.133~165.

K. Simms. 'The legal position of Irishwomen in the later Middle Ages', *Irish Jurist* 10 (1979), pp.96~111.

ECONOMY AND SETTLEMENT

J. Bradley(ed.). *Settlement and Society in Medieval Ireland: Studies Presented to Francis Xavier Martin, OSA*. Kilkenny, 1988.

C. Doherty. 'Exchange and trade in early medieval Ireland', *Journal of the Royal Society of Antiquaries of Ireland* 110 (1980), pp.67~89.

C. Doherty. 'Some aspects of hagiography as a source for Irish economy history', *Peritia* 1 (1982), pp.300~328.

C. Doherty. 'The monastic town in early medieval Ireland', in *The Comparative History of Urban Origins in Non-Roman Europe* (Oxford, 1985).

M. Gerriets. 'Economy and society: Clientship according to the Irish laws', *Cambridge Medieval Celtic Studies* 6 (1983), pp.43~61.

M. Gerriets. 'Money in early Ireland according to the Irish lows', *Comparative Studies in Society and History* 27 (1985), pp.323~339.

B. G. Graham. 'Early medieval Ireland: Settlement as an indicator of social and economic transformation, c. 500-1100', in B. J. Graham and L. J. Proudfoot(eds.), *An Historical Geography of Ireland* (London, 1993).

F. Kelly. *Early Irish Farming*. Dublin, 1997.

IRELAND AND EUROPE

IRELAND AND THE CONTINENT

C. Bammel. 'Insular manuscripts of Origen in the Carolingian Empire', in G. Londorf and D. N. Dumville(eds.), *France and the British Isles in the Middle Ages and Renaissance* (Woodbridge, 1991).

L. Bieler. *Ireland and the Culture of Early Medieval Europe*. London, 1987.

B. Bischoff. 'Turning-points in the history of Latin exegesis in the early Irish church: AD 650-800', in M. McNamara(ed.) *Biblical Studies - The Medieval Irish Contribution, Proceedings of the Irish Biblical Association* 1. (Dublin, 1976).

P. A. Breatnach. 'The origins of the Irish monastic tradition at Ratisbon (Regensburg)', *Celtica* 13 (1980), pp.58~77.

M. Brennan. *A Guide to Eriugenian Studies: A Survey of Publications 1930-1987*. Fribourg, 1989.

M. Cappuyns. *Jean Scot Érigène: Sa Vie, Son CEuvre, Sa Pensée*. Paris, 1933.

H. B. Clarke and M. Brennan(eds.). *Columbanus and Merovingian Monasticism*. British Archaeological Records, International Series 113, Oxford, 1981.

J. J. Contreni. 'The Irish contribution to the European classroom', in D. Ellis Evans, J. G. Griffith and E. M. Rope(eds.), *Proceedings of the Seventh International Congress of Celtic Studies* (Oxford, 1983).

D. N. Dumville. 'Ireland, Brittany and England: Transmission and Use of the *Collectio Canonum Hibernensis*', in C. Laurent and H. Davis(ed.), *Irlande et Bretagne, vingt siècles d'histoire: Actes du colloque de Rennes* (29-31 Mars 1993) (Rennes, 1994).

M. Esposito. *Irish Books and Learning in Medieval Europe*, ed. M. Lapidge. London, 1990.

P. Fournier. 'De l'influence de la collection irlandaise sur la formation des collections canoniques', *Nouvelle Revue Historique de Droit Français et Étranger* 23 (1899), pp.27~78.

P. Grosjean. 'Vigile de Salzbourg en Irlande', *Analecta Bollandiana* 78 (1960), pp.92~123.

A. Gwynn. 'The continuity of the Irish tradition at Würzburg', *Herbipolis Jubilans, Würzburger Diözesangeschichtsblätter*. Würzburg, 1952.

M. Herren. 'On the earliest Irish acquaintance with Isidore of Seville', in E. James(ed.) *Visgothic Spain: New Approaches*. (Oxford, 1982).

J. N. Hillgarth. 'Ireland and Spain in the seventh century', *Peritia* 3 (1984), pp.1~16.

J. N. Hillgarth. 'The East, Visigothic Spain and the Irish', *Studia Patristica* 4 (1961), pp.442~456.

J. N. Hillgarth. 'Visigothic Spain and early Christian Ireland', *Proceedings of the Royal Irish Academy* 62 (1863), pp.167~194.

L. Holtz. *Donat et la Tradition de l'Enseignement Grammatical. Étude sur l'Ars Donati et sa Diffusion (IV-IX siècle) et Édition Critique*. Paris, 1981.

E. James. 'Ireland and western Gaul in the Merovingian period', in D. Whitelock, R. McKitterick and D. Dumville(eds.), *Ireland in Early Medieval Europe*. Cambridge, 1982.

M. Lapidge(ed.). *Columbanus: Studies on the Latin Writings*. Woodbridge, 1997.

C. Laurent and H. Davis(ed.). *Irland et Bretagne: Vingt Siècles d'Histoire*. Rennes, 1994.

C. H. Lawrence. *Medieval Monasticism: Forms of Religious Life in Western Europe in the Middle Ages*.

London, 1984.

H. Löwe. *Die Iren und Europa*. 2 vols. Stuttgart, 1982.

Janet L. Nelson. 'Queens as Jezebels: the careers of Brunhild and Bathild in Merovingian history', in Derek Baker(ed.), *Medieval Women* (Oxford, 1978).

P. Ní Chatháin and M. Richter(eds.) *Ireland and Christendom: The Bible and the Missions*. Stuttgart, 1987.

P. Ní Chatháin and M. Richter(eds.) *Ireland and Europe: the Early Church*. Stuttgart, 1984.

P. Ní Chatháin and M. Richter(eds.) *Ireland and Europe in the Early Middle Ages: Learning and Literature*. Stuttgart, 1996.

D. Ó Cróinín. 'Merovingian politics and insular calligraphy: The historical background to the Book of Durrow and related manuscripts', in M. Ryan(ed.), *Ireland and Insular Art AD 500-1200* (Dublin, 1987).

D. Ó. Cróinín. 'Rath Melsigi, Willibrord, and the earliest Echternach manuscripts', *Peritia* 3, (1984) pp.17~49.

J. M Picard(ed.). *Aquitaine and Ireland in the Middle Ages*. Dublin, 1995.

J. M. Picard(ed.). *Ireland and Northern France AD 600-850*. Dublin, 1991.

R. E. Reynolds. 'Canon law collections in early ninth-century Salzburg', in S. Kuttner and K. Pennington(eds.), *Proceedings of the Fifth International Congress on Medieval Canon Law*. (Vatican, 1980).

M. Richter. *Ireland and Her Neighbours in the Seventh Century*. Dublin, 1999.

J. W. Smit. *Studies on the Language and Style of Columba the Younger (Columbanus)*. Amsterdam, 1971.

C. Stancliffe. 'Red, white and blue martyrdom', in D. Whitelock. R. McKitterick and D. N. Dumville(eds.), *Ireland in Early Medieval Europe: Studies in Memory of Kathleen Hughes* (Cambridge, 1982).

L. Traube. 'Perrona Scottorum', *Sitzungberichte der Philos.-Philos. und Histor. Class der Kaiserliche Bayerische Akademie der Wissenchaften* (1900), pp.469~537.

M. Walsh and D. Ó Cróinín. *Cummian's Letter 'De Controuersia Paschali' and the 'De Ratione Conputandi'*, Toronto, 1988.

H. Zimmer. *The Celtic Church in Britain and Ireland* (tr. A. Meyer). London, 1902.

IRELAND AND BRITAIN

M. O. Anderson. 'Dalriada and the creation of the kingdom of the Scots', in D. Whitelock,

R. McKitterick and D. Dumville(eds.), *Ireland in Early Medieval Europe* (Cambridge, 1982).

J. Bannerman. *Studies in the History of Dalriada*. Edinburgh, 1974.

J. Bannerman. 'The Dál Riata and Northern Ireland', in J. Carney and D. Greene(eds.), *Celtic Studies: Essays in Memory of Angus Matheson* (London, 1968).

D. Bullough. 'Columba, Adomnán and the achievement of Iona', *Scottish Historical Review* 43 (1964), pp.111~130; 44 (1965), pp.17~33.

J. Campbell. 'The debt of the early English Church to Ireland', in P. Ní Chatháin and M. Richter(eds.), *Ireland and Christendom: The Bible and the Missions* (Stuttgart, 1987).

T. M. Charles-Edwards. 'Bede, the Irish and the Britons', *Celtica* 15 (1983), pp.42~52.

T. O. Clancy and G. Márkus. *Iona: The Earliest Poetry of a Celtic Monastery*. Edinburgh, 1995.

M. Herbert. *Iona, Kells and Derry: The History and Hagiography of the Monastic 'Familia' of Columba*. Oxford, 1988.

C. Ireland. 'Aldfrith of Northumbria and the learning of a sapiens', in K. A. Klar et al.(eds.), *A Celtic Florilegium: Studies in Memory of Brendan Ó Hehir* (Lawrence MA, 1996).

M. NcNamara. 'Ireland and Northumbria as illustrated by a Vatican manuscript', *Thought* 54 (1979), pp.274~290.

H. Moisl. 'The Bernician royal dynasty and the Irish in the seventh century', *Peritia* 2 (1983), pp.103~126.

T. O'Loughlin. 'Adomnán the illustrious' in *Innes Review* 66 (1995), pp.1~14.

J. Ryan. 'Ecclesiastical relations between Ireland and England in the seventh and eighth centuries', *Journal of the Cork Historical and Archaeological Society* 43 (1938), pp.109~112.

D. Whitelock. 'Bishop Ecgred, Pehtred and Niall', in D. Whitelock, R. McKitterick and D. Dumville(eds.), *Ireland in Early Medieval Europe* (Cambridge, 1982).

C. D. Wright. 'The Irish "enumerative style" in Old English homiletic literature, especially Vercelli Homily IX', *Cambridge Medieval Celtic Studies* 18 (1989), pp.27~74.

5) 중세 아일랜드 - David Edwards

T. B. Barry, R. Frame & K. Simms(eds.). *Colony and Frontier in Medieval Ireland*. London, 1995.

J. Bradley(ed.). Settlement and Society in Medieval Ireland. Kilkenny, 1988.

R. R. Davies. *Dominion and Conquest: The Experience of Ireland, Scotland and Wales, 1100-1300*. Cambridge, 1990.

P. J. Duffy, D. Edwards and E. FitzPatrick(eds.). *Gaelic Ireland, c, 1250-c. 1650: Land, Lordship and Settlement*. Dublin, 2001.

S. Duffy. *Ireland in the Middle Ages*. Dublin, 1997.

R. Frame. *The Political Development of the British Isles, 1100-1400*. Oxford, 1990.

B. Smith(ed.). *Britain and Ireland, 900-1300*. Cambridge, 1999.

S. Duffy. 'Irishmen and islesmen in the kingdoms of Dublin and Man, 1052-1171', *Ériu* 43 (1992).

S. Duffy. 'The Bruce brothers and the Irish Sea world, 1306-29', in *Cambridge Medieval Celtic Studies* 21 (1991), pp.55~86.

A. M. Duncan. 'The Scots' invasion of Ireland, 1315', in R. R. Davies(ed.), *The British Isles, 1100-1500: Comparisons, Contrasts and Connections*. Edinburgh, 1988.

S. G. Ellis. '"More Irish than the Irish themselves?" The Anglo-Irish in Tudor Ireland', in *History Ireland* 7/1 (Spring 1999), pp.22~26.

M. T. Flanagan. *Irish Society, Anglo-Norman Settlers, Angevin Kingship: Interactions in Ireland in the Late Twelfth Century*. (Oxford 1989).

R. Frame. 'King Henry III and Ireland: The shaping of a peripheral lordship', in P. R. Coss and S. D. Lloyd(eds.), *Thirteenth-Century England IV*. Woodbridge, 1992.

R. Frame. '"Les Engleys nées en Irlande": The English political identity in medieval Ireland', in *Transactions of the Royal Historical Society* sixth series, 3 (1993).

R. Frame. 'Military Service in the lordship of Ireland 1290-1360: Institutions and society on the Anglo-Gaelic frontier', in R. Bartlett and A. Mackay(eds.), *Medieval Frontier Societies* (Oxford 1989; repr. 1996), pp.101~126.

J. Gillingham. 'The English invasion of Ireland', in B. Bradshaw, A. Hadfield and W. Maley(eds.), *Representing Ireland: Literature and the Origins of Conflict, 1534-1660* (Cambridge, 1993), pp.24~42.

B. Hudson, 'William the Conqueror and Ireland', in *Irish Historical Studies* xxix, no.114(Nov. 1994), pp.145~158.

S. Kingston, 'Trans-insular lordship in the fifteenth century', in T. M Devine and J. F. McMillan(eds.), *Celebrating Columba: Irish-Scottish Connections, 597-1997*. Edinburgh, 1999.

J. Lydon(ed.). *England and Ireland in the Later Middle Ages*. Dublin, 1982.

J. Lydon(ed.). *The English in Medieval Ireland*. Dublin, 1984.

J. Lydon. 'Ireland and the English crown, 1171-1541', in *Irish Historical Studies*, xxix, no.115(May 1995), pp.281~294.

K. L. Maund. *Ireland, Wales and England in the Eleventh Century*. Woodbridge, 1991.

K. W. Nicholls. 'Anglo-French Ireland and after', in *Peritia* 1 (1982).

K. W. Nicholls. 'Words apart? The Ellis two-nation theory on late-medieval Ireland', *History Ireland*, 7/2 (Summer 1999), pp.22~26.

C. Ó Cleirigh. 'The O'Connor Faly lordship of Offaly, 1395-1513', in *Proceedings of the Royal Irish Academy* 96 (1996), pp.87~102.

K. Simms. 'Guesting and feasting in Gaelic Ireland', in *Journal of the Royal Society of Antiquaries of Ireland* 108 (1978), pp.67~100.

K. Simms. *From Kings to Warlords: The Changing Political Structure of Gaelic Ireland in the Later Middle Ages*. Dublin, 1987; repr. Woodbridge, 2000.

K. Simms. 'Bards and Barons: The Anglo-Irish Aristocracy and the Native Culture', in R. Bartlett and A. Mackay(eds.), *Medieval Frontier Societies* (Oxford 1989; repr. 1996), pp.177~198.

B. Smith. 'A county community in early fourteenth-century Ireland: The case of Louth', *English Historical Review*, 107 (1993).

B. Smith. 'The de Pitchford family in thirteenth-century Ireland', in *Studia Hibernica* 27 (1993).

6) 16세기 아일랜드 - David Edwards

16세기 아일랜드는 현재 전반적으로 잘 조사된 두 가지 자료가 있는데 다음과 같다. Colm Lennon, *Sixteenth-Century Ireland: The Incomplete Conquest* (Dublin, 1994)와 Steven G. Ellis, *Ireland in the Age of the Tudors, 1447-1603: English Expansion and the End of Gaelic Rule* (London, 1998). 또한 Nicholas Canny, *From Reformation to Restoration: Ireland, 1543-1660* (Dublin, 1987)의 앞부분은 유용하다. 이들 책은 잉글랜드인의 식민지 지배의 재상승과 게일 사회 질서의 붕괴에 관심을 가지고 있는데 다음과 같은 책을 참고해야 한다. Ciaran Brady and Raymond Gillespie(eds.), *Natives & Newcomers: The Making of Irish Colonial Society, 1534-1641* (Dublin, 1986), and Patrick J. Duffy, David Edwards and Elizabeth FitzPatrick(eds.), *Gaelic Ireland, c. 1250-c. 1650: Land, Lordship and Settlement* (Dublin, 2001). 잉글랜드인과 아일랜드인, 지배자와 피지배자 간의 이데올로기적인 투쟁은 다음의 책에서 가장 잘 다루고 있다. Hiram Morgan(ed.) *Political Ideology in Ireland, 1541-1641* (Dublin, 1999), and Brendan Bradshaw, Andrew Hadfield & Willy Maley(eds.), *Representing Ireland: Literature and the Origins of Conflict, 1534-1660* (Cambridge, 1993).

B. Bradshaw. 'Edmund Spenser on justice and mercy', in T. J. Dunne(ed.), *The Writer as Witness: Historical Studies XVI* (Cork 1985), pp.76~89.

B. Bradshaw. 'Robe and sword in the conquest of Ireland', in C. Cross, D. Loades and J. J.

Scarisbrick(eds.), *Law and Government Under the Tudors*. Cambridge, 1988.

B. Bradshaw. 'The Tudor Reformation and revolution in Wales and Ireland: The origins of the British problem', in B. Bradshaw and J. Morrill(eds.), *The British Problem, c. 1534-1707: State Formation in the Atlantic Archipelago* (London, 1996).

C. Brady. 'Faction and the origins of the Desmond rebellion of 1579', *Irish Historical Studies* (1981).

C. Brady. 'Conservative subversives: The community of the Pale and the Dublin administration, 1556-86', in P. J. Corish(ed.), *Radicals, Rebels and Establishments: Historical Studies XV* (Belfast, 1985), pp.11-32.

C. Brady. 'Spencer's Irish crisis: humanism and experience in the 1590s', in *Past & Present*, no.111(9186).

C. Brady. 'Sixteenth-century Ulster and the failure of Tudor reform', in C. Brady, M. O'Dowd and B. Walker(eds.), *Ulster: An Illustrated History* (London, 1989), pp.77~102.

C. Brady. 'The decline of the Irish kingdom', in M. Greengrass(ed.) *Conquest & Coalescence: The Shaping of the State in Early Modern Europe* (London, 1991).

C. Brady. *The Chief Governors: The Rise and Fall of Reform Government in Tudor Ireland, 1536-88*. Cambridge, 1994.

C. Brady. *Shane O'Neill*. Dundalk, 1996.

C. Brady. 'Comparable histories? Tudor reform in Wales and Ireland', in S. G. Ellis and S. Barber(eds.), *Conquest and Union: Fashioning a British State, 1485-1725* (London, 1995).

N. Canny. *The Formation of the Old English Elite in Ireland* (O'Donnell lecture, Galway, 1974). Dublin, 1975.

N. Canny. 'Edmund Spenser and the development of an Anglo-Irish identity', in *The Yearbook of English Studies*, 13 (1983).

V. Carey. 'The end of the Gaelic political order: The O'More lordship of Laois, 1536-1603', in P. G. Lane and W. Nolan(ed.), *Laois: History and Society* (Dublin 1999), pp.213~248.

V. Carey. 'John Derricke's *Image of Irelande*, Sir Henry Sidney, and the massacre at Millaghmast, 1578', *Irish Historical Studies*, xxxi, no.123(May 1999), pp.305~327.

P. Coughlan(ed.). *Spenser and Ireland*. Cork, 1989.

B. Cunningham. 'The composition of Connaught in the lordships of Clanricard and Thomond. 1577-1641', in *Irish Historical Studies* xxiv (1984).

J. E. A. Dawson. 'Two kingdoms or three? Ireland in Anglo-Scottish relations in the middle of the sixteenth century', in R. A. Mason(ed.) *Scotland and England, 1286-1815* (Edinburgh,

1987).

D. Edwards. 'The Butler revolt of 1569', *Irish Historical Studies*, xxviii, no.111(May 1993), pp.228~255.

D. Edwards. 'Ideology and experience: Spenser's *View* and martial law in Ireland', in H. Morgan(ed.), *Political Ideology in Ireland* (1999), pp.127~157.

D. Edwards. 'In Tyrone's shadow: Feagh McHugh O'Byrne, forgotten leader of the Nine Years War', in C. O'Brien(ed.), *Feagh McHugh O'Byrne* (1998), pp.212~248.

D. Edwards. 'The MacGiollapadraigs (Fitzpatricks) of Upper Ossory, 1532-1641', in P. G. Lane and W. Nolan(ed.), *Laois: History and Society* (Dublin 1999).

S. G. Ellis. *The Pale and the Far North: Government and Society in Two Early Tudor Borderlands*. Galway, 1988.

S. G. Ellis. *Tudor Frontiers and Noble Power: The Making of the British State*. Oxford, 1995.

F. Fitzimons. 'The lordship of O'Connor Faly, 1520-70', in W. Nolan and T. P. O'Neill(eds.) *Offaly: History and Society* (Dublin, 1998), pp.207~235.

R. J. Hunter. 'The end of O'Connell power', in W. Nolan, L. Ronayne and M. Dunlevy(eds.), *Donegal: History and Society* (Dublin, 1995), pp.229~265.

L. McCorristine. *The Revolt of Silken Thomas: A Challenge to Henry VIII*. Dublin, 1987.

J. J. N. McGurk. *The Elizabethan Conquest of Ireland: The 1590s Crisis*. Manchester, 1997.

H. Morgan. 'The end of Gaelic Ulster: a thematic interpretation of events between 1543 and 1610', in *Irish Historical Studies*, xxvi, no.101(May 1988), pp.8~32.

H. Morgan. *Tyrone's Rebellion: The Outbreak of the Nine Years War in Tudor Ireland*. Woodbridge, 1993; repr. 1998.

H. Morgan. 'The Fall of Sir John Perrot', in J. Guy(ed.), *The Reign of Elizabeth I: Court and Culture in the Last Decade* (Cambridge 1996).

H. Morgan. 'British policies before the British state', in B. Bradshaw and J. Morrill(eds.), *The British Problem, c. 1534-1707*. London, 1996.

J. Murray. 'Archbishop Alen, Tudor reform and the Kildare rebellion', in *Proceedings of the Royal Irish Academy* 89 C (1989), pp.1~16.

K. W. Nicholls. *Land, Law and Society in Sixteenth-Century Ireland*. Dublin, 1976.

C. O'Brien(ed.). *Feagh McHugh O'Byrne: The Wicklow Firebrand*. Rathdrum, 1998.

M. Ó Siuchrú. 'Foreign involvement in the revolt of Silken Thomas, 1534-5', in *Proceedings of the Royal Irish Academy* 96 C (1996), pp.49~62.

P. J. Pivernous. 'Sir Warham St Leger and the first Munster plantation', *Eire/Ireland* 14/2 (1979),

pp.16~36.
D. Potter. 'French intrigue in Ireland during the reign of Henri II, 1547-59', in *International History Review* 5 (1983).
A. J. Sheehan. 'Official reaction to the native land claims in the plantation of Munster', in *Irish Historical Studies* 23 (1982-3).
A. J. Sheehan. 'The overthrow of the plantation of Munster in October 1598', in Irish Sword, 15 (1982-3).
A. J. Sheehan. 'The killing of the earl of Desmond, November 1583', in *Cork Historical and Archaeological Society Journal* 88 (1983).
H. C. Walshe. 'The rebellion of William Nugent, 1581', in R. V. Comerford et al(eds.), *Religion, Conflict and Coexistence* (1990), pp.26~52.

7) 17세기 아일랜드 - David Edwards

17세기 아일랜드에 관한 일반적인 조사는 만족할 만한 자료가 없다. Nicholas Canny, *From Reformation to Restoration: Ireland, 1534-1660* (Dublin, 1987)의 후반부는 통찰력 있는 글이지만, T. W. Moody, F. X. Martin and F. J. Byrne(eds.), *A New History of Ireland, iii: Early Modern Ireland, 1534-1691* (Oxford, 1976)에 있는 Aidan Clarke, Patrick Cornish and J. G. Simms가 쓴 장에서 증보되어야 한다. 17세기 후반에 관해서는 David Dickson, *New Foundations: Ireland 1660-1800*, second edition (Dublin, 2000)에서 관련된 장들을 참고하라.

J. Agnew. *Belfast Merchant Families in the Seventeenth Century*. Dublin, 1996.
L. J. Arnold. *The Restoration Land Settlement in County Dublin, 1660-1688*. Dublin, 1993.
T. C. Barnard and J. Fenlon(ed.). The Dukes of Ormonde, 1610-1745. Woodbridge, 2000.
T. C. Barnard. *Cromwellian Ireland: English Government and Reform in Ireland, 1649-1660*. Oxford, 1975; repr. 2000.
T. C. Barnard. 'Crises of identity among Irish Protestants, 1641-1685', *Past & Present* 127 (1990), pp.39~83.
T. C. Barnard. 'Land and the limits of loyalty: The second Earl of Cork and first Earl of Burlington, 1612-98', in T. C. Barnard and J. Clark(eds.), *Lord Burlington: Architecture, Art and Life* (London 1995).
T. C. Barnard. 'The political, material and mental culture of the Cork settlers, c. 1650-1700', in P. O'Flanagan and C. G. Buttimer(eds.), *Cork: History and Society* (Dublin 1993).

T. C. Barnard. 'Scotland and Ireland in the later Stewart monarchy', in S. G. Ellis and S. Barber(eds.). *Conquest and Union: Fashioning a British State, 1485-1725* (London, 1995).

T. C. Barnard. 'New opportunities for British settlement: Ireland, 1650-1700', in N. Canny(ed.). *Origins of Empire* (Oxford, 1998), pp.309~327.

K. Bottigheimer, *English Money and Irish Land: The Adventurers in the Cromwellian Settlement of Ireland.* Oxford, 1971.

K. Bottigheimer. 'Civil war in Ireland: The reality in Munster', *Emory University Quarterly* 22 (Spring 1996), pp.46~56.

K. Bottigheimer. 'The Restoration land settlement in Ireland: A structural view', in *Irish Historical Studies* 18 (1972).

W. F. T. Butler. *Confiscations in Irish History*. Dublin, 1917.

N. Canny. 'In defence of the constitution? The nature of Irish revolt in the seventeenth century', in L. M. Cullen and L. Bergeron(eds.), *Culture et Pratiques Politiques en France et en Irlande, 16th-18th Siècle* (Paris, 1990), pp.23~40.

N. Canny. 'The attempted anglicisation of Ireland in the seventeenth century: an examplar of "British History"', in R. G. Asch(ed.), *Three Nations - A Common History? England, scotland, Ireland and British History, c. 1600-1920* (Bochum, 1993).

N. Canny. 'Irish, Scottish & Welsh responses to centralisation, c. 1530-c. 1640: A comparative perspective', in A. Grant and K. J. Stringer(eds.), *Uniting the Kingdom? The Making of British History* (London, 1995).

J. Casway. *Owen Roe O'Neill and the Struggle for Catholic Ireland*. Philadelphia, 1984.

J. Casway. 'The last lords of Leitrim', *Breifne* 7/26 (1988), pp.556~574.

A. Clarke. 'Colonial constitutional attitudes in Ireland, 1640-60', in *Proceedings of the Royal Irish Academy* 90 C (1990), pp.357~375.

A. Clarke. 'The 1641 Depositions', in P. Fox(ed.). *Treasures of the Library of TCD* (Dublin, 1986), pp.111~122.

S. J. Connolly. *Religion, Law and Power: The Making of Protestant Ireland, 1660-1760* (Oxford, 1992).

B. Cunningham. *The World of Geoffrey Keating*. Dublin, 2001.

R. Gillespie. *Conspiracy: Ulster Plots and Plotters in 1615*. Belfast, 1987.

R. Gillespie. 'Continuity and change: Ulster in the seventeenth century', in C. Brady, M. O'Dowd and B. Walker(eds.), *Ulster: An Illustrated History* (London, 1989), pp.104~133.

R. Gillespie. 'The transformation of the borderlands, 1600-1700', in R. Gillespie and H.

O'Sullivan(eds.), *The Borderlands: Essays on the History of the Ulster-Leinster Border* (Belfast, 1989), pp.75~92.

R. Gillespie. 'The Irish Protestants and James II, 1688-90', in *Irish Historical Studies* xxviii, no.110(Nov. 1992), pp.124~133.

R. Gillespie(ed.). *Settlement and Survival on an Ulster Estate: The Brownlow Leasebook, 1667-1711*. Belfast, 1988.

F. W. Harris. 'The rebellion of Sir Cahir O'Doherty and its legal aftermath', *Irish Jurist* 15 (1980), pp.298~325.

F. W. Harris. 'The state of the realm: English military, political and diplomatic responses to the flight of the earls, 1607-8', *Irish Sword* 14 (1980-1), pp.47~64.

D. W. Hayton. 'From barbarian to burlesque: English images of the Irish, c. 1660-1750', *Irish Economic and Social History* 15 (1988), pp.5~31.

G. H. Jones. 'The Irish fright of 1688: Real violence and imagined massacre', in *Bulletin of the Institute of Historical Research* 55/132 (1982), pp.148~153.

J. Kelly. 'The origins of the Act of Union: An examination of unionist opinion in Britain and Ireland, 1650-1800', *Irish Historical Studies* 25 (1987), pp.236~263.

P. Kelly. '"A light to the blind": The voice of the dispossessed elite after the defeat at Limerick', *Irish Historical Studies* xxiv, no.96(Nov. 1985), pp.431~462.

W. Kelly. 'James Butler, twelfth Earl of Ormond, the Irish government and the Bishops' Wars, 1638-40', in J. Young(ed.), *Celtic Dimensions of the British Civil Wars* (Edinburgh, 1997), pp.35~52.

P. Little. '"Blood and friendship": The Earl of Essex's efforts to protect the Earl of Clanricarde's interests, 1641-6', *English Historical Review* 112/448 (Sept. 1997), pp.927~941.

M. MacCarthy Morrogh. *The Munster Plantation: English Migration to Ireland, 1583-1641*. Oxford, 1986.

J. McCavitt. *Sir Arthur Chichester, Lord Deputy of Ireland, 1605-1616*. Belfast, 1998.

J. McCavitt. 'The Flight of the Earls, 1607', in *Irish Historical Studies* xxix, no.114(Nov. 1994), pp.159~173.

B. Mac Cuarta(ed.). *Ulster 1641: Aspects of the Rising*. Belfast, 1993.

B. Mac Cuarta. 'A planter's interaction with Gaelic culture: Sir Matthew De Renzi, 1577-1634', in *Irish Economic and Social History* 20 (1993), pp.1~17.

J. I. McGuire. 'The Church of Ireland and the Glorious Revolution of 1688', A. Cosgrove and D. MacCartney(eds.), *Studies in Irish History* (Dublin, 1979), pp.137~149.

J. I. McGuire. 'The Dublin Convention, the Protestant community and the emergence of an ecclesiastical settlement in 1660', in A. Cosgrove and J. I. McGuire(eds.), *Parliament and Community: Historical Studies* XIV (Belfast, 1983), pp.121～146.

J. I. McGuire. 'Why was Ormond dismissed in 1692?', *Irish Historical Studies* xviii (1973), pp.295～312.

J. F. Merritt(ed.). *The Political World of Thomas Wentworth, Earl of Strafford, 1621-1641*. Cambridge, 1996.

J. Miller. 'The Earl of Tyrconnell and James II's Irish policy, 1685-88', *Historical Journal* 20/4 (1977), pp.803～823.

J. Morrill. 'Three kingdoms and one commonwealth? The enigma of mid-seventeenth-century Britain and Ireland', in A. Grant and K. J. Stringer(eds.), *Uniting the Kingdom? The Making of British History* (London, 1995).

E. Ó Ciardha. 'Tories and moss-troopers in Scotland and Ireland in the Interregnum', in J. Young(ed.), *Celtic Dimensions of the British Civil Wars* (Edinburgh, 1997), pp.141～163.

J. Ohlmeyer. *Civil War and Restoration in the Three Stuart Kingdoms: The Career of Randall MacDonell, Marquis of Antrim, 1609-1683*. Cambridge, 1993.

J. Ohlmeyer(ed.). '"Civilising of those rude parties": Colonisation within Britain and Ireland, 1580s-1640s', in N. Canny(ed.), *Origins of Empire* (Oxford, 1998), pp.124～147.

J. Ohlmeyer(ed.). *Ireland from Independence to Occupation: 1641-1660*. Cambridge, 1995.

J. Ohlmeyer. 'The wars of religion, 1603-60', in T. Bartlett and K. Jeffrey(eds.), *A Military History of Ireland* (Cambridge, 1996), pp.160～187.

M. Ó Siuchrú. *Confederate Ireland, 1642-49*. Dublin, 1999.

M. Ó Siuchrú(ed.). *Kingdoms on Crisis*. Dublin, 2001.

H. Pawlisch. *Sir John Davies and the Conquest of Ireland: A study in Legal Imperialism*. Cambridge, 1985.

M. Perceval-Maxwell. *The Outbreak of the Irish Rebellion of 1641*. Dublin, 1994.

M. Perceval-Maxwell. 'Ireland and Scotland 1638-1648', in J. Morrill(ed.). *The Scottish National Covenant in its British Context* (Edinburgh, 1991), pp.193～211.

A. J. Sheehan. 'The recusancy revolt of 1603', *Archivium Hibernicum* 38 (1983), pp.3～13.

D. Stevenson. *Scottish Convenanters and Irish Confederates: Scottish-Irish Relations in the Mid-Seventeenth Century*. Belfast, 1981.

J. Smyth. 'The communities of Ireland and the British state, 1660-1707', in B. Bradshaw and J. Morrill(eds.), *The British Problem, c. 1534-1707: State Formation in the Atlantic Archipelago*

(London, 1996).
V. Treadwell. *Buckingham and Ireland: A Study in Anglo-Irish Politics*. Dublin, 1998.
M. K. Walsh. *Destruction by Peace: Hugh O'Neill after Kinsale*. Monaghan, 1986.
J. Scott Wheeler. *Cromwell in Ireland*. Dublin, 1999.

8) 18세기 아일랜드 - Daire Keogh

18세기 아일랜드에 관해 가장 참고할 만한 일반적인 연구는 David Dickson, *New Foundations; Ireland 1660-1800*, second edition (Dublin, 2000)이다. 좀 더 전문적인 독자들은 T. W. Moody and W. E. Vaughan(eds.), *A New History of Ireland, IV: Eighteenth-century Ireland, 1691-1800* (Oxford, 1986)로 시작해도 될 것이다.

J. Agnew(ed.). *The Drennan-McTier Letters*. 3 vols. Dublin, 1999.
T. Bartlett. *The Fall and Rise of the Irish Nation: The Catholic Question 1690-1830*. Dublin, 1992.
T. Bartlett. 'Ireland and the British Empire', in P. J. Marshall(ed.), *The Oxford History of the British Empire, II: The Eighteenth Century*. Oxford, 1998.
T. Bartlett(ed.). *Life of Theobald Wolfe Tone: Memoirs, Journals and Political Writings Compiled and Arranged by William T. W. Tone*. Dublin, 1998.
J. Brady. *Catholics and Catholicism in the Eighteenth-Century Press*. Maynooth, 1965.
R. E. Burns. *Irish Parliamentary Politics in the Eighteenth-Century*. 2 vols. Washington, 1989-90.
A. Carpenter(ed.). *Verse in English from Eighteenth-Century*. Cork, 1998.
L. Chambers. *Rebellion in Kildare in 1790-1803*. Dublin, 1998.
S. J. Connolly. *Religion, Law and Power: The Making of Protestant Ireland 1660-1760*. Oxford, 1992.
P. Corish. *The Catholic Community in the Seventeenth and Eighteenth Centuries*. Dublin, 1981.
D. Corkery. *The Hidden Ireland: A Study of Gaelic Munster in the Eighteenth Century*. Dublin, 1925.
M. Craig. *Dublin 1660-1860: A Social and Architectural History*. London, 1952.
C. Cruise O'Brien. *The Great Melody: A Thematic Biography of Edmund Burke*. London, 1992.
L. M. Cullen. *An Economic History of Ireland since 1660*. London, 1972.
L. M. Cullen. *Anglo-Irish Trade 1660-1800*. Manchester, 1968.
N. Curtin. *The United Irishmen: Popular Politics in Ulster and Dublin 1790-98*. Oxford, 1994.
D. Dickson(ed.). *The Gorgeous Mask: Dublin, 1700-1850*. Dublin, 1987.
D. Dickson, D. Keogh and K. Whelan(eds.). *The United Irishmen: Republicanism, Radicalism and*

Rebellion. Dublin, 1993.

M. Elliott. *Wolfe Tone: Prophet of Irish Independence*. New Haven, 1989.

P. Fagan(ed.). *Ireland in the Stuart Papers*. Dublin, 1995.

R. F. Foster. *Modern Ireland 1600-1972*. London, 1988.

J. A. Froude. *The English in Ireland in the Eighteenth Century*. 3 vols. London, 1872.

D. Gahan. *The People's Rising: Wexford 1798*. Dublin, 1995.

N. Garnham. *The Courts, Crime and Criminal Law in Ireland 1692-1760*. Dublin, 1996.

H. Gough and D. Dickson(eds.). *Ireland and the French Revolution*. Dublin, 1990.

K. Herlihy. *The Politics of Irish Dissent*. Dublin, 1997.

F. G. James. *Ireland in the Empire, 1688-1770*. Cambridge, Mass., 1973.

E. M. Johnston. *Ireland in the Eighteenth Century*. Dublin, 1974.

A. Kavanaugh. *John Fitzgibbon, Earl of Clare*. Dublin, 1997.

J, Kelly. 'The origins of the Act of Union: an examination of unionist opinion in Britain and Ireland 1650-1800', in *Irish Historical Studies* xxv (1985-6), pp.236~263.

J Kelly. *Prelude to Union: Anglo-Irish Politics in the 1780s*. Cork, 1992.

J. Kelly. *Henry Flood: Parties and Politics in Eighteenth-century Ireland*. Dublin, 1998.

D. Keogh, *The French Disease: The Catholic Church and Irish Radicalism 1790-1800*. Dublin, 1993.

D. Keogh and N. Furlong(eds.). *The Women of 1798*. Dublin, 1998.

D. Keogh and K. Whelan(eds.). *Acts of Union*. Dublin, 2001.

W. E. H. Lecky. *History of Ireland in the Eighteenth Century*. 5 vols. London, 1892.

C. D. A. Leighton. *Catholicism in a Protestant Kingdom: A Study of the Irish Ancient Regime*. Dublin, 1994.

I. McBride. *Scripture Politics: Ulster Presbyterianism and Irish Radicalism in the Late Eighteenth Century*. Oxford, 1998.

M. MacCurtain and M. O'Dowd(eds.). *Women in Early Modern Ireland*. Edinburgh, 1991.

R. B. McDowell. *Ireland in the Age of Imperialism and Revolution 1760-1801*. Oxford, 1979.

P. McNally. *Patriots and Undertakers: Parliamentary Politics in Early Hanoverian Ireland*. Dublin, 1997.

W. A. Maguire(ed.). *Kings in Conflict: The Revolutionary War in Ireland and Its Aftermath 1689-1750*. Belfast, 1990.

A. P. W. Malcomson. *John Foster: The Politics of the Anglo-Irish Ascendancy*. Oxford, 1978.

A. P. W. Malcomson(ed.). *Eighteenth-century Irish Official Papers in Great Britain: Private Collections*. 2 vols. Belfast, 1973-90.

K. Milne. *The Irish Charter Schools 1730-1830*. Dublin, 1997.
T. W. Moody, R. B. McDowell and C. J. Woods(eds.). *The Writings of Theobald Wolfe Tone*. 3 vols. Oxford, 1999-.
I. Murphy. *The Diocese of Killaloe n the Eighteenth Century*. Dublin, 1991.
G. O'Brien(ed.). *Politics, Parliament, People: Essays in Eighteenth-Century Irish History*. Dublin, 1989.
B. Ó Buachalla. *Aisling Ghéar: Na Stíobhartaigh agus an-t-Aos Léinn 1603-1788*. Dublin, 1996.
N. Ó Ciosáin. *Print and Popular Culture in Ireland, 1750-1800*. London, 1997.
R. O'Donnell. *The Rebellion in Wicklow 1798*. Dublin, 1998.
T. Power. *Land, Politics and Society in Eighteenth-Century Tipperary*. Oxford, 1993.
C. Pórtéir(ed.). *The Great Irish Rebellion of 1798*. Dublin, 1998.
J. Smyth. *The Men of No Property: Irish Radicals and Popular Politics in the Late Eighteenth Century*. Dublin, 1992.
A. T. Q. Stewart. *A Deeper Silence: The Hidden Origins of the United Irishmen*. London, 1993.
L. Swords. *A Hidden Church: The Diocese of Achonry 1689-1818*. Dublin, 1997.
M. Wall, Gerard O'Brien(ed.). *Catholic Ireland in the Eighteenth Century*. Dublin, 1989.
K. Whelan. *The Tree of Liberty: Radicalism, Catholicism and the Construction of Irish Identity*. Cork, 1996.
C. J. Woods(ed.). *Journals and Memoirs of Thomas Russell, 1791-95*. Dublin, 1991.

9) 19세기 아일랜드 - Laurence M. Geary

Jane Barnes. *Irish Industrial Schools, 1868-1908*. Dublin, 1989.
Michael Beames. *Peasants and Power: The Whiteboy Movement and Their Control in Pre-Famine Ireland*. Brighton, 1983.
John Belchem. 'Republic spirit and military science: the "Irish brigade" and Irish-American nationalism in 1848', *Irish Historical Studies* xxix, no.115(May 1995), pp.44~64.
George L. Bernstein. 'Liberals, the Irish Famine and the role of the state', *Irish Historical Studies* xxix, no.116(Nov. 1995), pp.513~536.
Paul Bew. *C. S. Parnell*. Dublin, 1980.
Paul Bew. *Conflict and Conciliation in Ireland*. Oxford, 1987.
Paul Bew. *Ideology and the Irish question: Ulster Unionism and Irish Nationalism 1912-1916*. Oxford, 1994.
Paul Bew. 'A vision to the dispossessed? Popular piety and revolutionary politics in the Irish

land war, 1879-82', in Judith Devlin and Ronan Fanning(eds.), *Religion and Rebellion: Historical Studies* xx. Dublin, 1997, pp.137～151.

Andy Bielenberg and David Johnson. 'The production and consumption of tobacco in Ireland, 1800-1914', *Irish Economic and Social History*, xxv (1998), pp.1～21.

Evelyn Bolster. *A History of the Diocese of Cork: The Episcopate of William Delany, 1847-1886*. Cork, 1993.

Kenneth D. Brown. 'Life after death: a preliminary survey of the Irish Presbyterian ministry in the nineteenth century', *Irish Economic and Social History*, 22 (1995), pp.49～63.

Angela Bourke. *The Burning of Bridget Clearly*. London, 1999.

Austin Bourke. 'The Visitation of God?' The Potato and the Great Irish Famine. Dublin, 1993.

Joanna Bourke. 'Women and poultry in Ireland', Irish Historical Studies, 25, no.99(May 1987), pp.293～310.

Joanna Burke. 'The best of all home rulers: the economic power of women in Ireland, 1800-1914', *Irish Economic and Social History*, 18 (1991), pp.34～47.

Joanna Bourke. *Husbandry to Housewifery: Women, Economic Change and Housework in 1890-1914*. Oxford, 1993.

D. G. Boyce(ed.). *The Revolution in Ireland, 1879-1923*. London/Dublin, 1988.

D. G. Boyce. *The Irish Question and British Politics, 1868-1986*. London, 1988.

D. G. Boyce. *Nineteenth-century Ireland: The Search for Stability*. Dublin, 1990.

D. G. Boyce. *Ireland, 1828-1923: From Ascendancy to Democracy*. Oxford, 1992.

D. G. Boyce and Alan O'Day(eds.). *Parnell in Perspective*. London, 1991.

Kenneth D. Brown. 'Life after death: A Preliminary survey of the Irish Presbyterian ministry in the nineteenth century', in *Irish Economic and Social History*, xxii (1995), pp.49～63.

Stewart J. Brown and David W. Miller(eds.). *Piety and Power in Ireland, 1760-1960. Essays in Honour of Emmet Larkin*. Belfast, 2000.

A. D. Buckley. 'On the club: Friendly societies in Ireland', *Irish Economic and Social History*, 14 (1987), pp.39～58.

David N. Buckley. *James Fintan Lalor: Radical*. Cork, 1990.

Philip Bull. 'The United Irish League and the reunion of the Irish Parliamentary Party, 1898-1900', *Irish Historical Studies*, xxvi, no.101(May 1988), pp.51～78.

Philip Bull. 'The significance of the nationalist response to the Irish Land Act of 1903', *Irish Historical Studies*, xxviii, no.111(May 1993), pp.283～305.

Philip Bull. *Land, Politics and Nationalism: A Study of the Irish Land Question*. Dublin, 1996.

Helen Burke, *The People and the Poor Law in Nineteenth-century Ireland.* Dublin, 1987.

Mary Rose Callagha. *Kitty O'Shea: A Life of Katherine Parnell.* London, 1989.

Mary Campbell. *Lady Morgan: The Life and Times of Sydney Owenson.* London, 1988.

Ronald D. Cassell. *Medical Charities, Medical Politics: The Irish Dispensary System and the Poor Law, 1836-1872.* London, 1997.

Samuel Clark and James S. Connelly, Jr(eds.). *Irish Peasants: Violence and Political Unrest, 1780-1914.* Manchester, 1983.

Caitriona Clear. *Nuns in Nineteenth-century Ireland.* Dublin, 1987.

B. M. Coldrey. *Faith and Fatherland: The Christian Brothers and the Development of Irish Nationalism, 1838-1921.* Dublin, 1988.

Paul Connell. *Parson, Priest and Master: National Education in County Meath, 1824-1841.* Dublin, 1995.

S. J. Connolly. *Religion and Society in Nineteenth-century Ireland.* Dulndalk, 1985.

Des Cowman and Donald Brady(eds.). *The Famine in Waterford, 1845-1850: Teacht na Bprátaí Dubha.* Dublin, no date.

E. Margaret Crawford(ed.). *Famine, the Irish Experience, 900-1900: Subsistence Crises and Famines in Ireland.* Edinburgh, 1989.

E. Margaret Crawford. *The Hungry Stream: Essays on Famine and Emigration.* Belfast, 1997.

John Crawford. *St Catherine's Parish, Dublin, 1840-1900: Portrait of a Church of Ireland Community.* Dublin, 1996.

Virginia Crossman. 'Emergency legislation and agrarian disorder in Ireland, 1821-41', *Irish Historical Studies*, xxvii, no.108(Nov. 1991), pp.309~323.

Virginia Crossman. *Local Government in Nineteenth-century Ireland.* Belfast, 1994.

Virginia crossman. *Politics, Law and Order in Nineteenth-century Ireland.* Dublin, 1996.

Fintan Cullen. *Visual Politics: The Representation of Ireland, 1750-1930.* Cork, 1997.

Mary Cullen. 'How radical was Irish feminism between 1860 and 1920?' in P. J. Corish(ed.). *Radicals, Rebels and Establishments: Historical Studies* 15 (Belfast, 1985), pp.185~201.

Kieran Anthony Daly. *Catholic Church Music in Ireland, 1878-1903: The Cecilian Reform Movement.* Dublin, 1995.

Mary E. Daly. *Dublin, the Deposed Capital: A Social and Economic History, 1860-1914.* Cork, 1985.

Mary E. Daly. *The Famine in Ireland.* Dublin, 1986.

Mary E. Daly. *The Spirit of Earnest Inquiry: The Statistical and Social Inquiry Society of Ireland, 1847-1997.* Dublin, 1997.

Richard Davis. *The Young Ireland Movement*. Dublin, 1987.

Peter Denman. 'The red livery of shame: The campaign against army recruitment in Ireland, 1899-1914', *Irish Historical Studies*, xxix, no.113(Nov. 1994), pp.208~233.

James S. Donnelly Jr and Kerby A. Miller(eds.). *Irish Popular Culture, 1650-1850.* Dublin, 1998.

James S. Donnelly Jr. *The Great Irish Potato Famine*. London, 2001.

Tom Dunne. *Maria Edgeworth and the Colonial Mind*. Cork, 1984.

Brian Fallon. *Irish Art, 1830-1990*. Belfast, 1994.

W. L. Feingold. The Revolt of the Tenantry: The Transformation of Local Government in Ireland, 1872-86. Boston, 1984.

David Fitzpatrick. *Irish Emigration, 1801-1921*. Dublin, 1984.

David Fitzpatrick. 'Unrest in rural Ireland', *Irish Economic and Social History*, xii (1985), pp.98~105.

David Fitzpatrick. *Ireland and the First World War*. Dublin, 1986.

David Fitzpatrick. *Oceans of Consolation: Personal Accounts of Irish Migration to Australia*. Cork, 1994.

Tadhg Foley and Sean Ryder(eds.). *Ideology and Ireland in the Nineteenth Century*. Dublin 1998.

R. F. Foster. *Paddy and Mr Punch: Connections in Irish and English History*. London, 1993.

Andrew Gailey. *Ireland and the Death of Kindness: The Experience of Constructive Unionism, 1890-1905*. Cork, 1987.

Tom Garvin. 'Priests and Patriots: Irish Separatism and Fear of the Modern, 1890-1914', *Irish Historical Studies* xxv, no.97(May 1986) pp.67~81.

Frank Geary. 'Regional industrial structure and labour force decline in Ireland between 1841 and 1851', *Irish Historical Studies*, xxx, no.118(Nov. 1996), pp.167~194.

Laurence M. Geary. *The Plan of Campaign, 1886-1891*. Cork, 1986.

Laurence M. Geary. 'John Mandeville and the Irish Crimes Act of 1887', Irish Historical Studies, xxv, no.9(May 1987).

Laurence M. Geary(ed.). *Rebellion and Remembrance ion Modern Ireland*. Dublin, 2001.

Laurence M. Geary. 'The whole country was in motion: Mendicancy and vagrancy in pre-Famine Ireland', in Jacqueline Hill and Colm Lennon(eds.), *Luxury and Austerity: Historical Studies* 21. (Dublin, 1999).

Maurice Goldring. *Faith of Our Fathers: The Formation of Irish Nationalist Ideology, 1890-1920.* Dublin, 1982.

B. J. Graham and Susan Hood. 'Town tenant protest in late nineteenth- and early twentieth-century Ireland', *Irish Economic and Social History*, xxi (1994), pp.39~57.

Peter Gray. The Irish Famine. London, 1995.

Peter Gray. *Famine, Land and Politics: British Government and Irish Society, 1843-1850*. Dublin, 1999.

Peter Gray. 'National humiliation and the Great Hunger: Fast and famine in 1847', *Irish Historical Studies*, xxxii, no.126(Nov. 2000), pp.193~216.

Timothy W. Guinnane. *The Vanishing Irish: Households, Migration and the Rural Economy in Ireland, 1850-1914*. Princeton, 1997.

Brian Harvey. 'Changing fortunes on the Aran Islands in the 1890s', *Irish Historical Studies*, xxvii, no 107 (May 1991), pp.237~249.

Mona Hearn. *Below Stairs: Domestic Service Remembered in Dublin and Beyond, 1880-1922*. Dublin, 1933.

Dana Hearne(ed.). *Anna Parnell's Tale of a Great Sham*. Dublin, 1986.

A. C. Hepburn. 'Work, class and religion in Belfast, 1871-1911', *Irish Economic and Social History*, x (1983), pp.33~50.

Janice Holmes and Diane Urquhart(eds.). *Coming into the Light: The Work, Politics and Religion of Women in Ulster, 1840-1940*. Belfast, 1994.

K. T. Hoppen. *Elections, Politics and Society in Ireland, 1832-84*. Oxford, 1984.

K. T. Hoppen. *Ireland Since 1800: Conflict and Conformity*. London, 1989.

John Hutchinson. *The Dynamics of Cultural Nationalism: The Gaelic Revival and the Creation of the Irish Nation State*. London, 1987.

Eugene Hynes. 'Nineteenth-century Irish Catholicism, farmers ideology and national religion: explorations in cultural explanation', in Roger O'Toole(ed.), *Sociological Studies in Roman Catholicism: Historical and Contemporary Perspectives* (Lewiston, 1990), pp.45~69.

Alvin Jackson. *The Ulster Party: Irish Unionists in the House of Commons, 1884-1911*. Oxford, 1989.

Alvin Jackson. 'The failure of unionism in Dublin, 1900', *Irish Historical Studies*, xxvi, no.104(Nov. 1989), pp.377~395.

Alvin Jackson. *Colonel Edward Saunderson: Land and Loyalty in Victorian Ireland*. Oxford, 1995.

Greta Jones and Elizabeth Malcolm(eds.). *Medicine, Disease and the State in Ireland, 1650-1940*. Cork, 1999.

David Seth Jones. *Graziers, Land Reform and Political Conflict in Ireland*. Washington, 1995.

Alison Jordan. *Who Cared? Charity in Victorian and Edwardian Belfast*. Belfast, 1992.

Donald E. Jordan. *Land and Popular Politics in Ireland: County Mayo from the Plantation to the Land War*. Cambridge, 1994.

Peter J. Jupp and Stephen A. Royle. 'The social geography of Cork city elections, 1801-1830', *Irish Historical Studies*, xxix, no.113(May 1994), pp.13~43.

Margaret Kelleher. *The Feminization of Famine: Expressions of the Inexpressible?* Cork, 1997.

Margaret Kelleher and James H. Murphy(eds.). *Gender Perspectives in Nineteenth-century Ireland: Public and Private Spheres*. Dublin, 1997.

John Kendle. *Ireland and the Federal Solution: The Debate over the United Kingdom Constitution, 1870-1921*. Kingston/Montreal, 1989.

Liam Kennedy, Paul S. Ell, E. M. Crawford and L. A. Clarkson(eds.). *Mapping the Great Irish Famine: A Survey of the Famine Decades*. Dublin, 1999.

Donal A. Kerr. '*A Nation of Beggars?*' *Priests, People and Politics in Famine Ireland, 1846-1852*. Oxford, 1994.

Donal A. Kerr. *The Catholic Church and the Famine*. Dublin, 1998.

Colm Kerrigan. 'The social impact of the Irish temperance movement, 1839-45', *Irish Economic and Social History*, xiv (1987), pp.20~38.

Colm Kerrigan. *Father Mathew and the Irish Temperance Movement, 1838-1849*. Cork, 1992.

Christine Kinealy. *This Great Calamity: The Irish Famine, 1845-52*. Dublin, 1994.

Carla King. *Michael Davitt*. Dublin, 1999.

Noel Kissane. *The Irish Famine: A Documentary History*. Dublin, 1995.

Emmet Larkin. *The Roman Catholic Church and the Home Rule Movement in Ireland, 1870-1874*. Chapel Hill, 1990.

Emmet Larkin. *The Roman Catholic Church and the Emergence of the Modern Irish Political System, 1874-8*. Dublin, 1996.

Marie-Louise Legg. *Newspapers and Nationalism: The Irish Provincial Press, 1850-1892*. Dublin, 1999.

Leon Litvack and Glenn Hooper(eds.). *Ireland in the Nineteenth Century: Regional Identity*. Dublin, 2000.

David Lloyd. *Nationalism and Minor Literature: James Clarence Mangan and the Emergence of Irish Cultural Nationalism*. Berkeley, 1987.

James Loughlin. 'The Irish Protestant Home Rule Association and nationalist politics, 1886-93', *Irish Historical Studies*, xxiv, no.95(May 1985), pp.341~360.

James Loughlin. Gladstone, Home Rule and the Ulster Question, 1882-1893. Dublin, 1986.

W. J. Lowe and E. L. Malcolm. 'The domestication of the Royal Irish Constabulary, 1836-1922', *Irish Economic and Social History*, xix (1992), pp.27~48.

W. C. Lubenow. *Parliamentary Politics and the Home Rule Crisis: The British House of Commons in 1886*. Oxford, 1988.

Maria Luddy and Cliona Murphy(eds.). *Women Surviving: Studies in Irish Women's History in the Nineteenth and Twentieth Centuries*. Dublin, 1990.

Maria Luddy. *Women and Philanthropy in Nineteenth-century Ireland.* Cambridge, 1995.

Gerard J. Lyne. *The Lansdowne Estate in Kerry under W. S. Trench, 1849-1872*. Dublin, 2001.

J. B. Lyons. *The Enigma of Tom Kettle: Irish Patriot, Essayist, Poet, British Soldier, 1880-1916.* Dublin, 1983.

Lawrence W. McBride(ed.). *Images, Icons and the Irish Nationalist Imagination.* Dublin, 1999.

Donal McCartney. *The Dawning of Democracy: Ireland, 1800-1870*. Dublin, 1987.

Donal McCartney. *Parnell: The Politics of Power*. Dublin, 1991.

Donal McCartney. *W. E. H. Lecky: Historian and Politician, 1838-1903*. Dublin, 1994.

D. P. McCracken. 'The management of a mid-Victorian Irish iron-ore mine: Glenravel, County Antrim, 1866-1887', *Irish Economic and Social History*, xi (1984), pp.60~72.

Donal P. McCracken. 'Irish settlement and identity in South Africa before 1910', *Irish Historical studies*, xxviii, no.110(Nov. 1992), pp.134~149.

Oliver MacDonagh. *The Hereditatry Bondsman: Daniel O'Connell, 1775-1829*. London, 1988.

Oliver MacDonagh. *The Emancipist: Daniel O'Connell, 1830-47*. London, 1989.

Thomas McGrath. *Politics, Interdenominational Relations and Education in the Public Ministry of Bishop James Doyle of Kildare and Leighlin, 1786-1834*. Dublin, 1998.

Thomas McGrath. *Religious Renewal and Reform in the Pastoral Ministry of Bishop James Doyle of Kildare sand Leighlin, 1786-1834*. Dublin, 1998.

Jane McL. Côté. *Fanny and Anna Parnell: Ireland's Patriot Sisters*. Dublin, 1991.

Ambrose Macaulay. William Crolly, Archbishop of Armagh, 1835-1849. Dublin, 1994.

Mary Peckham Magray. *The Transforming Power of the Nuns: Women, Religion and Cultural Change in Ireland, 1750-1900*. New York, 1998.

Martin Maguire. 'A socio-economic analysis of the Dublin Protestant working class, 1870-1926', *Irish Economic and Social History*, xx (1993), pp.35~61.

Martin Maguire. 'The organisation and activism of Dublin's Protestant working class, 1883-1935', *Irish Historical Studies*, xxix, no.113(May 1994), pp.65~87.

Elizabeth Macolm. *'Ireland Sober, Ireland Free': Drink and Temperance in Nineteenth-century Ireland.* Dublin, 1986.

Elizabeth Macolm. 'Troops of largely diseased women: VD, the contagious diseases acts, and moral policing in late-nineteenth-century Ireland'. *Irish Economic and Social History*, xxvi (1999), pp.1~14.

Elizabeth Malcolm. '"The reign of terror in Carlow": the politics of policing Ireland in the late 1830s', *Irish Historical Studies*, xxxii, no.125(May 2000), pp.59~74.

John Mannion. 'Migration and upward mobility: The Meagher family in Ireland and Newfoundland, 1780-1830', *Irish Economic and Social History*, xv (1988), pp.54~70.

Patrick Maume. 'Parnell and the IRB oath', *Irish Historial Studies*, xxix, no.115(May 1995), pp.363~370.

Patrick Maume. *The Long Gestation: Irish Nationalist Life, 1891-1918*. Dublin, 1999.

Joy Melville. *Mother of Oscar: The Life of Francesca Wilde*. London, 1994.

David W. Miller. 'Irish Presbyterians and the Great Famine', in Hill and Lennon(eds.), *Luxury and Austerity* (Dublin, 1999), pp.165~181.

John Molony. *A Soul Came Into Ireland: Thomas Davis, A Biography*. Dublin, 1995.

Joel Mokyr. *Why Ireland Starved: a Quantitative and Analytical History of the Irish Economy, 1800-1850*. London, 1983.

Gerard Moran. *A Radical Priest in Mayo: Father Patrick Lavelle, The Rise and Fall of an Irish Nationalist, 1825-86*. Dublin, 1994.

Gerard Moran. 'James Daly and the rise and fall of the Land League in the west of Ireland, 1872-82', *Irish Historical Studies*, xxix, no.114(Nov. 1994).

Chris Morash(ed.) *The Hungry Voice: The Poetry of the Irish Famine*. Dublin, 1989.

Chris Morash. *Writing the Irish Famine*. Oxford, 1995.

Chris Morash and Richard Hayes(eds.). *'Fearful Realties': New Perspectives on the Famine*. Dublin, 1996.

Ignatius Murphy. The Diocese of Killaloe, 1800-1850. Dublin, 1992.

Ignatius Murphy. The Diocese of Killaloe, 1850-1904. Dublin, 1995.

James H. Murphy. 'The role of Vincentian parish missions and the "Irish Counter Reformation" of the mid-nineteenth century', *Irish Historical Studies*, xxxiii, no.94(Nov. 1984), pp.152~171.

James H. Murphy. *Catholic Fiction and Social Reality in Ireland, 1873-1922*. Westport, Connecticut, 1997.

A. C. Murray. 'Agrarian violence and nationalism in nineteenth-century Ireland: the myth of ribbonism', *Irish Economic and Social History*, xxii (1995), pp.26~48.

Frank Neal. 'Lancashire, the famine Irish and the poor laws: a study in crisis management', *Irish Economic and Social History*, xxii (1995), pp.26~48.

Frank Neal. *Black '47: Britain and the Famine Irish*. Basingstoke, 1998.

Janet Nolan. *Ourselves Alone: Women's Emigration from Ireland, 1885-1920*. Lexington, 1989.

Gerard O'Brien. 'The new poor law in pre-Famine Ireland: A case history', *Irish Economic and Social History*, xii (1985), pp.33~49.

Brendan O'Cathaoir. *John Black Dillon, Young Irelander*. Dublin, 1990.

Breandán Ó Conaire(ed.). *The Famine Lectures. Comhdháil an Chraoibhín*. Boyle, 2001.

Maurice R. O'Connell(ed.). *Daniel O'Connell: Political Pioneer*. Dublin, 1991.

Emmet O'Connor. 'Active sabotage in industrial conflict, 1917-23', *Irish Economic and Social History*, xii (1985), pp.50~62.

John O'Connor. *The Workhouses of Ireland: The Fate of Ireland's Poor*. Dublin, 1995.

Alan O'Day. *Parnell and the First Home Rule Episode, 1884-87*. Dublin, 1986.

Alan O'Day(ed.). *Reactions to Irish Nationalism*. London, 1987.

Alan O'Day and John stephenson(eds.). *Irish Historical Documents Since 1800*. Dublin, 1992.

Alan O'Day. *Irish Home Rule, 1867-1921*. Manchester, 1998.

Fergus O'Farrall. *Catholic Emancipation: Daniel O'Connell and the British of Irish Democracy, 1820-1830*. Dublin, 1985.

Cormac Ó Gráda. *Ireland Before and After the Famine: Explorations in Economic History, 1800-1925*. Manchester, 1988.

Cormac Ó Gráda. *The Great Irish Famine*. Dublin, 1989.

Cormac Ó Gráda. 'The heights of Clonmel prisoners, 1845-9: Some dietary implications', *Irish Economic and Social History*, 18 (1991), pp.24~33.

Cormac Ó Gráda. *Ireland: A New Economic History, 1780-1939*. Oxford, 1994.

Cormac Ó Gráda. *An Drochshaol: Béaloideas agus Amhráin*. Baile Atha Cliath, 1994.

Cormac Ó Gráda(ed.). *Famine 150: Commemorative Lecture Series*. Dublin, 1997.

Cormac Ó Gráda. *Black '47 and Beyond: The Great Irish Famine in History, Economy and Memory*. Princeton, 1999.

Niamh O'Sullivan. *Aloysius O'Kelly: Re-orientations: Paintings, Politics and Popular Culture*. Dublin, 1999.

Patrick O'Sullivan. *The Irish Worldwide: History, Heritage, Identity*, vols 1-6. London, 1992-7.

Gary Owens. '"A moral insurrection": Faction fighters, public demonstrations and the O'Connellite campaign, 1828', *Irish Historical Studies*, xxx, no.120(1997), pp.513~541.

Rosemary Cullen Owens. *Smashing Times: the History of the Irish Suffrage Movement, 1890-1922*. Dublin, 1984.

Senia Paseta. *Before the Revolution: Nationalism, Social Change and Ireland's Catholic Elite, 1879-1922*. Cork, 1999.

Senia Paseta. 'Nationalist responses to two royal visits to Ireland, 1900 and 1903', *Irish Historical Society*, xxxi, no.124(Nov. 1999), pp.488~504.

Edward Pearce. *Lines of Most Resistance: The Lords, the Tories and Ireland, 1886-1914*. London, 1999.

Cathal Póirtéir. *The Great Irish Famine*. Cork, 1995.

Lindsay Proudfoot. 'The management of a great estate: Patronage, income and expenditure on the Duke of Devonshire's Irish property, c. 1816-1891, *Irish Economic and Social History*, xiii (1986), pp.32~55.

Lindsay Proudfoot. 'Landlord motivation and urban improvement on the Duke of Devonshire's Irish estates, c 1792-1832'-', *Irish Economic and Social History*, xviii, (1991) pp.5~23.

Lindsay Proudfoot. *Urban Patronage and Social Authority: The Management of the Duke of Devonshire's Towns in Ireland, 1764-1891*. Washington, 1995.

Jacinta Prunty. *Dublin Slums, 1800-1925: A Study in Urban Geography*. Dublin, 1998.

Jacinta Prunty. *Margaret Aylward, 1810-1889: Lady of Charity, Sister of Faith*. Dublin, 1999.

Oliver P. Rafferty. *The Church, the State and the Fenian Treat, 1861-75*. Houndsmills, 1999.

R. M. Rhodes. *Women and the Family in Post-Famine Ireland*. Connecticut, 1991.

Joseph Robins. *The Miasma: Epidemic and Panic in Nineteenth-century Ireland*. Dublin, 1995.

S. A. Royle. 'Irish famine relief in the early nineteenth century: The 1822 famine on the Aran Islands', *Irish Economic and Social History*, xi (1984), pp.44~59.

Robert Scally. *The End of Hidden Ireland: Rebellion, Famine and Emigration*. Oxford, 1995.

Pauline Scanlan. *The Irish Nurse: A Study of Nursing in Ireland, History and Education, 1718-1981*. Manorhamilton, 1991.

Ellen Shannon-Mangan. *James Clarence Mangan: A Biography*. Dublin, 1996.

Robert Sloan. 'O'Connell's Liberal rivals in 1843', *Irish Historical Studies*, xxx, no.117(May 1996), pp.47~65.

Alfred P. Smyth. *Faith, Famine and Fatherland in the Irish Midlands: Perceptions of a Priest and Historian Anthony Cogan, 1826-1872*. Dublin, 1992.

Shin-ichi Takagami. 'The Fenian rising in Dublin, March 1867', *Irish Historical Studies*, xxix, no.115(May 1995), pp.340-362.

Akihiro Takei. 'The first Irish linen mills', *Irish Economic and Social History*, xxi (1994), pp.28~38.

Janet K. TeBrake. 'Irish peasant women in revolt: The Land League years', *Irish Historical Studies*,

27, no.109(May 1992), pp.63~80.

Francis Thompson. 'Attitudes to reform: Political parties in Ulster and the Irish Land Bill of 1881', *Irish Historical Studies*, xxiv, no.95(May 1985), pp.327-40.

Charles Townshend. *Political Violence in Ireland: Government and Resistance Since 1848*. Oxford, 1983.

Michael Turner. 'Livestock in the agrarian economy of Counties Antrim and Down from 1803 to the Famine', *Irish Economic and Social History*, xi (1984), pp.19~43.

Michael Turner. *After the Famine: Irish Agriculture, 1850-1914*. Cambridge, 1996.

W. E. Vaughan. *Landlords and Tenants in Ireland, 1848-1904*. Dublin, 1984.

W. E. Vaughan(ed.). *New History of Ireland, Vol;. v: Ireland Under the Union, I 1801-1870*. Oxford, 1989.

W. E. Vaughan. *Landlords and Tenants in Mid-Victorian Ireland.* Oxford, 1994.

W. E. Vaughan. *New History of Ireland, Vol. vi: Ireland Under the Union, 2: 1870-1921*. Oxford, 1996.

B. M. Walker. *Ulster Politics: The Formative Years, 1868-86*. Belfast, 1989.

Trevor West. *Horace Plunkett: Cooperation and Politics: An Irish Biography*. Gerrards Cross, 1986.

M. J. Winstanley. *Ireland and the Land Question, 1800-1922*. London, 1984.

Audrey Woods. *Dublin Outsiders: A History of the Mendicity Institution, 1818-1998*. Dublin, 1998.

Tom Yager. 'Mass eviction in the Mullet peninsula during and after the great famine', *Irish Economic and Social History*, xxiii (1996), pp.22~44.

10) 20세기 아일랜드 - Donal Ó Drisceoil

D. H. Akenson. *The Irish Diaspora: A Primer*. Belfast, 1993.

J. Bardon. *A History of Ulster*. Belfast, 1992.

R. Barrington. *Health, Medicine and Politics in Ireland, 1900-1970*. Dublin, 1987.

P. Bew, E. Hazelkorn and H. Patterson. *The Dynamics of Irish Politics*. London, 1989.

A. Bielenberg(ed.). *The Irish Diaspora*. London, 2000.

P. Bishop and E. Mallie. *The Provisional IRA*. London, 1987.

D. G. Boyce and A. O'Day(eds.). *Modern Irish History: Revisionism and the Revisionist Controversy*. London, 1996.

D. G. Boyce. Nationalism in Ireland. London, 1982, 1995.

C. Brady(ed.). *Interpreting Irish History: The Debate on Historical Revisionism*. Dublin, 1994.

T. Brown. Ireland: *A Social and Cultural History 1922-1985*. London, 1985.

S. J. Connolly(ed.). *The Oxford Companion to Irish History*. Oxford, 1998.

T. P. Coogan. *Michael Collins*. London, 1990.

T. P. Coogan. *De Valea: Long Fellow, Long Shadow*. London, 1993.

T. P. Coogan. *Wherever Green is Worn: The Irish Diaspora*. London, 2001.

J. Cooney. *John Charles McQuaid: Ruler of Catholic Ireland*. Dublin, 1999.

M. E. Daly. *Social and Economic History of Ireland since 1800*. Dublin, 1981.

R. Dunphy. *The Making of Fianna Fail Power in Ireland, 1923-48*. Oxford, 1995.

R. English. *Radicals and the Republic: Socialist Republicanism in the Irish Free State 1925-1937*. Oxford, 1994.

B. Fallon. *An Age of Innocence: Irish Culture 1930-1960*. Dublin, 1998.

R. Fanning. *Independent Ireland*. Dublin, 1983.

R. Fanning et al(eds.). D*ocuments on Irish Foreign Policty, Vol 1, 1919-22 and Vol. 2, 1922-6*. Dublin, 1998 and 2000.

R. Fisk. *In Time of War: Ireland, Ulster and the Price of Neutrality*. London, 1983.

D. Fitzpartick. *The Two Irelands 1912-1939*. Oxford, 1998.

R. Foster. *Modern Ireland 1600-1972*. London, 1998.

T. Garvin. *1922: The British Democracy*. Dublin, 1996.

B. Girvin and G. Roberts(eds.). *Ireland and the Second World War: Politics, Society and Remembrance*. Dublin, 2000.

B. Girvin. *Between Two Worlds: Politics and Economy in Contemporary Ireland*. Dublin, 1989.

P. Hart. *The IRA and its Enemies: Violence and Community in Cork 1916-23*. Oxford, 1998.

A. Hayes and D. Urquhart(eds.). *The Irish Women's History Reader*. London, 2001.

T. Hennessey. *A History of Northern Ireland, 1920-1996*. Basingstoke, 1997.

T. Hennessey. *Dividing Ireland: World War One and Partition*. London, 1998.

M. Hopkinson. *Green Against Green: The Irish Civil War*. Dublin, 1988.

K. T. Hoppen. *Ireland Since 1800: Conflict and Conformity*. London, 1989.

J. Horgan. *Seán Lemas: Enigmatic Patriot*. Dublin, 1997.

J. Horgan. *Noel Browne: Passionate Outsider*. Dublin, 2000.

J. Horgan. *Irish Media: A Critical History since 1922*. London, 2001.

A. Jackson. *Ireland, 1798-1998: Politics and War*. Oxford, 1999.

K. Jeffery. *Ireland and the Great War*. Cambridge, 2000.

M. Kennedy. *Ireland and the League of Nations, 1923-1946*. Dublin, 1996.

M. Kennedy and J. Skelly(eds.). *Irish Foreign Policy, 1919-1966*. Dublin, 2000.

D. Keogh. *Ireland and Europe 1919-1989*. Cork and Dublin, 1989.

D. Keogh. *Twentieth-Century Ireland: Nation and State*. Dublin, 1994.

D. Keogh. *Ireland and the Vatican: The Politics and Diplomacy of Church and State*. Cork, 1995.

D. Keogh. *Jews in Twentieth-Century Ireland*. Cork, 1998.

M. Laffan. *The Resurrection of Ireland: The Sinn Féin Party, 1916-1923*. Cambridge, 1999.

J. J. Lee. *Ireland 1912-85: Politics and Society*. Cambridge, 1989.

F. McGarry. *Irish Politics and the Spanish Civil War*. Cork, 1999.

D. McMahon. *Republicans and Imperialists: Anglo-Irish Relations in the 1930s*. New Haven, 1984.

M. Milotte. *Communism in Modern Ireland*. Dublin, 1984.

A. Mitchell and P. Ó Snodaigh(eds.). *Irish Political Documents 1916-1949*. Dublin, 1985.

P. Murray. *Oracles of God: The Roman Catholic Church and Irish Politics, 1922-37*. Dublin, 2000.

N. Ní Dhonnachadha and T. Dorgan(eds.). *Revising the Rising*. Derry, 1991.

E. O'Connor. *A Labour History of Ireland 1824-1960*. Dublin, 1992.

S. Ó Buachalla. *Education Policy in Twentieth-Century Ireland*. Dublin, 1988.

J. P. O'Carroll and J. A. Murphy(eds.). *De Valera and his Times*. Cork. 1983.

D. Ó Drisceoil. *Censorship in Ireland 1939-45: Neutrality, Politics and Society*. Cork, 1996.

C. Ó Grada. *A Rocky Road: The Irish Economy Since the 1920s*. Manchester, 1997.

C. O'Halloran. *Partition and the Limits of Irish Nationalism*. Dublin, 1987.

E. O'Halpin. *The Decline of the Union: British Government in Ireland, 1892-1920*. Dublin, 1987.

E. O'Halpin. *Defending Ireland: The Irish State and Its Enemies Since 1922*. Oxford, 1999.

H. Patterson. *The Politics of Illusion: A Political History of the IRA*. London, 1997.

J. Regan. *The Irish Counter-Revolution 1921-36*. Dublin, 1999.

T. Salmon. *Unneutral Ireland: an Ambivalent and Unique Security Policy*. Oxford, 1989.

R. Savage. *Irish Television: The Political and Social Origins*. Cork, 1996.

F. Tobin. *The Best of Decades: Ireland in the 1960s*. Dublin, 1984.

C. Townshend. *Ireland in the Twentieth Century*. London, 1998.

M. Ward. *Unmanageable Revolutionaries: Women and Irish Nationalism*. Dingle, 1983.

K. Woodman. *Media Control in Ireland 1923-1983*. Galway, 1986.

지은이 약력

존 H. 앤드루스(John H. Andrews) 교수는 더블린 트리니티 칼리지의 명예 펠로우이자 지리학 부교수를 역임했다. 저서로 *A Paper Landscape: Ordnance Survey in Nineteenth Century Ireland* (1975), *Plantation Acres: A Historical Study of the Irish Land Surveyor and his Maps* (1985), *Shapes of Ireland: Maps and their Makers 1564-1839* (1997)가 있다. ※ 제1장의 필자이다.

F. J. 번(F. J. Byrne)은 더블린 유니버시티 칼리지의 초기 아일랜드사 교수이다. 출판된 책은 *The Rise of the Uí Néill and the High-kingship of Ireland* (1969), *The Scholar Revolutionary: Eoin MacNeill, 1867-1945, and the Making of the New Ireland* (1973)가 있다. 그는 *A New History of Ireland*에 'Vol.3: Early Modern Ireland 1534-1691'(1976)을 기고했다. ※ 제3장의 필자이다.

에이던 클락(Aidan Clarke) 교수는 더블린 트리니티 칼리지 근대사 에라스무스 스미스 교수로 재직 중이고, 왕립 아일랜드 아카데미 회장을 역임했다. 그는 초기 근대 아일랜드에 관한 수많은 논문의 저자이기도 하다. 최근의 저서는 *Prelude to Restoration in Ireland: The End of the Commonwealth, 1659-1660* (1999)이다. 첫 번째 책은 *The Old English in Ireland 1625-1642*로 2000년에 재출간되었다. ※ 제12장의 필자이다.

아트 코스그로브(Art Cosgrove)는 벨파스트 퀸스 대학에서 박사학위를 받았고, 1963년 더블린 유니버시티 칼리지의 스태프가 되었다. 1990년 중세사 학부의 조교수, 1991년에서 1993년까지 통합 역사학부 회장을 역임했다. 1994년 UCD의 총장이 되었다. 저서로 *Late Medieval Ireland 1370-1541* (1981)이 있고 *A New History of Ireland* (1987-)의 기고자이자 공동편집자이다. ※ 제10장의 필자이다.

리암 드 파오르(Liam de Paor, 1926~1998)는 공공작업 사무소에서 일했고 더블린 유니버시티 칼리지의 고고학 교수가 되었다. 역사 보전에 관한 관심으로 네팔에서 유네스코 고문으로 1년을 보냈고, 후에 UCD로 돌아와서 역사학부 강사가 되었다. 저서로 *Early Christian Ireland* (1958), *Archaeology: An Illustrated Introduction* (1967), *Divided Ulster* (1970)가 있다. ※ 제6장의 필자이다.

리처드 잉글리시(Richard English)는 벨파스트 퀸스 대학 정치학 교수로, 옥스퍼드와 키일레 대학에서 교육을 받았다. 저서로 *Ernie O'Malley: IRA Intellectual* (1998)가 있다. ※ 제23장의 필자이다.

E. R. R. 그린(E. R. R. Green)은 벨파스트 퀸스 대학 아일랜드 연구소 소장을 역임했다. 그는 *The Lagan Valley 1800-50: A Local History of the Industrial Revolution* (1949), *The Industrial Archaeology of County Down* (1963)의 저자이고, *Essays in Scotch-Irish History* (1969)를 편집했다. ※ 제17장의 필자이다.

G. A. 헤이즈-매코이(G. A. Hayes-McCoy, 1911~1975) 박사는 1939년에서 1958년까지 아일랜드 자연사 박물관의 스태프로 있었고, 골웨이 유니버시티 칼리지의 역사학과 교수가 된 후 사망할 때까지 재직했다. 그는 군대사학회를 공동으로 창설했고 저널 *The Irish Sword* 의 첫 번째 편집인이었다. 저서로는 *Scots Mercenary Forces in Ireland 1565-1603* (1937), *Irish Battles* (1969), *History of Irish Flags from Earliest Times* (1979), *The Irish at War* (1964)가 있다. ※ 제11장의 필자이다.

캐슬린 휴즈(Kathleen Hughes)는 캠브리지 대학에서 브리티시 제도의 초기 역사와 문화를 가르치는 강사로 있다. 저서로는 *Church and Society in Ireland, AD 400-1200* (1987), *Early Christian Ireland: An Introduction to the Sources* (1972), *Celtic Britain in the Early Middle Ages: Studies in Scottish and Welsh Sources* (1980)가 있다. ※ 제5장의 필자이다.

더멋 케오(Dermot Keogh) 박사는 코크 유니버시티 칼리지 역사학과 교수이다. 그는 *Twentieth Century Ireland, Ireland and Europe*과 *Jews and Twentieth Century Ireland*의 저자이다. ※ 제24장의 필자이다.

J. F. 리든(J. F. Lydon) 교수는 1980년에서 1987년까지 더블린 트리니티 칼리지 중세사 학부의 학장이었다. 출판물은 *England and Ireland in the Later Middle Ages* (1981), *Law and Disorder in Thirteenth-Century Ireland: the Dublin Parliament of 1297* (1997), *The Making of Ireland: From Ancient Times to the Present* (1998)가 있다. ※ 제9장의 필자이다.

패트릭 린치(Patrick Lynch)는 더블린 유니버시티 칼리지의 정치경제학 명예교수이다. 출판물은 *Planning for Economic Development* (1959), *The Fenian Chief: A Biography of James Stephens* (1967), *Economic Development and Planning* (1969)이 있다. ※ 제21장의 필자이다.

도널 매카트니(Donal McCartney)는 더블린 유니버시티 칼리지 근대 아일랜드사 학부의 명예교수이다. 주요 출판물은 *Parnell: The Politics of Power* (1991), *W. E. H. Lecky, Historian and Politician, 1828-1903* (1994), *UCD: A National Idea - The History of the University College, Dublin* (1999)이 있다. ※ 제19장의 필자이다.

J. L. 매크래컨(J. L. McCracken)은 얼스터 대학 콜러레인의 역사학과 명예교수이다. 출판물은 *Representative Government in Ireland: A Study of Dáil Éireann 1919-48* (1958), *The Irish Parliament in the Eighteenth Century* (1971), *New Light at the Cape of Good Hope: William Porter, the Father of Cape Liberty* (1993)가 있다. ※ 제20장의 필자이다.

R. B. 맥도웰(R. B. McDowell)은 더블린 트리니티 칼리지의 명예 펠로우이자 근대사 조교수를 역임했다. 주요 출판물은 *The Irish Administration, 1801-1914* (1964), *Ireland in the Age of Imperialism and Revolution, 1760-1801* (1979), *Crisis and Decline: The Fate of the Southern Unionists* (1997)가 있다. ※ 제15장의 필자이다.

F. X. 마틴(F. X. Martin, 1922~2000)은 1941년 아우구스티누스 교단의 성원이 되었다. 그는 1959년 더블린 유니버시티 칼리지에 스태프로 합류했고, 1962년에 중세사 교수로 임명되었다. Friends of Medieval Dublin이란 학회의 회장으로서 더블린의 고고학적 유산을 보전하는 데 도움을 주었다. 저서로는 *No Hero in the House: Diarmait Mac Murchada and the Coming of the Normans to Ireland* (1977)가 있다. 가장 중요한 논문은 여러 권으로 된 *New History of Ireland* (1987-)로 공동편집인이자 중요한 기고자였다. ※ 제8장의 필자이다.

G. F. 미첼(G. F. Mitchell)은 더블린 트리니티 칼리지의 펠로우였고 제4기 연구학 교수를 역임했다. 그는 An Taisce 창단 멤버로 아일랜드 고대 풍습 왕립협회와 왕립 아일랜드 아카데미(1976~1979)의 회장이었고, 제4기 국제협회 회장으로 선출되었다. 출판물은 *The Irish Landscape* (1986), *The Great Bog of Ardee* (1985), *Reading the Irish Landscape* (1997)이 있다. ※ 제2장의 필자이다.

T. W. 무디(T. W. Moody)는 더블린 트리니티 칼리지의 명예 펠로우로 근대사 학부 교수를 역임했으며, 옥스퍼드 대학 출판사에서 출판한 *The New History of Ireland*의 창설자였다. 그는 *Irish Historical Studies*의 창설자 중 한 사람이었다. 중요한 출판물은 17세기에서 19세기까지의 아일랜드와 관련된 논문들로 *Davitt and Irish Revolution, 1846-82* (1981)가 있다. ※ 제18장의 필자이다.

브라이언 오 쿠이브(Brian Ó Cuív, 1916~1999)는 수석 교수로 재직했던 더블린 전문연구소 켈트연구 학교에서 자신의 경력 대부분을 보냈던 잘 알려진 아일랜드 학자였다. 학문에 대한 그의 공헌은 코크 주 머스케리의 아일랜드어 연구를 포함하며, 아일랜드 언어의 전 단계에 걸쳐 아일랜드어 텍스트 편집에 공헌했다. 특히 바드 시집에 대해 깊은 지식을 가지고 있었다. 옥스퍼드 보들레이안 도서관에 있는 아일랜드 사본의 카탈로그는 2001년 그의 사후에 출판되었다. ※ 제7장의 필자이다.

토마스 오 파이흐(Tomás Ó Fiaich, 1923~1990)는 1948년 사제직을 서품 받았고, 더블린 유니버시티 칼리지와 벨기에 대학에서 공부했다. 뛰어난 학자였던 그는 1974년 대학의 총장이 되기 전 메이누스에서 역사를 가르쳤다. 1977년 아마의 대주교 지위에 올랐고, 2년 후 추기경이 되었다. 그는 이교도 유럽에서 신념을 불태웠던 초기 기독교 아일랜드 선교사들의 연구에 대한 권위자였다. 가장 중요한 두 편의 출판물인 *Gaelscrínte i gCéin* (1960)과 *Irish Cultural Influences in Europe* (1966)은 이를 증명한다. ※ 제4장의 필자이다.

모린 월(Maureen Wall)은 더블린 유니버시티 칼리지에서 근대 아일랜드사를 가르친 강사였다. 출판물로는 *The Penal Law, 1691-1760: Church and State from the Treaty of Limerick to the Accession of George III* (1961), *Catholic Ireland in the Eighteenth Century* (1989)가 있다. ※ 제14장의 필자이다.

J. H. 화이트(J. H. Whyte)는 암플포스와 옥스퍼드에서 교육을 받았다. 그는 1961년에서 1966년까지 더블린 유니버시티 칼리지 정치학 강사였다. 그런 다음 벨파스트의 퀸스 대학으로 가서 정치과학 교수가 되었다. 후에 그곳에서 아일랜드 정치학 교수가 되었다. 출판된 책은 *The Independent Irish Party 1850-9* (1958), *Church and State in Modern Ireland 1923-70* (1971), *Catholics in Western Democracies: A Study in Political Behaviour* (1981)가 있다. ※ 제16, 22장의 필자이다.

옮긴이 후기

I

아일랜드와 아일랜드인에 대한 필자의 이해는 클레어와 골웨이 주에서의 1년 6개월여에 걸친(1993~1994) 집중적인 현지조사를 통해서였다. 1989년 스코틀랜드 발라드를 공부하면서 켈트문화의 본거지인 아일랜드에 대해 관심을 갖게 되었다. 아일랜드 문화와 사람들의 세계로 빠져들게 된 계기는 에든버러의 한 펍에서 아일랜드인의 연주를 본 후였다. 한 무리의 사람들이 악기를 들고 차례로 나타나 둥글게 둘러앉아 맥주를 마시면서 이야기한 후 함께 음악을 연주했다. 놀라웠던 점은 그 사람들이 연주하고 있는 동안 두 여성이 잡담을 나누는 모습과 한 피들 주자가 악기를 아래로 느슨하게 잡고 상대방을 쳐다보면서 연주하는 편안한 자세였다. 처음에는 그들이 진정으로 음악을 연주하는 것인지 의구심이 들었고 그러한 스타일의 연주가 음악이라고 할 수 있는지 혼란스럽기까지 했다. 당시 필자는 음악 연주란 테크닉적인 면이 중요하고 이의 재현은 엄격하면서 정확해야 한다고 배웠기 때문이다. 하지만 그들은 악보 없이 여러 시간을 몰입의 경지에서 진지하게 연주했고 그들의 음악은 리듬이 묘하게 절제되고 가락은 아름다웠다. 그 소리는 떠드는 소리와 유리잔이 부딪치는 소리 등이 섞이면서 독특하게 들렸다. 그들의 연주 행위는 자유로운 분위기에서 '민주적'으로 보였다. 쉬고 연주하기를 반복하면서 두 시간가량이 지나자 한 사람씩 떠나기 시작했는데 헌팅 모자를 쓰고 헐렁한 양복을 입은 피들 주자는 악기케이스를 다시 큰 비닐에 싼 후 옆구리에 끼고 나갔다. 필자에게는 그 음악인들의 연주 태도와 행위가 하나의 문화충격이었고, 곧바로 어떤 문화를 가진 사람들이 그러한 태도로 음악에 접근하는지 호기심이 생겼다. 후에 아일랜드에서 그러한 그룹 형태의 연주가 친교를 위한 음악 '세션'임을 알게 되었다. 일이 끝난 저녁에 친구들끼리 펍에 모여 맥주를 마시면서 이야기하고 튠을 서로 교환하는 친교행위는 이들의 오래된 전통이었다. 이들은 아마추어 음악인들로 주로 자신들의 즐거움을 위해 음악을 연주하지만 수준 또한 높았다. 그들의 연주 행위는 느슨한 것 같지만 안으로는 매우 조심스럽게 조직되어 있었고 아일랜드 역사와 문화 및 아일랜드인의 많은 면을 알려주는 결정체였다.

아일랜드 역사와 관련하여 음악 얘기로 시작하는 이유는 오랜 기간 침전된 의식과 정신력이 특정한 공동체 행위들을 통해 현재 사람들의 삶이나 정서로 드러난다는 점을 강조하고 싶어서이다. 아일랜드인이 이웃이나 친구들과 모여 여흥을 즐기는 전통에서 공동체의 유대감이 형성되고, 그들의 삶이 이러한 네트워크를 통해 구술로 전해져 내려오는 과정을 목격한 셈이다. 이들 아마추어 음악인들은 17세기 이전까지 켈트(게일)인 바드(전문시인이자 음악가)들의 전통을 잇는 후예인 셈이었다. 이들은 역사의 많은 부분을 기록 이외에도 노래의 가사나 소리로 표현하여 자신들의 삶과 역사를 전승했다. 이들이 악보 없이 마주보고 연주하는 행위는 어떻게 이야기와 삶이 구전으로 전승되는가 하는 과정을 재구성해주는 장(場)이었다. 구술 전통의 선호는 아일랜드 옛 사회의 한 특징을 이루었지만, 오늘날 역사적 과정에서 뼈저리게 얻은 교훈을 음악인들은 재해석하고 있다. "튠이나 노래는 악보에 있는 것이 아니라 우리의 머릿속에 있다. 그래서 누구든 이를 빼앗아 갈 수 없다"는 언급에서 과거 유형문화(토지 등)를 빼앗겼지만, 전통예술과 무형문화의 구술적 특성을 통해 스스로에 대한 자부심을 간직했음을 볼 수 있다.

1990년대 전반 영국인들이 아일랜드를 바라보는 시각은 두 가지였던 것 같다. 일반인은 목가적이고 아름다운 자연풍광과 아일랜드인의 예술적·문학적 기질을 연관시킨 '낭만화된' 아일랜드에 대해 말했고, 신문 등 매체는 당시에 흔히 발생했던 IRA의 폭탄 테러와 북아일랜드 분쟁에 대한 두려움과 히스테리에 대해 표현했다. 반대로 아일랜드인들은 여유롭게 삶을 즐기는 낙천적인 면과 미적인 면을 보였지만, 이들의 영국에 대한 태도는 과거의 역사적 사실 때문에 뿌리 깊은 증오심과 강한 민족적인 성향을 보였다. 그들은 외부인인 필자에게 영국이 과거에 어떠했는지를 대변해주는 아일랜드인의 토지몰수와 부재자 영국인 지주의 부당함에 대해 각인시켜주었다. 필자의 아일랜드에 대한 역사공부는 펍에서 맥주잔을 들고 있는 민초(民草)들에게서 듣거나, 몇몇 대학 강의와 고고학 답사 통해 배운 것, 그리고 국립 텔레비전 방송국에서 일부 아일랜드 역사시리즈를 시청한 것이 전부였다. 당시에는 역사보다는 현재 아일랜드의 문화에 관심이 더 많았다. 평화롭고 뼈대 있는 유머를 즐기는 이들의 삶이 그 역사적 현장의 일부였음에도 외형적으로 지금은 과거의 파란만장했을 투쟁정신은 거의 느낄 수 없었다. 여행을 통해 본 자연과 물리적 장소는 과거의 도전과 투쟁으로 이루어진 처절한 아일랜드인 역사의 흔적을 지워버리고 어딘가에 묻어둔 것 같았다. 과거의 역사는 외형적으로 나타나는 것이 아니라 이들의 머릿속과 기억 속에 새겨져 있는 시, 전설, 무용담, 노래, 사람들의 정신력에 내재되어 있었다.

II

이 책을 자세히 읽고 난 후 현지조사만으로 아일랜드인과 아일랜드 문화를 적절히 이해했다는 생각이 무너졌다. 동시대적인 흐름을 중시하는 필자의 연구는 역사성이 결핍되어 있다는 약점을 절실하게 느꼈다. 필자의 궁극적인 질문은 아일랜드인의 정체성(Irish identity)을 이들의 전통예술을 통해 어떻게 설명할 수 있는가였다. 이러한 아일랜드적인 특성을 기술적인 면 이외에 좀 더 문화적이고 역사적 맥락에서 이해할 필요가 있다고 생각했다. 이 책을 읽고 제기한 필자의 첫 번째 질문은 이전에 해명하기 위해 노력했던 근본적인 질문에 본질적으로 해답을 제공해주는 것 같았다. 그것은 "본격적인 지배는 700여 년이지만, 영국의 오랜 지배와 '영국화(anglicisation)' 과정에도 불구하고 어떻게 전통예술에서는 여전히 '아일랜드적

(Irishness)'으로 남아 있을 수 있었는가"였다. 이 질문은 18세기와 19세기 민족주의자들, 특히 문학 분야에서 절실하게 제기한 '아일랜드인 정체성'의 문제점에 대한 질문이기도 했다. 이 두 질문은 본질적으로 같지만 맥락에서는 다르다고 할 수 있다. 전자의 가능한 대답은 아일랜드의 토착문화인 게일인의 삶의 방식이 뿌리 깊게 내려 있고 이들 토착민에 대한 영국화가 실패했기 때문이다. 후자는 역사적으로 여러 민족이 융합하고 또는 투쟁하면서 아일랜드란 대지에 뿌리내린 다양함과 복잡함에서 유래될 것이다. 이 책의 1장에서 강조한 대로 여전히 동과 서의 지역에는 보이지 않는 차이가 큰데, 실제로 이들 두 지역의 주민들을 거의 다른 나라사람인 양 취급하는 태도를 보았다. 물리적으로 서부지역이 본래의 아일랜드인의 기지라면, 동부는 영국인과 이들이 건설한 지역으로 그들 문화의 잔재가 남아 있는 곳이다. 아일랜드에서 문화적 차이는 이 두 지역만이 아니다. 북부인 얼스터 지역은 6주가 영국에 속하는, 아일랜드 토박이와 영국인 그리고 스코틀랜드인이 섞여 사는 곳으로 역사적으로 복잡하고 최근까지 분쟁의 중심에 서 있는 곳이다. 단일의 섬인 아일랜드란 국가 이름하에서 북아일랜드의 수도인 벨파스트에서 차로 불과 4시간 거리의 더블린에 전화를 하면 국제전화가 되고, 바다 너머 영국의 런던에 전화를 하면 시외전화가 되는 현실이 제3자인 필자에게는 충격이었다.

이 책은 작고 분할되어 있던 나라를 소위 가장 부강했던 이웃나라가 어떻게 체계적이고 철저하게 식민지화했는가의 과정을 생생하면서 객관적인 시각으로 보여주고 있다. 하지만 아일랜드인의 지속적인 저항과 완강한 투쟁으로 영국 정부는 오랜 기간 전략과 회유책을 가지고도 완전한 식민지를 구축하는 데 성공하지 못했다.

III

이 책은 우리나라의 3·1운동과 유사한 1916년 부활절 봉기 60주년을 기념하기 위해 국립 아일랜드 방송국이 제작한 영상을 단행본으로 엮은 것으로 1967년에 처음 출판되었다. 영상 이미지에서 읽히기 위한 책으로 보완하고 재구성하여 시대적 사건들을 그 분야의 전문가들이 압축하여 엮었다는 점에서 내용의 전문성과 함께 대중성에 크게 기여한 책으로 꼽힌다. 그동안 세 번에 걸친 보완을 통해 현대사에서 획기적인 사건들이 발생한 현재 시점까지 기술하고 있다. 무엇보다 이 책의 특징은 첫 장에 아일랜드의 지리와 자연환경을 논의한 것으로, 이에 따라 아일랜드가 통합과 분리를 겪었다는 지정학적 중요성을 암시했다. 내부에서는 왕끼리 세력다툼이 이루어졌고, 외부에서는 외세가 물리적 환경을 적절히 이용하여 지속적으로 식민지화하여 오늘날과 같은 분단이 이루어졌다는 함축적인 기술은 이 책에 대한 요약이다.

사학자들이 역사기술에서 흔히 시대구분의 기준에 대해 논쟁을 벌이는 데 반해, 이 책은 자국의 입장에서 아일랜드인의 삶을 바꾸어놓은 큰 사건들을 기반으로 시대를 구분했다. 사실 아일랜드 역사는 영국 역사와 불가분의 관계를 맺고 있다. 영국 정부의 정책과 이해관계에 따라 아일랜드는 좌지우지되었다. 역으로 아일랜드는 켈트문화의 보고(寶庫)로서 오히려 영국 귀족제도의 옛 형태가 보존되어 있다는 정통성에서, 아일랜드 역사와 문화는 영국에서도 중요한 연구이다. 이에 영국에는 많은 대학에서 켈트 연구나 역사 및 문학에 관한 학과와 전문가들이 있어 아일랜드에 관한 자료나 정보를 상호 참조할 수 있는 참고문헌이 많이 나와 있다. 이 책의 부록에 실린 아일랜드에 관한 방대한 참고문헌은 이를 반영해준다. 하지만 아일랜드 역사에서 한 가지 고려할 점은 (앞에서 언급했듯이) 소양 이외에 구술로 전해진 역사와 문학 또한 커다란 특징을 이룬다는 것이다. 가령, 중세시대의 바드학교(시인들을 위한 대학)는 시 작문이나 부족장의 가계도, 역사기술 등을 순전히 구전으로 실습하고 전승했다. 일반인들의 삶 또한 오늘날 일부 게일어 시와 노래 등에 농축되어 있다.

IV

어떤 나라든지 역사의 과정이란 국내문제와 외세와의 관계로 매우 복잡하게 얽혀 있어 단순하고 명쾌하게 해명되거나 결론을 내릴 수 있는 문제는 아니다. 그저 시간에 따라 기술하면서 인과관계나 그 영향력에 대해 설명할 수 있을 뿐이다. 하지만 아일랜드가 외부세계와 지배·피지배의 관계로 서로 복잡하게 얽히면서, 특히 정치 분야에서는 법을 제정하는 자와 시행하는 자의 의도를 파악하기 힘들 정도로 그 속내가 복잡하다. 아일랜드인과 역사가 얼마나 복잡하게 얽혀 있는가는 패트릭 린치의 언급에서도 알 수 있다.

> 그 조약으로〔1921년 7월 11일 영국-아일랜드 전쟁의 종식과 결과적으로 분단을 가져다준〕 영국은 아일랜드가 드디어 영국의 정치에서 배제되었다는 잘못된 안도감을 가졌다. 이러한 영국의 오해는 700년에 걸친 아일랜드와의 경험에도 불구하고 부분적으로 영국 정치인이 아일랜드 문제를 진정으로 이해한 적이 없었고, 부분적으로 아일랜드 문제가 너무나 복잡하고 난해하다는 이유에서 나왔다.

우리는 또한 아일랜드인이나 아일랜드 역사를 이해하기 위해 아일랜드인의 정체성에 관한 문학이나 글을 언급하기 전에, 아일랜드의 복잡한 역사와 이들의 정신(psyche)에 대해 이해할 필요가 있다. 벨파스트 출신의 한 아일랜드 지식인은 코크주로 이주하면서 "6개월이 지나고서야 비로소 아일랜드 정치를 이해하게 되었다"고 말하기도 했다. 아일랜드인의 섬세하고 복잡한 기질은 예술에서 잘 나타나 있다. 음악연주로 돌아가 보면 같은 곡이라도 저마다 색다르게 변주하여 연주하는 관례가 있다. 그 곡들은 악보상으로 너무도 간단하고 짧지만, 실습에서는 간단하거나 단순한 튠은 존재하지 않는다. 청각에서 이들의 복잡함을 알아채기 어렵다면 시각예술을 보라. 이들의 복잡한 장식이나 뒤틀림, 트위스트, 전환 등이 명백하게 나타난다. 가령 『켈스의 서』에서 오묘한 디자인과 화려한 색채의 대비는 차치하고라도 매우 제한된 공간 안에 빽빽하고 치밀하게 들어찬 선의 움직임들은 아일랜드인의 복잡한 사고의 결정체이다. 현재 수많은 아일랜드인이 사용하고 있는 게일어(아일랜드어)를 보면 쉽게 이해가 간다. 게일어는 영어문자와 구성에서 다름은 물론이고,

어순이 반대고(가령, 동사가 제일 먼저 나오고, 형용사는 명사 뒤에 쓰이고 명사가 수식어나 관사 등에 따라 글자가 바뀌고 따라서 발음이 달라진다), 무엇보다 '예'와 '아니오'란 대답이 없다. 그 대신 뒤의 문장으로 파악해야 한다. 이러한 긍정과 부정의 애매모함은 많은 것을 드러내준다.

아일랜드를 침략과 분단이라는 정치 중심의 역사로만 각인하는 것은 공평치 못할 것이다. 바이킹과 노르만인의 침입과 동화 과정 이후 중세기는 수도원 체제를 중심으로 기독교 학문과 켈트예술 및 문학을 꽃 피운 비교적 평화로운 시기였다. 켈트예술의 시각적 특이함, 정교함과 화려함, 심지어 기괴함을 감상하자면 오늘날 '켈트 사운드'의 청각적 매력에 이끌리고 아일랜드 문화와 역사에 대해 계속해서 궁금증을 자아내게 만든다. 과거의 전통과 뿌리에 그렇게 가까이 연결된 사람들, 아무리 경제적으로 부유해졌어도 '본래로 돌아가는 사람들(go back to basics)'. 이는 오늘날 뿌리를 잃은 채 물질만능에 사로잡힌 우리들의 모습에 신선함과 품위를 상기시켜준다. 1970년대 켈트문화의 부활과 21세기 '켈트 타이거'의 상징을 통해 이 책은 우리에게 이들 문화와 사람들에 대한 일견과 매혹적인 상상력을 제공해줄 것이다.

V

이 책을 번역하는 데 따른 어려움이 있었다. 23명의 아일랜드 역사학자들이 자국의 대중을 대상으로 압축하여 저술했기 때문에, 외부인으로서는 알기 힘든 용어들, 특히 옛 게일 용어나 이름들, 또는 사건에 얽힌 이야기를 압축된 소개만으로 등장시킨 경우는 표현하기 어려웠다. 또한 대체로 아일랜드인은 문체에서 직선적인 표현보다는 문학적인 표현을 즐기는 경향이 있어 그들의 섬세하고 독특한 표현을 살리기가 어려웠다. 그렇다고 전적인 의역 작업에는 위험이 따를 것 같아 간단한 설명을 부연했다. 현재 공통으로 사용되고 있는 일부 용어들이 아일랜드 역사에서 유래되었는데, 그중 '보이콧(boycott)'은 이미 널리 알려져 있고, '단식투쟁(hunger strike)' 등의 용어도 아일랜드에서 유래한 것이다. 현재 영국의 두 정당인 보수당과 자유당은 각각 토리당과 휘그당에서 바뀐 이름이다. 토리당은 토리파(Tories), '급습자(raider)'를 뜻하고, 17세기 말에 나타났던 영국의 '토리당'과 같은 정치적으로 탐탁지 않은 사람들에 적용되었을 때는 '땅을 빼앗겨 무법자'가 된 사람들을 의미했다. 휘그파(Whigs)도 '스코틀랜드인 가축 도둑'에서 유래했음은 흥미롭다. 또한 일종의 원정 땅 '투기꾼(adventurers)'과 '기러기 군인(the wild geese)'란 17세기 용어도 오늘날 흔히 사용되는 용어이다.

마지막으로 옛 영어로 된 시에 조언을 주신 안선재 신부님과 성 콜럼바의 게일어 시 번역에 도움을 준 낸시 멀린스와 로쉰 화이트에게 감사드린다. 또한 여러모로 도움을 주신 아일랜드 대사관의 여러 분께도 감사드린다. 끝으로 이 책을 한국어판으로 펴내게 허락해주신 도서출판 한울의 김종수 사장님과 많은 분량의 원고를 꼼꼼하게 검토하고 서툰 표현을 바로잡아주면서 독자의 편에서 익숙지 않은 용어들을 다듬는 등 전반적인 틀을 완성해주신 김현대 팀장님의 노고에 감사드린다.

2009년 8월

박일우

찾아보기

가

가다 쉬하나(Garda Siochána) 376
가디너, 루크(Luke Gardiner) 264
가배이 로드(Garvaghy Road) 434
가톨릭 구제 법안 264
가톨릭 군대(Catholic Army) 228
가톨릭 위원회(Catholic Committee) 274
가톨릭 지대(the Catholic rent) 286
가톨릭 해방(Catholic emancipation) 272
가톨릭협회(Catholic Association) 285~287
갈라루스(Gallarus) 예배소 92
갈리아(Gaul) 50, 69
감자 31, 302
강요 법령(Coercion Act) 328
갤로우글래스(gallowglass) 162, 180
거르(Gur) 호 41, 46
거석묘(megalithic tombs) 43
게일연맹(Gael League) 337, 344
게일체육협회(GAA) 337, 400
게일협회(Cumann na nGael) 339
겔이네(geilfhine) 58
경계위원회(boundary commission) 357, 370
고등교육을 위한 더블린 연구소(Dublin Institute for Advanced Studies) 382
고딕스타일 123, 125, 173
고맨스톤(Gormanston) 260
고인돌(dolmen) 43
곡물법(corn laws) 폐지 305
골웨이(Galway) 22, 73
공짜 말 사육(coign and livery) 185, 191
<공포의 상태(States of Fear)> 445
교회 개혁 119, 131
구석기시대 37
구제법(Relief Act) 260, 275
국민 의용군 대표자회의(national Volunteer convention) 269
국제사면위원회(Amnesty International) 450
그래튼, 헨리(Henry Gratten) 240, 266, 281
그레고리, 레이디(Lady Gregory) 335
그레이스(the Graces) 224~225
그리피스, 아서(Arthur Griffith) 338, 350
글라스네빈(Glasnevin) 77
글래드스턴(W. E. Gladstone) 313, 345
글렌 마마(Glen Máma) 전투 117
글렌달로우(Glendalough) 54, 113
기근(famine) 284, 303, 320
기러기 군인들(wild geese) 246, 249
기마의용군(yeomanry) 280
긴켈(Ginkel) 244
길다스(Gildas) 77
길라 에스파익(Gilla Espaic) 132
길모어, 조지(George Gilmore) 371
길버트, 험프리(Sir Humphrey Gilbert) 203

나

나폴레옹 전쟁 289

낙태 397
낡은 배(coffin ships) 308
냉혹한 마음(heart of steel) 260
네빌, 세실리(Cecily Neville) 187
네아(Neagh) 호 64
네이글(Nagle), 추밀원장 239
≪네이션(Nation)≫ 296
노동당 360, 361, 407
≪노동자들의 공화국(The Workers' Republic)≫ 347
노동조합주의 351
노르만 침공 119
노르만인 26, 122, 129, 136, 138, 157
노르웨이 109, 112
노섬브리아(Northumbria) 100, 115
노스(Lord North) 267
노어(Nore) 강 24
농민 소요(agrarian disturbances) 260
누전트(Nugent) 152
뉴그레인지(Newgrange) 24
뉴타운버틀러(Newtownbutler) 242
니니안(Ninian) 76
니알 글룬더브(Niall Glúndub) 68
니콜슨, 짐(Jim Nicholson) 423

다

다비트, 마이클(Michael Davitt) 298, 312, 322
다우닝 스트리트 선언(Downing Street Declaration: DSD) 424, 431
다운(Down) 64
다운패트릭 전투 178
다운패트릭(Downpatrick) 152
다이서트 오데아(Dysert O'Dea) 124
다이아몬드 전투(battle of the Diamond) 275
단식투쟁(hunger strike) 394
달 가슈(Dál Cais) 68, 116~117, 126
달 리아타(Dál Riata) 51, 64
달 아라이디(Dál nAraidi) 64
달 에이런(Dál Éireann) 350
달 위네(Dál mBuinne) 64
달 피어타흐(Dál Fiatach) 64
담리아그(damliag) 79
대버런스(Davorens) 179
대왕권 178
대처, 마거릿 406
디니골(Donegal) 22
더블린 성(Dublin Castle) 156
더블린 성모의 집(Madonna House) 445
더블린 헌장(Dublin charter) 167
더블린 협회(Dublin Society) 273, 277
더블린(Dublin) 24, 43, 65, 82, 127, 426
『더로의 서』 100
더칸, 폴(Paul Durcan) 454
더피, 찰스 개번(Charles Gavan Duffy) 296, 312, 314
던, 벤(Ben Dunne) 441
던가넌 클럽(Dungannon Club) 339
던가넌(Dungannon) 267
던롭, 프랭크(Frank Dunlop) 443
던브로디(Dunbrody) 160
덥흐리안(Dubthrian) 64
데버길라(Dervorgilla) 139
데베니쉬(Devenish) 77, 125
데보이, 존(John Devoy) 323

데블린, 조(Joe Devlin) 358
데스먼드(Desmond) 백작 179
데이르헤일레(dáerchéile) 62
데이비스, 토머스(Thomas Davis) 296, 314, 317
데이슈(déis) 62
데일리, 제임스(James Daly) 324
도나투스(Donatus), 피아솔레(Fiasole)의 104
도헤니, 마이클(Michael Doheny) 316
돈하드(Donnchad) 128
돌런, 찰스 J.(Charles J. Dolan) 340
돌턴(Dalton) 152
돔나울 우에 브라이언(Domnall Ua Brian) 129
동맹 가톨릭교도(The Confederate Catholics) 229
두 왕 간의 전쟁 241
둥근 탑(round towers) 114
듈리크(Duleek) 79
드 덴, 윌리엄(William de Dene) 161
드 레이시, 휴(Hugh de Lacy) 152
드 몬트모렌시, 허비(Hervey de Montmorency) 146
드 발레라, 실레(Síle de Valera) 452
드 발레라, 에이먼(Éamon de Valera) 350, 364
드 버고, 윌리엄(William de Burgo) 158
드 버러(de Burgh) 180
드 브라오스, 필립(Philip de Braose) 154
드 코간, 밀로(Milo de Cogan) 149
드 코우시, 존(John de Courcy) 152
드 클레어, 리처드 피츠길버트(Richard Fitz-Gilbert de Clare) 143
드 프렌더가스트, 마우리스(Maurice de Prendergast) 146
드럼할라(Drumhallagh) 92
드로예다(Drogheda) 152, 175, 195
드루이드(Druid) 68, 91
드림 켓(Druim Cett) 수도원 69
드우퍼드, 랄프(Ralph d'Ufford) 161
디시즈(Decies) 147
디즈레일리(Disraeli) 320
디킨스, 찰스(Charles Dickens) 310

라

라간(Lagan) 32
라고어(Lagore), 미드 주 54
라슬린(Rathlin) 43, 212
라우다빌리터(Laudabiliter) 134, 141
라이어넬(Lionel), 클래런스(Clarence)의 공작 181
라일 언덕(Lyle's Hill), 앤트림 주 43
라콤, 토머스(Thomas Larcom) 31
라킨, 짐(Jim Larkin) 342
라텐(La Tne) 양식 49
라티스본(Ratisbon) 130
라프터리, 메리(Mary Raftery) 445
라흐 브레세일(Ráith Bresail) 132
라흐(ráth) 55, 92
랄로, 제임스 핀턴(James Fintan Lalor) 297, 313
랑그리셰, 허큘리스(Sir Hercules Langrishe) 263
랠리, 월터(Sir Walter Raleigh) 203
랭커스터가 183, 192
러눌라(lunula) 45

러셀, 조지(George Russell)   335
러셀, 존(Lord John Russell)   305
러셀, 토머스(Thomas Russell)   273
런던데리(Londonderry)   74, 220
레긴 제스가베르(Laigin Desgabair)   64
레긴 투어흐가베르(Laigin Tuathgabair)   64
레긴(Laigin)   52, 65, 109
레너(léine)   61
레니한, 브라이언(Brian Lenihan)   422
레드먼드(Redmond)   345
레린스(Lérins) 섬   73
레마스, 숀(Seán Lemass)   373, 376, 386
『레바 브레악(Leabhar Breac)』   178
『레보르 게발러(Lebor Gabála)』   69
레이놀즈, 토머스(Tomas Reynolds)   279
레인, 랠프(Ralph Lane)   203
레인스터(Leinster)   51, 65
『레인스터의 서(Book of Leinster)』   54~55, 135~136
『레칸의 노란 서(Yellow book of Lecan)』   178
레흐 모가(Leth Moga)   109
레흐 퀴인(Leth Cuinn)   109
로러, 리암(Liam Lawlor)   429
로리, 마이클(Michael Lowry)   441
로마네스크   118, 123, 125
로빈슨, 메리(Mary Robinson)   422, 429
로사, 제러마이아 오도너번(Jeremiah O'Donovan Rossa)   317
「로슥 카하 나 무완(Rosc Catha na Mumhan)」   262
로에규어(Lóeguire)   67
로이게슈(Loíges)   51, 65
로이드 조지(Lloyd George)   355, 357
로체(Roche)   144
로크스윌리(Lough Swilly)   219
로프갈(Loughgall) 왕립 얼스터 보안대(RUC)   409
롤스턴(T. W. Rolleston)   335
루비, 토머스 클라크(Tomas Clarke Luby)   316
루이 14세(Louis XIV)   239
뤽세이유(Luxeuil)   85, 96
리 리암(Rí Liam)   241
리 셰이머스(Rí Séamus)   241
리 인 호이키드(rí in Chóicid)   64
리 코 프레사브라(rí co fresabra)   129
리 코이키드(rí cóicid)   64, 67
리네흐, 터로우(Turlough Luineach)   210
리넨(linen)   33
리누치니(Rinuccini), 교황의 특사   229
≪리더(Leader)≫   337
리머릭 왕국(Kingdom of Limerick)   154
리머릭 조약(Treaty of Limerick)   246
리머릭(Limerick)   41, 115
리스(liss)   62
리오데인, 숀 오(Seán Ó Ríordáin)   41
리지외의 성녀 테레즈(St. Thérèse of Lisieux)의 성물(聖物)   446
리처드 2세(Richard II)   181
리피(Liffey) 강   25
릭담네이(rígdamnae)   59
린 두아헤일(Linn Duachaill)   108
린치, 잭(Jack Lynch)   400
린치, 패트릭(Patrick Lynch)   398
링거스, 에어(Aer Lingus)   378

마

마리아누스 스코투스(Marianus Scottus) 130
마리아누스, 라티스본의(Marianus of Ratisbon) 130
마셜, 윌리엄(William Marshal) 159, 173
마스트리히트 조약 423
마엘 메독(Máel Maedóc) 132
마엘 모르다(Máel Mórda) 117
마엘 세흐네일(Máel Sechnaill) 68, 117, 126, 128
마엘 수하인(Máel Suthain) 127
마엘 이사 우에 엔미어(Máel Ísa Ua hAinmire) 132
마우드 고네(Maud Gonne) 339
마운트조이(Mountjoy) 총독 215
마인츠(Mainz) 130
마틴, 미허일(Micheál Martin) 453
마흐가메인(Mathgamain) 116, 126
마흐크 머하다(Mac Murchada) 65
매카티어, 에드워드(Edward McAteer) 366
매컬리스, 매리(Mary McAleese) 429
매케인, 숀(Seán MacEion) 383
매크래컨 심판위원회(McCracken Tribunal) 441
매크래컨, 브라이언(Brian McCracken) 441
매크래컨, 헨리 조이(Henry Joy McCracken) 279
매크리비, 찰리(Charlie McCreevy) 428
매킨더, 핼퍼드(Halford Mackinder) 27
맥길리건, 패트릭(Patrick McGilligan) 370, 377
맥닐, 이언(Eoin MacNeill) 337
맥던레비(MacDunlevy) 152
맥로흘린, 머토우(Murtough MacLochlainn) 139, 152
맥마흔, 모너언(Monaghan)의 212
맥머로우, 더멋(Dermot MacMurrough) 139, 145
맥머로우, 아트(Art MacMurrough) 181
맥브라이드, 숀(Seán MacBride) 371
맬런, 셰이머스(Séamus Mallon) 439
머르하드(Murchad) 128
머스크레이게(Múscraige) 67, 128
머피, 윌리엄 마틴(William Martin Murphy) 342, 351
먼로, 헨리(Henry Munro) 279
멀카이, 리처드(Richard Mulcahy) 377
메이누스(Maynooth) 25, 194
메이슨, 존 몽크(John Monk Mason) 263
메이저, 존(John Major) 430
메이휴, 패트릭(Patrick Mayhew) 411
멜리폰트 조약(the Treaty of Mellifont) 218
멜리폰트(Mellifont) 24, 217
모나스터보이스(Monasterboice) 24, 114
《모닝포스트(Morning Post)》 357, 370
모런(D. P. Moran) 337
모리어티 심판위원회(Moriarty Tribunal) 442
모자(母子) 건강계획 375, 382
모트(motte) 155
모티머, 로저(Roger Mortimer) 181
모험담(sagas) 49
몬태규, 존(John Montague) 454
몰럼, 모(Mo Mowlam) 430
몰레세(Molaisse) 77
몰리누, 윌리엄(William Molyneux) 249

몰리누, 제임스(James Molyneaux) 434
무기 위기(arms crisis) 400
무덤의 방(burial chambers) 43
무법자(tory) 235
무어, 조지(George Moore) 335
무적의 사람들(the Invincibles) 327
문(Moone) 114
물리적 힘(physical force) 316
뮈레다흐(Muiredach) 114
미국의 독립전쟁 263, 265
미드 왕국(Kingdom of Meath) 152
미르헤르타흐 우에 브라이엔(Muirchertach Ua Briain) 129, 132
미르후(Muirchú) 67
미사를 위한 바위(Mass rocks) 257
미첼, 조지(George Mitchell) 430
미첼, 존(John Mitchell) 297, 340
민족연맹(National League) 359
민족평의회(National Council) 339
민주연합당(DUP) 408, 411

바

바기(Bargy) 65
바네월(Barnewall) 152
바드(bard) 56
바이킹 106, 112, 117
바이킹의 침입 68
바이힌(Baíthín) 81
반(Bann) 강 53
반(Bann) 산맥 32
반(反)종교개혁 223
반빌, 존(John Banville) 454
『발리모트의 서(Book of Ballymote)』 55, 178
방고르(Bangor) 77, 80, 87, 96
배로(Barrow) 강 24, 114
배리(Barry) 144
백작들의 도피(flight of the earls) 219
밴나우(Bannow) 만 145
밸리글라스(Ballyglass)의 케른 43
밸리나머크(Ballinamuck) 280
밸리나힌치(Ballinahinch) 279
밸리니티(Ballyneety) 243
밸린터버(Ballintubber) 257
밸링거리(Ballingary) 313
버글리(Lord Burghley) 28, 31
버크, 레이(Ray Burke) 429
버클리, 조지(George Berkeley) 252
버클리, 크리스틴(Christine Buckley) 444
버트, 아이작(Isaac Butt) 312, 320
버틀러(Butler), 오먼드(Ormond) 백작 186
버틀러, 존(Sir John Butler) 189
번, 데이비드(David Byrne) 428
번톨렛(Burntollet) 387
법률학교 179
베네딕트 수도원 93, 160
베르겐(Bergen) 111
벤버브(Benburb) 229
벤트리(Bantry) 만 277
벨라흐 무나(Belach Mughna) 전투 111, 114
보나르 로(Bonar Law) 346
보나흐트(bonnachts) 215
보루(Boru) 117
보루마, 브라이언(Brian Bóruma) 67, 116, 121, 129, 135
보비오(Bobbio) 82, 85

보에레(bóaire) 59
보이콧, 찰스(Captain Charles Boycott) 326
보인(Boyne) 강 25, 44
보일(Boyle) 125
본드, 올리버(Oliver Bond) 279
볼랜드, 에반(Eavan Boland) 454
볼랜드, 케빈(Kevin Boland) 401
볼러스 헤드(Bolus Head) 95
볼린, 앤(Anne Boleyn) 201
볼링브로크, 헨리(Henry Bolingbroke) 183
볼모들의 흙무덤(the Mound of the Hostages) 46
봉기 227, 316
북구 유럽인 127~128, 131, 140, 146
북아일랜드 426, 431
북아일랜드 의회(Northern Ireland Assembly) 394
뷔르츠베르크(Wúrzberg) 130
브라운, 노엘(Nol Browne) 375, 382
브라트(brat) 61
브레넌 삼형제(three Brennans), 킬케니의 235
브레이프네(Breifne) 65, 139
브레혼 56, 59, 68, 89
브레혼 법(brehon laws) 55, 131
브렌던(Brendan) 77
브루스, 에드워드(Edward Bruce) 24, 178, 204
브루크, 피터(Peter Brooke) 411
브루크버로우(Lord Brookeborough) 361
브루턴, 존(John Bruton) 427, 433
『브리기드의 생애』 97
브리스틀(Bristol) 136, 140
브리온(Brión) 52
블라이스, 어니스트(Ernest Blythe) 377
블래니, 닐(Neil Blaney) 401
블랙 앤 탄스(Black and Tans) 351
블랙 피그스 다이크(Black Pig's Dyke) 32
블레어, 토니(Tony Blair) 430
비거, 조지프 길리스(Joseph Gillis Biggar) 321
비니거 힐(Vinegar Hill) 279
비단 토머스(Silken Thomas) 201
비드(Bede) 80, 100
비례대표제 360
비밀투표법(Ballot Act) 320
비어카(Birka) 107
비치헤드(Beachy Head) 242
비크노르, 알렉산더(Alexander Biknor) 대주교 175
빈민구제법의 확장법(the Poor Law Extension Act) 309
빙퇴구(氷堆丘) 22
빙하시대 37

사

사스필드, 패트릭(Patrick Sarsfield) 243
사회민주노동당(Social Democratic and Labour Party: SDLP) 388, 406, 411
샨드래건(Shandraghan) 261
산업혁명 34
새로운 잉글랜드인 218
새로운 출발(new departure) 313, 320
새비지, 젠킨(Jenkin Savage) 179
샌즈, 보비(Bobby Sands) 394
생뤼스(St Ruth) 243

샤를마뉴(Charlemagne) 106, 114
섀넌(Shannon) 강 23
서닝데일 협정 392
서닝데일(Sunningdale) 391
서적에 대한 검열 397
석조 교회(stone churches) 113
선언 법령(the declaratory) 240
설피키우스 세베루스(Sulpicius Severus) 80
성 갈(St. Gall) 96, 112
성 금요일 협정(the Good Friday Agreement) 438
성 류단(Ruadán) 67
성 말라키(St. Malachy) 132
성 메리 수도원(St. Mary's Abbey) 201
성 베르나르(St. Bernard) 133
성 브리기드(St. Brigid) 77, 91
성 빈센트 산업학교 골든브리지(St. Vincent's Industrial School Goldenbridge) 444
성 사판(St. Safann) 77
성 아돔난(St. Adomnán) 67, 79, 80
성 아이타(St. Ita) 77
성 안셀름(St. Anselm) 132
성 에이든(St. Aidan) 100
성 엔다(St. Enda) 76, 83
성 오엔구스(St. Óengus) 53
성 오툴, 로렌스(St. Laurence O'Toole) 149
성 케빈(St. Kevin) 113
성 키아난(St. Cianán) 79
성 키아란(Ciáran) 67
성 패트릭(St. Patrick) 71!~72, 86, 138
성 퍼시(St. Fursey) 96
성 피니안(St. Finnian) 수도원 76
성 핀긴(St. Fingin) 125
『성가서(Book of Hymns)』 124
세 가지 에프(three Fs) 315, 327
세듈리우스 스코투스(Sedulius Scottus) 114
세이르(sáer) 59
세이르-투어하(sáer-tuatha) 63
세이르-헤일리(sááer- chéili) 62
세트(sét) 60
셔우드, 윌리엄(William Sherwood) 191
숌버그, 마셜(Marshal Schomberg) 242
소이어, 알렉시스(Alexis Soyer) 306
쇼텐클뢰스터(Schottenklöster) 130
수도원 53, 76, 78, 83, 94
술리언(Sulien) 124
쉔헤드(senchaid) 59
쉬르(Suir) 강 24
쉬이, 니컬러스(Nicholas Sheehy) 261
슈뢰딩거, 어빈(Erwin Schroedinger) 382
슐호드(Sulchoid) 전투 116
스겔그 위히일(Sceilg Mhichíl) 76, 95
스미스, 브렌던(Brendan Smyth) 427
스웨인(Swayne) 대주교 186
스위트먼, 제라드(Gerard Sweetman) 376
스위프트, 조너선(Jonathan Swift) 235, 251
스캐슬런(scathlan) 257
스케핑턴, 쉬이(Sheehy Skeffington) 348
스케핑턴, 윌리엄(Sir William Skeffington) 204
스코티(Scotti) 51
스타반거(Stavanger) 111
스토먼트(Stormont) 362, 386
스트롱보(Strongbow) 24, 143, 147
스티븐스, 제임스(James Stephens) 316, 318, 335

스프링, 딕(Dick Spring) 423, 426
시노트(Synott) 144
시민군대(Citizen Army) 342
시민전쟁 367, 376
시토 수도회(Cistercians) 125, 133
『신곡(Divine Comedy)』 123
신교도 패권(Protestant ascendancy) 247, 261, 274
신석기시대 40
신아일랜드 포럼 417
신영국-아일랜드 무역협정 381
신페인(Sinn Féin) 326, 338, 344, 367, 377, 406, 411, 430
심널, 램버트(Lambert Simnel) 194, 197
싱(J. M. Synge) 335
싱모트(Thingmote) 108
쏘먼드(Thomond) 158

아

아다(Ardagh) 성배 104
아르마다(Armada) 호 212
아마(Armagh) 25, 52, 75
『아마의 서』 126
아센라이(Athenry) 154
아스클브(Askulv) 148
아이드론(Idrone) 147
≪아이리시 인디펜던트(Irish Independent)≫ 450
≪아이리시타임스(Irish Times)≫ 381, 449
아이오나(Iona) 77, 79, 83, 100, 104
아일랜드 공화국(the Republic of Ireland) 318, 364, 374, 383, 407
아일랜드 교회 130, 131
아일랜드 국교 237
아일랜드 법령 365
아일랜드 연합협회(Irish Union Association) 360
아일랜드 예술(Irish art) 97
아일랜드 왕립대학(the Royal University of Ireland) 320
아일랜드 운수제도(Córas Iompair Éireann) 378
아일랜드 은행(Bank of Ireland) 268
아일랜드 의용군 344
아일랜드 의회 188, 224, 263, 265, 407
아일랜드 자유국(Irish Free State) 356, 368, 382
아일랜드 정부법(Government of Ireland Act) 351, 356, 369
아일랜드 평의회(Council of Ireland) 185, 391
아일랜드공화국형제단(IRB) 316, 318, 340
아일랜드공화군(IRA) 372, 386
아일랜드민족토지연맹(Irish National Land League) 324
아일랜드브리지(Islandbridge) 68, 108
아일랜드소작농연맹(Irish Tenant League) 312, 315
아일랜드어 48, 50, 88, 122, 179
아일랜드운송과 총노동자조합(Irish Transport and General Workers' Union) 342
≪아일랜드인의 자유(Irish Freedom)≫ 341
아일랜드의회당 296, 345
아일릴(Ailill) 94
아즈(Ards) 64
아프레카(Affreca) 158

아홉 볼모들의 니알(Niall of the Nine Hostages) 52
암거래 사용료(black rents) 185
암브로시아(Ambrosia) 도서관 82
애국 의회(patriot parliament) 240
애덤스, 게리(Gerry Adams) 406, 430
애로(Arrow) 호 44
애스퀴스(Asquith), 영국 총리 347
애슬론(Athlone) 27
애시버른 법령(Ashbourne Act) 328
앤드루스, 데이비드(David Andrews) 438
양육(fosterage) 57, 179
얼스터 의용군(Ulster Volunteer Force) 390, 346, 355
얼스터 자유투사대(Ulster Freedom Fighters: UFF) 431
얼스터 합병평의회(Ulster Unionist Council) 355
얼스터 노동자평의회(Ulster Workers Council) 392
얼스터방어협회(UDA) 412
얼스터의 관례(Ulster custom) 314
얼스터의 합병주의자 351
얼스터합병당(UUP) 411
에네클란(eneclann) 61
에니스킬렌(Enniskillen) 242
에드워드 1세(Edward I) 174
에드워드 3세(Edward III) 181
에드워드 4세(Edward IV) 189
에르기알라(Airgialla) 53, 133
에리 투세(aire túise) 63
에멘 마하(Emain Macha) 50
에멘(Emain) 54
에멧, 로버트(Robert Emmet) 281
에번스, 에스틴(Estyn Evans) 25
에어보에(Aghaboe) 77
에오가낙타(Eóganachta) 109, 116
에이럭(éraic) 58
에이슈 다나(áes dána) 59, 68
에이켄, 프랭크(Frank Aiken) 383
에일레흐(Ailech) 126
엠쉐르 흐에(aimser chue) 62
여성운동 398
≪연합아일랜드인(United Irishmen)≫ 339
연합아일랜드인당(United Irishmen) 273, 277, 281, 297
영, 아서(Arthur Young) 252, 269
『영국과 영국 해(Britain and the British Seas)』 28
영국-아일랜드 문예부흥(Anglo-Irish literary revival) 335
영국-아일랜드 전쟁 351, 367
영국-아일랜드 조약(Anglo-Irish Treaty) 334, 356, 363, 367
영국-아일랜드 평의회 405
영연방 회의 372
예이츠, 윌리엄 버틀러(William Butler Yeats) 335, 381
옐로우퍼드(Yellow Ford) 215
옛 아일랜드어 57
옛 잉글랜드인(old English) 218, 223, 241
오 뉴알레인, 브라이언(Brian Ó Nualláin) 381
오 브류데어(Ó Bruadair) 236
오 코네이어, 파드레이크(Pádraic Ó Conaire) 381

오검(Ogham) 알파벳 71
오그래디, 스탠디시(Standish O'Grady) 335
오그로우니(O'Growney) 337
오그림의 대재앙(Aughrim's dread disaster) 244
오닐, 브라이언(Brian O'Neill) 162, 177
오닐, 오언 로(Colonel Owen Roe O'Neill) 229
오닐, 콘 모어(Conn More O'Neill) 194
오닐, 콘 바카흐(Conn Bacach O'Neill) 194
오닐, 타이론(Tyrone)의 194
오닐, 테런스(Captain Terence O'Neill) 361, 380, 386
오닐, 페림(Sir Phelim O'Neill) 227
오닐, 휴(Hugh O'Neill) 210
오도넬, 도미니크(Dominick O'Donnell) 254
오도넬, 리즈(Liz O'Donnell) 438
오도노휴, 존(John O'Donoghue) 449
오렌지 협회(Orang Society) 275
오렌지당 326
오렌지회 결사단(Orange order) 354
오루크, 티어난(Tiernán O'Rourke) 139, 145
오리어리, 존(John O'Leary) 316
오마(Omagh) 439
오마호니, 존(John O'Mahony) 316
오말리, 데스먼드(Desmond O'Malley) 420
오먼드(Ormond) 총독 234
오멜라린(O'Melaghlin) 140
오브리언, 도널(Donal O'Brien) 158
오브리언, 타예그(Tadhg O'Brien) 162
오서리(Ossory) 65, 147
오설리번(O'Sullivan) 161
오쉬아(W. H. O'Shea) 331
오슈(Hoche) 276
오스레게 68, 111
오슬로(Oslo) 111
오에나흐(óenach) 55
오울람(ollam) 59
오웰(Owel) 호 24
오카롤(O'Carroll) 150
오케이시, 숀(Seán O'Casey) 381
오켈리, 숀 T.(Seán T. O'Kelly) 376
오코너, 로리(Rory O'Connor) 136, 139, 145, 148
오코너, 아서(Arthur O'Connor) 276
오코너, 에이(Aedh O'Connor) 161
오코너, 찰스(Charles O'Conor) 259
오코너, 페일림(Filim O'Connor) 162
오코넬, 대니얼(Daniel O'Connell) 283
오파올레인, 숀(Seán O'Faolain) 381
오팔리, 토머스(Lord Thomas Offaly) 201
오핸런, 레드먼드(Redmond O'Hanlon) 195, 235
올드브리지(Oldbridge) 243
와이스, 토머스(Thomas Wyse) 260
요아네스 에리우게나(Johannes Eriugena) 114
요크(York)가 183
용감한 사람(heart of oak) 260
우드, 찰스(Charles Wood) 305
우드키(Wood Quay) 115
우이 네일(Uí Néill) 52, 66, 105, 126, 135
우이 둔하다(Uí Dúnchada) 65
우이 드로나(Uí Dróna) 65
우이 메너(Uí Maine) 65

우이 미레데이그(Uí Muiredaig) 65
우이 베르헤(Uí Bairrche) 65
우이 에하흐 코보(Uí Echach Cobo) 64
우이 에하흐(Uí Echach) 128
우이 페일게(Uí Failge) 64, 65
우이 페일란(Uí Fáelán) 65
우이 헨쉘레그(Uí Chennselaig) 65
울레드(Ulaid) 52, 66
울리디아(Ulidia) 152
울지(Wolsey) 추기경 199
움베르(Humbert) 279
워베크, 퍼킨(Perkin Warbeck) 191
워커, 조지(George Walker) 목사 242
워터퍼드(Waterford) 24
월쉬, 피터(Peter Walsh) 236
웨딩, 루크(Luke Wadding) 223
웨스트민스터의 노동당 387
웨이크필드 전투(battle of Wakefield) 189
웬트워스(Wentworth) 총독 224
웰러한, 해리(Harry Whelehan) 427
웰링턴 공작(Duke of Wellington) 289
위슈네흐 언덕(the hill of Uisneach) 23
윈덤 법령(Wyndham Act) 328
윈저 조약(Treaty of Windsor) 151
윌리엄, 오렌지 공(William of Orange) 239
윌리엄, 정복왕(William the Conqueror) 138, 141
윗테이커(T. K. Whitaker) 379
유럽경제공동체 381
유럽통화체계(European Monetary System: EMS) 403
유엔 383
육우 심판위원회 441
의회법령 179
이건, 패트릭(Patrick Egan) 320
이드로네(Idrone) 65
이시도르(Isidore), 세비야의 81, 95
이식(移植, plantation) 33, 174, 211, 219
이에피네(iarfine) 58
이혼 397
인 데이슈(In Déis) 68
인디네(indfhine) 58
잉글랜드 의회 188, 229, 265
잉이니예 나 에이런(Inghinidhe na hEirenn) 339

자

자비의 성모 수녀회(the Sisters of Mercy) 444
자선 수녀회(the Sisters of Charity) 445
자위대(the Volunteers) 240
자유당 360
자유방임주의(laissez-faire) 305
자치법안 313
자치운동(home-rule movement) 312, 320
『자치의 구조(The Framework of Home Rule)』 345
자코바이트 262
장미전쟁(Wars of the Roses) 183
잭슨, 윌리엄(William Jackson) 276
전우회(Army Comrades' Association) 372
정당 간 정부 375, 379
정의로운 사회의 구상(Planning a Just Society) 383
제1차 세계대전 347
제2차 세계대전 363, 364
제럴드(Gerald), 노르만-웨일스인 99

제럴드, 웨일스의(Gerald of Wales) 142
제럴딘(Geraldine) 177
제르비네(deirbfhine) 58~59
제임스 1세(James I) 33~34, 202
제임스 2세(James II) 237
제임스 6세(James VI) 202
젭 박사(Dr Jebb) 286
조이스, 제임스(James Joyce) 381
조지 3세(George III) 271
조지 5세(George V) 356
조지(George), 클래런스 공작 188
존 왕(King John) 156
종교개혁 121, 141, 253
종교회의 132
줄리안스타운 브리지(Julianstown Bridge) 228
중석기시대 39
지도 38, 39, 66, 85, 164, 200, 233, 384
지아마다, 숀 마흐크(Seán Mac Diarmada) 341
지어멋 마흐크 머하다(Diarmait Mac Murchada) 133, 136
지어멋 마흐크 케르베일(Diarmait mac Cerbaill) 67
진보 합병주의자 361
진보민주당 418, 426
진보통합당 432
『질문자(The Querist)』 252

차

차일더스, 어스킨(Erskine Childers) 345
찰리먼트(Charlemont) 백작 263, 269
찰스 1세(Charles I) 224
찰스 2세(Charles II) 234, 236
처칠, 랜돌프(Lord Randolph Churchill) 354
처칠, 윈스턴(Winston Churchill) 374
천주교 관습법(popery code) 249, 259, 264
철회 지대 295
철회운동(repeal movement) 313
청년아일랜드인회(Young Irelanders) 296, 312
청동기시대 45, 46
체발식(tonsure) 80
체임벌린, 조지프(Joseph Chamberlain) 330
추방 법령(banishment act) 253
취버스(Cheevers) 144

카

카넛(Carnot) 276
카도크(Cadoc) 77
카롤링거 르네상스 96
카롤링거(Carolingian) 114
카류, 레이먼드(Raymond Carew) 144, 146
카셀(Cashel) 66~67, 117
『카셀의 시편서(The Psalter of Cashel)』 189
카슨, 에드워드(Edward Carson) 346, 355
카우팡(Kaupang) 107
카이트, 존(John Kite) 199
카하흐(Cathach) 81, 100
카할 마흐크 핀규인(Cathal mac Finguine) 68
칼리지 그린(College Green) 109
캐너리 워프(Canary Wharf) 437
캐릭퍼거스(Carrickfergus) 153
캐번디시, 프레더릭(Lord Frederick Cavendish) 327

캐슬더멋(Castledermot) 114, 190
『캐슬린 니 훌리한(Cathleen Ní Houlihan)』 335
커리, 오스틴(Austin Currie) 422
커리, 존(John Curry) 259
컬드웰, 존(Sir John Caldwell) 258
케네디, 테드(Ted Kennedy) 432
케네치그(Cennetig) 126
케넬 에오게인(Cenél Egain) 151~152
케넬 코네일(Cenél Conaill) 78, 151
케레흐 제어간(Caireach Deargan) 77
케르바울(Cerball) 111
케른(cairn) 43
케오, 존(John Keogh) 274
케이시, 에이먼(Eamonn Casey) 444
케일리 기알나이(céili giallnai) 55
케임브리지 대학 191, 212
케틀(T. M. Kettle) 340
켄 팔레드(Cenn Fáelad) 89
켄 피너(cenn fine) 58
켄나흐(Cainneach) 77
켄디다 카사(Candida Casa) 76
켄메어(Kenmare) 260
켈라흐 우에 쉬네이그(Cellach Ua Sínaig) 132
『켈스의 서(Book of Kells)』 24, 98, 104
켈트 97, 98, 99
켈트의 호랑이(Celtic Tiger) 425, 428
켈트인 48, 50, 61, 69
『코가드 게젤 레 갈레브(Cogad Gaedel re Gallaib)』 116, 127
코가예 언 다 리(Cogadh an dá rí) 241
코나울 케나흐(Conall Cernach) 53
코넉트 94
코널리, 제임스(James Connolly) 338, 342
≪코노트 텔레그래프(Connaught Telegraph)≫ 324
코르쿠 뒤네(Corcu Duibne) 128
코르쿠 베스킨(Corcu Baiscinn) 128
코마크(Cormac) 75
코막 마흐크 카르헤그(Cormac Mac Carthaig) 125
코막 마흐크 퀼레네인(Cormac mac Cuilennéin) 68, 111, 114
코스그레이브, 리암(Liam Cosgrave) 383
코스그레이브, 윌리엄 T.(William T. Cosgrave) 368
코스텔로, 존 A.(John A. Costello) 370, 374
코컴루드(Corcomruad) 65
코코 로이그제(Corco Lóigde) 65, 67
코크 왕국(Kingdom of Cork) 154
콘라흐(Conleth) 97
콘월리스(Lord Cornwallis) 267
콜러레인(Coleraine) 39, 153
콜럼 키일레 69, 77, 81, 84, 102, 104, 123
『콜럼 키일레의 생애(Life of Colum Cille)』 67, 79, 89
콜럼바누스(Columbanus) 79~80, 82~83, 87, 96
콜리, 조지(George Colley) 400
콜린스, 마이클(Michael Collins) 350, 368
콤가울(Comgall) 77
콩 십자가(the Cross of Cong) 118
쿠 훌란(Cú Chulainn) 50~51, 53, 335
쿠라 '폭동'(Curragh 'mutiny') 347
쿨 드레이우네(Cúl Dreimhne) 전쟁 81

퀘이커 교도(Quaker) 307
퀸스 칼리지(Queen's College) 320
큐-켈트어(Q-Celtic) 50
큐말(cumal) 59, 60
크라녹(crannóg) 47, 57
크레드란(Credran) 전투 177
크레이거번(Lord Craigavon) 361
크레이그, 윌리엄(William Craig) 393
크레이그, 제임스(Sir James Craig) 356
크로아 패트릭(Croagh Patrick) 74
크롬웰, 올리버(Oliver Cromwell) 230, 246
크루힐스(Crew Hills) 호 44
크리흐니(Cruithni) 51
클라윈 브로나이(Clauin Bronaigh) 77
클라인(Clyn), 탁발수도사 175
클라크, 톰(Tom Clarke) 341
클란 나 게일(Clan na Gael) 322
클란 나 탈만(Clann na Talmhan) 374
클란 나 포블락타(Clann na Poblachta) 374
클레르보(Clairvaux) 78, 132
클레어 주 선거 287
클레어(Clare) 22, 67
클로나드(Clonard) 76
클론막노이즈(Clonmacnoise) 53, 67~68, 123, 137
『클론막노이즈 연대기(The Annals of Clonmacnoise)』 189
클론브로니(Clonbroney) 102
클론타프 전투(the battle of Clontarf) 118, 127~128, 136
클론타프(Clontarf) 68
클론티브렛(Clontibret) 215
클론퍼트 사원 125
클론퍼트(Clonfert) 65
클리어리, 마이클(Michael Cleary) 444
클린턴, 빌(Bill Clinton) 430
키아란(Ciarán) 77
키팅(Keating) 139
킥엄, 찰스 조지프(Charles Joseph Kickham) 316
킨, 류이리(Ruairí Quinn) 427
킨세일 전투 217
킨세일(Kinsale) 215
킬데어(Kildare) 64
킬드리리그(Kildreelig) 수도원 95
킬라로에(Killaloe) 65, 125
킬마크두아 우이 피에흐라흐 에드네(Kilmacduagh Uí Fiachrach Aidne) 65
킬말케다(Kilmalkedar) 125
킬메이넘 조약(Kilmainham Treaty) 327
킬커머던(Kilcommodon) 언덕 244
킬케니 법령 196
킬케니(Kilkenny) 27
킬퍼노라(Kilfenora) 65

타

타네셰 릭(tánaise ríg) 59
타드그(Tadg) 128
타라 전투(the battle of Tara) 117
타라(Tara) 24, 109
타라의 왕(kings of Tara) 54, 66
타라의 향연(Feast of Tara) 55, 67
타이르코넬(Tyrconnell) 219, 238
탠디, 내퍼(Napper Tandy) 270, 273
탤벗, 리처드(Richard Talbot) 237
탤벗, 피터(Peter Talbot) 236

터게시우스(Turgesius) 108
터델바흐 우에 콘효베어(Toirdelbach Ua Conchobair) 124, 136
터먼펙킨(Termonfeckin) 25, 199
테리글라스(Terryglass) 123
테이비네(táebfhine) 58
『테인 보 큐룽에(Táin bó Cuailnge)』 50, 123
토지 법안(land bill) 326
토지전쟁(land war) 313
토지정착법(Act of Settlement) 234
톤, 울프(Wolfe Tone) 272, 280
통로무덤(passage grave) 44
통합되는 토지법(Consolidating Land Act) 377
투러슈탈(tuarastal) 64
투암(Tuam) 125
투어하 데 다난(Tuatha Dé Danann) 69
투어하(tuatha) 53, 63~65, 68
튜더 왕조(Tudor dynasty) 27, 184
트론드하임(Trondheim) 111
트리니티 칼리지(Trinity College) 82, 124, 212
트리벨리언, 찰스(Charles Trevelyan) 305
트림(Trim) 152
트림레스타운(Trimlestown) 260
트림블, 데이비드(David Trimble) 434
특수 보안대(special constabulary) 357
특수병력법(the Special Powers Act) 363
티에베불리아(Tievebulliagh) 43
티에르난 우에 류이륵(Tighernán Ua Ruairc) 133
팁토프트, 존(Sir John Tiptoft) 192

파

파넬, 안나(Anna Parnell) 327
파넬, 찰스 스튜어트(Charles Stewart Parnell) 298, 312, 321
파넬주의적 분열 334
파양스(faience) 46
파워, 존 오코너(John O'Connor Power) 320
파파로(Paparo) 추기경 134
패트릭, 크로아(Croagh Patrick) 446
『패트릭의 생애(Life of Patrick)』 67
퍼길(Fergil) 수도원장 102
『퍼모이의 서(The Book of Fermoy)』 189
페니어회(Finian) 297, 312, 316, 321
페들리미드 마흐크 크리브한(Feidlimid mac Crimhthainn) 110
페로나 스코토룸(Perona Scottorum) 96
페른스(Ferns) 64, 139
페이들리미드 마흐크 크림헤인(Feidlimid mac Crimthainn) 68
페이즐리, 이언(Ian Paisley) 386, 408
페일 지역(the Pale) 25, 32, 182
페일리, 오코너(O'Connor Faly) 192
페티, 윌리엄(Sir William Petty) 239
평화와 화해를 위한 포럼 435
포가트(Faughart) 전투 178
포고령(declaratory act) 267
포스터, 윌리엄 에드워드(William Edward Forster) 307, 325
포이닝스 법(Poynings' Law) 197, 241, 266~267
포이닝스, 에드워드(Sir Edward Poynings) 195
포크너, 브라이언(Brian Faulkner) 389

푸어 클레어 수녀원(the Poor Clares) 257
프라이어, 제임스(James Prior) 394
프란시스코 77, 124
프랑스혁명 271
프레스턴, 토머스(Colonel Thomas Preston) 229
프레임워크 문서 433
프렌더가스트(Prendergast) 144
프렌즈 스프 키친(Friends' soup kitchen) 307
프릴, 브라이언(Brian Friel) 454
플란 시나(Flann Sinna) 68, 111, 114
플래밍(Fleming) 144
플러드 심판위원회(Flood Tribunal) 442
플러드, 헨리(Henry Flood) 263, 269
플런켓, 올리버(Oliver Plunkett) 236
플런켓, 호레이스(Horace Plunkett) 338
플린, 파드레이그(Pádraig Flynn) 428
피-켈트어(P-Celtic) 50
피고트, 리처드(Richard Pigott) 331
피난민법(Refugee Act) 449
피너 게일당(Fine Gael) 374, 407
피너 게일당-노동당 연립 내각 418
피너(fine) 58
피닉스 협회(Phoenix society) 317
피르 마나흐(Fir Manach) 51
『피슈 아담네인(Fís Adamnáin)』 123
피아나 페일당(Fianna Fáil) 359, 371, 378, 407
피아나 페일당-진보민주당 연립 421
피어흐라(Fiachra) 52
피의 금요일(Bloody Friday) 390
피의 일요일(Bloody Sunday) 390
피츠기번, 존(John Fitzgibbon) 250, 274
피츠랄프, 리처드(Richard FitzRalph) 175
피츠스티븐, 로버트(Robert FitzStephen) 146
피츠윌리엄(Fitzwilliam) 총독 275
피츠제럴드 가문 205
피츠제럴드(Fitzgerald), 데스먼드의 205
피츠제럴드(Fitzgerald), 킬데어 백작 186
피츠제럴드, 개럿 모어(Garrett More Fitzgerald) 194, 402, 408
피츠제럴드, 데스먼드(Desmond Fitzgerald) 370
피츠제럴드, 베시(Vesey Fitzgerald) 287
피츠제럴드, 에드워드(Lord Edward Fitzgerald) 279
피츠제럴드, 토머스(Thomas Fitzgerald) 189, 194, 204
피츠헨리(FitzHenry) 144
피트, 게리(Gerry Fitt) 391
피트, 윌리엄(William Pitt) 280
픽트인(Picts) 51
핀갈(Fingal) 59, 120, 260
필, 로버트(Sir Robert Peel) 289, 304, 319
필리(filí) 56
필타운 전투(battle of Pilltown) 189

하

하니, 메리(Mary Harney) 427
하드리아노 4세(Adrian IV) 122
하우겐(Haugen) 109
하이드, 더글러스(Douglas Hyde) 335, 372
하콘(Haakon), 노르웨이의 왕 162
하팅턴(Lord Hartington) 330
합병법(Act of Union) 281, 283

합병철회협회(Repeal Association) 291
해밀턴, 리암(Liam Hamilton) 441
해외관계 법령(External Relations Act) 365
『헝가리의 봉기(The Resurrection of Hungary)』 339
헤데바이(Hedeby) 107
헨드런, 조(Joe Hendron) 412
헨리 2세(Henry II) 122, 140, 144
헨리 3세(Henry III) 174
헨리 6세(Henry VI) 187
헨리 7세(Henry VII) 194
헨리 8세(Henry VIII) 198, 201
헨리(Henry), 랭커스터(Lancaster)의 181
형법(Penal Laws) 247, 274, 284
호건, 패트릭(Patrick Hogan) 377
호겐 그린(Hoggen Green) 109
호히, 찰스(Charles Haughey) 400~401, 418
홉슨(Hobson) 341
화이트 리넨 홀(White Linen Hall) 272
화이트로, 윌리엄(William Whitelaw) 390
화이트보이단(Whiteboy) 260~261
화폐국(Bord na Móna) 378
훼쉬 테무로(Feis Temro) 67
휘그당(Whigs) 267
휴스, T. 존스(T. Jones Hughes) 32
흄, 존(John Hume) 413, 431
흄-애덤스 회담 431
흑사병 175
히니, 셰이머스(Séamus Heaney) 436, 454
힐러리, 패트릭(Patrick Hillery) 422

기타

100년 전쟁 180
1916년 부활절 봉기(Easter rebellion) 342, 348, 355, 383
1차 경제개발 379
2차 경제개발 380, 396
3차 경제개발 396
『4인 정복자의 기록(The Annals of the Four Masters)』 189
6주(six counties) 355
7년 전쟁(Seven Years' War) 260
9년 전쟁(Nine Years' War) 218

옮긴이 박일우

한양대학교 음악대학 졸업
노팅엄 대학교 Computer Studies in Musicology 디플로마(1989)
골드스미스 칼리지, 런던대학교 Ethnomusicology(음악인류학) MMus(1991), PhD. 수료(1997)
아일랜드의 클레어와 골웨이 주에서 1년 6개월간 현지조사(1993~1994)

<주요 논문>
"Embodied Space in the Context of Irish Traditional Fiddle Playing"
"Music, ritual, representations of the body: Women in the tradition of Irish fiddle playing"
"The lives of two female performers: reconstructing a history of Korean traditional professional women performers"
"Round the house, and mind the dresser!: the 'lived body' and space in the experience of Irish music-session"
"Bodies as spatial creators in the Irish music-session: 'Oiche Cheoil agus Oirfide' sponsored by the Gaelic League"
「시공간을 초월한 노래의 삶: 아일랜드 민요 '다니 보이(Danny Boy)'의 역사적 재구성과 현대화」

<저·역서>
『서유럽의 민속음악과 춤』(한양대학교 출판부, 2001)
『영국의 민요와 발라드』(한양대학교 출판부, 2003)
『VIOLIN: Six Lessons with Yehudi Menuhin(연주동작분석)』(역서, 한양대학교 출판부, 2005)

한울아카데미 1179

아일랜드의 역사

도전과 투쟁, 부활과 희망의 대서사시

엮은이 | 테오 W. 무디 · 프랭크 X. 마틴
옮긴이 | 박일우
펴낸이 | 김종수
펴낸곳 | 도서출판 한울

편 집 | 김현대

초판 1쇄 인쇄 | 2009년 9월 20일
초판 1쇄 발행 | 2009년 9월 30일

주소 | 413-832 파주시 교하읍 문발리 507-2(본사)
121-801 서울시 마포구 공덕동 105-90 서울빌딩 3층(서울 사무소)
전화 | 영업 02-326-0095, 편집 02-336-6183
팩스 | 02-333-7543
홈페이지 | www.hanulbooks.co.kr
등록 | 1980년 3월 13일, 제406-2003-051호

Printed in Korea.
ISBN 978-89-460-5179-9 03920 (양장)
ISBN 978-89-460-4145-5 03920 (학생판)

* 가격은 겉표지에 표시되어 있습니다.
* 이 책은 강의를 위한 학생판 교재를 따로 준비했습니다. 강의 교재로 사용하실 때에는 본사로 연락해주십시오.